Kohlhammer

Hans-Werner Bierhoff
Michael Jürgen Herner

Begriffswörterbuch
Sozialpsychologie

Verlag W. Kohlhammer

Die Deutsche Bibliothek – CIP-Einheitsaufnahme

Bierhoff, Hans-Werner:
Begriffswörterbuch Sozialpsychologie / Hans-Werner Bierhoff ; Michael J. Herner. –
Stuttgart : Kohlhammer, 2002
  ISBN 3-17-016982-3

1. Auflage 2002

Alle Rechte vorbehalten
© 2002 W. Kohlhammer GmbH Stuttgart
Umschlag: Gestaltungskonzept Peter Horlacher
Gesamtherstellung: W. Kohlhammer Druckerei GmbH + Co. Stuttgart
Printed in Germany

Wir widmen dieses Buch unserem Sohn und unserer Mutter:
Kevin und Renate

Inhalt

Vorwort

An dieser Stelle geht es nicht darum auszuführen, was wir unter Sozialpsychologie verstehen, da ein eigenes Stichwort der Beantwortung dieser Frage gewidmet ist. Menschen denken, fühlen und handeln in der Regel nicht losgelöst von anderen Menschen, mit denen sie zu tun haben. Ob ein Vorgesetzter am Arbeitsplatz einen Telefonanruf für seinen Mitarbeiter übernimmt, ob ein Patient in einer Klinik sich die Folgen einer Diagnose von seiner Ärztin vor Augen führt oder ob eine Lehrerin im Klassenzimmer sich von einem aggressiven Schüler bedroht fühlt, jeweils ist die soziale Dimension beteiligt.

In dem Begriff des Selbst ist schon vor der Entstehung der Sozialpsychologie das Soziale als Thema der Psychologie greifbar gewesen. William James – einer der Urgroßväter der modernen Sozialpsychologie – machte im Jahr 1890 darauf aufmerksam, dass der Mensch auch aus einer sozialen Perspektive zu sehen ist, nämlich als „soziales Selbst", bei dem sich das Individuum den Bewertungen anderer Personen ausgesetzt sieht.

Die soziale Dimension des individuellen Selbst oder des Menschen ist seither eine Standardvorstellung unter Forschern mit sozialpsychologischem Anspruch. Sie unterscheiden sich allerdings z. T. in ihrem Verständnis von dem, was das Soziale im einzelnen ausmacht. Die Sozialpsychologie ist insofern als eine heterogene Wissenschaft vom Individuum im sozialen Kontext zu betrachten, die ihre historischen Wurzeln in unterschiedlichen philosophischen und sozialwissenschaftlichen Traditionen und Strömungen findet. Als umso schwieriger, wenn nicht sogar als ein aussichtsloses Unternehmen, muss daher die Absicht von zwei Autoren erscheinen, ein Begriffswörterbuch zur Sozialpsychologie zu verfassen, das all diesen Blickwinkeln und Facetten hinreichend Rechnung trägt.

Somit war für uns anstelle einer enzyklopädischen Zielsetzung von Anfang an eine thematische Beschränkung und Fokussierung auf zentrale Themen angesagt: Beschränkung war z. B. dort für uns geboten, wo sich die Sozialpsychologie als eine „psychoanalytische Sozialpsychologie" und „soziologische Sozialpsychologie" darstellt; Fokussierung war dort für uns angezeigt, wo sich die Sozialpsychologie als eine „psychologische Sozialpsychologie" versteht (vgl. Graumann, 2002; Nolte, 1994).

Um den „State of the Art" der gegenwärtigen psychologischen Sozialpsychologie in diesem Begriffswörterbuch dem Leser und der Leserin möglichst angemessen darzustellen, haben wir vier Prinzipen der Abfassung der Stichwörter zugrunde gelegt:

1. Prinzip: „So viel Schwerpunktbildung wie möglich". Wir waren bestrebt, ein umfangreiches Spektrum bedeutsamer Begriffswörter aus der psychologischen Sozialpsychologie dem Leser aufzuzeigen. Dennoch waren wir zuweilen angehalten, auch solche Begriffswörter in einem Mindestumfang zu berücksichtigen, die sich primär den anderen zwei sozialpsychologischen Disziplinen oder anderen Wissenschaftsrichtungen zuordnen lassen, deren Behandlung aber unserer Meinung nach zu einem besseren Verständnis der psychologischen Sozialpsychologie beiträgt.

2. Prinzip: „So viel Veranschaulichung wie möglich". Wir haben bei vielen Begriffswörtern eine zusätzliche Erläuterung gegeben. Damit soll das zuvor Gesagte oder Teile davon durch Ergebnisse aus der Forschung, durch Darstellung von Messinstrumenten, durch Personen, Ereignisse, Institutionen aus der

jüngeren Kulturgeschichte oder anhand fiktiver Personen in Alltagssituationen verdeutlicht oder in einem erweiterten Verständnis angerissen werden. Die Erläuterungen verfolgen die Absicht, den Leser bzw. die Leserin ohne großen Aufwand auf ein erweitertes Verständnis hinzuführen und abstrakte Aussagen zu veranschaulichen. Der Begriff „Erläuterung" umfasst für uns nicht nur den engeren Begriff „Beispiel", sondern geht darüber hinaus, wobei z. B. empirische Forschungsarbeiten, klassische Versuchsmaterialien, Information über Persönlichkeiten aus dem öffentlichen Leben oder einschlägige Zitate angeführt werden.

3. Prinzip: „So viel Anwendungsbezug wie möglich". Bei der inhaltlichen Behandlung von Begriffswörtern haben wir uns das Ziel gesetzt – wo immer dies sinnvoll und machbar erschien – den Bereich der Angewandten Sozialpsychologie einzubeziehen. Ein besonderer Akzent wurde auf Themen und Literaturverweise gelegt, die neben der sozialpsychologischen Grundlagenforschung angewandte Frage- und Problemstellungen aufgreifen und die sich der Organisationspsychologie, der Klinischen Psychologie und Psychotherapie, der Pädagogischen Psychologie usw. zuordnen lassen. Solche angewandten sozialpsychologischen Bezüge werden vor allem am Ende des Stichwortes oder als Erläuterung angesprochen.

4. Prinzip: „So viel Verweisstruktur wie möglich". Die behandelten Begriffe sind miteinander aufs Engste vernetzt. Kein Begriff steht allein. Vielmehr gibt es eine Verweisstruktur, die sowohl vertikal als auch horizontal entfaltet werden kann. Daher war es geboten, ausführlich die Verweisstruktur zu dokumentieren. Dazu ist jeweils vor dem jeweiligen Bezug ein Pfeil (→) gesetzt worden. Dieser verdeutlicht, welche zusätzlichen Begriffsworte zur Verfügung stehen, um sich ein tieferes Verständnis von dem zur Diskussion stehenden Be-

griffsfeld herzustellen. Verweise richten sich entweder auf Stichwörter, die näher erläutert werden, oder auf Begriffswörter, die mit anderen Stichwörtern vernetzt sind, aus deren Kontext sie verständlich werden können.

Bei der Planung des Begriffswörterbuchs haben wir wert darauf gelegt, den Lesern und Leserinnen eine Orientierungshilfe im Hinblick auf Fachzeitschriften zu geben, über die viele der Stichwörter im Einzelnen aus der Primärliteratur erschlossen werden können. Im Anhang haben wir eine Auswahl von Fachzeitschriften aus dem deutschen und englischen Sprachraum vorgenommen, deren Entwicklung und Schwerpunkte kurz dargestellt werden.

Darüber hinaus möchten wir an dieser Stelle auf die „Key Readings in Social Psychology" verweisen, die die Tradition im englischsprachigen Bereich fortsetzen, wichtige Einzelveröffentlichungen in der Originalfassung in einem Reader abzudrucken: Es findet sich eine vor dem forschungshistorischen Hintergrund didaktisch aufbereitete Zusammenstellung von Primärquellen in einzelnen Forschungsgebieten. Bisher sind in der Reihe folende Reader erschienen: „The Self in Social Psychology" (Hrsg. Roy F. Baumeister), „Stereotypes and Prejudice" (Hrsg. Charles Stangor) und „Motivational Science. Social and Personality Perspectives" (Hrsg. E. Tory Higgins & Arie W. Kruglanski).

Wir hoffen, dass dieses Begriffswörterbuch einen Beitrag dazu leistet zu verdeutlichen, was die Sozialpsychologie für den Leser bzw. die Leserin für ein besseres Verstehen und eine weitergehende Interpretation des Alltags bereithält. Dieser Beitrag stellt eine Ergänzung im Vergleich zu anderen Werken dar, die in den letzten Jahren veröffentlicht wurden. Besonders zu erwähnen ist hier das von Antony Manstead und Miles Hewstone 1995 herausgegebene „The Blackwell Encyclopedia of Social Psychology". Im weiteren Sinne kann auf die bekannten Lehrbücher der Sozialpsychologie verwiesen werden, deren Lektüre durch dieses Begriffswörterbuch begleitet werden kann. Das könnte gerade auch für Leser und Leserinnen hilfreich sein, deren Beschäftigung mit der wissenschaftlichen Sozialpsychologie noch am Anfang steht.

Schließlich möchten wir zum einen um Verständnis bitten, zum anderen unseren Dank zum Ausdruck bringen. Um Verständnis möchten wir die Leser und Leserinnen bitten, weil wir im Text überwiegend die männliche Form der Schreibweise verwendet haben, auch wenn das Gesagte sich auch auf das weibliche Geschlecht bezieht. Da sich die deutsche Sprache nicht besonders gut für eine geschlechtsneutrale Schreibweise eignet, erschien uns dies sinnvoll. Unseren herzlichen Dank möchten wir jenen gegenüber ausdrücken, die uns tatkräftig unterstützt haben: Sehr hilfreiche Kommentare zu einzelnen Begriffswörtern haben uns die folgenden Kolleginnen und Kollegen zukommen lassen: Norbert Hartkamp, Beate Küpper, Günter F. Müller, Eva Neumann, Elke Rohmann, Frank Sandlos, Martina Schmohr, Wolfgang Scholl, Theo Schülken, Jürgen Stränger, Clemens Trudewind und Andreas Zick. Jürgen Strän-

ger hat über das Feedback zu einzelnen Begriffen hinaus auch zur Abfassung der Stichworte „Angst", „Ängstlichkeit", „Ärger", „Behaviorismus" „Dogmatismus" und „Zustandsangst" beigetragen. Clemens Trudewind hat durch seine detaillierten Kenntnisse der Forschungsgebiete „Aggression" und „Leistung" eine wesentliche Verbesserung der entsprechenden Stichworte bewirkt. Wolfgang Scholl hat durch sein umfassendes Wissen die Stichworte aus dem Bereich von „Gruppe" und „Gruppenprozesse" erheblich verbessert. Sein technisches Know-How ließ uns Kevin Bierhoff zu Gute kommen, während Amadeus Degen sein juristisches Wissen einbrachte. Ebenso erhielten wir von Frau Gabriele Croitoru und Frau Gabriele Kourouma-Wilke wichtige Unterstützung in der formalen Aufbereitung des Manuskripts. Nicht zuletzt sei dem Lektor des Kohlhammer-Verlages, Herrn Dr. Poensgen, gedankt, der unser Projekt im Verlag unterstützt hat.

Bochum und Duisburg im Dezember 2001

Hans-Werner Bierhoff
und Michael Jürgen Herner

Begriffe

Abhängigkeit, soziale (Social dependency; Social dependence): Bezeichnet den Zustand, der sich ergibt, wenn eine Bezugsperson Einfluss auf die Zielperson ausübt. A. beruht auf einer von zwei Grundlagen: 1. Die Schicksalskontrolle bringt zum Ausdruck, dass die Bezugsperson durch die Auswahl einer bestimmten Verhaltensalternative die Konsequenzen der Zielperson beeinflusst. Je größer der Bereich der Konsequenzen der Zielperson ist, den die Bezugsperson variieren kann, desto größer ist ihre soziale → Macht (Thibaut & Kelley, 1959). Der Begriff „Schicksalskontrolle" verweist darauf, dass diese Basis des Einflusses unabhängig davon ist, wie die Zielperson handelt. 2. Die Verhaltenskontrolle bezieht sich auf die gegenseitige Abhängigkeit der Interaktionspartner. Die Konsequenzen der Zielperson sind davon abhängig, wie sie handelt und wie die Bezugsperson handelt. Die Abstimmung unter den Interaktionspartnern ist für die Ausübung von Verhaltenskontrolle ausschlaggebend.

Demgegenüber bezeichnet die reflexive Kontrolle die individuelle Präferenz der Zielperson im Hinblick auf ihre Verhaltensalternativen. Reflexive Kontrolle kennzeichnet das Ausmaß, in dem eine Person ihre Konsequenzen durch eigene → Entscheidungen bestimmen kann, ohne auf die Bezugsperson Rücksicht zu nehmen. Somit stellt sie die Basis der → Unabhängigkeit der Zielperson dar, die umso größer ist, je mehr die reflexive Kontrolle gegenüber der Schicksalskontrolle und der Verhaltenskontrolle dominiert. Die drei Formen der Kontrolle lassen sich unter dem Begriff der Ergebniskontrolle zusammenfassen. Sie bestimmen die → Interdependenz zwischen Zielperson und Bezugsperson. A. kommt in unterschiedlichen → Interaktionsmustern zum Ausdruck.

A. entsteht in der sozialen Situation (→ Austauschtheorie). Sie kann aber zu einer überdauernden Abhängigkeit von der Bezugsperson werden, die unabhängig von einzelnen Situationen des Austauschs von Konsequenzen ist. Diese Chronifizierung der Abhängigkeit tritt z. B. in der Beziehung des Kindes zu seinen Eltern auf (→ Sozialisation). Als Erklärung dafür wird das Prinzip der sekundären Verstärkung verwendet (Mowrer, 1960). Wenn eine Bezugsperson der Zielperson wiederholt positive Konsequenzen ermöglicht und damit Freude und Zufriedenheit auslöst, besteht die Tendenz, dass der positive → Affekt mit der Bezugsperson assoziiert wird, so dass er schließlich über einzelne Situationen generalisiert und die Bezugsperson im Allgemeinen als belohnend erlebt wird.

Erläuterung: Kerstin möchte gerne ihre Freizeit mit Ellen verbringen. Wenn Ellen ihrem Wunsch entspricht, ist sie glücklich, wenn Ellen aber ihre Freizeit alleine plant, ist Kerstin unglücklich. Was immer auch Ellen macht, die Gefühle von Kerstin werden davon mitbestimmt.

Ablenkungs-Konflikt-Theorie (Distraction-conflict theory): Ist eine theoretische Erklärung von Baron (1986) für das Auftreten von → sozialer Aktivierung, die besagt, dass während des Ausführens einer Aufgabe die Anwesenheit anderer eine Ablenkung von der Aufgabe darstellt. Die Ablenkung erzeugt einen Aufmerksamkeitskonflikt, in dessen Folge es zu einer Erhöhung des Erregungsniveaus kommt. Die weiteren Annahmen bezogen auf die Förderung der Lösung einfacher und der Beeinträchtigung der Lösung komplexer Aufgaben entsprechen denen, die Zajonc (1965) in seiner → Triebtheorie der sozialen Aktivierung in Abhängigkeit von dem Auftreten → dominanter Reaktionen dargestellt hat.

Die A. wurde erstmals in ihren Grundzügen von Jones & Gerard (1967) dargestellt. Cottrell (1972) kam zu dem Ergebnis, dass die Triebtheorie eine bessere Erklärung sozialer Aktivierung leistet als die A. Eine Stärke der A. liegt darin, dass sie erklären kann, dass sich Ablenkung auf der Basis nichtsozialer Einflussfaktoren genauso auswirkt wie die Anwesenheit von Zuschauern.

Erläuterung: Lauter Lärm stellt eine nichtsoziale Ablenkung dar, die die Lösung einfacher Aufgaben beschleunigt, während die Lösung komplexer Aufgaben beeinträchtigt wird.

Abnormes Verhalten (Abnormal behavior): Bezeichnet in der Klinischen Psychologie ein Erleben und Verhalten, das selten ist, von der → Norm deutlich abweicht, unter dem die Person leidet und das sie in ihrer Zielerreichung behindert und das in der gegebenen Situation unerwartet ist (Davison & Neale, 2000). Das Abweichende bzw. Abnorme wird auch unter dem Begriff der Störung zusammengefasst.

Aus dem öffentlichen Diskurs in der → Gesundheitspsychologie über das, was Normalität und Abweichung (bzw. Störung) ausmachen kann, sind kontroverse Auffassungen hervorgegangen. Zum Teil liegt dies daran, dass der Diskurs durch den Einfluss von wissenschaftlichen Paradigmen (z. B. → Psychoanalyse, → Verhaltenstherapie), von institutionellen Anforderungsprofilen (z. B. gesetzliche Normierungen der Reichsversicherungsordnung) und von den in einer Gesellschaft vorherrschenden Menschen- und Gesellschaftsbildern (z. B. Autonomie und → Ich-Stärke als Normen von → Selbstverwirklichung) determiniert ist (vgl. Gruen, 1989; Keupp, 1982). Als Folge dieser kontroversen Auffassungen und einer anti-psychiatrischen Bewegung wurde das Konzept der „psychopathischen → Persönlichkeit", bei der nicht nur einzelne Verhaltens- und Erlebensweisen, sondern die Persönlichkeit als Ganzes als Störung betrachtet wird, wegen des diagnostischen Problems einer zu starken → Stigmatisierung der betreffenden Person abgelehnt (vgl. Coyne & Dow-

ney, 1991; Fiedler, 1995). A. stellt einen Spezialfall von → abweichendem Verhalten dar, der dadurch gekennzeichnet ist, dass eine Störung vorliegt.

Erläuterung: Der Begriff „chronisch psychisch krank" scheint nicht unproblematisch zu sein. Seine Verwendung kann dazu beitragen, dass „chronische" Interaktionsmuster zwischen psychisch Kranken und anderen Personen (Angehörige, therapeutisches Personal etc.) i.S. eines Teufelskreises (→ Sich-selbst-erfüllende Prophezeiung) zu einer weiteren „Chronifizierung" der Erkrankung beitragen, so dass schließlich aus „endlicher Krankheit" eine „unendliche Behinderung" wird (Krüger, Piesch, Thoma & Schmidt-Michel, 1994).

Abwärts gerichteter Vergleich (Downward comparison): Bezeichnet → soziale Vergleiche, die auf Personen gerichtet sind, denen es schlechter oder genauso schlecht geht wie einem selbst (Wills, 1981). Die Bedeutung von A.en für das subjektive Wohlbefinden bzw. das → Selbstwertgefühl ist Thema der → Theorie des abwärts gerichteten Vergleichs und des → Modells der Aufrechterhaltung der Selbstbewertung. Der Gegenbegriff ist → aufwärts gerichteter Vergleich.

Erläuterung: Die deutsche Bezeichnung für den A. ist „Schadenfreude".

Abwehrmechanismus (Defense mechanism): Bezeichnet in der → Psychoanalyse einen überwiegend auf unbewusster Ebene ablaufenden Mechanismus, der das → Ich von unlustvollen → Affekten und → Kognitionen entlasten und daher stabilisieren kann. Anna Freud (1936) hat als erste einen Versuch unternommen, A.en zu systematisieren.

Mentzos (1994) unterscheidet zwischen vier Ebenen von A.en und baut dabei auf Gedanken von Vaillant (1971) auf (vgl. Vaillant, 1994): 1. die Realitätswahrnehmung grob verzerrende und daher „primitive" A.en, die bei psychotischen Zuständen eingesetzt werden: psychotische Projektion, psychotische Verleugnung, Introjektionen und Spaltungsvorgänge, 2. die Realitätswahrnehmung weniger grob verzerrende, aber dennoch „unreife" A.en: nicht-psychotische Projektion und Identifikation, 3. die Realitätswahrnehmung nicht grob verzerrende und daher „reife", d. h. psychoneurotische A.en: Intellektualisierung, Affektualisierung, Rationalisierung, Affektisolierung, Ungeschehenmachen, Reaktionsbildung, Verschiebung, Verlagerung, Wendung gegen das Selbst und Verdrängung i. e. S., und 4. Vorgänge, die mit dem Begriff der Sublimierung erfasst werden, bei der verdrängte Triebimpulse in sozial akzeptierte Tätigkeiten verschoben werden.

A.en kommen in der sozialpsychologischen Forschung zum → Selbst zum Teil in begrifflich gleicher Form (wie z. B. Projektion oder → Aggressionsverschiebung), zum Teil in begrifflich abgewandelter Form, und zwar u. a. als → selbst(wert)schützende Attributionen, zum Ausdruck (Baumeister, Dale & Sommer, 1998; Snyder, 1988b).

Erläuterung: Ein Kind verdrängt die negativen Erfahrungen mit dem Vater, so dass ihm gegenüber weder Feindseligkeit noch Hass im bewussten Erleben und Verhalten zum Ausdruck kommt.

Abweichendes Verhalten (Deviant behavior):

Bezeichnung für eine → Handlung, die nicht der → Norm entspricht. Wiswede (1979, S. 20) stellt fest: „Ein Verhalten ist in dem Maß abweichend, in dem es gegen relevante normative Erwartungen verstößt". A. lässt sich als Diskrepanz zu den Rollenerwartungen der → Bezugsgruppe bestimmen (→ Konformität, → Soziale Rolle). A. wird häufig von Mitgliedern gesellschaftlicher Subgruppen geteilt, die über entsprechende Gemeinsamkeiten, die von der → Mehrheit abweichen, ihre → soziale Identität definieren. Ein verwandter Begriff ist Nonkonformismus.

A. ist vielfach → Sanktionen ausgesetzt. Es kann für → Unabhängigkeit des Denkens stehen. In der Kunst wird häufig A. realisiert. Eine Teilklasse A.s stellt → abnormes Verhalten dar.

Erläuterung: Mitte der sechziger Jahre des vorigen Jahrhunderts wurde es unter Jugendlichen modern, lange Haare zu tragen (Beatles-Frisuren).

Abwertung (Derogation):

Bezeichnet die Herabsetzung der Persönlichkeit, des → sozialen Status oder der Respektabilität einer Person durch Zuschreibung von negativen → Eigenschaften. A. dient z. B. der Aufrechterhaltung des → Gerechte-Welt-Glaubens oder des → Selbstwertgefühls einer Person (→ Theorie des abwärts gerichteten Vergleichs).

Erläuterung: Wenn Nachbarn das Opfer einer Vergewaltigung als „leichtes Mädchen" bezeichnen, könnte das der Stabilisierung ihres Gerechte-Welt-Glaubens dienen.

Abwertungsprinzip (Discounting principle):

Ist ein Denkschema, wonach eine förderliche Ursache für einen Effekt als weniger wichtig oder stark eingeschätzt wird, wenn gleichzeitig eine zweite förderliche Ursache vorhanden ist (im Vergleich zu einer Bedingung, in der nur die zuerst genannte förderliche Ursache wirksam ist). Abwertung stellt einen Kompensationsvorgang dar, der umgekehrt proportional zu der Stärke der zweiten förderlichen Ursache ist: Je stärker die zweite Ursache ist, desto geringer ist der relative Anteil der ersten Ursache an dem Zustandekommen des gegebenen Effekts (Kelley, 1967, 1973).

Das A. lässt sich auf die Entstehung und Unterminierung → intrinsischer Motivation anwenden, da eine Bereitschaft, eine Aufgabe aus Interesse zu bearbeiten, reduziert werden kann, wenn eine zweite förderliche Ursache für die Beschäftigung mit der Aufgabe plausibel ist. Eine solche das Interesse abwertende Ursache kann Bezahlung sein.

Dem A. steht das → Aufwertungsprinzip gegenüber. Beide Prinzipien stellen wichtige Bausteine der → Attributionstheorie dar, da sie für alltägliche → Attributionen von großer Bedeutung sind.

Erläuterung: Wenn Paula gerne Computerprogramme schreibt und auf einmal für diese Tätigkeit bezahlt wird, könnte sie die intrinsische Motivation an der Arbeit geringer einschätzen, als wenn kein Entgelt zur Verfügung steht.

Achtsamkeit (Mindfulness): → Gedankenlosigkeit

Adaptationsniveau-Theorie (Adaptation level theory): Ist eine Theorie, nach der Reize wie Gewichte oder → Belohnungen nicht absolut, sondern relativ zu vorhergehenden Reizen der gleichen Art beurteilt werden.

Die Abhängigkeit der Urteilsbildung von dem Kontext, in dem die Reize beurteilt werden, wurde vielfach belegt und in mathematischen Modellen beschrieben (Helson, 1964; Parducci, 1965). Die generelle Annahme besteht darin, dass einzelne Stimuli in dem Bezugsrahmen interpretiert werden, der vorgegeben ist. Die A. stellt einen wichtigen Ansatz im Rahmen der Forschung zur → Eindrucksbildung dar und weist Bezüge zur Forschung zu → Assimilations-Effekten und → Kontrast-Effekten auf.

Erläuterung: Peter hat die Note 1 in einer Mathematikarbeit geschrieben und dafür von seinem Vater € 10,- als Belohnung bekommen. Peter wird die Belohnung weniger zufrieden stellend erleben, wenn er vorher € 15,- für dasselbe Ergebnis einer Klassenarbeit bekommen hat, und zufriedener sein, wenn er vorher € 5,- bekommen hat.

Adoleszenz (Adolescence): → Jugend

„Adult Attachment Interview": Bezeichnet ein Verfahren zur retrospektiven Erfassung der mentalen Repräsentation der → Bindung an die Eltern. Dazu wird der Schwerpunkt auf die subjektive Rekonstruktion der Erfahrung gelegt, die im autobiographischen → Gedächtnis abgespeichert ist. Das AAI thematisiert in einer halbstrukturierten → Befragung bei Jugendlichen und Erwachsenen die Darstellung und Bewertung der Bindung an Vater und Mutter in der Kindheit. Dazu werden verschiedene Vorgaben gemacht wie die Frage nach fünf Eigenschaften, die für Vater und Mutter charakteristisch sind. Weiterhin wird danach gefragt, zu welchem Elternteil die engste Beziehung besteht, ob eine Zurückweisung durch die Eltern erinnert wird, ob die Befragten glauben, dass ihre → Persönlichkeit von ihren Erfahrungen mit den Eltern beeinflusst ist, ob sich die Beziehung zu den Eltern verändert hat und ob der Verlust einer Bezugsperson durch Tod oder ob ein Missbrauch aufgetreten ist (George, Kaplan & Main, 2001).

Bei der Auswertung steht weniger der Inhalt der Erinnerungen als vielmehr die formale Gestaltung der Antworten im Vordergrund. So wird eine kohärente und konsistente Darstellung als Hinweis auf eine sichere und autonome → Bindung interpretiert, während vermeidende Bindung aus manifesten Widersprüchen in der Darstellung und Erinnerungslücken abgeleitet wird. Eine ängstlich-ambivalente Bindung wird mit grammatisch komplizierten Sätzen, überlangen Darstellungen und Verwendung von Jargon in Zusammenhang gebracht. Schließlich wird der desorganisierte Bindungsstil aus traumatischen Erfahrungen von Verlust und Missbrauch abgeleitet. Eine Kritik an der Gültigkeit des AAI besagt, dass die Kohärenz des autobiographischen Berichts zumindest genauso stark von dem aktuellen psychologischen Zustand der berichtenden Person abhängt wie von ihrer Bindungserfahrung (Fox, 1995).

Das AAI wurde durch Main, Kaplan & Cassidy (1985) entwickelt. Die Auswertung erfolgt auf der Grundlage eines Transkriptes des Interviews, dessen Inhalt auf Ratingskalen eingestuft wird (Gloger-Tippelt, 2001). Neben Beurteilungen der Kindheitserfahrungen und ihrer mentalen Verarbeitung getrennt nach Mutter und Vater werden eine Reihe von allgemeinen Merkmalen der Repräsentation der autobiographischen Erfahrung auf diese Weise erfasst.

Erläuterung: Eine der wichtigsten Hypothesen, die mit dem AAI überprüft wurde, besteht in der Annahme einer Übereinstimmung zwischen Bindung der Eltern, wie sie aus dem AAI entnommen wird, und der beobachteten Klassifikation ihrer Kinder in der → Fremden Situation. In Übereinstimmung mit dieser Hypothese fand sich in einer → Metaanalyse eine substantielle Kongruenz zwischen Eltern und Kind, die für die Mutter größer ist als für den Vater (van Ijzendoorn, 1995).

Affekt (Affect): Bezeichnet zum einen aus psychiatrischer Sicht eine intensive → Emotion, die einen spezifischen Anlass hat und die häufig mit Verlust von Handlungskontrolle einhergeht. Zum anderen bezeichnet A. den Obergriff oder ein Synonym für Emotion.

Zajonc (1980) geht davon aus, dass Präferenzurteile ohne Beteiligung kognitiver Vermittlung allein auf affektiver Grundlage zustande kommen können (vgl. Birnbaum, 1981). Nach Krause (2000) stehen bestimmte A.e (Wut, Angst, Trauer und fehlende Freude bzw. Anhedonie) mit depressiven Reaktionen in Verbindung. A.e sind von → Stimmungen zu unterscheiden, die keinen spezifischen Anlass aufweisen. Allerdings wird der Begriff A. gelegentlich auch im Sinne von Stimmung verwendet, wie folgende Ansätze verdeutlichen: → Affekt-als-Information-Modell, → Affekt-Priming-Modell und → Affekt-Infusions-Modell.

Erläuterung: Heinz trifft bei einem Waldspaziergang auf eine Ringelnatter und erlebt eine intensive → Angst.

Affekt-als-Information-Modell (Affect-as-information model): Besagt, dass Menschen ihre → Affekte oder → Stimmungen als Bezugspunkte nehmen und diese in das Gesamturteil bezüglich eines Urteilsobjekts einbeziehen (Clore & Parrott, 1991; Schwarz, 1990, 2000). Das A. enthält die Annahme, dass die Beurteiler eines Sachverhalts oder einer Person einer „Wie geht es mir damit?"-Heuristik folgen (→ Zugänglichkeits-Heuristik). Die Stimmung fließt als Information in die Urteilsbildung ein. Wenn dieser Vorgang bei der Bewertung einer Person stattfindet, beeinflusst er die → Eindrucksbildung.

Erläuterung: Nach Befunden von Levine, Wyer & Schwarz (1994) führt die Erinnerung an positive Ereignisse in der eigenen Lebensbiografie (z. B. im Leistungsbereich) zu einer günstigeren Stimmung und zu einem höherem → Selbstwertgefühl als die Erinnerung an negative Ereignisse.

Affekt-Infusions-Theorie (Affect-infusion theory): Dient der Erklärung widersprüchlicher Effekte der → Stimmung auf die → Personenwahrnehmung, auf → Attributionen und auf die Bildung von → Stereotypen. Die A. wurde von Forgas (1995; vgl. auch Schwarz, 2000) entwickelt und unterscheidet vier Infusionsstrategien der Stimmung: 1. Die Direkteinschätzungs-Strategie kommt zum Tragen, wenn ein Thema von niedriger Bedeutung ist und hohe Bekanntheit besitzt, so dass eine Beurteilung mehr über im → Gedächtnis abgespeicherte und leicht zugängliche Wissensinhalte als über Stimmungen zustande kommt (z. B. Einschätzung von bekannten Konsumgütern), 2. Motivationales Stimmungsmanagement dient der Verbesserung einer schlechten Stimmung. Das Thema ist von hoher Relevanz und die Beurteiler sind motiviert, ihre Stimmung zu heben. Beispiel: Eine Person, die davon gehört hat, dass der Film „Bridget

Jones" eine sagenhafte Komödie ist, entschließt sich abends zum Kinobesuch, nachdem sich tagsüber ihre Stimmung zunehmend verschlechtert hat, 3. Das → Affekt-als-Information-Modell beinhaltet die Annahme, dass Stimmungen als Bezugspunkte dienen, die in ein Urteil einfließen. Basis ist die How-do-I-feel-about-it?-Heuristik, die als Maßstab für die Bedrohlichkeit einer Situation oder eines Sachverhalts genommen wird (→ Heuristik). Beispiel: Bei guter Stimmung werden Krankheitsrisiken als geringer eingestuft als bei schlechter Stimmung, und 4. Das → Affekt-Priming-Modell geht davon aus, dass Gedächtnisinhalte, die mit der Stimmung kongruent sind, in ihrer Abrufbarkeit erhöht sind. Positive Stimmung erhöht demnach die Zugänglichkeit von Erinnerungen mit einem positiven Vorzeichen, während negative Stimmung die Zugänglichkeit von negativen Erinnerungen verbessert. Weiterhin wird angenommen, dass diese Effekte sich umso stärker ausbreiten, je länger die Verarbeitungszeit für einen Sachverhalt ist. Je länger jemand über ein Ereignis nachdenkt – z. B. weil es außergewöhnlich ist, desto stärker sollte seine oder ihre Einschätzung durch die Stimmung verzerrt werden (→ Elaborations-Wahrscheinlichkeits-Modell der Überredung; → Priming).

Während die zwei zuletzt genannten Strategien zu Stimmungs-Kongruenz-Effekten führen, sind bei den zwei zuerst genannten Strategien keine entsprechenden Effekte zu erwarten.

Erläuterung: Thayer, Newman & McClain (1994) unterscheiden sechs Formen des individuellen Stimmungsmanagements, um „angespannt-müden" Stimmungen entgegen zu wirken: 1. Aktives Stimmungsmanagement (Meditation, Massage, körperliche Bewegung etc.), 2. Ablenkungsstrategien (Musik hören, ein heißes Bad nehmen etc.), 3. Passives Stimmungsmanagement (Fernsehen, Essen, Einkaufen etc.), 4. → Soziale Unterstützung, emotionale Erleichterung und Selbstbelohnung (Freunde anrufen, Frustrationen ausdrücken, Sich-verwöhnen-Lassen etc.), 5. Rückzugs- und Vermeidungsstrategien (→ Stress aus dem Weg gehen, „die Decke über den Kopf ziehen"), und 6. Strategien, die das Ziel einer direkten Spannungsreduzierung verfolgen (Selbst-Medikation, Alkohol etc.).

Affekt-Priming-Modell (Affect priming model): Bezeichnet ein von Forgas (1995) vorgelegtes Modell, das auf Erkenntnissen der Forschung zum → „Priming" aufbaut und das die selektive Aktivierung und erhöhte Zugänglichkeit von mit dem → Affekt oder der → Stimmung kongruenten Gedächtnisinhalten betont, die schließlich in die → soziale Informationsverarbeitung einfließen.

Affektives „Priming" wird dann den stärksten Einfluss auf die → Eindrucksbildung aufweisen, wenn eine hohe Wahrscheinlichkeit der → Elaboration vorliegt. Das ist dann der Fall, wenn ein Stimulusobjekt z. B. von einem → Prototyp abweicht und der Beurteiler deshalb intensiver zum Nachdenken veranlasst wird (vgl. Klauer, 1998).

Affektive Assoziation (Affective association): → Einstellungstypologie

Aggression (Aggression): Ist ein Sammelbegriff für jede Art von Verhalten, das darauf gerichtet ist, eine andere Person zu schädigen. Nach Zillmann (1979) ist A. im engeren Sinne jede Art von Verhalten, durch das versucht wird, einer Person körperlichen Schaden oder physischen Schmerz zuzufügen, die danach strebt, eine solche Zufügung zu vermeiden. Von A. sind → Feindseligkeit, → Drohung und → Gewalt zu unterscheiden. Darüber hinaus wird zwischen individueller A. und → Gruppen-A. getrennt. Weiterhin lassen sich verschiedene → Aggressionsformen gegenüberstellen, die durch unterschiedliche → Aggressionstheorien erklärt werden (vgl. Geen & Donnerstein, 1998).

Erläuterung: Der verstorbene Literatur-Nobelpreisträger William Golding verdeutlicht in seinem Buch „Herr der Fliegen", wie sich A. – z. T. überspitzt in diabolischer Weise – bei Jungen, die sich nach einem Flugzeugabsturz auf eine Insel im Pazifischen Ozean retten können, zeigen kann.

Aggressionsform (Form of aggression): Bezeichnet die Art und Weise, wie → Aggressionen ausgedrückt werden. Je nach der Zielsetzung und dem sozialen Kontext lassen sich mehrere Formen von Aggression unterscheiden (Zillmann, 1979; vgl. Bushman & Anderson, 2001; Selg, Mees & Berg, 1997): 1. offensive Aggression (dient der Durchsetzung des eigenen Standpunktes) vs. defensive Aggression (dient der Verteidigung des eigenen Standpunktes), 2. provozierte Aggression vs. unprovozierte Aggression, 3. instrumentelle Aggression (wenn zur Erreichung eines positiv bewerteten Zieles rational geplante Verhaltensweisen eingesetzt werden, die zu einer Schädigung anderer Personen führen können; → Macht durch Zwang) vs. impulsive Aggression (affektiv induzierte aggressive Reaktionen, die unmittelbar auf die Schädigung und Beeinträchtigung eines anderen gerichtet sind), 4. Aggression, die sozial gebilligt vs. sozial nicht gebilligt ist bzw. die gerechtfertigt oder nicht gerechtfertigt erscheint, 5. offene Aggression (körperlich oder verbal) vs. verdeckte (phantasierte) Aggression, 6. direkte vs. indirekte Aggression (wobei letztere sich in einer → Aggressionsverschiebung äußern kann).

Erläuterung: Im Straßenverkehr treten täglich viele Fälle von impulsiver Aggression auf: Klaus fühlt sich auf der Autobahn von einem Wagen, der hinter ihm fährt, bedrängt, so dass er plötzlich auf die Bremse tritt (→ Frustrations-Aggressions-Hypothese).

Aggressionshemmung (Aggression inhibition): → Aggressionstheorie

Aggressionstheorie (Aggression theory): Bezeichnet aufeinander bezogene theoretische Aussagen, die sich auf die Erklärung aller oder spezifizierter → Aggressionsformen beziehen. Im Folgenden werden zehn solcher Aussagen unterschieden: 1. Triebtheorien, die einen angeborenen Aggressionstrieb annehmen. So postuliert Freud (urspr. 1940) einen → Todestrieb, der das ultimate Ziel haben soll, Lebendiges in den anorganischen Zustand zu überführen. Lorenz (1963) nimmt auch bei Menschen einen angeborenen, in der → Evolution herausgebildeten Aggressionstrieb an, den er aus Tierstudien und Beobachtungen am Menschen herleitet. 2. Die → Frustrations-Aggressions-Hypothese geht in ihrer ursprünglichen Fassung davon aus, dass → Frustration immer zu → Aggression führt. Als Frustration wird dabei der innere Zustand nach einer Handlungsblockierung verstanden. Eine spätere Revision besagt, dass Aggression nur eine von verschiedenen möglichen Reaktionen auf Frustration darstellt. Triebtheoretische Annahmen der → Psychoanalyse liegen der → Katharsis-Hypothese zugrunde, wonach die Ausführung aggressiver → Handlungen zu einer Triebabfuhr und damit zu einer Verringerung des Antriebs zur Aggression führt. Die empirische Bestätigung für diese Ableitung ist gering. Andere triebtheoretische Ableitungen besagen, dass es durch Akkumulation aggressionsspezifischer Triebenergie zu spontanen Ausbrüchen von aggressivem Verhalten kommen kann und dass eine → Aggressionsverschiebung eintritt, wenn eine Aggression gegen die Person, die die Frustration erzeugt hat, nicht möglich ist. 3. Lerntheorien führen Aggression auf Prozesse zurück, die entweder durch → klassische Konditionierung, durch → operante Konditionierung oder durch → Modelllernen bedingt sind.

4. Die → Theorie der aggressiven Hinweisreize (Berkowitz, 1965) führt → impulsive Aggression darauf zurück, dass Personen, die frustriert worden sind, an aggressive Inhalte erinnert werden. Aggressive Hinweisreize sind Symbole, die mit Aggression zusammenhängen (z. B. Waffen). Eine Zusammenfassung der vorliegenden Studien in einer → Metaanalyse zeigt, dass aggressive Hinweisreize mit der Auslösung von Aggression zusammenhängen (Carlson, Marcus-Newhall & Miller, 1990).

5. In der → Erregungs-Transfer-Theorie (Zillmann, 1979) wird die Annahme aufgestellt, dass unter bestimmten Bedingungen Residuen physiologischer → Erregung in nachfolgenden Situationen den → Ärger intensivieren kann, der durch eine Beleidigung oder Provokation ausgelöst wird. Voraussetzung dafür ist, dass das Timing stimmt: Die physiologische Erregung, die transferiert werden kann, muss noch vorhanden sein, aber bewusst nicht mehr wahrgenommen werden. Personen, die erregbarer sind, sollten stärker eine Neigung zu Erregungstransfer aufweisen als Personen, die weniger erregbar sind.

6. Die → Attributionstheorie der Aggression (Ferguson & Rule, 1983) stellt die Frage in den Mittelpunkt, wie sich das Opfer einer negativen Handlung deren Zustandekommen erklärt. Unter welchen Umständen wird der Person, die die negative Handlung ausgeführt hat, → Verantwortung dafür zugeschrieben (→ Verantwortungsattribution)? Verantwortung für eine Schädigung wird danach in Abhängigkeit von drei Einschätzungen zugeschrieben: a) Ob der Akteur die Schädigung beabsichtigt hat oder nicht, b) ob die Zielsetzung für die Schädigung akzeptabel oder unakzeptabel ist und c) ob eine Schädigung vorhersehbar war oder nicht. Nach der Theorie ergibt sich die höchste Verantwortungszuschreibung bei intendiertem Handeln, deren negative Konsequenzen vorhersehbar waren und die auf unakzeptablen → Motiven beruhen. In Übereinstimmung mit dieser Theorie wurde festgestellt, dass eine Schädigung als aggressiver eingeschätzt wird, wenn dem Akteur keine Entschuldigungsgründe (→ Entschuldigung) zugute gehalten werden und Absichtlichkeit der Handlung unterstellt wird (Bornewasser, 1982; Mummendey, Bornewasser, Löschper & Linneweber, 1982).

7. Eine weitere Erklärung für Aggression liefert die Gerechtigkeitstheorie. Es wird erwartet, dass eine Person eher verärgert reagiert und als Folge davon Vergeltung anstrebt, wenn sie sich ungerecht behandelt fühlt bzw. wenn eine Normverletzung vorausgegangen ist (Bierhoff, 1998; Scherer, 1991). Generell kann sich die Unfairness auf das → Gefühl der Beeinträchtigung der → Verteilungsgerechtigkeit oder der → Verfahrensgerechtigkeit beziehen.

8. Die → kognitiv-neoassoziationistische Theorie des Ärgers (Anderson, Anderson & Deuser, 1996; Berkowitz, 1989) geht davon aus, dass jede Art von aversiven Erfahrungen einen negativen → Affekt hervorruft, der assoziativ mit Ärger verbunden wird. Die aversiven Ereignisse müssen nichts mit Frustration zu tun haben. Es reicht aus, wenn eine Person ihre Hand in unangenehm kaltes Wasser hält. Frustration lässt sich dann als Spezialfall aversiver Ereignisse auffassen, die generell zu einer erhöhten Bereitschaft, sich aggressiv zu verhalten, beitragen. Darüber hinaus wird die Bedeutung aggressiver Gedanken betont, die z. B. durch → „Priming" ausgelöst werden können.

9. Das Handlungsregulationsmodell nach Bandura (1973) betont, dass Aggression durch den Handelnden aktiv initiiert wird. Der Akteur integriert unterschiedliche Handlungskomponenten, die in der aggressiven Reaktion zusammengefügt werden. Der Erwerb der Einzelkomponenten oder → Fertigkeiten

Ähnlichkeit

wird auf drei Teilprozesse zurückgeführt: a) Aufmerksamkeitszuwendung, b) Aufbau einer symbolischen Repräsentation von Verhaltenssequenzen und Ereignissen, c) motorische Reproduktion als Integration von Teilfertigkeiten und Prozesse der Motivation und Verstärkung. Es wird angenommen, dass sich die Situation, die Verstärkungsprozesse und die kognitiven Prozesse reziprok beeinflussen (Rosenthal & Zimmerman, 1978). Unter den kognitiven Prozessen spielen vor allem → Wahrnehmung, Aufmerksamkeit und → Erwartung eine wesentliche Rolle. Verstärkung wird in verschiedenen Formen relevant: als direkte Verstärkung (Triumph über den Sieg), als stellvertretende Verstärkung (Rambo siegt im Fernsehen) und als Selbstverstärkung („Dem habe ich es aber gezeigt"). Schließlich wird angenommen, dass die Ausübung von Aggression zu einer Desensibilisierung gegenüber → Gewalt führt (entgegen der Katharsis-Hypothese).

10. Der motivationstheoretische Ansatz von Olweus (1974) erweitert die bisher genannten Theorien in zweierlei Hinsicht: Einerseits werden Persönlichkeitsunterschiede in aggressiven Reaktionstendenzen einbezogen und andererseits wird neben der aktivierten Aggressionstendenz die aktivierte Aggressionshemmung berücksichtigt (vgl. → Leistungsmotivation). Während Aggressionstendenz und Aggressionshemmung dispositional sind, enthalten die Situationen einen Anregungsgehalt für die jeweils unterschiedlichen individuellen Reaktionstendenzen. In Übereinstimmung mit diesem Ansatz wurde in einer → Metaanalyse gezeigt, dass aggressive Tendenzen eine substantielle zeitliche Stabilität aufweisen (Olweus, 1979). In ähnlicher Weise wird das Zusammenspiel zwischen Anregungsgehalt der Situation und Aggressionsmotiv von Kornadt (1982) theoretisch gefasst, der das Aggressionsmotiv ähnlich wie das Leistungsmotiv als Ausdruck von zwei antagonistischen Tendenzen auffasst. Die Aggressionshemmung wird auf die Assoziation der aggressiven Handlung mit negativen Konsequenzen zurückgeführt, die sich in Schuldgefühlen (→ Schuld) und → Angst vor Strafe manifestiert.

Erläuterung: Die antagonistischen Motive Aggressionstendenz und Aggressionshemmung werden durch das „Aggressions-Motiv-Gitter" gemessen (Burkardt, Zumkley & Kornadt, 1987).

Aggressionsverschiebung (Displacement of aggression): Bezeichnet die Tendenz, unter bestimmten Bedingungen auf eine → Frustration nicht die frustrierende Person anzugreifen, sondern ersatzweise andere Ziele der → Aggression zu wählen. In der → Frustrations-Aggressions Hypothese wird angenommen, dass nach einer Frustration Aggression an erster Stelle gegen die frustrierende Person gerichtet wird. Wenn aufgrund der großen → Macht der frustrierenden Person oder dem Vorliegen sozialer → Normen eine direkte Vergeltung als nicht möglich erscheint, übernehmen Sündenböcke eine Ersatzfunktion in dem Sinne, als sie anstelle der frustrierenden Person angegriffen werden. Ein Sündenbock ist umso eher als Aggressionsziel geeignet, je ähnlicher bestimmte Eigenschaften mit denen der frustrierenden Person sind. A. kann auch als → Abwehrmechanismus aufgefasst werden.

Erläuterung: Ein Angestellter wird von einem Vorgesetzten während der Arbeit beleidigt. Er verlagert die Aggressionstendenz, indem er auf der Heimfahrt den Busfahrer wegen einer Verspätung beschimpft.

Aggressiver Hinweisreiz (Aggressive cue): → Aggressionstheorie, → Theorie der aggressiven Hinweisreize

Ähnlichkeit (Similarity): Ist der Grad, in dem sich zwei Personen in ihren → Meinungen, → Einstellungen, → Werten, in ihrem äußeren Erscheinungsbild und → Selbstschema oder in anderen Merkmalen entsprechen (→ Einstellungsähnlichkeit zwischen Personen).

Um die Ä. mit einer anderen Person experimentell zu manipulieren, entwickelte Byrne (1971) das → Paradigma vom anonymen Fremden. Auf der Grundlage dieses Ansatzes wurde empirisch festgestellt, dass die interpersonale → Attraktion linear mit der Ä. zunimmt.

Erläuterung: Ä. zeigt sich in romantischen Partnerschaften (→ Enge Beziehung), da sich die Partner in ihren Einstellungen, Freizeitinteressen oder politischen Meinungen vielfach gleichen (Feingold, 1988; → „Matching"-Hypothese).

Akkommodation (Accommodation):

Bezeichnet 1. in der Theorie der kognitiven Entwicklung von Piaget (urspr. 1950) die Anpassung des Individuums an die Umweltbedingungen. Der Gegenbegriff ist derjenige der → Assimilation. In der Nachahmung (→ Modelllernen) überwiegt die A. die Assimilation.

Bezeichnet 2. in → engen Beziehungen die Unterdrückung von destruktiven Reaktionen des einen Partners auf → Provokationen des anderen Partners. Durch konstruktive Reaktionen auf → Aggressionen des Partners wird die Eskalation von → Konflikten in der Partnerschaft vermieden (Rusbult et al., 1991; → Rechenschaftsepisode, → Soziale Kompetenz).

Erläuterung: Wenn der Partner in einer romantischen Beziehung unter → Stress die Fassung verliert und der Partnerin Vorwürfe macht, stellt sie ihre Vorwürfe zurück und übergeht den Vorfall „um des lieben Friedens willen".

Akkulturation (Acculturation): → Sozialisation

Akteur-Beobachter-Unterschied (Actor-observer difference): (Synonym:

Perspektiveneffekt) Bezeichnet die Tendenz von Akteuren, ihre Handlungen eher mit externalen Ursachen zu erklären, während Beobachter dazu tendieren, die Handlungen von Akteuren eher auf internale Ursachen, also auf → Eigenschaften, → Einstellungen und → Motive der Akteure, zurückzuführen.

Bei der Erklärung des Verhaltens betonen Akteure die Bedeutung der Situation, während Beobachter die Bedeutung dispositionaler Faktoren hervorheben. Diese Divergenz der → Attribution lässt sich z. T. auf unterschiedliche Wahrnehmungsperspektiven von Akteuren und Beobachtern zurückführen: Während die Akteure auf die Umgebung blicken, steht für die Beobachter die handelnde Person im Mittelpunkt (vgl. Taylor & Fiske, 1978).

Erläuterung: Nach Simulationsbefunden von West, Gunn & Chernicky (1975) zur Watergate-Affäre in den USA zeigte sich, dass manche der an kriminellen Machenschaften beteiligten Akteure sich weniger involviert und weniger für ihre Handlungen verantwortlich sahen, als dies aus der Sicht von unbeteiligten Beobachtern der Fall war.

Akteur-Opfer-Divergenz (Actor-victim divergence): Bezeichnet die Tatsache, dass nach einer → Aggression Opfer und Angreifer zu unterschiedlichen Einschätzungen über die Angemessenheit des Angriffs neigen (Mummendey, Linneweber & Löschper, 1984; Otten & Mummendey, 1999): Während Angreifer ihr Verhalten im Allgemeinen als gerechtfertigt ansehen, tendieren die Opfer dazu, die Attacke als unangemessen und unmoralisch zu bewerten.

Erläuterung: Die A. lässt sich nach Mikula, Athenstaedt, Heimgartner & Heschgl (1997) auch auf → enge Beziehungen übertragen, in denen der eine Partner eine Fehlhandlung des anderen Partners als ungerechter erlebt als der andere Partner.

Aktionsforschung (Action research): → Gruppendynamik

Aktivierung (Facilitation): → Soziale Aktivierung

Algebraisches Modell (Algebraic model): Ist ein mathematischer Ansatz, der den Prozess der → Eindrucksbildung auf der Grundlage der → kognitiven Algebra beschreibt. Es wird angenommen, dass die einzelnen Informationen über eine Person subjektiv durch Skalenwerte repräsentiert werden, die zu einem Gesamteindruck integriert werden. Zwei Basismodelle lassen sich unterscheiden: 1. generelle additive Modelle (Summationsmodell, → Durchschnittsmodell) und 2. multiplikative Modelle. In der Eindrucksbildung hat sich das Durchschnittsmodell bewährt (Anderson, 1981).
Erläuterung: Paul wird als „freundlich" und „selbstgenügsam" wahrgenommen. Es ergibt sich ein positiver Gesamteindruck, da beide Eigenschaften einen positiven Skalenwert haben, der für die Bildung des Gesamturteils gemittelt wird.

Alltagswidrigkeit (Daily hassle): Bezeichnet die irritierenden, frustrierenden, belastenden Anforderungen, die in gewissem Ausmaß alltägliches Handeln in der Umwelt kennzeichnen (Kanner, Feldman, Weinberger & Ford, 1991). A.en haben negative Auswirkungen auf die psychische und physische Gesundheit, die wenigstens so stark ausfallen wie die von kritischen Lebensereignissen (→ Stressor). Ihre negative Wirkung hängt nicht zuletzt damit zusammen, dass sie sich häufig wiederholen. A.en können auch zur Beeinträchtigung von → engen Beziehungen beitragen. Ihr kumulatives Auftreten reduziert die partnerschaftliche Zufriedenheit und erhöht die Wahrscheinlichkeit einer → Scheidung, wenn die Strategien zur → Bewältigung von Stress unzureichend sind (Bodenmann & Cina, 2000).

Erläuterung: Unter A.en fallen eine Vielzahl von kleineren Belastungen: sich mit dem Ehepartner darüber streiten, wer einkauft, Ärger mit technischen Apparaten, die nicht richtig funktionieren, sich um Geschenke für Weihnachten kümmern, sich mit Kollegen herumschlagen, die ihre Interessen einseitig durchsetzen wollen, sich Sorgen machen, ob ein Flug störungsfrei verläuft usw.

Altruismus (Altruism): → Altruistisches Verhalten, → Prosoziales Verhalten, → Soziales Motiv

Altruistisches Verhalten (Altruistic behavior): Stellt die Teilmenge → prosozialen Verhaltens dar, die dadurch gekennzeichnet ist, dass das letztendliche Ziel der Handlung darin besteht, einer anderen Person eine Wohltat zu erweisen (Batson, 1987, 1991, 1995). Das ist im Allgemeinen dann der Fall, wenn die → Empathie der helfenden Person mit dem Hilfeempfänger hoch ist. A. verweist auf ein → soziales Motiv, bei dem sich die Person ausschließlich daran orientiert, positive Konsequenzen für eine andere Person zu erzielen. Der Gegenbegriff ist → Egoismus.
Durch spezielle Versuchspläne wird versucht nachzuweisen, dass es A. tatsächlich gibt. Die Grundidee besteht darin, Hilfeleistung unter zwei Bedingungen zu beobachten: 1. Eine Fluchtmöglichkeit fehlt, so dass sich die Person weiter der → Notlage einer anderen Person aussetzen muss, was vermutlich sehr unangenehm erlebt wird, und 2. eine Fluchtmöglichkeit ist gegeben, die es der Person problemlos erlaubt, sich aus der Notlage zu entfernen. Eine Person, die altruistisch motiviert ist, sollte hilfsbereit reagieren, unabhängig davon, ob eine Fluchtmöglichkeit besteht oder nicht. Hingegen sollte eine Person, die egoistisch motiviert ist, nur dann helfend eingreifen, wenn sie sich nicht der Situation entziehen kann. Die Ergebnisse solcher Versuche zeigen, dass em-

pathische Personen, die die Perspektive des Opfers übernommen haben (→ Perspektivenübernahme), unabhängig von der Fluchtmöglichkeit helfen, während distanzierte Beobachter vor allem dann helfen, wenn sie sich der Notlage des Opfers nicht entziehen können. Diese Feststellung ist aber nur dann zutreffend, wenn die Hilfeleistung einen relativ geringen Aufwand verlangt. Eines der Rätsel des A.s besteht darin, dass es bei hohem Aufwand nicht nachweisbar ist. Eine analoge Trennung zwischen egoistisch und altruistisch motiviertem Verhalten wurde im Bereich der → Solidarität durchgeführt.

Erläuterung: In Schillers „Wilhelm Tell" wird die Maxime vertreten: „Der brave Mann denkt an sich selbst zuletzt".

Altruistische Persönlichkeit (Altruistic personality): Bezeichnet die überdauernde Tendenz, über das Wohlergehen anderer Menschen nachzudenken, Mitgefühl mit ihnen zu empfinden und ihnen eine Wohltat zu erweisen (vgl. Penner & Finkelstein, 1998, S. 526). Die A. stellt eine dispositionale Determinante des → prosozialen Verhaltens dar. Die wichtigsten Komponenten der A. sind: 1. Befolgung der → Norm der sozialen Verantwortung und 2. hohe dispositionale → Empathie. Außerdem ist die A. durch hohe internale → Kontrollüberzeugung, niedrigen → Machiavellismus, ein hohes Niveau des → Moralischen Urteils und hohen → Gerechte-Welt-Glauben gekennzeichnet.

Retrospektive → Befragungen von Personen, die Juden im Dritten Reich vor der Verfolgung durch die Nazis geschützt haben, und von Ersthelfern nach Verkehrsunfällen stimmen im Wesentlichen im Hinblick auf die Persönlichkeitsmerkmale der Helfer im Vergleich zu einer Kontrollgruppe von Nichthelfern überein (Bierhoff, Klein & Kramp, 1991; Oliner & Oliner, 1988). Diese lassen sich

im Sinne der philosophischen → Ethik als Tugenden interpretieren (Jeffries, 1998; vgl. auch Borkenau, 1996).

Erläuterung: Der Schauspieler Karlheinz Böhm arbeitet seit Jahren in Äthiopien an Projekten zur Verbesserung des Lebensstandards der dortigen Bauern.

Ambivalenter Rassismus (Ambivalent rascism): → Ambivalenz, → Theorie der ambivalenten Stereotype

Ambivalenter Sexismus (Ambivalent sexism): → Ambivalenz, → Theorie der ambivalenten Stereotype

Ambivalenz (Ambivalence): Bezeichnet ein gleichzeitiges Vorhandensein gegensätzlicher psychologischer Tendenzen (z. B. Hass und Liebe) gegenüber einer Zielperson oder einem → Einstellungsobjekt. Das Ambivalente kann als → Konflikt erlebt werden, was in der → Psychoanalyse als A.-Konflikt bezeichnet wird (Hohage, 1985). Parens (1979) unterscheidet zwischen einem präödipalen und ödipalen A.-Konflikt. In der Motivationspsychologie verwendet Thomae (1960) den Begriff der A., um auf Aversions-Appetenzkonflikte hinzuweisen.

In der → Sozialpsychologie lässt sich die A. einer → Einstellung auf der Grundlage des → semantischen Differentials messen (Bierhoff, 1996; Jonas, Broemer & Diehl, 2000). Zu diesem Zweck wird der negative Pol (z. B. „dumm") und der positive Pol („intelligent") getrennt eingeschätzt. A. wird dann erschlossen, wenn ein → Einstellungsobjekt gleichzeitig in Richtung auf den negativen und den positiven Pol beurteilt wird. Eine andere Möglichkeit der Messung der A. besteht darin, sie direkt über einen Fragebogen einzuschätzen. Verwandte Begriffe sind Ambitendenz und Ambiguität (vgl. Jaeggi, 1993).

Erläuterung: Der Fragebogen zur Erfassung von ambivalentem Sexismus gegenüber Frauen (ASI; Glick & Fiske, 1996, 2001; → Theorie der ambivalenten Stereotype) enthält Feststellungen, die feindselige („Die meisten Frauen bewerten harmlose Anmerkungen gleich als sexistisch") und wohlwollende („In einem Katastrophenfall müssen Frauen zuerst gerettet werden") Einstellungen ansprechen.

Andere-Rasse-Effekt (Other-race effect): → Ausländereffekt, → Fremdgruppen-Homogenitäts-Effekt

Änderungswiderstand (Resistance of change): Bezeichnet innerhalb der → Dissonanztheorie den Widerstand einer Person gegen die Veränderung von bestehenden → Kognitionen.
Erläuterung: Die Erinnerung an das eigene Verhalten, wenn es gerade stattgefunden hat, ist im Allgemeinen so prägnant und deutlich, dass sie sich nicht leicht verzerren lässt. Wenn jemand eine bestimmte Auskunft gibt, wird die Person dieses Faktum normalerweise als gegeben hinnehmen. Der Ä. nimmt allerdings ab, wenn ein größerer Zeitraum verstreicht, bevor die Erinnerung an das eigene Verhalten ins Bewusstsein gehoben wird.

Androgynie (Androgyny): Ist eine Konfiguration der → Persönlichkeit, bei der instrumentelle und expressive → Eigenschaften hoch ausgeprägt sind (vgl. Bakan, 1966; Bem, 1975). Instrumentelle Eigenschaften, die auch als maskuline Eigenschaften bezeichnet werden, umfassen Entschlusskraft, Initiative und Dominanz. Expressive (feminine) Eigenschaften umfassen Mitgefühl, Wärme und Einfühlungsvermögen (Bierhoff-Alfermann, 1989). A. wurde mit psychischer/physischer Gesundheit in Beziehung gesetzt (Bierhoff & Ludwig, 1991, Brähler & Felder, 1999; → Psychotherapie). Der Begriff der A. ermöglicht eine neue Interpretation von → Geschlechtsrollen.
Erläuterung: In einer Längsschnittstudie von Trautner (1992a) ergab sich, dass Eltern, unabhängig vom Geschlecht der Kinder, ein Erziehungsideal in Bezug auf die Persönlichkeit ihrer Kinder vertraten, das deutliche androgyne Züge aufwies.

Angewandte Attributionstheorie (Applied attribution theory): Bezeichnet die Anwendung der in der sozialpsychologischen Grundlagenforschung entwickelten → Attributionstheorien zur Beantwortung praktischer Fragestellungen im Alltag. Hierbei greift die A. auch solche alltagsrelevanten Fragestellungen auf, die sich primär anderen Teildisziplinen der → Psychologie und nicht mehr der → Sozialpsychologie zuordnen lassen, wie z. B. der Klinischen Psychologie, der Pädagogischen Psychologie, der Organisations-, Wirtschafts- und Rechtspsychologie.
Erläuterung: So lässt sich der → ANOVA-Würfel im klinisch-psychologischen Bereich im Rahmen von → Attributionstherapien auf die Behandlung von Patienten (Försterling, 1986), im organisationspsychologischen Bereich auf Attributionsansätze der → Führung von Mitarbeitern (Herner, 1986) oder im rechtspsychologischen Bereich auf attributionsbezogene Schulungsmaßnahmen für Richter zur besseren Urteilsfindung bei Straftaten (Haisch, 1984) anwenden. Insbesondere in der Strafrechtspsychologie, in der nicht nur Fragen nach der Ursachenattribution, sondern vor allem Fragen nach der → Verantwortungsattribution und Schuldattribution für eine Straftat gestellt werden, sind attributionstheoretische Ansätze von großer Bedeutung (Oswald & Bilsky, 1991).

Angewandte Gruppendynamik (Applied group dynamics): → Gruppendynamik

Angewandte Psychologie (Applied psychology): → Psychologie

Angewandte Sozialpsychologie (Applied social psychology): Ist ein Teilbereich der → Sozialpsychologie, der Erkenntnisse aus der sozialpsychologischen Grundlagenforschung verwendet, um praxisnahe Fragestellungen aus dem Alltag zu beantworten (vgl. Schultz-Gambard, 1987; Semin & Fiedler, 1996; Stephenson, 1992). Dabei bedient sich die A. bestimmter methodologischer Regeln, die nach Haisch (1983, S. 13) eine Auskunft darüber geben „…(1) an welchem Kriterium zu messen ist, ob sie als Regeln für wissenschaftliches (praktisches) Arbeiten zu gebrauchen sind oder nicht und (2) an welchem Kriterium gemessen werden soll, ob ein Vorschlag zur Lösung praktischer Probleme akzeptabel ist oder nicht."

Wichtige Themen, die sich im Rahmen der A. verorten lassen, liegen z. B. im Bereich der Politischen Psychologie (Preiser, 1990), Wirtschafts-, Medien- und Werbepsychologie (Kroeber-Riel & Weinberg, 1999; Moser, 1990; Winterhoff-Spurk, 1999), Sportpsychologie (Thomas, 1995), Polizei-, Kriminal- und Rechtspsychologie (Bartol & Bartol, 1994; Deusinger, 1993; Lösel, Bender & Bliesener, 1992; Stein, 1990), → Gesundheitspsychologie (Schwarzer, 1997), Arbeits-, Personal- und Organisationspsychologie (Hoyos & Frey, 1999; Schuler, 1995, 2001), Familienpsychologie (Schneewind, 2000), Rehabilitationspsychologie (Petermann, 1997), Klinischen Psychologie und → Psychotherapie (Baumann & Perrez, 1998), Gemeindepsychologie (Keupp, 1994) oder Ökologischen Psychologie (Kruse, Graumann & Lantermann, 1990).

Erläuterung: Ein wichtiger Bereich der A. zeigt sich in der Anwendung der in der sozialpsychologischen Grundlagenforschung entwickelten → Reaktanztheorie auf die Frage, wie päventiv angelegte Aufklärungskampagnen in der Gesundheitspolitik eines Landes gestaltet sein müssen, um gesundheitsgefährdendes Verhalten (z. B. übermäßiger Alkoholkonsum) in der Bevölkerung zu reduzieren (vgl. Bensley & Wu, 1991; Dickenberger, Gniech & Grabitz, 1993; Stroebe & Jonas, 2002).

Angst (Anxiety): Ist eine universell verbreitete Basisemotion (Ekman, 1992; → Emotion). Der Begriff wird oft synonym mit Furcht verwendet, z. T. auch davon abgegrenzt. So hat schon Freud A. und Furcht über ihren Bezug auf Objekte bzw. Auslöser unterschieden: Bei Furcht bzw. Realangst liegen nach ihm klare Auslöser vor (z. B. „Furcht vor bissigen Hunden"), während bei der (frei flottierenden, neurotischen) A. keine Auslöser angegeben werden können oder objektive Gefährdung und Angstreaktion weit auseinanderklaffen (z. B. panische A. vor harmlosen Spinnen). Im objektiven Erscheinungsbild sind A. und Furcht kaum unterscheidbar. Furcht kann auf die → Erwartung einer Schädigung bezogen werden, während A. eher auf die emotional-affektive Reaktion bezogen sein kann.

Zweckmäßig ist die Unterscheidung zwischen der akuten → Zustandsangst bzw. Furcht und Versuchen der Regulation dieses Zustands und der überdauernden Tendenz mehr oder weniger leicht in diesen Zustand zu geraten (→ Ängstlichkeit).

Neurotisch bedingte A. kann, wenn sie als Symptom in Erscheinung tritt, als Angstneurose in drei Formen auftreten (vgl. Ermann 1997): 1. als diffuse Angstneurose (Angstattacken, generalisierte Angstneurose), 2. als phobische Angstneurose (Situationsphobie, soziale → Phobie, isolierte Phobie) und 3. als hypochondrische Neurose (Krankheitsphobie, Dysmorphophobie).

Erläuterung: Die negative Wirkung der A. wird durch den Filmtitel „Angst essen Seele auf" von Rainer Werner Fassbinder gekennzeichnet.

Ängstlichkeit (Anxiousness, Fearfulness, Trait anxiety): (Synonym: Angstneigung) Bezeichnet das individuell unterschiedlich stark ausgeprägte und zeitlich stabile Persönlichkeitsmerkmal, in vielen Situationen schnell intensive und anhaltende Reaktionen der Besorgtheit und Anspannung zu zeigen. Neben individuellen Unterschieden in der Lerngeschichte sind genetische Unterschiede in der Ansprechbarkeit des limbischen Systems und des autonomen Nervensystems als Ursache für Unterschiede in der Ä. wahrscheinlich (vgl. Eysenck, 1994; Gray, 1983).

Ä. wird meist mit Fragebogen erfasst. Ein verbreitetes Verfahren ist das State-Trait Anxiety Inventory (STAI) von Spielberger, Gorsuch & Lushene (1970; deutsch: Laux, Glanzmann, Schaffner & Spielberger, 1981). Damit werden erlebte → Zustandsangst und Ä. als Persönlichkeitseigenschaft erhoben. Mit diesem und ähnlichen Verfahren wurden zahlreiche Zusammenhänge mit anderen Merkmalen ermittelt (vgl. Amelang & Bartussek, 2001). Da verschiedene Situationen für verschiedene Personen unterschiedlich furchtauslösend sind, werden in der Literatur zunehmend bereichsspezifische Angstneigungen herausgearbeitet, z. B. A. vor physischer Verletzung, Bühnenängstlichkeit, Prüfungsängstlichkeit (vgl. z. B. Becker, 1982).

Ä. wird von Bossong (1995) als dispositionale selbstwertdienliche Strategie aufgefasst, was Implikationen für die → Theorie des Selbst(wert)schutzes und der Selbst(wert)erhöhung hat. Leary & Kowalski (1995) setzen → soziale Ängstlichkeit mit dem → Eindrucksmanagement einer Person in Beziehung. Im pädagogischen Bereich spielt die → Leistungsängstlichkeit eine große Rolle.

Anker-Heuristik (Anchor heuristics): Bezeichnet eine → Heuristik, bei der ein anfänglich geschätzter Häufigkeits- oder Wahrscheinlichkeitswert (Anker) im Hinblick auf ein Ereignis im Laufe des Urteilsprozesses nur ungenügend korrigiert wird, so dass keine hinreichende Anpassung des anfangs gebildeten Ankers an die Sachlage erfolgt (Tversky & Kahneman, 1974). Die A. wird u. a. zur Erklärung des → fundamentalen Attributionsfehlers, des → Laien-Dispositionismus und des → Vorrang-Effekts benutzt.

Erläuterung: Das Ergebnis des Produkts 1x2x3x4x5x6x7x8 wird von Beurteilern im Allgemeinen im Soforturteil niedriger eingeschätzt als das umgekehrte Produkt 8x7x6x5x4x3x2x1.

Ankerreiz (Anchor stimulus): Ist ein Reiz, der einen Bezugsrahmen bei der Beurteilung von sozialen oder physikalischen Reizen schafft (→ Assimilations-Effekt).

Erläuterung: In einem Experiment zur Psychophysik besteht die Aufgabe darin, verschiedene Gewichte auf einer subjektiven Schwereskala einzustufen. Ein Gewicht von 300g wird mit dem obersten Wert der Urteilsskala in der Instruktion gleichgesetzt, bevor verschiedene kleinere Gewichte auf der Skala nach ihrem Gewicht beurteilt werden sollen. Dann ist das vorgegebene Gewicht der A. für die nachfolgende Urteilsaufgabe (vgl. Mussweiler & Strack, 1999).

Anonymität (Anonymity): Bezeichnet eine Form von Unbekanntheit, die auf öffentlichen Plätzen, wo sich die versammelten Personen nicht kennen, entsteht. A. ist in Situationen, in denen → hilfreiches Verhalten gefragt ist, ein Problem, da sie zur → Diffusion von Verantwortung bei den potentiellen Helfern beitragen kann. A. trägt zur → Deinidividuation bei.

Erläuterung: Burkhard wartet an einer U-Bahn-Station auf den nächsten Zug. Um ihn herum sind ca. 50 andere Wartende versammelt, von denen er keinen kennt.

ANOVA-Würfel (ANOVA cube): Bezeichnet nach Kelley (1967) eine Analogie zur Varianzanalyse der Statistik (englische Bezeichnung „analysis of variance", die ANOVA abgekürzt wird), die für die Erklärung des Zustandekommens von → Attributionen verwendet werden kann. Drei Faktoren werden in die Analyse der Ursache eines Effektes einbezogen. Wenn ein bestimmter Effekt („John lacht über den Komödianten") gegeben ist, stellt sich die Frage, ob er durch etwas in der Person von John verursacht ist, durch etwas in der Person des Komödianten, durch etwas in den Umständen oder durch etwas, das sich durch die Kombination dieser Faktoren ergibt. Um die Frage zu beantworten, wird berücksichtigt, ob der Effekt bei allen Personen (bzw. Objekten) auftritt (Frage nach dem Konsensus), ob der Effekt bei einem bestimmten Stimulus (= Entität) auftritt (Frage nach der Distinktheit) und ob der Effekt zu unterschiedlichen Zeitpunkten und in unterschiedlichen Modalitäten auftritt (Frage nach der Konsistenz über die Zeit und über Modalitäten). Die drei Informationskategorien Konsensus, Distinktheit und Konsistenz lassen sich in einer dreidimensionalen Würfeldarstellung zusammenfassen.

Dem A. liegt das → Kovariationskonzept zugrunde (vgl. Försterling, 2001). Nach dem → Modell alltäglicher Attributionen wird angenommen, dass die drei Informationskategorien mit unterschiedlicher Gewichtung in unterschiedliche Attributionsurteile eingehen. Das A. wurde von Hewstone & Jaspars (1987) aufgrund logischer Regeln systematisiert.

Erläuterung: Bei Vorliegen von hoher Distinktheit, hohem Konsensus und hoher Konsistenz (HHH-Muster) wird eine externale Attribution (Zuschreibung auf das Stimulusobjekt) erwartet. Liegt hingegen niedrige Distinktheit, niedriger Konsensus und hohe Konsistenz (NNH-Muster) vor, dann kommt es nach der Theorie zu einer internalen Attribution (Zuschreibung auf die Person). Eine Umstände-Attribution wird erwartet, wenn hoher Konsensus, aber niedrige Distinktheit und niedrige Konsistenz (HNN-Muster) gegeben sind.

Anreiz (Incentive): Bezeichnet die relative Attraktivität eines spezifischen Ziels, das in einer Situation angeboten wird, oder die relative Attraktivität eines Ereignisses, das als Konsequenz aus einer → Handlung auftreten könnte (Atkinson, 1957, S. 360).

A.e sind auf → Motive bezogen, wie das Beispiel der → Leistungsmotivation zeigt. Das Zusammenspiel von A.en und Motiven trägt zu der aktuellen → Motivation bei, die sich zusätzlich noch an den → Erwartungen im Hinblick auf die aktuelle Situation orientiert (vgl. Schneider & Schmalt, 2000). Der Begriff A. ist in den 80er Jahren des letzten Jahrhunderts verstärkt in Unternehmen aufgegriffen worden, um Firmenmitarbeiter über „Incentive"-Reisen u.ä. besser zu motivieren. A.e lassen sich experimentell manipulieren.

Erläuterung: Ein Fall für einen positiven A. ist die Abstufung unterschiedlicher Geldbeträge, wie sie in Experimenten zur → forcierten Einwilligung (→ Dissonanztheorie) verwendet wird, um Personen zu veranlassen, eine soziale unerwünschte Handlung auszuführen. Ein Fall für einen negativen A. ist die Verwendung von unterschiedlichen Stufen von Elektroschocks, wie sie im Milgram-Experiment simuliert werden (→ Autoritätsgehorsam).

Anschlussmotiv (Need for affiliation): Bezeichnet das Bedürfnis, die Gesellschaft anderer Menschen aufzusuchen. Eine alternative Bezeichnung ist Gesellungsmotiv. A. ist eines der → sozialen Motive aus der Motiv-Liste von Murray (urspr. 1938).

Schachter (1959) stellte die Hypothese auf, dass die Suche nach sozialem Kontakt bzw. Anschluss eine Reaktion auf furchterzeugende Situationen ist, da die Anwesenheit anderer Personen beruhigend wirken kann. Außerdem bieten andere die Möglichkeit, die eigene Unsicherheit durch → soziale Vergleiche zu überwinden. Das A. wird in der → Gesellungstheorie behandelt.

Erläuterung: Mechthild, die in der Nacht von einem Geräusch auf dem Balkon aus dem Schlaf gerissen wird, ruft irritiert ihren Freund Daniel an und fragt ihn, ob er vorbeikommen könnte.

Anspruchsniveau (Level of aspiration): Bezeichnet nach dem klassischen Aufsatz über Erfolg und Misserfolg „Erwartungen, Zielsetzungen oder Ansprüche an die zukünftige eigene Leistung" (Hoppe, 1930, S. 10. (→ Erwartung, → Leistung). Schon in der ersten Veröffentlichung zum A. ergaben sich einige wichtige Ergebnisse: Das A. wird gesteigert, wenn regelmäßig Erfolg bei einer Aufgabe eintritt, und gesenkt, wenn regelmäßig Misserfolg eintritt. Das A. wird häufig defensiv gesetzt (also niedrig), um einen Misserfolg, der durch die Unterschreitung des A.s bestimmt ist, von vornehrein zu vermeiden.

Das A. wird unter dem Begriff der Zielsetzung im Rahmen der Zielsetzungstheorie (Kleinbeck & Schmidt, 1996; Latham & Locke, 1995) behandelt, die die Arbeits- und Organisationspsychologie wesentlich bereichert hat. In diesem Kontext wird neben der leistungsförderlichen Wirkung von Zielsetzungen auch das Prinzip der Partizipation der Mitarbeiter bei der Formulierung der Zielsetzung betont (Kleinbeck & Fuhrmann, 2001). Man spricht dann von partizipativem Produktivitätsmanagement.

Der Erkenntnisstand zum A. wurde von Keller (1996) zusammengefasst. Unter den wichtigsten Determinanten des A.s sind zu nennen: Die Höhe der momentanen Leistung und des bisher besten Ergebnisses, das erzielt wurde, → soziale Vergleiche und Aufgabenschwierigkeit. Das A. lässt sich durch das Risikowahl-Modell von Atkinson (1964) vorhersagen (→ Leistungsmotivation),

dessen Hypothese darin besteht, dass Erfolgsmotivierte mittlere Schwierigkeiten bei der Setzung des A.s bevorzugen, während Mißerfolgsorientierte eher extreme und unrealistische A.s verwenden. Das A. weist auch wichtige Bezüge zum → Selbstschema einer Person auf, die durch den Einfluss der → Ich-Beteiligung deutlich wird. Hohe Ich-Beteiligung kann zu einer verzerrten Einschätzung des A.s beitragen.

Das A. ist auch für die Partnerwahl bedeutsam, das durch eine Tendenz gekennzeichnet ist, Ähnlichkeit im Aussehen zu erzielen, wie es in der → „Matching"-Hypothese angenommen wird (→ Physische Attraktivität; Berscheid, Dion, Walster & Walster, 1971).

Erläuterung: Eine Person soll angeben, wie nah sie im Billardspiel eine Kugel an einen markierten Punkt mit einem Stoß annähern wird (Rotter, 1942).

Anspruch (Entitlement): Bezeichnet eine → Gerechtigkeitsregel, die der Mikrogerechtigkeit bzw. → Verteilungsgerechtigkeit zuzurechnen ist und die durch eine Identitätsbeziehung (→ Identität) einer Person zu einer anderen Person gekennzeichnet ist. Nach dem Prinzip des A.s wird solchen Personen gegenüber eine soziale Verpflichtung empfunden, die eine soziale Position wie die Beurteiler selbst innehaben.
Erläuterung: Carola, die beamtete Lehrerin ist, unterstützt während einer Lehrerkonferenz den Wunsch von Eva, die die gleiche Stellung inne hat, ihr Lehrdeputat auf zwei Drittel zu reduzieren.

Anstrengung (Effort): → Attributionsdimension, → Kompetenz

Anthropologie (Anthropology): Ist die Wissenschaft vom Menschen, die sich besonders 1. biologischen Aspekten (Evolutionslehre, Rhythmusforschung, Verhaltensforschung (→ Ethnologie), 2. sozialen Aspekten (Stadt-Land-Unterschied, Wachstum der Weltbevölkerung und Zunahme des Anteils der alten Menschen, Wirtschaftsform, soziale → Identität), 3. kulturellen Aspekten (Ästhetik, Informationstheorie, Kunst), 4. psychologischen Aspekten (→ Kommunikation, Leib-Seele-Problem, → Motivation und → Persönlichkeit) und 5. philosophischen Aspekten (Erkenntnis, Menschenbild, Religion und → Sprache) widmet (vgl. Bock, 1994; Gadamer & Vogler, 1975; Klix & Lanius, 1999).

Erläuterung: „Der Mensch sollte lernen, mit dem Herzen zu denken und mit dem Verstand zu fühlen" (Theodor Fontane).

Antisemitismus (Antisemitism): → Rassismus

Anzahl-Effekt (Number effect): Die individuelle Wahrscheinlichkeit, als Unfallzeuge einem Opfer zur Hilfe zu kommen (→ Prosoziales Verhalten), ist verringert, wenn eine Person zusammen mit mehreren anderen Personen den Unfall beobachtet (im Vergleich zu einem einzelnen Beobachter). Die reduzierte individuelle Hilfsbereitschaft bei Anwesenheit von mehreren Zeugen ist an erster Stelle durch → Diffusion der Verantwortung zu erklären.

Der Zusammenhang zwischen Gruppengröße und Interventionsbereitschaft lässt sich nach Latané (1981) mit einer Potenzfunktion der Form $I = SN\text{-}t$ ($t < 1$) darstellen. I bezeichnet die Wahrscheinlichkeit der individuellen Intervention und N die Gruppengröße. S und t bestimmen die Form des Funktionszusammenhangs. Es wird angenommen (und empirisch bestätigt), dass t kleiner als 1 ist. Das bedeutet, dass die Beeinträchtigung der Hilfsbereitschaft des ersten Zuschauers durch einen zweiten größer ist als des zehnten Zuschauers durch den elften.

Erläuterung: Als im winterlichen München Kinder auf einem vereisten See spielten und einbrachen, wurden sie von den Zuschauern, die zahlreich anwesend waren, nicht aus dem Wasser gezogen.

Äquilibrium Theorie der Intimität (Equilibrium theory of intimacy): Beruht auf der Annahme, dass ein Kompromiss zwischen einer Annäherungs- und einer Vermeidungstendenz in der → Interaktion zwischen zwei Personen gesucht wird, der den Sollwert der angenehm erlebten Intimität darstellt. Die Interaktion wird auf unterschiedlichen Kanälen der → Kommunikation wie Augenkontakt, Distanz und Ausdrucksverhalten (z. B. Lächeln) vermittelt.

Annäherungstendenzen werden z. B. durch das Streben nach → Gesellung ausgelöst. Vermeidungstendenzen gehen u. a. auf die Furcht vor Zurückweisung zurück. Eine Abweichung vom Äquilibrium ruft eine Tendenz zu einem kompensatorischen Ausgleich hervor. Die Ä. geht auf Argyle & Dean (1965) bzw. Argyle & Kendon (1967) zurück. Eine Weiterentwicklung der Theorie stellt das → Erregungsmodell interpersoneller Intimität dar.

Erläuterung: Wenn für Maria in ihrer Beziehung mit Heiko ein Äquilibrium der Intimität gegeben ist, führt eine Verringerung der räumlichen Distanz durch Heiko dazu, dass Maria ihren Augenkontakt verringert.

Arbeitslosigkeit (Unemployment): → Stressor

Arbeitsmodell (Working model): Bezeichnet nach Bowlby (urspr. 1969) ein kognitives System zur Anpassung an die Umwelt, das durch Sicherheits- und Unsicherheitserfahrungen beim Kleinkind mit seinen Bezugspersonen (z. B. Eltern) im ersten Lebensjahr geprägt ist. Diese Erfahrungen spiegeln sich in kindlichen Handlungsplänen für soziale → Interaktionen wider, die der Verwirklichung von Schutz-, Sicherheits- und Bindungsbedürfnissen dienen. A.e beeinflussen das Bindungsverhalten und die Bindungsqualität bis ins Erwachsenenalter.

Das A. hat für den → Bindungsstil große Bedeutung. Man spricht auch von einem „inneren" A.

Erläuterung: Eine Längsschnittstudie zeigt, dass 6-jährige Kinder von inneren A.en beeinflusst werden, die schon während ihrer Kleinkindzeit ausgebildet wurden (Grossmann & Grossmann, 1991).

Ärger (Anger): Ist eine Basisemotion (→ Emotion) (Shaver, Wu & Schwartz, 1992), die durch ein Syndrom von charakteristischen Merkmalen gekennzeichnet ist: 1. Ärger-Mimik und stimmliche Merkmale (z. B. Zornesfalte auf der Stirn, stechender Blick, gepresste Lippen), 2. erhöhte Sympathikus-Erregung (Blutdrucksteigerung, Ausschüttung von Adrenalin etc.), 3. → Gefühle erhöhter Anspannung und Aktiviertheit, aber auch von Stärke und → Macht, 4. kognitive Bewertung, wonach eine Blockade zielgerichteter → Handlungen eingetreten ist und 5. erhöhte (aggressive) Handlungsbereitschaft zur Eliminierung der wahrgenommenen Ärgerquelle.

Im Ärgerzustand müssen nicht alle fünf Komponenten gleichzeitig vorliegen. Ob und welche Komponente zentral ist, bleibt in verschiedenen Emotionstheorien umstritten. Der Ärgerzustand kann durch zahlreiche Ereignisse ausgelöst werden. Besonders zu beachten sind bei Erwachsenen → Frustration von → Bedürfnissen bzw. die als absichtlich erlebte Behinderung einer Handlung, die auf ein persönlich bedeutsames Ziel gerichtet ist. Die Intensität des Ä.s kann zwischen geringfügiger Verärgerung und massiver Wut und Zorn variieren.

Von der Emotion Ä. sind viele Formen der Ä.-Regulation zu unterscheiden (vgl. Weber, 1994). Verbreitete Ausdrucksformen sind intensive gedankliche Auseinandersetzung mit dem Ärgernis, darüber „brüten", sich um Klärung bemühen, mit Dritten darüber reden und sich körperlich abreagieren. Ä. motiviert → impulsive Aggression.

Demgegenüber wird eine Ärgerneigung oder Ärgertendenz gestellt, die als situationsübergreifende und zeitlich stabile Persönlichkeitseigenschaft begriffen wird und die mehr oder weniger leicht in Ärgerzustände übergeht. Daneben zeigen sich generalisierte Umgangsstile mit Ä. In der psychosomatischen Forschung wurde vor allem der offene Ärgerausdruck (anger-out) und die Ärgerunterdrückung bzw. Ärgerausdrucks-Hemmung (anger-in) bekannt.

Zur Messung von Zustands- und Eigenschaftsärger liegt das „State-Trait-Ärgerausdrucks-Inventar" von Schwenkmezger, Hodapp & Spielberger (1992) vor, das folgende Unterskalen enthält: Ärgerzustand, Eigenschaftsärger, nach innen gerichtetem Ärger (Ärgerunterdrückung), nach außen gerichtetem Ärger (offener Ärgerausdruck) und Ärgerkontrolle.

Weber & Piontek (1995) untersuchten Geschlechtsunterschiede im Hinblick auf die Auslösung von Ä. Außerdem spielt Ä. eine zentrale Rolle in → Aggressionstheorien (→ Kognitiv-neoassoziationistische Theorie des Ärgers; Weber, 1999).

Erläuterung: In Schillers „Wilhelm Tell" heißt es: „Es kann der Frömmste nicht in Frieden leben, wenn es dem bösen Nachbarn nicht gefällt."

Assimilation (Assimilation): Ist ein Begriff aus der Theorie von Piaget (urspr. 1950), der die Anpassung von Objekten und Ereignissen in der Umwelt an die Denkschemata des Individuums bezeichnet. A. tritt in drei Formen auf 1. reproduktive A. (bei der die gleichen Objekte/Ereignisse wiederholt assimiliert werden), 2. generalisierte A. (bei der es zur Ausweitung von Objekten/Ereignissen kommt, die assimiliert werden) und 3. rekognitive A. (bei der es zu einer Diskrimination zwischen Objekten/Ereignissen kommt, die assimiliert werden).

Misslingt die A., weil sich Umweltobjekte und -ereignisse nicht an die Denkstrukturen anpassen lassen, oder widersprechen sich zwei Assimilationsschema, so kommt es zur → Akkomodation. Im kindlichen → Spiel überwiegt die A. über die Akkomodation.

Erläuterung: Ein Kind stellt sich vor, ein Lebensmittelgeschäft zu führen. Es baut eine symbolische Ladeneinrichtung auf und veranlasst Besucher, bei ihm „einzukaufen" (→ Fiktionsspiel, → Rollenspiel).

Assimilations-Effekt (Assimilation effect): Liegt vor, wenn bei der Beurteilung von physikalischen Reizen (z. B. Gewichte) Urteilsfehler auftreten, die in Abhängigkeit von der → Wahl eines → Ankerreizes stehen. Bei A.en wird die Beurteilung eines Reizes in Richtung auf den Anker verschoben. A.e werden z. B. in der → Theorie der Reizklassifikation zugrunde gelegt. Der Gegenbegriff ist der → Kontrast-Effekt.

Erläuterung: Gewichte zwischen 55g und 141g wurden auf einer sechsstufigen Skala nach ihrer Schwere beurteilt. Wenn ein Ankerreiz vorgegeben wurde, der 141g wog und mit dem obersten Skalenwert identifiziert werden sollte, ergab sich ein A., da die beiden oberen Kategorien der Urteilsskala häufiger als in der Bedingung ohne Anker Verwendung fanden (Sherif, Taub & Hovland, 1958).

Attraktion, interpersonale (Attraction, interpersonal): Bezeichnet die positive oder negative → Bewertung einer Person, die als Mögen oder Nicht-Mögen zum Ausdruck kommt. Zu den wichtigsten Determinanten der A. zählen 1. → Physische Attraktivität, 2. → Ähnlichkeit (in → Einstellungen, soziodemographischen Variablen etc.) und 3. gegenseitiges Mögen bzw. Nicht-Mögen (eine Person mag eine Zielperson, wenn die Zielperson sie mag und umgekehrt A. wird z. B. im → Paradigma vom anonymen Fremden erforscht.

Attribution (Attribution): Bezeichnet den Prozess der Zuschreibung von Ursachen für ein Ereignis, der zu einer subjektiven Erklärung führt. A.en werden nach Weiner (1985, 1986) durch erwartungswidrige Ereignisse ausgelöst. Die A. lässt sich unterschiedlichen → Attributionsdimensionen zuordnen (z. B. internal-external, stabil-variabel). Der Prozess der Ursachenzuschreibung wird in → Attributionstheorien erklärt. Das Auftreten von A.en wird auf ein Streben nach → Kontrolle zurückgeführt.

A.en haben in vielen Lebensbereichen eine große Bedeutung, so z. B. bei der → Führung von Mitarbeitern, bei der individuellen Krankheitsverarbeitung (Herner & Hartkamp, 2001; Schwarzer, 1994) oder für die Einschätzung der Qualität einer → engen Beziehung (Bradbury & Fincham, 1990; Fincham & Bradbury, 1993). Ursachenzuschreibungen hängen mit → Verantwortungsattributionen und über diese mit Schuldzuschreibungen (→ Selbstverschuldungsattributionen) zusammen.

Erläuterung: Erika hat in einer Englisch-Arbeit die Note 5 geschrieben. Sie führt ihre schlechte Leistung auf ihre mangelnde Anstrengung zurück.

Attributionale Theorie (Attributional theory): → Attributionstheorie

Attributionaler Egotismus (Attributional egotism): Bezeichnet die Tendenz einer Person, bei guten Ergebnissen die → Verantwortung für sich selbst zu reklamieren und für schlechte Resultate die Verantwortung zu verneinen (Snyder, Stephan & Rosenfeld, 1976). A. ist ein Bestandteil von → positiven Illusionen und steht in Beziehung zu → selbst(wert)erhöhenden Attributionen und → selbst(wert)schützenden Attributionen.

Erläuterung: Rainer führt seine Leistungserfolge auf seine hohe Fähigkeit zurück, während er Misserfolge auf ungünstige Umstände zurückführt.

Attributionsdimension (Attributional dimension): Bezeichnet ein Kriterium, nach dem → Attributionen variieren können. Häufig wird zwischen einer internalen (dispositionalen) und einer externalen (situativen) Ursachenzuschreibung unterschieden („locus of control", → Kontrollüberzeugung). Internale Ursachen liegen in der Zielperson bzw. in dem (Ziel-)Objekt, während externale Ursachen von außen auf die Zielperson bzw. auf das (Ziel-)Objekt einwirken. Eine weitere häufig verwandte Unterscheidung bezieht sich auf die Stabilität bzw. Instabilität von Ursachen. Stabile Ursachen unterliegen nur geringen Veränderungen über die Zeit, instabile Ursachen können sich schnell ändern.

Weiner (1986) unterscheidet in Abhängigkeit von „locus of control" und Stabilität vier typische Ursachenzuschreibungen für Leistungserfolg bzw. -misserfolg: Fähigkeit bzw. Intelligenz (internal-stabil), Anstrengung (internal-variabel), Aufgabenschwierigkeit (external-stabil), Zufall im Sinne von Glück oder Pech (external-variabel).

Eine dritte Dimension bezieht sich auf die → Kontrollierbarkeit der wahrgenommenen Ursache. Weitere A.en sind (vgl. Anderson, 1983): 1. Globalität (inwieweit eine Ursache für eine Vielzahl unterschiedlicher Situationen als relevant angesehen wird oder für eine geringe Anzahl spezifischer Situationen; → Theorie der gelernten Hilflosigkeit), 2. Intentionalität (inwieweit die Ursache auf eine Absicht der handelnden Person zurückgeführt werden kann oder nicht) und 3. Veränderbarkeit (inwieweit die handelnde Person in der Lage zu sein scheint, die Ursachenkonstellation, die den Effekt hervorgerufen hat, zu verändern).

Erläuterung: Fähigkeit wird deshalb als internal-stabile Ursache aufgefasst, weil sie sich aus Komponenten zusammensetzt, die in der Person lokalisiert sind und die zeitlich relativ überdauernd wirken.

Attributionsfehler (Attributional error): → Attributionsverzerrung, → Fundamentaler Attributionsfehler

Attributionsstil (Attributional style): Bezeichnung für dispositionale Unterschiede in der Art und Weise, wie Menschen → Attributionen vornehmen. In der → Theorie der gelernten Hilflosigkeit wird zwischen einem optimistischen und pessimistischen A. unterschieden.

Erläuterung: So zeigt sich nach Befunden von Lin & Peterson (1990), dass Personen mit einem pessimistischen A. häufiger krank sind, ihren allgemeinen Gesundheitszustand als schlechter beurteilen und weniger präventive und kurative Maßnahmen ergreifen als jene mit einem optimistischen A.

Attributionstheorie (Attribution theory): Bezeichnet theoretische Ansätze der → Attribution. Die historische Grundlage der A. bildet die naive Handlungsanalyse von Heider (1958), die eine Unterscheidung zwischen internalen Faktoren (Kräfte in der Person) und externalen Faktoren (Kräfte in der Umgebung) als Ursachen von Handlungsergebnissen beinhaltet. Zwei allgemeine Fragestellungen der A. lassen sich unterscheiden: A.n und attributionale Theorien (Kelley & Michela, 1980):

A.n beschreiben den Prozess der Ursachenschlussfolgerungen in Abhängigkeit von bestimmten antezedenten Bedingungen. Beispiele sind: 1. Theorie der korrespondierenden Inferenz von Jones & Davis (1965), die den Prozess der Schlussfolgerung von Handlungen auf zugrunde liegende Dispositionen eines Akteurs beschreibt, 2. Attributionstheorie von Kelley (1967), die Ursachenzuschreibungen als Kovariation zwischen Effekten und Bedingungen auffasst, was sich im → Kovariationskonzept zeigt, und auf der Basis kausaler Schemata herleitet, was im → Konfigurationskonzept zum Ausdruck kommt, und 3. → Modell alltäglicher Attributionen von Hansen (1980), welches das Prinzip der kognitiven Ökonomie betont.

Attributionale Theorien beschreiben, welche Konsequenzen (z. B. emotionale Reaktionen) aus bestimmten Ursachenzuschreibungen folgen. Beispiele für attributionale Theorien stellen die → Theorie der gelernten Hilflosigkeit, die → Kognitiv-physiologische Theorie der Emotion und die Attributionstheorie der Aggression (→ Aggressionstheorie) dar.

Erläuterung: Um in Zukunft internationalen Terrorakten, wie dem vom 11. September 2001, wirkungsvoll entgegen treten zu können, ist es wichtig, nicht nur auf die Frage „Wer was es?", sondern auch auf die Frage „Warum geschah es?" Antworten zu finden (vgl. Zimbardo, 2001; Sommer, 1998, 2001).

Attributionstherapie (Attribution therapy): Bezeichnet einen Bereich der → angewandten Attributionstheorie, der sich auf die Behandlung klinisch-psychologisch auffälliger Störungen bezieht (z. B. bei Personen, die unter → Ängstlichkeit, Schlaflosigkeit oder Misserfolg leiden; Försterling, 1986; Haisch & Haisch, 1991). Grundsätzlich lassen sich zwei Formen der A. unterscheiden, die auf Fehlattribution oder Reattribution beruhen. Während der Erfolg der erstgenannten Form umstritten ist, finden sich konsistente Hinweise auf den Erfolg des Trainings von neuen Attributionsweisen. Die positive Wirkung von Reattribution unterstützt Ansätze, die auf → Selbstwirksamkeit (→ Sozial-kognitive Lerntheorie) und auf der Überwindung gelernter Hilflosigkeit (→ Theorie der gelernten Hilflosigkeit) be-

ruhen. Ein verwandtes Vorgehen stellt die → Charakterattribution dar.

Erläuterung: Schüler, die schlecht im Rechnen sind, werden davon überzeugt, dass ihre schlechte Leistung auf mangelnde → Anstrengung zurückgeht und dass mehr Anstrengung zu besseren Leistungen führt. Als Folge davon verbessert sich ihre Rechenleistung.

Attributionsverzerrung (Attributional bias): Liegt vor, wenn → Attributionen in alltäglichen Situationen unter bestimmten Umständen von → normativen Modellen der Ursachenattribution (z. B. von dem → ANOVA-Würfel) abweichen. Solche Urteilsabweichungen werden als Fehler oder Verzerrung bezeichnet.

Da innerhalb der Attributionsforschung nicht eindeutig geklärt ist, welches normative Modell gültig ist, scheint es sinnvoll, anstelle von Fehler besser von Verzerrung zu sprechen (Fiske & Taylor, 1991; vgl. Försterling, 1992). Wichtige A.en sind → Akteur-Beobachter-Unterschied, → falscher Konsensus-Effekt, → attributionaler Egotismus, → fundamentaler Attributionsfehler und → gruppendienliche Verzerrung. Als Ursachen von A.en sind kognitive, motivationale und soziale Faktoren anzunehmen.

Erläuterung: Im Bereich der Politik kommen gruppendienliche Verzerrungen z. B. zum Ausdruck, wenn militärische Interventionen des eigenen Landes als „defensive Aktionen" verstanden werden, diejenigen des feindlichen Auslandes aber als „aggressive Aktionen" (vgl. Silverstein & Flamenbaum, 1989).

Aufgabenorientierung (Initiating structure): → Kontingenzmodell, → Verhaltensgitter

Aufwärts gerichteter Vergleich (Upward comparison): Bezeichnet → soziale Vergleiche, die auf Personen gerichtet sind, denen es besser geht als einem selbst (Festinger, 1954). Die Tendenz zum A. wurde ursprünglich für den Leistungsbereich konstatiert. Sie zeigt sich aber auch in anderen Kontexten (→ „Basking in reflected glory") und dient der Stabilisierung des → Selbstwertgefühls (→ Modell der Aufrechterhaltung der Selbstbewertung). Der Gegenbegriff ist → abwärts gerichteter Vergleich.

Erläuterung: Viele Leistungssportler vergleichen sich mit Konkurrenten, die (etwas) besser sind als sie selbst. Ein Hochspringer, der 2 Meter überpringt, vergleicht sich dementsprechend eher mit einem Springer, der 2.05 Meter überspringt, und nicht mit einem, der 1.95 Meter schafft.

Aufwertungsprinzip (Augmentation principle): Bezeichnet ein individuelles Schlussfolgern, bei dem auf eine förderliche Ursache für einen Effekt eher geschlossen wird, wenn gleichzeitig eine hemmende Ursache wirksam ist. Aufwertung stellt einen Kompensationsvorgang dar, der direkt proportional ist zu der Größe der wahrgenommenen Hemmung: Je größer die Hemmung ist, desto mehr Förderung ist erforderlich, um den gegebenen (konstanten) Effekt hervorzurufen (z. B. Kelley, 1973).

Das A. lässt sich z. B. im → Eindrucksmanagement anwenden, indem eine bestimmte → Leistung durch Hervorhebung störender Bedingungen hervorgehoben wird. Dem A. steht das → Abwertungsprinzip gegenüber.

Erläuterung: Susanne hat die beste Klassenarbeit geschrieben, obwohl sie Grippe hatte. Dadurch wird ihre geistige Überlegenheit hervorgehoben.

Augenzeuge (Eyewitness): → Ausländereffekt, → Gedächtnis

Ausbeutung (Exploitation): → Optimale Distinktheits-Theorie, → Reziproker Altruismus

Ausdauer (Persistence): → Leistungsmotivation, → Selbstschädigung

Ausländereffekt (Other-race effect, Own-race bias, Cross-race recognition deficit): Bezeichnet die Tendenz, die → Gesichter von Personen, die fremden ethnischen Gruppen angehören, weniger gut erkennen und unterscheiden zu können als die Gesichter von Personen, die der eigenen ethnischen Gruppe angehören. Hinzu kommt die Tendenz, dass Gesichter von Personen, die fremden ethnischen Gruppen angehören, eher das Gefühl auslösen, das Gesicht schon einmal gesehen zu haben, unabhängig davon, ob man es tatsächlich gesehen hat (Sporer, 2001). Die Existenz des A.s wurde durch → Metaanalyse belegt. Der Begriff „Rasse", der verkürzt für „ethnische Gruppe" verwendet wird, bezeichnet in diesem Zusammenhang einzig Unterschiede in der Physiognomie. Der A. stellt sich idealtypisch als eine „cross-over"-Interaktion dar: Z. B. können Amerikaner europäischer Herkunft schwarze Amerikaner weniger gut erkennen als Amerikaner der eigenen Herkunft, während Amerikaner afrikanischer Herkunft Landsleute europäischer Herkunft schlechter erkennen als solche afrikanischer Herkunft. Der A. ist mit dem → Fremdgruppen-Homogenitäts-Effekt verwandt.

Der A. scheint auf Lernen zu beruhen und nicht auf genetischer Ausstattung. Als Erklärung des A.s lässt sich auf das Ausmaß des Kontakts zwischen den ethnischen Gruppen verweisen (→ Kontakt-Hypothese). So wurde festgestellt, dass Amerikaner europäischer Herkunft gegenüber Amerikanern afrikanischer Herkunft einen schwächeren A. zeigten als gegenüber Amerikanern asiatischer Herkunft. Der Kontakt mit ersteren ist aber häufiger als der mit letzteren. Es kommt allerdings nicht primär auf die Quantität des Kontakts an, sondern auf die Qualität, die ein persönliches Kennenlernen einschließt.

Erläuterung: Der A. kann sich problematisch in Gerichtsverfahren auswirken, wenn Augenzeugen Personen einer anderen ethnischen Gruppe als Täter identifizieren, ohne dass andere Evidenz zur Verfügung steht (Meissner & Brigham, 2001).

Ausländerfeindlichkeit (Xenophobia): → Theorie der sozialen Identität

Aussehen (Appearance): → „Matching"-Hypothese, → Physische Attraktivität, → Stimulus-Werthaltungs-Rollen-Theorie

Austausch (Exchange): → Austauschtheorie, → Interdependenztheorie

Austauschtheorie (Exchange theory): Bezeichnet die Erklärung des Verhaltens in → sozialen Beziehungen auf der Grundlage von → Belohnungen und → Kosten, die in der → Interaktion von zwei oder mehr Interaktionspartnern entstehen (Thibaut & Kelley, 1959; s. auch Rusbult & van Lange, 1996). Für die Analyse von Kosten und Belohnungen ist die Unterscheidung zwischen selbst gezeigtem Verhalten und Verhalten anderer von Bedeutung (laute Ausgelassenheit ist z. B. für die Feier positiv, für die Nachbarn jedoch negativ). → Interdependenz bedeutet, dass die Kosten und Belohnungen einer Partei zumindest teilweise von den Verhaltensweisen der anderen Partei abhängen und umgekehrt (→ Interdependenztheorie; Rusbult & Arriaga, 1997). Bei einer bestehenden Interdependenz (z. B. zwischen Nachbarn) entsteht das Problem der Koordination unter den beteiligten Personen mit dem Ziel, möglichst hohe Belohnungen zu erreichen und Kosten zu vermeiden (→ Interessenkonflikt). Neben Rücksichtnahme und Durchsetzung eigener Interessen besteht auch die Möglichkeit, einen Kompromiss anzustreben (z. B. einigen sich die Nachbarn darauf, dass sie gelegentliche laute Feiern gegenseitig tolerieren).

Kosten und Belohnung gehen als subjektive → Bewertungen in die A. ein. Nicht objektive Schwierigkeiten oder Vorteile, sondern deren subjektive Bewertungen bestimmen darüber, ob eine soziale Beziehung als belohnend eingeschätzt wird oder nicht. Die A. beruht auf der Annahme, dass Menschen sich in sozialen Beziehungen rational verhalten und die Handlungsalternative bevorzugen, die die günstigsten Konsequenzen erwarten lässt (→ Spieltheorie).

Kosten (K) und Belohnungen (B) können zum Zweck der Vereinfachung auf einer gemeinsamen Skala der Güte der Konsequenzen zusammengefasst werden, in die zusätzlich entgangene Belohnungen (Balt), die in anderen Beziehungen zur Verfügung gestanden hätten, und ersparte Kosten (Kalt), die in anderen Beziehungen entstanden wären, berücksichtigt werden können (Simpson, 1976):

Güte der Konsequenzen = B − K − Balt + Kalt

Die Güte der Konsequenzen ist hoch, wenn Belohnungen und ersparte Kosten hoch und Kosten und entgangene Belohnungen niedrig sind. Wenn eine Person zwischen mehreren Handlungsalternativen wählen kann, wird sie voraussichtlich die Alternative bevorzugen, bei der die Güte der Konsequenzen am höchsten ist.

Zwei weitere Konzepte der A. sind Vergleichsniveau für Alternativen (CLalt) und das Vergleichsniveau (CL). Das Vergleichsniveau für Alternativen, das sich als Differenz zwischen entgangenen Belohnungen und ersparten Kosten auffassen lässt, gibt den Standard an, an dem sich eine Person orientiert, um über ihr Bleiben in oder das Verlassen der Beziehung zu entscheiden. Dagegen bezieht sich das Vergleichsniveau auf die Erwartungen über die Höhe von Belohnungen und Kosten in einer Beziehung aufgrund von früheren Erfahrungen mit vergleichbaren Beziehungen und von beobachteten Erfahrungen in → Bezugsgruppen. Erfahrungen, die in relativ unähnlichen Situationen in der Vergangenheit entstanden sind, werden bei der Einschätzung des Vergleichsniveaus weniger stark gewichtet als Erfahrungen, die in relativ ähnlichen Situationen entstanden sind.

Liegen die Konsequenzen in der jetzigen Beziehung über dem CL, so werden diese positiv bewertet, liegen sie dagegen unter dem CL, so resultiert eine ungünstige Bewertung. Das Vergleichsniveau für Alternativen beeinflusst die soziale → Abhängigkeit und das Verbleiben in der Beziehung, das Vergleichsniveau die Zufriedenheit. Die A. wird in der → Sozialpsychologie, der → Soziologie, der Ökonomie und der → Anthropologie vertreten. Eine Anwendung auf enge Beziehungen, die im übrigen schon durch Thibaut & Kelley (1959) antizipiert wurde, findet sich in dem → Investmentmodell enger Beziehungen.

Erläuterung: Die A. beinhaltet die Prognose, dass eine romantische Beziehung auch dann aufrecht erhalten wird, wenn Unzufriedenheit überwiegt. Das sollte dann der Fall sein, wenn die erwarteten Konsequenzen in alternativen Beziehungen unter denen liegen, die in der aktuellen Beziehung wahrgenommen werden.

Autokinetisches Phänomen (Autokinetic phenomenon): Ist eine optische Täuschung, die entsteht, wenn Beobachter über einen längeren Zeitraum in einem abgedunkelten Raum einen feststehenden Lichtpunkt fixieren. Unter diesen Bedingungen scheint sich der Lichtpunkt zu bewegen. Sherif (1935) nutzte das A., um in einer Gruppensituation → Konformität hervorzurufen (→ Bezugsnorm).

Automatische vs. kontrollierte Informationsverarbeitung (Automatic vs. controlled information processing): Ist ein paradigmatischer Ansatz im Rahmen der Forschung zur → sozialen Informationsverarbeitung. Das Auftreten von automatischen Wahrnehmungsprozessen war schon v. Helmholtz (1896) bekannt, der von (p. 582) „unbewussten Vorgängen der Assoziation von

Vorstellungen" sprach, die sich der willentlichen Kontrolle entziehen.

Vier Kriterien lassen sich zur Unterscheidung von A. nutzen (Gilbert, 1998): Kontrollierte Prozesse zeichnen sich dadurch aus, 1. dass die kognitive Verarbeitung bewusst verläuft, 2. dass sie intendiert sind, 3. dass sie eine große kognitive Kapazität erfordern und 4. dass sie sich steuern lassen. Automatische Prozesse beinhalten demgegenüber 1. eine unbewusste Aktivierung, 2. sie treten spontan auf, 3. sie verlangen geringe kognitive Kapazität und 4. sie lassen sich nicht steuern. Wenn Wissensstrukturen (→ Wissen), z. B. durch → „Priming" voraktiviert werden, beeinflussen sie die Urteilsbildung, ohne dass eine kontrollierte Verarbeitung der Information stattfindet. Das Zusammenspiel von beiden Prozessen der Informationsverarbeitung liegt dem → fundamentalen Attributionsfehler zugrunde: Eine Person wird zunächst einmal als Ursache wahrgenommen (automatischer Prozess), um dann im zweiten Schritt zu überprüfen, ob die Situation die Ursache ist (kontrollierter Prozess; Gilbert, 1998).

Erläuterung: Eine automatische Informationsverarbeitung dominiert, wenn die Hautfarbe einer Person als ein Hinweisreiz für eine positive oder negative Einschätzung der Person genommen wird. Eine solche voreilige Beurteilung wird vermieden, wenn der Hinweisreiz bewusst als irreführend beurteilt wird (Hautfarbe sagt nichts über die sonstigen → Eigenschaften einer Person), um ihn dann aus der weiteren Urteilsbildung auszuschließen. Kontrollierte Informationsverarbeitung dominiert, wenn im ersten Schritt der Beurteilung eines sozialen Sachverhalts eine vorläufige Einschätzung erfolgt, die dann im zweiten Schritt auf ihre Berechtigung überprüft wird. Wenn die automatische Aktivierung eines → Stereotyps über unterschwellige Wahrnehmung stattfindet, ist eine bewusste → Kontrolle nur bedingt möglich.

Autorität (Authority): → Autoritarismus, → Autoritätsgehorsam, → Dogmatismus

Autoritäre Persönlichkeit (Authoritarian personality): → Autoritarismus

Autoritarismus (Authoritarism): Bezeichnet eine Persönlichkeitsvariable bzw. generalisierte → Einstellung, die rigide, konservative und dogmatische Inhalte umfasst (vgl. Zick & Six, 1997). Unter „rechtsgerichtetem A." versteht Altemeyer (1996) drei inhaltliche Einstellungsbereiche: 1. autoritäre Unterwürfigkeit, 2. autoritäre Aggression und 3. Konventionalismus. A. wurde ursprünglich mit der → F-Skala gemessen (Adorno, Frenkel-Brunswik, Levinson & Sanford, 1950).

Die methodische Kritik an der F-Skala führte zur Entwicklung neuer Fragebogen zur Messung des A. wie die von Altemeyer (1996; RWA-Skala für „Right-Wing Authoritarianism Skala"), deren deutsche Fassung von Petzel, Wagner, Nicolai & van Dick (1997) bzw. Schneider (1997) vorgelegt wurde. A. hat nicht zuletzt als Erklärung des Rechtsradikalismus in Deutschland und anderswo neue Beachtung gefunden (vgl. Altemeyer, 1998; Pentony et al., 2000; Six, 1997).

Unter autoritärer Persönlichkeit versteht man eine generalisierte Einstellung, die sich nach Adorno und seinen Mitarbeitern in den folgenden Merkmalen zeigt: 1. Festhalten am Konventionellen und Althergebrachten, 2. unkritische Unterwerfung unter idealisierte Führungspersonen, 3. → Einstellungen, die → Aggressionen gegenüber Nonkonformisten betonen, 4. Ablehnung von Subjektivität und → Gefühl, 5. abergläubische Vorstellungen, die sich um die Idee eines vorbestimmten Schicksals drehen, sowie Tendenz zu → Stereotypen, 6. → Macht und Stärke als zentrale Größen des Lebens, 7. negative Sicht der menschlichen Natur als feindselig und unzuverlässig, 8. Neigung zum → Abwehrmechanismus der Projektion und 9. übersteigerte Beschäftigung mit sexuellen Themen in der Gesellschaft. Die Theorie der autoritären Persönlichkeit stellt den Beginn der Forschung zum A. dar.

Einen weniger an der Persönlichkeit orientierten Ansatz formulierte Oesterreich (1997) mit der „autoritären Reaktion". Darunter versteht er, dass in beängstigenden Situationen, in denen der Einzelne nach Orientierung und Sicherheit sucht, eine Orientierung an bewährten Autoritäten stattfindet, die Schutz und Sicherheit gegen die wahrgenommene Bedrohung liefern sollen. Die motivationale Basis der autoritären Reaktion ist → Angst und Verunsicherung. Tatsächlich konnte gezeigt werden, dass in wirtschaftlich bedrohlichen Situationen Rechtsextremismus zunahm, während sich Merkmale der autoritären Persönlichkeit kaum veränderten.

Verwandte Merkmale sind → Dogmatismus, → Ethnozentrismus, Konservatismus und → Machiavellismus. A. hängt mit → Vorurteilen zusammen (Zick & Six, 1997).

Erläuterung: Rechtsextremistische Orientierungen werden durch Feststellungen wie „Deutschland sollte wieder eine führende Rolle in der Welt übernehmen" oder „Die PDS muss verboten werden" gemessen. Nach der Wende stieg der Rechtsextremismus bei Ostberliner Berufsschülern an (jedoch nicht bei Westberliner Berufsschülern), was auf die Krisenerfahrung des politischen Umbruchs zurückgeführt wird (Oesterreich, 1997).

Autoritätsgehorsam (Obedience to authority): Ist eine Neigung, den Befehlen von Personen, die einen hohen → sozialen Status besitzen, Folge zu leisten, auch wenn sie gegen Wertvorstellungen (→ Wert) im Allgemeinen und Humanität im Besonderen verstoßen. A. tritt auf, wenn durch Autoritäten → Macht ausgeübt wird, um moralisch verwerfliche Ziele zu verfolgen.

Milgram (1974) hat das Phänomen des A.s in Laboruntersuchungen simuliert und dabei sowohl unter Studierenden als auch unter Menschen, die nichts mit der Universität zu tun haben, eine erschreckend hohe Bereitschaft zur Ausführung von unmenschlichen Befehlen festgestellt. Versuchsteilnehmer, die die Rolle (→ Soziale Rolle) von Lehrern übernahmen, führten die Anordnung des Versuchsleiters, elektrische Stromstöße auszuteilen, um falsche Antworten eines Schülers zu bestrafen, häufig aus, auch wenn die Stromstöße lebensbedrohlich stark zu sein schienen und das Opfer laut protestierte (vgl. Blass, 1991, sowie den Sonderband der Zeitschrift Journal of Social Issues, 1995, 51). Entsprechende Untersuchungen in anderen Ländern, u. a. auch in Deutschland und den Niederlanden, haben diese Befunde bestätigt.

A. nimmt zu, je weiter entfernt das Opfer von dem Täter ist und je eindeutiger die Anweisungen der Autoritätsperson sind. Außerdem ist der A. eine Funktion der Statushöhe der Autoritätsperson. Schließlich trägt die schrittweise Erhöhung der in den Befehlen enthaltenen Unmenschlichkeit dazu bei, dass Personen schließlich bereit sind, ethisch-moralische Regeln zu ignorieren (→ „Foot-in-the-door"-Technik). Häufig werden Vergleiche zwischen den Experimenten zum A. und dem Verhalten von Nazi-Gefolgsleuten gezogen, wie sie z. B. in Konzentrationslagern in grausamster Weise zum Ausdruck kamen.

Erläuterung: Der Lagerkommandant Göth und seine Schergen in dem Film Schindlers Liste verdeutlichen, dass A. in menschenverachtenden Systemen vor keiner Unmenschlichkeit halt macht.

Autostereotyp (Auto stereotype): → Stereotyp

Avantgarde (Avant-garde): → Innovation

Bahnungs-Effekt (Priming): → „Priming"

Barrieren-Effekt (Barrier effect): Bezeichnet beim → Verhandeln zwischen Parteien das Ergebnis, dass mehr → Gewinner-Gewinner-Lösungen sich einstellen, wenn zwischen beiden Parteien eine physikalische Barriere errichtet wird, wodurch beide sich zwar noch hören, aber nicht mehr sehen können (Lewis & Fry, 1977).

Der B. wird u. a. dadurch erklärt, dass es durch die errichtete Barriere den an der Verhandlung beteiligten Akteuren nicht mehr möglich ist, sich gegenseitig durch → nonverbale Kommunikation zu dominieren, so dass es zu weniger defensiven Reaktionen kommt (vgl. Carnevale & Isen, 1986).

Erläuterung: Umgangssprachlich ist von dem „Niederstarren" eines Gegners die Rede, wenn eine Person die andere giftig anstarrt.

Basiskategorie (Basic category): → Prototyp

„Basking in reflected glory": Bezeichnet die individuelle Tendenz, sich durch → sozialen Vergleich mit den Erfolgen von anderen zu assoziieren (→ Aufwärts gerichteter Vergleich). Das B. wurde von Cialdini et al. (1976) zuerst untersucht. Das „Sich-im-Erfolg-von-anderen-Sonnen" dient dazu, das eigene → Selbstwertgefühl zu erhöhen. B. sollte dann ausgelöst werden, wenn das eigene Selbstwertgefühl bedroht ist (z. B. durch einen Misserfolg; vgl. Cialdini & DeNicholas, 1989; Cialdini & Richardson, 1980). B. wurde von Tesser (1988) in seinem → Modell der Aufrechterhaltung der Selbstbewertung integriert.

Erläuterung: In einer Studie von Cialdini et al. (1976) zeigten Studierende in der Versuchsbedingung „Misserfolg", die durch die Vorgabe unlösbarer Aufgaben hergestellt wurde, eine Tendenz, sich mit der eigenen Fußballmannschaft verbal zu assoziieren, wenn die Mannschaft einen Sieg davon getragen hatte („Wir haben gewonnen"), und sich von ihr verbal zu distanzieren, wenn sie eine Niederlage erlitten hatte ("Die haben verloren"), und zwar im Vergleich zu einer Gruppe von Studierenden in der Versuchsbedingung "Erfolg", in der einfache Aufgaben gelöst worden waren.

Bedauern (Regret): Bezeichnet die Tendenz, nach einer getroffenen → Entscheidung zwischen nahezu gleich attraktiven Alternativen kurzfristig B. darüber zu empfinden, dass einem die nicht gewählte Alternative entgangen ist. Nach Festinger (1964) ist das B. der motivationale Faktor, der die nachfolgende Reduktion der → Dissonanz bewirkt. Das B. führt dazu, dass die nicht gewählte Alternative zunächst in ihrer Attraktivität erhöht und dass die gewählte Alternative in ihrer Attraktivität verringert wird (Walster, 1964).

Das Auftreten des B.s und die Bedingungen für sein Auftreten sind bislang nicht eindeutig geklärt (vgl. Frey & Gaska, 1993). Das B. steht in Gegensatz zum → "Spreading-apart"-Effekt. Es hat nicht nur im Rahmen der → Dissonanztheorie, sondern auch für die → Reaktanztheorie an Bedeutung gewonnen (vgl. Dickenberger, Gniech & Grabitz, 1993). Der Begriff "B." ist weiter gefasst als der Begriff "Bereuen", da er nicht nur Ereignisse umfasst, über die man → Kontrolle hat, sondern auch solche, die man nicht beeinflussen kann (vgl. Gilovich, Medvec & Kahneman, 1998): So kann man "...bedauern, nicht mehr 20 zu sein, aber man kann es nicht bereuen" (Heckhausen, 2000, S. 124).

Erläuterung: Gerd hat sich im Kaufhaus zwischen zwei ähnlichen zur Auswahl stehenden Pullovern schließlich für einen entschieden. Noch im Hinausgehen bedauert er es, nicht den anderen Pullover gekauft zu haben.

Bedeutung (Meaning, Reference): Bezeichnet den Standardsinn einer Äußerung in einer → Sprache oder einem Symbol. Wörtliche B. lässt sich als denotative B. im Unterschied zu der konnotativen B. kennzeichnen. Was der Sprecher kommunizieren will, lässt sich als Behauptung auffassen, in die die wörtliche B. und der Kontext, in dem die Äußerung stattfindet, eingeht. Der Kontext umfasst die → Identität des Sprechers, den Zeitpunkt der Äußerung und die → Einstellung des Sprechers, die auf seinen Gedanken, → Meinungen und → Intentionen beruht. Durch den Kontext wird die konnotative B. bestimmt.

Die Interpretation von B. fällt je nach philosophischer Orientierung unterschiedlich aus. Zwei Richtungen lassen sich gegenüberstellen: Wahrheitstheorien der B. (und der Sprache) und Verwendungstheorien der B. Erstere gehen davon aus, dass sich der Wahrheitswert eines Satzes eindeutig bestimmen lässt, indem sein Inhalt als Teil einer logischen Äquivalenz aufgefasst wird: "Der Satz ist nur dann wahr, wenn gilt: ...". Die B. von Sätzen wird auf die von Worten zurückgeführt, die die Sprache mit nichtlinguistischen Ereignissen in einer Art und Weise verbindet, dass ihre Wahrheit oder Falschheit festgestellt werden kann.

Verwendungstheorien nehmen an, dass sich die B. eines Satzes daraus ergibt, wie er benutzt wird bzw. was der Sprecher darüber weiß, wie der Satz benutzt wird (→ Kultur, → Norm, → Sozialisation). Somit hängt die B. mit dem interpersonellen Kontext zusammen und ergibt sich aus einem Sprachspiel. In letzter Konsequenz gibt es dann keine objektive B. einer Äußerung, sondern nur subjektive B.en, die mehr oder weniger weitgehend übereinstimmen. Ein Ausweg aus diesem Problem der Unvereinbarkeit der B. eines Satzes zwischen Sprecher und Hörer ergibt sich, indem zwischen solchen Merkmalen der Benutzung unterschieden wird, die für die B. der Äußerung konstitutiv sind, und solchen, die beiläufig sind (Audi, 1999).

Erläuterung. Ein international weit verbreitetes Symbol für den Sinngehalt von Frieden ist die weiße „Friedenstaube" auf blauem Hintergrund, die von dem verstorbenen spanischen Maler, Grafiker und Bildhauer Pablo Picasso für den Weltfriedenskongress 1949 in Paris entworfen wurde.

Bedrohung x Kontroll-Modell der Reaktionen auf Hilfe (Threat x control model of reactions to help): → Modell der Selbstwertbedrohung der Reaktionen auf Hilfe

Bedürfnis (Need): → Motiv, → Soziales Motiv, → Theorie der komplementären Bedürfnisse

Bedürfnisprinzip (Need principle): Ist eine → Gerechtigkeitsregel, die besagt, dass jede Person in einer → Gruppe (z. B. in einer → Familie) so viel erhält, dass sie ihre Bedürfnisse befriedigen kann (Schwinger, 1986). Das B. wird vor allem dann angewandt, wenn eine Person eine andere Person als Teil des eigenen → Selbst wahrnimmt, wie dies z. B. in → engen Beziehungen bei Familienmitgliedern der Fall sein kann.

Erläuterung: Wenn ein Kind neue Schuhe benötigt, wird von den Eltern dem Kind, obwohl es vielleicht kurz zuvor gestört hat, ein Geldbetrag im Haushaltsbudget reserviert, um neue Schuhe kaufen zu können.

Befehl (Order): → Autoritätsgehorsam

Befragung (Interview): Beinhaltet eine mündliche oder schriftliche Auskunft eines Befragten auf der Grundlage von Fragen, die zielgerichtet sind und bei denen das Ziel einer Informationssammlung im Hinblick auf das Verhalten und Erleben der befragten Person im Mittelpunkt steht. Die Form der B. kann auf verschiedenen Dimensionen variieren (Atteslander & Kopp, 1993): 1. strukturierte/unstrukturierte B., 2. geschlossene/offene B. und 3. standardisierte/nicht-standardisierte B. Die B. kommt u. a. im eignungsdiagnostischen, im klinisch-psychologischen Be-

reich sowie in der Meinungsforschung zum Einsatz (vgl. Westhoff, 2000).

Erläuterung: Die Mitarbeiterbefragung dient dem Management von Unternehmen als Grundlage für die Planung von Verbesserungen innerhalb der Organisation, die z. B. durch Zielvereinbarungen angestrebt werden (→ Anspruchsniveau).

Beharrungs-Effekt (Perseverance effect): Bezeichnet eine Tendenz von Beurteilern, auch dann noch an einer Theorie festzuhalten, wenn sie Kenntnis erhalten, dass die ursprünglich zur Beurteilung herangezogenen Informationen auf falschen Tatsachen beruhen. Der B. kann allgemein auf → Hypothesen-bestätigenden Strategien und im Besonderen auf einer → sich-selbst-erfüllenden Prophezeiung beruhen. B.e werden im → Rubikon-Modell der Handlungsphasen behandelt. Sie können durch experimentelle Manipulationen hervorgerufen werden (→ Postexperimentelle Aufklärung).

Erläuterung: Weil ein riskantes Löschmanöver bei einem Brand erfolgreich gewesen zu sein scheint, glaubt ein Beobachter, dass zu einem guten Feuerwehrmann eine hohe Risikobereitschaft gehört. Wenn der Beobachter später erfährt, dass das riskante Manöver nichts zur Brandbekämpfung beigetragen hat, fällt es ihm wegen des B.s schwer, die ursprüngliche Theorie über erfolgreiche Feuerwehrleute aufzugeben. Der B. fällt stärker aus, wenn sich ein Beurteiler Gedanken über die kausalen Einflüsse macht (→ Attribution), also darüber nachdenkt, warum die falsche Theorie richtig ist (vgl. Ross, Lepper & Hubbard, 1975).

Behaviorismus (Behaviorism): (Synonym: Verhaltenslehre) Bezeichnet eine theoretische und methodische Ausrichtung der → Psychologie, die der Tierpsychologe Watson vor dem Hintergrund der russischen Reflexologie (→ Klassische Konditionierung) 1913 begründet hat. Watson (1913, S. 13) schrieb: „Psychologie, wie der Behaviorist sie sieht, ist ein vollkommen objektiver, experimenteller Zweig der Naturwissenschaft. Ihr theoretisches Ziel ist die Vorhersage und Kontrolle von Verhalten". In verschiedenen Varianten hat der B. vor allem die US-amerikanische Psychologie bis Mitte des 20. Jahrhunderts dominiert.

Im B. nach Watson gelten folgende zentrale Annahmen: 1. Jedes → Verhalten ist zusammengesetzt aus Reaktionselementen, die mit objektiv-naturwissenschaftlichen Methoden vollständig analysiert werden können (Elementarismus); 2. Jedes Verhalten ist vollständig zusammengesetzt aus Drüsensekretionen (d. h. Hormonausschüttungen) und Muskelbewegungen, d. h., jedes Verhalten ist vollständig reduzierbar auf biochemische Vorgänge (Reduktionismus); 3. Für jede Reaktion gibt es einen nachweisbaren Reiz (Reiz-Determinismus); und 4. Bewusstsein beeinflusst das Verhalten nicht kausal, es ist lediglich eine nicht-kausale Begleiterscheinung („Epiphänomen") der biochemischen Vorgänge. Watson wies daher das Studium des Bewusstseins und die Methode der „Introspektion" auch für die Humanpsychologie strikt zurück.

Neben zahlreichen tierpsychologischen Arbeiten hat Watson am ethisch umstrittenen Fall des „kleinen Albert" (Watson & Rayner, 1920) die Herstellung einer → Phobie auf der Grundlage des klassischen Konditionierens experimentell demonstriert. Seine Schülerin Jones (1924) hat ferner an mehreren Kindern erfolgreiche Methoden zum Abbau von (konditionierten) → Ängsten nachgewiesen. Diese Arbeiten können als wichtige Meilensteine für die spätere Entwicklung der → Verhaltenstherapie gelten.

Während Watson Bewusstsein auf biochemische Vorgänge reduziert, vertrat Skinner im methodologischen B. eine gemäßigte Position. Skinner unterscheidet grundlegend zwischen dem reflexartigen „respondenten Verhalten", das durch Reize ausgelöst wird und dem „operanten" Verhalten, das wie intentionale Handlungen von äußeren Reizen nur lediglich in der Auftretenswahrscheinlichkeit beeinflusst wird. Für dieses operante Verhalten analysieren Skinnerianer systematische Beziehungen zwischen vorausgehenden (diskriminativen) Reizen, dem beobachtbarem Verhalten und den unmittelbaren Verhaltensfolgen (z. B. → Belohnung und Bestrafung) sowie deren Wahrscheinlichkeit („Verstärkungspläne"). Bewusstseinsinhalte wie → Erwartungen, aber auch biologische Größen wie Hunger, werden als Vorgänge in der „black box" aus der Verhaltensanalyse entweder ausgeklammert oder in beobachtbare Sachverhalte überführt (z. B. Hunger = Zustand des Organismus nach 48 Stunden Nahrungsentzug). Skinnerianer analysieren im Detail, wie die Auftretenswahrscheinlichkeit des operanten Verhaltens verändert wird. Diese Lerngesetze werden auch in der Verhaltenstherapie berücksichtigt. Skinner gilt als einer ihrer Mitbegründer.

In verschiedenen neo-behavioristischen Varianten werden unterschiedliche Annahmen über organismusinterne Vorgänge zugelassen. So führte Tolman (1932) in seinem kognitiven Behaviorismus „kognitive Repräsentationen" ein. Danach lernen Ratten im Labyrinth auch ohne Belohnung eine „kognitive Karte" (→ Kognitive Landkarte), die ihnen bei der Blockade eines Weges Umwege ermöglicht. In der neo-behavioristischen Triebtheorie von Hull (Spence, Miller, Dollard, Mowrer, Doob, Sears) spielen neben Hinweisreizen, Belohnungen und Bestrafungen vermittelnde Triebe eine zentrale Rolle.

Mit der sogenannten „kognitiven Wende" in der Psychologie um 1960 nahm das Interesse an behavioristischen Theorien deutlich ab. Diese Entwicklung wurde von vielen Beiträgen von humanpsychologischen Psychologen mit kognitiver Ausrichtung, nicht zuletzt aus dem Bereich der → Sozialpsychologie, getragen.

Vor allem die Arbeiten von Skinner (1953, 1977) wirken bis heute noch in viele wissenschaftliche Debatte hinein, was den Stellenwert des B. für die psychologische Forschung im Allgemeinen anbelangt. Für die Entwicklung der Verhaltenstherapie im Besonderen sind seine Arbeiten und diejenigen von Watson & Rayner (1920) und Pawlow (1928) wichtige Meilensteine gewesen (vgl. Bargh & Ferguson, 2000; Margraf & Lieb 1995; Zuriff, 1985).

Erläuterung: → Einstellungen lassen sich durch klassische Konditionierung aufbauen, indem das → Einstellungsobjekt entweder mit positiven oder negativ bewerteten Sachverhalten verbunden wird.

„Behavior Setting": Bezeichnet eine funktional geschlossene, raum-zeitlich lokalisierte Umwelteinheit, die mit bestimmten typischen Verhaltensmustern der Teilnehmer verbunden ist.

Erläuterung: Ein Spielplatz stellt ein B. dar, da er sowohl eine räumliche und dingliche Struktur als auch eine Binnenorganisation der Verhaltensmuster aufweist, die Kinder auf Spielplätzen zeigen.

Beitragsprinzip (Parity principle): → Prinzip relativer Gleichheit

Beleidigung (Insult): → Aggressionstheorie, Duales-System-Modell der Verhaltenslenkung, → Psychophysiologischer Katharsis-Effekt

Belohnung (Reward): Bezeichnet symbolische oder materielle Wohltaten. Folgende Belohnungsklassen lassen sich nach Foa & Foa (1980) in sozialen → Interaktionen unterscheiden: 1. → Liebe (und Unterstützung), 2. → (Sozialer) Status i. S. von Prestige und Ansehen, 3. Information, 4. Geld, 5. Güter und 6. Dienstleistungen.

B.en variieren in ihrer Konkretheit und in ihrer Personengebundenheit. Güter und Dienstleistungen sind konkreter, während Information und Status eher abstrakt sind. Liebe gilt einer bestimmten Person, während Geld mit allen Mitgliedern einer Währungsgemeinschaft ausgetauscht werden kann. In diesem Zusammenhang werden folgende Hypothesen aufgestellt: 1. Je näher eine B. zu Liebe ist, desto wahrscheinlicher wird sie mit derselben B. erwidert. 2. Je näher eine B. zu Geld ist, desto eher tendiert der Betrag des Geldes dazu, sich dem Betrag des Empfängers anzugleichen, so dass der Gewinn des einen der Verlust des anderen ist. B.en haben für die → Austauschtheorie und die Theorie der → Gerechtigkeit eine große Bedeutung. Der Gegenbegriff zu B.en ist → Kosten.

Erläuterung: Die Bedeutung des Geldes variiert zwischen Männern und Frauen: Während für Männer das Geld vor allem ein Ausdruck von → Macht und Prestige ist, dient es für Frauen eher der Erfüllung pragmatischer Notwendigkeiten (vgl. Prince, 1993).

Belohnungsaufschub (Delay of gratification): Bezeichnet den Verzicht auf eine sofortige Gratifikation zugunsten einer zukünftigen größeren Gratifikation. In dem Forschungsansatz von Mischel (1974) wird B. durch die Vorgabe einer direkten Wahl zwischen einer unmittelbar zugänglichen kleineren → Belohnung und einer attraktiveren Belohnung, die später (z. B. nach einer Stunde oder nach einigen Tagen) zugänglich ist. Obwohl viele der Studien zum B. mit Kindern durchgeführt wurden, ist das Thema des B.s im ganzen Lebenslauf relevant. Personen, die die Wahl der späteren Belohnung eindeutig präferieren, sind durch höhere → Leistungsmotivation, mehr → Vertrauen, mehr soziale → Verantwortung und größere Zukunftsorientierung gekennzeichnet. Personen, die die unmittelbar zugängliche Belohnung eindeutig präferieren, sind demgegenüber durch größere Impulsivität charakterisiert (→ Lustprinzip). Sie finden sich eher unter Straffälligen und im Zusammenhang mit Psychopathie bzw. Soziopathie (→ Neurose).

B. trägt zur → Kompetenz bei und ist von zentraler Bedeutung für die Selbstkontrolle. Das zeigt sich in einer 10-jährigen Längsschnittstudie, in der der B. als Vorschulkind mit der Einschätzung der Eltern als Jugendlicher in Verbindung gesetzt wurde (Mischel, Shoda & Peake, 1988). Die Länge des B.s korrelierte bedeutsam mit der sozialen und akademischen Kompetenz. Außerdem hing der B. mit einer besseren → Bewältigung von Stress zusammen. Die Entwicklung des B.s wird durch → Modelllernen beeinflusst, wie der Einfluss sozialer Modelle auf den B. von Kindern zeigt. Da hoher B. mit → Leistung und → Leistungsmotivation assoziiert ist, kann er der → protestantischen Ethik zugeordnet werden. Der Erwerb von Techniken zum B. während der → Sozialisation wurde in unterschiedlichen → Kulturen beobachtet.

Untersuchungen, die sich mit dem Zusammenhang zwischen → Kognition und B. befassen, verweisen darauf, dass nicht solche kognitiven Techniken erfolgreich sind, die die Belohnung salient machen, sondern solche, die dazu beitragen, das Nachdenken über die Belohnung zu meiden. Kognitive Ablenkung, indem das Kind z. B. gezielt über etwas Lustiges nachdenkt, erleichtert es, die Wartephase zu überbrücken.

Benutzeranalyse (User response analysis): Ist eine statistische Vorhersage der Benutzungshäufigkeit von Freizeitanlagen oder anderen entsprechenden Einrichtungen. Meist wird die Voraussage auf der Grundlage von mehreren Merkmalen durchgeführt. Dazu wird vielfach das Verfahren der → multiplen Regressionsanalyse verwendet, das es

gestattet, die optimale Kombination von Prädiktoren auszuwählen und anzugeben, wie groß die durch sie → erklärte Varianz der Benutzungshäufigkeit ist.

Beobachtungslernen (Observational learning): → Modelllernen

Bestätigungsfehler (Confirmation bias): Bezeichnet eine individuelle Vorannahme, die auf Hypothesen, → Erwartungen oder → Stereotypen beruht und die bei abweichender Information als in größerem Ausmaß zutreffend angenommen wird, als es rational wäre. Informationen, die den Vorannahmen entsprechen, werden besser behalten als Informationen, die ihnen widersprechen.

Der B. kommt in verschiedenen Ansätzen wie dem → konfirmatorischen Hypothesentesten, dem → Lehrererwartungs-Effekt, der → sich-selbst-erfüllenden Prophezeiung und dem → Versuchsleiter-Effekt zum Ausdruck.

Betrug (Deceit): → Optimale Distinktheits-Theorie, → Reziproker Altruismus, → Soziobiologie

Bewältigung von Stress (Coping with stress): Bezeichnet die Verwendung von Strategien, die Personen benutzen, um belastende Ereignisse zu meistern. Die B. beruht darauf, dass in einer Stresssituation (→ Stress) eine Einschätzung der Bedrohung durch den → Stressor ausgelöst wird, der eine Abwägung möglicher Bewältigungsressourcen folgt. Die B. kann sich sowohl auf eine aktive Problemlösung konzentrieren als auch auf die Regulation negativer emotionaler Reaktionen. Im Mittelpunkt steht der Versuch, das gestörte Gleichgewicht wieder herzustellen (Lazarus, 1966). Die B. ist ein komplexer Vorgang, da sowohl Hinweise darauf bestehen, dass einzelne Bewältigungsstrategien mit bestimmten Stressoren verbunden sind, als auch darauf, dass die Bewältigungsstrategien nach dem Versuch-und-Irrtum-Prinzip ausgewählt werden (Lazarus, 1993). Problemorientierte B. dominiert, wenn die kognitive Bewertung der Situation ergibt, dass etwas getan werden kann, um den Stress abzubauen, während emotionszentrierte B. überwiegt, wenn die Situationsbewertung ergibt, dass nichts zu tun ist. Lazarus (1993) verweist in diesem Zusammenhang auf die Erkenntnis der Anonymen Alkoholiker, nur die Störfaktoren ändern zu wollen, die sich verändern lassen.

Aspinwall & Taylor (1997) heben eine besondere Form der B. hervor, die damit zu tun hat, dass Personen belastende Situationen antizipieren können. Diese proaktive B. dient dazu, im voraus das Auftreten des Stressors zu verhindern oder seine Wirkung abzumildern. In einem Stufenmodell wird dieser Prozess der Selbstregulation (→ Theorie der Selbstregulation) beschrieben.

Je nachdem wie gut oder schlecht die B. gelingt, ergeben sich negative Auswirkungen auf die Gesundheit eines Menschen (vgl. Weiß, 1999). Es kann auch zu einem frühzeitigen Ableben enger Angehöriger kommen, wenn z. B. ein Kind oder ein Ehegatte durch einen Verkehrsunfall getötet wurde (Lehman, Wortman & Williams, 1987). Diese erhöhte Mortalität nach Trauerfällen in der Familie wurde mehrfach bestätigt (Stroebe & Stroebe, 1983).

Erläuterung: Wenn eine hohe → Dichte in einer Wohnung als Stressor für ein Kind wirkt, besteht die Möglichkeit, im Freien zu spielen und auf diese Weise – zumindest zeitweise – dem Stressor zu entgehen.

Bewältigungsstil (Coping style): Bezeichnung für individuelle Unterschiede in der Meisterung von bedrohlichen Situationen, die allgemein als Versuch zur → Bewältigung von Stress einzuordnen sind.

Zwei Gegensatzpaare kennzeichnen typische Bewältigungsstrategien und verweisen auf die große individuelle Variabilität im Umgang mit bedrohlichen Ereignissen: 1. die Tendenz, bei → Stress mit → Vigilanz oder → kognitiver Vermeidung zu reagieren; 2. die Tendenz, bei Stress Informationen über die Stressursachen zu suchen ("monitoring", → Informationssuche) oder solche Informationen zu vermeiden ("blunting", → Informationsvermeidung). Stroebe & Jonas (2002) stellen zwei Dimensionen der → Bewältigung von Stress gegenüber: 1. problemzentriert vs. emotionszentriert und 2. Annäherung vs. Vermeidung. Die Kombination dieser zwei Dimensionen ergibt vier Kategorien: Problemannäherung, Problemvermeidung, Emotionsannäherung und Emotionsvermeidung.

Erläuterung: Wer ein leichtes Stechen in der Brust spürt, kann den Schmerz ignorieren und mit dem Tagesprogramm fortfahren oder alles stehen und liegen lassen, um möglichst sofort durch einen Internisten untersucht zu werden.

Bewertung (Evaluation): Bezeichnet die subjektive Einschätzung von Objekten und Ereignissen i. S. von „Es ist positiv/gut für mich" bzw. „Es ist negativ/schlecht für mich". Da B. häufig durch Zuschauer zum Ausdruck gebracht wird, wird angenommen, dass die Anwesenheit anderer das Erregungsniveau erhöht, weil Lob und Kritik antizipiert wird (Cottrell, 1972; → Bewertungsangst-Theorie, → Triebtheorie der sozialen Aktivierung). Die englische Bezeichnung „appraisal" (Lazarus, 1966) beinhaltet einen engeren Begriff der B. als die englische Bezeichnung „evaluation", die jede Art von bewertender Stellungnahme umfasst. Die B. hat z. B. bei der → Bewältigung von Stress („primary appraisal", „secondary appraisal") und bei der → Selbsteinschätzung („self-appraisal") eine besondere Beachtung gewonnen.

Bewertungsangst (Evaluation apprehension): Liegt vor, wenn eine Person in einer Situation, in der Zuschauer anwesend sind, das generelle Triebniveau erhöht (→ Soziale Aktivierung). Die B. ist in der → Bewertungsangst-Theorie sowie im Rahmen der Forschung zum → Anzahl-Effekt von Bedeutung.

Erläuterung: Die Erhöhung des generellen Triebniveaus wird subjektiv als → Angst empfunden, die mit Einschätzungen wie „Ich könnte etwas falsch machen" oder „Ich könnte mich blamieren" einhergeht.

Bewertungsangst-Theorie (Evaluation apprehension theory): Bezieht sich auf das Phänomen der → sozialen Aktivierung und besagt, dass die Anwesenheit anderer Personen nur dann das Verhalten beeinflusst, wenn eine → Bewertung wahrscheinlich ist. Hingegen führt die bloße Anwesenheit anderer zu keinen vergleichbaren Effekten und das Verhalten entspricht dem in der „Allein-Bedingung" (Cottrell, 1972). Die B. sagt vorher, dass die → dominante Reaktion, die in einer bestimmten Aufgabensituation vorhanden ist, nur dann bei Anwesenheit anderer wahrscheinlicher ausgeführt wird, wenn es sich um Zuschauer handelt oder wenn ein → Wettbewerb unter Personen, die die gleiche Tätigkeit ausüben, gegeben ist, aber nicht, wenn Personen anwesend sind, die keine Leistungsbewertung durchführen können, weil ihnen die Augen verbunden sind.

Die B. relativiert die → Triebtheorie der sozialen Aktivierung (Zajonc, 1965), die von einem angeborenen Mechanismus ausgeht, der bei Mensch und Tier automatisch ausgelöst wird. Stattdessen nimmt Cottrell (1972) an, dass soziale Aktivierung auf einem gelernten Trieb beruht. Dieser geht darauf zurück, dass die Person in der → Sozialisation lernt, dass die Anwesenheit anderer mit positiven und negativen Konsequenzen verbunden ist. Diese Assoziation führt auf dem Wege der → klassischen Konditionierung dazu, dass

Zuschauer und Rivalen das generelle Triebniveau erhöhen, nachdem ursprünglich die Anwesenheit anderer keinen solchen Effekt hatte. Aufgrund von Erfahrungslernen mit Lob und Kritik durch andere antizipiert die Person mit der Anwesenheit anderer, die sie bewerten können, positive oder negative Konsequenzen. Eine erste Version dieser Erklärung für soziale Aktivierung wurde von Jones & Gerard (1967) dargestellt. Eine alternative Erklärung ist die → Ablenkungs-Konflikt-Theorie.

Erläuterung: Armin, der seit kurzem übt, spielt schlechter Klavier, wenn seine Mutter ihm zuhört, während die Anwesenheit des hörbehinderten Vaters sich nicht auf die gezeigte Leistung auswirkt.

Beziehung (Relationship): → Enge Beziehung, → Soziale Beziehung

Bezugsgruppe (Reference group): Ist diejenige → Gruppe, die für ein Individuum zum Orientierungspunkt wird und mit der es sich – auch in dem Fall, dass es nicht „offizielles Mitglied" der Gruppe ist – identifiziert. B.n haben zwei Funktionen: 1. eine normative Funktion (Aufstellen von → Normen, deren Einhaltung durch → Sanktionen durchgesetzt wird) und 2. eine Vergleichsfunktion (Vergleichsmaßstab, an dem das Individuum seine eigenen → Einstellungen, Wahrnehmungsurteile und → Erwartungen orientieren kann, was in der → Relevante-Attribute-Hypothese näher untersucht wird).

Sowohl die normative Funktion als auch die Vergleichsfunktion entwickeln sich in der → Sozialisation des Kindes, da die Eltern im Allgemeinen die erste B. darstellen, die Normen vermittelt und Verhaltensbeispiele vorgibt (→ Modelllernen). Hierzu hat die → sozialkognitive Lerntheorie wichtige Beiträge geliefert.

Erläuterung: Brigitte ist Mitglied in einer örtlichen „Rocker"-Gruppe, die ihr nahe legt, wie sie sich zu kleiden hat, und die ihr zur Orientierung dient, wenn es darum geht, ob sie „aufgemotzte" Motorräder für gut oder schlecht halten soll.

Bezugsnorm (Reference norm): Bezeichnet die → Norm, auf die in einer Situation zurückgegriffen wird und die als Maßstab für individuelle Reaktionen (z. B. Leistungsbewertung) dient. Die Bedeutung der B. wurde ursprünglich in Untersuchungen von Sherif (1935) aufgezeigt, in der das → autokinetische Phänomen im Mittelpunkt stand: Ein fest stehender Lichtpunkt scheint sich in Dunkelheit zu bewegen. Wenn mehrere Personen das Ausmaß der Bewegung des Lichtpunkts einschätzen, kristallisiert sich eine B. der → Gruppe heraus, da alle Gruppennmitglieder dazu tendieren, in der Tendenz ihrer Schätzungen übereinzustimmen.

Liegt ein individueller Maßstab zugrunde, so kann man von einer individuellen B.-Orientierung sprechen, wird dagegen der soziale Maßstab zur Bewertung herangezogen, dann handelt es sich um eine soziale B.-Orientierung. Während die individuelle B. einen intrapersonalen Vergleich betont, basiert die soziale B. auf einem → sozialen Vergleich.

Erläuterung: Die Bewertung von Schulleistungen durch einen Lehrer basiert häufig sowohl auf einem individuellen Maßstab (Vergleich mit früheren Leistungen eines Schülers) als auch auf einem sozialen Maßstab (Vergleich mit dem Leistungsdurchschnitt der Schulklasse).

Bindung (Attachment): Bezeichnet ein → soziales Motiv bei Menschen, → enge Beziehungen zu anderen zu entwickeln und aufrechtzuerhalten, wobei Situationen, die eine B. gefährden, mit negativen → Affekten, und Situationen, die mit zunehmender B. einhergehen, mit positiven Affekten verknüpft sind. Das Bindungsmotiv entwickelt sich in der frühen Kindheit. Als B. wird dabei die besondere und

relativ dauerhafte emotional verankerte Beziehung eines Kindes zu einer bestimmten Bezugsperson (meist Mutter oder Vater) bezeichnet, die nach Maccoby (1980) durch vier Merkmale gekennzeichnet ist: 1. Die Nähe der Bezugsperson suchen, 2. Leiden unter der Trennung von dieser Person, 3. Sich-Freuen bei der Rückkehr der Person und 4. sich auch dann an dieser Person orientieren, wenn diese nicht in unmittelbarer Nähe ist.

Das Bindungsmotiv wurde im Hinblick auf → Bindungsstile näher erforscht (Bowlby, urspr. 1969, urspr. 1973, urspr. 1980). B. weist Bezüge zum → Anschlussmotiv und zur → Gesellung auf. Anwendungen ergeben sich vor allem im Bereich der → Psychotherapie, Psychosomatik sowie in → engen Beziehungen (vgl. Cassidy & Shaver, 1999; Scheidt & Waller, 1999). Das Bindungsmotiv steht in Wechselwirkung mit → Exploration und → Spiel.

Erläuterung: Vormbrock (1993) zeigte auf der Grundlage einer Forschungsübersicht, dass eine lang andauernde Trennung zwischen verheirateten Partnern, die aufgrund von Krieg oder durch berufliche Gründe zustande kommt, oftmals mit → Ängsten und Depressionen einhergeht.

Bindungsstil (Attachment style): Bezeichnet nach Ainsworth, Blehar, Waters & Wall (1978) und Bowlby (urspr. 1969) die Qualität der → Bindung bei Kindern, die in der → Fremden-Situation gemessen wird. Folgende B.e lassen sich unterscheiden: 1. sicher 2. ängstlich-ambivalent und 3. vermeidend. Sie lassen sich wie folgt kennzeichnen: Sicher gebundene Kinder protestieren wenig gegen das Weggehen der Bezugsperson und suchen die Nähe der Mutter nach ihrer Rückkehr. Ängstlich-ambivalente Kinder reagieren mit Weinen und Protest auf das Weggehen der Bezugsperson und wechseln mit Annäherung und Abwendung bei ihrer Rückkehr.

Vermeidende Kinder ignorieren das Weggehen und die Rückkehr der Bezugsperson weitgehend und zeigen ein distanziertes Verhalten.

Später wurde noch ein vierter B. abgeleitet, der als desorganisiert/desorientiert bezeichnet wurde (Main, 1995). Kinder, die in diese Gruppe aufgenommen werden, zeichnen sich durch Bewegungsstereotypien und plötzliches Erstarren aus. Sie sind in ihrer Stimmung eher labil und sind durch ein unangepasstes Bindungsverhalten gekennzeichnet. In dieser Gruppe finden sich viele Kinder, die misshandelt wurden (Lyons-Ruth & Jacobvitz, 1999).

Schon Bowlby nahm an, dass die Bindungserfahrungen in kognitiven Schemata abgespeichert werden, die als innere → Arbeitsmodelle bezeichnet werden. Diese enthalten eine Abstraktion des → Selbstbildes und des Bildes von anderen Personen, die aus den Bindungserfahrungen abgeleitet wurden.

In Abhängigkeit von dem positiven vs. negativen Selbstbild und Fremdbild einer Person entwickelte Bartholomew (1990) ein 2x2-Schema der B.e: 1. positives Selbstbild/positives Fremdbild: sicher-gebundener B.; 2. positives Selbstbild/negatives Fremdbild: gleichgültig-vermeidender B.; 3. negatives Selbstbild/positives Fremdbild: ängstlich-ambivalenter B. und 4. negatives Selbstbild/negatives Fremdbild: ängstlich-vermeidender B. Es wird angenommen, dass diese vier B.e mit entsprechenden Beziehungsmerkmalen und Merkmalen des Selbstbildes/Fremdbildes in der Kindheit zusammenhängen.

Die B.e in romantischen Beziehungen lassen sich in Fragebogenstudien faktorenanalytisch (→ Faktorenanalyse) zwei Dimensionen zuordnen (Grau, 1999): 1. Angst (vor Trennung und Nicht-Geliebtwerden) und 2. Vermeidung (gekennzeichnet durch Selbstgenügsamkeit und geringe Suche nach Nähe). Auf diesen zwei Dimensionen lassen sich die B.e einorden, wobei eine weitere Aufspaltung des vermeidenden B.s in ängstlich-vermeidend und gleichgültig-vermeidend erfolgt. Nach dieser Zusatzdifferenzierung kann Vermeidung entweder die Folge von → Angst sein, enttäuscht oder verlassen zu werden, oder das Ergebnisse von Desinteresse an anderen. Im Einzelnen ergeben sich folgende Zuordnungen der B.e zu den beiden Bindungsdimensionen: 1. der sicher-gebundene B. ist durch niedrige Angst und niedrige Vermeidung gekennzeichnet, 2. der ängstlich-vermeidende B.e durch hohe Angst und hohe Vermeidung, 3. der ängstlich-ambivalente B. durch hohe Angst und 4. der gleichgültig-vermeidende B. durch hohe Vermeidung.

Aufgrund theoretischer Annahmen über die Entstehung eines inneren Arbeitsmodells als auch von retrospektiven → Befragungen von Erwachsenen zu ihren Bindungserfahrungen (→ „Adult Attachment Interview") wird vermutet, dass durch den B. in der Kindheit die Erlebensweisen von Erwachsenen beeinflusst werden kann (Koback & Sceery, 1988; vgl. van Ijzendoorn, 1995): In Selbstbeschreibungen von sicher-gebundenen Studenten und Studentinnen ergibt sich eine größere → Ich-Stärke als bei unsicher-gebundenen. Vermeidende Personen beschreiben sich als relativ feindselig gegenüber anderen, ängstlich-ambivalente Personen zeichnen sich durch hohe → Ängstlichkeit aus. Die Frage nach der Kontinuität ist allerdings ungeklärt, da wenigstens genauso viele Studien keine Übereinstimmung zwischen kindlicher Bindung und dem B. Erwachsener zeigen (Zimmermann & Becker-Stoll, 2001).

Erläuterung: In einer Untersuchung von Hazan & Shaver (1987) wurde festgestellt, dass die Beziehungslänge mit dem B. zusammenhängt: Während sichere Bindung im Durchschnitt mit zehn Jahren Beziehungsdauer kombiniert war, fand sich für vermeidende

Bindung im Durchschnitt eine Beziehungslänge von sechs Jahren und für ängstlich-ambivalente Bindung eine Beziehungslänge von knapp fünf Jahren. Außerdem fanden sich unter den sichergebundenen Personen weniger → Scheidungen als in den beiden anderen Gruppen.

Binnengruppe (In-group): (Synonym: Eigengruppe) Bezeichnet eine → Gruppe, der sich eine Person zuordnet bzw. der sie angehört. Die rivalisierende Gruppe wird in der Regel als → Fremdgruppe bezeichnet.

Erläuterung: Michael ist aktiver Spieler in einem Tischtennisverein, für den er zu sportlichen Wettkämpfen gegenüber anderen Vereinen antritt.

Binnengruppen-Favorisierung (In-group favoritism): Ist die Bevorzugung von Mitgliedern der → Binnengruppe oder der Binnengruppe als Ganze gegenüber Mitgliedern anderer Gruppen oder anderen Gruppen insgesamt. Das Auftreten von B. wurde wiederholt durch das → Paradigma der minimalen Gruppen nachgewiesen.

„Blunting": → Informationsvermeidung

„Bogus pipeline": Ist eine in der Messung von → Einstellungen angewandte Methode zur Vermeidung von Tendenzen der → sozialen Erwünschtheit (nach Jones & Sigall, 1971; Sigall & Page, 1971). Die Grundidee besteht darin, dass der Versuchsleiter mit Hilfe einer eindrucksvollen Apparatur vermittelt, dass er oder sie in der Lage ist, direkten Zugang zu den affektiven Reaktionen der Befragten zu erhalten. Im ersten Schritt wird eine schriftliche → Einstellungsmessung über abgestufte Einschätzungen durchgeführt. Danach nimmt dieselbe Person an einem Experiment teil, in dem angeblich physiologische Messungen durchgeführt werden, die von einem Gerät (das mit EMG bezeichnet wird) verarbeitet werden, das

einem Lügendetektor ähnelt. Die zuvor erhobenen Einstellungen werden genutzt, um den Teilnehmern in der Probephase zu verdeutlichen, dass das Gerät in der Lage ist, ihre „wahren" Einstellungen aufgrund physiologischer Messdaten zu erfassen. In einer zweiten Phase des Experiments werden dann relevante Einstellungen vorgegeben, für die die Befragten ihre Einschätzung abgeben.

Angeblich geht es darum zu prüfen, in welchem Ausmaß die Versuchsteilnehmer Zugang zu ihren wirklichen → Gefühlen haben. Daher werden die Befragten instruiert, die EMG-Messungen vorherzusagen. Diese Vorhersagen werden als Messung der Einstellung, die nicht durch soziale Erwünschtheit verzerrt ist, interpretiert. Ein Beleg für die Gültigkeit des Verfahrens besteht darin, dass → Stereotype in der B.-Bedingung stärker ausgeprägt sind als in einer Kontrollbedingung.

Kritik konzentriert sich zum einen auf die ethische Rechtfertigung des Verfahrens, das eine massive Täuschung der Befragten beinhaltet (Aguinis & Heule, 2001). Zum anderen stellt sich die Frage, ob nicht auch die B.-Bedingung eine spezielle Instruktionsbedingung für die Einschätzung von → Einstellungsobjekten darstellt, die nicht grundsätzlich valider ist als andere Instruktionsbedingungen. Die Ergebnisse verdeutlichen jedenfalls, dass die Erfassung von Einstellungen von dem Verfahren der Messung beeinflusst werden kann.

Ein alternatives Verfahren zur Erfassung von Stereotypen, das ebenfalls nur geringfügig durch → Eindrucksmanagement beeinflusst ist, stellt der → Implizite Assoziationstest (IAT) dar.

Erläuterung: Das Verfahren der B. dient auch zur Überprüfung der Wahrhaftigkeit von Aussagen von Personen, die zu Alkohol- und Drogenkonsum neigen (Aguinis, Pierce & Quigley, 1995).

Brainstorming: Bezeichnet nach Osborn (1953, 1957) eine Methode zur Erhöhung der Qualität und Quantität der Ideenproduktion, die in drei Phasen abläuft: 1. Phase: Tatsachen-Findung (Problemdefinition und Sammeln problemrelevanter Informationen), 2. Phase: Ideen-Findung (Produktion neuer Ideen bzw. Kombination und Ausarbeitung bereits vorliegender Ideen) und 3. Phase: Lösungsfindung (Bewertung von Ideen, um danach die beste Idee zur Lösung des Problems auszuwählen). B. soll nach Osborn vor allem in → Gruppen leistungsfördernd sein.

Befunde von Diehl & Stroebe (1987, 1991) zeigen jedoch, dass interpersonelle → Kommunikation in Gruppen aufgrund einer wechselseitigen Produktionsblockierung die B.-Leistung vermindert. B. scheint somit eher dann sich leistungsfördernd auszuwirken, wenn jedes Gruppenmitglied für sich alleine Ideen produziert und diese dann in der Gruppe diskutiert werden (als Einzel-B. in nicht-interagierender Gruppe; vgl. Stroebe & Diehl, 1994).

Erläuterung: Neben dem B. gibt es noch andere Problemlösungstechniken, die Gruppen zur Verfügung stehen, wie z. B. die „Delphi-Technik" und die „Nominale-Gruppen-Technik" (vgl. Wagner & Hollenbeck, 1992).

Bumerang-Effekt (Boomerang effect): → Norm, → Reaktanz, → Sanktion

Bürgerinitiative (Citizens' action group): → Gruppe, → Selbsthilfegruppe

Bürgerliche Tugend (Civic virtue): → Freiwilliges Arbeitsengagement

Burnout: Ist ein Begriff, der auf Freudenberger (1974) zurückgeht und der nach Pines, Aronson & Kafry (1983) einen individuellen Zustand körperlicher, emotionaler und geistiger Erschöpfung bezeichnet, der sich aufgrund anhaltender, wiederholter Belastung beim intensiven Einsatz für andere Menschen einstellt.

B. kann mit dem „Tedium Measure" (TM; Pines, Aronson & Kafry, 1983), mit dem „Maslach Burnout Inventory" (MBI; Maslach & Jackson, 1981) und mit einer deutschsprachigen Fassung des MBI, die von Büssing & Perrar (1992) vorgelegt wurde, gemessen werden. B. wurde ursprünglich mehr auf Personen aus klassisch helfenden Berufen (z. B. im Bereich der Sozialarbeit und → Psychotherapie) bezogen, wobei mittlerweile auch andere Berufe, die generell sich auf den Umgang mit Menschen beziehen, mit dem Begriff B. verbunden werden (vgl. Bakker, Schaufeli, Sisma & Bosveld, 2001).

Erläuterung: So berichtet Honer (1999) über B.-Anzeichen bei katholischen Pfarrern, die sich u. a. in Gleichgültigkeit, Zynismus, Apathie und sozialem Rückzug zeigen und die ihre Ursachen im Gottes- und Menschenbild, in überhöhten Idealen, im Zölibat und in institutionellen Aspekten finden.

Charakterattribution (Character attribution): Bezeichnet die explizite → Attribution des Verhaltens einer Person auf ihre → Persönlichkeit durch Beobachter. C.en beeinflussen das → Selbstschema der Person.

Erläuterung: Ein Kind, das sich hilfreich verhält, wird von einer Bezugsperson als hilfsbereiter Schüler dargestellt. Der Schüler sieht sich daraufhin als hilfsbereite Person und seine Bereitschaft, prosozial zu handeln, wird erhöht, weil die prosoziale Handlung mit dem neu erworbenen prosozialen Selbstschema übereinstimmt (→ Sichselbst-erfüllende Prophezeiung).

Charismatische Führung (Charismatic leadership): Der Begriff des Charismas als Herrschaftslegitimation wurde von Max Weber (urspr. 1921) geprägt. C. beruht auf der Betonung von Zukunftsvisionen, die den Mitarbeitern als möglichst großartig dargestellt werden, um ihre Bereitschaft zu wecken, sich für die Ziele der → Organisation in hohem Maße zu engagieren. C. bedeutet die Demonstration von Entschlossenheit und Risikobereitschaft sowie die Verwendung von Symbolen, die den Stolz und die Begeisterung der Mitarbeiter fördern können (House & Shamir, 1995).

Die Bedeutung von C. wird vor allem in Krisensituationen deutlich, wenn eine relativ aussichtslose Situation durch Freisetzung neuer Kräfte in der Organisation überwunden werden soll. C. tritt sowohl im wirtschaftlichen Bereich auf als auch im politischen und religiösen Bereich. Ein bekanntes Beispiel ist Adolf Hitler, der viele Merkmale der C. in seinen Auftritten realisierte. Dieses Beispiel verweist auf ein gravierendes Problem: Die Visionen, die den Zukunftsoptimismus der Menschen fördern sollen, können falsch sein, ethisch verwerflich sein oder auf Spinnereien beruhen. Ein Gegenbeispiel ist Mahatma Gandhi, der C. mit Gewaltlosigkeit verbunden hat. Dementsprechend lässt sich zwischen „ethischen" (sozialisierten) und „unethischen" (personalisierten) Formen der C. unterscheiden (Steyrer, 1999).

Der Erfolg der C. setzt entsprechende → Einstellungen der Geführten voraus, die in einem Mangel an Idealen und dem Wunsch nach Orientierung und Sinngebung zum Ausdruck kommen. Ein Problem der Realisierung von C. besteht darin, dass Charisma an die → Eigenschaften einzelner Führungspersonen gebunden ist, die aufgrund ihres besonderen → Auftretens bewundert werden.

Vorteile der C. liegen darin, dass keine zusätzlichen materiellen Mittel zur → Motivation der Mitarbeiter bereitgestellt werden müssen. Der Ansporn der Mitarbeiter wird durch Reden, Rituale und symbolische → Handlungen erreicht. C. lässt sich der → transformationalen Führung zuordnen.

Erläuterung: C. in der Politik wird in neuerer Zeit durch den ehemaligen US-amerikanischen Präsidenten John F. Kennedy repräsentiert.

„Coping": → Bewältigung von Stress, → Bewältigungsstil

Defensive Attribution (Defensive attribution): → Selbst(wert)schützende Attribution

Defensive Einstellung (Defensive attitude): Bezeichnet eine → Einstellung, die dem Schutz des → Selbst gegen bedrohliche Wünsche und Niederlagen dient und die aus einem inneren → Konflikt entsteht (→ Einstellungsfunktion). D.en können auch auf einer bestimmten Persönlichkeitsstruktur beruhen (→ Autoritäre Persönlichkeit).

Erläuterung: Wenn das Thema auf Spenden für die Dritte Welt kommt, argumentiert Simone, dass das nichts bringe, weil sowieso alles durch Korruption zweckentfremdet würde.

Deindividuation (Deindividuation): Ist ein individueller Zustand verringerter Selbstkontrolle, der mit einer verminderten rationalen → sozialen Informationsverarbeitung und einer erhöhten Bereitschaft zu → abweichendem Verhalten einhergeht und der häufig durch → Anonymität (etwa aufgrund der Dunkelheit oder aufgrund einheitlicher Kleidung) und → Diffusion der Verantwortung (in großen → Gruppen) ausgelöst wird (Prentice-Dunn & Spivey, 1986; Postmes & Spears, 1998). D. bezeichnet nach Festinger, Pepitone & Newcomb (1952) den Unterschied im Verhalten zwischen einer Gruppensituation und einer individuellen Situation. Das Verhalten in der Gruppe ist durch weniger Hemmungen, größere Ungezwungenheit und eine stärkere Neigung, sich gehen zu lassen, gekennzeichnet. Die Individuen verhalten sich so, als wenn sie in die Gruppe eingetaucht wären, mit der Folge, dass ihre inneren Hemmungen reduziert werden. Daher handelt es sich um ein Gruppenphänomen, das nicht auf individueller Ebene erklärt werden kann. Später (Diener, 1980) wurde D. als ein Zustand reduzierter Selbstaufmerksamkeit in Gruppen definiert (→ Theorie der Selbstaufmerksamkeit).

D. wird durch Anonymität und Uniformierung verstärkt (Zimbardo, 1970). Unter die Folgen der D. fallen die Übertretung gesellschaftlicher → Normen einschließlich aggressiver → Handlungen (→ Aggression), Vandalismus, erhöhte soziale Beeinflussbarkeit und eine verringerte Verhaltensplanung. D. kann auch das Auftreten von → regressivem Rassismus begünstigen. Viele Phänomene, die heute als Folge der D. interpretiert werden, wurden von LeBon (urspr. 1895) ursprünglich als „Psychologie der Masse" beschrieben.

Erläuterung: D. wird durch randalierende Fußballfans vor und nach Fußballspielen veranschaulicht, die im sonstigen Privatleben umgängliche und feinfühlige Menschen sein können.

Dekategorisierungs-Modell (Decategorization model): Bezeichnet ein Modell von Brewer & Miller (1988), das den individuellen Kontakt über Grenzen von → Gruppen hinweg betont, um → Stereotype, → Vorurteile und → Intergruppen-Diskriminierung zu verringern. Entscheidend ist hierbei, dass die stereotypisierte Person aus einer anderen Gruppe nicht als Gruppenmitglied, sondern als einzigartige Person vom stereotypisierenden Beurteiler wahrgenommen wird. Dies ist umso mehr möglich, je mehr persönlicher Kontakt zwischen beiden vorhanden ist, was schließlich zu einer Reduzierung der Depersonalisierung und zu einer Erhöhung der Personalisierung der stereotypisierten Person führt. Befunde von Bettencourt, Brewer, Rogers-Croack & Miller (1992) unterstützen das D.

Erläuterung: Nachbarn, die aus unterschiedlichen → Kulturen stammen, lernen sich während eines Straßenfestes persönlich kennen und schätzen.

Delinquenz (Delinquency): → Paradigma des verbotenen Spielzeugs, → Neurose

Denotative Bedeutung (Denotative meaning): → Bedeutung, → Sprache

Depression (Depression): → Hoffnungslosigkeit, → Theorie der gelernten Hilflosigkeit

Deprivation (Deprivation): Bezeichnet einen Entzugs- oder Mangelzustand. Fünf Formen von D. sind zu unterscheiden: 1. Soziale D.: Es fehlen soziale Kontakte, so dass man auch von sozialer Isolation bzw. von → Einsamkeit sprechen kann, 2. Sensorische D.: Es liegt ein Mangel an sensorischer Stimulierung und Abwechselung vor, 3. Emotionale D.: Das Kind erfährt eine reduzierte emotionale Zuwendung von seinen engeren Bezugspersonen (→ Bindungsstil), 4. Relative D.: Vergleich des gegebenen Niveaus an → Belohnungen mit → Erwartungen, die im vornherein über das Belohnungsniveau in einer bestimmten sozialen Situation ausgebildet wurden (→ Theorie der relativen Deprivation) und 5. Temporale D.: Eine Person vergleicht ihre gegenwärtige Situation mit ihrer Vergangenheit oder ihrer Zukunftserwartung (Albert, 1977). Eine Frage kann lauten: Wie schneidet die Person heute relativ zu ihren Ergebnissen von vor Jahren ab? Wenn sie besser abschneidet, sollte das die Zufriedenheit steigern, schneidet sie schlechter ab, wird die Zufriedenheit beeinträchtigt (Michalos, 1980). Temporale D. kann auf → Kontrasteffekte zurückgeführt werden.

Erläuterung: Ostdeutsche erlebten nach der Wiedervereinigung relative D. aufgrund des Vergleichs mit Westdeutschen (Haeger, Mummendey, Mielke, Blanz & Kanning, 1996).

Deprivations-Sättigungs-Hypothese (Deprivation-satiation hypothesis): Besagt, dass eine → Deprivation von sozialen Kontakten dazu führt, dass die Wirkung sozialer Verstärker vergrößert wird, während eine freizügige Bereitstellung der sozialen Verstärkers dazu beiträgt, dass ihre Wirkung nachlässt (Walters & Parke, 1964; → Operante Konditionierung).

Erläuterung: Die Effekte von Deprivation und Sättigung auf die Wirksamkeit eines Verstärkers wurden ursprünglich bei biologischen Bedürfnissen wie Hunger und Durst beobachtet, beruhen aber vermutlich auf anderen Mechanismen als bei sozialen Verstärkern.

Dichte (Density): Bezeichnet die Zahl der Personen pro Flächeneinheit. Hohe D. liegt vor, wenn eine große Zahl von Personen auf einem relativ kleinem Raum sich aufhält (z. B. in der U-Bahn, in einem Asylantenheim). Man kann zwischen Innendichte und Außendichte unterscheiden. Die Innendichte wird z. B. durch die Anzahl der Personen pro Raum erfasst. Die Außendichte lässt sich durch die Anzahl der Personen pro qkm erfassen. Wenn die Größeneinheit für die Bestimmung der Außendichte relativ klein gewählt wird (z. B. je Hektar), ergibt sich ein Hinweis auf die Nachbarschaftsdichte.

Ob D. subjektiv als Enge (Crowding), die zu → Stress führen kann, erlebt wird, hängt von den sozialen Rahmenbedingungen und individuellen → Einstellungen ab (→ Subjektive/objektive Umwelt). Hohe D. während eines Fußballspiels oder während eines Disco-Besuchs kann mit der Auslösung von Euphorie und Begeisterung zusammenhängen (vgl. Kruse, 1975).

Erläuterung: Marion und Erika gehen während ihres Mallorca-Urlaubes an den Strand in Arenal. Bis zum nächsten Nachbarn haben beide gerade einen knappen Meter Raum, um ihre Liegeplätze einzurichten. Im Gegensatz zu Marion, die die Anwesenheit vieler Menschen als anregend empfindet, erlebt Erika sie als beengend.

Diffusion der Verantwortung (Diffusion of responsibility): Bezeichnet die Reduktion von → Verantwortung unter Zuschauern: Wenn mehrere Personen Zeugen einer → Notlage werden, teilt sich die Verantwortung für eine Intervention unter den Zuschauern auf. Der einzelne Zeuge meint dann, die ganze Verantwortung nicht allein zu tragen, so dass die → moralische Verpflichtung sinkt einzugreifen. D. schlägt sich im → Anzahl-Effekt nieder und erklärt den → Stadt-Land-Unterschied in → prosozialem Verhalten.

Erläuterung: Während die D. die individuelle Interventionsbereitschaft reduziert, führt eine Fokussierung der Verantwortung auf eine Person (z. B. durch Instruktion, die Verantwortung zu übernehmen) zu einer Vergrößerung der Wahrscheinlichkeit prosozialen Verhaltens.

Diskriminierung (Discrimination): → Intergruppen-Diskriminierung, → Vorurteil

Dissonanz (Dissonance): → Dissonanztheorie

Dissonanztheorie (Dissonance theory): Die Beziehung zwischen den Kognitionen A und B wird als „dissonant" bezeichnet, wenn die Kognition A die Kognition B psychologisch impliziert, während gleichzeitig Kognition A und das Gegenteil von Kognition B gültig sind. Was sich psychologisch impliziert, wird nicht an den Regeln der formalen Logik bestimmt, sondern aus Gewohnheiten, → Normen und → Erwartungen abgeleitet. Wenn die Kognitionen A und B voneinander unabhängig sind, wird ihre Beziehung als „irrelevant" bezeichnet. Die Dissonanztheorie von Festinger (1957) stellt die Hypothese auf, dass kognitive Dissonanz einen unangenehmen motivationalen Zustand impliziert, der ein Streben auslöst, die Dissonanz zu reduzieren (vgl. Joule & Beauvois, 1998; Mills, 1999).

Die Dissonanzreduktion kann durch eine Eliminierung dissonanter Elemente oder durch Hinzufügung konsonanter Elemente erfolgen. Dissonanzreduktion konzentriert sich auf die Kognitionen, die am leichtesten zu verändern sind bzw. die den geringsten Widerstand gegen eine Veränderung aufweisen. In diesem Zusammenhang wird angenommen, dass der Widerstand sehr stark ist bei Kognitionen, die das gegenwärtige Verhalten widerspiegeln oder einem unmittelbaren Realitätstest zugänglich sind, während Kognitionen, die → Meinungen und Vermutungen beinhalten, geringeren → Änderungswiderstand besitzen.

In der Weiterentwicklung der Dissonanztheorie wurde als zentrale Frage hervorgehoben, ob sich die Person für ihr Handeln, das zu negativen Konsequenzen führt, verantwortlich fühlt und ob sie ihr Handeln als Ausdruck ihrer Intentionen interpretiert. Letzteres ist insbesondere dann der Fall, wenn die Person glaubt, frei gewählt zu haben. → Wahlfreiheit kann auch dann wahrgenommen werden, wenn das Verhalten in Wirklichkeit erzwungen ist, so lange der Zwang so subtil ausgeübt wird, dass er subjektiv nicht als Zwang interpretiert wird (→ Illusion von Freiheit). → Verantwortung hängt eng mit der Frage zusammen, ob die Effekte der eigenen Handlung einer → Vorhersehbarkeit unterlagen. Dissonanz wird nur dann erwartet, wenn negative Konsequenzen als Folge einer Handlung auftreten, die vorhersehbar waren. In diesem Fall besteht ein Widerspruch zu einem positiven → Selbstschema als moralisch handelnde Person.

Eine Vermeidung von Dissonanz kann entweder durch die Einstufung der negativen Konsequenzen als unvorhersehbar erfolgen oder durch → Attribution der Handlung auf externale Ursachen, indem man einen äußeren Zwang unterstellt, der z. B. zu einem → einstellungskonträren Verhalten geführt hat. Andererseits ist die Leugnung der Verantwortung weniger wahrscheinlich (→ Verantwortungsattribution), wenn eine → Gebundenheit durch Öffentlichkeit des diskrepanten Verhaltens hergestellt wird.

Alternative Erklärungen für verschiedene Phänomene, die ursprünglich mit der D. erklärt wurden, bieten die → Selbstwahrnehmungs-Theorie und → Selbstaffimierungs-Theorie. Eine andere Interpretation beruht auf → Eindrucksmanagement.

Erläuterung: Ein Raucher erfährt von den gesundheitsschädlichen Folgen des Rauchens. Eine Möglichkeit der Dissonanzreduktion besteht in der Vermutung des Rauchers, dass die Berichterstattung in den Medien über die negativen Folgen des Rauchens übertrieben ist. Eine andere Möglichkeit zur Stabilisierung des Raucher-Image besteht darin, dass der Raucher hervorhebt, dass Rauchen seine Konzentration erhöht und die Entwicklung von Übergewicht verhindert. Diese zuletzt genannten Kognitionen sind mit dem Rauchen konsonant.

Dissoziationsmodell (Dissociation model): Ist ein von Devine (1989) vorgelegtes Modell, das im Rahmen der → automatischen vs. kontrollierten Informationsverarbeitung einzuordnen ist und das die Bedeutung von unbewussten Prozessen für → Stereotype und → Vorurteile betont. Unbewusste Gewohnheiten geraten mit bewussten Kontrollprozessen in Widerspruch. Menschen lernen als Kind kulturell verfestigte Stereotype (→ Kultur, → Sozialisation), die dann einer automatischen Aktivierung unterliegen. Solche früh gelernten Stereotype können mit persönlichen Überzeugungen über → Gerechtigkeit, die auf bewussten Stellungnahmen beruhen, in Widerspruch stehen. Eine vorurteilsvolle Person zeichnet sich nach dem D. dadurch aus, dass sie ihre automatisch ausgelösten Vorurteile weniger korrigiert als eine vorurteilsfreie Person.

Erläuterung: So zeigt sich nach Devine & Monteith (1993) und Monteith, Devine & Zuwerink (1993), dass wenig vorurteilsvolle Personen nach der Aktivierung von Stereotypen ihre nachfolgenden Reaktionen korrigieren, indem sie diese an nicht-vorurteilsvolle interne Standards angleichen. Stark vorurteilsvolle Personen hingegen kontrollieren ihre nachfolgenden Reaktionen weniger stark, so dass vorurteilsvollere Antworten die Folge sind.

Distinktheitsinformation (Distinctiveness information): → ANOVA-Würfel

Dogmatismus (Dogmatism, Closed mind): Bezeichnet nach Rokeach (1960) komplexe Merkmale von Überzeugungs- bzw. Orientierungssystemen (belief system, → Meinung), die mit der → Ideologie des → Autoritarismus verwandt sind. Nach Rokeach sind persönliche Überzeugungen Gedanken, die sich auf irgendwelche Elemente, Fakten oder Ereignisse beziehen. Zusammenhängende Überzeugungen zu einem bestimmten Bereich bilden ein Überzeugungssystem. Subjektiv für zutreffend oder wahr gehaltene Überzeugungen machen das positive Überzeugungssystem aus, für falsch erachtete das negative.

Überzeugungssysteme können nach Sachgebieten gruppiert werden, z. B. Überzeugungen gegenüber Autoritäten. Weiterhin wird zwischen persönlich zentral bedeutsamen und peripheren Überzeugungen unterschieden. Die Überzeugungssysteme einer Person können mehr oder weniger differenziert sein (Grad der Differenzierung), mehr oder weniger vernetzt sein (Grad der Isolierung) und logisch mehr oder weniger konsistent sein (Grad der Konsistenz).

Geschlossene bzw. „dogmatische" Überzeugungssysteme sind gegenüber „offenen" durch folgende Merkmale charakterisiert: 1. Einzelne Überzeugungen sind wenig aufeinander bezogen (hohe Isolation). Dies gilt sowohl innerhalb der positiven und negativen Überzeugungssysteme als auch zwischen diesen. 2. Positive und negative Überzeugungsbereiche sind deutlich unterschiedlich differenziert, wobei 3. die negativen weniger differenziert sind. 4. Negative Überzeugungssysteme sind stark affektiv geladen. 5. Bei hohem D. wird die soziale Welt als eher unfreundlich/feindselig gesehen. 6. Bei hohem D. besteht absolutes (anstelle von rational begründetem) → Vertrauen in Autoritäten. 7. Dogmatische Überzeugungssysteme sind durch eine enge Zeitperspektive charakterisiert (z. B. dogmatische Person verharrt in der Vergangenheit, Gegenwart oder Zukunft, wechselt wenig zwischen den Zeiten). 8. Personen mit hohem D. unterscheiden schlechter zwischen Merkmalen, die für eine Überzeugung zentral bzw. irrelevant sind. 9. Personen mit hohem D. sind abhängiger von externen Einflüssen. 10. Personen mit hohem D. sind egozentrischer und zeigen mehr → Ethnozentrismus.

Erläuterung: Zur Erfassung des D. hat Rokeach D-(Dogmatismus)-Skalen entwickelt (deutsche Fassung von Roghmann, 1966), die relativ hoch mit der → F-Skala (vgl. Autoritarismus) korrelieren, während sie mäßig hoch mit einigen anderen Persönlichkeitsmerkmalen zusammenhängen. McCrae & Costa (1995) verweisen auf mögliche Zusammenhänge mit dem Big-Five-Faktor „Openness to experience" (→ Persönlichkeit).

Dominante Reaktion (Dominant response): Bezeichnet die Reaktion eines Individuums, die am häufigsten in einer bestimmten Situation auftritt (oft eine sehr gut gelernte Handlungsweise, die eine hohe Gewohnheitsstärke aufweist) und somit in der Reaktionshierarchie oben steht. Die D. wird durch → soziale

Aktivierung verstärkt (→ Ablenkungs-Konflikt-Theorie, → Bewertungsangst-Theorie, → Triebtheorie der sozialen Aktivierung).

„Door-in-the-face"-Technik (Door-in-the-face technique): (Synonym: Tür-ins-Gesicht-Technik) Ist eine → Einflusstechnik, bei der eine Zielperson mit einer Eingangsforderung konfrontiert wird, die so hoch ist, dass diese von ihr mit großer Wahrscheinlichkeit abgelehnt wird. Auf diese Eingangsforderung folgt dann die eigentliche Forderung oder Hauptforderung, die gemäßigter im Vergleich zur Eingangsforderung ist und der die Zielperson eher entspricht als wenn ihr vorher keine übermäßige Eingangsforderung gestellt wurde (Cialdini et al., 1975). Der Erfolg der D. basiert zumindest teilweise auf der → Norm der Reziprozität. Das scheinbare Entgegenkommen der beeinflussenden Person ruft bei der Zielperson ein Streben hervor, sich durch reziprokes Verhalten kooperativ zu zeigen. Eine alternative Einflusstechnik ist die → „Foot-in-the-door"-Technik.

Erläuterung: Ein Verkäufer bietet einem potentiellen Kunden an der Haustür ein Küchengerät für € 40,- an. Nachdem letzterer das Angebot abgelehnt hat, reduziert der Verkäufer den Preis auf € 30,-, so dass der Kunde das Entgegenkommen des Verkäufers mit „Kooperation" beantwortet und das Gerät kauft.

Dreieckshypothese (Triangle hypothesis): Beschreibt nach Kelley & Stahelski (1970) die → Erwartung von Personen im Hinblick auf die Wettbewerbsorientierung anderer Menschen in Abhängigkeit von ihrer eigenen → sozialen Orientierung: Kooperativ Orientierte erwarten von anderen ein weites Verhaltensspektrum von → Kooperation bis → Wettbewerb; Wettbewerbsorientierte gehen dagegen davon aus, dass ihre Mitmenschen wettbewerbs-orientiert sind. Wenn die soziale Orientierung als zwischen Wettbewerb und Kooperation variierend aufgefasst wird, ergibt sich für die graphische Darstellung dieses Zusammenhangs ein Dreiecksmuster.

Erläuterung: Wie Ergebnisse von Müller (1980) in Verhandlungssituationen zeigen, verhalten sich erfahrene Verhandlungsführer eher kooperationsorientiert, während unerfahrene Personen eher wettbewerbsorientiert handeln.

Dreiecksmodell der Verantwortung (Triangle model of responsibility): → Verantwortung

Dreieckstheorie der Liebe (Triangular theory of love): Bezeichnet einen Ansatz von Sternberg (1986), der drei Komponenten der → Liebe unterscheidet, die sich graphisch in einem Dreieck veranschaulichen lassen. Die erste Komponente wird als Vertrautheit-Intimität bezeichnet und lässt sich durch die Merkmale → Selbstöffnung, → Kommunikation, → Vertrauen in den(die) Partner(in) und Nähe (→ Bindungsstil) kennzeichnen. Die zweite Komponente bezieht sich auf → Leidenschaft, die sich durch → physische Attraktivität, physiologische → Erregung und sexuelle Anziehung beschreiben lässt. Die dritte Komponente wird als → Entscheidung/→ Gebundenheit bezeichnet und ist durch eine kurz- oder langfristige Perspektive bestimmt: Die Kurzzeitperspektive besagt, dass es zu einer → Entscheidung kommt, sich an die andere Person zu binden; die Langzeitperspektive besagt, dass eine Bereitschaft vorhanden ist, eine dauerhafte Beziehung mit dem Partner/der Partnerin zu suchen (z. B. Suche einer gemeinsamen Wohnung).

Erläuterung: Die drei Komponenten der D. werden durch einen Fragebogen gemessen (Sternberg, 1997). Feststellungen, die Vertrautheit-Intimität ansprechen, sind emotionale Unterstützung und gegenseitiges Verständnis. Feststellungen, die Leidenschaft messen, sind „den Partner anbeten" und mit ihm romantische → Gefühle erleben. Schließlich beziehen sich wahrgenommene Dauerhaftigkeit und Verantwortungsgefühl für den Partner oder die Partnerin auf die dritte Komponente Entscheidung/Gebundenheit.

Drei-Faktoren-Hypothese der Attraktion (Three-factor hypothesis of attraction): Bezeichnet einen Ansatz von Byrne, Allgeier, Winslow & Buchman (1975), nachdem die → Attraktion auf drei Voraussetzungen beruht: 1. Vorhandensein einer auf → Emotionen beruhenden → Erregung bei einer Person, die 2. von der anderen Person geteilt wird und die 3. in einem ungewöhnlichen Kontext entstehen muss.

Erläuterung: In einer Untersuchung von Byrne et al. (1975) wurden Studierende für ein → Rollenspiel rekrutiert, das auf Video aufgenommen wurde. In Interaktion mit einem Verbündeten des Versuchsleiters sollten sie Gefühle (→ Einsamkeit oder Hoffnung) pantomimisch darstellen (wobei anzunehmen ist, dass das auf Video aufgezeichnete Rollenspiel eine gewisse Unruhe und Erregung bei den Teilnehmern auslöste). Vor und nach dem Spiel wurde die Attraktion gegenüber dem Verbündeten mit Hilfe der → interpersonellen Urteilsskala erfasst. Die Teilnehmer hatten im vorhinein einen Einstellungsfragebogen (mit 50 Feststellungen) ausgefüllt und erhielten nun einen Einblick in zwölf fingierte → Einstellungen des Partners, die sehr ähnlich (83% Übereinstimmung) oder sehr unähnlich (83% Nichtübereinstimmung) zu ihren eigenen Einstellungen waren. Ergebnis: Hatte der unähnliche Partner gleichfalls wie die Studierenden eine Emotion darzustellen (und hatte somit das Schicksal der Studierenden geteilt), stieg seine Attraktion nach dem Rollenspiel deutlich an und erreichte das Niveau des ähnlichen Partners. Wenn dagegen nicht alle drei Voraussetzungen i. S. der Hypothese erfüllt waren (etwa weil der Partner die Studierenden nur beobachtete, ohne selbst ein Gefühl darzustellen), zeigte sich kein entsprechender Anstieg der Attraktion.

Drei-Komponenten-Modell der Einstellung (Three component model of attitudes): Bezeichnet den Definitionsansatz von → Einstellungen, der von drei Bestandteilen ausgeht: die affektiv-evaluative Komponente (→ Bewertung), die kognitive Komponente (→ Meinung) sowie die verhaltensbezogene Komponente (→ Verhalten). Das D. wird z. B. von Katz & Stotland (1959) vertreten. Alternative Ansätze sind das → Ein-Komponenten-Modell der Einstellung und das → Zwei-Komponenten-Modell der Einstellung.

Erläuterung: Max hat eine positive Einstellung zur Quiz-Sendung „Wer wird Millionär". Dementsprechend schätzt er die Sendung als gut ein, glaubt, dass sie interessante Informationen bietet, und sieht sich die Sendung regelmäßig an.

Drohung (Threat): Bezeichnet den Versuch der einseitigen Durchsetzung eines Anspruchs durch Ankündigung von negativen Konsequenzen für den Fall, dass die → Erwartungen der drohenden Person nicht erfüllt werden (vgl. Tedeschi & Felson, 1994; Tedeschi & Quigley, 1998).

D. ist eine Form von Drucktaktik, die der Unterdrückung, Vertreibung oder Zwangsausübung dienen kann. Wenn Bedingungen an eine bedrohte Person gestellt werden, die diese erfüllen soll, um die D. zu beenden, findet die Ausübung von → Kontrolle statt. Ist dagegen die D. nicht an Bedingungen geknüpft, so handelt es sich im Allgemeinen um eine Einschüchterung. D.en werden in interpersonellen und internationalen → Konflikten eingesetzt. Da D.en häufig zu Gegendrohungen oder zu ausweichendem Verhalten führen, sind sie als Mittel der konstruktiven → Konfliktlösung ungeeignet. D. ist häufig eine Vorstufe der → Aggression.

Erläuterung: Am 27.11.2001 drohte der syrische Außenminister, dass ein Angriff auf ein arabisches Land durch die NATO „tödliche Konsequenzen" haben würde.

Duale-Prozess-Theorie (Dual-process theory): Bezeichnet die Annahme in Theorien der → sozialen Informationsverarbeitung, dass ein schneller, automatischer und assoziativer Prozess einem langsamen, kontrollierten und überlegten Prozess gegenübersteht (Chaiken & Trope, 1999; → Automatische vs. kontrollierte Informationsverarbeitung).

Verwandte Gegensätze sind 1. unbewusst vs. bewusst, 2. affektiv vs. kognitiv und 3. → Es vs. → Ich. Die D. kommt auch im → Dualen-System-Modell der Verhaltenslenkung, dem → Elaborations-Wahrscheinlichkeits-Modell und dem → Heuristisch-Systematischen-Modell zum Ausdruck. Anwendungen finden sich vor allem im Bereich von → Personenwahrnehmung, → Einstellungen, → Stereotypen und Handlungstheorien.

Erläuterung: Hardaway (1990) fasst in einer → Metaanalyse Untersuchungen zusammen, in denen es um den Nachweis unbewusster Prozesse geht, wie sie in der → Psychoanalyse angenommen werden. Beurteilern wurde unterschwellig die Feststellung „Mammi und ich sind eins" vorgegeben. Die Ergebnisse bei schizophrenen Personen aber auch in anderen Stichproben weisen darauf hin, dass sich diese Aktivierung symbiotischer Fantasien günstig auf die Stimmung der Versuchsteilnehmer auswirkt. Es wird angenommen, dass die Vorstellung der Vereinigung mit der Mutter positive Affekte auslöst, die mit der Sicherheit und dem Wohlgefühl zusammenhän-

gen, dass Kinder in der Nähe ihrer Mutter erleben (→ Bindungsstil).

Duales-Interesse-Modell (Dual concern model): Ist ein Modell von Pruitt & Carnevale (1993), das zwei Interessensperspektiven beim → Verhandeln zwischen Parteien hervorhebt: 1. Hohes vs. niedriges Selbstinteresse und 2. Hohes vs. niedriges Fremdinteresse. Selbstinteresse betont die eigenen Interessen einer Person oder die Interessen ihrer eigenen → Gruppe, Fremdinteresse dagegen diejenigen der anderen Partei (vgl. Rubin, Pruitt & Kim, 1994).

In dem sich ergebenden 2x2-Schema gehen die jeweiligen Interessenperspektiven mit entsprechendem Verhandlungsverhalten einher: 1. Niedriges Selbstinteresse/hohes Fremdinteresse: Nachgiebiges, auf schnelle Einigung abzielendes Verhalten (yielding), 2. Hohes Selbstinteresse/hohes Fremdinteresse: Problemlösungs-Verhalten, 3. Hohes Selbstinteresse/niedriges Fremdinteresse: Streitverhalten (contending) und 4. Niedriges Selbstinteresse/niedriges Fremdinteresse: Inaktives, wenig auf Einigung abzielendes Verhalten.

Inwieweit die Verhandlungsparteien mehr Selbst- oder mehr Fremdinteressen nachgehen, ist abhängig von verschiedenen Einflussgrößen wie etwa individuellen und kulturellen Faktoren (vgl. Faure & Rubin, 1993; Neale & Bazerman, 1991). Das D. baut auf Vorstellungen von Blake & Mouton (1979) auf.

Erläuterung: Die verstärkte Gewichtung von Selbstinteresse bei den Verhandlungsparteien kann daran liegen, dass das zur Verhandlungsgrundlage genommene Problem kognitiv in einen negativen Kontext (→ Rahmen-Effekt) gestellt wird, bei dem antizipierte Ergebnisalternativen als „Verluste" erscheinen.

Duales-System-Modell der Verhaltenslenkung (Dual-system model of behavior guidance): Bezeichnung für einen Ansatz, bei dem Lernen und kognitive Vermittlung als parallele Prozesse der Verhaltenskontrolle angesehen werden. Zillmann (1979) betrachtet → Aggression in Abhängigkeit von der Wechselwirkung zwischen der vorhandenen → Erregung, dem Lernen und der kognitiven → Kompetenz. Unter Lernkontrolle fallen gelernte Reaktionen, die mehr oder weniger automatisiert ablaufen; unter kognitiver → Kontrolle sind dagegen kognitive Vermittlungsprozesse gemeint, die eine kognitive Lenkung des Verhaltens leisten.

Erläuterung: Die Beziehung zwischen kognitiver Lenkung und Verhaltenskontrolle wird als kurvilinear in Abhängigkeit von der Erregung angenommen. Die kognitive Lenkung ist im mittleren Erregungsbereich am höchsten ausgeprägt. Neueinschätzungen aufgrund entschuldigender Umstände können unter diesen Bedingungen besonders leicht den → Ärger aufgrund von Beleidigungen reduzieren. Die kognitive Lenkung sinkt bei niedriger und hoher Erregung ab. Bei hoher Erregung besteht die Gefahr, dass keine kognitive Bewertung der Umstände der Aggression erfolgt, so dass der Ärger des Opfers ungebremst ausgelebt und impulsive Vergeltung begünstigt wird (Zillmann, 1988; → Frustrations-Aggressions-Hypothese).

Durchschnittsmodell (Averaging model):

Bezeichnet ein → algebraisches Modell der Informationsintegration, das von der Durchschnittsbildung unter den Skalenwerten ausgeht. Das D. ist ein Bestandteil der → kognitiven Algebra. Das D. wird z. B. auf die → Eindrucksbildung auf der Grundlage von → Eigenschaften angewandt.

Erläuterung: Wenn ein niedriger Skalenwert (der Eigenschaft „langweilig") mit einem mittleren Skalenwert („systematisch") kombiniert wird, steigt die Bewertung von Franz durch seine Mitschüler gegenüber dem Fall, in dem nur der niedrige Skalenwert von „langwei-

lig" vorliegt. Wenn hingegen Maria „optimistisch" und „systematisch" erscheint (= hoher und mittlerer Skalenwert), sinkt die Bewertung der Kombination gegenüber der Einzeleigenschaft „optimistisch". Das Ergebnismuster entspricht einer „cross-over"-Interaktion.

Dyade (Dyad):

Liegt vor, wenn zwei Personen miteinander in → Interaktion stehen. In der → Spieltheorie werden in der Regel D.n betrachtet. In der Führungsforschung steht zunehmend die Interaktion mit dem einzelnen Mitarbeiter im Zentrum (→ Führungskraft-Mitarbeiter-Austauschbeziehung).

Erläuterung: Häufig bilden in → Organisationen Chefin und Sekretärin eine leistungsfähige D.

Echo-Effekt (Echo effect):

→ Gefangenendilemma, → „Tit-for-Tat"-Strategie

Effektanz-Motivation (Effectance motivation):

Bezeichnet das angeborene Streben, auf die Umwelt einzuwirken, Effekte in der Umwelt zu erzeugen und dabei die eigene → Kompetenz zu erproben und zu steigern (White, 1959). Es wird angenommen, dass E. ein angeborenes → Bedürfnis nach Lernen von Strategien zur Meisterung der Umwelt beinhaltet. Erfolgreiche Demonstration von Kompetenz in einem ausgewählten Segment der Umwelt ruft das Gefühl der Wirksamkeit hervor, das Befriedigung auslöst (→ Selbstwirksamkeit).

Erläuterung: In der Forschung zur → Attraktion von Byrne (1971) wird angenommen, dass die E. den Verstärkungseffekten ähnlicher → Einstellungen zugrunde liegt.

Effektive Hilfe (Effective helping):

→ Modell der Hilfeleistung

Effektivitität der Führung (Leadership effectiveness):

Bezeichnet den Erfolg der → Gruppe bei der Bewältigung der ihr zugeteilten Aufgabe unter Anleitung bzw. → Führung (Fiedler, 1964). Die E. stellt ein wichtiges Kriterium für die Beurteilung von unterschiedlichen Führungsstilen dar (→ Kontingenztheorie).

Egoismus (Egoism): Bezeichnet ein eigennütziges und selbstbezogenes Verhalten eines Individuums, das der Maximierung des eigenen Gewinns dient und die Belange anderer unberücksichtigt lässt (→ Rationalität). E. kann sich auch darin zeigen, dass eine Person versucht, den maximalen Verlust zu minimieren (→ Spieltheorie). E. führt in zwischenmenschlichen → Konflikten zu der Bevorzugung von individualistischen Strategien und motiviert vielfach → Wettbewerb. Der Gegenbegriff ist → Altruismus.

Erläuterung: Der US-amerikanische Filmschauspieler und Oscar-Preisträger Michael Douglas stellt in dem Spielfilm „Wall Street" als Gordon Gekko einen egoistischen, skrupellosen Börsenspekulanten dar.

Egozentrischer Irrtum (Egocentric bias): Besteht darin, dass jede von zwei Personen, die gemeinsam Aktivitäten unternommen haben, dazu neigt, ihren Anteil beim Zustandekommen der Aktivitäten zu überschätzen. Als Konsequenz daraus ergibt sich, dass die Summe der Prozenteinschätzungen der Eigenanteile der beiden Personen größer als 100 ist (Ross & Sicoly, 1979; Thompson & Kelley, 1981).

E. wird mit der → Zugänglichkeits-Heuristik erklärt, wonach die eigenen Anstrengungen und Handlungen leichter im → Gedächtnis zugänglich sind als diejenigen, die von der anderen Person unternommen wurden, und damit stärker in den Urteilsprozess eingehen.

Erläuterung: Zwei Koautoren überschätzen jeweils ihren eigenständigen Beitrag beim Abfassen eines Manuskripts.

Egozentrismus (Egocentrism): Bezeichnet nach Piaget (urspr. 1959) eine Weltsicht, die durch die eigene Perspektive bestimmt ist. Die Sichtweisen anderer Individuen bleiben unberücksichtigt. E. ist charakteristisch für das vorbegrifflich-symbolische Denken sowie das anschauliche Denken der Kinder im Alter von zwei bis sieben Jahren, es lässt sich aber auch noch vielfach bei Erwachsenen nachweisen (→ Stufenmodell der Entwicklung empathischen Mitleidens). E. hängt mit geringer → Perspektivenübernahme zusammen.

Erläuterung: Der 6-jährige Axel betrachtet sich die Vorderseite seiner Ritterburg. Bernd steht an der Rückseite der Ritterburg. E. besagt, dass Axel – falls er gefragt werden würde, was Bernd aus seiner Perspektive von der Ritterburg sieht – die Ansicht der Vorderseite schildern wird.

Ehrenamtliche Hilfe (Volunteering): Bezeichnet eine „freiwillige, nicht auf Entgelt ausgerichtete Tätigkeit im Rahmen von Institutionen und Vereinigungen" (Roth & Simoneit, 1993, S. 143). Sie ist durch folgende Merkmale charakterisiert (Bierhoff & Schülken, 2001): 1. → Intention, anderen Personen eine Wohltat zu erweisen, 2. Freiwilligkeit der → Entscheidung für und der Aufrechterhaltung der Tätigkeit, 3. Fehlen einer beruflichen Verpflichtung oder einer direkten Bezahlung der Tätigkeit, 4. längerfristige Perspektive, die persönliches Engagement über mehrere Monate oder Jahre einschließt, und 5. → Gebundenheit an eine Organisation, die sich mit der Lösung sozialer oder individueller Probleme im In- oder Ausland befasst. Die ersten drei Merkmale stimmen mit der Definition → prosozialen Verhaltens überein. Die zwei weiteren Merkmale beschreiben spezifische Charakteristika: das Vorhandensein einer längerfristigen Hilfsperspektive, die über Monate oder Jahre reichen kann (im Gegensatz zu einer spontanen Hilfeleistung) und die organisierte Form der Ausführung (im Gegensatz zu individuellen Formen der Hilfeleistung, wie sie etwa von erwachsenen Kindern gegenüber ihren Eltern im Alter gezeigt werden).

Erläuterung: Die → Motive ehrenamtlicher Helfer decken sich nur teilweise mit denen von Personen, die hauptamtlich in Hilfsorganisationen tätig sind (Bierhoff, im Druck). Zwar ist das Niveau der altruistischen Motive gleich hoch ausgeprägt, aber die hauptamtlichen Helfer weisen höhere Mittelwerte im Bereich egoistischer Motive auf (→ Altruistisches Verhalten, → Egoismus). Es ist möglich, dass sich durch diesen Unterschied Kommunikationsprobleme zwischen ehrenamtlichen und hauptamtlichen Helfern ergeben.

Eifersucht (Jealousy): Bezeichnet eine individuelle Erfahrung, die mit → Angst, → Ärger und Traurigkeit einhergeht und von Misstrauen, negativen Gedanken und Kontrollversuchen gegenüber einem Partner begleitet wird, von dem angenommen wird, dass er sich einem neuen Partner zuwendet (vgl. Fitness & Fletcher, 1993).

Situationen, die auslösend für E. sein können, sind z. B. über das → Modell der Aufrechterhaltung der Selbstbewertung abzuleiten (Salovey & Rodin, 1989). Klinisch-psychologisch auffällige E. ist durch → Psychotherapie beeinflussbar (White & Mullen, 1989). E. unterscheidet sich von → Neid und Rivalität.

Erläuterung: Befunde von Sharpsteen & Kirkpatrick (1997) zeigen, dass der → Bindungsstil einen Einfluss darauf hat, wie Personen mit ihrer E. umgehen. Während sichere Personen wenig E. erleben, finden sich die höchsten Werte bei ängstlichen Personen. Vermeidende liegen zwischen beiden Gruppen.

Eigengruppe (In-group): → Binnengruppe

Eigeninitiative (Civic virtue): → Freiwilliges Arbeitsengagement

Eigenschaft (Trait): Bezeichnet eine relativ breite und zeitlich stabile Disposition zu bestimmten Verhaltens- und Erlebensweisen, die konsistent in verschiedenen Situationen auftreten (Amelang & Bartussek, 2001, S. 49). Eine allgemeine E. („common trait") bezieht sich auf eine Merkmalsverteilung in einer Population. Dabei wird unterstellt, dass jede Person eine Ausprägungsstärke der jeweiligen E. aufweist und sich Personen darin unterscheiden. Die individuelle Eigenschaftsstärke wird durch Vergleich mit einer sozialen → Bezugsgruppe bestimmt. Beispiele für allgemeine E. sind die „Allgemeine Intelligenz" oder spezifische Intelligenzkomponenten wie „räumliches Denken" oder auch → „Ängstlichkeit" und → „Geselligkeit".

Inhaltlich lassen sich E.en nach vielfältigen Gesichtspunkten gruppieren. Eine verbreitete Unterscheidung stammt von Guilford (1959): Morphologische E.en (Körperbaumerkmale); physiologische E.en (z. B. vegetative Erregbarkeit); motivationale E.en: Bedürfnis-E.; Interessen-E.; Einstellungs-E.; Eignungs- bzw. Fähigkeits-E. sowie E.en des Temperaments. Allgemeine E.en werden meist mit psychometrischen Tests und Fragebogen erfasst. Im selteneren Fall der individuellen E. („unique trait") weisen nur einzelne Personen eine bestimmte E. auf. Individuelle E.en werden meist aus biographischen Einzelfallstudien abgeleitet. Sie spielen in der gegenwärtigen Forschung zur → Persönlichkeit eine geringe Rolle.

Erklärungen von individuellen Unterschieden in Merkmalen der Persönlichkeit greifen meist auf das Zusammenwirken von genetischen und angeborenen Merkmalen, Erziehungseinflüssen und vielen weiteren Umwelteinflüssen zurück. E.en sind nicht situationsspezifisch und unterscheiden sich dadurch von → Einstellungen, die sich auf einzelne → Einstellungsobjekte beziehen (vgl. Asendorpf, 1995).

Erläuterung: Die E. Ängstlichkeit beschreibt individuelle Unterschiede in der Stärke, Intensität und Auslösbarkeit von Angstreaktionen über mehrere Anregungssituationen hinweg. Für das Vorliegen der E. Ängstlichkeit sollen diese Unterschiede von Situation zu Situation relativ gleichbleibend (konsistent) und über längere Zeit stabil sein.

Eigenschaftsangst (Trait anxiety): → Ängstlichkeit

Eindrucksbildung (Impression formation): Bezeichnet den Prozess der Kombination von visuellen, verbalen und anderen Informationen über eine Person zu einem Gesamteindruck. Zur Vorhersage der E. wurden → algebraische Modelle entwickelt. E. ist durch → Mengen-Effekte gekennzeichnet. Abhängig von situativen Bedingungen findet sich entweder ein → Vorrang-Effekt oder ein → Neuheits-Effekt. Die E. wird leicht durch den → Halo-Effekt verfälscht.
Erläuterung: Wenn man einen neuen Bekannten kennen lernt, weiß man oft schon nach wenigen Sekunden, ob man für ihn → Sympathie empfindet oder nicht.

Eindrucksmanagement (Impression management): Bezeichnet die Tendenz, den Eindruck, den eine Person bei anderen Personen auslöst, zu steuern (Goffman, urspr. 1959). E. dient der Selbstdarstellung. Jones & Pittman (1982) betonen – je nach Interaktionsziel einer Person – fünf Formen ihrer strategischen Selbstdarstellung: 1. Sich-beliebt-Machen, was auch als → Einschmeicheln bezeichnet wird, 2. Einschüchterung, die sich als → Drohung zeigen kann, 3. Selbstbeförderung (Hervorhebung eigener Fähigkeiten und Kompetenzen), 4. Exemplifikation (als moralisches Vorbild wirken) und 5. Demut (Betonung von Schwäche und Abhängigkeit).
  Tedeschi, Lindskold & Rosenfeld (1985; vgl. Schlenker & Weigold, 1992; Mummendey, 1995) legten eine umfassende Klassifikation von verschiedenen Formen des E.s vor, die in zwei Dimensionen aufgegliedert ist: 1. Taktiken vs. Strategien und 2. assertives vs. defensives E. Während ein taktisches E. bedeutet, dass eine Person kurzfristig versucht, bestimmte Ziele zu erreichen, ist ein strategisches E. auf eine langfristige Zielerreichung ausgerichtet. Ein assertives E. beinhaltet, dass eine Person selbstbewusst, aktiv und durchsetzungsbereit ihr Ziel anvisiert, defensives E. hingegen, dass sie ihre → Identität zu schützen und zu bewahren versucht, wenn diese von anderen Personen in Frage gestellt wird. Kombiniert man diese zwei Dimensionen miteinander, so erhält man ein Vier-Felder-Schema, dessen vier Fälle sich wie folgt kennzeichnen lassen:
  Als assertive E.-Strategien gelten: 1. Darstellung von Kompetenz, 2. Attraktivität, 3. Glaubwürdigkeit, 4. Vertrauenswürdigkeit (→ Vertrauen), 5. Offenheit, 6. → (sozialer) Status und 7. Prestige. Defensive E.-Strategien zeigen sich in: 1. Zeigen von → Ängstlichkeit und → Hilflosigkeit, 2. strategische → Selbstbehinderung und 3. Ausbildung geistiger Erkrankung i. S. von → abnormem Verhalten. Assertive E.-Taktiken treten auf in Form von: 1. Sich-beliebt-Machen, 2. Sich-als-hilflos-erscheinen-Lassen, 3. Einschüchterung, 4. Exemplifikation, 5. Selbstbeförderung, 6. → Selbst(wert)erhöhung (Überbewertung eigener → Leistungen), 7. Identifikation mit anerkannten → Gruppen, 8. Assoziation mit dem Erfolg von anderen i.S. von → „Basking in reflected glory" und 9. → Abwertung von rivalisierenden Gruppen und Personen. Defensive E.-Taktiken schließlich beinhalten: 1. → Rechtfertigungen, 2. → Entschuldigungen, 3. Leugnung von → Verantwortung, 4. taktische Selbstbehinderung und 5. Herauswinden aus einer misslichen Lage.
  E. steht mit → sozialer Erwünschtheit in Zusammenhang und kann dazu

beitragen, dass Testwerte in Einstellungs- und Persönlichkeitsfragebögen durch Beschönigung verfälscht werden.

Erläuterung: Politiker, die versuchen, sich in der Öffentlichkeit (vor allem auch bei Wahlkampfauftritten) positiv darzustellen, verwenden viele assertive E.-Strategien wie Darstellung von Kompetenz, Glaubwürdigkeit und Vertrauenswürdigkeit sowie assertive E.-Taktiken wie Selbstwerterhöhung, Identifikation mit anerkannten Gruppen und Abwertung von rivalisierenden Personen.

Einfluss (Influence): → Einflusstechnik, → Sozialer Einfluss, → Überredung

Einflusstechnik (Influence technique): Bezeichnet Verfahren der Manipulation in zwischenmenschlichen Beziehungen (→ Sozialer Einfluss), bei denen i.d.R. die schnelle Erzielung eines gewünschten Ergebnisses in alltäglichen Situationen angestrebt wird. Dazu nutzt die beeinflussende Person kognitive Prozesse der → sozialen Informationsverarbeitung, die bei der beeinflussten Person nur partiell oder gar nicht einer bewussten → Kontrolle unterliegen (vgl. Cialdini, 1997). Bekannte E.en sind 1. die → „Foot-in-the-door"-Technik, 2. die → „Door-in-the-face"-Technik, 3. die → „Low-ball"-Technik und 4. die → „That's-not-all"-Technik. E.en können in ethischer oder unethischer Weise eingesetzt werden. Sie können der Förderung des Umweltschutzes genauso dienen wie dem Ziel, einen Kunden oder Patienten zu übertölpeln.

Erläuterung: E.en werden häufig in Verkaufsgesprächen genutzt, um das Verhalten von potentiellen Käufern zu beeinflussen. So kann ein Verkäufer anfangs einen Mondpreis nennen, den er dann zurückschraubt, um dem Kunden den Kauf zu erleichtern, der blockiert gewesen wäre, wenn der Verkäufer gleich den tatsächlichen Preis genannt hätte. Eine entsprechende Technik kann im Gesundheitsbereich dazu dienen, dem Patienten eine teure Leistung schmackhaft zu machen, die er oder sie selbst bezahlen muss.

Eingeschränkte Rationalität (Bounded rationality): Bezeichnet eine Form der → Rationalität, die fehlende Information über die Grundlagen einer → Entscheidung als gegeben annimmt. Diese fehlende Information kann damit zusammenhängen, dass keine umfassende Informationssuche möglich ist, dass bestimmte Tatsachen nicht ermittelt werden können oder dass die kognitive Kapazität nicht ausreicht, alle relevanten Hinweise in der Entscheidungsfindung angemessen zu berücksichtigen. E. bedeutet, dass Entscheidungen unter Unsicherheit so vorbereitet werden, dass sie den spezifischen Informationsstrukturen und den Beschränkungen der Informationsverarbeitung, unter denen die Personen urteilen müssen, Rechnung tragen. An die Stelle der Suche nach optimalen Lösungen, die das Ergebnis rationaler Entscheidungen sind, tritt die Suche nach hinreichenden Lösungen, die dem Problembereich angemessen sind.

Der Begriff der E. geht auf Simon (1955, 1957) zurück, der damit eine Beschreibung des wirtschaftlichen Verhaltens in realen Situationen anstrebte. Er ging von der Erkenntnis aus, dass Personen, die Entscheidungen treffen, oft nur über begrenzte Information verfügen, nicht zuletzt deshalb, weil aus Zeit- und Kostengründen in der Praxis mit der Entscheidung nicht so lange gewartet werden kann, bis eine vollständige Informationssammlung vorliegt.

E. baut auf → Heuristiken auf, die in vielen Bereichen zu Ergebnissen führen, die denen von algorithmischen Verfahren, die alle Information nutzen, nicht unterlegen sind (Gigerenzer & Goldstein, 1996). Solche Heuristiken sind durch drei Bausteine gekennzeichnet (Hertwig & Hoffrage, 2001): Sie beinhalten eine Suchregel, eine Regel darüber, wann die Suche abzubrechen ist, und eine Entscheidungsregel.

Erläuterung: Wenn Entscheidungen darüber zu treffen sind, ob ein Objekt größer als ein anderes ist, bewährt sich die → Rekognitions-Heuristik. Die Frage, welche der folgenden zwei Städte größer ist, San Diego oder San Antonio, wird von Beurteilern, die diese Heuristik benutzen, überwiegend richtig beantwortet, da ihnen in der Regel San Antonio unbekannt ist und San Diego die größere Stadt ist (Hertwig & Hoffrage, 2001).

Ein-Komponenten-Modell der Einstellung (One component model of attitude): Reduziert die → Einstellung auf die → Bewertung des → Einstellungsobjektes als positiv oder negativ (z. B. Insko & Schopler, 1972). Das E. wurde in der → Einstellungsmessung in der Tradition von L.L. Thurstone (1931) favorisiert, der Einstellung als einen → Affekt für oder gegen ein Einstellungsobjekt definierte. Die Bewertung eines Einstellungsobjekts, die auf einer gefühlsmäßigen Stellungnahme beruht, wird gegenwärtig meist durch ein → semantisches Differential erfasst. Alternativen zum E. sind das → Zwei-Komponenten-Modell der Einstellung und das → Drei-Komponenten Modell der Einstellung.

Erläuterung: Die Einstellung zur deutschen Wiedervereinigung kommt in dem Urteil darüber, ob sie gut oder schlecht ist, zum Ausdruck.

Einmaligkeit (Uniqueness): Bezeichnet ein menschliches Streben, etwas Besonderes zu sein, unverwechselbar mit anderen Individuen (Snyder & Fromkin, 1980). Der Leitspruch lautet: „Ich bin ich und niemand anders". Es wird angenommen, dass wahrgenommene → Ähnlichkeit ein weit verbreitetes Ergebnis von → sozialen Vergleichen ist und dass das darauf aufbauende → Selbstwertgefühl nicht immer positiv ist (→ Selbstbewertung). Die Theorie der E.

beinhaltet die Annahme, dass die günstigsten emotionalen Reaktionen mit mittlerer Ähnlichkeit verbunden sind. Weder Unähnlichkeit noch hohe oder sehr hohe Ähnlichkeit wird als besonders angenehm empfunden. Oder anders ausgedrückt: Eine gewisse Differenz zwischen sich und anderen wird emotional positiv erlebt. In Übereinstimmung damit wird angenommen, dass zu große Ähnlichkeit oder Unähnlichkeit Manöver auslöst, die zur Herstellung der optimalen interpersonellen Ähnlichkeit beitragen (Annäherung bei Unähnlichkeit, Distanzierung bei hoher Ähnlichkeit).

E. kann auf verschiedene Weise symbolisiert oder hergestellt werden: durch Konsumgüter (besondere Markenartikel, die in der Werbung ihren Besitz mit → Selbstverwirklichung assoziieren), durch den eigenen Namen als Quelle der → Identität, durch → Einstellungen (die eigenen Einstellungen dienen als Ausdruck des eigenen → Selbst) und durch besondere Leistungen (Gewinner treten aus der Masse heraus).

Da die E. des einzelnen in einer Gesellschaft, die auf kultureller → Konformität beruht (→ Kultur), eher begrenzt ist, wird häufig eine Illusion der E. gepflegt (→ Falscher Einmaligkeits-Effekt). Widerstand gegen den Verlust von E. kann → Reaktanz auslösen. Ein Verlust von E. ist mit dem Zustand der → Deindividuation verbunden. E. steht mit einem Prozess der → Individuation in Übereinstimmung.

Erläuterung: In der Markenwerbung wird gerne Individualität angesprochen, so auch bei einer Hosenwerbung, die den Hinweis enthält: „Achtung: Nicht jeder Hosenladen hat, was Sie suchen!"

Einsamkeit (Loneliness): Ist ein individueller Zustand, der durch das Fehlen zwischenmenschlicher Kontakte gekennzeichnet ist. E. ist ein Beziehungsdefizit, das in vielfältigen Bereichen auftreten kann (romantisch-sexueller, freundschaftlicher, familiärer, nachbarschaftlicher Bereich; Schmidt & Sermat, 1983; → Freundschaft).

E. kann akut oder chronisch erlebt werden. Ein bekanntes Messverfahren ist die → UCLA-Einsamkeits-Skala (Shaver & Brennan, 1991). E. lässt sich als prototypische Erfahrung beschreiben (→ Prototyp einer einsamen Person). Subjektiv erlebte E. geht häufig mit Depressionen einher, die u. U. eine → Psychotherapie erforderlich machen (Schwab, 1997); jedoch müssen Depressionen nicht unbedingt mit E. zusammenfallen: So kann der Verlust einer wichtigen Bezugsperson sowohl E. als auch Depression auslösen, der Verlust des eigenen Arbeitsplatzes kann Depression verursachen, muss aber nicht notwendigerweise zu E. führen. E. kann durch sozial-strukturelle Bedingungen gefördert werden. Dazu zählt z. B. die Anonymität des Wohnens in vielen Hochhausvierteln der Vorstädte.

Erläuterung: Der US-amerikanische Filmschauspieler und Regisseur Woody Allen verdeutlicht in seinem Film „Zelig" auf komische Weise E. und Beziehungslosigkeit von Menschen in Großstädten.

Einschmeicheln (Ingratiation): → „Ingratiation"

Einschüchterung (Intimidation): → Drohung, → Eindrucksmanagement

Einstellung (Attitude): Ist nach Allport (1935) ein „seelischer und nervlicher Bereitschaftszustand, der, durch die Erfahrung organisiert, einen richtenden oder dynamischen Einfluss auf die Reaktionen des Individuums auf alle Objekte und Situationen ausübt, mit denen es verbunden ist". Die Hervorhebung von kognitiven (seelischen) und physiologischen (nervlichen) Prozessen in dieser klassischen Einstellungsdefinition setzt sich in der neueren Forschung fort, wie die Betonung von → Meinungen als Grundlage von E.en und das Streben

nach physiologischer Messung des „nervlichen Bereitschaftszustandes" (Cacioppo & Tassinary, 1989) verdeutlicht. Eine neuere Einstellungsdefinition lautet (Eagly & Chaiken, 1993, S. 1): „Einstellung ist eine psychologische Tendenz, die durch die Bewertung einer speziellen Entität mit einem bestimmten Ausmaß der Zustimmung oder Ablehnung ausgedrückt wird".

Grundsätzlich lassen sich drei Verständnisweisen des Begriffs der E. unter Zuhilfenahme einer → Einstellungstypologie unterscheiden (vgl. Haddock & Zanna, 1999): 1. der eindimensionale Ansatz, der die Bewertung des → Einstellungsobjekts betont, was im → Ein-Komponenten-Modell der E. zum Ausdruck kommt, 2. der zweidimensionale Ansatz, der zusätzlich die Meinungskomponente einbezieht (→ Zwei-Komponenten-Modell der E.), und schließlich 3. der dreidimensionale Ansatz, der Verhalten(sintentionen) neben Gefühl und Meinung berücksichtigt und der im → Drei-Komponenten-Modell der E. einen Ausdruck findet. Von zentraler Bedeutung für ein Verständnis der Struktur der E. sind die Meinungs- und die Bewertungskomponente, deren Zusammenhang sich nach Jones & Gerard (1967) als → Syllogismus auffassen lässt. Syllogismen stellen die gemeinsame Grundstruktur aller E.en dar (Kruglanski & Thompson, 1999).

E.en lassen sich als gelernte Handlungsdispositionen auffassen (Campbell, 1963). Der Lernprozess beruht – auf der Grundlage der → sozial-kognitiven Lerntheorie – entweder auf einer individuellen → Leistung (z. B. die positive E. eines Kindes zu einem Raumschiff aus Legosteinen ist durch die unmittelbare Erfahrung des Kindes bestimmt) oder auf einer sozialen Vermittlung (z. B. wenn die negative E. einer Frau gegenüber Männern durch die Berichte anderer Frauen bestimmt ist, die schlechte Erfahrungen mit Männern gesammelt haben). Sind E.en einmal erlernt, können sie einen hohen → Änderungswiderstand aufweisen (→ Vorurteil). E.en dienen verschiedenen Zielen, die in der → Einstellungsfunktion zum Ausdruck kommen. Ihre Modifikation ist Thema von Theorien der → Einstellungsänderung. Wichtige neuere Einstellungstheorien sind die → Theorie des geplanten Verhaltens und die → Einstellungs-Repräsentations-Theorie.

Erläuterung: Insko & Schopler (1972) verwenden als Beispiel die negative E. gegenüber Tante Mildred, die für eine betrügerische Person gehalten wird. Das Beispiel zeigt, wie Gefühl und Meinung zusammenhängen. Wenn Tante Mildred als betrügerisch erscheint, ist es wahrscheinlich, dass man sie nicht mag. Es ist weiterhin naheliegend, dass das Verhalten mit → Gefühl und Meinung korrespondiert, so dass die Tendenz besteht, Besuche bei Tante Mildred zu vermeiden.

Einstellungsähnlichkeit (Attitude similarity): E. lässt sich entweder als Anzahl übereinstimmender → Einstellungen oder als Proportion übereinstimmender Einstellungen fassen, die sich als Anzahl ähnlicher Einstellungen relativ zur Gesamtzahl der ähnlichen und unähnlichen Einstellungen berechnen lässt. Untersuchungen zeigen, dass sich die Proportion ähnlicher Einstellungen bedeutsam auf die interpersonelle → Attraktion auswirkt, nicht aber die Anzahl der ähnlichen Einstellungen (Byrne & Nelson, 1965). Die Auswirkungen der E. werden in der → Verstärkungstheorie der Attraktion näher untersucht.

Die interpersonelle Attraktion erweist sich als eine lineare Funktion der Proportion ähnlicher Einstellungen (Byrne & Nelson, 1965; (→ Paradigma vom anonymen Fremden). Im Alltag findet sich häufig eine mittlere E. zwischen Personen, die sich in einem gegebenen sozialen Kontext aufhalten (Griffitt & Veitch, 1974).

Erläuterung: In einer Studie zum Computer-Dating unter Studierenden ergab sich – bezogen auf 50 Fragen – eine Schwankungsbreite tatsächlicher Übereinstimmung zwischen Männern und Frauen von 12 (24%) bis 37 (74%) (Byrne, Ervin & Lamberth, 1970). Je größer die E. war, desto höher lag die interpersonelle Attraktion, die nach einem 30-minütigen „Coke Date" eingeschätzt wurde. Außerdem standen die Date-Paare näher beieinander während des abschließenden Treffens mit dem Versuchsleiter, wenn ihre E. höher war.

Einstellungsänderung (Attitude change): Bezeichnet die Modifikation einer → Einstellung, die aus wahrnehmungs-, lern-, selbst- und kognitionspsychologischer Perspektive erklärt werden kann. Generell lassen sich drei Prozesse der E. unterscheiden (Kelman, 1958): Nachgiebigkeit, → Identifikation und → Internalisierung (→ Konformität). Wichtige Theorien der E. sind das → Elaborations-Wahrscheinlichkeits-Modell, die → Selbstwahrnehmungs-Theorie, die → Reaktanztheorie, die → Dissonanztheorie und die → Theorie des geplanten Verhaltens.

Erläuterung: Karin ist Raucherin und übernimmt aufgrund eines Anti-Raucher-Programms die Einstellung „Rauchen ist gesundheitsschädlich", was zwei Tage später dazu führt, dass sie eine Zigarette ablehnt, die ihr auf einer Party angeboten wird (vgl. Kok et al., 1996).

Einstellungsfunktion (Attitude function): Bezeichnet den Nutzen, der sich durch die Formung einer → Einstellung für die Person ergibt (Katz & Stotland, 1959). Je nach den → Bedürfnissen, die durch eine Einstellung erfüllt werden, lassen sich mehrere Funktionen unterscheiden (Clary & Snyder, 1991): 1. Die Wissensfunktion dient der Erweiterung des → Wissens. 2. Die soziale Anpassungsfunktion dreht sich um die Anpassung an → Normen und soziale Gegebenheiten (auch utilitaristische Funktion genannt, → Konformität). 3. Die Wertausdrucksfunktion basiert auf → Gefühlen der moralischen → Verpflichtung und sozialer → Verantwortung gegenüber Menschen, die sich in einer → Notlage befinden oder die Hilfe brauchen (→ Prosoziales Verhalten). 4. Die Abwehrfunktion geht von der Auseinandersetzung mit inneren → Konflikten und → Ängsten aus, die sich in Gefühlen von → Schuld und Verunsicherung niederschlagen können. Dabei steht die Unterdrückung unerwünschter Gedanken und Gefühle im Mittelpunkt. In diesem Zusammenhang kann man von → defensiven Einstellungen sprechen, die oft nicht voll bewusst sind. Die Schuldgefühle müssen nicht notwendigerweise auf individuelle Fehler und Vergehen zurückzuführen sein, sondern können auch verallgemeinert im Sinne → existentieller Schuld auftreten.

Erläuterung: Die → Persönlichkeit beeinflusst, welche E. im Vordergrund steht. So ist z. B. hohe → Selbstüberwachung mit der Betonung der sozialen Anpassungsfunktion verbunden, während niedrige Selbstüberwachung bedeutet, dass die Wertausdrucksfunktion stärker beachtet wird (Snyder & DeBono, 1989).

Einstellungskongruentes Verhalten (Pro-attitudinal behavior): → Einstellungs-Verhaltens-Konsistenz

Einstellungskonträres Verhalten (Counter-attitudinal behavior): Bezeichnet das Verhalten eines Akteurs, das inkonsistent mit seiner → Einstellung ist. E. kann z. B. durch sozialen Druck zustande kommen (→ Forcierte Einwilligung).

Erläuterung: Ein Studierender hat eine ablehnende Haltung gegenüber der Todesstrafe. Während eines Experiments wird ihm gesagt, dass nahezu alle Versuchsteilnehmer einen Aufsatz geschrieben hätten, der gegen die Todesstrafe argumentiert. Der Versuchsleiter gibt an, nun „händeringend" nach einem Teilnehmer zu suchen, der gegen eine kleine Belohnung einen Aufsatz schreibt, der die Todesstrafe verteidigt. Dadurch wird der Studierende veranlasst, einen Aufsatz als Plädoyer für die Todesstrafe zu schreiben (→ Dissonanz).

Einstellungsmessung (Attitude measurement): Bezeichnet die Verwendung von Skalen zur Erfassung von → Einstellungen. Bekannte Verfahren der E. sind: 1. → Semantisches Differential, 2. Thurstone-Skala, 3. Likert-Skala und 4. Guttman-Skala (vgl. Roskam, 1996).

Einstellungsobjekt (Attitude object): Bezeichnet die Entität (Sachverhalte, Stimuli, Situationen, Personen etc.), auf die die → Einstellung gerichtet ist. Das Vorhandensein eines E.s ist ein wichtiges Differenzierungsmerkmal zwischen Einstellung und → Eigenschaft.

Erläuterung: E.e können sehr vielfältig sein, wie die folgende Aufzählung verdeutlicht: Aktien, Filmschauspieler, Konsumgüter, Lebenspartner, Politiker, Urlaubsziele.

Einstellungs-Repräsentations-Theorie (Attitude representation theory): → Einstellungen werden nach Lord & Lepper (1999) aus der Orientierung an konkreten Beispielen abgeleitet, insbesondere wenn die Beurteiler mit den → Einstellungsobjekten konkrete Erfahrungen gemacht haben. Die Aktivierung exemplarischer Beispiele wird als automatischer Prozess aufgefasst (→ Automatische vs. kontrollierte Informationsverarbeitung). Die E. enthält zwei Grundannahmen, die sich auf die kognitive Abbildung (Repräsentation) und Passung beziehen (Lord & Lepper, 1999): 1. Wie ein Einstellungsobjekt eingeschätzt wird, hängt von der subjektiven Repräsentation auf der Grundlage von exemplarischen Beispielen ab. 2. Immer dann, wenn zwei Situationen dieselbe subjektive Repräsentation des

Einstellungsobjekts (d. h. dieselben Beispiele) auslösen, findet sich eine hohe Konsistenz unter den Reaktionen der Person in beiden Situationen.

Die beiden Situationen können auch eine Befragungs- und eine Handlungssituation sein. Somit wird die Frage der → Einstellungs-Verhaltens-Konsistenz als Spezialfall von Vergleichen der Reaktionsähnlichkeit gegenüber einem Einstellungsobjekt unter unterschiedlichen Randbedingungen aufgefasst. Die Grundidee besteht darin, dass exemplarische Beispiele herangezogen werden, um Einstellungsurteile zu fällen bzw. um auf der Grundlage einer Einstellung zu handeln.

Eine Implikation der E. für die Verhaltensvorhersage lautet: Nur wenn Einstellung und Verhalten die gleichen exemplarischen Fälle zum Thema haben, wird eine substantielle Übereinstimmung zwischen Einstellung und Verhalten auftreten. Eine weitere Implikation der E. besteht darin, dass die Einstellungs-Verhaltens-Konsistenz davon abhängig ist, wie ähnlich das erfasste Verhalten mit der kognitiven Repräsentation der Verhaltenskomponente in der Einstellung ist (→ Repäsentativitäts-Heuristik). Wenn die Vorstellung über die Einstellung dasselbe Verhalten beinhaltet, dass im Verhaltenstest geprüft wird, ist die Konsistenz von Einstellung und Verhalten höher, als wenn keine entsprechende Passung vorzufinden ist. Die Einstellungsstabilität sollte größer sein, wenn die Person zu verschiedenen Zeitpunkten an dieselben konkreten Beispiele denkt.

Erläuterung: Die Einstellung zu Politikern kann negativ ausfallen, wenn die beurteilende Person an den in die Spendenaffäre verwickelten Helmut Kohl denkt, und positiv, wenn sie an erfolgreiche Bundespräsidenten wie Roman Herzog oder Richard von Weizsäcker denkt.

Einstellungsskala (Attitude scale): → Einstellungsmessung

Einstellungsstärke (Attitude strength): Bezeichnet die Verfügbarkeit einer → Einstellung, die von der Stärke der Assoziation zwischen → Einstellungsobjekt und Bewertung abhängt (Fazio, 1986; → Zugänglichkeits-Heuristik). Die E. kann über die Reaktionszeit gemessen werden. Je schneller jemand seine Einstellung mitteilt, desto größer ist ihre Verfügbarkeit im → Gedächtnis. Die E. beeinflusst die → Einstellungs-Verhaltens-Konsistenz.

Erläuterung: Die E. variiert mit dem Ausmaß, in dem man sich mit dem Einstellungsobjekt beschäftigt hat. Ein Lehrer wird i.d.R. schneller abrufbare Einstellungen über die Gesamtschule haben als ein Pilot.

Einstellungstypologie (Typology of attitudes): Beruht auf Unterschieden in der relativen Bedeutung von → Gefühlen, → Meinungen und Verhalten für → Einstellungen. Folgende Typen werden unterschieden (vgl. Katz & Stotland, 1959): 1. Bei affektiven Assoziationen überwiegt die Gefühlskomponente, die sich aufgrund früherer Erfahrungen mit dem → Einstellungsobjekt aufgebaut hat (z. B. „Pizza schmeckt gut"). 2. Bei intellektualisierten Einstellungen überwiegt die kognitive Komponente (z. B.: „Der Kosovokrieg ist falsch, weil kein entsprechender UN-Beschluss gefasst wurde"). 3. In handlungsorientierten Einstellungen kommt vorwiegend die Verhaltensabhängigkeit der Einstellung zum Ausdruck (z. B. Je öfter jemand seinen Urlaub in den Alpen verbringt, desto stärker wird er i. S. der → Selbstwahrnehmungs-Theorie den Eindruck gewinnen, eine positive Einstellung gegenüber einem Urlaub in den Bergen zu haben). 4. Balancierte Einstellungen sind durch eine Konsistenz zwischen Gefühl, Meinung und Verhalten gekennzeichnet (→ Einstellungskongruentes Verhalten).

Erläuterung: Balancierte Einstellungen beruhen häufig auf konkreten Erfahrungen mit dem Einstellungsobjekt und sind verbunden mit einem Nachdenken über seine Vor- und Nachteile (z. B. bezogen auf ein Auto, das man sich neu gekauft hat).

Einstellungs-Verhaltens-Konsistenz (Attitude-behavior consistency): Bezeichnet das Verhalten eines Akteurs, das mit seiner → Einstellung übereinstimmt. Der Gegenbegriff lautet → einstellungskonträres Verhalten. Einstellungen haben häufig nur einen schwachen Zusammenhang mit dem entsprechenden Verhalten. Zur Erklärung solcher Diskrepanzen wird u. a. die → Einstellungs-Repräsentations-Theorie verwendet und das Fehlen einer → Tu-es-Motivation angenommen. Außerdem wird darauf verwiesen, dass die E. größer ist, wenn die → Einstellungsstärke höher ist. Daneben werden auch methodische Gründe genannt, die damit zusammenhängen, dass Einstellungen und Verhalten häufig auf unterschiedlichen Niveaus der Generalität bzw. Spezifität erfasst werden. Wenn das Generalitätsniveau der beiden Messungen angepasst ist, nimmt die gemessene E. zu (Fishbein & Ajzen, 1975). *Erläuterung*: Die Einstellung zur Religion liegt auf einem höheren Abstraktionsniveau als der sonntägliche Kirchenbesuch. Daher ist die E. gering. Es gibt zwei Auswege zur Erhöhung der E.: Entweder wird die Einstellung zur Religion mit dem Durchschnitt aus einer Vielzahl von für Religiosität relevanten Verhaltensweisen in Beziehung gesetzt oder die spezielle Handlung wird durch die Einstellung zum sonntäglichen Kirchenbesuch vorhergesagt.

Elaboration (Elaboration): Bezeichnet nach Petty & Cacioppo (1986) das Ausmaß der kognitiven Verarbeitungstiefe einer Person, die über die Argumente einer → Kommunikation (Botschaft) nachdenkt. Das Kontinuum der E. verdeutlicht, welche Informationsverarbeitungsstrategie ein Empfänger bei der kritischen Prüfung der Kommunikation einschlägt. Es reicht von dem Pol, bei dem er ein hohes Ausmaß an gedanklicher Auseinandersetzung mit den Inhalten der Botschaft zeigt, bis zu dem Pol, bei dem er z. B. → Heuristiken anwendet, ohne viel nachzudenken.

Die Wahrscheinlichkeit, dass eine Person die Botschaft elaboriert, ist von ihrer → Motivation und Fähigkeit (z. B. Zeit- oder Intelligenzmangel) abhängig. Zwei Ansätze, die den Aspekt der E. in den Mittelpunkt der Betrachtung stellen, sind das → Elaborations-Wahrscheinlichkeits-Modell und das → Heuristisch-Systematische-Modell (Eagly & Chaiken, 1993).

Erläuterung: Wenn eine Person nur wenig Zeit hat, eine Argumentation kritisch zu prüfen, setzt sie sich gedanklich nur oberflächlich damit auseinander. Als Folge davon wendet sie Heuristiken an, um sich ein Urteil zu bilden, indem sie z. B. die Faustregel verwendet, dass eine ausführliche Argumentation besser begründet ist als eine kurze.

Elaborations-Wahrscheinlichkeits-Modell (Elaboration likelihood model): Ist ein von Petty & Cacioppo (1986) entwickeltes Modell, das mit ELM abgekürzt wird und das zwischen einer peripheren und zentralen Route der → Einstellungsänderung unterscheidet. Das Ausmaß und die Richtung der Einstellungsänderung ist von der Höhe der individuellen Wahrscheinlichkeit der → Elaboration einer Botschaft abhängig: Ist die Wahrscheinlichkeit der Elaboration hoch, so sollte eine intensive Auseinandersetzung mit gegebenen Argumenten die Folge sein, so dass sich die Qualität der Argumente entscheidend auf die Einstellungsänderung auswirkt (zentrale Route). Ist dagegen die Wahrscheinlichkeit der Elaboration niedrig, so sollten sich vorwiegend periphere Hinweisreize – wie z. B. der Berühmtheitsgrad der Quelle der Argumente oder die Anzahl der Argumente –

auf die Einstellungsänderung auswirken (periphere Route). Das E. wird häufig in der Werbepraxis zugrunde gelegt (vgl. Kroeber-Riehl, 1991, 1993).

Erläuterung: Aus werbestrategischer Sicht sollte bei Zielgruppen mit relativ niedriger Motivation bei der Anpreisung eines Produkts eher der periphere Weg und bei Zielgruppen mit hoher Motivation eher der zentrale Weg zur Einstellungsänderung benutzt werden (vgl. Mackenzie & Spreng, 1992).

Elterliches Investment (Parental investment): Ist durch den Aufwand an Zeit, Energie und Anstrengung definiert, der für die Kinder aufgebracht wird, und zwar auf Kosten anderer Investments wie die in den Wettbewerb mit Mitgliedern des eigenen Geschlechts (Trivers, 1972). Der Begriff des E.s stellt ein wichtiges Konzept der → Soziobiologie im Allgemeinen und der → Theorie der sexuellen Strategien im Besonderen dar.

Erläuterung: Ein bedeutsames E. ist die Schwangerschaft. Daher ist das E. von Müttern vor der Geburt höher als dasjenige der Väter.

Eltern-Kind-Beziehung (Parent-child relationship): → Familie, → Scheidung, → Soziale Beziehung

Emotion (Emotion): Bezeichnet eine Reaktion auf einen Anlass, der der Person nicht gleichgültig ist, der eine bestimmte → Kognition auslöst, die mit einem besonderen Gefühlszustand und einer biopsychologischen → Erregung verbunden ist (Montada & Kals, 2001, S. 268). Reisenzein & Hofmann (1990) nennen folgende Gefühlzustände: → Angst/Furcht, → Ärger, Wut, → Eifersucht, → Einsamkeit, Ekel/Abscheu, Enttäuschung, Erleichterung, Freude, Hoffnung, → Hoffnungslosigkeit/Resignation, → Liebe, Mitleid/Mitgefühl (→ Empathie), → Neid, Treue, → Schuld, Stolz, Traurigkeit, Überraschung, Verlegenheit, Unzufriedenheit (mit sich selbst) und Verachtung. Shaver, Wu & Schwartz (1992) haben sechs → Prototypen von E.en ermittelt, die auf einem mittleren Abstraktionsniveau liegen und als Basiskategorien von E.en anzusehen sind: Liebe, Freude, Überraschung, Ärger, Traurigkeit und Furcht (vgl. Shaver, Morgan & Wu, 1996).

Der Begriff E. ist von Emotionalität (i.S. eines Merkmals der → Persönlichkeit), von → Affekten, die zur Kennzeichnung sehr intensiver und kurzandauernder E.en verwendet werden, und von → Stimmungen, die diffuser und nicht auf einen konkreten Anlass bezogen sind, abzugrenzen. Von Gefühl spricht man, wenn die subjektive Erlebensqualität von E.en hervorgehoben werden soll (vgl. Otto, Euler & Mandl, 2000; Scherer, 2002).

Die physiologische Erregung, die bei E.en häufig zu beobachten ist (z. B. Erröten des Gesichts), vermag allein die Vielfalt emotionaler Zustände nicht zu erklären. Das leisten erst kognitive Strukturierungsprozesse, die die wenig differenzierte physiologische Erregung einer → Etikettierung unterziehen (vgl. Sinclaire et al., 1994). Ein entsprechender Erklärungsansatz ist die → kognitiv-physiologische Theorie der Emotion.

Erläuterung: Das Fehlen von E.en kommt anschaulich in der Person von „Mr. Spock" zum Ausdruck, der in der Fernsehserie „Raumschiff Enterprise" mitspielte.

Empathie (Empathy): Bezeichnet einen Gefühlszustand, der ausgelöst wird, wenn eine Person den emotionalen Zustand einer anderen Person wahrnimmt und nachempfindet. E. setzt voraus, dass die Perspektive einer anderen Person nachvollzogen wird und dass ihre → Emotionen verstanden werden. Die Entwicklung der E. wird im → Stufenmodell der Entwicklung empathischen Mitleidens beschrieben.

E. kann auf verschiedenen Wegen aktiviert werden (Hoffman, 1984, 2000), von denen die wichtigsten sind: 1. → Klassische Konditionierung auf Hinweisreize, die bei dem Opfer und dem Beobachter gleichzeitig das gleiche Gefühl auslösen, 2. direkte Assoziationen durch Vergleiche der Beobachter mit Situationen, in denen er oder sie denselben Hinweisreizen ausgesetzt war wie das leidende Opfer, 3. sprachlich vermittelte Darstellungen des Leidens des Opfers, die den assoziativen Zusammenhang symbolisch vermitteln, 4. Nachahmung der expressiven Gesichtszüge des Opfers durch den Beobachter, der oder die aus den Muskelveränderungen eine → Rückmeldung für eigene Gefühlsempfindungen erhält, und 5. Übernahme der Rolle, indem der Beobachter bewusst die Perspektive der Opfer übernimmt und sich in sie hineinversetzt (→ Perspektivenübernahme, → Stufenmodell der Entwicklung empathischen Mitleidens).

Erläuterung: E. wird als Merkmal der → Persönlichkeit durch einen Fragebogen gemessen (Davis, 1983), der vier Skalen beinhaltet: Perspektivenübernahme, empathische Betroffenheit, Phantasie und persönliches Leiden. Für den deutschen Sprachraum liegen ebenfalls Verfahren vor, die E. erfassen können (Holz-Ebeling & Steinmetz, 1995; Leibetseder, Laireiter, Riepler & Köller, 2001).

Empathie-Altruismus-Hypothese

(Empathy-altruism hypothesis): Bezeichnet eine Annahme, die auf der Unterscheidung zwischen zwei motivationalen Grundlagen des → hilfreichen Verhaltens basiert: 1. egoistisch motivierte Hilfe (gerichtet auf die Steigerung des Wohlergehens der helfenden Person) und 2. altruistisch motivierte Hilfe (gerichtet auf die Steigerung des Wohlergehens des Opfers). Letztere wird durch → Empathie bestimmt. Die Steigerung des Wohlergehens der anderen Person ist notwendig und hinreichend für die Erreichung des altruis-

tischen Ziels, während persönliche Gewinne Nebeneffekte sind, die nicht intendiert wurden. Bei egoistischer → Motivation (→ Egoismus) besteht die Möglichkeit, das Ziel durch Hilfe oder durch Verlassen der Situation zu erreichen. Bei altruistischer Motivation führt nur Helfen zur Zielerreichung, so dass das Vorhandensein einer anderen Alternative ohne Bedeutung ist (Batson, 1995; vgl. Batson et al., 1997; Cialdini et al., 1997).

Während empathisch-orientierte Personen das Ziel verfolgen, die → Notlage der anderen Person zu beenden, sind egoistisch-orientierte Personen bemüht, die eigenen → Kosten zu minimieren. Daher wird erwartet, dass empathisch-orientierte Personen immer helfen, wenn die Möglichkeit dazu besteht, während egoistisch-orientierte Personen nur helfen, wenn sie keine einfache Ausweichmöglichkeit zur Verfügung haben. Empathie kann durch die Konfrontation mit einer konkreten Notlage ausgelöst werden. Sie kann z. B. auch durch die Instruktion, sich in das Opfer hineinzuversetzen (statt es zu beobachten), gefördert werden (Stotland, 1969). Eine andere Bedingung hoher Empathie ist gegeben, wenn Opfer und potentielle Helfer ähnlich sind (Krebs, 1975).

Eine alternative Erklärung besagt, dass Helfer ihre eigene Traurigkeit verringern, indem sie intervenieren (→ „Negative-state-relief"-Hypothese). Weitere Diskussionspunkte sind, dass die Beendigung des Leidens des Opfers auch für den Helfer belohnend ist und dass Bedingungen, die Empathie verstärken (wie die Ähnlichkeit zwischen Helfer und Opfer) das Gefühl der helfenden Person erhöhen, mit dem Opfer eine Einheit zu bilden (Bierhoff, im Druck, a).

Enge (Crowding): → Dichte

Enge Beziehung (Close relationship):
(Synonym: Persönliche Beziehung) Bezeichnet in Anlehnung an Levinger

(1980, 1994) eine bestimmte Form des → Interaktionsmusters zwischen zwei Personen P und O, die dadurch gekennzeichnet ist, dass die Personen über Verhaltensmuster hinausgehen, die durch → soziale Rollen vorgeschrieben sind und stattdessen persönliche Handlungsmuster zeigen (→ Dyade). Eine E. umfasst folgende Kriterien: P und O mögen sich, sind zur → Selbstöffnung bereit und entwickeln ein Netzwerk gemeinsamer Wünsche und Interessen. Die Beziehung ist durch Rücksicht auf die Vor- und Nachteile des anderen, durch ein → Wissen um die persönlichen → Gefühle des anderen und schließlich durch → Normen und Symbole, die nur für das Paar gültig sind, gekennzeichnet. Eine E. kann z. B. eine → Freundschaft oder Ehe sein. Wenn in der E. zusätzlich → Liebe zum Ausdruck gebracht wird, kann man auch von einer romantischen Beziehung sprechen.

Die vorgelagerte Stufe vor der Formung einer E. besteht in einem oberflächlichen Kontakt zwischen O und P, der → Interaktion einschließt, die mit den sozialen Rollen von O und P konsistent ist. Mehrere Faktoren beeinflussen die Entwicklung der Beziehung: 1. Inwieweit die Partner zur → Selbstöffnung bereit sind, 2. Inwieweit sie sich anerkennen (→ Sanktion), 3. Wieviel sie in die Beziehung investieren (→ Investmentmodell enger Beziehungen) und 4. Inwieweit sie den Partner als eine Selbsterweiterung betrachten. Die Entwicklungsaspekte einer E. wird auch in der → Stimulus-Werthaltungs-Rollen-Theorie thematisiert. E. ist ein Spezialfall → sozialer Beziehung.

Die Stärke der E. kann mit verschiedenen Verfahren gemessen werden. Dazu zählen das „Relationship Closeness Inventory" (RCI) von Berscheid, Snyder & Omoto (1989b), die „Inclusion-of-Other-in-Self Scale" (IOS) von Aron, Aron, Tudor & Nelson (1991; vgl. Aron, Aron & Smollan, 1992) und die globalen Skalen zur Einschätzung

von Beziehungserfahrungen von Bierhoff & Grau (1997), die fünf Dimensionen messen: Liebe, → Konflikt, →Altruismus, Investment und Sicherheit (→ Bindungsstil).

Erläuterung: Der US-amerikanische Schauspieler Kevin Costner verkörpert in dem Spielfilm „Der mit dem Wolf tanzt" einen Soldaten, der eine Freundschaft mit einem Sioux-Indianer entwickelt und eine romantische Beziehung mit einer weißen Frau, die bei den Sioux-Indianern aufgewachsen ist.

Entscheidung (Decision): Bezeichnet einen Prozess, der durch folgende Merkmale gekennzeichnet ist (Thomae, 1974, S. 15): 1. → Konflikt zwischen mehreren Alternativen, 2. Unterbrechung des Handlungsvollzugs, 3. Abwägung zwischen den zur Verfügung stehenden Alternativen unter Berücksichtigung der Handlungskonsequenzen und 4. → Bewertung der Alternativen. Der einfachste Fall der E. besteht in zwei Zuständen A und B, die zur → Wahl stehen, wobei die Person A gegenüber B präferiert (oder umgekehrt; Edwards, 1954).

E.en werden in Konfliktsituationen erforderlich. Die Theorie des subjektiv erwarteten Nutzens, die auf dem → Erwartungs-Wert-Modell beruht, befasst sich mit E.en unter Risiko. Der erwartete Nutzen eines Wetteinsatzes wird wie folgt definiert (Edwards, 1954):

$$EV = p_1 S_1 + p_2 S_2 + \ldots + p_n S_n$$

p steht für Wahrscheinlichkeit, S für den Wert, und die Summe der Wahrscheinlichkeiten ist 1.

Im zeitlichen Verlauf lässt sich zwischen einer Vor- und einer Nachentscheidungsphase unterscheiden (Jones & Gerard, 1967). Der Übergang wird als Überschreiten des Rubikon gekennzeichnet (Heckhausen, 1989; → Rubikon-Modell der Handlungsphasen). Die psychologische Dynamik der Vorentscheidungsphase ist durch Informationssuche und Offenheit gekennzeichnet, während die der Nachentscheidungsphase stärker durch Überlegungen der Planung und Handlungsausführung oder durch Rechtfertigungstendenzen bestimmt ist, wie sie in der → Dissonanztheorie dargestellt werden.

Verschiedene Theorien befassen sich mit Strategien der Entscheidungsfindung (z. B. → Spieltheorie). Grundsätzlich lassen sich Strategien unterscheiden, die eine optimale Wahl beschreiben, die auf Nutzenmaximierung basiert (→ Rationalität), und solche, die von → eingeschränkter Rationalität ausgehen (z. B. wenn minimale Kriterien aufgestellt werden, die durch eine E. erfüllt werden sollen).

Nach der Konflikttheorie von Janis & Mann (1977, S. 70) lassen sich fünf Entscheidungswege kennzeichnen, von denen vier auf unzureichender Informationssuche beruhen, während die fünfte auf einer umfassenden Informationssuche aufbaut. Die Entscheidungswege werden aufgrund von aufeinanderfolgenden Fragestellungen dargestellt, die sich ergeben, wenn eine bedrohliche Situation zu bewältigen ist. Die erste Frage lautet: Sind die Risiken ernsthaft, wenn ich nichts ändere? Eine Verneinung dieser Frage ergibt eine konfliktfreie Beibehaltung der bestehenden Gewohnheit. Die nächste Frage (wenn die erste bejaht wird) lautet: Sind die Risiken ernsthaft, wenn ich etwas ändere? Eine Verneinung der zweiten Frage führt zu einer konfliktfreien Veränderung. Die dritte Frage (wenn die zweite bejaht wird) lautet: Ist es realistisch zu hoffen, eine bessere Lösung zu finden? Wenn diese Frage verneint wird, folgt eine defensive Vermeidung des Konflikts. Diese kann in einer → Diffusion der Verantwortung bestehen oder in einer voreiligen Festlegung auf eine Handlungsalternative, verbunden mit einer eingeschränkten Informationssuche, verzerrter Bewertung und einseitiger Planung (→ Dissonanztheorie). Die

vierte Frage (wenn die dritte bejaht wird) lautet: Steht genug Zeit zur Verfügung, um Informationen zu suchen und über die E. nachzudenken? Wird diese Frage verneint, entsteht ein Zustand der Hypervigilanz. Wird sie hingegen bejaht, entsteht ein Zustand der → Vigilanz, der eine sorgfältige Informationssuche, → Bewertung und Entscheidungsplanung beinhaltet. Hypervigilanz stellt die typische Reaktion in Paniksituationen dar, während Vigilanz dem Entscheidungsverhalten des „Homo oeconomicus" entspricht, von dem angenommen wird, dass er über vollständige Information verfügt und dass er rational urteilt (Edwards, 1954).

Von der E. lässt sich der Entschluss trennen (Beckmann, 1996), der einer E. Nachdruck verleiht, bei der Schwierigkeiten in der Umsetzung vermutet werden. Ein Entschluss dient zur Handlungskontrolle.

Erläuterung: Im Bereich von → Organisationen sind E.en z. B. beim Management von Dilemmata relevant (Neuberger, 1995; Staehle, 1999). Dilemmata finden sich in solchen Situationen wieder, wo ein Manager in der alltäglichen → Führung(sarbeit) zwischen zwei oder mehreren Handlungsalternativen sich entscheiden muss, die mit (un-)erwünschten Konsequenzen verknüpft sind (wie etwa eine E. zwischen Maßnahmen zur Entwicklung von → Vertrauen vs. → Kontrolle oder → Wettbewerb vs. → Kooperation im Unternehmen).

Entscheidungsfreiheit (Freedom in decision making): → Wahlfreiheit

Entscheidungskontrolle (Decision control): → Modell der Konfliktlösung

Entschuldigung (EXCUSE): Bezeichnet die Verringerung der → Verantwortung durch einen Akteur, der ein tadelnswertes Verhalten gezeigt hat (Montada, 2001a). Ein verwandter Begriff ist → Rechtfertigung. E.en folgen unterschiedlichen Argumentationsmustern: 1. Verneinung der Absicht, die problematische Handlung auszuführen, 2. Verneinung der Vorhersehbarkeit der Konsequenzen, 3. Verweis auf die Mitverantwortung anderer, 4. Verweis auf geistige Unreife oder entwicklungsbedingte Unreife, 5. Verweis auf ungünstige Sozialisationsbedingungen („schlechte Kindheit") und 6. Verleugnung des Auftretens negativer Konsequenzen, obwohl die tadelnswerte Handlung nicht bestritten wird. E.en werden häufig zum → Eindrucksmanagement eingesetzt (Snyder, 1988a) und sind Teil von → Rechenschaftsepisoden (Schönbach, 1998).

Erläuterung: Herbert, der in einem Gerichtsprozess vom Richter gefragt wird, weshalb er einen Einbruch begangen hat, versucht Verständnis für seine Tat hervorzurufen, indem er auf seine „schlechte Kindheit" in einem Kinderheim verweist.

Entwicklung (Development): → Ökologie der menschlichen Entwicklung, → Sozial-kognitive Lerntheorie, → Sozialisation

„Equal share, optimal joint profit"-Austausch (Equal share, optimal joint profit exchange): Bezeichnet in der Theorie zur → Interdependenz einen fairen Kompromiss bei divergierenden Interessen, der gleichzeitig den gemeinsamen Gewinn von zwei Partnern, die voneinander abhängig sind, maximiert (Kelley & Thibaut, 1978). Der E. steht für die Verwirklichung von zwei Zielen: den gemeinsamen Gewinn hoch halten und das Prinzip der Gleichheit der Partner verwirklichen (→ Prinzip der absoluten Gleichheit). Im Ergebnis liegt der gemeinsame Gewinn des Kompromisses unter dem maximalen gemeinsamen Gewinn. Dafür bietet der E. den Vorteil, dass die Gleichheit der Behandlung der Partner erwarten lässt, dass Harmonie und → Solidarität unter den beteiligten Personen gefördert werden. Ein Problem liegt in der Berechnung des E.s, die aufwendig sein kann. Der E. lässt sich aber auch intuitiv einschätzen.

„Equity"-Theorie (Equity theory): Bezeichnet einen Ansatz zur Erklärung des Verhaltens in → sozialen Beziehungen auf der Grundlage der → Fairness oder Unfairness der Belohnungsverteilung, der in der sozialpsychologischen Forschung von Adams (1965) als eigenständige Forschungsrichtung etabliert wurde. Im Sinne der → Austauschtheorie wird Fairness durch → Belohnungen und Beiträge bestimmt. Zwei Personen werden dann fair behandelt, wenn das Verhältnis ihrer Belohnungen zu ihren Beiträgen gleich ist. Nach dem → Prinzip der relativen Gleichheit sollte eine Person, die viel leistet, auch eine hohe Belohnung erhalten, während eine Person, die wenig leistet, eine geringere Belohnung erhalten sollte.

Unfairness wäre z. B. gegeben, wenn jemand, der wenig leistet, eine höhere Belohnung bekommt als jemand, der viel leistet. Dann ist die Person, die wenig leistet, überbelohnt, während die Person, die viel leistet, unterbelohnt ist. Überbelohnung und insbesondere Unterbelohnung rufen negative → Emotionen wie Vergeltungsangst (→ Angst, → Aggressionstheorie) und → Ärger und Anspannung hervor, die eine Wiederherstellung der Fairness motivieren.

Generell lassen sich zwei Möglichkeiten der Wiederherstellung von Fairness unterscheiden: 1. Kompensation, indem die unterbezahlte Person einen Ausgleich erhält, oder 2. → Abwertung der unterbezahlten Person bzw. Aufwertung der überbezahlten Person, um den Status quo psychologisch zu rechtfertigen. Die E. wurde ursprünglich für den Leistungs- und Berufsbereich entwickelt. Inzwischen wird sie auf eine Vielzahl von sozialen Bereichen angewandt wie → enge Beziehungen und → Rechtfertigung sozialer Privilegien.

Philosophisch wird die E. damit begründet, dass das Streben nach Ausgeglichenheit notwendig ist, um das Zusammenleben unter Menschen, die → Egoismus kennzeichnet und die ihren Nutzen maximieren wollen, zu regeln und → Konflikte zu vermeiden. Daher müssen in einem sozialen System bestimmte → Normen eingehalten werden, nach denen die Verteilung von Gütern durchgeführt wird. Die Verletzung dieser Fairnessnorm, die in der E. beschrieben wird, ruft negative → Sanktionen hervor, die der Aufrechterhaltung eines funktionierenden Sozialsystems dienen. Als Teil der → Sozialisation lernen die Menschen in einer Gesellschaft, dass Fairness in den langfristigen Folgen vorteilhafter ist als Unfairness. Voraussetzung für diesen Lernschritt ist die Fähigkeit zum → Belohnungsaufschub.

Erläuterung: E. im Bereich der Rechtfertigung sozialer Privilegien zeigt sich darin, dass von Personen, die weniger verdienen, angenommen wird, dass ihre Arbeitsleistung weniger wert ist. Auf diese Weise kann die wahrgenommene Ausgeglichenheit trotz ungleicher Bezahlung aufrechterhalten werden. Das entspricht in generalisierter Form einem → Gerechte-Welt-Glauben.

Ergebniskontrolle (Outcome control): → Interdependenz

Erklärte Varianz (Explained variance): Ist das Ausmaß, in dem ein Merkmal (z. B. Beständigkeit einer romantischen Beziehung) durch andere Merkmale (z. B. Konflikt) aufgeklärt werden kann. Die E. wird in Prozent angegeben. Wenn man die E. auf der Basis einer → Korrelation angeben will, wird der Koeffizient quadriert.

Erregung (Arousal): Bezeichnet einen Zustand zentralnervöser Aktivität, der mit einer Steigerung des Wachheitsniveaus (→ Vigilanz), der Aufmerksamkeit und der Reaktionsbereitschaft i. S.

einer Orientierungsreaktion einhergehen kann. Häufig wird angenommen, dass die physiologische E. unspezifisch ist, d. h. bei unterschiedlichen → Gefühlen gleich ist. Wichtige Forschungsansätze, die E. zum Inhalt haben, sind z. B. das → Erregungsmodell interpersoneller Intimität sowie die → Erregungs-Transfer-Theorie. In der Hull-Spence Lerntheorie wird das Erregungsniveau von dem generellen Triebniveau abhängig gemacht (→ Triebtheorie der sozialen Aktivierung).

Erregungsmodell interpersoneller Intimität (Arousal model of interpersonal intimacy): Ist ein von Patterson (1976) entwickeltes Gleichgewichtsmodell der verbalen und → nonverbalen Kommunikation. Im Mittelpunkt stehen kompensatorische und reziproke Muster der Verhaltensanpassung, die dazu dienen, die positiven Konsequenzen der Person zu maximieren. Auf der Basis einer → Attribution wird die Annäherung einer anderen Person als belohnend oder bedrohlich interpretiert. Die Reaktionen der Reziprozität oder der Kompensation tragen dazu bei, dass die → Belohnung erhalten (und möglicherweise vergrößert) werden kann, während die Bedrohung reduziert und kontrolliert werden kann.

Bei zu großer wahrgenommener Distanz können ebenfalls kompensatorische Reaktionen auftreten (mehr Augenkontakt suchen, Vorbeugen in Richtung der anderen Person). Die Annahme kompensatorischer Reaktionen entspricht der → Äquilibriumstheorie der Intimität von Argyle & Dean (1965; s. auch Knowles, 1980). In dem E. wird angenommen, dass diese Annahme nur bei negativen → Emotionen Gültigkeit hat. Hingegen wird für den Fall, dass die Erregung als positive Emotion interpretiert wird (Mögen, → Liebe, Entspannung), angenommen, dass Reziprozität dominiert, so dass die Annäherung des einen Interaktionspartners durch die andere Person mit Annäherung beantwortet wird. Damit kommt der Entwicklungsprozess der interpersonellen Beziehung in Gang, in dem die Intimität der Beziehung zunimmt.

Erläuterung: Marianne erhöht die Intimität ihrer → Selbstöffnung gegenüber Melanie, worauf Melanie mit physiologischer → Erregung reagiert. Erlebt Melanie die Erregung als negative → Emotion (z. B. → Angst, Verlegenheit), weil sie die Situation wegen zu großer Aufdringlichkeit von Marianne als bedrohlich erlebt, entstehen kompensatorische Reaktionen (z. B. Vermeidung des Augenkontakts). Interpretiert Melanie dagegen die Erregung als positive Emotion (z. B. Mögen), wird sie eher der → Norm der Reziprozität folgen. Durch dieses reziprokes Verhalten nimmt die Intimität zwischen den Interaktionspartnern zu.

Erregungs-Transfer-Theorie (Excitation-transfer theory): Ist eine von Zillmann (1979) entwickelte Theorie, die zur Erklärung aggressiven Verhaltens herangezogen wird. Ein Erregungstransfer im Kontext von → Aggression kann dann entstehen, wenn eine physiologische → Erregung aus einer neutralen Quelle zum Zeitpunkt einer Provokation noch nicht vollständig abgebaut ist und als Residualerregung zu der durch die Provokation ausgelösten (neuen) Erregung hinzuaddiert wird. Dadurch kommt es zu einer intensiveren emotionalen Erfahrung, die – wenn sie als → Ärger erfahren wird – zu stärkeren Aggressionen führt. Umgekehrt kann ein Erregungs-Transfer auch positive Erfahrungen intensivieren. Das kann z. B. dann der Fall sein, wenn Männer eine attraktive Frau in einer bedrohlichen Situation kennen lernen (Dutton & Aron, 1974; → Theorie der leidenschaftlichen Liebe).

Erläuterung: In einem Feldexperiment von Dutton & Aron (1974) wurden Männer befragt, die eine Brücke zu Fuß überquerten. In einer Versuchsbedingung war die Brücke solide gebaut und nur wenige Meter hoch. In der anderen Versuchsbedingung handelte es sich um eine stark schwankende Hängebrücke, die über ein 50 Meter tiefes Tal führte. Während die Männer die Brücke überquerten, wurden sie von einer Frau, die eine hohe → physische Attraktivität repräsentierte, einer → Befragung unterzogen. Die Schöne hinterließ für eventuelle Rückfragen ihre Telefonnummer. Wie die Ergebnisse zeigten, erhielt die Interviewerin häufiger telefonische Rückfragen der befragten Männern, wenn diese zuvor die schwankende anstelle der stabilen Brücke überquert hatten. Weiterhin zeigte sich anhand von inhaltsanalytischen Auswertungen der Telefonanrufe, dass sich bei Männern, die auf der Angst-erzeugenden Brücke angesprochen worden waren, mehr sexuelle Inhalte in den Gesprächssequenzen zeigten (vgl. Dutton & Aron, 1989).

Erwartung (Expectancy, Expectation): Stellt eine kognitive Antizipation dar, die meist durch bestimmte Hinweisreize in der Situation erzeugt wird und die beinhaltet, dass die Ausführung einer Handlung mit einer bestimmten Konsequenz verbunden ist. Die Stärke einer E. lässt sich über die subjektive Wahrscheinlichkeit des Eintretens der Konsequenz, die mit der Ausführung der Handlung verbunden wird, repräsentieren (Atkinson, 1957, S. 360). Die Antizipation kann sich auch darauf beziehen, dass das Auftreten eines bestimmten Reizes mit dem Auftreten eines anderen Reizes aufgrund von subjektiven Erfahrungen verbunden wird. Solche Verknüpfungen kommen z. B. durch → klassische Konditionierung zustande.

Viele E.en sind das Ergebnis sozialen Lernens (→ Sozial-kognitive Lerntheorie; → Sozialisation). In der Rollentheorie (→ Soziale Rolle) bezeichnet E. ein Bezugssystem von → Bewertungen bezüglich einer Verhaltensdimension für einen Inhaber einer → Position (Sader, 1969). Rollenerwartungen unterscheiden sich nach ihrem Gültigkeitsanspruch. Sie reichen von solchen, die von allen Mitgliedern einer Gesellschaft geteilt werden, bis zu solchen, die in bestimmten → Bezugsgruppen bestehen. Soziale Erwartungen der anderen lassen sich als „Rollenzumutungen" für den Positionsinhaber kennzeichnen (Dahrendorf, 1969).

Neben der Rollentheorie ist die E. auch ein zentraler Begriff in → Erwartungs-Wert-Modellen. Die → sich-selbsterfüllende Prophezeiung beschreibt den Prozess der Erwartungsbestätigung. Die Erinnerung an Ereignisse wird davon beeinflusst, ob sie kongruent oder inkongruent mit der E. sind (Stangor & McMillan, 1992).

Erläuterung: Ein Schüler, der in der Vergangenheit sehr gute Noten in Mathematikarbeiten bekommen hat, geht mit dem Gedanken in die nächste Mathematikarbeit, dass es gut laufen wird.

Erwartungsbestätigung (Expectancy confirmation): → Sich-selbst-erfüllende Prophezeiung

Erwartungs-Wert-Modell (Expectancy-value model): Ist ein Ansatz, der von der Grundannahme ausgeht, dass → Entscheidungen zwischen verschiedenen Handlungsalternativen zum einen auf den subjektiven Wahrscheinlichkeiten basieren, wonach eine bestimmte Handlung zu bestimmten, erwarteten Ereignissen führt (→ Erwartung), und zum anderen auf den subjektiven Werten oder Valenzen dieser Handlungsergebnisse (Schneider & Schmalt, 2000). E.e gehen auf Blaise Pascal, Lewin und Tolman zurück. Ein bekanntes Beispiel für ein E. ist die soziale Lerntheorie von Rotter (1954), in der das Verhaltenspotential als Funktion von Erwartung und Verstärkungswert einer Reaktion aufgefasst wird. Ein weiterer theoretischer Ansatz, der auf dem E. beruht, ist das Risikowahl-Modell von Atkinson (1964; → Leistungsmotivation). E.e finden sich auch in der Einstellungstheorie (→ Theorie des begründeten Handelns; → Theorie des geplanten Verhaltens) und in der Entscheidungsforschung.

Erläuterung: In einem Wettbüro werden unterschiedliche Wetten für ein Pferderennen angenommen. Paul wählt die Wette aus, deren Produkt von subjektiver Erfolgswahrscheinlichkeit und Auszahlungswert am höchsten ist (vgl. Edwards, 1954).

Es (Id): Bezeichnet in der → Psychoanalyse nach Freud (urspr. 1923, 1940) einen Bereich der Triebenergie vor allem mit einer libidinösen (sexuellen) und aggressiven Komponente, die beide sowohl unverbunden nebeneinander als auch miteinander vermischt oder in einem dialektischen Spannungsverhältnis zueinander stehen können und die als → Liebestrieb und → Todestrieb bezeichnet werden.

Das E. wird im Rahmen des Freudschen Strukturmodells als eine psychische Instanz begriffen, die den Instanzen → Ich und → Über-Ich gegenüber gestellt wird und weitestgehend unbewusst ist sowie Ererbtes umfasst. Hierbei steht das E. in einer engen, nicht scharf getrennten Beziehung zum Ich. Nach Freudscher Auffassung drängt die Triebenergie auf ein Trieb-Ziel hin, d. h. auf eine Befriedigung bzw. auf eine Wiederherstellung des Gleichgewichtszustandes, und zwar unter Nutzung eines Trieb-Objekts (→ Katharsis-Hypothese), wobei dem Triebhaften ein zentraler Stellenwert für das menschliche Erleben und Verhalten, insbesondere für solches, das einer → Neurose unterliegt, beigemessen wird (vgl. Battegay, 1996).

Neuere Befunde zur Forschung zu → Affekten (Krause, 2000) und theoretische Weiterentwicklungen der Psychoanalyse im Bereich der Objektbeziehungstheorie, Ich-Psychologie und

Selbstpsychologie relativieren jedoch eine solche Sicht, so dass sich die Frage stellt, ob aus heutiger psychoanalytischer Sicht menschliches Erleben und Verhalten nicht besser durch vier sich ergänzende Sichtweisen – der triebtheoretischen, der objektbeziehungstheoretischen, der ich-psychologischen und der selbstpsychologsichen Perspektive – zu erklären ist (Pine, 1990).

Erläuterung: Der Begriff E. geht nicht nur auf den deutschen Arzt und Psychoanalytiker Georg Groddeck zurück, sondern der Begriff wurde von ihm auch frühzeitig auf das Verständnis von psychosomatischen Erkrankungen bei Menschen angewandt: Ein Aspekt seiner psychoanalytisch-psychosomatischen Sichtweise war: „Wo Menschen schweigen, werden Bäuche reden" (vgl. Will, 1999; Häfner, 1994).

Eskalation (Escalation): → Eskalierendes Commitment, → Sozialer Konflikt, → „Tit-for-Tat"-Strategie

Eskalierendes Commitment (Entrapment, Escalating commitment): Bezeichnet eine individuelle Tendenz, sich gegenüber einer früher getroffen → Entscheidung verpflichtet zu fühlen und diese über die Bereitstellung zusätzlicher Ressourcen zu stützen, obwohl sich diese Entscheidung bisher als ineffektiv erwiesen hat (vgl. Brockner & Rubin, 1985; Staw & Ross, 1987).

Zur Erklärung für E. werden u. a. individuelle Wahrnehmungsverzerrungen in Form von selektiver Informationsaufnahme, individuelle Urteilsverzerrungen i.S. von → Rahmen-Effekten sowie eine individuelle Tendenz zum → Eindrucksmanagment (Gesicht wahren) angenommen (vgl. Staw, 1997). E. kann durch Einsatz bestimmter Techniken reduziert werden (Simonson & Staw, 1992) und ist neuerdings aus der Sicht von → Gruppen untersucht worden (Seibert & Goltz, 2001).

Erläuterung: Ein Bankangestellter bewilligt einem Existenzgründer einen Kredit in Höhe von € 100.000,-. Obwohl nach einem Jahr festzustellen ist, dass die Firmengründung nur mit wenig Erfolg verlaufen ist und auch zukünftig nur wenig Aussicht auf Besserung besteht, bewilligt der Angestellte einen weiteren Kredit in Höhe von € 50.000,- zur finanziellen Sicherung der Firma, um gegenüber seinem Vorgesetzten keinen Fehler eingestehen zu müssen.

Ethik (Ethics): Bezeichnet ein Teilgebiet der Philosophie, das die → Moral wissenschaftlich reflektiert. Die Themen der E. werden in zwei Bereichen zusammengefasst: Metaethik und normative E.

In der Metaethik geht es um die Überprüfung der Frage, wie die strukturelle Grundlage ethischer Reflexion beschaffen ist und wie über den Gegenstandsbereich der E. – die Moral – gesprochen wird (vgl. Pieper, 1991, S. 78). Im Mittelpunkt stehen Aussagen zu ethischen Theorien, Sätzen und Systemen und deren Bedingtheit und Begrenztheit. Die Metaethik weist eine bedeutende angelsächsische Tradition auf, die sich um eine Analyse von moralsprachlich relevanten Wörtern (z. B. → Gerechtigkeit, → Verantwortung), Argumenten („In eine Apotheke einzubrechen, um ein Medikament für jemanden in Lebensgefahr zu bekommen, ist moralisch vertretbar, weil Lebenserhalt ein höheres Gut ist") und Urteilen (z. B. „Bettlern Geld zu geben, ist richtig") bemüht. Der E. wird „Arbeitsmaterial" bereit gestellt, mit dem moralisches Handeln (→ moralische Kompetenz) oder → moralische Urteile von Menschen besser nachzuvollziehen sind. So meint Frankena (1972): „Die Metaethik schlägt keine moralischen Prinzipien oder Handlungsziele vor, es sei denn auf mittelbarem Wege; sie besteht ganz und gar aus begrifflicher Analyse. Die analytische Moralphilosophie hat sich in den letzten Jahrzehnten fast ausschließlich auf die Metaethik konzentriert und auf die Behandlung von normativen Fragen ... verzichtet. Ihr Interesse galt der Klärung und dem Verständnis ethischer Begriffe und nicht einer – selbst sehr allgemeinen – Form praktischer Anleitung. Trotzdem sind ihre Untersuchungen wichtig; denn jeder kritische Mensch sollte eine gewisse Vorstellung über Bedeutung und Rechtfertigung seiner moralischen Urteile haben ... „ (S. 114).

Im Unterschied zu dem deskriptiven Ansatz der Metaethik geht es der normativen E. um eine rationale Prüfung und allgemein verbindliche Begründung von moralischen Geltungsansprüchen und → Normen. Dazu wird – je nach theoretischer Orientierung – ein höchstes (Moral-) Prinzip oder ein höchstes Gut postuliert (vgl. Pieper, 1991, S. 223): 1. transzendentalphilosophischer Ansatz (z. B. Kant, Apel), 2. existentialistischer Ansatz (z. B. Kierkegaard, Sartre), 3. eudämonistischer Ansatz (in Form einer hedonistischen E. nach Stirner, Marcuse und in Form einer utilitaristischen E. nach Bentham, Mill), 4. vertragstheoretischer Ansatz (Hobbes, Rawls) und 5. materialistischer Ansatz (Marx, Engels).

Gegen die Sicht der normativen E., allgemeinverbindliche Begründungen von höchsten (Moral-)Prinzipien leisten zu können, sind kritische Einwände aus dem Bereich der dezisionistischen und hermeneutischen Position geltend gemacht worden. Die Kritik besagt, dass man sich für solche Prinzipien allenfalls entscheiden, sie aber nicht begründen könne. Eine weitere Kritik ist, dass zwischen abstrakter Norm und konkreter Realität so große Differenzen bestehen, dass ethisch richtige → Entscheidungen erst durch ein Verständnis der jeweiligen Einzelsituation als möglich erscheinen (vgl. Gadamer, 1968; Habermas, 1983; Weber, 1973).

Am Beispiel der Frage, ob → Mikropolitik der Mitarbeiter einer → Organisation ethisch zulässig ist oder nicht, zeigt Blickle (2002) jedoch auf, dass eine Integration der normativen E. in die Anwendungspraxis möglich ist. Ethik in Organisationen bezieht unterschiedliche ethische Prinzipien ein, was durch den Begriff des „kohärenten Reflexionsgleichgewichts" gekennzeichnet wird.

Die E. scheint somit auf zwischenmenschliches Problemverhalten anwendbar zu sein und ist in diesem Sinn eine „konkrete" E. (Pieper, 1991; vgl. auch Nida-Rümelin, 1996). Anwendungsbeispiele sind: 1. Medizinische E., 2. Bioethik, 3. Sozialethik (insbesondere Wirtschafts- und Unternehmensethik), 4. Wissenschaftsethik, 5. Friedensethik und 6. ökologische E.

Aus der Sicht der ökologischen E. (→ Umweltverantwortung) stellt Jonas (1979) in seinem Buch „Das Prinzip Verantwortung" die Regel auf: „Handle so, dass die Wirkungen deiner Handlung verträglich sind mit der Permanenz echten menschlichen Lebens auf Erden; oder negativ ausgedrückt: Handle so, dass die Wirkungen deiner Handlung nicht zerstörerisch sind für die künftige Möglichkeit solchen Lebens; oder einfach: Gefährde nicht die Bedingungen für den indefiniten Fortbestand der Menschheit auf Erden; oder, wieder positiv gewendet: Schließe in deine gegenwärtige Wahl die zukünftige Integrität des Menschen als Mit-Gegenstand deines Wollens ein" (S. 36).

Im Unterschied zur Metaethik und normativen E. geht es in der empirischen Forschung der Entwicklungspsychologie, → Sozialpsychologie und Organisationspsychologie darum, E. über eine deskriptive und kausal-erklärende Herangehensweise an das Untersuchungsobjekt zu bestimmen (Bierhoff & Fetchenhauer, 2001; Blickle, 1998; Kohlberg, urspr. 1969; Piaget, urspr. 1932; Witte, 1995). In diesem Zusammenhang werden Themen wie → protestantische Ethik, → Solidarität und → Verantwortung untersucht. Diese empirische Forschung ist mit der normativen E. verbunden (Frankena, 1972).

Erläuterung: Die Ausübung der Tätigkeit von wissenschaftlich ausgebildeten Psychologen unterliegt ethischen Anforderungen, die in entsprechenden E.-Richtlinien festgehalten sind und durch Ethikkommissionen durchgesetzt werden (vgl. Lindsay, 1996; Schuler, 1980; Zimbardo, 1973).

Ethik in Organisationen (Business ethics): → Ethik

Ethnische Gruppe (Ethnic group): Bezeichnet ein Kollektiv oder eine → Gruppe von Menschen innerhalb einer Gesellschaft, die eine gemeinsame → Kultur (z. B. → Normen, → Werte, Riten, → Sprache) teilen, die ihre → Identität bestimmt. Häufig verfügt die E. über eine gemeinsame Geschichte und – etwa bei Einwanderern (Immigranten) – über ein gemeinsames Herkunftsland. Die gemeinsame Kultur der E. ist Teil der → ethnischen Identität ihrer Mitglieder.

Erläuterung: In Deutschland lebende türkische Mitbürger oder in Frankreich lebende algerische Mitbürger.

Ethnische Identität (Ethnic identity): Bezeichnet den Teil der sozialen → Identität einer Person, der durch kulturelle Symbole (wie Religion, Nationalität, Territorium, Traditionen und äußere Erscheinung) vermittelt ist, die für eine → ethnische Gruppe typisch sind (vgl. Phinney, 1990). Die E. wird z. B. über die → Theorie der sozialen Identität erforscht oder speziell über die Theorie der ethnischen Identität.

Erläuterung: Eine in Deutschland lebende Türkin kann ihre E. verdeutlichen, indem sie ein Kopftuch trägt.

Ethnozentrismus (Ethnocentrism): Bezeichnet eine Weltsicht, nach der die → Normen und Gewohnheiten der eigenen → ethnischen Gruppe für die ganze Menschheit gelten sollten. Als Folge des E. tritt eine Abwertung des Andersartigen und Fremden auf (→ Rassismus). Die Merkmale der eigenen ethnischen

Gruppe werden übertrieben positiv und die Merkmale der anderen ethnischen Gruppe übertrieben negativ bewertet. E. führt zu ethnozentrischen → Stereotypen, die eine → Abwertung bis hin zu einer Verteufelung anderer ethnischer Gruppen beinhalten (vgl. Dollase, Kliche & Moser, 1999). E. wird durch → Autoritarismus und → Dogmatismus gefördert. Der Begriff E. geht auf Sumner (1906) zurück.

Erläuterung: Wie der Kosovo-Konflikt gezeigt hat, verachten sich viele Serben und Albaner gegenseitig, und zwar nur auf der Grundlage unterschiedlicher ethnischer Gruppen.

Ethologie (Ethology): Ist eine Wissenschaftsdisziplin, die auf biologischer Grundlage (→ Evolution) das Verhalten von Tieren und Menschen erforscht. Wesentlich durch die Arbeiten von Konrad Lorenz (1978) angeregt, wurde die E. auch auf Menschen angewandt (Eibl-Eibesfeldt, 1984). Charakteristisch für diese Erklärungsansätze ist die Analyse der Funktionen bestimmter Verhaltensprogramme. In methodischer Hinsicht betont die E. die Beschreibung von Verhaltensmustern in ihrem natürlichen Kontext (Ethogramm). Die Grundlage der E. ist die Lehre der Evolution. Daher vermeidet sie einen anthropozentrischen Standpunkt, indem das tierische Erbe betont wird. Sozialpsychologisch bedeutsame Ansätze in der E. sind Studien über → Dichte und über → Aggression.

Erläuterung: Feldforschung über das Verhalten von Menschen, die sich auf öffentlichen Plätzen aufhalten (Atzwanger, Schäfer, Kruck & Sütterlin, 1998).

Etikettierung (Labeling): Bezeichnet einerseits den Vorgang der Zuweisung einer bestimmten → Emotion zu physiologischer → Erregung (→ Kognitiv-physiologische Theorie der Emotion). E. steht andererseits in der → Soziologie für den Vorgang, dass nonkonformistisches Verhalten bestimmter gesellschaftlicher Subgruppen von politischen Meinungsführern oder anderen → Gruppen als abweichend bezeichnet wird (→ Abweichendes Verhalten).

Erläuterung: Ein Hausbewohner reagiert mit Schwitzen und Beklemmungsgefühlen auf ein Geräusch im Keller und erlebt die Erregung als → Angst.

Evolution (Evolution): Bezeichnet die Entwicklung von Lebewesen, die dadurch gekennzeichnet ist, dass sich Arten an die Umweltgegebenheiten anpassen. Die E. beruht auf einem Prozess der natürlichen Auslese (Darwin, 1859; Darwin & Wallace, 1858). Die Erbinformation ist in Genen verschlüsselt und wird durch identische Replikation im Rahmen der Fortpflanzung an die nächste Generation weitergegeben. Wenn es bei der Verschlüsselung dieser Information zu fehlerhaften Abweichungen kommt, spricht man von Mutation, die zu Veränderungen der Merkmalsausprägungen des Organismus in der nächsten Generation führen.

Mutationen sind die Basis der E. Der Selektionsdruck führt dazu, dass sich nur bestimmte Mutanten in einer gegebenen Umwelt auf Dauer behaupten können, während die meisten Variationen, die auf Mutation beruhen, schnell wieder verschwinden. Die zweigeschlechtliche Fortpflanzung (wie beim Menschen) garantiert außerdem, dass die Erbinformation immer wieder neu kombiniert wird.

Im Rahmen der → Soziobiologie bzw. der evolutionären Psychologie (Buss, 1995; Simpson & Kenrick, 1997) wird der Zusammenhang zwischen Fortpflanzungserfolg und → sozialem Verhalten untersucht.

Erläuterung: In dem klassischen Science-Fiction-Film „2001 – Odysee im Weltraum" stellt der verstorbene US-amerikanische Regisseur Stanley Kubrick eine visionäre Form der E. des Menschen dar.

Evolutionsstabile Strategie (Evolutionary stable strategy): Bezeichnet erbliche Pläne für die Verhaltensplanung, die sich gegenüber konkurrierenden Plänen in der → Evolution durchgesetzt haben. Eine E. zeichnet sich dadurch aus, dass ein Mutant, dessen neue Strategie von derjenigen abweicht, die von allen restlichen Populationsmitgliedern bevorzugt wird, keine höheren Gewinne erzielt als die Mitglieder der Population, die die Standardstrategie verwenden (Axelrod, 1984; Hammerstein & Bierhoff, 1988).

Erläuterung: Die unkooperative Strategie im → Gefangenendilemma ist evolutionsstabil, da keine alternative Strategie in einer Population von Mitgliedern, die unkooperativ spielen, zu besseren Resultaten führen kann.

Existentielle Schuld (Existential guilt): Bezeichnet aus philosophischer Sicht eine → Schuld aufgrund des Seins, d. h. als Mensch geboren worden zu sein (zu existieren; vgl. Hirsch, 1997). Bezeichnet in der → Sozialpsychologie generalisierte → Schuld(gefühle), die aufgrund von relativer Privilegierung entstehen (Schmitt, Reichle & Maes, 2001). Im Unterschied zu Schuld beruht E. nicht darauf, dass die Person persönlich für einen Fehler eine → Verantwortung trägt. Vielmehr profitiert sie nur von einer Struktur der Verteilung von → Belohnungen und → Kosten, durch die andere benachteiligt werden (vgl. Baumeister, Stillwell & Heatherton, 1994). Ein Gegenbegriff ist → relative Deprivation. Das Thema der E. wird in der Relativen Privilegierungs-Theorie behandelt.

Erläuterung: Ein Beispiel ist der Ost-West-Vergleich, der durch die Wahrnehmung einer ungerechten Schlechterstellung des Ostens nach der Wiedervereinigung gekennzeichnet sein kann. E. sagt → Solidarität der Westdeutschen mit den Ostdeutschen vorher (Maes, 2001; Schmitt, 1998).

„Exit": → „Exit-voice-loyalty-neglect"-Typologie

„Exit-voice-loyalty-neglect"-Typologie (Exit-voice-loyalty-neglect typology): Bezeichnet einen Ansatz von Rusbult, Johnson & Morrow (1986), wonach in → engen Beziehungen unterschiedliche Möglichkeiten bestehen, auf Probleme in der Partnerschaft, die von dem Partner/der Partnerin ausgehen, zu reagieren: 1. exit: Verlassen der Beziehung, 2. neglect: Vernachlässigung der Beziehung (z. B. durch Ignorieren des Partners), 3. voice: Mitsprache (Aussprache über das Problem) und 4. loyalty: Treue (das Problem in Kauf nehmen und an der Beziehung festhalten). Die vier Reaktionsweisen lassen sich in einem 2x2-Schema mit den Dimensionen konstruktiv/destruktiv und passiv/aktiv einordnen. Exit und Mitsprache sind aktive Reaktionsweisen, während Vernachlässigung und Loyalität passive Reaktionen sind. Andererseits sind Mitsprache und Loyalität für die Beziehung konstruktive Problemlösungen, während Exit und Vernachlässigung dem destruktiven Pol zugeordnet sind.

Erläuterung: Nachdem sich Sabine einige Jahre lang vergeblich bemüht hat, die Handlungsweisen ihres Ehemannes zu ändern, die sie störend findet, versucht sie ihm nun, nach Möglichkeit aus dem Weg zu gehen und das Ausmaß der gemeinsam verbrachten Zeit zu minimieren.

Exklusivität der Beziehung (Exclusivity of relationship): Bezeichnet den Anspruch der Partner in einer Liebesbeziehung auf Ausschließlichkeit. Die Partner beabsichtigen, nur diese eine Liebesbeziehung zu haben. Bei der qualitativen Abgrenzung zwischen → Liebe und Mögen stellt die E. neben Faszination und sexueller Abhängigkeit ein Unterscheidungsmerkmal dar.

Erläuterung: Die US-amerikanische Sängerin Toni Braxton schildert in ihrem Lied „How could an angel break my heart" eine Frau, die exklusive Beziehungswünsche gegenüber einem Mann hat, von dem sie annimmt, dass er sich zu einer anderen Frau hingezogen fühlt.

Exklusivitäts-Effekt (Exclusivity effect): Bezieht sich auf den Gesprächsinhalt zwischen Mann und Frau, die potentiell eine → enge Beziehung formen können. Bei hoher wahrgenommener → physischer Attraktivität des Gesprächspartners wird während eines Erstgesprächs weniger über dritte Personen gesprochen als bei niedriger Attraktivität (Tramitz, 2000). Der E. kann das → Flirten fördern.

Erläuterung: Vermutlich ist es für die Entwicklung einer romantischen Beziehung (→ Liebe) störend, wenn ein Gesprächspartner während des ersten Gesprächs andere Personen und speziell mögliche Beziehungskonkurrenten in die Diskussion bringt.

Exosystem (Exosystem): Bezeichnet nach Bronfenbrenner (1981) → „Behavior-Settings", an denen eine Person nicht teilnimmt, die aber ihr Leben beeinflussen. Das E. steht in Zusammenhang mit dem → Mikrosystem, → Mesosystem und → Makrosystem (→ Ökologie der menschlichen Entwicklung).

Erläuterung: Für Kinder stellt der Arbeitsplatz der Eltern ein E. dar, weil das Gehalt der Eltern – auch wenn das Kind die Arbeitsstellen der Eltern nie gesehen hat – das Kind hinsichtlich seiner Kleidung, seines Taschengelds etc. beeinflusst.

Experimentelles Spiel (Experimental game): → Spieltheorie

Exploration (Exploration): Bezeichnet ein häufig relativ invariant ablaufendes Verhaltensmuster bei der Erkundung und Untersuchung von Situationen und Objekten, das durch neue, komplexe oder inkongruente Sachverhalte ausgelöst wird. Spezifische E. dient dem Ziel, die subjektive Unsicherheit durch den Erwerb neuer Informationen zu reduzieren. Sie steht unter der Frage: „Um was für ein Objekt handelt es sich?" Der spezifischen E. lässt sich die unspezifische E. oder diverse Neugier (Berlyne, 1960) gegenüberstellen, die der Reizsuche zur Reduzierung von als aversiv empfundener Langeweile dient. Die unspezifische E. steht unter der Frage: „Wo kann ich etwas zum Tun finden?" Während die spezifische E. objektgerichtet ist (Inspizieren, Manipulieren, Fragen), ist die unspezifische E. bzw. diversive Neugier durch eine breite Suche nach Reizen gekennzeichnet. Wenn die Erkundung neuer Objekte hinreichend durchgeführt worden ist, geht die spezifische E. in → Spiel über, das die Frage verfolgt: „Was kann ich mit dem Objekt tun?".

Erläuterung: E. verweist auf ein Motivsystem, das im Gegensatz zu dem Motivsystem der → Bindung steht (→ Bindungsstil, Bowlby, urspr. 1969). Die spielerische Erkundung der Umwelt erweitert den Erfahrungshorizont des Kindes, führt aber gleichzeitig dazu, dass es sich von seiner Bezugsperson entfernt. Häufig wechseln Kinder innerhalb kurzer Zeit zwischen E. und Bindungsverhalten. Während die Mutter für die Bindung die zentrale Bezugsperson zu sein scheint, spielt der Vater für die Ermöglichung von E. eine größere Rolle (Grossmann, 2000).

Expressivität (Expressivity): → Androgynie

Extra-Rollenverhalten (Extra role behavior): → Freiwilliges Arbeitsengagement

Extrinsische Motivation (Extrinsic motivation): → Selbstdeterminations-Theorie

Extrinsisch motivierte Hilfe (Extrinsically motivated helping): Liegt vor, wenn → hilfreiches Verhalten durch die erwarteten Konsequenzen bestimmt wird (→ Piliavin-Modell der Hilfeleis-

tung). Darunter fallen die antizipierten → Kosten der Hilfe, die Belohnungserwartung (→ Belohnung) und evtl. auch die Erwartung von Belohnungen für die → Hilfeempfänger. Der Gegenbegriff ist → intrinsisch motivierte Hilfe.

Erläuterung: Dagmar hilft Beate beim Tellerabwaschen, weil sie erwartet, dass Beate später für sie den Hund ausführt (→ Norm der Reziprozität).

Fähigkeit (Ability): → Attributionsdimension, → Gruppenleistung, → Kompetenz

Fairness (Fairness): → Gerechtigkeit

Faktorenanalyse (Factor analysis): Bezeichnet Verfahren der Datenreduktion, die dem Ziel dienen, die Zusammenhänge unter vielen korrelierten Merkmalen durch relativ wenige zugrunde liegende Dimensionen zu erklären. Die F. geht in der Regel von → Korrelationen aus. Das Ergebnis einer F. ist die Faktormatrix, die Koeffizienten enthält, die den Zusammenhang zwischen den ursprünglichen Merkmalen und den abgeleiteten Faktordimensionen angeben. Diese Koeffizienten werden als Faktorladungen bezeichnet. Die Interpretation der Faktoren beruht auf einer Inspektion der höchsten Faktorladungen auf der entsprechenden Dimension. Unter Faktorscores versteht man Koeffizienten, die die Position einer Person auf einem Faktor zum Ausdruck bringen. Sie lassen sich als Messungen auf dem Faktor interpretieren, die die individuellen Unterschiede unter den Personen repräsentieren.

Die Faktormatrix wird statistisch als lineare Transformation aus der Matrix der Interkorrelationen unter den Ausgangsvariablen gewonnen. Spezielle Methoden der F. sind z. B. die Hauptkomponentenanalyse und die Hauptachsenmethode. Der Rotation der Faktorenstruktur kommt eine große Bedeutung für die Interpretation der Faktoren zu. Unter orthogonaler Rotation versteht man die Erreichung einer größeren Einfachheit der Faktorladungen, die dem Ziel dient, die Bedeutungshaltigkeit der Faktormatrix zu erhöhen. Einfachstruktur besteht darin, dass die einzelnen Merkmale möglichst nur auf einem Faktor eine hohe Ladung aufweisen. Die Folge ist, dass auf jedem der Faktoren wenige Variablen hohe Ladungen erreichen, während die übrigen Variablen geringe Ladungen aufweisen. Neben einer orthogonalen Rotation besteht auch die Möglichkeit einer schiefwinklige Rotation, die dann angewandt wird, wenn man von einer Korreliertheit der Dimensionen ausgeht (Overall & Klett, 1972).

Ein Problem der F. ist die Schätzung der Kommunalitäten, die für jede Variable als Summe der Quadrate der Faktorladungen auf den Faktoren berechnet werden kann. Diese Kommunalitäten werden in die Hauptdiagonale der Korrelationsmatrix eingesetzt. Eine andere Möglichkeit besteht darin, dass die Zahl 1 in die Hauptdiagonale eingesetzt wird. Ein anderes Problem ist die Bestimmung der Anzahl der Faktoren, die aus der Korrelationsmatrix extrahiert werden. Dazu stehen verschiedene Kriterien zur Verfügung, die nicht immer einheitliche Schlussfolgerungen ergeben.

Die Anwendung der F. unterliegt auch subjektiven Einflüssen, wie sie in der Lösung der Frage, welche Werte in die Hauptdiagonale eingesetzt werden, und der Frage, wie viele Faktoren gewonnen werden, zum Ausdruck kommen. Da die Einfachheit der Lösung im Vordergrund steht, sollte auch immer geprüft werden, ob eine Einfaktorlösung ausreicht, um eine sinnvolle Datenreduktion durchzuführen.

Erläuterung: Der Fragebogen zur Erfassung der → Liebesstile enthält 60 Items. Die Antworten von 1308 Befragten wurden korreliert und mit einer Hauptachsenanalyse weiter ausgewertet. Die Rotation der Faktorladungen führte zu sechs Faktoren, die der Theorie der Liebesstile entsprechen und die mit Eros, Ludus, Storge, Pragma, Mania und Agape benannt wurden (Bierhoff, Grau & Ludwig, 1993).

Falscher Einmaligkeits-Effekt (Falseuniqueness effect): Bezeichnet die Urteilsillusion einer Person, dass ihre besten Fähigkeiten (z. B. manuelles Geschick) bei vergleichbaren anderen Personen relativ wenig verbreitet oder relativ niedrig ausgeprägt sind (Suls & Wan, 1987). Der F. tritt eher auf, wenn die zur Beurteilung herangezogenen Fähigkeiten für den Beurteiler von hoher Relevanz sind und wenn er über ein hohes → Selbstwertgefühl verfügt bzw. wenn er eine niedrige Depressionsneigung hat (Marks & Miller, 1987). Der F. beruht auf einem Streben nach → Einmaligkeit. Ein anderer Ausdruck ist Illusion der Einmaligkeit. Der F. wird dem → falschen Konsensus-Effekt gegenübergestellt.

Erläuterung: Ulrike spielt gemessen an ihren Klassenkameradinnen sehr gut Schach, was für sie sehr wichtig ist. Sie nimmt an, dass nur wenige andere Menschen genauso gute Spielfähigkeiten haben wie sie. Sie denkt, sie ist einmalig gut. Auf einem städtischen Schachturnier kann sie dieses → Selbstbild allerdings nicht bestätigen.

Falscher Konsensus-Effekt (Falseconsensus effect): Bezeichnet die individuelle Urteilstendenz, das Ausmaß zu überschätzen, in dem andere Menschen die eigenen → Meinungen teilen oder mit ihnen übereinstimmen (Ross, Greene & House, 1977).

Der F. kann mit der → Zugänglichkeits-Heuristik erklärt werden (Marks & Miller, 1987). Der Gegenbegriff zum F. ist der → falsche Einmaligkeits-Effekt.

Erläuterung: Wenn Joachim meint, dass weltweite Konzerne die Menschen in der Dritten Welt ausbeuten, besteht für ihn die Tendenz anzunehmen, dass seine Meinung von einer großen Zahl von Mitbürgern geteilt wird.

Familie (Family): Bezeichnet einen Verbund aus Personen, der durch Intimität und Nähe, gemeinsame → Identität, geteilte Rollen (→ Soziale Rolle) und Dauerhaftigkeit gekennzeichnet ist. F.n variieren u. a. in ihrer Größe (Klein-F., Groß-F.) und haben sich im Laufe der Geschichte in ihrer Struktur verändert. Nach heutigem Verständnis umfasst die F. eine Vielzahl von Konstellationen (z. B. Mutter-Kind-F.).

Das Phänomen der F. wird von unterschiedlichen Wissenschaftsdisziplinen erforscht. In der → Soziologie werden schwerpunktmäßig Partnerwahl, voreheliche Beziehungen, → Macht(strukturen), → Scheidung und die Rolle der F. als Sozialisationsinstanz (→ Sozialisation) behandelt. In der Bevölkerungsdemographie werden globale Trends der Bevölkerungsentwicklung, die für die F. relevant sind, untersucht. In der → Sozialpsychologie steht die Formung und Aufrechterhaltung von → engen Beziehungen im Mittelpunkt (vgl. Berscheid, Snyder & Omoto, 1989a; Kelley et al., 1983).

Beziehungen zwischen den Mitgliedern einer F. lassen sich aus der Sicht 1. der Partnerbeziehung, 2. der Eltern-Kind-Beziehung, 3. der Geschwister-Beziehung und 4. der Mehrgenerationen-Beziehung analysieren. Das Ausmaß der Qualität des familiären Beziehungsgeflechts hat einen Einfluss auf die Entwicklung, Zufriedenheit und Gesundheit einzelner F.n-Mitglieder oder der F. als Ganzes, was u.U. bestimmte Interventionen auf der Ebene des F.n-Systems (z. B. Familienberatung und -therapie) als sinnvoll erscheinen lässt (vgl. Schneewind, 2000).

Erläuterung: Als traditionelle Klein-F. wird ein Mehr-Personen-Verbund – bestehend aus Mutter, Vater und ein Kind oder zwei Kindern – angesehen.

Fatalismus (Fatalism): Bezeichnet die Haltung einer Person, dass sie äußeren → Einflüssen schicksalhaft ausgeliefert ist und selbst nicht in der Lage ist, → Kontrolle auszuüben. F. kann sich entweder auf den Glauben an den Einfluss anderer Personen, die → Macht haben, oder auf die Annahme, dass alles zufällig verläuft, stützen. F. als überdauernde Orientierung kommt in der externalen → Kontrollüberzeugung zum Ausdruck.

Erläuterung: Die Unabänderlichkeit des Schicksals und die Notwendigkeit, sich diesem zu unterwerfen, kommt in Werken der verstorbenen dänischen Schriftstellerin Tania Blixen und auch in der Verfilmung ihres bekanntesten Buches „Jenseits von Afrika" zum Ausdruck.

Feedback: → Rückmeldung

Fehler der eigenen Rasse (Own-race bias): → Ausländereffekt, → Fremdgruppen-Homogenitäts-Effekt

Feindseligkeit (Hostility): Bezeichnet nach Zillmann (1979) ein Verhalten bei Menschen, durch das versucht wird, Leiden (außer körperlichem Schaden und physischem Schmerz) einer anderen Person zuzufügen, die danach strebt, eine solche Zufügung zu vermeiden. F. wird begrifflich von → Aggression abgegrenzt.

Erläuterung: Befunde von Haddock, Zanna & Esses (1993) zeigen, dass feindseliges Verhalten gegenüber Homosexuellen bei einer Person dann begünstig wird, wenn diese → Werte aufweist, die i.S. des rechten → Autoritarismus zu interpretieren sind.

Femininität (Femininity): → Androgynie, → Geschlechter-Stereotyp, → Wert

Fertigkeit (Skill): → Soziale Fertigkeit

Figur/Grund-Trennung (Figur/ground separation): Bezeichnet die Unterscheidung zwischen Vordergrund und Hintergrund in der Wahrnehmung von statischen Flächen, dreidimensionalen Körpern und bewegten Objekten. Während die Figur als dinghaft wahrgenommen wird, bildet der Grund eine einheitliche Struktur, auf der sich die Figur zu befinden scheint (Guski, 1996). Die F. kann sich umkehren, wie das Beispiel von Kippfiguren zeigt (z. B. „Malteserkreuz"). Sie scheint auf einer relativ elementaren Wahrnehmungsebene zu erfolgen.

Eine Anwendung der F. findet sich in der → Attribution. Es wird angenommen, dass Menschen ihre Aufmerksamkeit auf den Teil des visuellen Feldes richten, der als Figur hervorsticht (→ Salienz), während der Grund weniger Aufmerksamkeit erhält (McArthur & Post, 1977). Ein Objekt wird z. B. dadurch salient, dass es beleuchtet wird und sich durch die größere Helligkeit von dem Hintergrund abhebt. Salienten Objekte wird mehr kausaler Einfluss zugeordnet, sie werden extremer beurteilt und außerdem konsistenter (Taylor, Peplau & Sears, 1994).

Erläuterung: Die einzige Frau unter fünf Männern erhält in einer Diskussion besonders viel Aufmerksamkeit.

Fiktionsspiel (Pretend play): Bezeichnet eine Form des → Spiels, in der die phantasievolle Umdeutung der Realität überwiegt. Piaget (urspr. 1959) interpretiert das F. als Ausdruck des Überwiegens der → Assimilation über die → Akkomodation. Während er annimmt, dass das F. auf das Alter bis sieben Jahren begrenzt ist, deutet viel darauf hin, dass es sich auch im Erwachsenenalter findet (z. B. im Interesse an Filmen und Theaterstücken). Das F. ist eng verwandt mit dem → Rollenspiel. Eine alternative Bezeichnung ist „Symbolspiel" (vgl. Oerter, 1999).

Erläuterung: Kevin und Sebastian, die beide sechs Jahre alt sind, spielen im Hinterhof Cowboy und Indianer, nachdem sie sich entsprechende Accessoires (Spielzeugpistole, Cowboy-Hut etc.) besorgt haben.

„File drawer problem": → Metaanalyse

Flexible Rigidität (Flexible rigidity): → Konfliktlösung

Flirten (Flirtation): Bezeichnet eine verbale und → nonverbale Kommunikation, mit der eine Person anderen verdeutlicht, dass sie für einen näheren Kontakt grundsätzlich offen oder bereit ist. Zur Beschreibung und Erklärung von Flirt-Verhalten werden Ansätze aus der → Ethologie herangezogen (Grammer, 1995; Simpson, Gangestad & Biek, 1993). F. steht mit dem → Exklusivitäts-Effekt in Zusammenhang.

Erläuterung: Manuela lernt Peter im Cafe kennen und signalisiert ihm, dass sie an ihm interessiert ist, indem sie, ohne dass es ihr bewusst ist, den Kopf zur Seite neigt.

„Foot-in-the-door"-Technik (Foot-in-the-door technique): (Synonym: Fuß-in-der-Tür-Technik) Ist eine → Einflusstechnik, bei der eine Zielperson um einen Gefallen gebeten wird, der so gering ist, dass dieser von ihr mit großer Wahrscheinlichkeit erfüllt wird. Auf diese erfüllte Eingangsforderung folgt dann die Hauptforderung, die die beeinflusste Person mit größerer Wahrscheinlichkeit erfüllt, als wenn die Hauptforderung unmittelbar gestellt worden wäre (Freedman & Fraser, 1966).

Die F. lässt sich auf der Grundlage der → Selbstwahrnehmungs-Theorie und der → Selbstverifikations-Theorie interpretieren: Danach wird durch die eigene Zustimmung auf die Eingangsforderung ein → Selbstbild erzeugt, das nahe legt, dass man ein Mensch ist, der zu Gefälligkeiten bereit ist, wobei die Zustimmung auf die Hauptforderung als mit dem Selbstbild konsistent erlebt wird. Die F. kontrastiert mit der → „Door-in-the-face"-Technik.

Erläuterung: Wenn ein Betreuer einer Diplomarbeit der Bitte eines Studenten nachkommt, auf seinem Drucker einige Folien auszudrucken, steigt die Wahrscheinlichkeit, dass er oder sie auch in

Freiwilliges Arbeitsengagement

die Bitte einwilligt, die ganze Diplomarbeit auszudrucken.

Forcierte Einwilligung (Forced compliance): Ist eine experimentelle Versuchsanordnung zur Überprüfung der → Dissonanztheorie, bei der eine Person dazu verleitet wird, etwas zu tun, was sie eigentlich nicht tun möchte, indem ein Minimum von Druck, Verlockung, → Überredung oder Bezahlung eingesetzt wird. Dasjenige, was eigentlich die Person nicht tun möchte, kann sich u. a. auf unmoralisches Verhalten wie → Lügen beziehen. Das unmoralische Verhalten wird dadurch für das eigene → Selbstbild entschärft, dass die → Einstellung in Übereinstimmung mit der Lüge verzerrt wahrgenommen wird. Diese Rückwirkung des Verhaltens auf die Einstellung tritt nur auf, wenn die Lüge eine negative Konsequenz hervorruft, d. h., dass andere sich von ihr überzeugen lassen. Bleiben dagegen andere skeptisch, dann erzeugt F. keine Dissonanz (Cooper & Worchel, 1970). Offensichtlich wird das kognitive Gleichgewicht nur dann erschüttert, wenn die Lüge einen Schaden hervorruft.

Erläuterung: In einer klassischen Untersuchung von Festinger & Carlsmith (1959) wurden Studierende, die eine langweilige Tätigkeit in einem Experiment zu verrichten hatten, aufgefordert, einem anderen Studierenden mitzuteilen, dass das Experiment interessant sei. Die Studierenden, die für die Ausführung des einstellungsdiskrepanten Verhaltens eine geringe Vergütung erhielten (in der 1-Dollar-Bedingung), zeigten danach eine größere → Einstellungsänderung als diejenigen, die eine höhere Vergütung erhalten hatten (20-Dollar-Bedingung).

„Framing"-Effekt: → Rahmen-Effekt

Freiheit der Wahl (Freedom of choice): → Wahlfreiheit

Freiwilliges Arbeitsengagement (Voluntary work engagement): Bezeichnet berufliche Tätigkeiten, die das Organisationsziel fördern, aber außerhalb der primären Arbeitsanweisungen liegen und aus eigenem Antrieb ausgeführt werden (→ Intrinsische Motivation). Darunter fallen Hilfe gegenüber Kollegen, Schutz der → Organisation vor Vandalismus, Unterbreitung von Verbesserungsvorschlägen, Erwerb von Kenntnissen aus eigener Initiative, die für eine Verbesserung der Arbeitsleistung förderlich sind, Übernahme von → Verantwortung, die formal nicht zugeschrieben wurde, und eine positive Darstellung der Organisation nach außen. Ein verwandter Begriff ist Extrarollen-Verhalten (Nerdinger, 2000). Ein Gegenbegriff ist „in-role"-Verhalten, das durch den Arbeitsvertrag der Mitarbeiter definiert ist, also ihre Dienstaufgaben im engeren Sinne.

Verschiedene theoretische Ansätze beziehen sich auf F.: 1. Staatsbürgerliches Verhalten in Organisationen (organizational citizenship behavior, OCB; Smith, Organ & Near, 1983), 2. Prosoziales Organisationsverhalten (Brief & Motowidlo, 1986) und 3. Spontaneität in Organisationen (George & Brief, 1992).

F. weist Überschneidungen, aber auch Differenzen zum Konzept der Identifikation mit einer Organisation auf (→ Gebundenheit). So zeigen Befunde von Pond, Nacoste, Mohr & Rodriguez (1997), dass das von Vorgesetzten eingeschätzte staatsbürgerliche Verhalten von Mitarbeitern (OCB) mit der von den Mitarbeitern selbst eingeschätzten Identifikation mit ihrer Organisation schwach positiv korreliert. F. ist sowohl als Ursache als auch als Folge von organisationaler Identifikation anzusehen. F. ist vom „Flow-Konzept" (Csikszentmihalyi, 1992) abzugrenzen, das auch intrinsische Motivations- und Leistungsaspekte aufweist (vgl. Nerdinger, 1995).

F. kann in mehrere Dimensionen unterteilt werden (Organ, 1988; Staufenbiel, 2000): Dazu zählen Hilfsbereitschaft, Gewissenhaftigkeit, Höflichkeit, Unkompliziertheit bzw. sportlicher Geist, der darin zum Ausdruck kommt, dass kleine Mängel und Unzulänglichkeiten toleriert werden, und Eigeninitiative bzw. bürgerliche Tugend, die die regelmäßige, mutige und konstruktive Teilnahme an dem Firmenleben betrifft. In neueren Untersuchungen wird oft zwischen drei Dimensionen unterschieden: Hilfsbereitschaft, Eigeninitiative und sportlicher Geist, für deren Messung ein Fragebogen entwickelt wurde (Podsakoff, Ahearne & MacKenzie, 1997). Die Komponente der Hilfsbereitschaft wird durch einen Fragebogen von Bierhoff, Müller & Küpper (2000) gemessen.

F. unterliegt verschiedenen antezedenten Bedingungen (z. B. → Stimmung, Zufriedenheit, Arbeitsethik, → Fairness, → Führung) und kann sich positiv auf die → Gruppenleistung auswirken. Eines der wichtigsten Korrelate des F.s ist die Gruppenatmosphäre (Bierhoff & Müller, 1999). F. bei Mitarbeitern ist über verschiedene Ansätze der Führung (z. B. → Verhaltensgitter; Podsakoff, MacKenzie, Paine & Bachrach, 2000) und über arbeitsorganisatorische Maßnahmen (Bierhoff & Herner, 1999; Rohmann, Bierhoff & Müller, 2000) beeinflussbar (vgl. auch den Sonderband der Zeitschrift Gruppendynamik und Organisationsberatung, 2000).

Erläuterung: Jemand bleibt freiwillig abends länger im Büro, um einen Auftrag für die Firma fristgerecht erledigen zu können.

Freizeit (Leisure): → Benutzeranalyse, → Motiv, → Virtuelle Realität

Fremde Situation (Strange situation): Bezeichnet eine Testsituation, in der die → Bindung von Kindern an ihre Bezugsperson in den ersten Lebensjahren erfasst werden kann (Ainsworth, Blehar, Waters & Wall, 1978). Die Konstruktion der F. basiert auf der Bindungstheorie von Bowlby (urspr. 1969). Sie umfasst sieben Episoden: 1. Mutter und Kind betreten den Laborraum, 2. eine fremde Person betritt den Raum, 3. Mutter verlässt den Raum, 4. Mutter kehrt zurück und fremde Person verlässt den Raum, 5. Mutter verlässt den Raum, 6. fremde Person kehrt zurück, 7. Mutter kehrt zurück und fremde Person verlässt den Raum. Das Verhalten der Kinder in dieser Stresssituation (→ Stress) wird mit einem strukturierten Beobachtungsverfahren erfasst.

Aufgrund von Übereinstimmungen und Unterschieden in den Reaktionen der Kinder in den sieben Episoden werden sie in drei Gruppen eingeteilt, die ursprünglich mit A, B und C bezeichnet wurden. Im weiteren wurde die B-Gruppe mit einem sicheren → Bindungsstil identifiziert, die C-Gruppe wurde als ängstlich-ambivalent bezeichnet und die A-Gruppe als vermeidend.

Erläuterung: Ein Vergleich von sicher- und unsicher-gebundenen Kindern zeigt, dass sichere Bindung überwiegt. In der Ursprungsuntersuchung betrug der Anteil der sicher-gebundenen Kinder 67 %, der der ängstlich-ambivalenten Kinder 12 % und der der vermeidenden Kinder 21 %. Diese Verteilung konnte mit kleineren Schwankungen in einer kulturvergleichenden → Metaanalyse bestätigt werden (van Ijzendoorn & Kroonenberg, 1988).

Fremdgruppe (Out-group): Bezeichnet eine → Gruppe, der sich eine Person nicht zuordnet bzw. der sie nicht angehört. Der Gegenbegriff ist → Binnengruppe.

Fremdgruppen-Homogenitäts-Effekt (Out-group-homogeneity effect): Bezeichnung für die Tendenz von Beurteilern, → Fremdgruppen als ganze, in sich abgrenzbare Einheiten und die → Binnengruppe als eine Ansammlung von Einzelindividuen zu betrachten. Dadurch werden Fremdgruppen als homogener und die Binnengruppe als heterogener wahrgenommen (Ostrom & Sedikides, 1992; Simon, 1990, 1992). Der F. weist Bezüge zur → Repräsentativitäts-Heuristik auf. Er ist mit dem → Ausländereffekt verwandt.

Als Beispiel kann auf ein Experiment von Quattrone & Jones (1980) verwiesen werden: Die Untersuchung wurde mit Studierenden der Universität Princeton und der Rutgers-Universität durchgeführt. Jeweils wurde ein Szenario vorgegeben, in dem sich ein Studierender der einen oder anderen Universität zwischen zwei Alternativen entschied (z. B. ob er/sie allein auf ein Experiment warten würde). Dann schätzten die Studierenden ein, wie groß der Prozentsatz derer sei, die in der Ausgangsgruppe (entweder Studierende von Rutgers oder Princeton) dieselbe Entscheidung treffen würden. Für die eigene Universität wurde in diesen Schätzungen weniger Konsistenz angenommen als für die fremde Universität. Dieser F. trägt zur Formierung von → Stereotypen bei. Weitere Untersuchungen zeigen, dass Homogenität von Fremdgruppen nach zwei Kriterien beurteilt wird: Dispersion der Gruppenmitglieder um die zentrale Tendenz der Gruppe und das Ausmaß, in dem die Gruppe das Stereotyp erfüllt. In beiden Indikatoren, die relativ unabhängig voneinander sind, findet sich der F. (Park & Judd, 1990).

Erläuterung: Viele Ferntouristen haben den Eindruck, dass die Menschen in dem Land, das sie aufgesucht haben, alle ähnlich aussehen und kaum zu unterscheiden sind.

Freundschaft (Friendship): Bezeichnet eine → soziale Beziehung, die durch folgende Merkmale gekennzeichnet ist (vgl. Auhagen, 1991, 1993): eine informelle Zweierbeziehung auf persönlicher Ebene, die durch Freiwilligkeit, Gegenseitigkeit und das Überwiegen positiver → Emotionen gekennzeichnet ist. In F.en werden Erlebnisse der → Solidarität, der Nähe, des → Vertrauens und der Authentizität realisiert. F.en tragen zur sozialen Konstruktion eines persönlichen Sinns durch Entwicklung von Selbst-Identität, wie sie in einer Lebensgeschichte entwickelt wird, bei (→ Selbst, → Identität). In diesem Kontext kommt der F. eine wesentliche Rolle zu, da sie → Kommunikation und Gedankenaustausch ermöglicht (Giddens, 1992)

F.en folgen geschlechtstypischen Mustern (Winstead, 1986; → Geschlechtsrolle). Ein wichtiges Merkmal von Frauenfreundschaften scheint zu sein, dass darin soziale Beziehungen (gerade auch romantische Beziehungen) ihre Darstellung, Erörterung und Kritik finden. Bei Männerfreundschaften stehen statt dessen eher bestimmte Aufgabenstellungen und Hobbys im Mittelpunkt (z. B. gemeinsame sportliche Interessen). Diese Geschlechtsunterschiede sollten nicht überbetont werden, da natürlich auch Männer über ihre persönlichen Beziehungen in F.en kommunizieren können, wie auch Frauenfreundschaften vorstellbar sind, die z. B. auf einem gemeinsamen Interesse an Kunst oder Kultur beruhen. Sie verweisen jedoch auf Spezialisierungen von Männern und Frauen, die weitreichende Folgen haben. Dazu gehört, dass Frauen mehr und mehr diejenigen sind, die als Beziehungsexpertinnen zu bezeichnen sind, während Männer häufig eine ambivalente → Einstellung gegenüber F.en und romantischen Beziehungen entwickeln.

Während Frauen leicht eine oder mehrere Freundinnen benennen können, gilt für Männer, dass ein großer Prozentsatz von ihnen nicht einen einzigen engen Freund nennen kann. Offensichtlich verfügen Frauen über ein größeres soziales Netzwerk von Freundinnen, während Männer vielfach nur über ein rudimentäres Netzwerk von Freunden berichten (Giddens, 1992).

Erläuterung: In dem Film „Margnolien aus Stahl" werden Frauenfreundschaften in eindrucksvoller Weise dargestellt.

Frustration (Frustration): Ist ein subjektives Erlebnis, beim Anstreben eines Ziels benachteiligt, zurückgesetzt, behindert oder blockiert zu sein. Häufig sind nicht eingetretene → Erwartungen die Ursache von F. In der → Psychoanalyse wird F. als Folge einer Behinderung der Triebbefriedigung verstanden und mit „Versagung" bezeichnet. Im → Behaviorismus wird F. als Zielblockierung aufgefasst (→ Frustrations-Aggressions-Hypothese).
Erläuterung: Ein Beispiel für F. sind Fußballspieler, die auf der Reservebank sitzen müssen und sich zurückgesetzt fühlen, die jedoch – weil sie sich durch Fluchtverhalten nicht aus der Situation entziehen können – „gute Miene zum bösen Spiel" machen (vgl. Fritsch & Weber, 1991).

Frustrations-Aggressions-Hypothese (Frustration-aggression hypothesis): Ist eine von Dollard et al. (1939) aufgestellte Hypothese, wonach → Aggression auf → Frustration zurückzuführen ist und Frustration zu → Aggression führt. Aufgrund der Tatsache, dass manche Personen nach einer Frustration keine Aggression, sondern sozialen Rückzug (→ Gelernte Hilflosigkeit), konstruktive Problemlösung oder psychosomatische Symptome zeigen (vgl. Bandura, 1973) musste der zweite Teil der Hypothese frühzeitig aufgegeben werden. Der erste Teil der Hypothese ist dagegen haltbar, jedoch unter Einschränkung: Frustration ist nicht die einzige Ursache für Aggression (Berkowitz, 1989): Frustration löst deshalb Aggression aus, weil sie eine aversive Erfahrung darstellt (→ Aggressionstheorie). Dementsprechend können auch andere aversive Reize, wie z. B. Kälte- und Schmerzempfindungen, Aggression auslösen. Die → kognitiv-neoassoziationistische Theorie des Ärgers enthält genau diese Annahme.

Vor allem die kognitive Bewertung von situativen Hinweisreizen, die aggressive Gedankeninhalte provozieren, ist nach Berkowitz & Heimer (1989) zu berücksichtigen, wobei aversive Erfahrungen und aggressive Gedankeninhalte weitgehend unabhängig voneinander Aggressionen auslösen. Daher ist deren additive Wirkung bei der Vorhersage aggressiven Verhaltens zu beachten.
Erläuterung: Auf der Fahrt ins Büro entsteht ein größerer Stau, der eine erhebliche Zeitverzögerung hervorruft. Der Fahrer fühlt sich angespannt und genervt. An einer Ampel zeigt der Fahrer einem anderen den Vogel, weil der noch bei gelb durchgefahren ist.

F-Skala (F-Scale): Bezeichnet die Faschismusskala, ein Fragebogen, der von Adorno, Frenkel-Brunswik, Levinson & Sanford (1950) entwickelt wurde, um Menschen mit faschistischen von solchen mit demokratischen → Einstellungen unterscheiden zu können. Die F. enthält Items, die sich neun Dimensionen zuordnen lassen, mit denen die → autoritäre Persönlichkeit beschrieben wird. Wegen methodischer Probleme wurde die F. kritisiert. Inzwischen werden weiterentwickelte Fragebogen zur Messung des → Autoritarismus verwendet (RWA Skala: Petzel, Wagner, Nicolai & van Dick, 1997 bzw. Schneider, 1997).

Führung (Leadership): Bezeichnet im Allgemeinen den Prozess und das Ergebnis eines → sozialen Einflusses, der auf unterschiedlichen Ebenen eines → sozialen Systems (Individuum, → Gruppe, → Organisation, Gesellschaft) auftritt. Forschungsansätze zur F. finden sich z. B. in den Politik-, Militär-, Wirtschafts- und Sozialwissenschaften. Inhaltlich sind mit F. die Begriffe Autorität, → Macht, Management, → Kontrolle etc. verbunden. Unter machttheoretischer Perspektive wurde F. traditionell als „F. von oben" verstanden. Neuerdings werden auch Ansätze vertreten, die eine „F. von unten" oder „F. unter Gleichgestellten" betonen (Blickle, 1995; Neuberger, 1990; von Rosenstiel, Regnet & Domsch, 1999; vgl. Schreyögg & Sydow, 1999; Staehle, 1999).

Aus der Sicht einer → angewandten Sozialpsychologie ist der Systematisierungsversuch zu führungstheoretischen Ansätzen von Schettgen (1993) hilfreich, bei dem F. unter zwei Dimensionen gesehen wird und bei dem Themen wie → Attribution, → Austauschtheorie, → Gruppe, → Identität, → Kooperation und → implizite Persönlichkeitstheorie Beachtung finden: 1. Dimension (Analyseebene): Analyse der sozialen Einflussnahme auf individueller, interaktioneller und struktureller Ebene; 2. Dimension (Analyseparadigma): Analyse der sozialen Einflussnahme durch ein rational-analytisches und irrational-intuitives Paradigma. Bei der Kombination beider Dimensionen ergeben sich sechs Perspektiven der F., denen unterschiedliche Führungsansätze zugeordnet sind.

Eine Übertragung von Befunden aus der sozialpsychologischen Grundlagenforschung auf die organisationspsychologische Führungsforschung ist nicht immer ohne weiteres möglich und sinnvoll (vgl. Bungard & Herrmann, 1993; Gebert, 1992; Herner, 1990; Müller, 1989a; Muringhan, 1993; vgl. auch Müller 1989b und weitere Diskussionsbeiträge in der Zeitschrift für Arbeits- und Organisationspsychologie). Vielmehr hat sich die Führungsforschung weitgehend von der Sozialpsychologie abgekoppelt und führt inzwischen ein Eigenleben zwischen den Disziplinen.

Wichtige theoretische Ansätze zur Erforschung der F. sind: → charismatische F., → Führungskraft-Mitarbeiter-Austauschbeziehung, → F. von unten, → Kontingenzmodell, → normative Theorie der F., → transaktionale F., → transformationale F. und → Verhaltensgitter. Die Frage nach Ge-

schlechtsunterschieden in der F. wurde wiederholt diskutiert (s. das von Carli & Eagly, 2001, herausgegebene Themenheft im Journal of Social Issues). Ein zentrales Kriterium für Führungserfolg ist die → Effektivität der F.

Erläuterung: Persönlichkeiten wie z. B. Napoleon Bonaparte, Mahatma Gandhi, Mao Tse-Tung, Franklin D. Roosevelt und Helmut Schmidt werden weithin als starke politische Führer bezeichnet.

Führungskraft-Mitarbeiter-Austauschbeziehung (Leader-member-exchange): Bezeichnet eine Theorie der → Führung in → Organisationen, die auch als „Vertical-Dyad-Linkage"-Modell bezeichnet wird. Mit dem Begriff „Vertical dyad" wird auf die Beziehung zwischen einem Vorgesetzten und einem Mitarbeiter Bezug genommen. Die Grundidee der Theorie (Dansereau, Graen & Haga, 1975) besteht darin, dass ein Vorgesetzter bestimmten Mitarbeitern besonders vertraut und mit ihnen eine → Binnengruppe bildet.

Die F. basiert auf der → Austauschtheorie und stellt ein Beispiel für → transaktionale Führung dar. Eine F. ermöglicht eine hohe Austauschqualität (z. B. häufige → Belohnungen des Vorgesetzten, loyales Verhalten des Mitarbeiters). Demgegenüber sind die Beziehungen zwischen Vorgesetzten und Mitarbeitern, die nicht der Binnengruppe zugeordnet sind, durch eine niedrige Austauschqualität (z. B. minimaler sozialer Austausch des Vorgesetzten, Dienst nach Vorschrift) gekennzeichnet. Eine hohe Austauschqualität sollte mit → freiwilligem Arbeitsengagement bei den Mitarbeitern, die der Binnengruppe angehören, zusammenfallen (Graen & Scandura, 1987). Die Etablierung einer Binnengruppe in einer vertikalen Organisationsstruktur schafft die Möglichkeit, dass Mitarbeiter und Vorgesetzte sich gegenseitig unterstützen und dadurch belohnen. Die

Grundlage ist die → Norm der Reziprozität.

Erläuterung: Für Radfahrer, die die Tour de France gewinnen wollen, gilt meist, dass sie einen „Leutnant" im Team haben, mit dem sie eng zusammenarbeiten (z. B. Bjarne Riis mit Jan Ullrich bei der 96er Tour).

Führung von unten (Upward influence tactics): Betrifft die Beeinflussung der Vorgesetzten durch ihre Mitarbeiter. F. befasst sich mit den Einflussstrategien von Mitarbeitern auf ihre Vorgesetzten (Kipnis, Schmidt & Wilkinson, 1980; → Sozialer Einfluss).

In einem deutschsprachigen Fragebogen zur Erfassung solcher Einflussstrategien in → Organisationen werden vier Dimensionen unterschieden (Blickle & Gönner, 1999): rationales Überzeugen, Druck machen, Einschmeicheln und übergeordnete Instanzen einschalten. Generell lässt sich zwischen direktiven Einflussstrategien (z. B. Druck machen) und nicht-direktiven bzw. diskursiven Einflussstrategien (z. B. rationales Überzeugen) unterscheiden (Wunderer, 1995).

F. wird mit ähnlichen Strategien durchgeführt wie die Führung von oben und die auf gleicher Ebene (laterale Kooperation). Die Bedeutung der F. nimmt mit der Einführung schlanker Organisationen und der Dezentralisierung der Unternehmensorganisation zu.

Erläuterung: Ein Mitarbeiter überzeugt seinen Vorgesetzten, dass die Arbeitszeiten fließend geregelt werden sollten, weil dadurch die individuellen → Bedürfnisse besser mit den betrieblichen Erfordernissen abgestimmt werden können.

Fundamentaler Attributionsfehler (Fundamental attribution error): Bezeichnet nach Ross (1977) die Tendenz von Personen, das Verhalten anderer auf deren persönliche → Eigenschaften (statt auf die spezielle Situation oder → soziale Rolle) zurückzuführen. Der F. ist

daher als → Attributionsverzerrung aufzufassen. Bei der → Attribution des eigenen Verhaltens zeigen die Beurteiler jedoch eine umgekehrte Tendenz: Das eigene Verhalten wird stärker durch situative Umstände als durch Merkmale der → Persönlichkeit begründet. Der → Akteur-Beobachter-Unterschied ist mit dem F. eng verbunden. In neuerer Zeit wird ersatzweise für F. der Begriff Korrespondenzneigung verwendet (Gilbert & Malone, 1995). Der Grund für die Umbenennung liegt darin, dass sich nicht begründen lässt, warum der F. grundlegender ist als andere Attributionsfehler und Wahrnehmungsverzerrungen (wie die → selbst(wert)dienliche Verzerrung).

Erläuterung: Der Vorsitzende einer Prüfungskommission besteht auf der Einhaltung der Anmeldefristen für die Prüfung, obwohl einem Studenten, der den Termin versäumt hat, dadurch ein Nachteil entsteht. Daraufhin meint der Student, dass der Vorsitzende der Prüfungskommission ein sturer Autokrat sei.

Funktionalistisches Modell des sozialen Einflusses (Functional model of social influence): Bezeichnet ein von Moscovici (1979) beschriebenes Modell, das den → sozialen Einfluss auf der Grundlage des → Uniformitätsdrucks herleitet und in sechs zentralen Aussagen zusammenfasst: 1. Sozialer Einfluss ist ungleich verteilt und wird einseitig ausgeübt; 2. Sozialer Einfluss dient zur Aufrechterhaltung und Verstärkung sozialer → Kontrolle; 3. Die Richtung und das Ausmaß von sozialem Einfluss ist insbesondere von Effekten und Informationen abhängig; 4. Die Reduzierung subjektiver Unsicherheiten stellt die Grundlage des sozialen Einflusses dar; 5. Sozialer Einfluss dient der Herstellung eines Konsens, der auf der → Norm der Objektivität („Es gibt nur eine richtige Lösung") basiert; 6. → Konformität steht im Mittelpunkt von sozialem Einfluss. Das alternative Modell ist das → genetische Modell des sozialen Einflusses.

Erläuterung: Die Verwendung des F. stimmt mit einer romantisierenden Wahrnehmung von → Führung zusammen, die die Rolle der führenden Person für den Erfolg einer Arbeitsgruppe überschätzt.

Funktionsspiel (Functional play): Ist eine Form des → Spiels, die durch die mehrfache Wiederholung einfacher Bewegungsabläufe charakterisiert ist und deshalb auch als sensumotorisches Spiel bezeichnet wird. Nach Piaget (urspr. 1959) ist das F. für die ersten beiden Lebensjahre typisch, in denen das Kind sensumotorische Schemata und Kreisprozesse übt. Eine alternative Bezeichnung ist Übungsspiel (vgl. Oerter, 1999).

Erläuterung: Der 14 Monate alte Sebastian spielt mit einer Rassel.

Furcht (Fear): → Angst, → Emotion

Fuß-in-der-Tür-Technik (Foot-in-the-door technique): → „Foot-in-the-door"-Technik

Gebundenheit (Commitment): Bezeichnet die innere Verpflichtung zu einer → sozialen Beziehung oder → Organisation, die durch drei Faktoren bestimmt wird (→ Investmentmodell enger Beziehungen): 1. Zufriedenheit mit dem Partner/der Partnerin, 2. Investitionen im Sinne von → Leistungen, die für die Beziehung erbracht worden sind, und 3. Güte von alternativen Beziehungen, die an die Stelle der gegebenen Beziehung gesetzt werden könnten. Die G. hängt positiv mit den ersten zwei Merkmalen und negativ mit dem dritten Merkmal zusammen. G. bezeichnet in → engen Beziehungen die Entschlossenheit, die Beziehung fortzusetzen.

Die G. an Organisationen beruht auf → Identifikation mit ihren Zielen und beinhaltet die Bereitschaft zum Engagement, die sich in zeitlich andauerndem Verhalten und in der Ablehnung von alternativen Angeboten zeigt (Moser, 1996). Anreize, die die Organisation bereitstellt und die das Verbleiben in ihr als vorteilhafte Austauschbeziehung erscheinen lassen, erhöhen die organisationale G. Daneben kann G. aber auch auf einer normativen → Verpflichtung beruhen.

Unter bestimmten Bedingungen entsteht eine G., die irrational anmutet (→ Eskalierendes Commitment).

Gedächtnis (Memory): Bezeichnet ein System zur Speicherung und zum Abruf von Information, die über die Sinnesorgane aufgenommen worden ist (Baddeley, 1990, S. 13). Eine Analogie ist eine Bibliothek, in der ein Sachkatalog zum Auffinden von Büchern zur Verfügung steht, die einem bestimmten Thema zugeordnet sind. In Abhängigkeit von dem Sinnesorgan, über das die Information ursprünglich aufgenommen wurde, wird zwischen visuellem, akustischem und haptischem G. unterschieden. Außerdem wird in Abhängigkeit von der Länge der Speicherung der Information zwischen Kurzzeit- und Langzeitspeicher unterschieden. Darüber hinaus spielt das G. im Wahrnehmungsprozess eine Rolle (parallele Verarbeitung in sensorischen Registern). In G.-Modellen wird der Verlauf der Informationsverarbeitung (→ Soziale Informationsverarbeitung) zwischen Umweltinput und Reaktionsoutput beschrieben.

Folgende Sequenz von Gedächtnisprozessen lässt sich unterscheiden: 1. Enkodierung und Organisation der Information (→ Kognitives Schema), 2. Abspeicherung der Information im Kurz- und Langzeitspeicher und 3. Abrufung der Information. Unter den G.-Prozessen spielt die Aufmerksamkeitsverteilung eine wichtige Rolle (→ Automatische vs. kontrollierte Informationsverarbeitung). Außerdem sind Prozesse der Kodierung und der Einprägung sowie Strategien des Abrufs von Information wesentlich (→ Vorstellungs-Effekt, → Zugänglichkeits-Heuristik). Unter „flashbulb"-G. versteht man die Erinnerung an dramatische Ereignisse wie das Attentat auf das World-Trade-Center am 11. September 2001. Themen der G.-Forschung sind z. B. das Wiedererkennen von Gesichtern und von Stimmen. Weitere Themen sind Vergessen, autobiographisches G. (→ Selbst) und transaktives G. (→ Gruppengeist).

Verschiedene Techniken zur Erfassung der Erinnerungsleistung stehen zur Verfügung. Dazu zählen die freie Wiedergabe des erinnerten Inhalts (recall) und die Auswahl unter mehreren Items, von denen einige der ursprünglichen Vorgabe entsprechen und andere „neu" sind (Wiedererkennen bzw. Rekognition). Ob Wiedererkennen weniger Fehler beinhaltet als freie Erinnerung, ist eine umstrittene Frage.

Erläuterung: Ein Anwendungsfeld der Forschung zum G. liegt in den Berichten von Augenzeugen. Diese lassen sich durch bestimmte Techniken verbessern, die in einem „kognitiven Interview" verwirklicht werden, dessen Anwendung sich positiv auf die Erinnerungsleistung von Augenzeugen (einschließlich Kindern) auswirkt (Fisher & Geiselman, 1988; Köhnken, Mantwill, Aschermann & Dannenberg, 1990). In einem „kognitiven Interview" werden folgende Regeln durch den Interviewer verwendet: Wiederherstellung des ursprünglichen Kontextes, in dem die kritischen Ereignisse stattfanden, Ermutigung zu einem möglichst vollständigen und detaillierten Bericht des Augenzeugen, Darstellung des Vorfalls in unterschiedlichen Reihenfolgen (z. B. vorwärts und rückwärts) sowie Wechsel der Perspektive (Perspektive des Augenzeugen vs. Perspektive anderer beteiligter Personen).

Gedankenauflistungstechnik

(Thought-listing procedure): Ist ein Verfahren zur Durchführung einer kognitiven Reaktions-Analyse. Die G. wurde ursprünglich von Greenwald (1968) entwickelt, um zu erfassen, welche Gedanken durch eine persuasive → Kommunikation (für eine berufsspezifische Ausbildung statt einer allgemeinbildenden Ausbildung für Studenten in Undergraduate-Programmen) bei den Rezipienten ausgelöst werden (→ Einstellungsänderung), und wird seitdem in vielen Bereichen der sozialpsychologischen Forschung eingesetzt.

In der Instruktion wurden die Beurteiler darauf hingewiesen, dass sie Gedanken auflisten sollten, die für den einen oder den anderen der beiden Standpunkte sprechen, oder solche Gedanken, die sich auf persönliche → Werte beziehen, die für einen der Standpunkte relevant sind, oder auf Gedanken, die Merkmale des einen oder anderen Standpunkts betreffen, oder irgendwelche andere Gedanken, die die Beurteiler für relevant halten. Eine Variante sind Protokolle lauten Denkens (talk-aloud protocols), wie sie z. B. von Park & Judd (1990, Exp. 2. zur Erforschung von → Stereotypen zwischen Gruppen erhoben wurden (→ Intergruppen-Diskriminierung) und die im Übrigen schon eine lange Tradition in der psychologischen Forschung haben.

Erläuterung: Gedanken über die → Eigengruppe beinhalten häufig die Erwähnung von Subgruppen und von sich selbst in Bezug auf diese Subgruppen. Gedanken über → Fremdgruppen beinhalten Verweise auf einzelne Personen, die dieser Gruppe angehören (Park & Judd, 1990).

Gedankenlosigkeit (Mindlessness):

Bezeichnet die Tendenz, Routinetätigkeiten ohne viel Nachdenken auszuführen. Bei solchen Tätigkeiten erfolgt die Ausführung quasi automatisch, wenn entsprechende Hinweisreize auftreten. G. kommt dadurch zustande, dass die → Handlung nach einem vorgefertigten Drehbuch abläuft, wie es in der Skript-Theorie von Abelson (1976) postuliert wird (→ Skript). Der Gegenbegriff ist Achtsamkeit (mindfulness; Langer, 1989). Das Gegensatzpaar G. und Achtsamkeit korrespondiert mit dem Kontrast von → automatischer vs. kontrollierter Informationsverarbeitung.

Erläuterung: Kleine Gefälligkeiten werden häufig ohne Abwägung der Vor- und Nachteile gewährt. Wenn eine Person sagt, dass sie fünf Seiten zu kopieren hat und am Kopierer vorgelassen werden möchte, „weil sie Kopien machen muss", dann führt diese in Anführungsstriche gesetzte Placebo-Information dazu, dass die Person häufiger vorgelassen wird, als wenn sie keine entsprechende Leerformel an der Stelle der Rede verwendet, wo normalerweise ein Grund genannt wird. Die Bereitschaft zu → prosozialem Verhalten ist in der Placebo-Informations Bedingung genauso groß, als wenn ein echter Grund genannt wird („weil ich in Eile bin"; Langer, Blank & Chanowitz, 1978). Allerdings wird die G. aufgegeben, wenn eine wichtigere → Entscheidung zu treffen ist, wenn etwa jemand vorgelassen werden möchte, der 20 Seiten kopieren will. Dann wird dem Wunsch zum einen viel weniger entsprochen und zum anderen besonders wenig in den beiden Bedingungen, in denen kein Grund oder eine Placebo-Information verwendet wird, während ein echter Grund mehr Hilfsbereitschaft hervorruft.

Gefangenendilemma (Prisoners dilemma):
Beruht auf einer Interdependenz-Situation, deren struktureller Aufbau alltagsrelevante → Interdependenzen zwischen Personen repräsentiert und das von zwei Wissenschaftlern der RAND Corporation entwickelt worden ist (vgl. Hofstadter, urspr. 1985). Wenn zwei Personen teilnehmen, spricht man von einem „Zwei-Personen-Gefangenendilemma". Sind mehr als zwei Personen an der Interdependenz beteiligt, liegt ein „N-Personen-Gefangenendilemma" vor.

Kennzeichnend für ein G. ist, dass die → Entscheidungen der Akteure, welche Strategie sie gegenüber ihrem Partner einschlagen, unterschiedliche kurz- und langfristige Konsequenzen mit sich bringen. Die Konsequenzen werden in Form einer Gewinnmatrix dargestellt, aus der hervorgeht, welche Gewinne ein Spieler bei bestimmten Kombinationen von Spielzügen für sich erzielen kann (→ Spieltheorie). Im G. können sich die Spieler, die blind sind im Hinblick auf die Spielstrategie des Mitspielers, grundsätzlich für ein Verhalten entscheiden, das auf → Kooperation oder auf → Wettbewerb ausgerichtet ist (Liebrand, Wilke, Vogel & Wolters, 1986).

In der üblicherweise verwendeten Auszahlungsmatrix des G.s werden nicht die Verluste dargestellt, sondern die Einsparung, die sich ergibt, wenn man den maximalen Verlust zugrunde legt. Das G. ist ein Nicht-Nullsummenspiel. In der empirischen Forschung wurden vor allem die Bedingungen untersucht, die zu → Kooperation oder → Wettbewerb führen.

In Abhängigkeit von der Entscheidung beider Spieler bzw. Verdächtigen können folgende Ergebnisse eintreten: 1. beide kommen relativ gut weg (wenn beide schweigen), 2. beide kommen relativ schlecht weg (wenn beide gestehen) und 3. der eine, der gesteht, erhält den höchsten Gewinn (in der Anekdote die Freiheit) und der andere, der schweigt, erzielt den höchsten Verlust (in der Anekdote zehn Jahre Gefängnis).

Wird das Spiel nur einmalig durchgeführt, so ist die Wahl eines unkooperativen Verhaltens (gestehen) rational, da unter dieser Bedingung der erwartete Gewinn für den unkooperativ agierenden Partner am höchsten ausfällt. Wird dagegen das Spiel mehrmals nacheinander durchgeführt (sog. Superspiel, womit gleichzeitig die Anekdote verlassen wird), dann ist die unkooperative Wahl nicht automatisch die günstigste Entscheidung, da langfristig eher mit einem niedrigen Gewinn zu rechnen ist. Grund dafür ist das Auftreten von negativen Echo-Effekten: Unkooperatives Verhalten des einen Spielers wird häufig durch unkooperatives Verhalten des anderen beantwortet, was zur Folge hat, dass kurzfristige Gewinne, die aus einem unkooperativen Verhalten herrühren, langfristig nicht stabilisiert werden und sogar zu Verlusten führen können. Legt man eine langfristige Perspektive bei der Wahl der Spielstrategie zugrunde, hat sich die → „Tit-for-Tat"-Strategie als erfolgreich erwiesen, da negative Echo-Effekte abgeschwächt bzw. vermieden werden können.

Erläuterung: Der Name des G.s erklärt sich aus folgender Anekdote: Zwei Gefangene, die in Einzelhaft sitzen, werden über ihre mögliche Komplizenschaft bei einem Banküberfall verhört. Sie sind voneinander getrennt, und die Ermittlungsbeamten machen ihnen einzeln folgendes Angebot: Wenn der Verdächtige gesteht, wird er freigelassen, während sein Komplize zu zehn Jahren Gefängnis verurteilt wird. Gestehen beide Verdächtige, wird jeder mit fünf Jahren Gefängnis bestraft. Wenn beide schweigen, werden sie beide wegen illegalen Waffenbesitzes zu einem Jahr Gefängnis verurteilt.

Gefühl (Feeling): → Emotion

Gegenübertragung (Counter-transference): Bezeichnet in der → Psychoanalyse die Antworttendenz einer Person gegenüber der → Übertragung einer anderen Person. In dieser Antworttendenz sind zum einen die reaktiven, nicht-neurotischen Anteile des auf die Übertragung einer Person Reagierenden, zum anderen die eigenen neurotischen Anteile einer Eigen-Übertragung enthalten, die den Reagierenden daran hindern, die Wünsche des anderen angemessen zu analysieren. Reaktive und neurotische Anteile der G. sind praktisch nur schwer voneinander zu trennen (vgl. Bettighofer, 1998, S. 63 ff.).

Die G. zeigt sich in verschiedenen Formen (vgl. Ermann, 1997, S. 293): In einer 1. komplementären G. (Identifizierung mit dem „Du-Anteil" beim anderen), 2. konkordanten G. (Identifizierung mit dem Selbstanteil des anderen) und 3. Gegenübertragungs-Widerstand (Widerstand gegenüber der Übertragung des anderen).

Erläuterung: Die drei genannten Formen der G. lassen sich wie folgt im Kontext der → Psychotherapie veranschaulichen: 1. Der Therapeut fühlt sich sadistisch entsprechend dem vom Patienten übertragenen sadistischen Elternteil, 2. der Therapeut fühlt ein inneres Leeregefühl entsprechend dem vom Patienten übertragenen Selbstanteil in Form eines inneres Leeregefühls, 3. der Therapeut reagiert wütend, um sich gegen das vom Patienten übertragene innere Leeregefühl zu schützen.

Gehorsam (Obedience): → Autoritätsgehorsam

Gelernte Hilflosigkeit (Learned helplessness): → Theorie der gelernten Hilflosigkeit

Gemeinde (Community): Bezeichnet ein Beziehungsgefüge, das i.S. von Bronfenbrenner (1981) auf der Ebene des → Mesosystems zu verorten ist und das einem Individuum über nachbarschaftliche, berufliche, kirchliche, schulische und vereinsbezogene Beziehungen eine Teilnahme am Gesellschaftsleben ermöglicht (vgl. Keupp, 1994).

Der subjektiven Erfahrung der Zugehörigkeit zur G. (→ Gebundenheit, → Solidarität) wird ein gesundheitsförderlicher Stellenwert zugesprochen (Pretty & McCarthy, 1991). Die Gemeindepsychologie konzentriert sich auf die Erforschung jener Bedingungen, die den psychosozialen Gesundheitszustand fördern. In diesem Zusammenhang kommt psychosozialen → Organisationen und Diensten sowie psychosozialen Interventionsformen (z. B. → Selbsthilfegruppen) eine besondere Bedeutung zu (vgl. Franz, Lieberz, Schmitz & Schepank, 1999; Heller, 1990; Rappaport & Seidman, 1992; Schwarzer, 1997; Tress, 1986).

Im Medienbereich erhalten TV-Talkshows neuerdings die Funktion einer „Ersatz-G.". Das Auftreten von Alltagspersonen, die Besprechung von intimen Themen sowie die Präsenz des Moderators als vertraute Person suggerieren Hilfe bei der Bewältigung persönlicher Probleme (Trepte, Zapfe & Sudhoff, 2001).

Erläuterung: Die 56-jährige Ulrike ist vor sieben Monaten nach München umgezogen. Obwohl sie Single und arbeitslos ist, hat sie sich im Laufe der Zeit ein soziales Netzwerk aufgebaut, das ihr ein positives → Selbstwertgefühl vermittelt. Ihre → sozialen Beziehungen umfassen eine Nachbarin, mit der sie gelegentlich verreist, Mitglieder der katholischen Pfarrgemeinde, die sie sonntags nach dem Gottesdienst trifft, sowie einige sportlich interessierte Bekannte, mit denen sie im Verein Volleyball spielt.

Gemeindepsychologie (Community psychology): → Gemeinde

Genetisches Modell des sozialen Einflusses (Genetic model of social influence): Ist ein von Moscovici (1979) entwickeltes Modell, das dem → funktionalistischen Modell des sozialen Einflusses gegenübergestellt wird und das das Zustandekommen von → Innovation in sechs Aussagen zusammenfasst: 1. Jedes Mitglied einer → Gruppe ist sowohl potentielle Quelle als auch Empfänger von → sozialem Einfluss; 2. Das Ziel sozialen Einflusses ist nicht nur soziale → Kontrolle, sondern auch soziale Veränderung; 3. Sozialer Einfluss bezieht sich einerseits auf die Erzeugung und andererseits auf die Lösung von →

Konflikten; 4. Der Erfolg von sozialem Einfluss hängt von dem gezeigten Verhaltensstil ab; 5. Sozialer Einfluss bezieht sich auf Bereiche, in denen eine bestimmte → Norm, und zwar eine Objektivitäts-, Präferenz- oder Originalitätsnorm, existiert und 6. Sozialer Einfluss zeigt sich in den Modalitäten → Konformität, Innovation und Konfliktvermeidung.

Gerechte-Welt-Glaube (Belief in a just world): Bezeichnet eine generalisierte → Erwartung, dass Menschen im Leben dasjenige bekommen, was sie verdienen (Lerner, 1980; Montada & Lerner, 1998). Im Mittelpunkt dieses Ansatzes steht das individuelle Streben danach, die Welt als geordnet und vorhersagbar zu erleben, wobei dieses Streben Bestandteil eines übergeordneten Strebens nach → Kontrolle ist. Ungerecht erscheinendes Leiden anderer bedroht den G. Dadurch werden Versuche motiviert, den G. wiederherzustellen. Diese Versuche können in zwei ganz entgegengesetzte Richtungen gehen: Einerseits besteht die Möglichkeit, das Leiden des Opfers zu verringern (vornehmlich durch → prosoziales Verhalten). Die andere Möglichkeit besteht darin, das Opfer abzuwerten (z. B. durch Zuschreibung von → Schuld; Jones & Aronson, 1973; was dann einer → defensiven Attribution gleicht).

Der G. beruht auf frühen Erfahrungen in der → Sozialisation, die von Piaget (urspr. 1932) als immanente Gerechtigkeit des Kindes beschrieben wurde (wie er für den moralischen Realismus im → moralischen Urteil charakteristisch ist). Das Kind lernt, dass „gutes" Verhalten belohnt und „schlechtes" Verhalten bestraft wird (Maes, 1998). Das hat zur Folge, dass das Kind vom → Lustprinzip zum → Realitätsprinzip übergeht. Damit sind die Voraussetzungen geschaffen, um Belohnungsaufschübe zur Erreichung eines Ziels einzuplanen (Miller & Smith, 1977). Long &

Lerner (1974) plädieren deshalb dafür, den „persönlichen Vertrag", d. h. die Bereitschaft, Belohnungen kurz- und mittelfristig aufzuschieben, als Indikator für den G. zu nutzen.

Der G. kann als Merkmal der → Persönlichkeit gemessen werden (Dalbert, 1999; Rubin & Peplau, 1975), das mit internalen → Kontrollüberzeugungen positiv zusammenhängt (Bierhoff, Klein & Kramp, 1991). Er lässt sich von → Autoritarismus abgrenzen (Lerner, 1980). Während Autoritarismus eine allgemeine negative Sichtweise von Minderheiten in Form von → Ethnozentrismus impliziert, bezieht sich G. auf → Sympathie für Gewinner und Verachtung gegenüber Verlierern.

Ein Anwendungsfeld des G.s liegt in der Rehabilitation von Unfallopfern. Wichtig dafür ist, ob der Unfall durch das Opfer als faires oder unfaires Schicksal betrachtet wird und ob negative → Emotionen wie Hassgefühle vorherrschen (im Sinne von „das Opfer hadert mit seinem Schicksal"; Montada, 1992).

Erläuterung: In religiösen Vorstellungen ist oft der G. verankert (Jüngstes Gericht, Himmel und Hölle), was häufig dazu führt, dass Menschen sich weniger für die Änderung irdischer Verhältnisse einsetzen.

Gerechtigkeit (Fairness, Justice): Bezeichnet die Fairness in Bezug auf die Verteilung von Ressourcen (z. B. Gütern) zwischen Individuen oder → Gruppen sowie die Verfahren zu ihrer Herstellung (→ Gerechtigkeitsregel). In der Forschung zur G. lassen sich drei Fragestellungen unterscheiden: 1. Was sind die menschlichen Motive für die Beschäftigung mit G.?, 2. Was sind die Kriterien zur Beurteilung von G.? und 3. Was sind die Ursachen und Folgen des subjektiven Empfindens von Ungerechtigkeit? (Bierhoff, 1992; Mikula, 1980, 1983; Tyler, Boeckmann, Smith & Huo, 1997).

Als Auslösefaktor der individuellen Beschäftigung mit Gerechtigkeit wird ein Motiv postuliert, nachdem Menschen bestrebt sind, Fairness herzustellen. Dazu wurden drei motivationstheoretische Positionen formuliert (Reis, 1986; vgl. Tyler, 1994): 1. → Ausgewogenheits-Theorie, 2. → Eindrucksmanagement und 3. → Gerechte-Welt-Glaube. Zur Beurteilung von G. wurden verschiedene Kriterien entwickelt (Bies & Moag, 1986; Schmitt & Montada, 1982): Fairness 1. auf der Grundlage von → Verteilungsgerechtigkeit, 2. auf der Basis der → Verfahrensgerechtigkeit sowie 3. basierend auf der → interaktionalen G. Die Ursachen und Folgen subjektiver Ungerechtigkeitserfahrungen werden – je nach motivationstheoretischer Position – kontrovers diskutiert (vgl. Brockner & Wiesenfeld, 1996; Dalbert, 1996; Mikula, Petri & Tanzer, 1990). Allerdings lässt sich feststellen, dass → Attributionen eine zentrale Rolle für das Erleben von Ungerechtigkeit spielen (Utne & Kidd, 1980).

In welchen Bereichen werden Kriterien der Gerechtigkeit angewandt? Generell lassen sich drei solcher Bereiche nennen (Montada & Kals, 2001): 1. Verteilung von Gütern, Rechten, Pflichten, → Macht, Information oder Bildung, 2. Austauschbeziehungen zwischen Personen, sozialen Systemen und juristischen Personen (→ Austauschtheorie) und 3. → Vergeltung und Wiedergutmachung von → Handlungen, → Leistungen und Fehlleistungen (→ Konflikt). Wichtige Anwendungsfelder für G. sind → Aggressionstheorie, Individuen in → Organisationen (Greenberg, 1987) sowie Recht und Delinquenz.

Erläuterung: Greenberg (1990) berichtet die Ergebnisse einer Untersuchung an Managern, die i.S. des Motivs nach Eindrucksmanagement eher dazu neigten, anderen gegenüber als fair zu erscheinen, um deren → Attributionen zu beeinflussen, als anderen gegenüber fair zu handeln.

Gerechtigkeitsregel (Justice principle): Bezeichnet im Allgemeinen ein bestimmtes Verständnis von → Gerechtigkeit. Reis (1986) und Sheppard & Lewicki (1987) unterscheiden 17 bzw. 16 G.en, die sich der distributiven, prozeduralen und interaktionalen Fairness zuordnen lassen: 1. distributive Regeln: z. B. → Prinzip der relativen Gleichheit, → Bedürfnisprinzip → Gleichheitsprinzip, 2. prozedurale Regeln: z. B. Konsistenz in der Regelanwendung, Korrigierbarkeit von → Entscheidungen (→ Verfahrensgerechtigkeit), 3. interaktionale Regeln: Bereitstellung notwendiger Informationen, klare Kommunikation über bestehende Erwartungen (→ Interaktionale Gerechtigkeit).

Gerichtetheits-Hypothese der Gesellung (Direction hypothesis of affiliation): Bezeichnet eine auf Schachter (1959) zurückgehende Annahme, wonach eine Person unter → Stress → Gesellung sucht, und zwar bevorzugt gegenüber solchen Personen, die sich in einer ähnlichen Situation befinden wie die gestresste Person selbst.

Geschlechtsrolle (Gender role, Sex role): Bezeichnet individuelle Erlebens- und Verhaltensweisen bezogen auf die biologische Klassifikation „weiblich" vs. „männlich". Das biologische Geschlecht korreliert mit den → sozialen Rollen, die Männern und Frauen in der Gesellschaft zugewiesen werden. Über den Prozess der → Sozialisation wird Männern und Frauen in unterschiedlicher Weise eine Geschlechtsrollen-Übernahme (Geschlechtsrollen-Identität) vermittelt (vgl. Alfermann, 1996; Trautner, Helbing, Sahm, & Lohaus, 1988). Die Geschlechtsrollen-Übernahme basiert auf zwei wichtigen Prozessen: 1. Dem Erwerb von → Geschlechter-Stereotypen, die als gesellschaftlich verbreitete → Erwartungen über G.n an das Individuum herangetragen werden (z. B. typisch männliche vs. weibliche → Eigenschaften) und 2. Die Übernahme

von Geschlechter-Stereoytpen in das → Selbstbild oder → Selbstschema.

Geschlechter-Stereotypen tendieren dazu, sich aufgrund von → sich-selbst-erfüllenden Prophezeiungen zu bestätigen. In der neueren Forschung zu G.n gewinnen Konzepte wie → Androgynie und psychische/physische Gesundheit/Krankheit (z. B. Depressivität) zunehmende Bedeutung (Bierhoff & Ludwig, 1991; Brähler & Felder, 1999).

Erläuterung: Der verstorbene US-amerikanische Schauspieler John Wayne repräsentierte in vielen seiner Western den harten Draufgängertyp, der als Persiflage auf die männliche G. angesehen werden kann.

Geschlechtsunterschied (Gender difference, Sex difference): → Freundschaft, → Geschlechtsrolle, → Theorie der sexuellen Strategien

Geschlechter-Stereotyp (Gender stereotype, sex stereotype): Bezeichnet ein gesellschaftlich geteiltes → Stereotyp über typisch männliche (maskuline) und weibliche (feminine) → Eigenschaften und Verhaltensweisen (vgl. Bakan, 1966). Das maskuline Stereotyp enthält Merkmale der Entschlusskraft, Initiative und → Kompetenz (= instrumentelle Eigenschaften), während das feminine Stereotyp Merkmale wie Mitgefühl, Wärme und soziale → Abhängigkeit enthält (= expressive Eigenschaften; Spence & Helmreich, 1978; Spence, 1993). G.e sind eng mit der Verteilung der → sozialen Rollen (insbesondere Berufstätigkeit vs. Hausarbeit) zwischen Männern und Frauen verbunden, da unterstellt wird, dass die instrumentellen Eigenschaften eher zu Berufstätigkeit passen und die expressiven Eigenschaften eher zur Hausarbeit einschließlich der Erziehung der Kinder. Daher ergibt sich die Hypothese, dass G.e abgebaut werden können, wenn sich die Rollenzuweisungen zwischen Männern und Frauen in der Gesellschaft angleichen (Bless et al., 1992).

G.e werden in vielen Lebensbereichen virulent. Sie sind z. B. unter dem Blickwinkel der → physischen Attraktiviät und der → Führung anhand von → Metaanalysen untersucht worden. So zeigen Ergebnisse von Feingold (1990), dass Geschlechtsunterschiede in der Gewichtung physischer Attraktivität bei der → Eindrucksbildung und der Einschätzung romantischer Gefühle bestehen. Eagly & Johnson (1990), Eagly, Makhijani & Klonsky (1992) und Eagly, Karau & Makhijani (1995) zeigen, dass → Geschlechtsunterschiede von Frauen und Männern im Führungsbereich eher gering ausfallen (z. B. im Hinblick auf das Ausmaß der mitarbeiterorientierten Führung; → Verhaltensgitter), wenn auch systematische Unterschiede z. B. im Hinblick auf → transformationale Führung und → transaktionale Führung in Metaanalysen festgestellt wurden (Eagly & Johannesen-Schmidt, 2001). *Erläuterung:* Gechlechtsbezogene Stereotype für Männer beziehen sich auf Attribute wie „aggressiv", „dominant",. „logisch" und „unabhängig", wohingegen Attribute für Frauen sich z. B. in „liebevoll", „taktvoll", „religiös" und „treu" zeigen (vgl. Broverman et al., 1972).

Gesellung (Affiliation): → Anschlussmotiv, → Gesellungstheorie

Gesellungstheorie (Affiliation theory): Ist eine von Schachter (1959) entwickelte Theorie, die das Bedürfnis, sich anderen Menschen anzuschließen (→ Anschlussmotiv), anhand von drei Hypothesen erklärt: 1. Eine Zunahme an → Angst geht mit einer Zunahme an Kontaktsuche einher. 2. Dem Kontaktbedürfnis liegt der Wunsch nach direkter Angstreduktion und nach → sozialen Vergleichen zugrunde. 3. Die Beziehung zwischen Angst und Gesellung gilt primär für Erstgeborene und Einzelkinder. Nach der → Gerichtetheits-Hypothese der Gesellung ist das gesellige Verhalten vor allem auf solche

Personen ausgerichtet, die sich in einer ähnlichen Situation befinden wie man selbst.

Gesetz der kleinen Zahl (Law of small numbers): Bezeichnet ein heuristisches Prinzip, wonach Personen bei der Beobachtung des Verhaltens einer einzelnen Person verallgemeinernde Schlussfolgerungen über das Verhalten einer → Gruppe ziehen, der die beobachtete Person angehört (Tversky & Kahneman, 1974). Das G. wird mit der → Repräsentativitäts-Heuristik erklärt. *Erläuterung:* Wenn ein Beobachter die Information erhält, dass ein Grieche sich während des Ablaufes eines Experiments dazu entschieden hat, allein und nicht mit anderen Versuchspersonen in einem Raum zu warten, neigt der Beobachter dazu, den durchschnittlichen Griechen ebenfalls so einzuschätzen, dass er lieber allein als in Anwesenheit von anderen warten möchte.

Gesicht (Face): → Prototypisches Gesicht

Gesundheit (Health): → Alltagswidrigkeit, → Gesundheitspsychologie, → Positive Illusion

Gesundheitspsychologie (Health psychology): Bezeichnet die Analyse von „Verhaltensweisen und Kognitionen, die mit Krankheitsrisiken verbunden sind oder die der Gesundheitsförderung und Krankheitsbewältigung dienen" (Schwarzer, 1990, S. 3). Diese beziehen sich auf Verhaltensbereiche wie „Essen", „Trinken", „Rauchen" und „Stresserleben" (Haisch & Zeitler, 1991). Die Zielsetzung besteht darin, in diesen für Gesundheitsschädigung besonders zentralen Tätigkeitsfeldern 1. eine Stärkung gesundheitsbewussten Verhaltens, 2. die Veränderung schlechter Gesundheitsgewohnheiten und 3. die Bewältigung chronischer Krankheiten zu fördern. Die G. wendet verschiedene Theorien der Sozialpsychologie an. Dazu zählen (Haisch, im Druck;

Stroebe, 2000): die → Attributionstheorie, die → Dissonanztheorie, die → Theorie des geplanten Verhaltens, die Theorie der → Selbstwirksamkeit, die → Theorie der sozialen Vergleichsprozesse und die → sozial-kognitive Lerntheorie. Außerdem werden eigene gesundheitspsychologische Theorien entwickelt wie das Health-Belief-Modell und die Protection-Motivation-Theorie.

Die G. hat einen hohen Stellenwert für die Prävention von Krankheiten. Dabei spielt die Primärprävention im Sinne der Erhaltung der Gesundheit eine besondere Rolle. Die Sekundärprävention bezieht sich auf die Wiederherstellung der Gesundheit, wenn eine Krankheit aufgetreten ist, während die Tertiärprävention das Ziel verfolgt, nach Auftreten einer (chronischen) Krankheit die Ausweitung der Krankheitssymptome zu verhindern (→ Abnormes Verhalten).

Erläuterung: Themen der G. umfassen (Bamberg, Ducki & Metz; 1998, Schwarzer, 1997): Alkoholprävention, Arbeitssicherheit, → Ärger und Gesundheit, → Bewältigung von Stress, → Burnout, → soziale Unterstützung und Krankheit, Krankheitsbewältigung bei Asthma, Herz-Kreislauf Erkrankungen, Krebs, → „Mobbing" und Schmerz.

Gewalt (Violence): Bezeichnet nach Berkowitz (1993) häufig extreme Formen von → Aggression. Bornewasser (1998) unterscheidet G.-Handlungen von Aggressionen anhand von vier Aspekten: G.-Handlungen: 1. führen zu schweren Schädigungen mit erheblichen Konsequenzen, 2. verstoßen gegen juristisch fixierte → Normen und sind verboten, 3. haben instrumentellen Charakter und 4. erfolgen oftmals berechnend und kalt.

Erläuterung: Püschel & Cordes (2001) analysieren 21 Fälle von G. in Deutschland gegenüber Ärzten/Ärztinnen. Es zeigt sich, dass G. zumeist von Patienten ausgeübt wird, wobei auf der Opferseite am häufigsten Psychiater betroffen sind und auf der Täterseite fast ausnahmslos Männer in Erscheinung treten.

Gewichtetes Wahrscheinlichkeitsmodell (Weighted probability model): → Koalition

Gewinner-Gewinner-Lösung (Win-win solution): → Mediation

Gewinner-Verlierer-Faktor (Winner-loser factor): → Gerechte-Welt-Glaube

Gleichgewichtstheorie (Balance theory): → Balancetheorie

Gleichheitsprinzip (Principle of parity): → Prinzip der absoluten Gleichheit, → Prinzip der relativen Gleichheit

Globalität (Globality): → Attributionsdimension, → Theorie der gelernten Hilflosigkeit

Graduelle und reziproke Intitiative der Spannungsreduktion (Graduated and reciprocated initiative in tension reduction = GRIT): Bezeichnet nach Osgood (1962) eine auf schrittweise Konzessionen gerichtete Technik zur Verringerung internationaler → Konflikte. GRIT beruht auf einer Mischung aus Maßnahmen zur Bildung von → Vertrauen und Beibehaltung militärischer Stärke (vgl. Fisher, 1990; Lindskold, 1986). Im Mittelpunkt steht der Versuch, anfangs einseitig Schritte zur Spannungsreduktion zu unternehmen, um sich aus der gegenseitigen Blockade und Abschreckung zu lösen und einen konstruktiven Weg in Richtung → Verhandeln und Diplomatie einzuschlagen. Es wird erwartet, dass solche Schritte auf längere Sicht dazu führen, dass sie, obwohl sie einseitig und ohne Vorbedingung stattfinden, von der anderen Seite entsprechend erwidert werden.

Im Einzelnen werden zehn Schritte vorgeschlagen: 1. Vorbereitung einer Atmosphäre für eine Konzession durch Bekanntgabe der generellen Intention, Spannungen zu reduzieren, 2. Ankündung jeder einseitigen Initiative im voraus, 3. Jede Ankündigung beinhaltet die Einladung zu einer reziproken Antwort, 4. Jede Initiative wird der Ankündigung entsprechend ausgeführt, 5. Fortsetzung der Initiative über einen längeren Zeitraum, auch wenn reziproke Antworten auf sich warten lassen, 6. Betonung auf eindeutige und verifizierbare Abrüstungsmaßnahmen, 7. Auswahl von Initiativen, die die eigene Verwundbarkeit erhöhen, ohne dass die grundsätzliche Fähigkeit zur Vergeltung verloren geht, 8. Da ein Nuklearkrieg relativ unwahrscheinlich ist, wird auch die Fähigkeit, einen konventionellen Krieg zu führen, erhalten, 9. Abstufung des Risikos der Maßnahmen, so dass eine Vergrößerung der eigenen Verwundbarkeit in Kauf genommen wird, wenn der Gegner mit reziproken Initiativen geantwortet hat, 10. Weite Fächerung von einseitigen Initiativen und Berücksichtigung politischer, wirtschaftlicher, geographischer Besonderheiten der anderen Partei, um reziproke Initiativen zu erleichtern.

GRIT ist eine Strategie zur Deeskalation von internationalen Konflikten unter Staaten, die gleich mächtig sind, und eignet sich daher zur → Konfliktlösung (vgl. Downs, 1991; Kelman, 1993; Sommer, 1998).

Erläuterung: Die Anwendung von GRIT hat sich am Anfang der 60er Jahre des 20. Jahrhunderts erfolgreich auf das angespannte Verhältnis zwischen den USA und der Sowjetunion nach der Kuba-Krise ausgewirkt: So hat der damalige US-amerikanische Präsident John F. Kennedy eine einseitige Initiative zur Beendigung von Nukleartests in der Atmosphäre gestartet, was nach anschließendem → Verhandeln auf diplomatischer Ebene zur Einrichtung einer direkten Telefonverbindung zwischen dem sowjetischen Parteichef und dem US-amerikanischen Präsidenten geführt hat.

Groll (Resentment): → Aggression

Gruppe (Group): Bezeichnet einen Zusammenschluss von mindestens drei Menschen, wenn folgende Merkmale gegeben sind (Sader, 1976): 1. Ein Erlebnis der Zusammengehörigkeit zwischen Gruppenmitgliedern liegt vor, 2. Ein gemeinsames Ziel wird verfolgt, 3. Eine Differenzierung von → sozialen Rollen tritt ein, 4. → Normen werden unter den Mitgliedern geteilt und 5. Es erfolgt eine → Interaktion unter den Mitgliedern untereinander.

G.n wurden aus fünf Perspektiven näher untersucht (vgl. Forsyth, 1983; Levine & Moreland, 1990): 1. Gruppenzusammensetzung: z. B. Ausmaß der → Gruppenhomogenität, 2. → Gruppenstruktur: z. B. Ausmaß der → Kohäsion von Gruppen, 3. → Konflikt in Gruppen: z. B. Ausmaß der Koalitionsbildung bei → Interessenkonflikten (→ Koalition), 4. → Gruppenleistung: z. B. Auswirkung des → Gruppendenkens auf die Leistung von Gruppen, und 5. Ökologie von Gruppen: z. B. Auswirkung von Lärmbelästigung auf die Gruppenleistung. Unter Kleingruppen versteht man solche G.n, in denen jeder mit jedem direkt, d. h. von Angesicht zu Angesicht, in Verbindung treten kann (Homans, 1978). Für größere G.n genügt die Bedingung, dass eine geteilte Kategorisierung vorliegt (vgl. → Intergruppen-Verhalten; → Selbstkategorisierungs-Theorie).

Eine Spezialform von G.n sind Bürgerinitiativen, die sich Themen wie Frieden, Menschenrechten und Umweltschutz widmen (vgl. Preiser, 1990; Richter, 1999) und die häufig den Charakter von → Selbsthilfegruppen haben.

Erläuterung: Eine der bekanntesten G.n unserer Zeit sind die Rolling Stones, deren Zusammensetzung sich allerdings im Laufe der Jahrzehnte verändert hat. Die G. verfolgt ein gemeinsames Ziel, wobei die Mitglieder unterschiedliche Aufgaben haben. So ist

z. B. die Aufgabe des Komponierens auf Mick Jagger und Keith Richard konzentriert. Die Interaktion war schon frühzeitig durch Konflikte gekennzeichnet, deren Auftreten auch mit zu den Veränderungen in der Gruppenzusammensetzung beigetragen haben (→ Modell der Gruppensozialisation).

Gruppenaggression (Group aggression): → Intergruppen-Aggression

Gruppendenken (Groupthink): Liegt nach Janis (1982) in Krisensituationen vor, wenn eine → Gruppe, die eine gemeinsame → Entscheidung anstrebt, den Wunsch nach Übereinstimmung unter den Mitgliedern verabsolutiert. Solche Gruppen zeichnen sich durch einen hohen Gruppendruck aus. Ein wichtiger Erklärungsansatz für G. stellt die → Dissonanztheorie dar. Ein ähnliches Phänomen wie das G. ist der Korpsgeist.

Im Einzelnen lassen sich bestimmte Begleiterscheinungen des G.s nennen: 1. Illusion der Unverwundbarkeit, 2. Betonung des eigenen → moralischen Urteils (z. B. Gott ist auf unserer Seite), 3. kollektive Rationalisierungen, 4. Selbstzensur, so dass eigene Erkenntnisse, die von der Gruppenmeinung abweichen, aus → Angst vor Missbilligung unterdrückt werden, 5. Druck auf Personen, die es wagen, abweichende Meinungen zu äußern (→ Abweichendes Verhalten), und 6. Auftreten selbst-ernannter Tugendwächter. G. führt zu Mängeln in der Entscheidungsbildung und schließlich zu eklatanten Fehlentscheidungen.

Die Folge des G.s besteht in einer verzerrten Wahrnehmung der Realität, die bis zu einer Verkennung der Realität reichen kann, und → Dogmatismus des Denkens. Bedingungen für G. sind autoritäre → Führung, Fehlen methodischer Entscheidungsregeln, hohe → Gruppenhomogenität (z. B. wenn alle Gruppenmitglieder aus Eliteuniversitäten stammen) und aufgeheizte Atmosphäre (vgl. Mohamed & Wiebe, 1996; vgl. auch das Themenheft der Zeitschrift Organizational Behavior and Human Decision Processes, 1998, 73).

Erläuterung: Ein Beispiel für G. ist die Invasion der Schweinebucht, die 1961 von der US-Regierung beschlossen wurde und die sich zu einem militärischen Desaster entwickelte.

Gruppendienliche Verzerrung (Groupserving bias): Bezeichnet eine asymmetrische Tendenz in der → Attribution, bei der einerseits positive Verhaltensweisen (z. B. Erfolg) der → Binnengruppe stärker mit einer internalen Zuschreibung (z. B. Kompetenz) und negative Verhaltensweisen (z. B. Misserfolg) stärker mit einer externalen Zuschreibung (z. B. Pech) versehen werden. Andererseits zeigt sich auch, dass häufig positive Verhaltensweisen der → Fremdgruppe external und ihre negativen Verhaltensweisen internal attribuiert werden (Augoustinos, 1990; Hewstone, 1988; Islam & Hewstone, 1993).

Eine solche Attributionstendenz auf Gruppenniveau hat die Funktion, den positiven Wert der Binnengruppe aufrechtzuerhalten und denjenigen der Fremdgruppe zu verringern. Die G. stellt daher eine Form von → Intergruppen-Diskriminierung dar.

Erläuterung: Fußballfans sehen die Erfolge der gegnerischen Mannschaft stärker durch „Glück" als bei der eigenen Mannschaft bedingt, wohingegen sie die Misserfolge der gegnerischen Mannschaft stärker mit „mangelnder Spielfähigkeit" als bei der eigenen Mannschaft erklären.

Gruppendynamik (Group dynamics): Ist ein vermutlich von Moreno eingeführter und von Lewin spezifizierter Begriff, der heutzutage mit zwei verschiedenen Bedeutungen belegt ist (vgl. Ardelt-Gattinger, Lechner & Schlögel, 1998; Forsyth, 1983; König, 2001; Rechtien, 1992): Er umfasst einerseits aus grundlagenbezogener Perspektive die Erforschung von → sozialen Prozessen, die in → Gruppen auftreten (z. B. Entstehung von → Normen, → sozialem Einfluss). Er umfasst andererseits aus anwendungsbezogener Perspektive die Beeinflussung von Gruppenprozessen (z. B. durch → Rollenspiele), was auch als Angewandte G. bezeichnet wird. Aus grundlagenbezogener Sicht wird die dynamische Perspektive zunehmend mit Hilfe systemtheoretischer Konzepte analysiert (Witte, 1990).

Die angewandte G. ist historisch eng mit der auf Kurt Lewin zurückgehenden Aktionsforschung verbunden (Lewin, 1953), bei der der Mensch nicht zum Objekt der Untersuchung, sondern zum Beteiligten des Veränderungsprozesses gemacht wird (vgl. Bargal, Gold & Lewin, 1992). Angewandte G. ist eng mit Ansätzen verbunden, die gruppendynamische Erkenntnisse im Rahmen einer → Gruppentherapie, Teamentwicklung oder → Organisationsentwicklung nutzen und weiterentwickeln.

Erläuterung: In der Praxis werden gruppendynamische Laboratorien durchgeführt, in denen der Gruppenleiter den Gruppenteilnehmern die aufkommenden Spannungen, Irritationen und → Konflikte in der Gruppe als ein Ergebnis von Gruppenprozessen verdeutlicht.

Gruppenentscheidung (Group decision): Bezeichnet → Entscheidungen, die in einer → Gruppe getroffen werden. Das bekannteste Phänomen der G. ist die → Gruppenpolarisation. Bei Forschungsansätzen zu Entscheidungsprozessen in Gruppen zeigt sich eine Betonung von kognitiven Prozessen (vgl. Brandstätter, Davis & Schuler, 1978), wobei z. B. festgestellt wurde, dass 1. Gruppenmitglieder dazu neigen, bei der Bearbeitung von Problemlösungsaufgaben gemeinsam geteilte kognitive Repräsentationen bezüglich von Problembereichen auszubilden (Klimoski & Mohammed, 1994), 2. Gruppen die Tendenz haben, mehr über solche Informationen zu diskutieren, die anfänglich

allen Gruppenmitgliedern verfügbar sind und weniger solche Informationen in den Diskussionsprozess mit einfließen lassen, die anfänglich nur einige Gruppenmitglieder hatten (Stasser, Steward & Wittenbaum, 1995), 3. Gruppen anfällig für ein → Gruppendenken sind und deshalb der Gefahr eines „Entscheidungsautismus" (Schulz-Hardt, 1997) unterliegen, und 4. Gruppen auf unterschiedliche Techniken (Beispiel → Brainstorming) zurückgreifen, um zu besseren Entscheidungsergebnissen zu kommen (Hirt, 1992; Rogelberg, Barnes-Farrell & Lowe, 1992; Schwenk & Valacich, 1994). Einen umfassenden Überblick über erfolgreiche Ansätze der G. gibt Scholl (im Druck).

Erläuterung: Beschlüsse der engeren Beratergruppe des US-amerikanischen Präsidenten in Krisenzeiten wie nach der Zerstörung des „World-Trade-Center".

Gruppengeist (Group mind): Bezeichnet ein auf McDougall (1920) zurückgehendes Konzept im Rahmen der → Massenpsychologie, das das Überindividuelle und Unabhängige des „kollektiven Geistes" von sozialen → Gruppen betont (vgl. Graumann, 2002). Aus kognitionspsychologischer Perspektive hat Wegner (1987) diese Vorstellung mit dem Konzept des transaktiven Gedächtnis radikal reformuliert und auf eine solide theoretische und empirische Basis gestellt.

Die Bewältigung komplexer, geistig anspruchsvoller Aufgaben überfordert Einzelpersonen sehr oft. Sollen sie aus diesem Grund von Gruppen in Angriff genommen werden, kommt es zunächst darauf an, die Zusammenarbeit so zu gestalten, dass ein möglichst umfassender Austausch aufgabenrelevanter Informationen stattfindet, um eine erfolgreiche Koordination der einzelnen Beiträge zu ermöglichen (→ Gruppenleistung). Die Effektivität dieses Austauschs wird maßgeblich durch die Qualität transaktiver Wissenserweiterung bestimmt. Damit ist → Wissen gemeint, das der Gruppe insgesamt zur Verfügung steht. Wegner (1995) hat eine Computeranalogie zur Darstellung der Arbeitsweise des transaktiven Gedächtnisses dargestellt. Unter günstigen Bedingungen können individuelle Fähigkeiten der Informationsverarbeitung ein überindividuelles kognitives System („Gruppenbewusstsein") bilden und Leistungen hervorbringen, die weder durch koagierende Aufgabenbewältigung noch durch besonders wissenskompetente Einzelpersonen zu erreichen gewesen wären.

Erläuterung: In Projektgruppen, in denen Spezialisten aus unterschiedlichen Bereichen zusammenarbeiten, wird die Gruppenleistung gefördert, wenn es gelingt, transaktive Gedächtnisstrukturen aufzubauen (Brauner, 2001).

Gruppenhomogenität (Group homogenity): Liegt vor, wenn Mitglieder einer → Gruppe sich in bestimmten Merkmalen (z. B. Alter, Geschlecht, Interessen, → Meinungen) ähnlich sind. In homogenen Gruppen führt ein hoher → Uniformitätsdruck dazu, dass Gruppenmitglieder verstärkt durch sozialen Druck auf eine Person, die eine abweichende Meinung vertritt, einzuwirken versuchen, um damit eine Homogenisierung der Gruppenmeinung zu erreichen (Festinger & Thibaut, 1951). Erweisen sich solche Einflussversuche als aussichtslos, um die „Abweichler" umzustimmen, dann tritt häufig eine Zurückweisung ein, indem die Kommunikation verringert wird. Dies kann zu → Konflikten bzw. zur Verringerung der → Kohäsion in Gruppen führen (vgl. Moreland, Levine & Wingert, 1996). Die G. kann durch Gruppensozialisation erhöht werden (→ Modell der Gruppensozialisation) und sich in einer → Gruppenkultur manifestieren.

Erläuterung: Teilnehmerinnen an Übungen zur Schwangerschaftsgymnastik repräsentieren G.

Gruppenkohäsion (Group cohesion): → Kohäsion

Gruppenkultur (Group culture): Liegt vor, wenn eine → Gruppe über gemeinsam geteilte Erfahrungen verfügt, die sie z. B. über ritualisierte Handlungen, über das Erzählen von Geschichten oder über Symbole kommuniziert (vgl. Levine & Moreland, 1991). Die Forschung zur G. weist Zusammenhänge zu Ansätzen im Bereich der Familienkultur (Vangelisti, 1994), der → Organisationskultur und der Gesellschaftskultur (Markus & Kitayama, 1991; Konagawa, Cross & Markus, 2001) auf.

Erläuterung: Teilnehmer an Konferenzen, Seminaren oder Symposien, die über ritualisierte Handlungen (Anmeldung in der Empfangshalle, Besuch eines Vortrags, Kaffeetrinken etc.), über ein Geschichtenerzählen („Hast du schon gewusst, dass Herr XY..." etc.) und über ein Zeigen von Symbolen (Namensschild etc.) Gemeinsamkeit kommunizieren (vgl. Nöcker, 2001).

Gruppenleistung (Group performance): Bezeichnet das Ergebnis der Bewältigung einer Aufgabenstellung durch mehrere Personen, die eine → Gruppe bilden. Steiner (1972, 1976) wandte sich besonders der G. in interagierenden Gruppen zu und differenzierte die G. je nach Aufgabenstellung. Welche Faktoren die G. beeinflussen, hängt u. a. von der Beantwortung folgender Fragen ab (vgl. Steiner, 1972, 1976): 1. Kann die Aufgabe in Teilaufgaben untergliedert werden oder ist eine Untergliederung nicht sinnvoll?, 2. Ist die produzierte Quantität oder die Qualität der Leistung wichtiger?, 3. In welcher Relation stehen die Einzelleistungen der Gruppenmitglieder zum Gruppenergebnis? und 4. In welcher Weise hängen die Gruppenmitglieder für das Erreichen des Gesamtergebnisses voneinander ab?

Aufgaben lassen sich wie folgt klassifizieren: 1. unterteilbare Aufgaben (z. B.

gemeinsam Fußballspielen), 2. nichtteilbare Aufgaben (z. B. gemeinsam an einem Seil ziehen), 3. Maximierungsaufgaben (z. B. Produktion möglichst vieler Ideen), 4. Optimierungsaufgaben (die beste Idee suchen), 5. additive Aufgaben (z. B. Briefe in Umschläge stecken), 6. kompensatorische Aufgaben (z. B. gemeinsames Einschätzen der Anzahl von Erbsen in einer Dose), 7. disjunktive Aufgaben (z. B. eine Denkaufgabe des Eureka-Typs lösen), 8. konjunktive Aufgaben (z. B. ein Kletterteam am Matterhorn) und 9. Aufgaben mit Ermessensspielraum (z. B. Ballspiele, Projektentwicklung). Während die Leistung bei disjunktiven Aufgaben durch den Besten in der Gruppe bestimmt wird (vorausgesetzt, dass eine richtige Antwort als richtig erkannt wird), kommt die Leistung bei konjunktiven Aufgaben dadurch zustande, dass der Schlechteste das Ergebnis bestimmt.

Zur Vorhersage der G. sind nach Steiner (1972, 1976) neben dem Aufgabentyp noch die Ressourcen der Gruppenmitglieder wichtig (z. B. Vorhandensein von Fähigkeiten, Werkzeugen). Ferner ist zur Vorhersage von G. wichtig, wie → Gruppenentscheidungen getroffen werden, wie das Ausmaß an → Gruppenhomogenität und -heterogenität ausfällt (Thomas, 1999) und welche → Führung in der Gruppe ausgeübt wird.

Das Thema der G. findet vor allem im Bereich der → angewandten Sozialpsychologie und Organisationpsychologie Beachtung (vgl. Antoni, 1990; Pearson, 1992; Scholl, im Druck; Witte & Sack, 1999). Die G. wird durch Motivations- und Koordinationsverluste in Gruppen geschmälert (→ Ringelmann-Effekt). Sie kann aber auch neue Motivationskräfte freisetzen, die bei Einzelarbeit nicht vorhanden sind (→ Köhler-Effekt).

Erläuterung: Die erste Mondlandung von Menschen am 20.7.1969, die von der Weltraumbehörde NASA bewerkstelligt wurde, ist eine erfolgreiche Organisationsleistung, die auf der Leistung verschiedener Expertenteams (wie der Softwareentwickler) beruht.

Gruppenpolarisation (Group polarization): Bezeichnet eine Tendenz von → Gruppen, in denen diskutiert worden ist, jene → Einstellungen und → Meinungen gegenüber einem → Einstellungsobjekt stärker zu vertreten, die bereits vor der Diskussion bei den einzelnen Mitgliedern dominant waren (Lamm & Myers, 1978). Wenn eine riskante Orientierung von den Mitgliedern präferiert wird (→ Risikowahrnehmung), tendiert die → Gruppenentscheidung dazu, eine besonders riskante → Wahl zu bevorzugen (Risikoschub; → Gruppendenken). Hingegen wird dann, wenn anfangs eine vorsichtige Haltung bei den Mitgliedern dominiert, erwartet, dass die Gruppenentscheidung besonders vorsichtig ausfällt (konservativer Schub).

Die G. ist auch davon abhängig, inwieweit eine Einstellung wiederholt zum Ausdruck gebracht wird (Brauer & Judd, 1996). Die G. ist z. B. aus dem Blickwinkel der → Selbstkategorisierungs-Theorie (Mackie, 1986; Ng & Wilson, 1989) näher untersucht worden.

Gruppenstruktur (Group structure): Bezeichnet die Merkmale, die das soziale System der → Gruppe beschreiben. G. beinhaltet nach Collins & Raven (1969) zwei Aspekte: Zum einen differenzierende Elemente in Form von Personen und Positionen, zum anderen Integrationsmechanismen in Form von → Kommunikation, → Attraktion, → sozialer Status, → Kontrolle und → sozialer Rolle (Forsyth, 1983). G.en werden meist mit Methoden der → Soziometrie untersucht.

Erläuterung: Im Marketing-Bereich eines Unternehmens hat Karl die → Position des Bereichsleiters, Ilona die Position der Abteilungsleiterin Werbung und Petra, Daniel, Renate, Helga und Lars haben die Positionen von ProjektleiterInnen in der Werbeabteilung inne. Um eine neue Werbekampagne auf andere laufende Werbekampagnen abzustimmen, tauschen sich mehrmals täglich Renate, Helga und Lars untereinander aus, einmal täglich treffen sich die jeweiligen Projektverantwortlichen, um Aufgaben und Probleme mit Ilona zu diskutieren, einmal wöchentlich gibt Ilona ihrem Chef Karl einen Bericht über den Stand der Dinge.

Gruppentherapie (Group therapy): Bezeichnet die gemeinsame → Psychotherapie von mehreren Personen in einer → Gruppe. Verschiedene gruppentherapeutische Konzeptionen unterscheiden sich u. a. dadurch, inwieweit mehr dem Einzelnen in der Gruppe oder mehr der Gruppe als Ganzes im Therapieprozess eine besondere Beachtung geschenkt wird. Gruppentherapeutische Konzepte liegen z. B. für die Gesprächstherapie, Gestalttherapie, → Verhaltenstherapie und → Psychoanalyse sowie für das Psychodrama vor (Yalom, 1996). Insbesondere verhaltenstherapeutische und psychoanalytische G.n sind in letzter Zeit verstärkt einer empirischen Untersuchung unterzogen worden (Fiedler, 1996; König & Lindner, 1991; Tschuschke, 1999). Der Übergang von der → Gruppendynamik zur G. ist fließend.
Erläuterung: Die psychoanalytisch-interaktionelle G. unterscheidet sich von der psychoanalytischen und psychoanalytisch orientierten G. u. a. dadurch, dass der Gruppentherapeut regressive Prozesse nicht fördert und stattdessen bevorzugt im „Hier und Jetzt" mit den Gruppenteilnehmern arbeitet.

Gruppentyp (Group type): Basiert auf Kriterien, nach denen → Gruppen eingeteilt werden können. Nach Witte & Ardelt (1989) lassen sich Gruppen in drei Typen unterteilen: 1. Formale und informelle Gruppe, 2. Koagierende und interagierende Gruppe und 3. Offene und geschlossene Gruppe.

Während formale Gruppen in → Organisationen sich über den Organisationsplan herleiten lassen, d. h. aufgrund von festgelegten Arbeits- und Leitungsbeziehungen in und zwischen Gruppen, konstituieren sich informelle Gruppen über die → Bedürfnisse der Gruppenmitglieder. Solche Bedürfnisse können auf → Ähnlichkeiten in den → Einstellungen der Gruppenmitglieder beruhen.
Im Unterschied zu koagierenden Gruppen, bei denen die Mitglieder in Erfüllung ihrer Aufgaben in sequentieller Abhängigkeit stehen, ist die Interaktionsdichte von interagierenden Gruppen aufgrund der wechselseitigen → Abhängigkeit hoch.
Erläuterung: Fließbandfertigung veranschaulicht koagierende Gruppen, während → teilautonome Arbeitsgruppen für interagierende Gruppen stehen.

Gruppen-Wert-Theorie (Group-value theory): Bezeichnet eine Theorie von Tyler & Lind (1990), wonach Menschen das Ausmaß von → Verfahrensgerechtigkeit in Abhängigkeit von der Möglichkeit ihrer Mitsprache sehen. Mitsprache gilt als wichtiger Bestandteil demokratischer Entscheidungsprozesse in → Gruppen. Personen wollen als mündige Gruppenmitglieder (Bürger) ernstgenommen werden. Mitsprache ist daher der Ausdruck von grundlegenden → Werten und → Normen einer Gruppe. Verfahrensgerechtigkeit wirkt sich auf das → Selbstwertgefühl der Gruppenmitglieder aus (Tyler, Degoey & Smith, 1996; vgl. Bora, 1995).
Erläuterung: Giacobbe-Miller (1995) wertete Daten von 90 Schul-Superintendenten und 74 Präsidenten von regionalen Lehrervereinigungen in den USA zu gerechten Lösungsvorschlägen bei Verhandlungsdisputen aus. Es zeigte sich, dass das Ausmaß an erlebter Prozesskontrolle (z. B. persönliche Möglichkeiten, Beweismittel einzubringen) das Ausmaß an erlebter Verfahrensgerechtigkeit signifikant vorhersagt.

Guter-Stimmungs-Effekt (Good mood effect): Bezeichnet ursprünglich, dass gute → Stimmung bei Menschen mit gesteigertem → prosozialem Verhalten einhergeht (vgl. Bierhoff, 1988). Der G. beschränkt sich aber nicht nur auf Hilfeleistungen. So steigert positive Stimmung z. B. die Erinnerung positiv bewerteter Gedankeninhalte (Clark, Milberg & Erber, 1988), die → Erwartungen an das eigene → Selbst (Isen & Patrick, 1983) und die Kreativität des Denkens (Isen, Daubman & Nowicki, 1987).

Erläuterung: Nach Ergebnissen von Isen, Clark & Schwartz (1976) führt die Verteilung von kleinen Werbegeschenken in einem Wohngebiet dazu, dass die Hilfsbereitschaft der Anwohner erhöht wird. Dieser G. verschwand jedoch nach 15 bis 20 Minuten wieder.

Halo-Effekt (Halo effect): (Synonym: Hof-Effekt) Ist eine bei der → Eindrucksbildung auftretende Fehlerquelle, die darauf beruht, dass einerseits ein generell positiver oder negativer Gesamteindruck die Einzelurteile überschattet und dass andererseits ein auffälliges oder zentrales Merkmal die Einschätzung anderer Merkmale beeinflusst. Das Auftreten eines H.s trägt dazu bei, dass die Beurteilung einer Person durch die → Sympathie des Beurteilers gefärbt wird. Der Begriff des H.s geht auf Thorndike (1920) zurück.

Erläuterung: Ein Beispiel für den H. besteht in den Auswirkungen der → Warm-Kalt-Variable auf die Eindrucksbildung.

Handlung (Action): Besteht nach Weiner (1976) aus folgender Sequenz von vier Phasen: 1. Motivationale Anregung, verbunden mit Registrierung neuer Informationen und Einsetzen einer neuen Intention; 2. Instrumentelle Aktivität und Persistenz zielgerichteten Verhaltens, verbunden mit → sozialen Vergleichen, Benutzung von → Wissen, Informationsverarbeitung; 3. Ziel-Er-

reichung oder -Verfehlung, verbunden mit Registrierung relevanter Hinweisreize und strategischen → Zielsetzungen; 4. Eintreten von Verhaltenskonsequenzen, verbunden mit gedanklicher Rückschau, Bewertung in Bezug auf Zielsetzung, Modifikation der Strategie im Vorgriff auf zukünftige Ereignisse, auf die sich die Erfahrung übertragen lässt. Ein anderer Ausdruck ist Verhaltensepisode. Das Grundmodell der H. ist die „TOTE-Einheit" (→ Rückmeldung, → Theorie der Selbstregulation). Eine Theorie des Handlungsablaufs, in der die Intention der handelnden Person eine zentrale Rolle spielt, ist das → Rubikon-Modell der Handlungsphasen.

Erläuterung: Ein Beispiel für eine H., in dem sich die vier Phasen der H. gut voneinander trennen lassen, ist eine Bewerbung bei der ZVS um einen Studienplatz.

Handlungs- vs. Lageorientierung (Action vs. state orientation): Bezeichnet den Kontrast zwischen einer Konzentration der handelnden Person auf die Lösung der Aufgabe und dem Auftreten von Gedanken über die gegenwärtige, vergangene oder zukünftige Lage der Person, die mit der Aufgabenbewältigung interferieren. Während Handlungsorientierung dem Ziel dient, die Aktivität so an die Aufgabenstellung anzupassen, dass eine Lösung möglichst wahrscheinlich wird, ist Lageorientierung durch gedankliche Ablenkung gekennzeichnet, die z. B. durch eine Erhöhung des Selbst-Fokus (→ Theorie der Selbstaufmerksamkeit; → Theorie der Selbstregulation) zum Ausdruck kommen kann. Handlungsorientierung trägt zu einer größeren Effizienz des Handelns bei als Lageorientierung (Kuhl, 1996). H. wurde von Kuhl (1981) in seiner modifizierten → Theorie der gelernten Hilflosigkeit verwendet, um das Auftreten von funktionaler Hilflosigkeit (wiederholter Misserfolg erzeugt kognitive Aktivitäten der Lageorientierung, die die nachfolgende Leistung verschlechtern) im Unterschied zu motivationaler Hilflosigkeit (wiederholter Misserfolg erzeugt die Erwartung der Unkontrollierbarkeit) zu erklären.

H. kann als dispositionales Merkmal durch einen Fragebogen gemessen werden (Kuhl, 1994) oder durch experimentelle Vorgaben abgestuft werden. Die Lageorientierung kann entscheidungsbezogen, misserfolgsorientiert oder ausführungsbezogen sein, je nachdem wodurch die Umsetzung der Intention behindert wird. H. wirkt sich z. B. in der aktionalen Volitionsphase aus, die das → Rubikon-Modell der Handlungsphasen beschreibt (Heckhausen & Strang, 1988).

Erläuterung: Eine Lebensregel, die der Handlungsorientierung entspricht, lautet nach Heinrich Heine „Schlage die Trommel und fürchte dich nicht".

Heirat (Marriage): → Enge Beziehung, → Scheidung

Hemmung (Inhibition): → Soziale Hemmung

Heuristik (Heuristics): Ist nach Tversky & Kahneman (1974) ein Verfahren zu einer groben Abschätzung einer Lösung, das häufig bei Wahrscheinlichkeits- und Häufigkeitseinschätzungen zur Reduktion der Komplexität von Urteilsaufgaben beiträgt. H.en sind Faustregeln, die sich mit Algorithmen kontrastieren lassen, die sich exakt ausrechnen lassen. Ihre Anwendung ruft einen „trade-off" von Nutzen und → Kosten hervor, wobei in der Regel der Nutzen überwiegt (vgl. Higgins, 2000; Kahneman & Tversky, 1996).

Während ursprünglich die Betonung auf der Frage lag, welche Fehler durch H.en im Urteilsprozess hervorgerufen werden (→ Soziale Informationsverarbeitung), legen andere Autoren größeren Wert auf die Frage, welche nützlichen Funktionen H.en haben (→ Eingeschränkte Rationalität). In diesem Sinne fordern Gigerenzer & Goldstein (1996), die auch von kognitiven Algorithmen sprechen, dass H.en 1. psychologisch plausibel sein sollten, 2. schnelle Schlussfolgerungen ermöglichen sollten und 3. bei der Lösung von Alltagsproblemen zu brauchbaren Schlussfolgerungen führen sollten (vgl. Hertwig & Hoffrage, 2001).

Erläuterung: Beispiele für H.en sind: → Anker-Heuristik, → Simulations-Heuristik, → Rekognitions-Heuristik, → Repräsentativitäts-Heuristik und → Zugänglichkeits-Heuristik.

Heuristisch-Systematisches-Modell (Heuristic-systematic model): Beinhaltet die Annahme, dass eine oberflächliche Urteilsbildung auf der Verwendung von → Heuristiken, → kognitiven Schemata und → Stereotypen beruht, während eine systematische Urteilsbildung auf der Einschätzung der Argumente beruht. Eine Abkürzung lautet HSM. In dem H. wird besonders die Rolle von Heuristiken für die → Einstellungsänderung hervorgehoben. Außerdem wird neben dem Streben nach genauen → Einstellungen auch ein Abwehrmotiv und ein → Motiv zum → Eindrucksmanagement unterstellt. Das H. geht auf Chaiken (1980; s. auch Eagly & Chaiken, 1993; Bohner, Moskowitz & Chaiken, 1995) zurück.

Erläuterung: Ein Fernsehzuschauer verlässt sich bei der Beurteilung einer Werbebotschaft, die ihre Argumente mit einer Statistik untermauert, auf die Faustregel „Statistiken können nicht lügen".

Hilfeempfänger (Help recipient): → Modell der Selbstwertbedrohung der Reaktionen auf Hilfe

Hilflosigkeit (Helplessness): → Theorie der gelernten Hilflosigkeit

Hilflosigkeitstraining (Helplessness training): Ist eine experimentelle Versuchsanordnung, bei der ursprünglich die Erfahrung von → Hilflosigkeit bei

Hunden hervorgerufen wurde. Ein modifiziertes H., das ethische Bedenken berücksichtigt, wird auch bei Menschen zur Überprüfung der → Theorie der gelernten Hilflosigkeit verwendet, indem unlösbare Aufgaben zur Bearbeitung vorgelegt werden.

Erläuterung: Seligman & Maier (1967) verwendeten einen triadischen Versuchsplan, der drei Bedingungen umfasst: Eine Gruppe von Hunden, die durch eine Reaktion einen Elektroschock beenden kann, eine zweite Gruppe, bei der jedes Tier mit einem Tier aus der ersten Gruppe parallelisiert wird, so dass es die gleiche Schocklänge erhält, wie sie individuell für das parallelisierte Tier aufgetreten war, und eine dritte Gruppe, die keine Schocks erhält. Hilflosigkeit tritt nur bei der zweiten Gruppe auf. Die Tiere dieser Gruppe neigen dazu, sich passiv zu verhalten, wenn sie erneut Schocks ausgesetzt werden, so dass sie kaum etwas unternehmen, um den Schocks zu entgehen.

Hilfreiches Verhalten (Helping behavior): Beschreibt eine spezielle Form der → Interaktion zwischen zwei Personen, die als Helfer und Hilfeempfänger bezeichnet werden. Während der Helfer → Kosten hat, erreicht der Hilfeempfänger → Belohnungen, die im Allgemeinen größer sind als die Kosten. Die Hilfeleistung kann intendiert sein, aber auch das Nebenergebnis einer → Handlung sein, die andere Ziele verfolgt. H. kann sowohl freiwillig erfolgen als auch aufgrund von Verpflichtungen, wie sie durch berufliche Aufgaben zustande kommen. Ein engerer Begriff, der eine Teilmenge H.s beschreibt, ist → prosoziales Verhalten.

Erläuterung: Ein Beispiel für H. ist gegeben, wenn eine Stewardess einem Fluggast erklärt, wie er den Auswahlschalter der Musikanlage bedienen kann.

Hilfsbereitschaft (Helpfulness): → Freiwilliges Arbeitsengagement, → Prosoziales Verhalten

„Hindsight bias": → „Knew-it-all-along"-Effekt

Hinreichende Ursache (Sufficient cause): Ist ein Prinzip bei der → Attribution, das besagt, dass Beurteiler die Suche nach einer angemessenen Ursache für ein Ereignis abbrechen, wenn sie eine Ursache gefunden haben, von der sie meinen, dass sie das Ereignis genügend oder ausreichend zu erklären vermag (Jones & Davis, 1965; → Modell alltäglicher Attributionen).

Hochstapler-Phänomen (Impostor phenomenon): Bezeichnet besonders bei Menschen mit großem Erfolg im Berufs- und Leistungsbereich 1. die Überzeugung, ein Hochstapler oder Betrüger in der Weise zu sein, dass sie andere Menschen bezüglich der eigenen hohen Leistungsfähigkeit zum Narren gehalten haben, 2. die → Furcht, von anderen als ein Hochstapler alsbald entlarvt zu werden, und 3. die → Attribution(stendenz), eigene Leistungserfolge weniger auf internale, sondern mehr auf externale Ursachenfaktoren zurückzuführen.

Das H. wurde ursprünglich in der → Psychoanalyse beschrieben (vgl. Gediman, 1985). Seit Anfang der 90er Jahre des 20. Jahrhunderts wird es von persönlichkeits- und sozialpsychologischer Seite verstärkt untersucht (z. B. Cozzarelli & Major, 1990; Kolligian & Sternberg, 1991). Nach Befunden von Leary, Patton, Orlando & Wagoner Funk (2000) zeigt sich, dass das H. mit dem → Eindrucksmanagement in Verbindung steht. Es dient der Minimierung der Implikationen schlechter → Leistung. Das H. ist seit längerem ein Thema der → Psychotherapie (vgl. Clance, Dingman, Reviere & Stober, 1995) und neuerdings im Blickwinkel der → Führung von Mitarbeitern.

Erläuterung: Es empfiehlt sich dringend, zwischen „wahren Hochstaplern", die andere Menschen in krimineller Weise betrügen, und „Hochstaplern" mit einer reifen → Neurose (wie oben beschrieben), die lediglich subjektiv das Gefühl haben, leistungsmäßig ein Hochstapler zu sein, obwohl sie objektiv leistungsstark sind, zu unterscheiden (vgl. Herner, 2000).

Hoffnung (Hope): → Theorie der gelernten Hilflosigkeit

Hoffnungslosigkeit (Hopelessness): Ist ein Zustand, der häufig als Folge eines wahrgenommen → Kontrollverlustes auftritt. H. wird als das Resultat von internalen und globalen → Attributionen nach Misserfolg gesehen. In der von Abramson, Metalsky & Alloy (1989) modifizierten → Theorie der gelernten Hilflosigkeit wird H. als Ursache von Depression aufgefasst.

Erläuterung: Der verstorbene Schriftsteller und Literatur-Nobelpreisträger Samuel Beckett, der durch sein Theaterstück „Warten auf Godot" weltbekannt wurde, drückt in seinen Theaterstücken die H. menschlicher Existenz aus.

Homo Oeconomicus: → Rationalität

Homo Sociologicus: → Position

Humanität (Humanity): → Autoritätsgehorsam, → Verantwortung

Hypothesen-bestätigende Strategie (Hypothesis-confirmatory strategy): Bezeichnet allgemein Suchstrategien, die dazu tendieren, die zugrunde gelegte Hypothese zu bestätigen, während eine Widerlegung eher unwahrscheinlich gemacht wird. Ein wichtiger Fall ist die Auswahl von Fragen, die in die Richtung der eigenen Vorannahmen geht, während solche Fragen, die auf Widerlegung der Vorannahmen gerichtet sind, tendenziell vernachlässigt werden (Snyder & Swann, 1978). H. rufen eine → sich-selbst-erfüllende Prophezeiung hervor. Der Tendenz zu Hypothesen-bestätigenden Fehlern steht die Neigung gegenüber, diagnostisch wertvolle Informationen zu sammeln (Trope & Bassok, 1983). Beide Tendenzen werden bei der Auswahl von geeigneten Fragen wirksam. Während die H. das Interview verfälschen kann, trägt die Tendenz zur Bevorzugung diagnostisch relevanter Fragen dazu bei, dass objektive Auskünfte erhoben werden. Die Anwendung dieser Erkenntnisse liegt u. a. im Bereich von Personalauswahl und Persönlichkeitsdiagnostik. Weitere Beispiele für die H. sind → illusorische Korrelationen und → retrospektive Irrtümer.

Erläuterung: Wenn für die Stelle eines Animateurs in einer Ferienanlage Personen gesucht werden, die extravertiert sind, und in den Bewerbungsgesprächen die Frage gestellt wird, ob der Bewerber oder die Bewerberin kontaktfreudig ist, wird die H. angewandt. Andererseits werden Fragen wie, ob der Bewerber oder die Bewerberin das Wochenende häufig allein verbringt, vernachlässigt.

Ich (Ego): Bezeichnet in der → Psychoanalyse nach Freud (urspr. 1923) zum einen die Gesamtheit einer Person, zum anderen eine psychische Instanz, die mit bestimmten Funktionen ausgestattet ist und sich von → Es und → Über-Ich mehr oder weniger stark abgrenzen lässt.

In den 30er Jahren des 20. Jahrhunderts ist das I. vor allem durch die Arbeit von A. Freud (1936) zu den → Abwehrmechanismen des I.s und durch die „ich-psychologische" Arbeit von Hartmann (1939) einer näheren Betrachtung unterzogen worden. Die Doppelbedeutung des Begriffs I. veranlasste Hartmann (1950) dazu, den Begriff des → Selbst i.S. einer Selbstrepräsentanz einzuführen.

Die das I. auszeichnenden Funktionen sind nach Mertens (1992) z. B.: 1. die Art und Qualität der Objektbeziehungen, 2. die Realitätsprüfung, 3. die interne Selbstregulationsfähigkeit, 4.

die Frustrationstoleranz, 5. die Fähigkeit zur Signalangst, 6. die Affekttoleranz und -differenzierung sowie 7. die Selbst-Objekt-Differenzierung. I.-Funktionen sind diagnostisch mit Hilfe von Ratingskalen erfassbar (Davies-Osterkamp, Hartkamp, Heigl-Evers & Standke, 1992). Eingeschränkte I.-Funktionen in Form von I.-defekten wie etwa beim destruktiven → Narzissmus (Franz, 1994) erfordern nach Fürstenau (1977) und Heigl-Evers & Nitschke (1991) eine modifizierte psychoanalytische Behandlungstechnik.

Erläuterung: I.s (als Subjekte) in Form einer karikaturistischen Darstellung von Psychoanalytikern, die 1924 an einem Internationalen Psychoanalytischen Kongress in Salzburg teilnahmen (vgl. Lück, 1999, S. 140).

Ich-Abwehr (Ego defense): → Abwehrmechanismus, → Einstellungsfunktion, → Ich

Ich-Beteiligung (Ego-involvement): → Involviertheit

Ich-Funktion (Ego function): → Ich

Ich-Stärke (Ego strength): Bezeichnet in der → Psychoanalyse das Ausmaß, mit dem das → Ich seinen Funktionen mehr oder weniger gut nachkommen kann. Der Gegenbegriff ist Ich-Schwäche. In der Persönlichkeitspsychologie wird damit die Fähigkeit des Ichs oder des → Selbst bezeichnet, sich gegenüber Einflüssen und Widerständen aus der Außenwelt zu behaupten. Fasst man aus sozialpsychologischer Sicht die I. als Autonomie, soziale Anpassung und Selbsteinsicht auf, so zeigt sich ein Zusammenhang mit dem → Bindungsstil.

Erläuterung: Nach Ergebnissen von Kobak & Sceery (1988) zeigt sich, dass Personen, die in ihrer Kindheit einen sicher-gebundenen Bindungsstil gegenüber ihren Eltern erlebt hatten, über eine größere I. verfügen als Personen, die einen unsicher-gebundenen Bindungsstil aufwiesen.

Identifikation (Identification): Bezeichnet die Verinnerlichung von Objektbeziehungen. Der Begriff der I. wurde z. B. von Freud (urspr. 1916–17) in „Trauer und Melancholie" beschrieben. Eine sehr bekannt gewordene Form von I. stellt die von A. Freud (1936) beschriebene „Identifizierung mit dem Angreifer" dar (→ Abwehrmechanismus).

I. stellt ein Ergebnis der → Sozialisation des Kindes dar. Sie stellt eine Grundlage des individuellen Erwerbs von Rollenerwartungen dar, die eine → Bezugsgruppe oder die Gesellschaft als Ganzes an ein Individuum richtet (→ Position, → Soziale Rolle).

In der → Psychoanalyse werden – je nach Reifungsniveau des → Ichs bzw. je nach Fortschreiten der Selbst/Objekt-Differenzierung – unterschiedliche Formen der I. gegenübergestellt (Mentzos, 1994): 1. Inkorporation, 2. Introjektion und 3. Identifizierung. Der Begriff der I. wurde in der → sozialen Lerntheorie aufgegriffen (z. B. Bandura & Huston, 1961). Er wurde später durch den Begriff des → Modelllernens ersetzt. Kelman (1958) kontrastierte in seiner Theorie des sozialen Einflusses (→ Konformität) I. mit → Internalisierung.

Erläuterung: Ein Kind, das gerne Fernsehen möchte, kann den → Konflikt, resultierend aus dem Triebimpuls, das TV-Gerät einzuschalten, und der Anordnung des Vaters, die Hausaufgaben zu machen, insofern lösen, als es sich mit dem Vater identifiziert (bzw. das Verhalten des Vaters imitiert) und gleichfalls wie dieser am Schreibtisch sitzt und arbeitet.

Identität (Identity): Bezeichnet eine relativ konstante und einheitliche Betrachtung des → Selbst durch andere Personen. Erikson (1950) versteht unter I. die über die Zeit hinweg erworbene Fähigkeit des Individuums, sich in Übereinstimmung mit seinem früheren Selbst und dem Bild, das andere über die Person entwickelt haben, zu erfahren, wobei die Identitätsbildung während der Adoleszenz einsetzt.

Auffällig in der neueren Identitätsforschung ist ein Verständnis von I. i. S. der Gesamtheit aller Antworten auf die Frage: „Wer bin ich?", wobei Antworten – je nach den Inhalten des Selbst – variieren können (vgl. Haußer, 1995; Baumeister 1986; Mummendey & Simon, 1997; Tesser, Felson & Suls, 2000). Nach James (1890) tritt das Selbst inhaltlich als 1. materielles Selbst (z. B. die Physis einer Person), 2. soziales Selbst (Bewertungen anderer Personen durch das Individuum) und 3. spirituelles Selbst (volitionale Entscheidungen, → Emotionen) in Erscheinung.

Obgleich innerhalb der Forschung definitorische Ansätze zum Identitätsbegriff recht vielfältig sind, fallen doch einige, vor allem experimentelle Ansätze auf, die die Identitätskomponenten, -strukturen und -prozesse näher zu spezifizieren versuchen. Diese Ansätze greifen häufig auf das → Selbstschema zurück (Brewer & Gardner, 1996; Swann, 1987). Eine besondere Bedeutung hat die → Theorie der sozialen Identität gewonnen, in der die personale der sozialen I. gegenübergestellt wird.

Erläuterung: In der Werbung wird versucht, den individuellen (Vor-)Namen oder städtische Einrichtungen – und damit einen Teil der persönlichen I. oder einen Teil der → Ortsidentität von Menschen – zu vermarkten (vgl. Stock, 2001).

Identitätsmanagement (Identity management): → Theorie der sozialen Identität

Ideographische Methode (Ideographic method): → Übertragung

Ideologie (Ideology): Bezeichnet das in einer Weltanschauung zum Ausdruck kommende Einstellungssystem einer gesellschaftlichen → Gruppe, das

sich als Einstellungsstruktur bzw. generalisierte → Einstellung (Six, 1996) kennzeichnen lässt. Darunter fallen die R-T-Dimensionen politischer Einstellungen, die sich mit „konservativ-radikal"(R) und „militant-demokratisch" (T, tough mindedness-tender mindedness) bezeichnen lassen (Eysenck & Wilson, 1978). Während R mit der politischen Rechts-Links-Klassifikation verwandt ist, stellt T eine Projektion der → Persönlichkeit auf den Einstellungsbereich dar. Die T-Dimension entspricht nahezu dem → Machiavellismus. Weitere ideologische Systeme sind → Autoritarismus, Liberalismus-Konservatismus (Kerlinger, 1984), Individualismus-Kollektivismus (Triandis, 1994) und religiöse Glaubenssysteme (Küpper & Bierhoff, 1999).

Erläuterung: Die US-amerikanische I. ist dadurch gekennzeichnet, dass dem Leistungs- und Wettbewerbsgedanken in vielen gesellschaftlichen Bereichen ein hoher Stellenwert beigemessen wird.

Illusion (Illusion): → Positive Illusion

Illusion von Freiheit (Illusion of freedom): Bezeichnet den Eindruck einer Person, dass sie → Wahlfreiheit hat, während sie tatsächlich keine besitzt oder ausübt (→ Dissonanztheorie).

Illusion von Kontrolle (Illusion of control): Bezeichnet die von einer Person wahrgenommene → Kontrolle, die faktisch nicht gegeben ist (Langer, 1975). Eine Tendenz zur I. tritt häufig in Situationen auf, die jenen ähnlich sind, bei denen tatsächlich eine → Kontrollierbarkeit vorhanden ist (vgl. Biner et al., 1995; Gollwitzer & Kinney, 1989).

Illusorische Korrelation (Illusory correlation): Liegt vor, wenn die auf einem → Stereotyp beruhende → Erwartung einer Person dazu führt, dass die tatsächliche Beziehung (Korrelation) zwischen Stimulusobjekten über- oder unterschätzt wird. I.en führen daher zur Aufrechterhaltung von Stereotypen (Hamilton & Rose, 1980; Fiedler, Hemmeter & Hofmann, 1984). I.en stellen Urteilsfehler dar, die ursprünglich bei der Verwendung projektiver Testverfahren beobachtet wurden und die die Überschätzung des Zusammenhangs zwischen zwei Merkmalen oder Ereignissen aufgrund von Vorannahmen, die das Auftreten eines Zusammenhangs vermuten lassen, betreffen (Chapman & Chapman, 1969). Solche Vorannahmen können sowohl realistische Abstraktionen aus der Wirklichkeit sein, die in dem gegebenen Stimulusmaterial, über das Urteile abgegeben werden sollen, nicht zutreffen, als auch Stereotype, die sich z. B. auf → Eigenschaften von Mitgliedern in bestimmten Berufsgruppen beziehen (Hamilton & Rose, 1980). Die I. trägt zu einer konfirmatorischen Tendenz bei. Sie ist ein Beispiel für eine → Hypothesen-bestätigende Strategie.

Erläuterung: In einer Untersuchung von Hamilton & Rose (1980) lasen die Teilnehmer die Beschreibung von 24 Personen, die drei Berufsgruppen zugeordnet waren (z. B. Beruf des Buchhalters). Es zeigte sich, dass stereotypische Eigenschaften einer Berufsgruppe (z. B. ist die Eigenschaft „schüchtern“ und „perfektionistisch“ stereotypisch für den Beruf des Buchhalters) häufiger mit der entsprechenden Berufsgruppe assoziiert wurden als neutrale Eigenschaften. Aufgrund der Tatsache, dass jede Eigenschaft in der Liste gleich häufig jeder Berufsgruppe zugeordnet worden war, lässt sich das Ergebnis als eine I. interpretieren: Eine objektiv fehlende Beziehung wurde subjektiv als Zusammenhang aufgefasst.

Imitation (Imitation): → Modelllernen

Implizite Kognition (Implicit cognition): Beruht auf früheren Erfahrungen der Person, die sich indirekt auf ihre Gedanken und Erinnerungen auswirken, ohne dass ihr der Einfluss introspektiv zugänglich ist (Greenwald & Banaji, 1995). Dadurch entstehen assoziative Zusammenhänge unter kognitiven Kategorien, die z. B. durch den → Impliziten Assoziationstest, der auf dem Vergleich von Reaktionszeiten beruht, gemessen werden können.

Erläuterung: Beispiele sind implizite → Stereotype, die sich in Erinnerungsverzerrungen niederschlagen (Banaji & Greenwald, 1995).

Implizite Persönlichkeitstheorie (Implicit personality theory): Bezeichnet die individuelle Tendenz, auf der Grundlage von → Eigenschaften oder anderen personenspezifischen Merkmalen andere Eigenschaften oder Merkmale zu erschließen. Die I. führt zu zwei zentralen empirischen Fragestellungen: 1. Welche Schlussfolgerungen (z. B. über Eigenschaften) ziehen Menschen aus dem ersten Eindruck über eine Person? und 2. Wie werden unterschiedliche Informationen über eine Person strukturiert und in einem Gesamteindruck zusammengefasst? (→ Eindrucksbildung; → Algebraisches Modell).

Impliziter Assoziationstest (Implicit Association Test): Bezeichnet ein Verfahren zur Messung → impliziter Kognitionen, die sich auf → Einstellungen, → Stereotype, → Vorurteile und → Selbstschemata beziehen. Die Abkürzung lautet IAT. Die Grundlage des IAT besteht in der Annahme, dass es einer Person leichter fallen sollte, zwei Kategorien, die miteinander assoziiert sind (Frau und Pädagogik), zu gruppieren als zwei Kategorien, die nicht assoziiert sind (Frau und Informatik). Umgekehrt gilt, dass die Kontrastkategorie entgegengesetzte Assoziationen aufweisen sollte (+ für Mann und Informatik, − für Mann und Pädagogik). Der IAT verlangt von den Beurteilern, sowohl auf die Einzelkategorien als auch auf die kombinierten Kategorien mit einem Knopfdruck mit einem Finger der rechten oder der linken Hand zu reagieren.

Folgende Vorschriften für richtige Reaktionen werden zugrunde gelegt:

Aufgabe 1   Pädagogik (links)
Informatik (rechts)

Aufgabe 2   Frau (links)
Mann (rechts)

Aufgabe 3   Frau + Pädagogik (links)
Mann + Informatik (rechts)

Aufgabe 4   Mann + Pädagogik (links)
Frau + Informatik (rechts)

Die Aufgabenstellung beinhaltet, dass vier Kategorien auf zwei Reaktionstasten (links, rechts) aufgeteilt werden. Die beiden ersten Aufgaben dienen dazu, die Vorgaben für die einfachen Kategorien einzuüben. Die Reaktionszeiten in den Aufgaben 3 und 4 dienen dazu, die impliziten Assoziationen zu ermitteln. Wenn die Person schneller reagiert, wenn „Frau" und „Pädagogik" eine gemeinsame Reaktion teilen, lässt sich erschließen, dass die Assoziation von „Frau" und „Pädagogik" stärker ist als die von „Frau" und „Informatik". Um das festzustellen, werden die Reaktionszeiten für zwei unterschiedliche Zuordnungen miteinander verglichen, deren Reihenfolge kontrolliert wird: „Frau + Pädagogik" und „Frau + Informatik". Bei hoher impliziter Assoziation sollte die erste Reaktionszeit schneller sein als die zweite. Umgekehrt sollte für den Vergleich zwischen „Mann + Informatik" und „Mann + Pädagogik" eine implizite Assoziation darin zum Ausdruck kommen, dass auf die erste Kombination schneller reagiert wird.

Ob beide implizite Assoziationen vorhanden sind, die das → Geschlechter-Stereotyp ausmachen, oder nur eine, ist eine empirische Frage. Genauso wird empirisch überprüft, ob implizite Assoziationen mit expliziten Messungen von Stereotypen übereinstimmen, wie sie z. B. durch das → semantische Differential möglich sind.

Der IAT wurde von Greenwald, McGhee & Schwartz (1998) vorgestellt. Die einzelnen Kategorien, deren implizite Assoziationen untersucht werden sollen, werden durch mehrere Stimuli im Testverlauf repräsentiert, um Mehrfachmessungen zu ermöglichen. Generell zeigt sich, dass implizite und explizite Stereotype nur schwach positiv zusammenhängen (Rudman, Greenwald, Mellott & Schwartz, 1999). Es lohnt sich also, die impliziten Kognitionen getrennt zu messen. Unter der Internetadresse   www.yale.edu./implizit/ ist der IAT in verschiedenen Versionen zum Selbsttest verfügbar.

Der IAT hat sich als Messung automatischer bewertender Assoziationen bewährt (→Automatische vs. kontrollierte Informationsverarbeitung). Seine Beantwortung scheint weniger durch → Eindrucksmanagement verzerrt zu sein als entsprechende explizite Einstellungsskalen (→ Soziale Erwünschtheit). Hinweise auf die konvergente und diskriminante Validität werden von Greenwald, McGhee und Schwartz (1998) diskutiert.

Erläuterung: Welche impliziten Assoziationen kennzeichnen das Selbstschema von Rauchern und steht es mit dem expliziten Selbstschema in Übereinstimmung? Um diese Fragen zu beantworten, verglichen Swanson, Rudman & Greenwald (2001) in drei Experimenten Raucher mit Nichtrauchern. Die → soziale Kategorie „Rauchen" wurde z. B. durch Vorgaben wie „Aschenbecher", „Zigarette" oder eine bekannte Zigarettenmarke dargestellt. Während Raucher und Nichtraucher gleichermaßen implizit negativ über Rauchen urteilten, bevorzugten Raucher auf der expliziten Ebene das Rauchen mehr als Nichtraucher. Ein direkter Vergleich der impliziten und expliziten Kognitionen der Raucher ist instruktiv: Auf der impliziten Ebene wurde eine Inkonsistenz deutlich, die dem Schema folgt „Ich bin gut, und ich identifiziere mich mit Rauchen, aber Rauchen ist schlecht" (S. 226). Auf der expliziten Ebene wurde ein konsistenteres Schema deutlich: „Ich bin gut, und ich identifiziere mich mit Rauchen, und Rauchen ist nicht ganz so schlecht" (S. 226). Diese Ergebnisse deuten darauf hin, dass Raucher möglicherweise Dissonanz erleben, wenn die impliziten Inkonsistenzen bewusst gemacht werden (→ Dissonanztheorie).

„Impression management": → Eindrucksmanagement

Impulsive Aggression (Impulsive aggression): → Bezeichnet affektiv motivierte Aggression, die im Allgemeinen durch → Ärger zustande kommt (→ Aggressionsform, → Aggressionstheorie). Der Gegenbegriff ist → instrumentelle Aggression.

Impulsivität (Impulsivity): → Belohnungsaufschub

Individuation (Individuation): Bezeichnet 1. die Herausbildung einer individuellen (einmaligen) → Persönlichkeit beim Menschen, 2. die Abgrenzung einer Person von den anderen Mitgliedern einer → Gruppe durch bestimmte individuelle Charakteristika und 3. den Versuch einer Person, sich in bestimmten Bereichen ihrer Persönlichkeit (→ Meinungen, → Eigenschaften, Neigungen etc.) von den anderen Mitgliedern einer Gruppe zu unterscheiden.

I. ist nicht in Abgrenzung von dem Begriff der → Deindividuation zu verstehen, da beide Begriffe von unterschiedlichen Annahmen ausgehen. I. wird auch als Synonym für Selbstverwirklichung verwendet.

Individualismus (Individualism): → Ideologie, → Soziale Orientierung, → Soziales Motiv

Informationsaufnahme (Information reception): → Selektive Informationsaufnahme, → Soziale Informationsverarbeitung

Informationssuche (Monitoring): Bezeichnet nach Miller (1987) einen → Bewältigungsstil gegenüber bedrohlichen Situationen auf dispositionaler Grundlage. Individuen, die Informationen über bedrohliche Hinweisreize suchen, sind durch den Bewältigungsstil der I. gekennzeichnet, der durch die → Miller-Verhaltensstil-Skala gemessen wird (vgl. Miller, Shoda & Hurley, 1996). Im Gegensatz dazu steht der Bewältigungsstil der → Informationsvermeidung.

Informationsüberlastungs-Hypothese (Information overload hypothesis): Bezeichnet nach Milgram (1970), dass Menschen in Millionenstädten einem Überangebot an Stimulation ausgesetzt sind, das dazu beiträgt, dass persönlich nicht involvierende Wahrnehmungen aus der kognitiven Verarbeitung als irrelevant ausgeblendet werden.

Dieser Vorgang kann als eine kognitive Anpassung an Informationsüberlastung interpretiert werden. Eine Vorhersage, die aus der I. abgeleitet wird, besagt, dass in Millionenstädten weniger auf Signale reagiert wird, die die → Notlage anderer Menschen anzeigen, als in ländlichen Gebieten (→ Prosoziales Verhalten). Eine alternative Erklärung dieser Stadt-Land-Unterschiede liefert die → Diffusion der Verantwortung.

Informationsvermeidung (Blunting): Bezeichnet nach Miller (1987) einen → Bewältigungsstil gegenüber bedrohlichen Situationen auf dispositionaler Grundlage. Individuen, die Informationen über bedrohliche Hinweisreize ignorieren, sind durch den Bewältigungsstil der I. gekennzeichnet. Der Bewältigungsstil der I. wird durch die → Miller-Verhaltensstil-Skala gemessen (vgl. Miller, Shoda & Hurley, 1996). Im Gegensatz dazu steht der Bewältigungsstil der → Informationssuche.

„Ingratiation": Ist eine assertive Taktik des → Eindrucksmanagements, bei der eine Person durch Schmeicheln oder Sich-beliebt-Machen gegenüber einem Publikum das Ziel verfolgt, eigene Wünsche, Ziele und Ansprüche von → Macht durchzusetzen (Jones, 1964; Tedeschi, Lindskold & Rosenfeld, 1985). I. ist eine Taktik zur Erhöhung der eigenen Attraktivität im Urteil anderer. Dazu kann die Person z. B. Informationen kommunizieren, die das eigene → Selbst in einem positiven Licht erscheinen lassen oder → Konformität der Meinung gegenüber anderen Personen zeigen.

Erläuterung: Heinrich sagt im Brustton der Überzeugung: „Ich bin vollkommen Ihrer Meinung", obwohl er der vertretenen Meinung gleichgültig gegenübersteht.

Innovation (Innovation): Bezeichnet die Einführung und Verbreitung neuer Ideen im Hinblick auf Produkte, Methoden und Verhaltensweisen, die neue und vor allem zukunftsträchtige Entfaltungs- oder Entwicklungsmöglichkeiten für Personen, → Gruppen, → Organisationen oder Gesellschaften schaffen (vgl. West, 1990). I. wird durch eine Avantgarde vorangetrieben. Im Firmenbereich können I.en durch Einführung bzw. Verbesserung des betrieblichen Vorschlagwesens eingeleitet werden, was dann über ein Ideen- bzw. Innovationsmanagement zu neuen bzw. qualitativ besseren Produkten führt (Frey & Schulz-Hardt, 2000). Zur Erklärung von I. dient der → Minderheitseinfluss.

Erläuterung: Die Werke von Joseph Beuys galten in der zweiten Hälfte des 20. Jahrhunderts als avantgardistisch in der europäischen Kunstszene.

Innovationsmanagement (Innovation management): → Innovation

Instrumentalität (Instrumentality): → Androgynie

Instrumentelle Aggression (Instrumental aggression): Bezeichnet → Aggression, die auf rationale Planung zurückgeht (→ Rationalität) und die so

kalkuliert ist, dass ein erstrebenswertes Ziel erreicht wird (→ Aggressionsform, → Macht durch Bestrafung). Der Gegenbegriff ist → impulsive Aggression.

Integrative Komplexität (Integrative complexity): → Wert-Pluralismus-Modell

Intention (Intention): → Aggressionstheorie, → Prosoziales Verhalten, → Rubikon-Modell der Handlungsplanung

Intentionalität (Intentionality): → Attributionsdimension, → Verantwortungsattribution

Intelligenz (Intelligence): Attributionsdimension, → Lehrererwartungs-Effekt, → Theorie der Bedrohung durch Stereotype und Identifikationsverlust

Interaktion (Interaction): Bezeichnet eine Form von Wechselseitigkeit (z. B. im Verhalten) zwischen Individuen, → Gruppen, Institutionen oder Gesellschaften, wobei I. i.d.R so koordiniert wird, dass positive Konsequenzen überwiegen. Die I. erfolgt in bestimmten → Interaktionsmustern. Sie stellt eine → Interdependenz unter den interagierenden Personen her. Da I. praktisch immer mit → Kommunikation verbunden ist, kann sie analytisch auch als Teilaspekt der Kommunikation verstanden werden (Brauner, 1994). Weiterhin ist I. mit → Handlung verbunden, da sich I. als soziale Handlung auffassen lässt.

Interaktionale Gerechtigkeit (Interactional justice): Bezeichnet eine Form von → Gerechtigkeit, die sich auf die Implementierung von Fairness in der → Interaktion bezieht. Die unangemessene Implementierung kann entscheidend zu dem Misserfolg eines Verfahrens zur Herstellung von → Verteilungsgerechtigkeit beitragen. Der Stellenwert der I. lässt sich durch die Sequenz „Prozedur-Interaktion-Ergebnis" veranschaulichen. I. wird von der → Verfahrensgerechtigkeit abgegrenzt (Bies & Moag, 1986).

Erläuterung: Wenn eine Angestellte in einer Firma eine Beschwerde vortragen möchte und dabei in einem „Beschwerdebüro" vorsprechen muss, das von allen Seiten durch Glasscheiben eingesehen werden kann, sinkt die Wahrscheinlichkeit, dass eine Klage erhoben wird. Das Verfahren ist zwar gerecht, aber an der ungeschickten Umsetzung scheitert seine effiziente Verwendung.

Interaktionsmuster (Interaction pattern): Kennzeichnet die Struktur des → sozialen Einflusses zwischen zwei Personen (→ Dyade). Jones & Gerard (1967) unterscheiden vier formale Muster, die von Bierhoff (1984) auf → prosoziales Verhalten übertragen wurden: 1. Pseudokontingenz: liegt vor, wenn die gegenseitige → Abhängigkeit zwischen potentiellem Geber und Empfänger gering ist (z. B. ein Tourist fragt in einer fremden Stadt einen Einheimischen nach dem Weg zum Theater); 2. Asymmetrische Kontingenz: liegt vor, wenn eine einseitige Abhängigkeit zwischen potentiellem Geber und Empfänger vorhanden ist (z. B. aufgrund der Anwendung der → Norm der sozialen Verantwortung: Ein kranker Student bittet, da er verhindert ist, einen Kommilitonen, ein wichtiges Buch aus der Bibliothek zur Prüfungsvorbereitung abzuholen); 3. Reaktive Kontingenz: liegt vor, wenn in einer akuten → Notlage unmittelbarer Handlungsbedarf besteht (z. B. ein Radfahrer wird von einem Auto angefahren und liegt bewusstlos auf einer Straße) und 4. Wechselseitige Kontingenz: liegt vor, wenn es zu einem gegenseitigen Austausch zwischen potentiellem Geber und Empfänger kommt (z. B. zwei Mütter unterstützen sich abwechselnd bei der Kinderbetreuung, → Norm der Reziprozität).

Interdependenz (Interdependence): Bezeichnet die gegenseitige soziale → Abhängigkeit der → Handlungen und → Entscheidungen zwischen zwei oder mehr Personen. I. lässt sich in der →

Spieltheorie beschreiben. In der einfachsten Form betrachtet man je zwei Verhaltensalternativen 1 und 2 der Personen A und B, die in einem 2 x 2-Schema dargestellt werden. Auf diese Weise lässt sich eine große Vielfalt sozialer I.en darstellen.

Die Spielmatrix, die die möglichen Konsequenzen einer → Interaktion zusammenfasst, soll das subjektive Verstehen und die Antizipation möglicher Handlungen in einem sozialen Kontext repräsentieren (Gergen, Greenberg & Willis, 1980; Kelley & Thibaut, 1978). Vorausgesetzt wird, dass sich alle relevanten sozialen Konsequenzen auf einer gemeinsamen quantitativen Skala erfassen lassen. Generell kann festgestellt werden, dass sich jede Spielmatrix aus drei Komponenten zusammensetzt: 1. → Schicksalskontrolle, 2. → reflexive Kontrolle und 3. → Verhaltenskontrolle.

Die Werte der Spielmatrix dienen der Verhaltensvorhersage in dem Fall, dass die Akteure eine individualistische Orientierung verfolgen. Wenn sie andere Orientierungen haben, transformieren sie die gegebene Matrix entsprechend. Wenn z. B. die Interaktionspartner das Ziel haben, die gemeinsamen Gewinne zu maximieren (→ Kooperation), werden die Gewinne der beiden Partner addiert. Je größer die Summe ausfällt, desto stärker ist der → Anreiz, die entsprechende Alternative zu wählen. Der Begriff I. liegt sowohl der → Austauschtheorie als auch der → Interdependenztheorie zugrunde.

Interdependenztheorie (Theory of interdependence): Bezeichnet die Erweiterung der → Austauschtheorie durch Kelley & Thibaut (1978; s. auch Kelley, 1979) in drei Richtungen: 1. Mathematisierung durch Anwendung der → Spieltheorie auf die Analyse von → Interdependenz, 2. Unterscheidung unterschiedlicher Interaktionsziele durch Transformation der Gewinnmatrix (z. B. prosoziale Transformation = Max other, kooperative Transformation = Max joint, Konkurrenz-Transformation = Max relative gain) zusätzlich zu dem Interaktionsziel, die eigenen Gewinne zu maximieren (Max own). Das individualistische Ziel (Max own) war ursprünglich in der Austauschtheorie allein der Analyse der → Interaktion zugrunde gelegt worden. Diese Zielsetzung ist aber nur eine von mehreren, die von einem Akteur verfolgt werden kann, und 3. Einführung kognitiver Aspekte wie Vergleichsniveaus und → Attributionen, die zur Dynamik von Interdependenzen beitragen.

Eine wichtige Anwendung der I. findet sich in → engen Beziehungen (Rusbult & Arriaga, 1997). → Prosoziales Verhalten stimmt mit einer prosozialen Transformation überein, während Maximierung der relativen Überlegenheit → Wettbewerb impliziert.

Interessenkonflikt (Conflict of interest): Bezeichnet den → Wettbewerb um knappe Mittel zwischen zwei oder mehreren Parteien. Was die eine Partei erreicht, wird der anderen vorenthalten, oder es besteht ein Koordinationsproblem, weil sich die Parteien nicht einigen können, welche Strategie sie verfolgen sollen. Die → Theorie des realistischen Gruppenkonflikts befasst sich mit den Folgen von I.en für die Beziehung zwischen → Gruppen.

I.e sind häufig durch versteckte → Konflikte überlagert, die z. B. mit der Bedrohung des → Selbstwertgefühls der am Konflikt beteiligten Personen oder mit früheren → Frustrationen zu tun haben. Montada & Kals (2001) sprechen im Unterschied zu dem manifesten I. von der Tiefenstruktur eines Konfliktes. *Erläuterung:* Der I. zwischen politischen Parteien um die Mehrheit der Stimmen in der wahlberechtigten Bevölkerung wird durch Gesetze reguliert und durch Wahlen institutionalisiert.

Interesse-Wahrscheinlichkeits-Modell (Concern likelihood model): Be-

zeichnet ein von Carnevale (1986) entwickeltes Modell zum → Verhandeln, welches das Verhalten von Vermittlern (mediators) in Verhandlungssituationen durch zwei antezedente Faktoren, die miteinander interagieren, vorherzusagen versucht: 1. Das Ausmaß des Interesses beim Vermittler, dass die Verhandlungsparteien ihre Ziele erreichen, 2. Das Ausmaß der vom Vermittler eingeschätzten Wahrscheinlichkeit, dass die Verhandlungsparteien zu einem einvernehmlichen Verhandlungsergebnis (integrative agreement) kommen (vgl. Dulabaum, 1998; Montada & Kals, 2001).

Bei Abstufungen beider Faktoren in hoher vs. niedriger Ausprägung ergibt sich ein Vier-Felder-Schema, in dem jeweils unterschiedliches Vermittlerverhalten zum Ausdruck kommt und das in den meisten Bereichen schon empirische Bestätigung fand (Conlon, Carnevale & Murnighan, 1994): 1. Hohes Interesse/niedrige Wahrscheinlichkeit: Der Vermittler zeigt ein ausgleichendes Verhalten gegenüber den Parteien und ermutigt sie, Konzessionen zu machen; 2. Hohes Interesse/hohe Wahrscheinlichkeit: Der Vermittler betont in seinem Verhalten eine Problemlösungsstrategie, welche bezweckt, dass eine „win/win"-Situation eintritt; 3. Niedriges Interesse/niedrige Wahrscheinlichkeit: Der Vermittler übt Druck auf die Parteien aus, Konzessionen zu machen; und 4. Niedriges Interesse/hohe Wahrscheinlichkeit: Der Vermittler zeigt sich inaktiv und überlässt die Verhandlungsparteien sich selbst.

Erläuterung: In Deutschland existiert seit 1996 der Bundesverband für Mediation in Wirtschaft und Arbeitswelt (BMWA), der Ausbildungen zum Mediator anbietet.

Intergruppen-Aggression (Intergroup aggression): Bezeichnet → Aggressionen zwischen → Gruppen oder Gruppenmitgliedern. I. kann zwischen größeren

Gruppen wie → ethnischen Gruppen in kriegerische Handlungen (z. B. Bürgerkrieg, Krieg zwischen Nationen) ausarten (Levy, 1989), aber auch schon zwischen verhältnismäßig kleinen Gruppen können Aggressionen einen kriegsähnlichen Charakter aufweisen.

Die Ursachen von I. finden sich in → Ethnozentrismus, → Stereotypen, → Intergruppen-Diskriminierung, wahrgenommener Missachtung von → Gerechtigkeit und → Interessenkonflikten. Weiterhin sind historische und politische Einflüsse zu berücksichtigen.

Erläuterung: Hausbesetzung durch ehemalige Mieter und deren Sympathisanten in Berlin oder Hamburg, die den Abbruch eines Hauses verhindern und dabei in gewalttätige Auseinandersetzungen mit der Polizei geraten.

Intergruppen-Diskriminierung (Intergroup discrimination): Bezeichnet die Tendenz, die eigene → Gruppe zu bevorzugen und fremde Gruppen zu benachteiligen.

I. wird gefördert durch 1. → Stereotype und → Vorurteile gegenüber den anderen Gruppen und ihren Mitgliedern, durch 2. kulturelle → Normen und Gewohnheiten, die als legitim erscheinen und die I. ermutigen, durch 3. → Interessenkonflikte zwischen den Gruppen, und 4. durch Bedrohung der sozialen Identität (→ Sozialer Identitätsansatz). I. kann schon durch die Zufallsaufteilung auf zwei Gruppen, wie sie im → Paradigma der minimalen Gruppen untersucht wird, ausgelöst werden.

Erläuterung: Bestehende I.en können durch Personen, die sich in Bürgerrechtsbewegungen organisieren, offen gelegt und abgebaut werden. Das zeigt die Lebensleistung des 1968 ermordeten Pfarrers und Bürgerrechtlers Martin Luther King, der maßgeblichen Anteil daran hatte, dass schwarze US-Bürger den weißen US-Bürgern in den Südstaaten gleichgestellt wurden (z. B. denselben Bus benutzen, dieselbe Schule besuchen und in derselben Kneipe sitzen). Eine Gedenkstätte in Atlanta erinnert an diese bedeutende Leistung.

Intergruppen-Konflikt (Intergroup conflict): → Interessenkonflikt, → Sozialer Konflikt

Interguppen-Modell (Intergroup model): Bezeichnet ein Modell von Hewstone & Brown (1986), das im Gegensatz zum → Dekategorisierungs-Modell von Brewer & Miller (1988) nicht die interpersonelle, sondern die intergruppale Ebene beim Kontakt zwischen Mitgliedern verschiedener → Gruppen betont, um → Stereotype, → Vorurteile und → Intergruppen-Diskriminierungen abzubauen. Wichtig ist, dass die typischen positiven (und negativen) → Eigenschaften der → Binnengruppe und → Fremdgruppe herausgestellt und anerkannt werden und über den beidseitigen Kontakt auf die jeweilig andere Gruppe generalisiert werden, wobei auf die unterschiedliche Gruppenmitgliedschaft der jeweiligen Personen besonders hingewiesen wird.

Erläuterung: Befunde von Brown, Vivian & Hewstone (1999) unterstützen das I.: Engländer schätzten Deutsche positiver ein, wenn sie mit einem typischen Deutschen in Kontakt kamen und nicht mit einem Deutschen, der wenig typisch für Deutsche war.

Intergruppen-Verhalten (Intergroup behavior): Bezeichnet die → Interaktion von Individuen, die entweder einzeln oder kollektiv den Mitgliedern anderer → Gruppen in ihrer Eigenschaft als Gruppenangehörige gegenübertreten (Tajfel, 1982). Problembereiche des I.s sind → Intergruppen-Diskriminierung, → Intergruppen-Konflikte und → Intergruppen-Aggression. Wenn die Interaktion zwischen Individuen als Individuen stattfindet, handelt es sich im Unterschied zu I. um → interpersonelles Verhalten.

Erläuterung: In Nordirland bekämpfen sich Iren, die sich nur durch ihre Religionszugehörigkeit unterscheiden.

Internalisierung (Internalization): Bezeichnet den Prozess, durch den eine Person die → Werte, → Normen oder Verhaltensweisen von anderen Personen übernimmt. I. ist Teil der → Sozialisation und wird häufig synonym zum Begriff → Identifikation verwandt. Allerdings werden I. und Identifikation in der Theorie des → sozialen Einflusses von Kelman (1958; → Konformität) systematisch unterschieden. I. beruht vielfach auf → Modelllernen.

Erläuterung: Der 7-jährige Sebastian übernimmt von seinem Vater, der einen BMW der 5er-Reihe fährt, die Wertschätzung für schnelle Autos.

Internalitäts-Hypothese (Internality hypothesis): Bezeichnet eine Annahme über die Ursachen, weshalb → Kontrolle über aversive Ereignisse den → Stress reduziert. Nach Miller (1980) ermöglicht Kontrollierbarkeit von aversiven Ereignissen der Person, ihre internalen Zustände mit diesen Ereignissen zu koordinieren. Aversive Zustände werden ein- und abgestellt in Übereinstimmung mit der von Moment zu Moment fluktuierenden Belastbarkeit der Person. Das hat zur Folge, dass die negativen Konsequenzen faktisch weniger negativ erlebt werden, als wenn keine Kontrollierbarkeit besteht. Denn die Person kann es vermeiden, einem subjektiv unerträglichen Stress für eine längere Zeit ausgesetzt zu sein. Eine verwandte Annahme ist die → Minimax-Hypothese.

Erläuterung: Bestimmte Programme der Altenhilfe basieren auf der I.: Wenn ein Altenheimbewohner besonders einsam ist und deswegen leidet, kann er aktiv werden und einen ehrenamtlichen Helfer bestellen, der ihn durch Gespräche oder Spaziergänge unterstützt, die → Einsamkeit abzumildern. Kontrolle kann dazu beitragen, dass eine Person die Bewältigung der aversiven Erfahrung internal erklären kann.

Internet (Internet): Bezeichnet ein weltweites Computernetzwerk zur → Kommunikation (vgl. Döring 1999). Neben dem I. gibt es noch andere computergestützte Kommunikationsnetze wie die im militärischen Bereich, die auch die ersten Netzwerke dieser Art waren. Ein neutraler Begriff für alle diese Netze ist der der Online-Medien. Aus der Perspektive der Medienwissenschaft spricht man auch von den Neuen Medien. Die E-mail stellt ein digitales Kommunikationsmedium dar (→ Kommunikationsgesetz), das in der Regel auf dem Internet basiert, aber auch durch lokale Netze realisiert werden kann. Im I. lassen sich neue Forschungsmethoden realisieren (Batinic & Moser, 2001; Batinic, Werner, Gräf & Bandilla, 1999).

Die Kommunikation im I. lässt sich danach unterscheiden, ob sie von Privatnutzer zu Privatnutzer erfolgt, von Privatnutzer zu kommerziellem Anbieter, von Privatnutzer zu Regierungsstellen oder von kommerziellen Nutzern untereinander. In dem zuletzt genannten Bereich wird in den nächsten Jahren eine besonders rasante Entwicklung erwartet, die sich auf die Abwicklung von Ausschreibungen, Bestellungen und Aufträgen zwischen Firmen bezieht, die Rechnungs- und Buchführung einschließt.

Erläuterung: Erste Untersuchungen zeigen, dass Personen, die häufig das I. nutzen, mehr → Einsamkeit empfinden als Personen, die eine geringe Nutzung aufweisen. Dieser Effekt wird darauf zurückgeführt, dass die Qualität der → Interaktion im I. geringer ist als von Angesicht zu Angesicht.

Interpersonelle Urteilsskala (Interpersonal Judgment Scale): Ist eine Skala zur Erfassung von interpersoneller → Attraktion, die sich aus zwei Einschätzungen zusammensetzt, die auf 7-

stufigen Antwortskalen zu beurteilen sind (Byrne, 1971). Die I. ist Teil des → Paradigmas vom anonymen Fremden und dient u. a. zur Erfassung der Auswirkung von → Einstellungsähnlichkeit.

Erläuterung: Die Einschätzungen beziehen sich auf das Mögen und auf die Bereitschaft, mit der anderen Person zusammen zu arbeiten. Da die beiden Antworten addiert werden, variiert der Skalenwert auf diesem als IJS bezeichneten Messinstrument maximal zwischen 2 und 14. Weitere Urteile, die sich auf die „Intelligenz", den „Kenntnisstand", die „Moral" und die „Anpassung" der anderen Person beziehen, werden zusätzlich abgegeben.

Interpersonelles Verhalten (Interpersonal behavior): Bezeichnet das → soziale Verhalten zwischen Personen. I. wird dem → Intergruppen-Verhalten gegenübergestellt.

Intrinsische Motivation (Intrinsic motivation): → Selbstdeterminations-Theorie

Intrinsisch motivierte Hilfe (Intrinsically motivated helping): Liegt vor, wenn Helfen durch die Wahrnehmung der → Notlage einer Person ausgelöst wird, ohne dass unmittelbar → Belohnungen erwartet werden. Es kann aber sein, dass die Beendigung der Notlage für den Helfer stellvertretend belohnend ist, weil er → moralische Kompetenz gezeigt hat und darin eine Selbstbestätigung sieht (→ Selbstaffimierungs-Theorie). Als Erklärung werden genannt: 1. → Empathie, die unmittelbar durch das Leiden einer Person bei dem Beobachter ausgelöst werden kann, insbesondere wenn eine → Ähnlichkeit gegeben ist, 2. → Perspektiven-Übernahme, 3. → Empathie-Altruismus-Hypothese und 4. → „Negative-state-relief"-Hypothese. I. wird auch als → altruistisches Verhalten bezeichnet. I. kontrastiert mit → extrinsisch motivierter Hilfe.

Erläuterung: Angela bittet Ellen, in einem Experiment im Rahmen ihrer Diplomarbeit als Versuchsperson mitzuwirken. Ellen versetzt sich in die schwierige Lage von Angela und erklärt sich bereit, an dem Versuch teilzunehmen, obwohl sie gehört hat, dass der Versuch langweilig ist.

Investmentmodell enger Beziehungen (Investment model of close relationships): Bezeichnet eine von Rusbult (1983) entwickelte Theorie, die davon ausgeht, dass in → engen Beziehungen partnerschaftliche Zufriedenheit und → Gebundenheit an die Beziehung die zentralen theoretischen Größen darstellen, die sich auf der Grundlage der → Austauschtheorie erklären lassen (vgl. Rusbult & Arriaga, 1997).

Die Zufriedenheit mit der Beziehung wird durch → Belohnungen und → Kosten sowie dem relativen Grad dieser beiden Komponenten im Vergleich mit einer persönlichen → Erwartung bestimmt. Sie ist von der subjektiven Kosten-Nutzen-Bilanz abhängig, die auf das generalisierte Vergleichsniveau bezogen wird. Die Gebundenheit an die Beziehung ist von der Zufriedenheit, der Qualität von verfügbaren alternativen Beziehungen (einschließlich der Alternative, allein zu sein) sowie den getätigten Investitionen abhängig.

Qualität von alternativen Beziehungen besagt, dass die erwarteten Belohnungen und Kosten möglicher Alternativen in Betracht gezogen werden. Die Investitionen sind sowohl von extrinsischen (z. B. gemeinsame Freunde) als auch intrinsischen Beiträgen (z. B. → Selbstöffnung) abhängig und umfassen ideelle und materielle Ressourcen. Sie zeichnen sich dadurch aus, dass sie unmittelbar durch das Bestehen der engen Beziehung bedingt sind und durch eine Auflösung der Beziehung in ihrem Bestand bedroht werden.

Erläuterung: Nach dem I. wird das Verbleiben in einer Beziehung von der Gebundenheit bestimmt. Hinzu kommen die direkten Kosten des Wechsels, soweit sie nicht schon als verlorene Investitionen berücksichtigt sind.

Involviertheit (Involvement): Bezeichnet zum einen in der → Attributionstheorie den Grad der eigenen Beteiligung an → Interaktionen. Nach Knight & Vallacher (1981) kann man drei Stufen von I. unterscheiden: 1. geringe I. liegt vor, wenn eine Person einen Akteur passiv und aus der Distanz heraus beobachtet, 2. mittlere I. ist gegeben, wenn eine Person die Interaktion mit einem Akteur antizipiert und 3. hohe I. stellt sich ein, wenn eine Person während der Interaktion mit einem Akteur diesen beobachtet.

I. bezeichnet zum anderen in der Forschung zu → Einstellungen den Grad der Beteiligung einer Person an einer Angelegenheit oder einem Ereignis, das durch ein → Einstellungsobjekt repräsentiert wird. In älteren Quellen (Sherif & Cantril, urspr. 1947) wird auch die Bezeichnung Ich-Beteiligung (ego involvement) verwendet. Diese hat im Bereich der Marketing- und Werbewirkungs-Forschung große Bedeutung, wo u. a. zwischen „High-Involvement"-Produkten und „Low-Involvement"-Produkten unterschieden wird. Hierbei lässt sich auch die Bekanntheit einer Marke unter „Involvement"-Gesichtspunkten interpretieren (vgl. Unger, 1989).

Erläuterung: So zeigt sich nach Steffenhagen (1976), dass 92% aller deutschsprachigen Personen ab 14 Jahren bei Nennung der Produktgattung „Klebstoff" an „Uhu" denken, was die (aktive) Bekanntheit dieser Marke unterstreicht.

Jugend (Adolescence): → Belohnungsaufschub, → Identität, → Stereotyp

Kampf oder Flucht (Fight-or-flight): Bezeichnet eine angeborene individuelle Tendenz, auf → Stress oder → Frustration mit Angriff oder mit Rückzug zu antworten (vgl. Cannon, 1932). Taylor

et al. (2000) nehmen an, dass es sich um ein „männliches" Reaktionsmuster auf Bedrohung handelt, während Frauen eher einem „tend-and-befriend" folgen, nach dem der eigene Schutz und der der Kinder mit einem dafür nützlichen Streben nach Errichtung eines sozialen Netzwerks kombiniert wird (→ Soziale Unterstützung).

Kategoriale Differenzierung (Categorical differentiation): Bezeichnet einen kognitiven Differenzierungsprozess, der auf → sozialen Kategorien beruht (Tajfel, 1975). K. trägt dazu bei, dass die Unterschiede zwischen Kategorien (z. B. zwischen Mitgliedern verschiedener → Gruppen) besonders betont werden. Die K. wird zur Erklärung der → Intergruppen-Diskriminierung verwendet (vgl. McGarty & Penny, 1988).

Kategoriale Information (Categorial information): Bezeichnet eine begriffliche Unterscheidung, die auf eine → soziale Kategorie bezogen ist. K. liegt → Kategorie-basierenden Erwartungen zugrunde (vgl. Fiske & Neuberg, 1990). Sie steht im Gegensatz zur Einzelfall-Information.

Erläuterung: Eine typische K. ist das Geschlecht einer Person. Je prägnanter eine konkrete Person beschrieben wird, desto geringer wird die Bedeutung von K.

Kategorie (Category): → Soziale Kategorie

Kategorie-basierende Erwartung (Category based expectancy): Bezeichnet eine → Erwartung eines Individuums bezüglich einer Zielperson, die aus einer → sozialen Kategorie abgeleitet wird. Eine K. beruht häufig auf → Stereotypen. Der Gegenbegriff ist die → Zielperson-basierende Erwartung.

Erläuterung: Beate beobachtet ihren Mann Ludwig beim Kochen des Mittagessens und kommentiert das mit anerkennenden Feststellungen, aus denen hervorgeht, dass seine Tätigkeit für sie überraschend ist.

Katharsis-Hypothese (Catharsis hypothesis): Bezeichnet die Annahme, dass eine Reduktion aggressiver → Erregung als Folge der Ausführung von → Aggression auftritt. Die K. wird auf der Grundlage von zwei verwandten triebtheoretischen Ansätzen abgeleitet:

Zum einen wird in der (klassischen) → Psychoanalyse von Freud (urspr. 1940) ein → Todestrieb bei Menschen angenommen, der als destruktive Energie von einer Person nach außen abgeleitet werden muss, soll das Individuum sich nicht selbst zerstören. Wird nun der Todestrieb durch aggressive → Handlungen abgeführt, kommt es aufgrund einer Reduktion der Triebspannung zu einer verringerten Aggressionsbereitschaft.

Zum anderen ist in dem von der → Ethologie beeinflussten Ansatz von Lorenz (1963) ein hydraulisches Triebmodell enthalten, bei dem ein aggressives Energiepotential im Individuum sich spontan auflädt und die Wahrscheinlichkeit für aggressive Handlungen erhöht. Zur Ausführung bestimmter aggressiver Handlungen bedarf es jedoch eines Schlüsselreizes, der die aggressive Energie in spezifische aggressive Verhaltensweisen lenkt. Wenn über eine längere Zeit hinweg jedoch kein Schlüsselreiz vorhanden ist, kann es durch die aufgestaute Aggressionsenergie auch zu spontanen Aggressionsentladungen (analog zum „Dampfkesselprinzip") kommen. Ist die aggressive Energie in aggressivem Verhalten umgesetzt, sinkt die Wahrscheinlichkeit für aggressives Verhalten in der unmittelbaren Folgezeit.

Die Befundlage zur K. ist widersprüchlich. Allerdings zeigen die am besten kontrollierten Experimente ein Ergebnismuster, das der K. genau entgegengesetzt ist. So fand sich z. B., dass die nachfolgende Aggression relativ niedrig war, wenn 14 Schocks auf eine relativ lange Zeit (13 Minuten) verteilt wurden. Hingegen war die nachfolgende Aggression besonders hoch, wenn in sieben Minuten 42 Schocks appliziert wurden (Konecni, 1975).

Vermutlich erwerben Personen durch die Vorerfahrung mit Aggression einen Standard für die Angemessenheit des Aggressionsniveaus, der ihre nachfolgende Aggression bestimmt. Bei intensiver erster Aggression wird ein hoher Standard erworben, der einen Gewöhnungseffekt für → Gewalt beinhaltet. Ein Spezialfall von Katharsis stellt der → psychophysiologische Katharsis-Effekt dar.

Erläuterung: Die K. ist in der Laienpsychologie sehr beliebt und wird auch von den Medien vertreten. Daher stellt sich die Frage, ob die Verbreitung dieser Ideologie in einstellungsrelevanten Botschaften (→ Einstellungsänderung) dazu beiträgt, dass Aggression gesteigert wird. In einem Experiment von Bushman, Baumeister & Stack (1999) wurde festgestellt, dass eine Pro-Katharsis-Botschaft verglichen mit einer Anti-Katharsis-Botschaft die Aggressionsbereitschaft erhöhte. Erneut wurde allerdings auch gezeigt, dass die Ausführung von Aggression die nachfolgende Bereitschaft zur Aggression erhöht – ein direkter Widerspruch zur K.

Kausalattribution (Causal attribution): → Attribution, → Attributionsdimension, → Attributionstheorie

Kausales Schema (Causal scheme): → Abwertungsprinzip, → Aufwertungsprinzip, → Konfigurationskonzept

Kindchenschema (Babyfaceness): Bezeichnet Gesichtsmerkmale des Kindes, die ein typisches visuelles Muster bilden, das bei Erwachsenen eine Zuwendungs- und Fürsorgetendenz erzeugt und das wahrscheinlich angeboren ist (Lorenz, 1943).

Elemente des K.s sind ein großer Kopf und eine rundliche Kopfform. Im

Einzelnen haben Untersuchungen folgende physiognomische Merkmale des K.s ergeben: große und runde Augen, schmales Kinn, hohe Augenbrauen (Berry & McArthur, 1985) sowie hoch und weit auseinanderliegende Augen und eine kleine Nase (Cunningham, 1986). Das K. ruft einen → Halo-Effekt der Attraktivität hervor, da es mit Wärme, Ehrlichkeit und Güte assoziiert wird. Außerdem ruft es die Zuschreibung einer naiven → Einstellung hervor. Das K. korreliert negativ mit dem wahrgenommenen Alter. Die Zusammenhänge zwischen K. und der Einschätzung der → physischen Attraktivität des Gesichts bei Erwachsenen variiert mit dem Alter und dem Geschlecht (Zebrowitz, Olson & Hoffman, 1993). Bei Kindern, Jugendlichen und jungen Erwachsenen besteht aber die Tendenz, das Vorhandensein des K.s mit Attraktivität zu verbinden.

Erläuterung: Das K. wird häufig in Comics eingesetzt, u. a. in der Darstellung der Figur von Donald Duck.

Kindheit (Childhood): → Belohnungsaufschub, → Bindungsstil, → Kindchenschema, → Paradigma des verlorenen Spielzeugs

Klassische Konditionierung (Classical conditioning): Bezeichnet den Erwerb einer Reaktion auf einen neutralen (bedingten) Reiz, der durch einen anderen (unbedingten) Reiz ausgelöst wird. Ein Beispiel für einen unkonditionierten Reiz ist ein Luftzug, der den Lidschlagreflex auslöst. Der unkonditionierte Reiz kann mit einem Ton verbunden werden, der vor dem Luftstoß zu hören ist. Nach einigen Durchgängen reicht der Ton aus, um den Lidschlagreflex auszulösen. K. ist von → operanter Konditionierung zu unterscheiden.

Erläuterung: Das Phänomen der Einstellungskonditionierung ist schon lange bekannt. Trägt es aber auch zu einer Verhaltensbeeinflussung bei? In der Konditionierungsphase eines Ag-

gressionsexperiments von Berkowitz & Knurek (1969) wurde ein bestimmter Vorname (entweder Ed oder George) regelmäßig mit negativ bewerteten Adjektiven assoziiert (= Einstellungskonditionierung). In einer nachfolgenden Diskussion über Jugendkriminalität wurde deutlich, dass sich die negative Konditionierung des Vornamens auf das Verhalten in der Diskussion auswirkte. Das wurde durch die Einschätzung des freundlichen Verhaltens der Versuchsperson durch den Diskussionspartner aufgezeigt, der entweder einen neutralen oder negativ besetzten Vornamen hatte. Zusätzlich ergab sich auch, dass die Bewertung des Diskussionspartners durch die Versuchsperson davon abhing, ob sein Name neutral war. Dieses Ergebnis wurde besonders bei den Versuchspersonen deutlich, deren Leistung in der ersten Phase des Experiments durch den Versuchsleiter bewusst abgewertet worden war (→ Frustration), da sie den Diskussionspartner, der den negativ konditionierten Namen trug, besonders negativ bewerteten.

„Knew-it-all-along"-Effekt (Hindsight bias, Knew-it-all-along effect): (Synonym: Rückschau-Fehler) Bezeichnet die Tendenz von Personen, nach dem Eintreten eines bestimmten Ereignisses ihre Erinnerung an ihre → Meinungen über das Ereignis vorher in der Weise zu verändern, dass diese dem tatsächlich stattgefunden Ereignis entspricht. Der K. wurde ursprünglich von Fischhoff & Beyth (1975) beschrieben. Theoretische Erklärungen sind (vgl. Hawkins & Hastie, 1990; Stahlberg & Maass, 1998): Durch das Ereignis werden alle Meinungen und Gedanken besser zugänglich (→ Zugänglichkeits-Heuristik), die mit dem Ereignis übereinstimmen. Eine weitere Erklärung geht davon aus, dass die Kenntnis des Ergebnisses die Gedächtnisspuren verändert (→ Soziale Informationsverarbeitung). Nach der → Theorie des

Selbst(wert)schutzes und der Selbst-(wert)erhöhung folgen die Beurteiler, die einen K. zum Ausdruck bringen, einer selbstwertdienlichen Attribution, da sie glauben können, „es schon immer gewusst" zu haben (Stahlberg, Eller, Romahn & Frey, 1993).

Gelegentlich wird auch ein umgekehrter K. festgestellt (Mazursky & Ofir, 1990). Das ist dann der Fall, wenn das Ergebnis sehr überraschend und unerwartet ausfällt. Dann tritt als Reaktion auf, dass man sich wundert, dass das Ereignis geschehen konnte.

Erläuterung: Nach einer Wahl kann man leicht in den Fehler verfallen, daran zu glauben, genau das eingetretene Ergebnis erwartet zu haben, obwohl es einen in Wirklichkeit überrascht hat (Leary, 1982; s. einschränkend Wendt, 1993).

Koalition (Coalition): Bezeichnet eine Teilmenge von Mitgliedern in einer → Gruppe, die darin übereinstimmen, in der gemeinsamen Nutzung von Ressourcen zu kooperieren, um ihre → Belohnung zu maximieren (Komorita & Chertkoff, 1973). K. schließen andere Personen von Gewinnen aus. Daher sprechen Thibaut & Kelley (1959) dann von einer K., wenn Personen in einer Gruppe sich zusammentun und dadurch die Konsequenzen anderer Mitglieder beeinflussen.

Zur Beschreibung der Koalitionsbildung sind mehrere Theorien aufgestellt worden, von denen im Folgenden eine Auswahl dargestellt wird (vgl. Komorita, 1984). Ausgangspunkt der Theoriebildung ist der Erklärungsansatz von Caplow (1956), der vier Annahmen aufstellt: 1. Die Stärke der Gruppenmitglieder ist unterschiedlich. Der Stärkere will den Schwächeren kontrollieren. 2. Jedes Gruppenmitglied erstrebt möglichst viel → Kontrolle. 3. Die Stärke einer K. entspricht der ihrer Mitglieder. 4. Für die Phase der Koalitionsbildung ist zu beachten, dass dann, wenn das stärkere

Mitglied Druck ausübt, eine K. der schwächeren Mitglieder untereinander provoziert werden kann.

Die Theorie der minimalen Ressourcen (Gamson, 1964) besagt, dass eine K. so gebildet wird, dass die Ressourcen der K. so klein wie möglich, aber immer noch ausreichend sind, um das Übergewicht sicherzustellen. Für den Fall von Dreiergruppen, in denen das Stärkeverhältnis 4:3:2 gegeben ist, bedeutet diese Theorie, dass Stärke Schwäche ist, da 3+2 gegenüber den beiden Koalitionen mit 4 bevorzugt werden sollte.

Das gewichtete Wahrscheinlichkeitsmodell (Komorita, 1974) beinhaltet die Annahme, dass kleine K.en aus logistischen Gründen gegenüber großen favorisiert werden. Da mit der Größe die Schwierigkeit der Koalitionsbildung steigt, wird angemommen, dass die Wahrscheinlichkeit der Bildung einer Gewinnkoalition in umgekehrtem Verhältnis zu ihrer Größe steht. Wenn die Ressourcen von vier Mitgliedern 8:3:3:3 betragen, wird eine 8:3- anstelle einer 3:3:3-K. erwartet.

Die Verhandlungstheorie (Komorita & Chertkoff, 1973) beinhaltet die Annahme, dass die Personen daran interessiert sind, die erwarteten Belohnungen zu maximieren. Dazu findet eine Abschätzung der Chancen statt, bei der die beste und die schlechteste Gewinnaufteilung in der Gewinnkoalition betrachtet wird und dann der erwartete Gewinn auf halbem Weg zwischen den Extremen festgesetzt wird (Kompromisswert). Die beste Aufteilung ist für das stärkere Mitglied der K. die, die der „Equity" (→ Prinzip der relativen Gleichheit) entspricht, während für dieses Mitglied die schlechteste Aufteilung die ist, die dem → Prinzip der absoluten Gleichheit entspricht. Umgekehrt gilt für das schwächere Mitglied, dass absolute Gleichheit die günstigste Aufteilung ergibt, während Anwendung von Equity die ungünstigste zur Folge hat. Die K., in der die Mitglieder gegenseitig ihre erwarteten Gewinne maximieren, sollte gewählt werden. Bei der Gewinnaufteilung einigt man sich am ehesten auf den Kompromisswert.

Erläuterung: Ein wichtiges Anwendungsfeld liegt in der Vorhersage der K. nach Wahlen, z. B. der Landtagswahl in Berlin vom 21.10.2001. Fünf Parteien wurden mit den folgenden Sitzzahlen in den Berliner Senat gewählt: SPD 44, CDU 35, PDS 33, FDP 15 und Grüne 14. Diese Konstellation bedeutet, dass die Mehrheits-K. mindestens 71 Stimmen erreichen muss. Betrachten wir nun die beiden K.en, deren Bildung nach der Wahl im Gespräch war: SPD-PDS (77) und SPD-FDP-Grüne (73). Nach der Theorie der minimalen Ressourcen sollte die letztere gegenüber der ersten bevorzugt werden, weil sie näher an der kritischen Zahl der Stimmen sind, die für die K. notwendig sind. Die SPD hat die Wahl zwischen der 2er- oder der 3er-K. Nach der Verhandlungstheorie ist ihre höchste Erwartung in der 2er-K. günstiger als in der 3er-K., so dass sie danach erstere bevorzugen sollte. Nach dem gewichteten Wahrscheinlichkeitsmodell sollte die SPD eine kleinere gegenüber einer größeren K. bevorzugen und sich dementsprechend für die K. mit der PDS entscheiden. Die Theorien führen also zu widersprüchlichen Vorhersagen.

Kognition (Cognition): Bezeichnet Prozesse des Erkennens. Teilgebiete der K. sind → Wahrnehmung, → Gedächtnis, begriffliches Denken, Problemlösen, Vorstellung. Ein Spezialfall sind → soziale Kognitionen, die sich auf sozial geteiltes → Wissen beziehen (→ Soziale Informationsverarbeitung). Da K.en subjektiv sind, können sie mit der objektiven Wirklichkeit übereinstimmen oder von ihr abweichen (→ Positive Illusion).

Erläuterung: Der 9-jährige Holger hält sich für hoch begabt, weil ihm seine Eltern entsprechende Rückmeldungen geben. Die Zeugnisnoten liegen allerdings im Durchschnitt.

Kognitive Algebra (Cognitive algebra): Bezeichnet die Integration von Einzelinformationen (z. B. über eine Person) zu einem Gesamturteil. Die K. kann aber auch viele andere Urteilsergebnisse vorhersagen wie die Schätzung der Fläche eines Dreiecks auf der Grundlage von Grundlinie und Höhe oder das Auftreten von optischen Täuschungen. Eines der wichtigsten Anwendungsgebiete der K. stellt die → Eindrucksbildung dar. Die Informationsintegration wird durch → algebraische Modelle beschrieben, die sich für die Vorhersage der Eindrucksbildung bewährt haben.

Kognitive Dissonanz (Cognitive dissonance): → Dissonanztheorie

Kognitive Kompetenz (Cognitive competence): → Duales-System-Modell der Verhaltenslenkung, → Kompetenz

Kognitive Konsistenz (Cognitive consistency): → Konsistenztheorie

Kognitive Landkarte (Cognitive map): Bezeichnet die subjektive Repräsentation eines Umweltbereichs, im Allgemeinen eines Wohnorts, Stadtteils oder einer → Nachbarschaft.

Erläuterung: Petra will sich die Hansestadt Hamburg ansehen. Daheim hat sie sich deshalb den Plan über die Innenstadt eingeprägt. Als sie am Jungfernstieg steht und sich entschließt, sich den Hauptbahnhof anzusehen, weiß sie, dass dieser über die Mönckebergstraße leicht zu Fuß erreichbar ist.

Kognitiv-neoassoziationistische Theorie des Ärgers (Cognitive-neo-associationistic theory of anger): Ist eine von Berkowitz & Heimer (1989) aufgestellte Theorie, wonach aversive Reize (z. B. sehr kaltes Wasser) einen negativen → Affekt auslösen. Dieser Affekt wird assoziativ mit Beunruhigung, Irritation, → Ärger und „expressiv-motorischen Reaktionen" verknüpft, die wiederum zu → Aggression führen können (Anderson, Anderson & Deuser, 1996).

Erläuterung: Wenn im Hochsommer erhöhte Außentemperaturen (30–35 ° Celsius) vorliegen, nehmen Gewaltverbrechen im Vergleich zu anderen Verbrechen besonders zu.

Kognitiv-physiologische Theorie der Emotion (Cognitive-physiological theory of emotion): Bezeichnet einen theoretischen Ansatz (nach Schachter & Singer, 1962), der davon ausgeht, dass physiologische → Erregung relativ undifferenziert und hauptsächlich nach der Intensität zu unterscheiden ist. Je nach Vorliegen von situativen Hinweisreizen wird die relativ unspezifische Erregung kognitiv mit einem Etikett versehen. Im Ergebnis werden → Emotionen wie Euphorie oder Bedrücktheit erlebt, ohne dass der Vorgang der → Etikettierung bewusst wird.

Die K. nach Schachter & Singer (1962) wurde · aufgrund bestimmter Schwächen weiterentwickelt. Diese beziehen sich vor allem darauf, dass manche Emotionen unmittelbar mit einer auslösenden Bedingung assoziiert werden, die überhaupt keinen Interpretationsspielraum zulässt. Wenn ein Bär im kanadischen Nationalpark plötzlich vor einem Besucher auftaucht, wird seine → Angst unmittelbar ausgelöst. Es ist völlig klar, dass die physiologische Erregung auf den erschreckenden Bär zurückzuführen ist (von dem die Parkverwaltung behauptet, dass er harmlos ist). Die K. ist hingegen dann anwendbar, wenn der Grund für eine physiologische Erregung nicht unmittelbar durch die Situation mitgeliefert wird. Diese unerklärte Erregung löst einen epistemischen Suchprozess aus, der mit dem Finden einer Ursache endet. Eine erlebte Emotion (z. B. → Ärger) ist dann das Ergebnis von Erregung und von zwei Kognitionen: eine passende Kogni-

tion, die sich aus situativen Hinweisreizen ergibt (z. B. jemand beleidigt mich), und der Glaube an einen ursächlichen Zusammenhang zwischen wahrgenommenem Hinweisreiz und der Erregung (z. B. die Beleidigung regt mich auf).

Scherer (1984) beschreibt mehrere sog. Reiz-Bewertungs-Checks, die eine kognitive Einschätzung von Reizen ermöglichen, die eine Emotion auslösen: 1. → Orientierungsreaktion in neuen und unerwarteten Situationen, 2. Einschätzung, ob die Situation erfreulich oder unerfreulich ist, 3. Einschätzung, ob die Situation der Zielerreichung dient, 4. Einschätzung, ob die Situation erfolgreich zu bewältigen ist, und 5. Norm/Selbst-Kompatibilität, bei der mögliche → Handlungen mit normativen Standards (→ Norm) oder Ansprüchen an sich selbst (→ Anspruchsniveau) verglichen werden.

Reisenzein & Hofmann (1990) unterscheiden aufgrund von Inhaltsanalysen zehn Dimensionen der kognitiven Einschätzung von Emotionen: 1. Valenz des Ereignisses (erfeulich-unerfreulich, angenehm-unangenehm), 2. Hinweise auf Kausalität und Intentionalität (z. B. „Ich schade mir selbst" vs. „andere schaden mir"), 3. Aspekte der → sozialen Beziehung (insbesondere Mögen vs. Nichtmögen bzw. → Vertrauen vs. Misstrauen), 4. zeitliche Verläufe (z. B. Gegenwart vs. Zukunft, Beginn vs. Ende), 5. Bedeutung des Ereignisses (persönliche Betroffenheit vs. nicht betroffen sein), 6. moralische Bewertung bzw. → Verantwortungsattribution (Norm/Selbst-Kompatibilität), 7. → Erwartungsbestätigung (gewöhnlich-ungewöhnlich), 8. Aktivität vs. Passivität (z. B. Initiative ergreifen oder nicht ergreifen), 9. wahrgenommene → Kontrolle (z. B. hilflos-selbstsicher) und 10. persönliche Betroffenheit (z. B. bei Angst) vs. Betroffenheit anderer (z. B. bei → Empathie).

Erläuterung:: Während eines Überseeflugs geriet das Flugzeug in ein Luftloch und sackte einige hundert Meter ab. Viele Passagiere empfanden eine bedrohliche Erregung, die als Angst zu interpretieren war. Während das Flugzeug absackte, hob eine Mutter ihr 17 Monate altes Kind überschwänglich hoch, lächelte und rief „Whee! Macht das nicht Spaß!". Das Kind schien das Ereignis mit Vergnügen zu erleben (nach Maccoby & Masters, 1970).

Kohäsion (Cohesiveness): (Synonym: Gruppenkohäsion) Bezeichnet die → Gebundenheit an eine → Gruppe bzw. ihre Attraktivität für die Mitglieder. Wichtige Faktoren, die die Gebundenheit an die Gruppe erhöhen, sind 1. kleine und exklusive Gruppen, 2. Erfolgserwartungen, 3. abgestimmte Verteilung von → sozialen Rollen, 4. Ausmaß an zusammen verbrachter Zeit, 5. Vorhandensein einer äußeren Bedrohung und 6. anfängliche Schwierigkeit, überhaupt Gruppenmitglied zu werden. K. fördert die Freude über die Gruppenzugehörigkeit, kann aber auch das Auftreten von → Gruppendenken zur Folge haben.

Zur Erklärung der K. sind unterschiedliche Theorien vorgeschlagen worden (vgl. Hogg, 1993; Sader, 1995). Darunter fallen → Austauschtheorie, → Balancetheorie, → klassische Konditionierung und gemeinsame Zielerreichung (→ Solidarität). Zur Messung der K. werden häufig Verfahren aus der → Soziometrie verwendet.

Erläuterung: Eine Gruppe von zehn Schülern nimmt an der Film AG der Schule teil. Die Schüler drehen einen Kurzfilm, den sie während des folgenden Schulfests vorführen. Während die Hälfte der Schüler Rollen in dem Film übernimmt, verteilen sich die Aufgaben von Regie, Drehbuch und Ausstattung auf die restlichen Schüler. Die Zusammenarbeit erstreckt sich über ein halbes Jahr und umfasst zwei Nachmittage pro Woche. Nach und nach entwickelt sich eine stabile Gebundenheit an die Gruppe, die dazu führt, dass alle Beteiligten bis zur Fertigstellung des umfangreichen Projekts mitwirken.

Köhler-Effekt (Köhler effect): Bezeichnet die Erhöhung der → Motivation durch gemeinsame Arbeit (Witte, 1989), die Otto Köhler schon 1926 gefunden hatte. Der K. wurde nachgewiesen, wenn die Leistung bei der gemeinsamen Anhebung von Gewichten erfasst wurde, also bei einer konjunktiven Aufgabe (→ Gruppenleistung). Bei zwei Personen, von denen die eine 75% der Leistungsfähigkeit der anderen aufwies, ergab sich eine Leistungssteigerung auf 135%.

Eine Interpretation (Stroebe, Diehl & Abakoumkin, 1996) besagt, dass aufgrund → sozialer Vergleiche des schwächeren Gruppenmitglieds mit dem stärkeren eine Anpassung der Leistung nach oben stattfindet. Der K. steht im Widerspruch zum → Ringelmann-Effekt, weist aber in dieselbe Richtung wie die Nutzung des transaktiven Gedächtnisses bei kognitiven Aufgaben (→ Gruppengeist). Neuere Arbeiten zum K. sind in dem Themenheft 4/2000 der Zeitschrift für Sozialpsychologie enthalten.

Kollektive Aktion (Collective action): Bezeichnet → Handlungen von Mitgliedern einer Solidargruppe, die der Herstellung eines Kollektivguts dienen (→ Solidarität). Dazu zählen Demonstrationen, die Entrichtung von Beiträgen oder die Beteiligung an Boykottmaßnahmen. Kollektivgüter sind dadurch gekennzeichnet, dass eine Anzahl von Personen zu ihrer Erstellung beiträgt. Sie dienen z. B. dazu, bestimmte Vereinbarungen über den Umweltschutz zu kontrollieren und werden durch Behörden, Vereine oder Genossenschaften verwaltet. Gemeingüter sind demgegenüber solche, die einer begrenzten Zahl von Personen zugute kommen (z. B. Mitglieder eines Tennisclubs), während öffentliche Güter grundsätzlich allen Personen einer Gesellschaft zur Verfügung stehen. Der Unterschied zwischen Gemeingütern und Kollektivgütern besteht darin, dass erstere für die Nutzung bereitstehen, während letztere hergestellt werden müssen (Mosler, 2001)

Hechter (1987) erklärt K.en auf der Basis rationalen Verhaltens (→ Rationalität). Andere Erklärungsansätze rekurrieren auf die → Theorie der sozialen Identität. Die Wahrscheinlichkeit der Herstellung von K.en hängt von verschiedenen Faktoren wie 1. Grad der sozialen Vernetzung der Betroffenen, 2. Größe der → Gruppe, 3. Art des Kollektivguts (lässt es sich schnell herstellen oder ist die Wirkung verzögert?), 4. historisch-kulturelle Situation und 5. Mobilisierungsbereitschaft der Betroffenen. Die historisch-kulturelle Situation kann z. B. einen Einfluss darauf haben, ob die potentiellen Teilnehmer Zuversicht im Hinblick auf die Erreichbarkeit ihrer Zielsetzung (der Erstellung des Kollektivguts) haben.

Eine K. kann der Bewältigung einer → sozialen Falle dienen. In diesem Zusammenhang spricht man auch von der Lösung ökologisch-sozialer Dilemmata oder Ressourcenmanagement. K.en zur Bereitstellung von öffentlichen Gütern, die auch denen offen stehen, die nicht aktiv geworden sind, sind zumeist kurzfristig und instabil, manchmal sogar unwahrscheinlich. Zur Stabilisierung und Sicherung können selektive Anreize für die Aktiven (Eikhof, 1973) oder Zwangsbeiträge (z. B. Steuern) angesetzt werden (Olson, 1965).

Erläuterung: In Deutschland fanden und finden viele K.en als Demonstration gegen Atomkraftwerke zum Zweck des Schutzes gegen atomare Strahlung statt.

Kollektives Selbstwertgefühl (Collective self-esteem): → Selbstwertgefühl

Kommunikation (Communication): Bezeichnet den verbalen oder nonverbalen Bedeutungsaspekt (→ Bedeutung) der sozialen → Interaktion. In der K. findet eine Informationsübertragung zwischen Sender und Empfänger statt. Die K. beruht auf fünf Elementen, die sich in Anlehnung an Lasswell (1948) mit der folgenden Frage verdeutlichen lassen: „Wer sagt was über welches Medium und bezogen auf welche Verhaltensweise zu wem?"

Grundsätzlich unterscheidet man zwischen verbaler und → nonverbaler Kommunikation (Argyle, 1996). Beide Formen der K. können sich gegenseitig ergänzen (z. B. durch eine Geste wird ein sprachlicher Inhalt verdeutlicht) oder miteinander interferieren (z. B. jemand lächelt, während er/sie eine traurige Nachricht erzählt). Bis zu einem gewissen Ausmaß scheinen verschiedene Kommunikationskanäle sich gegenseitig ersetzen zu können (→ Erregungsmodell interpersoneller Intimität).

Wiemann & Giles (1996) betonen eine funktionale Betrachtung der K., die darin zum Ausdruck kommt, dass durch K. interpersonelle → Kontrolle ausgeübt werden kann. Wenn z. B. jemand einen Gesprächspartner darum bittet, ihm einen Gefallen zu tun, wird dadurch kommuniziert, dass der Bittsteller glaubt, → sozialen Einfluss auf den Gesprächspartner zu haben. Eine andere Funktion ist die → Gesellung.

Krauss & Fussell (1996) stellen die Bedeutung des gegenseitigen Austausches von mentalen Repräsentationen bei K.en heraus, der durch unterschiedliche Forschungsparadigmen (Paradigma der Enkodierung/Dekodierung, intentionalistisches Paradigma, Paradigma der → Perspektivenübernahme und dialogisches Paradigma) untersucht werden kann.

Eine K. enthält neben dem manifesten Inhalt auch zusätzliche Bedeutungen, die unter dem Begriff der Metakommunikation zusammengefasst werden. Darunter versteht man den Bedeutungsanteil der K., der über die inhaltliche Bedeutung hinausgeht. Schulz v. Thun (1981) hat vier Bedeutungen einer K. unterschieden, die auch als die vier Seiten einer Nachricht bezeichnet werden: 1. der manifeste Inhalt, 2. der Beziehungsaspekt zwischen Sender und Empfänger, 3. die → Selbstöffnung (bzw. Selbstoffenbarung) des Senders und 4. die Appellfunktion im Sinne einer Aufforderung an den Empfänger, in bestimmter Weise tätig zu werden. Der Begriff K. erhält durch das → Internet ein neues Anwendungsfeld (Boos, Jonas & Sassenberg, 2000).

Erläuterung: Watzlawick (2000) stellt fest: „Man kann nicht nicht kommunizieren". Auch wer in einer Beziehungssituation schweigt, statt mit dem Gegenüber zu sprechen, bringt damit eine Botschaft zum Ausdruck (z. B. Ratlosigkeit).

Kommunikationsnetz (Communication network): Bezeichnet das Muster der Verbindungen unter Individuen in einer → Gruppe, die → Kommunikation ermöglichen. In 5-Personen-Gruppen lassen sich die folgenden grundlegenden K.e unterscheiden (vgl. Leavitt, 1951; Hellriegel, Slocum & Woodman, 1992): Stern, Y, Kette, Kreis und Vollmuster. (Weitere Muster werden von Shaw, 1964, besprochen.)

Das K. wirkt sich auf unterschiedliche Merkmale aus: 1. Ausmaß der Zentralisation: Ausmaß, in dem einzelne Mitarbeiter mehr Kommunikationskanäle haben als andere, 2. Vorhersagbarkeit der Führungsrolle: Sicherheit, mit der das Einnehmen einer Führungsrolle (→ Führung) vorhergesagt werden kann, 3. Durchschnittliche Gruppenzufriedenheit und 4. Variationsbreite der Zufriedenheit zwischen den Mitgliedern. Das Sternmuster und das Y liegen hoch auf 1. und 2., niedrig auf 3. und hoch auf 4. Die Kette liegt auf allen Merkmalen im mittleren Bereich. Der Kreis und das Vollmuster liegen niedrig auf 1. und 2., im Mittelbereich oder hoch auf 3. und niedrig auf 4.

Die Entwicklung neuer leistungsfähiger und kostengünstiger Informationstechnologien – vor allem die Verbreitung der E-mail als Basistechnologie der Kommunikation in → Organisationen – trägt dazu bei, dass die Kommunikation im Berufsbereich dezentraler wird. Zur Analyse von Kommunikationsflüssen in der Praxis werden zumeist verschiedene Varianten der Netzwerkanalyse verwendet (Beck & Orth, 1995).

Erläuterung: In vielen Unternehmen sind alle Arbeitsplätze durch E-mail-Adressen miteinander verknüpft, so dass jeder Mitarbeiter von seinem Computer aus mit jedem anderen Informationen austauschen kann (Intranet). Als nach dem Wechsel der Bundeshauptstadt von Bonn nach Berlin viele Ministerien geteilt wurden, konnte der Kommunikationsfluss zwischen den Mitarbeitern durch das → Internet aufrechterhalten werden.

Kompetenz (Competence): Bezeichnet die Verfügbarkeit von → Handlungen, die darauf abgestimmt sind, Anforderungen und Probleme in der Umwelt zu bewältigen. Der Begriff K. betont das „gewusst wie eine Lösung erreicht werden kann" anstelle des reinen Faktenwissens. Nach erfolgreicher Lösung eines Problems stellt sich das Kompetenzgefühl ein. Das Kompetenzgefühl ist eine generalisierte Erwartung, dass die zur Verfügung stehenden Handlungsmuster und Strategien der Handlungsregulation wahrscheinlich zu einer erfolgreichen Bewältigung anfallender Probleme führen werden. Ein verwandter Begriff ist der des → Selbstvertrauens.

In verschiedenen kognitiven Theorien wird der Begriff der K. dem Begriff der Performanz gegenübergestellt. Damit wird auf den Umstand verwiesen, dass neben der Verfügbarkeit der kognitiven Voraussetzungen für eine Problembewältigung noch andere Faktoren mit darüber entscheiden, ob es zu einer Realisierung der Problembewältigung kommt oder nicht. Neben Situations- oder Umweltbedingungen spielen dabei Motivationsfaktoren und Fähigkeiten sowie Strategien der Handlungsregulation und Handlungskontrolle eine wichtige Rolle wie z. B. die Fähigkeit zum → Belohnungsaufschub oder zur Abschirmung gegen konkurrierende Handlungsimpulse sowie die Anstrengungsbereitschaft und die beharrliche Verfolgung einer Zielsetzung (→ Anspruchsniveau, → Leistung).

Eine inhaltliche Spezifizierung von K.en lässt sich nur im Hinblick auf abgegrenzte Verhaltens- und Handlungsbereiche vornehmen (z. B. sprachliche K., mathematische K., → soziale K.). Die biologische und motivationale Grundlage der K. wurde von White (1959) in seiner Theorie der → Effektanz-Motivation dargestellt, in der angenommen wird, dass K. einen hohen Anpassungswert für den Organismus besitzt. Danach ist K. die Fähigkeit eines Organismus, effektiv mit der Umwelt zu interagieren, die durch → Exploration entwickelt wird. Diese Fähigkeit entwickelt sich nicht zufällig, sondern auf der Grundlage des angeborenen Strebens nach Effektanz, die sich speziell im → Spiel zeigt.

Erläuterung: Die OECD-Studie Pisa 2000, die im internationalen Vergleich dem deutschen Bildungssystem einen unteren Mittelplatz bescheinigt hat, betont K. anstelle von Faktenwissen. So wird z. B. Lesekompetenz („reading literacy") auf der Grundlage von drei Teilleistungen definiert: Informationsgewinnung, Textinterpretation, Bezug zur Wirklichkeit herstellen.

Kompetenzgefühl (Subjective competence): → Kompetenz

Komplementärbedürfnis (Complementary need): → Theorie der komplementären Bedürfnisse

Komplexität (Complexity): → Wert-Pluralismus-Modell

Kompromiss (Compromise): → Austauschtheorie, → „Equal share, optimal joint profit"-Austausch, → Verhandeln

Konditionierung (Conditioning): Bezeichnet Prozesse der Veränderung der Auftretenswahrscheinlichkeit von Reaktionen bei Tieren und Menschen, die auf → klassischer Konditionierung oder → operanter Konditionierung beruhen.

Konfigurationskonzept (Configuration concept): Bezeichnet in der → Attributionstheorie von Kelley (1973), dass ein Beurteiler zur Erklärung eines einzelnen Ereignisses auf im → Gedächtnis abgespeicherte Wissensstrukturen (→ Wissen) in Form eines → kausalen Schemas zurückgreifen kann, um ein Ereignis auf Ursachen zurückzuführen. Die wichtigsten K.e sind das → Aufwertungsprinzip und das → Abwertungsprinzip. Der Gegenbegriff ist → Kovariationskonzept.

Konfirmatorisches Hypothesentesten (Confirmatory hypothesis-testing): Bezeichnet die Tendenz, ausgewählte Informationen zu suchen, die eine Hypothese bestätigen anstelle einer unvoreingenommenen Sammlung von Informationen, die die Hypothese bestätigen oder widerlegen (Snyder & Swann, 1978). Das K. wird durch → illusorische Korrelationen und → retrospektive Irrtümer begünstigt (vgl. Leyens et al., 1999).

Erläuterung: Bei der Auswahl unter Stellenbewerbern berücksichtigt ein Personalverantwortlicher, welche → Eigenschaften in das Bild der Arbeitsplatzbeschreibung hineinpassen, während Eigenschaften, die diesem Bild widersprechen, von ihm vernachlässigt werden.

Konflikt (Conflict): Bezeichnet „die wahrgenommene Beeinträchtigung, Verletzung oder Gefährdung eines der Anliegen eines Subjektes A (einer Person, einer Gruppe, einer Institution) durch ein anderes Subjekt B", wenn die folgenden Bedingungen gegeben sind: A schreibt B → Verantwortung zu (→ Verantwortungsattribution), A verlangt von B eine Unterlassung bzw. Wiedergutmachung, und B lehnt dieses Ansinnen ab, ohne eine → Rechtfertigung oder eine → Entschuldigung zur eigenen Entlastung vorzubringen oder die Verantwortung zu bestreiten (Montada & Kals, 2001, S. 67). Generell wird zwischen intersubjektiven K.en (Synonym: → Soziale K.e) und intrapsychischen K.en unterschieden. Während erstere zwischen unterschiedlichen Personen auftreten, sind letztere innerhalb einer Person lokalisiert (z. B., wenn jemand sich zwischen zwei attraktiven Alternativen entscheiden muss; → Dissonanz).

Bei vielen K.en lässt sich neben der Oberflächenstruktur eine Tiefenstruktur finden, die auf den ersten Blick verborgen bleibt (→ Konfliktlösung). Die Tiefenstruktur ist häufig weder den Opponenten noch Beobachtern bewusst. Sie kann z. B. dadurch bedingt sein, dass ein Beziehungs-K. hinter einem Sach-K. besteht.

K. ist nach Lewin (1935) ein Spannungszustand, der entsteht, wenn zwei nahezu gleich starke Kräfte entgegengesetzter Richtung auf den Entscheidungsträger gerichtet sind. Generell lassen sich drei Grundformen dieser K.e unterscheiden: 1. Annäherungs/Annäherungs-K., 2. Vermeidungs/Vermeidungs-K. und 3. Annäherungs/Vermeidungs-K. Miller (1959) stellte die Annahme auf, dass in Annäherungs/Vermeidungs-K.en simultan sowohl Tendenzen, sich dem Ziel zu nähern (Annäherungsgradient), als auch solche, es zu vermeiden (Vermeidungsgradient), wirken. Weiterhin nahm er an, dass der Vermeidungsgradient steiler verläuft als der Annäherungsgradient, so dass mit zunehmender Zielnähe die Wahrscheinlichkeit zunimmt, dass der Vermeidungsgradient stärker als der Annäherungsgradient ausgeprägt ist.

Verschiedene Forschungsrichtungen befassen sich mit K.en: Die Motivationspsychologie kennzeichnet typische Bewältigungsformen von K.en (z. B. durch Aufstellung einer Bilanz von Vor- und Nachteilen, sowie durch → Normen, aus dem Felde gehen, Kurzschlusshandlungen, Neuorientierung). Die → Sozialpsychologie untersucht die Dynamik von intersubjektiven K.en, insbesondere → Interessenkonflikte und → Intergruppen-Konflikte. Die → Psychoanalyse schließlich befasst sich u. a. mit Konflikten, die einer → Neurose unterliegen.

K.e treten häufig im familiären und beruflichen Bereich auf. Weiterhin liegen sie im politischen, religiösen und weltanschaulichen Bereich vor (Thomae, 1974).

Erläuterung: Ein Ehepaar streitet sich, weil der Mann im Fernsehen ein Fußballspiel anschauen will, was die Frau stört. Hinter diesem sachlichen Streit steht ein Beziehungs-K., der darin zum Ausdruck kommt, dass die Frau meint, dass der Mann nicht genügend auf sie eingeht.

Konfliktlösung (Conflict resolution): (Synonym: Konfliktmanagement) Bezeichnet die Art und Weise, wie ein → sozialer Konflikt beendet wird. Nach Lamm (1975) stehen folgende Methoden zur Verfügung: 1. Kampf, 2. Verführung, 3. Eingehen auf → Bedürfnisse, 4. Befolgung sozialer → Normen, 5. Vermittlung, 6. kreatives Problemlösen und 7. Aushandeln (→ Verhandeln). Diese werden von Pruitt & Smith (1981) zu drei Konfliktlösungsstrategien zusammengefasst: 1. Einseitige Konzessionen (durch ein Eingehen auf die Bedürfnisse von anderen), 2. Drucktaktiken (durch Kampf unter Zuhilfenahme von → Drohungen, → Sanktionen, Verführung) und 3. Koordination (durch ein Aushandeln, um einen Kompromiss zu finden, durch Befolgung sozialer Normen, kreatives Konfliktlösen und Hinzuziehung von Vermittlern). K. erfolgt häufig in einer → Rechenschaftsepisode. Ein wichtiges Verfahren der K. unter Einbeziehung einer Dritten Partei ist die → Mediation (Montada & Kals, 2001).

Ein allgemeiner Grundsatz der K. wird als „flexible Rigidität" (Pruitt & Smith, 1981) bezeichnet, die folgendes Verhalten gegenüber dem Konfliktpartner beinhaltet: 1. Entschlossenheit zeigen, was eigene Forderungen anbelangt, die unabdingbar sind, und 2. Flexibilität zeigen, was Ziele angeht, die eine geringere Priorität haben. Die → graduelle und reziproke Initiative der Spannungsreduktion beinhaltet die Befolgung dieses Grundsatzes in der internationalen Politik.

Wichtig für die K. ist die Unterscheidung von Oberflächenstruktur und Tiefenstruktur eines Konflikts. Zwar gibt es Konfliktfälle, in denen eine direkte Unvereinbarkeit der Ziele gegeben ist (z. B. wird ein Sportler in einer Disziplin Meister, nachdem er seinen schärfsten Konkurrenten durch eine Beleidigung verunsichert hat), aber meist liegen verborgene Anliegen der Opponenten vor, die einer K. im Wege stehen und die deshalb thematisiert werden müssen, um zu einer dauerhaften K. zu kommen. *Erläuterung:* Eine Empfehlung zur Verhandlungsführung in festgefahrenen Verhandlungen lautet, einen übergeordneten Standpunkt einzunehmen und über die Mechanismen nachzudenken, die zur Eskalation des Konflikts beitragen (→ Metakommunikation).

Konfliktmanagement (Conflict management): →Konfliktlösung

Konformität (Conformity): Bezeichnet die Übereinstimmung der eigenen → Meinung oder des eigenen Handelns (→ Handlung) mit den → Normen und Standards der → Bezugsgruppe. K. resultiert oft aus der Orientierung an den Rollenerwartungen (→ Soziale Rolle) der → Mehrheit.

Eine Demonstration von K. beruht auf dem → autokinetischen Effekt (She-

rif, 1935). Schon bald wurde erkannt, dass zwischen K., die auf äußerer Anpassung beruht, und K., die auf der Übernahme der Vorgaben in die private Meinungsbildung beruht, unterschieden werden muss. Viele Personen geben dem Konformitätsdruck nach, indem sie sich öffentlich anpassen, ohne ihre persönlichen Überzeugungen entsprechend zu ändern.

Die Frage der äußeren oder inneren Anpassung wurde von Kelman (1958) durch die Unterscheidung von drei Grundlagen der K. Rechnung getragen: Nachgiebigkeit, → Identifikation und → Internalisierung. Nachgiebigkeit (compliance) ist in seiner Theorie des sozialen Einflusses dadurch definiert, dass ein Einfluss akzeptiert wird, um → Belohnung zu erzielen oder Bestrafung zu vermeiden (→ Sanktion). Als Folge davon unterscheidet sich die private von der öffentlichen Meinung. Die beiden weiteren Prozesse der Einflussnahme führen dazu, dass öffentliche und private Meinung übereinstimmen: Identifikation bedeutet, dass Einfluss, dessen Basis interpersonelle → Attraktion ist, akzeptiert wird, um eine → soziale Beziehung aufrechtzuerhalten. Internalisierung ist dadurch definiert, dass der Einfluss, dessen Basis Glaubwürdigkeit ist, mit dem Wertsystem (→ Wert) kongruent ist und damit unabhängig von einem bestimmten Kommunikator (→ Einstellungsänderung).

Identifikation und Internalisierung lassen sich nur bedingt voneinander abheben (Romer, 1979) und werden deshalb unter dem Begriff der normativen → Gebundenheit zusammengefasst, der die instrumentelle Gebundenheit als Ausdruck von Nachgiebigkeit gegenübergestellt wird (Moser, 1996). Unternehmen lassen sich danach unterscheiden, ob sie eher ein Wertsystem vertreten, das normative Gebundenheit erzeugt oder ein Anreizsystem, das instrumentelle Gebundenheit in den Vordergrund stellt (→ Organisationskultur).

Das Auftreten von K. wurde aus unterschiedlichen Perspektiven erklärt (→ Funktionalistisches Modell des sozialen Einflusses, → Genetisches Modell des sozialen Einflusses, → Rollentheorie). Das Gegenteil von K. ist Nonkonformismus.

Erläuterung: Asch (1951) konnte durch ein Experiment zeigen, dass Studierende, die die Länge von Linien beurteilten, ihre Urteile teilweise danach ausrichteten, wie andere Gruppenmitglieder urteilten, die Verbündete des Versuchsleiters waren und die instruiert wurden, übereinstimmend falsche Urteile abzugeben. Die K. mit den Verbündeten wurde auch beobachtet, wenn ihre Antworten offensichtlich falsch waren.

Konnotative Bedeutung (Connotative meaning): → Bedeutung, → Semantisches Differential, → Sprache

Konsensus (Consensus): → Falscher Konsensus-Effekt

Konsensusinformation (Consensus information): → ANOVA-Würfel

Konservatismus (Conservatism): → Ideologie

Konsistenz (Consistency): → Konsistenztheorie

Konsistenzinformation (Consistency information): → ANOVA-Würfel

Konsistenztheorie (Consistency theory): Ist ein Sammelbegriff für theoretische Ansätze, die von der Grundannahme ausgehen, dass Menschen bestrebt sind, ihre → sozialen Kognitionen wie z. B. → Meinungen, → Einstellungen und Verhaltensintentionen in psychologische Übereinstimmung zu bringen. Die K. geht auf Heider (1946, 1958) zurück. Als wichtige Ausformulierungen der K. sind die → Balancetheorie und die → Dissonanztheorie zu nennen.

Konstruktionsspiel (Construction game): Bezeichnet eine Form des →

Spiels, bei dem mit Hilfe von geeigneten Baumaterialien nach einem Plan bestimmte Objekte (wie Häuser, Geräte oder technische Vorrichtungen) gebaut werden. Nach Piaget (urspr. 1959) treten K.e in der Phase der konkret-logischen Operationen, also ab sieben bis acht Jahren, verstärkt auf (vgl. Oerter, 1999)

Erläuterung: Der 10-jährige Klaus baut ein Raumschiff aus Legosteinen zusammen, indem er einem detaillierten Bauplan folgt.

Kontakt-Hypothese (Contact hypothesis): Bezeichnet die Annahme, dass Kontakt zwischen Mitgliedern verschiedener → Gruppen unter bestimmten Voraussetzungen zu verringerten → Stereotypen und → Vorurteilen sowie zu einer Reduktion der → Intergruppen-Diskriminierungen führt (vgl. Jonas, 1998; Klink, Hamberger, Hewstone & Avci, 1998; Pettigrew, 1998; Pettigrew & Tropp, 2000). Neben der Herstellung von Kontakt sind fünf Voraussetzungen zu beachten, damit z. B. die Harmonie zwischen Mitgliedern unterschiedlicher ethnischer Gruppen erhöht wird: Gleicher Status der Interaktionspartner, Möglichkeit zum persönlichen Kennenlernen während des Kontakts, Verletzung der bestehenden Stereotype aufgrund von Verhalten, das von den Vorurteilen abweicht, soziale Unterstützung des Kontakts in der → Gemeinde und Herstellung von → Kooperation zwischen den Mitgliedern der Gruppen (→ Übergeordnetes Ziel). Es kommt also weniger auf die Quantität des Kontakts als vielmehr auf seine Qualität an, damit Kontakt zum Abbau von Vorurteilen beiträgt. Die K. lässt sich auch auf den → Ausländereffekt anwenden.

Erläuterung: Bei der Standortfindung für eine psychiatrische Klinik ergibt sich häufig für Verantwortliche in der Versorgungsplanung das Problem, dass die Bevölkerung an dem Ort, in dem die Klinik gebaut werden soll, mit einem „Ablehnungsstereotyp" gegenüber psychischen Kranken reagiert. Ein Interventionsansatz besteht darin, dass Bürger und Anwohner in die Vorstandsarbeit bzw. in die Arbeit der Trägervereine der Klinik verantwortungsvoll eingebunden werden und direkten Kontakt mit psychiatrischen Patienten haben (vgl. Rössler & Salize, 1995).

Kontingenzmodell (Contingency model): In dem K., das von Fiedler (1964) entwickelt wurde, wird einem aufgabenorientierten Führungsstil ein mitarbeiterorientierter Führungsstil gegenübergestellt. Nach Fiedler gibt es keinen generell günstigen Führungsstil (→ Verhaltensgitter), sondern die → Effektivität der Führung hängt von der situativen Kontrolle ab. Die zentrale Annahme lautet, dass bei hoher und niedriger situativer Kontrolle der aufgabenorientierte Führungsstil besonders effektiv ist, bei mittlerer situativer Kontrolle jedoch der mitarbeiterorientierte Führungsstil.

Der Führungsstil wird auf die → Persönlichkeit zurückgeführt. Als Indikator dieses dispositionalen Merkmals dient die Bewertung des schlechtesten Mitarbeiters (Least Preferred Coworker = LPC) auf → semantischen Differentialen (z. B. angenehm – unangenehm). Je negativer diese Bewertung (niedrige LPC-Führungspersönlichkeit), desto aufgabenorientierter und direktiver ist der Führungsstil; je positiver diese Bewertung (hohe LPC-Führungspersönlichkeit), desto mitarbeiterorientierter und permissiver ist der Führungsstil.

Die situative Kontrolle wird durch drei Dimensionen bestimmt: Gruppenatmosphäre (gut, schlecht), Struktur der Aufgabe (strukturiert, unstrukturiert) und Positionsmacht (stark, schwach). Jede dieser drei Dimensionen wird der Einfachheit halber dichotomisiert. Damit ergeben sich in einem 2x2x2-Schema acht Kombinationen, die unterschiedliche Ausprägung situativer →

Kontrolle kennzeichnen. So bedeutet gute Gruppenatmosphäre, hohe Struktur und starke Positionsmacht eine maximal günstige Führungssituation. Niedrige Gruppenatmosphäre, niedrige Struktur und schwache Positionsmacht schafft eine maximal ungünstige Situation. In beiden Fällen erweist sich empirisch eine niedrige LPC-Führungspersönlichkeit als besonders effektiv. Bei mittlerer Günstigkeit (z. B. gute Gruppenatmosphäre, niedrige Struktur, schwache Positionsmacht) ist eine hohe LPC-Führungspersönlichkeit effektiver. Diese Schlussfolgerungen wurden aus Untersuchungen an unterschiedlichen Gruppen (z. B. Basketballmannschaften, Panzerbesatzungen) gezogen.

Eine Folgerung aus dem K. besteht darin, dass der Führungserfolg von der Passung zwischen LPC-Ausprägung und Situation abhängt. Führungstrainings, die auf dem K. basieren, gehen davon aus, dass sich die Situation leichter verändern lässt als die Führungspersönlichkeit. Daher wird der Schwerpunkt darauf gelegt, dass eine bestimmte Person die für sie günstigste Führungssituation vorfindet (→ Normative Theorie der Führung). Ein Überblick über das K. findet sich bei Fiedler & Mai-Dalton (1995).

Eine Weiterentwicklung des K.s stellt die Theorie kognitiver Ressourcen dar (Fiedler & Garcia, 1987), in der jene situativen Faktoren identifiziert werden, die die Umstände aufzeigen, unter denen eine Führungskraft kognitive Kapazitäten (intellektuelle Fähigkeiten, → Wissen, Erfahrung) nutzen kann.

Erläuterung: Eine studentische Arbeitsgruppe erhält die Aufgabe, das K. auf der Grundlage des Beitrags von Fiedler (1964) zu beschreiben. Diese Aufgabe ist gut strukturiert. Wenn nun die Atmosphäre positiv ist und die Positionsmacht niedrig, sollte ein Tutor, der einen niedrigen LPC-Wert aufweist, am erfolgreichsten sein (da die Günstigkeit der Situation relativ hoch ist). Wenn hingegen dieselbe Aufgabe in einer schlechten Gruppenatmosphäre unter einem schwachen Tutor bearbeitet wird (mittlere Günstigkeit der Situation), ist ein hoher LPC-Wert effektiver.

Kontrafaktisches Denken (Contrafactual thinking): → Simulations-Heuristik

Kontrast-Effekt (Contrast effect): Bezeichnet eine Tendenz von Beurteilern, ein Objekt, das eine mittlere Beurteilung (bei isolierter Beurteilung) erhält, einerseits relativ positiv zu beurteilen, wenn ihm ein negativ beurteiltes Objekt vorangeht (positiver K.), und andererseits relativ negativ zu beurteilen, wenn ihm ein positiv bewertetes Objekt vorausgeht (negativer K.). K.e können auch durch extreme Anker ausgelöst werden, die weit außerhalb der Stimulusserie liegen. Der K. steht im Gegensatz zum → Assimilations-Effekt. K.e sind Bestandteil der → Theorie der Reizklassifikation.

Erläuterung: Ein Prüfling (mit durchschnittlicher Prüfungsleistung) wird vermutlich in der Tendenz schlechter benotet, wenn vor ihm ein besonders guter Kandidat geprüft worden ist.

Kontrolle (Control): Bezeichnet die Meinung, dass man eine Reaktion zur Verfügung hat, die die aversiven Konsequenzen eines Ereignisses beeinflussen kann (Thompson, 1981, S. 89). Dieser Begriff der K. ist subjektiv, so dass er mit einer → Illusion der Kontrolle kompatibel ist. Wenn K. über ein Ereignis objektiv gegeben ist, spricht man von → Kontrollierbarkeit des Ereignisses. Eine weitere Bedeutung des Begriffs der K. findet sich bei Rotter (1966), der von → Kontrollüberzeugung spricht. Danach unterscheiden sich Menschen darin, inwieweit sie das → Gefühl haben, in ihrem Verhalten durch die Umwelt bestimmt zu sein oder auf die Umwelt bzw. das eigene Verhalten Einfluss zu haben (→ Persönlichkeit).

Vier Formen der K. lassen sich unterscheiden: 1. Verhaltenskontrolle beinhaltet die Meinung, dass man eine Verhaltensweise zur Verfügung hat, durch die sich die aversiven Konsequenzen eines Ereignisses beeinflussen lassen (im Idealfall: beenden lassen). 2. Kognitive Kontrolle ist die Meinung, dass man kognitive Strategien zur Verfügung hat, um die aversiven Konsequenzen eines Ereignisses zu beeinflussen (z. B. → Informationssuche, → Informationsvermeidung). 3. Information beinhaltet eine Warnung vor dem aversiven Ereignis oder eine genauere Beschreibung seiner Natur. 4. Retrospektive Kontrolle bezieht sich auf die Meinung darüber, welche Ursache für das Auftreten eines Ereignisses verantwortlich war, das in der Vergangenheit aufgetreten ist.

In ihrer Theorie der auf die Lebensspanne bezogenen K. unterscheiden Heckhausen & Schulz (1995) zwischen primärer und sekundärer K. Während primäre K. der Bewältigung von Problemen in der Umwelt durch aktives Handeln im Dienste der Bedürfnisbefriedigung der Person gewidmet ist, bezieht sich sekundäre K. darauf, kognitive Anpassungen zu erreichen, wenn ein Ziel nicht mehr verwirklicht werden kann, so dass sich die Person an die unvermeidlichen Zwänge der Umwelt anpassen kann. In diesem Zusammenhang ist es funktional, wenn unerreichbare Ziele aufgegeben werden und durch erreichbare Ziele ersetzt werden sowie wenn → positive Illusionen geformt werden. Hingegen ist es dysfunktional, wenn unerreichbare Ziele weiter aufrecht erhalten werden oder wenn die Person → Selbstbehinderung betreibt.

Wenn K. bedroht ist, kann ein → Kontrollverlust eintreten, wie er in der → Theorie der gelernten Hilflosigkeit analysiert wird, oder es werden verstärkte Bemühungen zur Wiederherstellung der K. ausgelöst, wie dies in der → Reaktanztheorie angesprochen wird. Das Streben nach K. gilt als ein zentrales → soziales Motiv, das sich auf die → Effektanz-Motivation nach White (1959) zurückführen lässt (→ Kompetenz). Es wird als motivationale Grundlage der → Attribution angesehen. K. kann → Stress bei aversiven Ereignissen reduzieren, was in der → Internalitäts-Hypothese und der → Minimax-Hypothese thematisiert wird.

Erläuterung: Über die Unterscheidung von vier Formen der K. hinaus lässt sich noch eine weitere Differenzierung durchführen (Miller, 1980): 1. instrumentelle Kontrolle und 2. zeitliche Kontrolle. Instrumentelle Kontrolle liegt vor, wenn die Reaktion dazu führt, ein aversives Ereignis abzukürzen oder zu mildern. Zeitliche Kontrolle ist vorhanden, wenn eine Person selbst bestimmen kann, wann der aversive Reiz auftritt, jedoch den Reiz als solchen nicht verändern kann.

Kontrollierbarkeit (Controllability): K. über ein Ereignis liegt dann vor, wenn eine individuelle Reaktion die Auftretenswahrscheinlichkeit des Ereignisses beeinflusst (Miller, 1980). Die Wahrscheinlichkeit des Ereignisses bei Vorhandensein der Reaktion unterscheidet sich von der Wahrscheinlichkeit des Ereignisses bei Nichtauftreten der Reaktion. Von K. lässt sich Vorhersagbarkeit unterscheiden: Während K. mit konkreten Handlungsmöglichkeiten verbunden ist (→ Handlung), bezieht sich Vorhersagbarkeit lediglich auf das → Wissen über Ereignisse, das in Informationen enthalten ist. K. stellt auch eine Dimension der → Attribution dar. Eine kontrollierbare Ursache zeichnet sich dadurch aus, dass der Akteur ihre Ausprägung ändern kann (z. B. die → Anstrengung steigern oder verringern kann), während eine unkontrollierbare Ursache weniger leicht durch willentliche Beeinflussung zu ändern ist (z. B. Intelligenz).

Erläuterung: Die Verwendung eines Antiviren-Programms ermöglicht dem Computernutzer eine Kontrolle über die Verbreitung von Viren, die sich auf seinem Computer eingenistet haben (→ Internet).

Kontrollüberzeugung (Locus of control): Ist ein Konzept von → Kontrolle, das als Persönlichkeitsvariable bei Rotter (1966) die generalisierte Überzeugung einer Person zum Ausdruck bringt, dass sie ihr Schicksal selbst bestimmt (internale K.) bzw. dass andere ihr Schicksal bestimmen (externale K.; vgl. Krampen, 1989; Mielke, 1982). Externale K. beinhaltet → Fatalismus, während internale K. mit Selbstverantwortung einhergeht (→ Protestantische Ethik). Häufig wird die externale K. in die Überzeugung, dass der Zufall regiert, und die Überzeugung, dass mächtige Andere regieren, unterteilt.

K. ist auch eine → Attributionsdimension, die beinhaltet, ob die Ursache eines Ereignisses in der Person liegt (internale Zuschreibung) oder in der Situation (externale Zuschreibung). Andere Bezeichnungen sind Lokalisation und Verortung von Ursachen.

Erläuterung: In Spielbanken und an Spielautomaten finden sich viele Spieler, die eine internale K. aufrechterhalten, obwohl das Ergebnis durch Zufall determiniert ist.

Kontrollverlust (Loss of control): Bezeichnet eine vollständige oder partielle Reduktion von → Kontrolle. K. kann aufgrund eigener Erfahrungen mit unkontrollierbaren Ereignissen oder aufgrund der Beobachtung von Personen, die Ereignissen gegenüber Kontrollprobleme zeigen, eintreten. K. ist subjektiv als Meinung definiert, die mit den objektiven Kontingenzen übereinstimmen kann, aber nicht muss. Fortgesetzter K. führt zu → Hilflosigkeit und → Hoffnungslosigkeit. Je nach → Persönlichkeit fällt die Reaktion auf K. unterschiedlich aus (→ Typ-A-Verhalten).

Erläuterung: Typ-A-Personen sind stärker von K. in Stresssituationen betroffen als Typ-B-Personen, da sie ein stärkeres Interesse aufweisen, → Stress zu kontrollieren und empfindlicher reagieren, wenn sie feststellen, dass sie aversive Reize nicht kontrollieren können (vgl. Glass, 1977).

Konvention (Convention): → Norm

Kooperation (Cooperation): Bezeichnet die Maximierung des gemeinsamen Gewinns in interpersonellen Austauschsituationen (→ Austauschtheorie). Begrifflich lässt sich zwischen K. als eine Form von → sozialem Verhalten (Griesinger & Livingstone, 1973) und als ein → soziales Motiv (Maki, Thorngate & McClintock, 1979) unterscheiden. Das Kooperationsmotiv, das auch als Kooperationsorientierung (→ Soziale Orientierung) bezeichnet wird, ist durch das Ziel gekennzeichnet, den größten gemeinsamen Gewinn für alle Beteiligten zu erreichen. Kooperatives Verhalten beruht in einer konkreten interpersonellen Entscheidungssituation (→ Entscheidung) auf einer Präferenz für die Alternative, die den gemeinsamen Gewinn maximieren kann. Kooperatives Verhalten wird unter bestimmten Bedingungen auch bei egoistischer Orientierung gewählt. Nach Axelrod (1984) zahlt sich K. in → sozialen Konflikten für die beteiligten Parteien generell aus, wie Computersimulationen zeigen. In der Gruppenforschung hat sich kooperatives Verhalten als wesentlich effektiver als konkurrierendes Verhalten erwiesen (Deutsch, 1949; Johnson & Johnson, 1982). K. hat für die → Effektivität der Führung eine große Bedeutung (vgl. Spieß, 1998). Die → Dreieckshypothese befasst sich mit der Frage, wie Personen, die sich an K. orientieren, die Orientierung ihrer Partner einschätzen. Der Gegenbegriff ist → Wettbewerb.
Erläuterung: Eine in → experimentellen Spielen häufig untersuchte Konfliktsituation stellt das → Gefangenendilemma dar, das alltäglichen Konfliktsituationen sehr nahe kommt. Bei einem nicht nur einmal, sondern mehrmals durchgeführten Gefangenendilemma hat sich die → „Tit-for-Tat"-Strategie zur Bewältigung von Konfliktsituationen durch K. bewährt.

Korrelation (Correlation): Bezeichnet ein statistisches Maß des Zusammenhangs zwischen zwei Merkmalen. Je höher der Korrelationskoeffizient, desto enger ist der Zusammenhang. Er kann Werte zwischen −1 und +1 annehmen. Positive Koeffizienten kennzeichnen einen positiven Zusammenhang, negative Koeffizienten einen negativen Zusammenhang.
Statistisch betrachtet ergibt sich die K. als Summe der Produkte der standardisierten Werte jeder Untersuchungseinheit auf den Merkmalen. Diese Summe wird durch die Anzahl der Einheiten geteilt. Eine andere Darstellung besteht darin, dass die Kovarianz durch das Produkt der Streuungen der beiden Messreihen geteilt wird. Die Kovarianz ist die Summe der Produkte der einander entsprechenden Messwerte auf beiden Variablen, die durch N geteilt wird.
In der → Faktorenanalyse dienen K.en als Grundlage der Berechnung. Der Zusammenhang zwischen mehreren Prädiktoren und einem Kriterium wird durch die multiple K. zum Ausdruck gebracht (→ Multiple Regression).
Erläuterung: Zwischen selbst-eingeschätzter → physischer Attraktivität und → Selbstwertgefühl findet sich eine Korrelation, die über .30 liegt: Wer ein höheres Selbstwertgefühl hat, schätzt sich selbst eher als gut aussehend ein (Feingold, 1992).

Korrespondenzneigung (Correspondence bias): → Fundamentaler Attributionsfehler

Kosten (Cost): Bezeichnet die tatsächlichen oder erwarteten negativen Konsequenzen einer → Handlung. K. können materiell oder psychisch sein. Schwartz (1975) unterscheidet vier K.-Arten: 1. soziale K. (wie Ablehnung, Zurückweisung), 2. physische K. (z. B. spezifische Anstrengungen, Gefahren, Schmerzen und Zeitverlust), 3. psychische K., die durch eine veränderte → Wahrnehmung des → Selbst entstehen (z. B. → Gefühl der eigenen Inkompetenz, der mangelnden Leistungsfähigkeit und der fehlenden Durchsetzungsfähigkeit) und 4. moralische K., die bei Verweigerung einer Hilfeleistung oder Indifferenz gegenüber Bedürfnissen anderer entstehen (= Unterkategorie der psychischen K., z. B. Selbstkritik, Verlust an → Selbstwertgefühl, → Schuld). K. stellen eine Basiskategorie der → Austauschtheorie dar.

Erläuterung: Eine Scheidung verursacht nicht nur materielle, sondern auch psychische K. Diese kommen in Trauer über das Scheitern der Ehe und in dem seelischen Stress, der mit → Konflikten einhergeht, die vielfach mit der Auflösung der Ehe verbunden sind, zum Ausdruck.

Kovarianz (Covariance): → Korrelation

Kovariationskonzept (Covariation concept): Bezeichnet in der → Attributionstheorie von Kelley (1967, 1973), dass ein Ereignis von einem Beurteiler auf die Bedingung attribuiert wird, die vorhanden ist, wenn das Ereignis auftritt, und nicht vorhanden ist, wenn das Ereignis ausbleibt. Das K. wurde der Logik der Versuchsplanung von Experimenten entnommen, die beinhaltet, dass Unterschiede in der Ausprägung der abhängigen Variable zwischen einer Versuchs- und Kontrollbedingung auf die Variation der unabhängigen Variable zurückzuführen ist (Methode der Differenz nach J.S. Mill). Die Anwendung des K.s setzt Mehrfachbeobachtungen voraus. Im Einzelnen werden in die Betrachtung einbezogen: 1. Personen, 2. Zeitpunkte und 3. Entitäten bzw. Stimuli (→ ANOVA-Würfel).

Das K. führt zu der Hypothese, dass eine → Attribution auf die Person stattfindet, wenn der Effekt bei einer einzelnen Person über verschiedene Zeitpunkte und Stimuli hinweg gleich bleibt. Eine Attribution auf das Stimulusobjekt wird vollzogen, wenn der Effekt bei einem bestimmten Stimulusobjekt über verschiedene Personen und Zeitpunkte hinweg gleichermaßen auftritt. Eine Attribution auf den Zeitpunkt (bzw. die Umstände) tritt schließlich ein, wenn der Effekt nur zu einem bestimmten Zeitpunkt auftritt. Der Gegenbegriff ist → Konfigurationskonzept.

Erläuterung: Der Spielfilm „Banditen", in dem u. a. Bruce Willis mitspielt, spricht im Unterschied zu anderen Filmen den Humor der Zuschauer an. Daher werden die häufigen Anzeichen von Amüsement bei den Zuschauern während der Vorführung in unterschiedlichen Kinos und an unterschiedlichen Tagen auf diesen speziellen Spielfilm und nicht auf spezielle Zuschauer oder den speziellen Kinopalast zurückgeführt.

Kritisches Lebensereignis (Critical life event): Bezeichnet eine einschneidende Veränderung in der Biographie, die einen Übergangsprozess im Lebenslauf auslöst (Filipp, 1995). Die Veränderung kann sich kurzfristig oder langfristig auswirken und kann mehr oder weniger plötzlich eintreten. Das K. kann als Bedrohung wahrgenommen werden, so dass das Erleben negativ getönt ist. Allerdings wird das Erleben entscheidend durch die subjektive Interpretation des K.ses beeinflusst (→ Subjektive/objektive Umwelt). Durch das K. wird die → Ökologie der menschlichen Entwicklung betroffen, da die Balance der Anpassung zwischen Individuum und Umwelt durch das K. nachhaltig gestört werden kann. Die Bewältigung des K.ses (→ Bewältigung von Stress) beinhaltet eine Neuanpassung an die veränderten Lebensbedingungen. Diese kann sowohl durch Gefühle von Verlust, Resignation und → Hilflosigkeit begleitet sein als auch durch ein entschlossenes Anpacken der resultierenden Probleme, Eigeninitiatve und Mut zum Neubeginn.

Erläuterung: → Scheidung wird als ein K. interpretiert (Beelmann & Schmidt-Denter, im Druck), da sie eine bedeutsame Zäsur in der Biographie der Ex-Partner darstellt. Als Folge wird bei ihnen das vermehrte Auftreten von depressiven Verstimmungen und von Gefühlen der Inkompetenz berichtet. Bei den Kindern geschiedener Eltern werden unmittelbar nach der Trennung verstärkt Verhaltensstörungen beobachtet, wenn die Beziehung zum Ex-Partner sehr negativ beurteilt wird (→ Konflikt).

Kultur (Culture): Bezeichnet das Vorhandensein von gemeinsamen → Meinungen über → Werte, → Normen, Symbole und Rituale in einer gesellschaftlichen → Gruppe oder in der Gesellschaft insgesamt. Eine Verwirkichung von K. findet sich z. B. als → Gruppenkultur und → Organisationskultur.

Mit K. befassen sich mehrere Wissenschaftsdisziplinen. Dazu zählt die Kulturanthropologie (→ Anthropologie), die → Soziologie und die → Sozialpsychologie (Shweder & Sullivan, 1993; Thomas, 1996a,b). Der Prozess des individuellen Erwerbs von kulturellem → Wissen wird in der → Sozialisation beschrieben. K. unterliegt einem fortgesetzten Prozess der Veränderung.

Erläuterung: Jugendkultur, wie sie durch die Love-Parade in Berlin repräsentiert wird, veranschaulicht die K. einer bestimmten gesellschaftlichen Gruppe.

Kulturelles Stereotyp (Cultural stereotype): → Stereotyp

„Labeling": → Etikettierung

Laien-Dispositionismus (Lay dispositionism): Ist ein von Ross & Nisbett (1991) verwendeter Begriff, der sich auf die Tendenz von Beobachtern bezieht, das Verhalten von Akteuren durch personale Faktoren zu erklären (→ Fundamentaler Attributionsfehler), obwohl bekannt ist, dass die Akteure unter Zwang gehandelt haben. Die „Überattribution auf die Person" (Quattrone, 1982) lässt sich mit der → Anker-Heuristik erklären (Jones, 1979). Der Inhalt einer → Kommunikation wird zunächst als Anker genommen, so dass der Kommunikator mit dem vertretenen Standpunkt identifiziert wird. Die Information über den vorhandenen Zwang bei der Erstellung der Kommunikation wird aufgrund des anfänglich gebildeten Ankers nur unzureichend berücksichtigt. Eine Neuinterpretation des L. beruht auf der Annahme, dass eine Personattribution automatisch stattfindet, bevor eine bewusste Einbeziehung von Rahmenbedingungen erfolgt, die mit der ursprünglichen Perspektive verrechnet werden, allerdings unzureichend (Gilbert & Malone, 1995).

Erläuterung: In einem Experiment von Jones, Riggs & Quattrone (1979) ergab sich eine besonders starke Überattribution von → Einstellungen auf die Person, wenn Beurteiler erst nach dem Lesen eines Aufsatzes die Information erhielten, dass der Verfasser den Inhalt des Aufsatzes unter Zwang geschrieben hatte (verglichen mit der Bedingung, in der die Information über den Zwang im vorhinein gegeben wurde).

Laien-Epistemologie (Lay epistemology): → Theorie der Laien-Epistemologie

Lehrererwartungs-Effekt (Teacher expectancy effect): Liegt vor, wenn aufgrund von positiven Vorinformationen, die der Lehrer zur Verfügung hat, die → Leistung eines Schülers in der Klasse verbessert werden kann bzw. wenn aufgrund von negativen Vorinformationen eine Leistungsverschlechterung des Schülers eintritt. Die erste Demonstration des L.s wurde in einem Schulversuch von Rosenthal & Jacobson (urspr. 1968) geliefert. Der L. zeigt sich sowohl in den Noten als auch in Intelligenztestleistungen. Nachfolgende Studien konnten den L. ebenfalls nachweisen, allerdings nur unter bestimmten Bedingungen (Raudenbush, 1984).

In der 4-Faktoren-Theorie werden Annahmen darüber gemacht, wie es zu L.en kommt (Harris & Rosenthal, 1985): Positive Lehrererwartungen führen zu einer freundlicheren Beziehung zu den betroffenen Schülern, die von ihnen als unterstützend wahrgenommen wird. Außerdem werden ihnen eher anspruchsvolle Aufgaben gestellt, sie erhalten realistischere leistungsbezogene → Rückmeldungen und mehr Gelegenheit, sich am Unterricht zu beteiligen. L.e können sich letztlich in → sich-selbst-erfüllenden Prophezeiungen niederschlagen (vgl. Jussim, Eccles & Madon, 1996; Ludwig, 1995).

Erläuterung: Der ehemalige Klassenlehrer kündigt dem neuen Klassenlehrer an, dass bestimmte Schüler Hervorragendes leisten. Als Folge davon wird die Leistung der betreffenden Schüler erhöht.

Leidenschaft (Passion): Stellt eine der Facetten der → Liebe dar, die in der → Dreieckstheorie (Sternberg, 1986) behandelt werden. L. wird auf einen motivationalen Prozess zurückgeführt, der das Niveau der physiologischen → Erregung erhöht. Der Verlauf der Erregung über die Zeit wird durch die → „Opponent-Process"-Theorie erklärt, aus der sich die Annahme ableiten lässt, dass das positive → Gefühl in der Anfangsphase einer Liebesbeziehung stärker erlebt wird als in einer späteren Phase und dass Gefühle der Niedergeschlagenheit folgen können.

Erläuterung: Die US-amerikanischen Schauspieler Mikey Rourke und Kim Basinger spielen in dem Film „9 1/2 Wochen" ein Paar, in dem der Mann die L. der Frau für seine sexuellen Interessen missbraucht.

Leistung (Achievement, Performance): Nach Heckhausen (1989) kann eine → Handlung als L. bezeichnet werden, wenn: 1. ein messbares Ergebnis erzeugt wird, 2. die Handlung Anforderungen an die Fähigkeit oder den Kraftaufwand (→ Anstrengung) stellt, 3. die Aufgabenanforderungen in ihrem Schwierigkeitsgrad so gestaltet sind, dass die Handlung prinzipiell gelingen oder misslingen kann, 4. zur Beurteilung der (Handlungs-)Ergebnisse Gütestandards (→ Bezugsnorm) herangezogen werden und 5. das (Handlungs-)Ergebnis vom Handelnden intendiert wurde. L. als erfolgreiches Handeln wird im Englischen mit dem Begriff „achievement" bezeichnet. Die dispositionale Bereitschaft, L. zu erbringen (Leistungsmotiv), wird durch situative → Anreize zur aktuellen → Leistungsmotivation angeregt. Die Vorbereitung, Durchführung und Bewertung von L. lässt sich im Rahmen eines Handlungsmodells darstellen (→ Rubikon-Modell der Handlungsphasen).

Erläuterung: Ein Basketballspieler bewältigt einen schwierigen Trainingsparcours einschließlich eines „Tiefendribblings" (den Ball 4.20 Meter weit unter einer Begrenzung von 50 cm Höhe aufzutippen) und eines Korbwurfs (Heckhausen & Strang, 1988).

Leistungsmotivation (Need for achievement): Bezeichnet die aktualisierte Bereitschaft, → Leistung zu erbringen und Ausdauer zu zeigen. L. ist das am häufigsten thematisierte → Motiv aus der Motivliste von Murray (urspr. 1938). Grundsätzlich lassen sich zwei Komponenten der L. unterscheiden (Heckhausen, 1989): Hoffnung auf Erfolg und Furcht vor Misserfolg. Atkinson (1964) berücksichtigte beide Komponenten in seinem Risikowahl-Modell, in dem ein Gegensatz zwischen Hoffnung auf Erfolg und Furcht vor Misserfolg bzw. zwischen dem → Motiv, Erfolg aufzusuchen, und dem Motiv, Misserfolg zu meiden, angenommen wird:

Die Stärke der Motivationstendenz, Erfolg aufzusuchen, erscheint als multiplikative Verknüpfung von der Motivstärke Hoffnung auf Erfolg (M_s), subjektive Erfolgswahrscheinlichkeit (P_S) und Anreizwert des Erfolges (I_S), also

$$T_S = M_S \times P_S \times I_S.$$

Die Stärke der Motivationstendenz, Misserfolg zu meiden, ergibt sich als multiplikative Verknüpfung der Motivstärke von Furcht vor Misserfolg (M_F), subjektiver Misserfolgswahrscheinlichkeit (P_F) und Anreizwert des Misserfolges (I_F), also

$$T_F = M_F \times P_F \times I_F.$$

Entscheidend ist nun die Annahme, dass P und I in Beziehung stehen:

$$I_S = 1 - P_s$$
$$I_F = 1 - P_F$$

Weiterhin wird angenommen

$$P_S + P_F = 1$$

Da $P_F = 1 - P_S$ und $I_S = 1 - P_S$ folgt,

$$P_F = I_S$$

Da $P_S = 1 - P_F$ und $I_F = 1 - P_F$ folgt,

$$P_S = I_F$$

Für die resultierende Tendenz (T_R) ergibt sich dann:

$$T_R = T_S - T_F$$
$$= (M_S \times P_S \times (1 - P_S)) (M_F \times (1 - P_S) \times P_S)$$

Somit werden zwei unabhängige Dispositionsdeterminanten und eine situative Determinante für die Ausprägung der gesamten L. relevant. Da die Dispositionen relativ stabil sind, muss angenommen werden, dass situative Einflüsse auf T_R nur über P_S vermittelt werden können. Eine weitere Implikation besteht darin, dass Unterschiede zwischen den Motivgruppen bei schweren und leichten Aufgaben relativ gering sein sollten im Vergleich zu mittelschweren Aufgaben. Bei mittlerer Schwierigkeit werden T_S und T_F in maximalem Ausmaß aktiviert. Bei Überwiegen von M_S gegenüber M_F sollte bei mittlerer Erfolgswahrscheinlichkeit die stärkste Annäherungstendenz an die Leistungssituation ausgelöst werden. Umgekehrt sollte bei Überwiegen von M_F bei mittlerer Erfolgswahrscheinlichkeit die stärkste Vermeidungstendenz auftreten. Zur Erfassung von M_S und M_F werden häufig ausgewählte TAT-Bilder bzw. die „Test Anxiety Scale" (deutsche Bearbeitung von Fisch & Schmalt, 1970) verwendet, um dann – oft nach Trennung über den Median – die zwei gesuchten Motivgruppen zu unterscheiden: $M_S > M_F$ vs. $M_F > M_S$.

Spätere Analysen haben die L. im Zusammenhang mit → Attributionen für Erfolg und Misserfolg gebracht (→ Attributionsdimension; Schmalt, 1996). Weiterhin wurde sie durch das → Rubikonmodell der Handlungsphasen neu interpretiert (Gollwitzer, 1996).

Erläuterung: Die Messung von Hoffnung auf Erfolg und Furcht vor Misserfolg kann durch den TAT erfolgen (Heckhausen, 1963) oder auch mit der Gitter-Technik (Schmalt, Sokolowski & Langens, 2000). L. im beruflichen Kontext kann u. a. mit dem Leistungsmotivationsinventar (LMI) von Schuler & Prochaska (2001), das 17 Dimensionen berufsbezogener L. erfasst (z. B. Beharrlichkeit, Leistungsstolz, Wettbewerbsorientierung), untersucht werden.

Leistungsängstlichkeit (Test anxiety, Performance anxiety): (Synonym: Prüfungsängstlichkeit, Schulängstlichkeit) Bezeichnet eine bereichsspezifische Angstneigung, die ursächlich und/oder auslösend im Rahmen von schulischen Lehr-, Lern- und Leistungssituationen auftritt und eine situationsspezifische Aktualisierung von → Ängstlichkeit darstellt (Krohne, 1996).

Erläuterung: L. kann diagnostisch u. a. mit dem Prüfungsängstlichkeitsinventar (TAI-G) von Hodapp (1991) erfasst werden und ist über Interventionen in Form von → Rollenspielen und → Psychotherapie beeinflussbar.

Lernen am Modell (Modeling): → Modelllernen, → Sozial-kognitive Lerntheorie

Liebe (Love): Bezeichnet eine kulturabhängige Vorstellung, die nach Averill (1985) vier Komponenten aufweist: 1. Idealisierung der geliebten Person, 2. unvermittelter Beginn des → Gefühls („Liebe auf den ersten Blick"), 3. Auftreten von physiologischer → Erregung und 4. längerfristige → Bindung an die geliebte Person und Opferbereitschaft ihr gegenüber. Nach Shaver, Wu & Schwartz (1992) ist L. als eine emotionale Basiskategorie zu verstehen. Rubin (1974) unterscheidet nach einer Analyse philosophischer und religiöser Schriften drei Liebeskomponenten: 1. physische und emotionale Abhängigkeit vom Partner, 2. Wunsch, den Partner zu umsorgen, und 3. eine auf → Vertrauen basierende → Kommunikation mit dem Partner.

Diese drei Komponenten der L. kommen auch in der → Dreieckstheorie der L. von Sternberg (1986) zum Ausdruck. L. lässt sich nach dem → Verstärkermodell der interpersonellen Attraktion (Byrne, 1971) in quantitativer Hinsicht und nach dem Teilmenge-Menge-Ansatz von Sternberg (1987) in qualitativer Hinsicht von Mögen abgrenzen. Wichtige konzeptuelle/theoretische Ansätze in der Liebesforschung konzentrieren sich z. B. auf → Liebesstile, auf den → Prototyp der L., auf die → Theorie der leidenschaftlichen L. oder auf die → Exklusivität der Beziehung (vgl. Kirchler, Rodler, Hölzl & Meier, 2000).

Erläuterung: Der US-amerikanische Schauspieler und Regisseur Robert Redford spielt in dem Film „Der große Gatsby" einen reichen Geschäftsmann, dessen L. zu einer Frau (gespielt von Mia Farrow) viele Jahre überdauerte, obwohl beide sich zwischenzeitlich aus den Augen verloren hatten.

Liebe auf den ersten Blick (Love at first sight): → Liebe

Liebesstil (Love style): Bezeichnet eine Differenzierung der → Liebe aufgrund unterschiedlicher Erlebnis- und Erfahrungsweisen in → engen Beziehungen. Aufgrund der zugrunde liegenden Prozesse der Liebe lassen sich nach Lee (1976; vgl. auch Kelley, 1983) verschiedene L.e unterscheiden: 1. Romantische Liebe (Eros): Eine Person wird durch die geliebte Person unmittelbar angezogen und zeigt physiologische → Erregung und sexuelles Interesse, 2. Besitzergreifende Liebe (Mania): Ist durch eine Betonung der → Exklusivität der Beziehung und durch → Eifersucht charakterisiert, 3. Freundschaftliche Liebe (Storge): Aus einer langen Bekanntschaft oder → Freundschaft entstehen gemeinsame Interessen und Aktivitäten, die im Mittelpunkt der Beziehung stehen (kameradschaftliche Liebe in der Terminologie von Berscheid & Walster, 1974), 4. Spielerische Liebe (Ludus): Gekennzeichnet durch sexuelle Freiheit und Verführung der Partner, ohne dass eine feste → Gebundenheit beabsichtigt wird, 5. Pragmatische Liebe (Pragma): Vorherrschen einer Nutzenorientierung, wonach es sinnvoll ist, einen Partner zu haben, um z. B. eine größere Wohnung zu finanzieren oder Kinder zu bekommen, und 6. Altruistische Liebe (Agape): Das Wohl und die Bedürfnisse der geliebten Person sowie der Wunsch, sich dafür einzusetzen, stehen im Vordergrund der Aufmerksamkeit (→ Austauschtheorie).

Die L.e werden durch Fragebogen gemessen (Bierhoff, Grau & Ludwig, 1993; Hendrick & Hendrick, 1989). L.e lassen sich als → Einstellungen interpretieren, in die persönliche Vorstellungen über Liebe einfließen (Davis & Roberts, 1985), die wiederum kulturellen Einflüssen unterliegen (Sprecher et al., 1994). In bestimmten Kultur- und Kunstepochen kommen einzelne L.e besonders stark zum Ausdruck.

Erläuterung: Der romantische L. wird in Shakespeares Tragödie „Romeo und Julia" (→ Romeo-und-Julia-Effekt) dargestellt.

Liebestrieb (Love instinct): In der Trieblehre von Freud (urspr. 1940) wird eine Unterscheidung zwischen zwei Grundtrieben getroffen: L. und → Todestrieb. Der L. hat das Ziel nach → Bindung. Er dient der Herstellung größerer organischer Einheiten. Andere Bezeichnungen sind Eros und Lebenstrieb. Im L. sind zwei biologische Grundtendenzen enthalten, die noch in früheren triebtheoretischen Konzeptionen im Rahmen des topographischen Modells angenommen wurden (vgl. Battegay, 1996; Schmidt-Hellerau, 1995): die Selbsterhaltung (Ich-Triebe) und die Arterhaltung (Sexualtriebe oder Libido). Der Begriff „Eros" wird in der sozialpsychologischen Beziehungsforschung im Zusammenhang mit → Liebesstilen verwandt.

Erläuterung: Der Eros des Menschen wird z. B. in antiken Wandmalereien in Pompeji in Form von Geschlechtsakten zwischen Mann und Frau dargestellt.

Logik (Logic): → Kovariationskonzept, → Theorie der Laien-Epistemologie, → Syllogismus

Lokale Gerechtigkeit (Local justice): → Verteilungsgerechtigkeit

„Low-ball"-Technik (Low-ball technique): Ist eine → Einflusstechnik, bei der eine Person mit einer Eingangsforderung bedacht wird, die relativ niedrig ist, so dass diese von ihr mit großer Wahrscheinlichkeit angenommen wird. Auf diese Eingangsforderung folgt dann die eigentliche Forderung oder Hauptforderung, bei der die ursprünglichen Ausgangsbedingungen für die Einwilligung in die Eingangsforderung von der beeinflussenden Person verändert werden und unter denen die beeinflusste Person auch weiterhin mit großer Wahrscheinlichkeit an ihrer ursprünglichen → Entscheidung festhalten wird (Cialdini, Cacioppo, Bassett & Miller, 1978). Die L. baut auf der → Gebundenheit einer Person gegenüber ihrer ursprünglichen → Entscheidung auf.

Erläuterung: Ein Autoverkäufer bietet einem potentiellen Kunden ein Auto in Höhe von € 1.400,- unter dem Listenpreis an. Nachdem der Kunde sich zum Kauf entschlossen hat, lässt der Verkäufer den Kunden den Kaufvertrag unterschreiben und händigt diesem noch zusätzliches Prospektmaterial aus. Danach fällt dem Verkäufer plötzlich ein, dass er z. B. die Ledersitze im Preis irrtümlicher Weise noch nicht berücksichtigt hat, so dass er den Preis doch wieder um € 1.400,- erhöhen muss, soll das Geschäft nicht am Ende noch wegen Einspruch durch die Geschäftsführung des Autohauses scheitern.

Loyalität (Loyalty): → „Exit-voice-loyalty-neglect"-Typologie

Lügen (Lying): Bezeichnet ein verbales und → nonverbales Verhalten einer Person, das zum Zweck des Verbergens von etwas oder der Irreführung anderer erfolgt (vgl. DePaulo, Lanier & Davis, 1983; DePaulo et al., 1996).

L. können durch → Sprache, Stimme, Körpersprache und Gesichtsmimik verraten werden (Ekman, 1985). Allerdings gibt es keine eindeutigen Indikatoren für L. Im Sprachlichen können Versprecher und ausweichende Antworten auf L. hindeuten. Indirektes Sprechen, Pausen, Sprechfehler und Verwendung von wenigen Illustratoren (Untermalung des Gesagten durch Körpersprache) deuten auf die Tendenz des Sprechers oder der Sprecherin, sorgfältig auszuwählen, was er oder sie sagt, und damit indirekt auf L. Weiterhin verweist eine höhere Tonlage und lautes, schnelles Sprechen auf → Ängste, die möglicherweise durch die Situation des L.s entstehen. Schließlich deuten Änderungen der Atmungsfrequenz, Schwitzen, vermehrtes Schlucken und ein trockener Mund auf starke → Emotionen hin, die durch L. ausgelöst werden können.

Die Auffindung von L. wird durch zwei Fehlerquellen eingeschränkt: Wenn eine Person gewohnheitsmäßig Verhaltensweisen zeigt, die tendenziell mit L. zusammenhängen, wird ihre wahrgemäße Aussage leicht als L. interpretiert. Außerdem besteht die Möglichkeit, dass eine Person aufgeregt ist, weil sie befürchtet, als Lügner entlarvt zu werden, obwohl sie die Wahrheit sagt. Ein Problem bei der Verwendung von Lügendetektoren besteht darin, dass Psychopharmaka die üblichen Reaktionen des autonomen Nervensystems auf Anspannung unterdrücken können.

Nicht-wahrheitsgemäße Aussagen müssen nicht unbedingt auf L. zurückgehen, sondern können auch durch Wahrnehmungs- oder Erinnerungsfehler i.S. eines Irrtums bedingt sein. L. kann dem → Eindrucksmanagement dienen. Die → angewandte Sozialpsychologie zum L. hat sich u. a. auf die forensisch-psychologische Glaubwürdigkeitsdiagnostik und auf die alltagspsychologische Bedeutung der „Lügendetektion" erstreckt (Fiedler, 1989; Sporer & Küpper, 1995).

Erläuterung: Franz sagt gegenüber Karin, die an ihm Interesse hat und sich gerne mit ihm verabreden möchte, er habe keine Zeit, weil er viel arbeiten müsse. Tatsächlich hätte er aber Zeit für ein Treffen, möchte aber keinen Kontakt zu ihr.

Lustprinzip (Pleasure principle): Bezeichnet in der → Psychoanalyse die jedem Menschen innewohnende Tendenz, nach Lust zu streben, d. h. seine Bedürfnisse sofort und vollständig zu befriedigen und Unlust zu vermeiden: In Freuds „topologischem Modell", das eine Unterscheidung zwischen Unbewusstem, Vorbewusstem und Bewusstem enthält (Freud, urspr. 1895), bzw. im Strukturmodell, das zwischen den psychischen Instanzen → Es, → Ich und →

Über-Ich unterscheidet (Freud, urspr. 1923), unterliegt das Unbewusste bzw. das Es dem L., das die psychischen Primärprozesse regelt (vgl. Leichsenring & Hiller, 1990). Dem L. steht das → Realitätsprinzip gegenüber. Die Befolgung des L.s entspricht einer geringen Fähigkeit zum → Belohnungsaufschub und schränkt die Selbstkontrolle ein. In diesem Sinne interpretieren Long & Lerner (1974) den Belohnungsaufschub als Voraussetzung dafür, dass das Kind das L. aufgibt.

Erläuterung: Bei vielen älteren Kindern bzw. Erwachsenen, die überwiegend noch in ihrem Erleben und Verhalten vom L. gesteuert werden, sind → Neurosen auffällig (vgl. Hoffmann & Hochapfel, 1995).

Machiavellismus (Machiavellism): Bezeichnet eine individuelle Neigung, andere Personen zu manipulieren und auszubeuten, um dadurch eigene Ziele zu erreichen. Im Mittelpunkt steht die egoistische Zielverwirklichung, während das Interesse an dem Wohlergehen anderer gering ist.

Eine bekannte historische Figur, auf die der Begriff des M. zurückzuführen ist, ist der italienische Adelige Niccolò Machiavelli, der durch sein 1532 erschienenes Buch zur Machtpolitik „Il Principe" bekannt wurde. Nach Christie & Geis (1970) sind vier Merkmale für das Persönlichkeitsmerkmal (→ Persönlichkeit) M. kennzeichnend: 1. gefühlsmäßige Distanzierung in interpersonellen Beziehungen, 2. fehlende → Gebundenheit an herkömmliche Moralvorstellungen („Der Zweck heiligt die Mittel"), 3. hohe Realitätsangepasstheit und Rationalität und 4. geringe ideologische Bindung.

M. wird mit einem Fragebogen gemessen, dessen deutsche Fassung von Henning & Six (1977) vorgelegt wurde und der Feststellungen enthält wie „Es ist nicht so wichtig, wie man gewinnt, sondern dass man gewinnt" (vgl. Wilson, Near & Miller, 1996). Eine verwandte Persönlichkeitsdimension ist die → autoritäre Persönlichkeit.

Erläuterung: Das Verhalten von manchen Führungskräften, die Organisationsberater heranziehen, um betriebliche Veränderungen einzuleiten, kann unter bestimmten Bedingungen als machiavellistisch gedeutet werden: Nach Machiavelli empfiehlt sich nämlich folgendes, um das Vertrauen von unterstellten Mitarbeitern zu gewinnen und trotzdem für diese unangenehme Erneuerungen durchzusetzen: „Man nehme einen energischen Mann, gebe ihm umfassende Vollmachten und ziehe sich eine Weile von der öffentlichen Bühne zurück. Wenn die Ordnung erneuert ist, setzt man den ungeliebten Neuerer ab. Man bestraft ihn wegen seiner echten oder vermeintlichen Übergriffe. So gewinnt man die Zuneigung derer zurück, die unter der Reform gelitten haben" (Schmidbauer, 1997, S. 185).

Macht (Power): Bezeichnet die Fähigkeit eines Gruppenmitglieds (z. B. Paul), auf andere Gruppenmitglieder (z. B. Karin) → sozialen Einfluss zu nehmen. Das Ausmaß der M. von Paul hängt von dem Unterschied ab, der für Karin in den Konsequenzen entsteht, wenn Paul zwischen der für sie günstigsten Alternative und der für sie ungünstigsten Alternative wechselt. Je größer die Differenz in den Konsequenzen, desto größer die M. Thibaut & Kelley (1959) sprechen in diesem Zusammenhang von → Schicksalskontrolle.

Je nach dem Ursprung der M. unterscheidet man nach einer Typologie von French & Raven (1959) folgende Machtbasen: 1. Belohnungs-M.: resultierend aus der Fähigkeit, spezifische → Belohnungen (Belobigung, Anerkennung, Bezahlung etc.) auszuteilen, 2. → M. durch Bestrafung: resultierend aus der Möglichkeit, negative → Sanktionen gegenüber jenen auszuteilen, die Forderungen

und Wünsche nicht erfüllen, 3. Legitimations-M.: resultierend aus der Autorität, die mit einer bestimmten → Position verbunden ist (z. B. Entscheidungs- und Vollzugsmacht), 4. Experten-M.: resultierend aus dem Glauben an die Qualifikation des Experten, Aufgaben angemessen zu analysieren, zu evaluieren und zu kontrollieren, und 5. Referenz-M., die auf → Identifikation mit dem Machtinhaber beruht (z. B. weil man an ihn oder sie glaubt). Raven (1993) hat die ursprüngliche Typologie auf elf Grundlagen der M. ausdifferenziert und dazu einen Fragebogen entwickelt (Raven, Schwarzwald & Koslowsky, 1998). M. in Organisationen kommt in der Beziehung zwischen Vorgesetzten und Mitarbeitern zum Ausdruck (Greene & Podsakoff, 1981; Podsakoff & Schriesheim, 1985).

Erläuterung: Marcel Reich-Ranicki gilt als der einflussreichste deutsche Literaturkritiker mit Expertenmacht. Gefürchtet ist seine Art, Werke von Schriftstellern zu kritisieren, die von Betroffenen manchmal als herabsetzend wahrgenommen wird.

Macht durch Bestrafung (Coercive power): Stellt eine Basis von → Macht dar. → Handlungen, die mit M. einhergehen, sind: 1. → Drohungen (z. B. die Mitteilung, dass eine Absicht der Schädigung besteht, 2. körperliche → Gewalt (z. B. durch Schlagen, Beißen, Treten) und 3. soziales Strafen (z. B. durch soziale → Deprivation). Tedeschi & Quigley (1998) erklären auf der Grundlage von M. die instrumentelle → Aggression.

Erläuterung: Mitarbeiter in → Organisationen stellen gelegentlich nach einem Fehlverhalten fest, dass sie von Vorgesetzten nicht mehr gegrüßt oder im Postverteiler nicht mehr berücksichtigt werden.

Makrogerechtigkeit (Macro justice): → Verteilungsgerechtigkeit

Makrosystem (Macrosystem): Bezeichnet die subkulturellen und kulturellen Bedingungen in einem sozialen System, die sich durch bestimmte → soziale Strukturen und → Ideologien kennzeichnen lassen (Bronfenbrenner, 1981; → Ökologie der menschlichen Entwicklung).

Erläuterung: Für Kinder ist die Kinderfreundlichkeit einer Gesellschaft von großer Bedeutung, da sie sich auf die Gestaltung von → Mikrosystem, → Mesosystem und → Exosystem auswirkt. Deutschland gilt z. B. als weniger kinderfreundliches Land.

Management: → Führung

Manipulation (Manipulation): → Einflusstechnik

Manipulative Absicht (Manipulative intent): → Vertrauen

Märtyrertum (Martyrdom): → Soziale Orientierung

Maskulinität (Masculinity): → Androgynie, → Geschlechter-Stereotyp, → Wert

Massenpsychologie (Crowd psychology): Bezeichnet einen historischen Vorläufer der → Sozialpsychologie, der eng mit dem Namen von LeBon (urspr. 1895) verbunden ist. Die M. dient dazu, die Irrationalität, Emotionalität und „Primitivität" des Verhaltens von Menschen in großen Gruppen auf der Grundlage von medizinischen Erklärungsmustern (Ansteckung, hypnotische → Suggestion) und kriminologischen Vorstellungen (Herabsetzung der → Verantwortung in der Massenseele) begreiflich zu machen. Die M. kann historisch als abwehrende Reaktion gebildeter Kreise auf die Verbreitung der Demokratie und des Gedankens, dass alle Menschen gleich sind, angesehen werden (vgl. Moscovici, 1986). Neuere Forschungen zu Aspekten der M. finden sich unter den Stichworten → Deindividuation, → Dichte und Enge, → Intergruppen-Verhalten, → Intergruppen-Aggression und → Modelllernen.

Erläuterung: In der M. wurde davon ausgegangen, dass analog dem Krankheitsübertragungsweg durch Bakterien auch eine „mentale Ansteckung" von → Affekten in Massen erfolgt.

„Matching"-Hypothese (Matching hypothesis): Bezeichnet die Annahme, dass Partner in → engen Beziehungen durch → Ähnlichkeit ihres Aussehens gekennzeichnet sind. Nach der M. sollte jemand, der einen Partner oder eine Partnerin sucht, darauf aus sein, dass die gesuchte Person der eigenen → physischen Attraktivität angeglichen ist.

Die M., die aus der Theorie des → Anspruchsniveaus abgeleitet wurde, hat gemischte empirische Bestätigung erfahren (vgl. Berscheid, Dion, Walster & Walster, 1971). Es wird angenommen, dass sie primär vor der Kontaktaufnahme wirksam wird, jedoch nicht, wenn ein Kontakt schon aufgenommen worden ist, also wenn es um die Aufrechterhaltung einer schon angebahnten Beziehung geht.

Erläuterung: Nach der M. passten die Hollywood-Schauspieler Nicole Kidman und Tom Cruise zusammen.

Mediation (Mediation): Bezeichnet ein Verfahren der → Konfliktlösung, die in der Regel außergerichtlich erfolgt und von einem Mediator geleitet wird. Das Ziel besteht darin, eine einvernehmliche Streitbeilegung unter den Opponenten zu erreichen, die freiwillig zustande kommt. Dazu dient die Suche nach Gewinner-Gewinner-Lösungen, die von den Opponenten gleichermaßen als Erfolg gewertet werden (Montada & Kals, 2001). Anwendungsfelder sind die Überwindung von Streitigkeiten in den Bereichen Arbeit und Beruf, Familienrecht und Umweltfragen (→ Umweltverantwortung, → Verteilungsgerechtigkeit).

Die M. umfasst sechs Phasen, die mit Vorbereitung, Problemerfassung, Konfliktanalyse, Konfliktbearbeitung, Mediationsvereinbarung und Evaluation der Lösung umschrieben werden können. Die M. orientiert sich an den Regeln der → Verfahrensgerechtigkeit. Ein besonderer Schwerpunkt der M. liegt darauf, die Tiefenstruktur eines → Konflikts einzubeziehen.

Erläuterung: Ein Beispiel für M. ist die Vermittlung zwischen Personen, die sich um ein Erbe streiten. Während es einem der Erben darum geht, die Erinnerung an den Verstorbenen zu wahren, geht es dem zweiten darum, einen materiellen Vorteil zu erzielen, während der dritte anstrebt, eine Anerkennung dafür zu bekommen, dass er sich in den letzten Jahren intensiv um den Verstorbenen gekümmert hat. Eine einvernehmliche Lösung kann darin bestehen, dass symbolische Gegenstände behalten werden, während andere Gegenstände verkauft werden. Außerdem kann die Pflegeleistung eines der Erben dadurch berücksichtigt werden, dass er sich die Gegenstände auswählen kann, die er behalten möchte.

Mehrheit (Majority): Bezeichnet die Majorität der Gruppenmitglieder, die sich auf eine bestimmte → Einstellung, → Meinung oder einen → Wert geeinigt haben. Die M. reagiert auf abweichende Auffassungen der → Minderheit häufig defensiv. Dazu zählt die → Rechtfertigung des eigenen Standpunkts, Erhöhung der → Gruppenhomogenität oder sogar → Feindseligkeit und → Aggression. Langfristig lässt sich die M. aber gelegentlich von einer Minderheit überzeugen (→ Minderheiteneinfluss)

Erläuterung: Vielfach sind Menschen, die die Mehrheitsmeinung vertreten, kaum daran interessiert, „Flagge zu zeigen" und sich öffentlich zu äußern. Daher spricht man auch von der „schweigenden M.". Dieses Phänomen kommt auch in den Rücklaufquoten von Mitarbeiterbefragungen (→ Befragung) zum Ausdruck, da der Fragebogen im Allgemeinen zügig von den Mitarbeitern ausgefüllt wird, die besonders unzufrieden oder besonders zufrieden sind, während

die große M. derjenigen, die im Mittelbereich liegen, verzögert antwortet.

Meinung (Belief): M. über einen Sachverhalt oder eine Person lässt sich als ein Wahrscheinlichkeitsurteil über das Bestehen einer Verbindung zwischen einem Objekt und einem Attribut auffassen. Eine zweite Kategorie von M.en lässt sich als Glaube an etwas (= Akzeptanz der Existenz einer Gegebenheit, „belief in" im Gegensatz zu „belief about", Insko & Schopler, 1972) charakterisieren. M. stellt die kognitive Komponente der → Einstellung dar, die sich der bewertenden Einstellungskomponente gegenüberstellen lässt (→ Zwei-Komponenten-Modell der Einstellung).

Erläuterung: Siegfried glaubt, dass Politiker sich nicht für die Probleme der Menschen interessieren und unterstreicht seine M., indem er an sein Auto einen entsprechenden Sticker mit dem Spruch „Vorsicht vor Politikern" klebt. Außerdem glaubt Siegfried an Gott, so dass er an wichtigen Feiertagen in die Kirche geht.

Mengen-Effekt (Set-size effect): Besteht darin, dass der Gesamteindruck über eine Person extremer ausfällt, wenn die → Eindrucksbildung z. B. auf vier anstatt auf zwei positiven → Eigenschaften dieser Person beruht (Anderson, 1967; Himmelfarb, 1973). Die Polarisierung des Gesamteindrucks wird umso größer, je mehr gleich bewertete positive oder negative Eigenschaften über eine Person vorhanden sind. Bei jeder neu hinzukommenden Eigenschaft wird die zusätzliche Polarisierung immer geringer. Der Begriff M. stammt aus der → kognitiven Algebra.

Erläuterung: Die Verstärkung der Polarisierung der Eindrucksbildung bei drei gegenüber zwei gleichsinnigen Eigenschaften ist größer als bei neun gegenüber acht solcher Eigenschaften.

Mesosystem (Mesosystem): Nach Bronfenbrenner (1981) stellt das M. die

Beziehungen unter mehreren → „Behavior-Settings" dar, an denen das Individuum aktiv teilnimmt. Mit dem Begriff M. sind die Begriffe → Mikrosystem, → Exosystem und → Makrosystem verbunden (→ Ökologie der menschlichen Entwicklung).

Erläuterung: Die Verflechtungen zwischen der Schule, den Spielflächen und der Wohnung eines Kindes konstituieren sein M.

Metaanalyse (Meta-analysis): Bezeichnet einen forschungsintegrativen Ansatz, der herangezogen wird, um die Ergebnisse aus empirischen Einzelstudien in quantitativer Weise zusammenzufassen. Die M. wird häufig zur Abklärung des aktuellen Forschungsstandes zu einem Thema angewandt. Ihre Durchführung beruht auf statistischen Verfahrensweisen, die es ermöglichen, die Größe eines Effektes abzuschätzen, die üblicherweise in einer d-Statistik zum Ausdruck gebracht wird (Beelmann & Bliesener, 1994; Fricke & Treinies, 1985; Hedges & Olkin, 1985). Dieser Kennwert wird berechnet, indem die Differenz der Mittelwerte zwischen zwei Gruppen (z. B. Männer und Frauen) durch die über beide Gruppen gemittelte Standardabweichung innerhalb der Gruppen geteilt wird. d-Werte ab .80 deuten auf große Effekte, ab .50 auf moderate Effekte und ab .20 auf kleine Effekte (Cohen, 1969). Diese Interpretationen sind natürlich nur Konventionen. Die M. wurde ursprünglich von Rosenthal (1978, 1984) entwickelt.

Die Durchführung von M.n ist mit einer Vielzahl von Problemen verbunden. Dazu zählt die Tendenz, dass Studien, die Null-Ergebnisse aufweisen, geringere Chancen haben, veröffentlicht zu werden, als Studien, die signifikante Ergebnisse erzielen („file drawer problem" nach Rosenthal, 1979). Ein anderes Problem liegt darin, dass in einer M. Studien gleichberechtigt behandelt werden, die sich möglicherweise in ihrer methodischen Qualität deutlich unterscheiden (Kaiser et al., 2001). Diese Probleme sind durch geeignete Maßnahmen in ihrer Bedeutung abzuschätzen bzw. lösbar.

Die metaanalytische Methode hat auch deutliche Vorteile. So hat sie in kontroversen Themengebieten wie der Frage des Therapieerfolges unterschiedlicher Therapierichtungen zu einer Klärung der Fronten beigetragen (Smith, Glass & Miller, 1980). Ein anderer Vorteil liegt darin, dass bei Heterogenität der gefundenen Effekte die Möglichkeit besteht, die Quellen dieser Heterogenität zu isolieren und so die Bedingungen zu bestimmen, die große oder kleine Effekte hervorrufen (vgl. Knight, Fabes & Higgins, 1996).

Durch die Entwicklung der M. hat sich die → Sozialpsychologie (und die → Psychologie insgesamt) erheblich verändert. Ein Beispiel liefert die Fachzeitschrift „Psychological Bulletin", die bis Ende der 70er Jahre des vorigen Jahrhunderts nur qualitative Forschungsüberblicke enthielt, während seit den 80er Jahren M.n zunehmend an Bedeutung gewonnen haben. Ein anderes Beispiel ist das Themenheft der Zeitschrift Personality and Social Psychology Bulletin, 1991, Vol. 17/3, über „Meta-analysis in personality and social psychology".

Erläuterung: Die Analyse des Phänomens des → sozialen Faulenzens auf der Grundlage von 78 Studien ergab, dass Motivationsverluste in → Gruppen gut gesichert sind (Karau & Williams, 1993). Sie traten in 79 % der Vergleiche zwischen Einzel- und Gruppenbedingung auf. Die Effektgröße (d = .44) deutet darauf hin, dass der Effekt als klein bis mäßig eingestuft werden kann. Allerdings waren die Effektgrößen über die berücksichtigten Studien nicht homogen. Soziales Faulenzen war nur bei Aufgaben von geringer Bedeutung vorhanden und trat nur auf, wenn man erwartete, dass andere sich anstrengen würden (oder wenn darüber keine Information vorlag), aber nicht, wenn man erwartete, dass andere schwache Leistungen zeigen würden.

Metaethik (Metaethics): → Ethik

Metakommunikation (Meta-communication): → Kommunikation

Mikrogerechtigkeit (Micro justice): → Verteilungsgerechtigkeit

Mikropolitik (Micro politics): Bezeichnet in einer → Organisation Bestrebungen der Mitglieder, die zum Aufbau und Erhalt ihrer persönlichen → Macht betrieben werden (Neuberger, 1991) und die sich als Manipulationen im Geheimen bezeichnen lassen.

Erläuterung: Die Formung von Seilschaften und Informationsmonopolen dient einzelnen Mitarbeitern oder → Gruppen von Mitarbeitern in Unternehmen dazu, ihre Machtbasis aufzubauen (→ Ethik).

Mikrosystem (Microsystem): Nach Bronfenbrenner (1981) stellt das M. eine Bündelung von Aktivitäten, → sozialen Rollen und interpersonellen Beziehungen dar, die das Individuum in einer gegebenen Situation (→ „Behavior-Setting"), die durch bestimmte materielle Umweltmerkmale beschrieben werden kann, erlebt. Der Begriff M. weist Bezüge zu den Begriffen → Mesosystem, → Exosystem und → Makrosystem auf (→ Ökologie der menschlichen Entwicklung).

Erläuterung: Die Beziehung eines Kindes zu seinen Eltern und Geschwistern.

Milgram-Experiment (Milgram experiment): → Autoritätsgehorsam

Miller-Verhaltensstil-Skala (Miller-Behavioral-Style Scale): Ist ein Fragebogen, der verschiedene Dimensionen von → Bewältigungsstilen bei Gefahren erfasst (Miller, 1987). Die Probanden werden aufgefordert, sich vier potenziell be-drohliche Situationen vorzustellen (z. B. trotz Angst vor dem Fliegen in ein Flugzeug zu steigen) und eine Einschätzung von informationssuchenden und informationsvermeidenden Copingstrategien (z. B. „Ich würde sorgfältig die Sicherheitsinstruktionen lesen") vorzunehmen (→ Bewältigung von Stress).

Minderheit (Minority): Bezeichnet die Minorität der Gruppenmitglieder, die sich auf eine bestimmte → Einstellung, → Meinung oder einen → Wert verständigt haben. Häufig geht von der M. gewollt oder ungewollt ein → Minderheitseinfluss aus.

Erläuterung: Als die Partei der Grünen Anfang der 80er Jahre des 20. Jahrhunderts den Naturschutz „predigten", vertraten sie die Position einer M. (→ Umweltverantwortung).

Minderheitseinfluss (Minority influence): Bezeichnet den → sozialen Einfluss, den die → Minderheit auf die → Mehrheit ausübt. Moscovici (1979) interpretiert in seinem → genetischen Modell des sozialen Einflusses den M. als die entscheidende Kraft sozialer Veränderung. Er nimmt an, dass der M. im Gegensatz zum Einfluss der Mehrheitsgruppe eher subtil und langfristig wirkt. Danach sind es aktive, glaubwürdige und konsistente Minderheiten, die – obwohl sie von der Mehrheit nicht gemocht werden – → Innovation bewirken und bei der Majorität schließlich eine → Einstellungsänderung auslösen.

Quantitative Modelle des M.es sind die → „Social Impact"-Theorie (Latané, 1981) und das Modell des sozialen Einflusses (Tanford & Penrod, 1984). Beide Ansätze gehen davon aus, dass die ersten zwei oder drei Personen, die eine abweichende → Meinung vertreten, besonders einflussreich sind, während spätere Abweichler weniger Einfluss hinzufügen: In der Theorie des ideosynkratischen Kredits (Hollander, 1995), wird angenommen, dass eine abweichende Minderheitenmeinung dann eher von der Majorität akzeptiert wird, wenn es der Minorität gelungen ist, vorher durch konformes Verhalten (→ Konformität) und Beweise von → Kompetenz „zwischenmenschlichen Kredit" aufzubauen.

Erläuterung: Die Anti-Atomkraft-Bewegung in der Bundesrepublik am Anfang der 80er Jahre des 20. Jahrhunderts übte durch ihren aktiven Widerstand gegen den Atomstaat einen M. aus, der mit zeitlicher Verzögerung um die Jahrtausendwende politisch als Mehrheitswille umgesetzt wurde, indem der langfristige Ausstieg aus der Atomwirtschaft beschlossen wurde.

Minimax-Hypothese (Minimax hypothesis): Bezieht sich auf das Reaktionsmuster in aversiven Situationen (z. B. Elektroschocks oder Zahnbehandlung). Diese sind weniger belastend, wenn eine Person → Kontrolle darüber hat. Daher streben Personen danach, die maximale Bedrohung zu minimalisieren, statt sich einem → Kontrollverlust auszusetzen. Ohne → Kontrollierbarkeit weiß die betroffene Person nicht, wie lange sie einem intensiven Schmerz ausgesetzt sein wird. Die maximale Länge, Intensität oder Häufigkeit des Schmerzes ist also jenseits der eigenen Einflussmöglichkeiten. Wenn die Kontrolle über die Beendigung eines aversiven Ereignisses durch die betroffene Person selbst ausgeübt wird, kann sie sicher sein, in der Zukunft das Ausmaß der Erfahrung von → Stress eingrenzen zu können. Die Beendigung des Stresses hängt dann von der eigenen Reaktionszeit bzw. Schnelligkeit des Handelns ab. Eine verwandte Hypothese ist die → Internalitäts-Hypothese.

Erläuterung: In einem Elektroschockexperiment, in dem die Person auf einen Knopfdruck den Schock beenden kann, dauert das aversive Ereignis so lange, wie es dauert, den Knopf zu betätigen. Der Kontrollgewinn kommt darin zum Ausdruck, dass man eine sta-bile Ursache (etwa die eigene Reaktionszeit) als Kontrollmechanismus gegenüber instabilen Ursachen bevorzugt (→ Attribution). Daraus folgt, dass man persönliche Kontrolle aufgeben sollte, wenn eine andere zuverlässige Person eine schnellere Reaktion zur Beendigung der aversiven Stimulation zur Verfügung hat (z. B. der Zahnarzt). In Übereinstimmung mit der M. ergab sich, dass unter diesen Umständen eher externale Kontrolle als internale Kontrolle gewählt wurde (Miller, 1980).

Mitarbeiterorientierung (Consideration): → Kontingenzmodell, → Verhaltensgitter

Mitgefühl (Empathy): → Empathie

Mitgliedschaftsgruppe (Membership group): → Bezugsgruppe

Mitsprache (Voice): „Exit-voice-loyalty-neglect"-Typologie

„Mobbing": → Stressor

Mobilisierungs-Minimalisierungs-Hypothese (Mobilization-minimalization hypothesis): Beinhaltet die Annahme, dass eine Person bei der Wahrnehmung negativer Ereignisse kurzfristig mit einer Mobilisierung ihrer kognitiven Ressourcen in der Auseinandersetzung mit den Ereignissen und langfristig mit einer Minimalisierung der Auswirkungen reagiert. Hingegen wird auf positive Ereignisse kurzfristig mit weniger Mobilisierung und langfristig mit weniger Minimalisierung reagiert (Taylor, 1991).

Erläuterung: Die M. steht mit Annahmen der → Soziobiologie in Einklang, wonach ein Organismus in Gefahrensituationen aufmerksam und schnell reagieren muss, um zu überleben.

Modell alltäglicher Attributionen (Model of commonsense attributions): Besagt, dass einfache gegenüber komplexen Ursachenzuschreibungen bevorzugt werden und dass die Bestätigung einer Hypothese leichter zu interpretieren ist als ihre Widerlegung. Nach diesen Annahmen werden bestimmte Informationen in unterschiedlichem Ausmaß bei externalen und internalen Ursachenzuschreibungen herangezogen: Eine externale Attribution wird hauptsächlich von → Konsensusinformationen abhängig gemacht, während eine internale → Attribution hauptsächlich von → Distinktheitsinformationen beeinflusst wird (Hansen, 1980).

Als Begründung wird einerseits auf das → Aufwertungsprinzip und → Abwertungsprinzip verwiesen und andererseits auf das „Schema der hinreichenden Ursache" (Jones & Davis, 1965; → Hinreichende Ursache). Letzteres besagt, dass ein Beurteiler, wenn er oder sie eine hinreichende Ursache für das Auftreten eines Ereignisses gefunden hat, die Suche nach einer angemessenen Attribution abbricht und nicht mehr alle zur Verfügung stehenden Informationen für eine Attribution vollständig ausschöpft, wie es auf der Grundlage des → ANOVA-Würfels zu erwarten wäre.

Was den zeitlichen Ablauf angeht, wird Folgendes angenommen: Der Beobachter eines Ereignisses beginnt den Attributionsprozess mit einer „naiven Kausalhypothese". Zur Verifizierung dieser Hypothese werden dann Informationen gesucht, die die Hypothese stützen. Sind Informationen (z. B. Distinktheits- oder Konsensusinformationen) zugänglich, die die naive Kausalhypothese hinreichend stützen können, wird der Attributionsprozess abgebrochen.

Erläuterung: Untersuchungsergebnisse zeigen, dass die Plausibilität eines psychologischen Sachverhalts, der durch die erklärungsstärkste Annahme begründet wird, nicht weiter gesteigert werden kann, indem weniger erklärungsstarke Annahmen hinzugefügt werden (Bierhoff, 1991).

Modell der Aufrechterhaltung der Selbstbewertung (Self-evaluation maintenance model): Ist eine von Tesser (1988) entwickelte Theorie, wonach man das individuelle → Selbstwertgefühl als das Ergebnis eines dynamischen Prozesses verstehen kann. Die Grundannahme besteht darin, dass Personen bestrebt sind, ihr Selbstwertgefühl zu maximieren (→ Theorie des Selbst-(wert)schutzes und der Selbst(wert)erhöhung). Das Selbstwertgefühl wird als abhängig von zwei voneinander unabhängig ablaufenden Prozessen angesehen: 1. dem Reflektionsprozess und 2. dem sozialen Vergleichsprozess.

Der Reflektionsprozess zeigt sich in der individuellen Tendenz, sich mit anderen Personen zu assoziieren, die sich in (Leistungs-)Situationen als erfolgreich gezeigt haben. Er entspricht dem → „Basking in reflected glory". Der soziale Vergleichsprozess (→ Sozialer Vergleich) bezieht sich auf die Tendenz von Personen, → soziale Vergleiche mit anderen durchzuführen. Die Stärke beider Prozesse hängt davon ab, ob ein hohes vs. niedriges Leistungsergebnis einer Zielperson vorliegt und ob diese der beurteilenden Person nahe steht („Einheitsbeziehung" im Sinne von Heider, 1958). Unter Nähe wird eine psychologische „Geschlossenheit" verstanden, die darin zum Ausdruck kommt, dass die Zielperson z. B. in ihrem Alter, Geschlecht, ihrer Nationalität, ihren → Einstellungen, → Werten, Hobbys oder ihrem familiären Hintergrund mit der beurteilenden Person übereinstimmt.

Das Auftreten von Reflektionsprozess und sozialem Vergleichsprozess hängt davon ab, inwieweit das von der Zielperson gezeigte Verhalten eine Sphäre betrifft, die für die Person von hoher oder niedriger Relevanz ist. Wenn die Leistungssphäre eine niedrige Relevanz aufweist, wird das Selbstwertgefühl an erster Stelle durch den Reflektionsprozess reguliert. Ist dagegen die Leistungssphäre von hoher Relevanz, wird das Selbstwertgefühl eher durch den sozialen Vergleichsprozess beeinflusst.

Das M. hat z. B. in → engen Beziehungen große Bedeutung erhalten (Beach et al., 1996), zumal die jeweiligen Partner – um die Qualität der Beziehung nicht zu gefährden – nicht nur ihre eigene Selbstbewertung, sondern auch diejenige ihres Partners/ihrer Partnerin nicht gefährden dürfen. Das M. weist Überschneidungen mit der Theorie des → Narzissmus auf (vgl. Tesser, 1991, 1992 sowie Willi, 1975, zum Konzept der „Kollusion").

Erläuterung: Bei hohe Relevanz (= der soziale Vergleichsprozess erhält relativ zum Reflektionsprozess größeren Einfluss bei der Selbstwertregulation) gilt: Wenn ein befreundeter Studienkollege in dem Spezialgebiet, für das sich auch die beurteilende Person sehr interessiert, eine hervorragende Leistung zeigt, wird die eigene Möglichkeit, „groß heraus zu kommen", in Frage gestellt. Die erwartete Reaktion besteht dann darin, das eigene Selbstwertgefühl durch Herabsetzung der → Leistung des Studienkollegen zu schützen. Bei niedriger Relevanz (= der Reflektionsprozess erhält relativ zum sozialen Vergleichsprozess größeren Einfluss bei der Selbstwertregulation) wird erwartet: Wenn ein befreundeter Studienkollege in einem Fach überzeugt, das außerhalb des persönlichen Interesses der beurteilenden Person liegt, wird versucht, das Selbstwertgefühl durch Herstellung einer Verbindung mit dieser erfolgreichen Person zu steigern, indem man die Nähe betont (s. Tesser, 1988).

Modell der Gruppensozialisation (Model of group socialization): Ist ein Modell von Moreland & Levine (1982; vgl. Levine & Moreland, 1994), das besagt, dass die → Sozialisation neuer Mitglieder in → Gruppen in fünf Phasen verläuft: 1. Suche nach neuen Mitgliedern bzw. Suche nach einer passen-

den Gruppe, 2. → Assimilation der neuen Mitglieder an die Gruppe und → Akkomodation der Gruppe an die neuen Mitglieder, 3. gegenseitige Akzeptanz und Entwicklung einer Verteilung von → sozialen Rollen unter den Gruppenmitgliedern, 4. Auftreten von Divergenzen und Neuorientierung der Gruppenmitglieder, die zu einer neuen → Gebundenheit wegen erneuter Konvergenz der Rollen führen, die aber auch 5. zu einem Verlassen der Gruppe beitragen kann, wobei eine Rückschau möglich ist, bei der die Gruppe das Ex-Mitglied und dieses die Gruppe be- bzw. abwertet.

Erläuterung: Gruppensozialisation zeigt sich in studentischen Burschenschaften, in denen neue „Verbindungsbrüder" angeworben werden, wobei die Neuen nach Eintritt in die Verbindung von der Gruppe assimiliert werden und dann zum Teil selbst bestimmte → soziale Rollen in der Verbindung übernehmen und gestalten können. Wenn Divergenzen über Verhaltenserwartungen auftreten (z. B. Trinkgewohnheiten), kann es zu einem Verlassen der Verbindung kommen (vgl. Halberschmidt, 2001).

Modell der Hilfeleistung (Model of helping): Befasst sich mit der Effektivität von → hilfreichem Verhalten: Was ist für den Hilfeempfänger günstig? Nach Brickman et al. (1982) sind zwei Aspekte bei der Beantwortung dieser Frage zu beachten: 1. Wem die → Verantwortung an der Notlage gegeben wird und 2. Wer die Verantwortung für die Problemlösung hat.

Bei dem ersten Aspekt geht es um die → Verantwortungsattribution für die Entstehung der Notlage (Wird der hilfsbedürftigen Person Verantwortung zugeschrieben oder geht die Notlage auf äußere Einflüsse zurück?). Bei dem zweiten Aspekt geht es um die Verantwortungszuschreibung für die Lösung des Problems (Ist die hilfsbedürftige Person verantwortlich oder sind Experten und Autoritäten zuständig?). Unter Zugrundelegung dieser zwei Aspekte ergeben sich vier Modelle: 1. Moralisches Modell (Sowohl die Verantwortung für die Entstehung als auch für die Lösung des Problems trägt die hilfsbedürftige Person), 2. Aufklärungsmodell (Die hilfsbedürftige Person ist für die Entstehung und andere Personen sind für die Lösung des Problems verantwortlich), 3. Kompensatorisches Modell (Andere tragen für die Entstehung und die hilfsbedürftige Person für die Lösung des Problems die Verantwortung) und 4. Medizinisches Modell (Sowohl die Verantwortung für die Entstehung als auch für die Lösung des Problems tragen andere).

Das Moralische Modell ermutigt Personen, ihr Schicksal selbst in die Hand zu nehmen (z. B. als „self-made man"). Das Aufklärungsmodell impliziert, dass man die Autorität von Führungspersonen (Experten etc.; → Führung) und deren Ratschläge für den „Weg in eine bessere Welt" akzeptiert und sich ihnen anvertraut. Im kompensatorischen Modell kommt das Ziel zum Ausdruck, dass eine hilfsbedürftige Person → Kontrolle über ihr Leben ausübt. Das medizinische Modell beinhaltet das Problem, dass eine Person bei langfristiger Abhängigkeit von Experten und Pflegern (z. B. von medizinischem Personal in Altenheimen) in einen Zustand von → Hilflosigkeit geraten kann.

Erläuterung: Am effektivsten scheint das kompensatorische Modell der Hilfe zu sein, zumal es Vorteile der anderen Modelle einbezieht: Entlastung einer Person von der Verantwortung für die Problementstehung und Hervorhebung der Eigenverantwortlichkeit für die Problemlösung. Die vier Modelle haben Bedeutung für unterschiedliche Interventionsformen. So korrespondiert das moralische Modell mit dem → Selbstbehauptungstraining, das medizinische Modell mit der → Psychoanalyse, das Aufklärungsmodell mit dem Programm der Anonymen Alkoholiker im Rahmen von → Selbsthilfegruppen und das kompensatorische Modell mit staatlichen Hilfsprogrammen für unterprivilegierte Gruppen (z. B. Frauen, Ausländer oder Behinderte).

Modell der Konfliktlösung (Model of conflict resolution): Bezieht sich auf den Verfahrensablauf, der beim → Verhandeln über → soziale Konflikte (z. B. Gerichtsverfahren, → Mediation) verwendet wird. Das M. thematisiert die Frage, wer Entscheidungsbefugnis hat und wie die für den Streitfall bedeutsame Evidenz gefunden wird. Sheppard (1984) unterscheidet zwischen Entscheidungs- und Prozesskontrolle. Eine Person hat dann eine Entscheidungskontrolle, wenn sie in der Lage ist, einen bestimmten Vorschlag zur → Konfliktlösung durchzusetzen. Eine Person hat Prozesskontrolle, wenn sie einen Einfluss auf die Auswahl von Fakten hat, die für eine Entscheidungsfindung zugrunde gelegt werden. Neben den Kontrahenten wird eine neutrale Instanz in die Konfliktlösung einbezogen.

Bei Kombination der Ausprägungsgrade der vorhandenen Entscheidungs- und Prozesskontrolle unter Einbeziehung dieser neutralen Instanz erhält man fünf paradigmatische Verfahren zur Konfliktlösung: 1. Autokratisches Verfahren (Kennzeichen: Hohe Prozess- und Entscheidungskontrolle der dritten Partei): Eine dritte Partei, die von den Streitparteien unabhängig ist, führt die Beweiserhebung durch und trifft allein die → Entscheidung (z. B. Rechtsprechung bei deutschen Gerichten), 2. Schlichtung (Kennzeichen: Niedrige Prozess- und hohe Entscheidungskontrolle der dritten Partei): Die Kontrahenten kontrollieren die Beweiserhebung, während eine dritte Partei allein die Entscheidung fällt (z. B. Rechtsprechung bei US-amerikanischen Gerichten), 3. Erörterung (Kennzeichen: Mittel hohe Prozess- und Entscheidungs-kontrolle der dritten Partei): Sowohl die Kontrahenten als auch die dritte Partei müssen sich über die Prozess- und Entscheidungskontrolle einigen, 4. Vermittlung (Kennzeichen: Hohe Prozess- und niedrige Entscheidungskontrolle der dritten Partei): Die dritte Partei fungiert als aktiver Verhandlungsteilnehmer und unterbreitet Vorschläge zum weiteren Vorgehen (z. B. über die Tagesordnung) und zu Lösungsmöglichkeiten, wobei die Kontrahenten einvernehmlich eine Entscheidung finden müssen (z. B. Mediation in einem Scheidungsverfahren), und 5. → Verhandeln (Kennzeichen: Niedrige Prozess- und Entscheidungskontrolle einer dritten Partei): Die Kontrahenten beraten untereinander ohne Hinzuziehung einer dritten Partei, um zu einer einvernehmlichen Konfliktlösung zu kommen.

Erläuterung: Ein Beispiel für Schlichtung ist der Verlauf des Pilotenstreiks bei der Deutschen Lufthansa AG im Frühjahr 2001. Nach langwierigen Verhandlungen zwischen der Pilotenvereinigung „Cockpit" einerseits und der Deutschen Lufthansa AG andererseits wurde nach Einschaltung eines Schlichters eine einvernehmliche Lösung des Konflikts erzielt.

Modell der Selbstwertbedrohung der Reaktionen auf Hilfe (Threat-to-self-esteem model of reactions to help): Bezieht sich auf die Erklärung des Auftretens von positiven und negativen Reaktionen von Hilfeempfängern. Das M. befasst sich mit den positiven und negativen Reaktionen, die auftreten, wenn die Person sich durch die Hilfe in ihrem → Selbstwertgefühl bestätigt oder bedroht fühlt. Positive Reaktionen zeigen sich dann, wenn die Hilfe durch den Rezipienten als selbstunterstützend interpretiert wird. Negative Reaktionen werden erwartet, wenn die Unterstützung durch die Empfänger der Hilfe als selbstbedrohend wahrgenommen wird.

Unter die kurzfristigen Reaktionen der Hilfeempfänger fallen z. B. Bewertung des Gebers, Bereitschaft zu Gegenleistungen, Bereitschaft, weitere Hilfe zu suchen und Bereitschaft zur Selbsthilfe, während die langfristigen Reaktionen z. B. → Hilflosigkeit oder Verbesserung der Lage betreffen.

Innerhalb des Modells wird die subjektive Einschätzung von Selbstbedrohung bzw. Selbstunterstützung als vermittelnde Variable zwischen den Merkmalen, unter denen Hilfe gegeben wird, und den Reaktionsweisen der Hilfeempfänger betrachtet. Fisher, Nadler & Whitcher-Alagna (1982) stellen verschiedene Hypothesen auf, die 1. jene Faktoren beschreiben, die in Abhängigkeitsbeziehungen eine Selbstbedrohung oder Selbstunterstützung auslösen (z. B. selbstrelevante Botschaften, sozialisationsbedingte → Werte), und die sich 2. auf die situativen Bedingungen und Charakteristika des Hilfegebers und -empfängers beziehen (z. B. Verfügt die helfende Person über hohe oder niedrige finanzielle Mittel, wenn sie einen Geldbetrag spendet?). Weiterhin wird bei selbstwertbedrohender Hilfe danach unterschieden, ob die Hilfeempfänger glauben, persönlich → Kontrolle ausüben zu können oder ob sie einen → Kontrollverlust wahrnehmen.

Besondere Beachtung wird der Rolle der → Ähnlichkeit zwischen Helfer und Hilfeempfänger gegeben. Ähnlichkeit fördert negative Reaktionen der Hilfeempfänger, weil sie die Selbstbedrohung steigern kann. Diese Zusammenhänge treten vor allem bei Personen auf, die über ein hohes Selbstwertgefühl verfügen (bei niedrigem Selbstwert entsteht keine oder nur eine geringe Selbstwertbedrohung). Eine weitere Einschränkung besteht darin, dass die erwarteten negativen Reaktionen nur bei Aufgaben auftreten, die einen zentralen Stellenwert für den Hilfeempfänger haben.

Weitere Vorhersagen des M.s beziehen sich auf den Wunsch, Hilfe zu suchen, und auf das Streben nach Selbsthilfe. Wenn die Selbstbedrohung, die durch Hilfe ausgelöst wird, hoch ist, wird eher auf die Bitte um Hilfe verzichtet. Außerdem wird dann ein Streben danach, sich aus eigener Kraft aus der Notlage zu befreien (hohe Selbsthilfe), aktiviert (vgl. Nadler & Fisher, 1986; Nadler, 1991). Eine andere Bezeichnung für das Modell lautet „Bedrohung x Kontroll-Modell der Reaktionen auf Hilfe".

Erläuterung: In den Medien wurde wiederholt über Menschen berichtet, die, obwohl sie die Voraussetzungen erfüllen, Sozialhilfe zu bekommen, keine Sozialhilfe im Sozialamt beantragen, weil sie einen Gesichtsverlust anderen gegenüber befürchten.

Modell der sozialen Einflussnahme
(Social influence model): → Minderheitseinfluss, → „Social Impact"-Theorie

Modell der sozialen Fertigkeiten
(Model of social skills): → Soziale Fertigkeit

Modell der Zusammenarbeit (Collaborative model): Bezeichnet ein Modell zur dialogischen → Kommunikation (Clark & Schaefer, 1987, 1989), das besagt, dass die miteinander kommunizierenden Akteure sich über umgangssprachliche Mechanismen zunächst vergewissern, ob sie ähnliche Vorstellungen über den Sinngehalt einer Äußerung haben, bevor sie zur nächsten Äußerung übergehen. Die Akteure bevorzugen solche Formulierungen, die die kollektive Anstrengung minimieren (Clark & Brennan, 1991; vgl. auch Hilton, 1991).

Erläuterung: Horst sagt zu Inge, dass heute das Wetter schön ist. Bevor er Inge fragt, was beide bei dem schönen Wetter unternehmen könnten, vergewissert er sich anhand ihrer Äußerung (zustimmendes Ja etc.), ob sie seine → Meinung teilt.

Modelllernen (Modelling): Bezeichnet den Prozess der Nachahmung von Vorbildern durch Beobachter. Verwandte Begriffe sind Beobachtungslernen, → Identifikation, Imitation und Rollenübernahme. Bandura (1971) versteht unter M. den Oberbegriff. Er unterscheidet drei Formen des M.s: 1. Erwerb neuer Verhaltensmuster durch Angleichung an das Verhalten anderer. Dadurch werden neue Verhaltensweisen in das Verhaltensrepertoire aufgenommen. 2. Erhöhung oder Verringerung der Hemmung einer Reaktion, die schon zu einem früheren Zeitpunkt erworben wurde. Die Hemmung wird intensiviert, wenn ein Beobachter wahrnimmt, dass ein Modell für ein bestimmtes Verhalten bestraft wird, das vorher schon gehemmt war (z. B. aufgrund einer Bestrafung, die der Beobachter selbst erfahren hat, als er oder sie das Verhalten ausgeführt hat). M. kann aber auch unmittelbar zur Hemmung eines ungehemmten Verhaltens beitragen. Diese Form des M.s stellt die Grundlage des Erwerbs von Selbstkontrolle dar. Die Hemmung wird gelockert, wenn ein Beobachter Zeuge wird, wie eine verbotene → Handlung ausgeführt wird. 3. Erleichterung der Ausführung einer Reaktion durch Information über das in der Situation angemessene Verhalten. Diese Form des M.s ist dadurch gekennzeichnet, dass das Modell durch sein Verhalten einen Auslöser für die Ausführung einer bestimmten Handlung gibt. Dadurch wird der Beobachter darüber informiert, welches Verhalten in einer gegebenen Situation normativ angemessen ist. Das Verhalten wird also legitimiert (Hoffman, 2000).

M. kann einfache und komplexe Verhaltensmuster betreffen. Ein Vorteil gegenüber anderen Lernprozessen (→ Instrumentelle Konditionierung, → Klassische Konditionierung) liegt darin, dass Beobachter von Modellen komplexe Handlungsabläufe lernen können. Der große Einfluss des M.s auf die → Sozialisation wurde für → Aggression,

→ Belohnungsaufschub, → prosoziales Verhalten und Selbstkontrolle bestätigt. M. wird durch die soziale Lerntheorie erklärt, die davon ausgeht, dass Beobachter symbolische Repräsentationen des wahrgenommenen Verhaltensmusters erwerben (Bandura, 1971). Eine Weiterentwicklung stellt die → sozial-kognitive Lerntheorie dar.

Erläuterung: Bandura, Blanchard & Ritter (1969) fanden, dass Schlangenphobiker, die den zunehmenden Kontakt einer Modellperson mit Schlangen beobachten konnten, eine Reduzierung ihrer → Ängste zeigten, die sich in einer größeren Annäherung an die Tiere niederschlug.

Mögen (Liking): → Liebe

Moral (Moral): → Moralische Kompetenz, → Moralisches Urteil

Moralische Entwicklung (Moral development): → Moralische Kompetenz, → Moralisches Urteil

Moralische Kompetenz (Moral competence): Bezeichnet die Verfügbarkeit von kognitiven Strukturen, emotionalen Reaktionsmustern und motivationalen Dispositionen, die es ermöglichen, zwischenmenschliche → Konflikte auf der Basis moralischer → Normen und ethischer Begründungen (→ Ethik) zu lösen. Die Grundlage der M. stellt das → moralische Urteil dar. Das Thema der M. wird aus entwicklungs- und sozialpsychologischer Sicht untersucht. In der Entwicklungspsychologie steht die Frage der kognitiven Voraussetzungen des Verständnisses von Gerechtigkeit im Mittelpunkt (→ Gerechtigkeitsregel). In der → Sozialpsychologie wird die Frage untersucht, wie in der → Sozialisation eine → Verpflichtung entsteht, entsprechend moralischen → Normen zu handeln (→ Handlung). In diesem Zusammenhang wird zwischen verschiedenen Komponenten der M. unterschieden: Das → Wissen um moralische Standards in der Gesellschaft, die → Moti-

vation zur Befolgung dieser Standards, affektive Reaktionen wie Empörung oder Mitleid (→ Empathie) als motivierende Größen sowie Selbstschemata und → Attributionen als handlungsregulierende Gesichtspunkte. Zusätzlich beinhaltet der Begriff der moralischen Kompetenz in diesem Sinne auch die Fähigkeit, als moralisch richtig erkanntes Verhalten zu initiieren und gegen widrige äußere und innere Bedingungen aufrecht zu erhalten.

Erläuterung: M. kommt darin zum Ausdruck, dass ein Schüler einen Mitschüler auffordert, in einer Auseinandersetzung keine Gewalt einzusetzen.

Moralisches Urteil (Moral reasoning): Bezieht sich auf das Argumentieren in Situationen, die mit einen auf das Gewissen bezogenen → Konflikt verbunden sind (z. B. Darf ein Mann in eine Apotheke einbrechen, um für seine Frau ein lebensrettendes Medikament zu stehlen, wenn es keinen anderen gangbaren Weg gibt?). Nach Piaget (urspr. 1932) und Kohlberg (urspr. 1969) entspricht die Entwicklung moralischer Urteilskraft in den Grundzügen dem kognitiven Entwicklungsprozess (→ Kompetenz). In den einzelnen Entwicklungsphasen treten typische Formen des moralischen Argumentierens auf.

Während Piaget zwischen zwei Stufen der Entwicklung des moralischen Urteils unterschieden hat (Moralischer Realismus und Moral der Zusammenarbeit), erweiterte Kohlberg (urspr. 1969) die theoretische Rekonstruktion des M.s auf sechs Stufen, die in drei Phasen unterteilt sind: 1. Vorkonventionelle Phase: Stufe 1 („Orientierung an Bestrafung und Gehorsam"): Als richtig wird der Standpunkt vertreten, der von Autoritäten vertreten wird und der Strafen vermeidet. Stufe 2 („Instrumentell-relativistische Orientierung"): Richtig ist, was der Befriedigung eigener → Bedürfnisse und der Durchsetzung eigener Interessen dient. 2. Konventionelle

Phase: Stufe 3 („Interpersonelle Übereinstimmung"): Richtig ist, was die allgemeine → Meinung ist bzw. mit → Stereotypen übereinstimmt. „Nettsein" und „es gut meinen" werden positiv honoriert. Stufe 4 („Orientierung an Autorität und an der Aufrechterhaltung der sozialen Ordnung"): Die Einschätzung der moralischen Angemessenheit wird durch Pflichtbewusstsein, Respekt vor Autoritäten und Verteidigung der sozialen Ordnung um ihrer selbst willen bestimmt. 3. Nachkonventionelle Phase: Stufe 5: („Legalistische Orientierung des sozialen Kontrakts"): Orientierung an Regeln und Verpflichtungen, die sich im gesellschaftlichen Diskurs als akzeptabel erwiesen haben und die in freier Übereinstimmung entstanden oder in Verträgen festgehalten sind. Stufe 6 („Orientierung an universellen ethischen Prinzipien"): Gewissensentscheidungen bestimmen darüber, welche → Handlungen als ethisch gerechtfertigt beurteilt werden. Auf dieser Stufe des M.s werden dem Gewissen moralische Prinzipien zugrunde gelegt, die die Kriterien von logischer Konsistenz und Universalität der Anwendbarkeit erfüllen.

Das M. trägt zur → moralischen Kompetenz bei und erweist sich für die → Ethik in Organisationen als bedeutsam (vgl. Blickle, 1998; Witte, 1995). Die Forschung zum M. wird durch Forschungsansätze im Bereich von → Autoritätsgehorsam und → Gerechtigkeitsregeln ergänzt. Dem Stufenmodell des M. lässt sich das → Stufenmodell der Entwicklung empathischen Mitleidens gegenüberstellen.

Erläuterung: Der Literatur-Nobelpreisträger Heinrich Böll thematisiert in seinem Werk „Die verlorene Ehre der Katharina Blum" in kritischer Weise die vorherrschende Moral in der Gesellschaft.

Moralische Verpflichtung (Moral obligation): → Verpflichtung

Mortalitätssalienz-Hypothese (Mortality-salience hypothesis): → Terror-Management-Theorie

Motiv (Motive): Bezeichnet eine Disposition, nach einer bestimmten Art von Befriedigung zu streben (→ Persönlichkeit). M.e werden als thematisch abgrenzbare Bewertungsdispositionen aufgefasst (Schneider & Schmalt, 2000). M.e beinhalten den Antrieb, sich eine bestimmte Klasse von → Anreizen anzueignen (Atkinson, 1957, S. 360). M.e entsprechen den Bedürfnissen des Menschen. Die Namen der M.e lassen sich als Klassen von Anreizen auffassen, die eine ähnliche Befriedigung erzeugen wie z. B. Stolz über eine Zielerreichung (Atkinson, 1957).

M.e haben ihren Ursprung in der → Sozialisation. Beispiele sind → Anschlussmotiv (→ Gesellungstheorie) und Leistungsmotiv (→ Leistungsmotivation). Darüber hinaus lassen sich M.e nennen, die eine biologische Grundlage haben. Beispiele sind Hunger und Durst. Generell lassen sich zwei Klassen von M.en unterscheiden: Solche, die eine bestimmte Befriedigung erzielen wollen (Annäherungstendenzen) und solche, die Schmerz minimalisieren wollen (Vermeidungstendenzen). In → Konflikten bestehen häufig Widersprüche zwischen diesen beiden M.-Klassen. Eine spezielle Gruppe von M.en sind → soziale M.e. Der Prozess der Aktualisierung von sozialen M.en wird als → soziale Motivation bezeichnet.

Erläuterung: Ein bislang kaum beachtetes Anwendungsfeld der M.-Forschung ist die Tourismuspsychologie, die sich mit individuellen „Reisemotiven" befasst. Eine Frage lautet, wie den Reisemotiven durch Mitarbeiter eines Reisebüros am Heimatort sowie durch Fremdenführer und Animateure am Urlaubsort entgegen gekommen werden kann (vgl. Wallerius & Maes, 2001).

Motiv, Erfolg aufzusuchen (Motive to approach success): → Leistungsmotivation

Motiv, Misserfolg zu meiden (Motive to avoid failure): → Leistungsmotivation

Motivation (Motivation): Bezeichnet Handlungsbereitschaften (→ Handlung), die auf → Motiven beruhen. Die Aktualisierung von Motiven wird durch Bedürfnislagen, → Anreize und → Erwartungen gesteuert (→ Leistungsmotivation) und trägt zu einer situationsspezifischen Zielsetzung bei. Ein Spezialfall ist soziale M., die → soziale Motive beinhaltet.

Erläuterung: Jemand entwickelt in dem Spiel Monopoly den Ehrgeiz, unbedingt zu gewinnen, und freut sich, wenn das Ziel erreicht wird.

Multiple Regressionsanalyse (Multiple regression analysis): Bezeichnet ein statistisches Verfahren, mit dem der Zusammenhang einer einzigen abhängigen Variable, die auch Kriterium genannt wird, zu mehreren unabhängigen Variablen (sog. Prädiktoren) erfasst wird. Die unabhängigen Variablen werden durch eine optimale lineare Kombination repräsentiert. Der Zusammenhang zwischen der optimalen linearen Kombination der Prädiktoren und dem Kriterium wird durch die multiple → Korrelation, die mit R abgekürzt wird, zum Ausdruck gebracht, während die erklärte Varianz des Kriteriums durch R^2 abgekürzt wird. Die Gewichtungskoeffizienten werden als partielle Regressionskoeffizienten bezeichnet.

Zwei Vorgehensweisen der Berechnung der Regressionsgleichung lassen sich unterscheiden. Die eine beruht auf standardisierten Werten, während die andere auf Rohwerten basiert. Das erstgenannte Verfahren verwendet standardisierte partielle Regressionskoeffizienten. Aus den Ergebnissen lässt sich die Regressionsgleichung für Rohwerte ab-

leiten, indem die standardisierten Werte mit dem Verhältnis der Standardabweichungen von abhängiger und unabhängiger Variabler multipliziert werden (Overall & Klett, 1972).

Erläuterung: Multiple Regressionen werden zur Prüfung der → Theorie des geplanten Handelns eingesetzt. Das wird durch die Vorhersage der sportlichen Motivation bei 809 Universitätsangestellten der Universität Kiel verdeutlicht. Der stärkste Prädiktor der Intention, Sport zu treiben, war die → Einstellung zum Sport. Außerdem trugen die subjektive → Norm und die wahrgenommene → Verhaltenskontrolle bedeutsam zur Vorhersage bei. Die standardisierten beta-Werte betrugen .39, .16 und .15. Eine getrennte Analyse für Männer und Frauen ergab, dass die Verhaltenskontrolle nur für Männer bedeutsam war, während für Frauen die subjektive Norm besonders gewichtig war (Wilhelm, 1999).

Mutation (Mutation): → Soziobiologie

Nachbarschaft (Neighborhood): Stellt eine Wohneinheit dar, die in sich geschlossen ist und im Allgemeinen innerhalb des Aktionsradius der Bewohner zu Fuß liegt. N.en sind kleiner als Stadtteile oder Städte und umfassen die nahe gelegenen Siedlungen und Häuser (vgl. Leventhal & Brooks-Gunn, 2000). N.en können als Bestandteil des → Mesosystems betrachtet werden.

Erläuterung: Wer in der Universitätsstadt Marburg in einem Haus in der Wettergasse wohnt, für den stellen die Häuser in der nicht weit entfernten Reitgasse noch eine N. dar.

Nachgiebigkeit (compliance): → Konformität

Narzissmus (Narcissism): Bezeichnet in der griechischen Mythologie die Verliebtheit des Jünglings Narziss in sein Spiegelbild, das er im Wasser erkennt, und seine anschließende Umwandlung in eine Blume (Narzisse). In der heutigen Umgangssprache sind i. d. R. damit negative → Eigenschaften und Verhaltensweisen eines Menschen gemeint (z. B. Selbstbezogenheit, Überheblichkeit). Freud (urspr. 1914) hat angenommen, dass der Säugling nach seiner Geburt mit einem speziellen Teil von → Liebestrieb, d. h. narzisstischer Libido, ausgestattet ist, was dazu führt, dass er sich zunächst autoerotisch beschäftigt, wobei das körperliche → Ich als erstes Liebesobjekt mit narzisstischer Libido besetzt wird („primärer N."). Danach erfährt die narzisstische Libido insofern eine Umwandlung, als sie in Form einer Objektlibido die Objekte in der Außenwelt des Säuglings (z. B. Mutterbrust) zu besetzen vermag. Treten z. B. Versagungen auf (Mutter steht nicht auseichend zur Verfügung etc.), dann kann die Objektlibido wieder zurückgenommen werden und einen Rückzug des Kindes auf sich selbst einleiten („sekundärer N."), was sich in pathologischer Weise etwa in einem Autismus zeigen kann. Weiterentwicklungen und Revisionen Freudscher Vorstellungen (vgl. Wahl, 1985) führten weg vom „primären N." und hin zur „primären Liebe" (Balint), zum „Ödipus" (Grunberger), zum → Selbst (Kohut) oder zum „Zeitalter des N." (Lasch).

N. tritt als normaler und pathologischer N. in Erscheinung, letzterer z. B. in Form der narzisstischen Persönlichkeitsstörung (vgl. Ermann, 1997; Fiedler, 1995; Kernberg, 1996). Im Kapitel V der ICD-10 (Dilling, Mombour & Schmidt, 1996) wird die narzisstische Persönlichkeitsstörung nicht mehr über eine eigene Kategorie, sondern zusammen mit anderen Persönlichkeitsstörungen als Restkategorie „Andere Persönlichkeitsstörungen" (F60.8) erfasst. In der DSM-IV (Saß, Wittchen & Zaudig, 2000, unter 301.81) dagegen wird auf die narzisstische Persönlichkeitsstörung explizit eingegangen. Diese zeichnet sich durch ein durchgängiges Muster an phantasierter und/oder verhaltensbezogener Grandiosität (Phantasien von →

Macht, Erfolg, Schönheit, idealer Liebe, arrogantes Verhalten etc.), durch einen Wunsch nach Bewunderung und einem Mangel an → Empathie aus.

N. bei nicht-klinischen Populationen ist in der Persönlichkeits- und → Sozialpsychologie untersucht worden (John & Robins, 1994; Raskin, Novacek & Hogan, 1991). N. kann z. B. mit der revidierten Form des „Narcissistic Personality Inventory (NPI) von Raskin & Terry (1988) erfasst werden (vgl. Schütz, 2000). Befunde zeigen z. B., dass Menschen mit hohen NPI-Werten im Vergleich zu solchen mit niedrigen Werten 1. häufiger internal-stabile → Attributionen für Leistungserfolge vornehmen (Hartouni, 1992), 2. verbal mehr ihrem → Ärger einen Ausdruck geben (McCann & Biaggio, 1989) und 3. entsprechend dem → Modell der Aufrechterhaltung der Selbstbewertung in Leistungstests andere negativer beurteilen, wenn diese sie klar im Leistungsergebnis übertroffen haben (Morf & Rhodewald, 1993). Wird N. über das „Narzißmusinventar" von Deneke & Hilgenstock (1989) erfasst, so zeigt sich, dass einzelne narzisstische Subkonzepte wie z. B. „Narzißtische Wut" und „Symbiotischer Selbstschutz" mit dem durch das „Marburger Einstellungs-Inventar für Liebesstile" erfassbaren manischen → Liebesstil mittlere Zusammenhänge aufweisen (Herner & Bierhoff, 1995).

Erläuterung: N. wird symbolisch in dem Doppel-Bild „Mètamorphose de narcisse" des verstorbenen spanischen Malers und Graphikers Salvador Dalí angesprochen (Narziss am Wasser und daneben die Finger mit einem Ei, aus dem eine Narzisse herausragt).

„Negative-state-relief"-Hypothese

(Negative-state-relief hypothesis): Beinhaltet folgende Argumentation zur Erklärung → altruistischen Verhaltens: Wenn die → Empathie hoch ist, sollte das Leiden eines Opfers ein hohes Ausmaß von Traurigkeit bei den Beobachtern auslösen. Durch → prosoziales Verhalten kann die eigene Traurigkeit überwunden werden. Der Grund dafür ist, dass prosoziale → Handlungen für die helfende Person eine belohnende Komponente enthalten, die sowohl in sozialer Anerkennung als auch in Selbstgratulation zum Ausdruck kommt („Das hast Du gut gemacht" bzw. „Das habe ich gut gemacht"). Voraussetzung ist, dass in der → Sozialisation die → Norm der sozialen Verantwortung internalisiert wurde. Daher kann man von einer Traurigkeits-Belohnungs-Hypothese sprechen (Cialdini et al., 1987). Nach der N. kann Hilfeleistung dem persönlichen → Stimmungsmanagement dienen, also egoistisch (→ Egoismus) motiviert sein. Dann ist prosoziales Verhalten instrumentell bei der Überwindung einer momentanen Traurigkeit, die aufgrund empathischem Mitleidens zustande gekommen ist.

Eine Implikation dieser Hypothese besteht darin, dass auf eine Hilfeleistung verzichtet werden sollte, wenn die negative → Stimmung nicht aufgebessert werden kann (z. B. weil sie zu stark ist) bzw. wenn sie schon auf anderem Wege aufgehellt wurde (z. B. durch einen Geldgewinn oder durch ein Lob). Denn eine Stimmungsverbesserung lässt sich auf unterschiedlichen Wegen bewerkstelligen, von denen jeder für sich ausreichen kann, um das Ziel zu erreichen. Die N. stellt eine Alternative zu der → Empathie-Altruismus-Hypothese dar. Das Ausmaß ihrer empirischen Bestätigung ist umstritten (Batson, 1991).

Erläuterung: Da die N. einen Sozialisationsprozess voraussetzt, wird angenommen, dass die darin verwendete Technik des Stimmungsmanagements durch prosoziales Verhalten Kindern im Allgemeinen nicht zur Verfügung steht, weil sie noch nicht hinreichend den Zusammenhang zwischen prosozialem Verhalten und positiver → Rückmeldung dafür gelernt haben.

Neid (Envy): Bezeichnet ein → Gefühl einer Person, die sich gegenüber einer anderen Person unterlegen fühlt und die die Attribute der Überlegenheit, die die andere Person aufweist, missgünstig betrachtet, während gleichzeitig der Wunsch besteht, das zu besitzen, was die andere Person besitzt (Hupka & Otto, 2000; Parrott & Smith, 1993).

Eine verwandte, weil auch auf Rivalität bezogene → Emotion ist die → Eifersucht, die sich aber begrifflich von N. unterscheiden lässt, weil sie auf der → Angst beruht, etwas an einen Rivalen zu verlieren. Während N. davon ausgeht, dass man etwas nicht hat, beruht Eifersucht auf der Sorge, etwas, das man hat, in Zukunft nicht mehr zu haben. Die Konsequenzen von N. sind im interpersonellen Bereich überwiegend negativ, da → Feindseligkeit und → Aggression entstehen können. Allerdings kann von N. auch eine positive → Motivation ausgehen, wenn das eigene Leistungsstreben intensiviert wird mit dem Ziel, mit der beneideten Person gleichzuziehen.

Erläuterung: Georg möchte gerne Klassenbester in Mathematik werden und ist mit sich selbst unzufrieden, weil er nur Zweitbester in der Klasse ist. Er gönnt Klaus nicht, dass er der Klassenbeste ist, und bereitet sich deshalb auf die nächste Klassenarbeit besonders intensiv vor.

Neuheits-Effekt (Recency effect): Ein N. tritt auf, wenn eine Information, die zu einem späteren Zeitpunkt in einer Reihenfolge gegeben wird, sich gegenüber einer Information, die zu einem früheren Zeitpunkt gegeben wurde, in der → Eindrucksbildung durchsetzt.

Nach Jones & Goethals (1972) werden N.e auf folgende Faktoren zurückgeführt: 1. Vergessensunterschiede (zeitlich weniger zurückliegende Informationen werden besser behalten und leichter erinnert), 2. → Kontrast-Effekte (ein Objekt – z. B. die → Leistung eines

Prüflings – wird günstiger eingeschätzt, wenn ihm ein negativ eingeschätztes Objekt vorausging) und 3. Logik der Entwicklung (spätere Informationen erhalten in einem Lern- oder Entwicklungsprozess mehr Bedeutung als frühere Informationen, die sich überholt haben). Der N. ist eine mögliche Form von → Reihenfolge-Effekten.

Erläuterung: Beate stellt sich während eines Bewerbungsgespräches dem Personalchef eines Unternehmens vor. Das ca. halbstündige Gespräch verläuft zunächst positiv für sie. Doch kurz vor Ende des Gesprächs kann sie auf die Frage des Personalchefs „Was wissen Sie über die Produkte des Unternehmens?" nicht überzeugend antworten, weil sie sich nicht entsprechend informiert hat. Da sich dieser „Patzer" im Gesamteindruck, den der Personalchef sich über Beate macht, gegenüber vorherigen positiven Eindrücken durchsetzt, erhält sie eine Absage (vgl. Weuster, 1989).

Neurose (Neurosis): Ist ein Begriff, der auf Cullen (um das Jahr 1770) zurückgeht und der heutzutage für ein bestimmtes Konzept der Krankheitsursache seelisch bedingter Störungen steht (Ermann, 1997): Übereinstimmende Elemente des N.-Begriffs zwischen verschiedenen Definitionsansätzen lassen sich nach Hoffmann & Hochapfel (1995, S. 9) wie folgt zusammenfassen: 1. „Neurosen sind überwiegend psychogen und nur zum geringeren Teil somatogen bedingt", 2. „Die pathologische Abweichung von der Norm lässt sich eher als quantitative, denn als qualitative beschreiben", 3. „In der Regel ist die soziale Einordnung erhalten und der Verlauf nicht so destruierend wie bei den Psychosen" und 4. „Die gegenwärtigen Störungen stehen mit den gestörten Entwicklungs- und Lernprozessen der Lebensgeschichte in einem kausalen Zusammenhang".

In der Lernpsychologie werden N.n mit individuellen Unterschieden in In-troversion/Extraversion (I/E) und Neurotizismus erklärt (Eysenck & Rachman, 1970; → Persönlichkeit). Individuelle Unterschiede in beiden Persönlichkeitsdimensionen gehen auf eine starke Vererbungsbasis zurück. Unterschiede in I/E hängen mit individuellen Unterschieden in der Erregungs/Hemmungs-Balance zusammen und damit mit der Konditionierbarkeit (→ Klassische Konditionierung). Introvertierte sind unter günstigen Bedingungen besser konditionierbar als Extravertierte. Individuelle Differenzen in Neurotizismus hängen mit Unterschieden in der Schwelle der emotionalen Aktivierung zusammen. Die emotionale Labilität wird durch die niedrige oder hohe Schwelle des Hirnstamms bestimmt, der seinerseits die autonome Reaktivität auf Reizung reguliert. Personen, die auf dem Neurotizismusfaktor hoch liegen, unterscheiden sich in Abhängigkeit von der Ausprägung auf der Dimension Introversion/Extraversion in der Ausprägung ihrer N. Während psychopathische Störungen (und viele Formen der Kriminalität) durch hohen Neurotizismus und hohe Extraversion gekennzeichnet sind, liegen Dysthymiker hoch auf Neurotizismus und Introversion. Ähnliche Ergebnisse wie Eysenck & Rachman werden auch von R.B. Cattell (Cattell & Scheier, 1961) berichtet, der anstelle von Neurotizismus von → Angst spricht.

In der → Psychoanalyse wird angenommen, dass die N. auf einem unbewussten, zugleich ungelösten und deshalb noch potentiell pathogen wirkenden → Konflikt – den neurotischen Konflikt – in der frühen Kindheit beruht (z. B. → Ödipuskonflikt), der aber auch von Entwicklungsdefiziten überlagert oder verformt sein kann (z. B. Pseudo-Ödipuskonflikt). Solche potentiell pathogen wirkenden Konflikte werden synonym auch als Komplexe bezeichnet, bei denen mindestens zwei miteinander widerstrebende Tendenzen zum Ausdruck kommen (z. B. → Bedürfnis nach Abhängigkeit vs. Autonomie). Bestimmte kritische Ereignisse im Laufe des weiteren menschlichen Lebens (Konflikte mit dem Lehrer, Ehepartner oder dem Vorgesetzten etc.) können, wenn die aktuelle Konfliktlage mit der neurotischen Konfliktlage gewisse Ähnlichkeiten aufweist, zur Auslösesituation für die klinische Manifestation der neurotischen Störung werden, die sich dann z. B. in „neurotischem Erleben und Verhalten" (z. B. neurotische Flugangst mit Vermeidung von Flugreisen), „organneurotischen Erkrankungen" (z. B. neurotische Bauchschmerzen) und „neurotischen Persönlichkeiten" (z. B. neurotisch-depressive Persönlichkeit) zeigt. Grundsätzlich ist im Hinblick auf die klinische Manifestation zwischen Symptomneurosen (Zwangsneurose etc.) und Charakterneurosen (zwanghafte Persönlichkeitsstörung etc.) zu unterscheiden (vgl. Ermann, 1997; Hoffmann & Hochapfel, 1995; Mentzos, 1994).

N.n werden sowohl in dem dimensionalen System von Eysenck als auch in der Psychoanalyse von Psychosen abgegrenzt.

Nomothetische Methode (Nomothetic method): → Übertragung

Nonkonformismus (Nonconformism): → Abweichendes Verhalten, → Unabhängigkeit, → Zwischenmenschlicher Kredit

Nonverbale Kommunikation (Nonverbal communication): Ist ein Teilbereich der → Kommunikation, der sich auf vokale Merkmale (z. B. Stimmqualität, Stimmhöhe, Verwendung von Sprechpausen) und nonvokale Merkmale (Mimik, Blickkontakt, Gestik, Körperhaltung, Körperbewegung und räumliche Aspekte) bezieht (Argyle, 1996). N. trägt häufig zu einer verbesserten Verständigung bei. Sie ist phylogenetisch vor der → Sprache entstan-

den. Damit stimmt überein, dass sie weniger der bewussten → Kontrolle unterliegt als das Sprechen. Personen können durch N. unfreiwillig kundtun, was sie bewusst zu verbergen versuchen (z. B. durch Schwitzen ihre Aufregung verraten, die sie in der Bewerbungssituation verheimlichen wollen). N. wird häufig im Zusammenhang mit → Eindrucksmanagement, → Emotion, → Einstellung und → Lügen thematisiert (vgl. DePaulo, 1992; Schlenker & Weigold, 1992).

Erläuterung: Die Sicherung des → persönlichen Raums zeigt sich in Bibliotheken häufig in dem Phänomen, dass die Benutzer sich mit Büchern „verbarrikadieren".

Norm (Norm): Ist eine allgemeine Verhaltensrichtlinie (z. B. in Form einer Regel oder eines Standards), die implizit oder explizit vorgegeben wird. Soziale N.en dienen als Orientierungspunkte → sozialen Verhaltens, die erkennen lassen, welches Verhalten von einem Individuum in einem sozialen Setting (→ „Behavior Setting") erwartet wird. Dabei sind deskriptive und präskriptive N.en zu unterscheiden: Deskriptive N.en beruhen auf der → Wahrnehmung, was die meisten Leute tun (was dem Standard entspricht); präskriptive N.en beruhen dagegen darauf, was die meisten Leute für richtig halten (was sein soll; vgl. Cialdini, Kallgren & Reno, 1991). Wichtige präskriptive N.en sind die → N. der sozialen Verantwortung, die → N. der Reziprozität, die N. der Selbstgenügsamkeit, die besagt, dass jeder für sich selbst verantwortlich ist, und die N. der Privatheit, die beinhaltet, dass die Privatsphäre einer Person beachtet wird. Deskriptive N.en sind soziale Konventionen, die sich z. B. auf die erwartete Kleidung in einem bestimmten Setting oder auf bestimmte Verhaltensmuster, die durch → Skripte festgelegt sind, beziehen.

Wichtige Bestimmungsstücke sozialer N.en sind: 1. N.en dienen als Mittel zur Koordinierung interpersoneller Beziehungen. 2. N.en werden nicht nur im nachhinein zur → Rechtfertigung des Verhaltens konstruiert, sondern sie üben einen dynamischen Einfluss auf die → Motivation des Verhaltens aus (→ Soziale Motivation). 3. Die Befolgung von N.en verweist auf individuelle Differenzen, da sie von Person zu Person in unterschiedlichem Ausmaß eingehalten werden. Da der Sozialisationsprozess individuell unterschiedlich abläuft, ist jede Person durch eine spezifische Konfiguration von normativen Überzeugungen gekennzeichnet (→ Modelllernen, → Sozial-kognitive Lerntheorie). 4. Die auslösenden Bedingungen von N.en lassen sich als Hinweisreize interpretieren, die zu einer Aktivierung von Verhaltenstendenzen führen, in Übereinstimmung mit der N. zu handeln (→ Handlung). 5. Bei starken und illegitimen N.-Appellen können Bumerangeffekte auftreten (→ Reaktanz).

Soziale N.en sind teilweise widersprüchlich, wie die Gegenüberstellung der N. der sozialen Verantwortung und der N. der Selbstgenügsamkeit verdeutlicht. Trotzdem kann relativ uniformes Verhalten in einer Situation bzw. einem Setting resultieren, wenn durch die Hinweisreize eine der beiden N.en stärker als die andere aktiviert wird.

Gesellschaftliche N.en werden durch den Prozess der → Sozialisation internalisiert. Dabei kommt dem → Regelspiel eine besondere Bedeutung zu. Internalisierte N.en werden als persönliche N.en bezeichnet, weil sie Teil des persönlichen Glaubenssystems sind (Schwartz, 1977; → Prozessmodell prosozialen Verhaltens).

Erläuterung: In vielen Gesellschaften gilt die N., dass die auf Hochzeiten versammelten Gäste ein Hochgefühl zum Ausdruck bringen.

Norm-Aktivierungs-Modell (Norm activation model): → Prozessmodell prosozialen Verhaltens

Normatives Entscheidungsmodell des Altruismus (Normative decision-making model of altruism): → Prozessmodell prosozialen Verhaltens

Norm der Reziprozität (Norm of reciprocity): Bezeichnet eine soziale → Norm, die besagt, dass wir uns anderen gegenüber so verhalten sollten, wie sie sich uns gegenüber verhalten haben (Gouldner, 1960). Die N. wird z. B. im Bereich → prosozialen Verhaltens angewandt, indem sie besagt, dass man der Person helfen sollte, die einem zuvor geholfen hat oder zukünftig helfen wird (positive Reziprozität), und dass man der Person nicht helfen sollte, die einem zuvor nicht geholfen hat bzw. von der man erwartet, dass sie zukünftig Hilfe verweigern wird (negative Reziprozität). Die Ergebnisse einer → Metaanalyse zeigen, dass Reziprozität ein grundlegendes Merkmal in → sozialen Beziehungen darstellt, das sich z. B. auch als Prozess der → Selbstöffnung und der Entwicklung gegenseitigen Mögens (interpersonelle → Attraktion,→ Kohäsion) manifestiert (Collins & Miller, 1994).

Erläuterung: Lydia hilft Alexander bei den Hausaufgaben im Fach Biologie, während dieser Lydia zuvor bei Hausaufgaben im Fach Englisch geholfen hat.

Norm der Selbstgenügsamkeit (Norm of self-sufficiency): → Norm

Norm der sozialen Verantwortung (Norm of social responsibility): Bezeichnet eine soziale → Norm, die beinhaltet, dass man einer Person helfen sollte, die von der Hilfe abhängig ist. Die Abhängigkeit kann z. B. durch eine → Notlage entstehen. Die Aktivierung der N. ruft ein Gefühl der → Verpflichtung hervor zu helfen (→ Prosoziales Verhalten). Bierhoff (2000a) unterscheidet zwei Dimensionen der N., die sich durch Fragebogen messen lassen: 1. Erfüllung der berechtigten → Erwartungen anderer

und 2. Befolgung der sozialen Spielregeln (→ Ethik).

Erläuterung: Ludwig sieht, dass sich Erika am Bein verletzt hat. Er empfindet den Wunsch, sich so zu verhalten, wie es den normativen Erwartungen seiner Eltern entspricht. Daher leistet er durch Anlegen eines Druckverbands an Erikas Bein Erste Hilfe.

Normative Ethik (normative ethics): → Ethik

Normatives Modell (Normative model): Bezeichnet einen Standard, der beschreibt, wie ein optimales Verfahren oder Urteil beschaffen ist. Ein N. der → sozialen Informationsverarbeitung ist z. B. eine Vorgabe, nach der bemessen wird, ob ein Beurteiler zu optimalen Schlussfolgerungen gekommen ist oder nicht. Ein N. ist im Allgemeinen durch hohe → Rationalität gekennzeichnet. Abweichung vom N. können z. B. auf → selbst(wert)schützenden Attributionen zurückzuführen sein.

Erläuterung: Der → ANOVA-Würfel dient als Standard für die Beurteilung der Angemessenheit von → Attributionen. Abweichungen von diesem Standard können z. B. durch den Wunsch, das eigene → Selbstwertgefühl zu schützen, erklärt werden.

Normative Theorie der Führung (Normative theory of leadership): Die N. geht davon aus, dass die → Effektivität der Führung im Wesentlichen durch die Art der Entscheidungsbildung bestimmt ist (Vroom & Yetton, 1973; → Entscheidung). Zwei autokratische und zwei partizipative Entscheidungsstrategien sowie eine Strategie der Gruppenentscheidung werden einbezogen.

Die erste autokratische Entscheidungsstrategie besteht darin, dass die Führungsperson das Problem individuell löst, ohne ihre Mitarbeiter zu konsultieren. Die zweite autokratische Entscheidungsstrategie besteht darin, dass die Führungsperson zunächst einmal notwendige Informationen von den Mitarbeitern einholt, bevor sie eine Entscheidung trifft.

Die erste konsultative Entscheidungsstrategie besteht darin, dass die Führungsperson das Problem mit ihren Mitarbeitern im Einzelgespräch diskutiert, um dann einseitig eine Entscheidung zu treffen. Die zweite konsultative Führungsstrategie besteht darin, dass die Führungsperson das Problem mit ihren Mitarbeitern in einer Gruppensitzung bespricht, um dann einseitig eine Entscheidung zu treffen. → Gruppenentscheidung schließlich bedeutet, dass das Problem in der → Gruppe so lange besprochen wird, bis eine einmütige Entscheidung gefunden worden ist.

In Übereinstimmung mit dem → Kontingenzmodell der Führung wird die Annahme gemacht, dass der Erfolg bestimmter Entscheidungsverfahren von situativen Gegebenheiten abhängig ist, so dass bestimmte Entscheidungsverfahren in ausgewählten Situationen besonders effektiv sind. Der Erfolg der Entscheidungsstrategien wird in Abhängigkeit von zwei Faktoren analysiert: der Entscheidungsqualität und der Bereitschaft der Mitarbeiter, Entscheidungen zu akzeptieren.

Darauf aufbauend werden verschiedene Regeln über ein optimales Vorgehen aufgestellt. Unter die Entscheidungsqualität fallen folgende Regeln: 1. Wenn die Führungsperson nicht genug Informationen hat, um eine wichtige Entscheidung zu treffen, sollte die autokratische Strategie nicht verwendet werden. 2. Wenn die Entscheidung davon abhängig ist, dass eine hohe Qualität der Entscheidungsfindung erzielt wird, und wenn es unwahrscheinlich ist, dass die Mitarbeiter die Kenntnisse für eine angemessene Entscheidung besitzen, sollte der konsultative Führungsstrategie nicht verwendet werden. 3. Wenn bei einem bedeutsamen Problem notwendige Informationen fehlen und das Problem unstrukturiert ist, sollte die autokratische Führungsstrategie nicht verwendet werden.

Zu den Entscheidungsregeln, die unter die Akzeptanz durch die Mitarbeiter fallen, zählen die folgenden: 4. Wenn die Akzeptanz durch die Mitarbeiter für die Implementierung der Entscheidung wesentlich ist, sollte die autokratische Führungsstrategie nicht verwendet werden. 5. Wenn die Akzeptanz durch die Mitarbeiter für die Implementierung der Entscheidung wesentlich ist und wenn die Mitarbeiter widersprüchliche Meinungen über den Weg hegen, wie das Ziel erreicht werden kann, sollte die autokratische Führungsstrategie nicht verwendet werden. 6. Wenn die Qualität der Entscheidung von geringer Bedeutung ist, aber die Frage der Akzeptanz von großer Bedeutung, sollte die am stärksten partizipative Führungsstrategie eingesetzt werden. 7. Wenn die Akzeptanz der Entscheidung von zentraler Bedeutung ist und durch autokratische Entscheidung nicht gewährleistet werden kann und wenn die Mitarbeiter nicht motiviert sind, an den Zielen der → Organisation mitzuarbeiten, sollte eine hochgradig partizipative Führungsstrategie verwendet werden.

Unter Verwendung dieser Regeln lässt sich für unterschiedliche Situationen ermitteln, welche Entscheidungsstrategie am günstigsten ist. Eine aktuelle Darstellung der N. gibt Jago (1995).

Notlage (Emergency): Bezeichnet eine potentielle Situation der Hilfeleistung, die nach Latané & Darley (1969) durch fünf Merkmale gekennzeichnet ist: 1. Gefahr für das Opfer, 2. Seltenheit des Auftretens, 3. große Vielfalt und daher wenig Gemeinsamkeiten einer gegebenen N. mit anderen N.n, 4. Unvorhersagbarkeit und 5. Erfordernis, sofort zu handeln, da Verzögerung zu einer Verschlechterung der N. führt. In der Forschung zum → hilfreichen Verhalten werden fingierte N.n zu Versuchszwecken simuliert.

Erläuterung: Ein Beispiel für eine N. ist das Auftreten eines Herzinfarkts, der sowohl Erste Hilfe als auch eine ärztliche Notfall-Versorgung erforderlich macht, um das Leben des Betroffenen zu retten.

N-Personen-Gefangenendilemma (N-person prisoners dilemma): → Gefangenendilemma

Nullsummenspiel (Zero-sum-game): Bezeichnet ein → Spiel, in dem die Summe der Gewinne bzw. Verluste der Spielpartner Null ergibt, so dass in jedem Spiel ein Spieler nur genauso viel gewinnen kann, wie sein Partner verliert. Anders ausgedrückt: Die Summe aller Auszahlungen ist Null. Da in einem N. die Spielpartner als Gegner definiert sind, wird meistens auf → Wettbewerb gespielt. Der Gegenbegriff ist das Nicht-Nullsummen-Spiel (→ Spieltheorie).

Objektive/subjektive Umwelt (Objective/subjective environment): → Subjektive/Objektive Umwelt

Objektpermanenz (Object permanence): Bezeichnet nach Piaget (urspr. 1950) die kognitive Fähigkeit des Kindes, Objekte (z. B. Spielzeuge) auch dann noch wiederzuerkennen, wenn diese zwischenzeitlich aus dem Sehfeld verschwunden sind. Wenn diese Wiedererkennensleistung auf Personen (z. B. Geschwister) angewandt wird, spricht man von Personpermanenz.

Erläuterung: Das Wiedererkennen von Bezugspersonen (z. B. Eltern) ist eine Voraussetzung für die Entstehung von → Bindung (Bowlby, urspr. 1969).

Ödipus-Konflikt (Oedipus conflict): → Über-Ich

Öffentliche und private Selbstaufmerksamkeit (Public and private self-consciousness): Bezeichnet dispositionale Unterschiede in der Ausrichtung der → Selbstaufmerksamkeit. Der Selbstaufmerksamkeits-Fragebogen von

Fenigstein, Scheier & Buss (1975) erfasst dispositionale Selbstaufmerksamkeit auf zwei Dimensionen: 1. öffentliche Selbstaufmerksamkeit (Beispiel: „Ich gebe mir im Allgemeinen Mühe, einen guten Eindruck zu machen"), 2. private Selbstaufmerksamkeit (Beispiel: „Ich denke viel über mich nach") sowie 3. soziale → Angst (Beispiel: „Große Gruppen machen mich nervös"). Obwohl die Skalen 1. und 2. und 1. und 3. signifikant positiv miteinander korrelieren, sind die Zusammenhänge relativ niedrig. Eine deutschsprachige Fassung des Selbstaufmerksamkeits-Fragebogens wurde von Filipp & Freudenberg (1989) vorgelegt. Die Unterscheidung von zwei Formen der Selbstaufmerksamkeit trägt zu einer Weiterentwicklung der → Theorie der Selbstaufmerksamkeit bei.

Die Funktionen der Ö. für das → Selbst sind unterschiedlich (Greenwald & Breckler, 1985): Die private Selbstaufmerksamkeit bezieht sich auf die Bewertung des Selbst in Abhängigkeit von der Erfüllung internalisierter → Normen, während sich die öffentliche Selbstaufmerksamkeit auf die soziale Billigung durch andere bezieht.

Erläuterung: In einem Interview aus den 60er Jahren des 20. Jahrhunderts beklagte sich der verstorbene George Harrison über die Folgen der Berühmtheit der Beatles, indem er davon sprach, kein Privatleben mehr zu haben und zu einem „public property" geworden zu sein.

Offener Rassismus (Blatant racissm): → Rassismus

Ökologie der menschlichen Entwicklung (Ecology of human development): Nach Bronfenbrenner (1981) befasst sich die Ö. mit den gegenseitigen Anpassungen zwischen aktiv handelnden Individuen einerseits und sich verändernden Umgebungsmerkmalen andererseits. Die gegenseitige Abhängigkeit zwischen Individuum und seiner Umwelt wird als reziproker Prozess verstanden. Die ökologische Umwelt wird als eine Abfolge konzentrischer Kreise dargestellt und stellt sich in Form des → Mikrosystems → Mesosystems, → Exosystems, und → Makrosystems dar.

Erläuterung: Ein Faktor, der die Ö. konstituiert, ist die Wohnung (Fuhrer & Kaiser, 1994).

Online-Medien (Online-media): → Internet

Operante Konditionierung (Operant conditioning): Ist ein Ansatz im Rahmen der Lernpsychologie, der auf Thorndike (1935) und Skinner (1953) zurückreicht und der davon ausgeht, dass die Auftretenswahrscheinlichkeit einer spezifischen Verhaltensweise eines Lebewesens durch ihre Konsequenzen bestimmt wird: Nach → Belohnung steigt die Wahrscheinlichkeit der Ausführung der → Handlung, nach Bestrafung sinkt sie (vgl. Dragoi & Staddon, 1999). Die O. und die → klassische Konditionierung stellen grundlegende Lernprozesse bei Menschen und Tieren dar, die z. B. für den Erwerb und die Veränderung von → Einstellungen bedeutsam sind. Beide werden in der → Verhaltenstherapie angewandt, um therapeutische Prozesse in Gang zu setzen.

Erläuterung: → Einstellungsänderung kann durch O. hervorgerufen werden. Das wurde in einem Experiment belegt, in dem der Versuchsleiter durch differentielle Verstärkung Antworten der Befragten je nach der darin enthaltenen Bewertung von Pay-TV hervorhob, indem er „gut" sagte. Der Versuchsleiter las zwölf Meinungsäußerungen vor, auf die die Befragten mit Zustimmung oder Ablehnung antworten konnten. In einer Bedingung wurden positive Antworten mit „gut" verstärkt, in einer zweiten Bedingung negative Antworten. Die Folge war, dass in der pro-Pay-TV-Bedingung eine positivere Einstellung zum Pay-TV ausgelöst wurde als in der anti-Pay-TV-Bedingung (Insko & Cialdini, 1969).

„Opponent-Process"-Theorie (Opponent-process theory): Ist eine von Solomon (1980) entwickelte Theorie, die davon ausgeht, dass → Affekte gegenläufige Prozesse auslösen. Die O. behauptet, dass die affektiven Erfahrungen einer Person auf einen a-Prozess und einen b-Prozess zurückzuführen sind. Während der a-Prozess dadurch gekennzeichnet ist, dass bei positiven Ereignissen positive → Gefühle ausgelöst werden (und negative Gefühle bei negativen Ereignissen), ist der b-Prozess dadurch charakterisiert, dass sich Gefühle mit einem gegenteiligen Vorzeichen aufbauen. Eine weitere Annahme besteht darin, dass bei häufiger Wiederholung der a-Prozess abgeschwächt wird, während der b-Prozess intensiviert wird. Eine Anwendung findet die Theorie in der Erklärung von Sucht bzw. von Abhängigkeit von Substanzen. *Erläuterung:* Blutspenden, die anfangs sehr unangenehm erlebt werden, rufen nach Wiederholung zunehmend eine positivere Erlebniskomponente hervor (Piliavin, Callero & Evans, 1982).

Optimale Distinktheits-Theorie (Optimal distinctiveness theory): Ist ein Ansatz von Brewer (1999), der davon ausgeht, dass Menschen sich solchen → Gruppen zugehörig fühlen, die eine Balance zwischen den individuellen → Bedürfnissen nach Gruppenzugehörigkeit und optimaler Abgrenzung von anderen bieten. Persönliche Isolation oder ein bedrohtes → Selbstwertgefühl rufen ein Bedürfnis hervor, sich einer Gruppe anzuschließen; Mitgliedschaft in einer Großgruppe (Kollektiv) dagegen löst ein Bedürfnis nach Abgrenzung aus.

Am ehesten lässt sich dieses Gleichgewicht in der Zugehörigkeit zu überschaubaren und distinkten Gruppen finden, da diese sowohl das Bedürfnis nach Gruppenzugehörigkeit als auch – aufgrund ihrer Distinktheit – den Wunsch erfüllen, sich von anderen abzuheben. Ein Grund für die Bevorzugung überschaubarer Gruppen kann aus der Evolutionsbiologie entnommen werden, in der die Entstehung von → reziprokem Altruismus angenommen wird. Um eine Ausbeutung durch Betrug zu vermeiden, ist es erforderlich, die Mitglieder der Gruppe zu identifizieren und ihnen gegenüber → Vertrauen aufzubauen. Daraus lässt sich eine Neigung ableiten, die → Binnengruppe zu bevorzugen. *Erläuterung:* Befunde von Lilli, Reinhard & Diehl (1999) können die O. unterstützen. Studierende, die sich mit einem persönlichen Misserfolg – und damit mit einer Selbstwertbedrohung – auseinander zu setzen hatten, sollten → Bewertungen von Binnengruppen, d. h. der eigenen Familie, des eigenen Freundeskreises, der eigenen Geschlechtsgruppe und der eigenen Nation, vornehmen. Ergebnis: Verbessertes Selbstwertgefühl der Studierenden stand in einem signifikanten Zusammenhang mit positiven Bewertungen von distinkten Binnengruppen (Familie, Freundeskreis), während praktisch kein Zusammenhang zu positiven Bewertungen von nicht-distinkten Binnengruppen (Geschlechtsgruppe, Nation) bestand.

Optimismus (Optimism): → Selbst-(wert)erhöhende Attribution, → Positive Illusion, → Theorie der gelernten Hilflosigkeit

Orientierungsreaktion (Orienting response): Bezeichnet das Reaktionsmuster, das ein Organismus auf neue, unerwartete Umweltreize zeigt und das einen Zustand gesteigerter Aufmerksamkeit beinhaltet (i.S. einer „Was-ist-los"-Reaktion). Die O. kann → Kampf-oder-Flucht nach sich ziehen. *Erläuterung:* Barbara macht einen Waldspaziergang. Während sie in Gedanken ist, hört sie plötzlich ein Rascheln neben sich im Gebüsch, was dazu führt, dass ihre Aufmerksamkeit darauf gerichtet wird, und dass sie → Angst bekommt und ihr Tempo beschleunigt.

Organisation (Organization): Bezeichnet eine spezielle Form einer → sozialen Gruppe, die sich durch einen bestimmten Rechtsstatus auszeichnet und bei der eine Zusammenführung von Personen, Ideen und Materialien zum Zweck der gemeinschaftlichen Erreichung spezifischer Ziele im Vordergrund steht (wie Firma, staatliche Einrichtung, ehrenamtliche O., vgl. Wagner & Hollenbeck, 1992).

O.en sind aus verschiedenen wissenschaftlichen Blickwinkeln näher untersucht worden, so z. B. aus betriebswirtschaftlicher, soziologischer und sozialpsychologischer Perspektive, was u. a. zur Entwicklung von Konzepten wie → Organisationsklima, Organisationsidentität, → Organisationsentwicklung und → Organisationskultur geführt hat, die jeweils zur Beschreibung, Erklärung bzw. Veränderung von Verhalten in O.en herangezogen werden (vgl. Pfeffer, 1993; Schuler, 1995; Staehle, 1999).

Erläuterung: Ein Beispiel ist die 1945 gegründete United Nations Organization (UNO) mit Sitz in New York, die sich u. a. die Erhaltung des Weltfriedens und den Schutz der Menschenrechte zum Ziel gesetzt hat.

Organisationsklima (Organizational climate): → Organisation, → Organisationskultur

Organisationsentwicklung (Organizational development): Bezeichnet einen geplanten und längerfristigen Veränderungsprozess einer → Organisation als Ganzes (Schule, Krankenhaus, Unternehmen usw.), der eingeleitet wird, um Ziele der Organisation (z. B. Umsatzsteigerung, strategische Neupositionierung) zu erreichen.

Versuche, den Begriff O. näher zu spezifizieren, waren bislang mit beschei-

denem Erfolg gekennzeichnet (vgl. Trebesch, 1982). Dies liegt zu einem großen Teil daran, dass das Forschungs- und Praxisfeld zur O. interdisziplinär angelegt ist, wobei betriebswirtschaftliche und sozialwissenschaftliche Ansätze von besonderer Bedeutung sind. Definitorische Abgrenzungsprobleme ergeben sich u. a., was die Begriffe O., Organisationsberatung und (Team-)Supervision anbelangt (vgl. Pühl, 1999).

Ansätze zur O. können u. a. in technisch-betriebswirtschaftlicher Tradition (z. B. O.s-Ansatz i.S. klassischer Unternehmensberatung nach Arthur D. Little), in der Tradition der angewandten → Gruppendynamik (z. B. O.s-Ansatz i.S. der Aktionsforschung nach Kurt Lewin) oder der angewandten → Psychoanalyse (z. B. O.s-Ansatz i. S. der Aufdeckung unbewusster Prozesse nach dem Modell des Tavistock-Instituts) stehen. Sie verwenden – je nach Zielsetzung – bestimmte Interventionstechniken und -ebenen (vgl. Lohmer, 2000; Mertens & Lang, 1991; Staehle, 1999; Wagner & Hollenbeck, 1992).

Der langfristige Erfolg einer Maßnahme der O. hängt nicht zuletzt davon ab, dass die → Organisationskultur i. S. eines Kulturmanagements einbezogen wird (vgl. Scholz, 2000).

Erläuterung: O. ist ein wichtiges Thema im Bereich von Krankenhäusern, die sich aufgrund von erhöhtem → Wettbewerb und steigendem Kostendruck im Gesundheitssystem Veränderungen nicht verweigern können (Bellabarba & Schnappauf, 1996).

Organisationskultur (Organizational culture): Bezieht sich auf drei Facetten einer → Organisation (Schein, 1990): 1. Ebene der sichtbaren Artefakte (Schöpfungen) der Organisation, die allen Mitgliedern bewusst sind (z. B. Riten, Gebäudedesign und Logos), 2. Ebene der → Werte der Organisationsmitglieder, die nur teilweise bewusst sind (z. B. Führungsgrundsätze zu →

Kooperation und → Wettbewerb), und 3. Ebene der grundlegenden Annahmen, die als Selbstverständlichkeiten im Hintergrund stehen (z. B. Grundannahmen über die menschliche Natur). Die O. ist als ein Spezialfall von → Gruppenkultur zu sehen.

Das seit Mitte der 80er Jahre des 20. Jahrhunderts verstärkt aufkommende Interesse am Begriff der O. unter Forschern und Praktikern (Neuberger & Kompa, 1987) wurde zu einem Teil durch Erfolge japanischer Firmen hervorgerufen. Die Beschäftigung mit dem Thema der O. hat wesentlich dazu beigetragen, dass klassisch-betriebswirtschaftliche Ansätze in der Analyse von Organisationen um sozialwissenschaftliche Ansätze ergänzt wurden. Manche Autoren sprechen sogar von einem Paradigmenwechsel in der Organisationsforschung, wonach die Organisation nicht eine Kultur „hat", sondern eine Kultur „ist" (Smircich, 1983). Von O. unterscheidet sich das Organisationsklima insofern, als letzteres Bestandteil von O. ist und mehr die kognitiven Aspekte der O. betont, wie sie bei den Mitgliedern der Organisation präsent sind (Denison, 1996). Die O. wird von der gesellschaftlichen → Kultur beeinflusst (vgl. Sackmann, 1992; Scholz, 2000).

Erläuterung: Ein Beispiel für O. ist die „technisch-intellektuelle Designkultur" der Erco Leuchten GmbH, die Schreyögg (1989) in einem Video vorstellt.

Ortsidentität (Place identity): Bezeichnet die → Kognitionen über die physische Umgebung, in der die Person lebt. Die O. trägt als Teil der → Identität zum Selbstverständnis einer Person bei (→ Selbstschema). Sie umfasst → kognitive Landkarten, → Einstellungen, → Erwartungen und → Werte, die sich auf bestimmte → „Behavior Settings" beziehen. O. dient der Aufrechterhaltung der persönlichen Kontinuität. Sie ruft eine → Gebundenheit an die ge-

baute Umwelt hervor, die in einer → Identifikation mit dem Wohnort zum Ausdruck kommen kann. Der Begriff der O. geht auf Proshansky (1978) zurück.

Erläuterung: Viele Menschen, die beruflich in verschiedenen Teilen der Welt gearbeitet haben, kehren im Alter in ihre Heimat zurück.

„Outgroup-homogeneity effect": → Fremdgruppen-Homogenitäts-Effekt

Panik (Panic): Bezeichnet einen Zustand der Verwirrung und Unkoordiniertheit in → Gruppen, der durch die → Erwartung des baldigen Eintretens von bedrohlichen Ereignissen ausgelöst wird und der zu einer gegenseitigen Behinderung der betroffenen Personen in ihren Bemühungen, die Situation schnell zu verlassen, führt. Beispiele für solche bedrohliche Ereignisse sind Brände, Gedränge und Naturkatastrophen. Eine P. wird nicht einfach nur durch das Auftreten von Zeitdruck ausgelöst. Hinzu kommen muss eine Bedrohung, die als real erlebt wird.

Eine Panikattacke ist eine schwere Form individueller → Angst ohne nachvollziehbaren Anlass. Wenn Panikattacken wiederholt auftreten, so ist aus klinisch-diagnostischer Sicht an eine „Panikstörung" oder an eine „Agoraphobie mit Panikstörung" zu denken (Dilling, Mombour & Schmidt, 1996; → Phobie).

Erläuterung: Der verstorbene US-amerikanische Regisseur und Schauspieler Orson Welles löste 1938 mit dem Hörspiel „Krieg der Welten", in dem über die angebliche Landung von Marsmenschen auf der Erde berichtet wurde, eine Massen-P. in den USA aus.

Paradigma der minimalen Gruppen (Minimal-group paradigm): Ist eine experimentelle Versuchsanordnung, bei der zwei → Gruppen ad hoc zusammengestellt werden, ohne dass die Gruppenmitglieder Gelegenheit haben, miteinander zu interagieren oder sich auch nur kennen zu lernen. Die Trennung zwischen → Binnengruppe und → Fremdgruppe erfolgt willkürlich und reicht aus, um eine → Intergruppen-Diskriminierung i.S. einer → Binnengruppen-Favorisierung auszulösen (Diehl, 1990; Tajfel, Billig, Bundy & Flament, 1971).

Erläuterung: In einer Untersuchung mit Rekruten der Bundeswehr wurde eine willkürliche Aufteilung auf zwei Gruppen durchgeführt, indem die Soldaten gebeten wurden, eine Serie von Bildern zu beurteilen, die elektromikroskopische Aufnahmen von Blutzellen zeigten. Scheinbar aufgrund ihrer Präferenz für bestimmte Bilder, in Wirklichkeit aber willkürlich, wurden die Soldaten in eine X- und eine Y-Kategorie eingeteilt. In einer späteren Versuchsphase erhielten die Rekruten Gelegenheit, Geld zwischen Personen der eigenen Gruppe und Personen der Fremdgruppe aufzuteilen. In dieser Wettbewerbsbedingung wurde der Anreiz für die Favorisierung der Binnengruppe variiert, indem mitgeteilt wurde, dass der Gewinn pro Person zwischen ca. € 0,25 und € 0,50 bzw. zwischen ca. € 2,50 und € 5,00 liegen werde. Die Ergebnisse verwiesen auf eine generelle Tendenz der → Binnengruppen-Favorisierung, auch wenn dadurch die gemeinsamen Gewinne beider Gruppen und die individuellen Gewinne geringer ausfielen als ohne Bevorzugung der Binnengruppe (Dann & Doise, 1974).

Paradigma des verbotenen Spielzeugs (Forbidden toy paradigm): Ist eine experimentelle Versuchsanordnung, die im Rahmen der Prüfung der → Dissonanztheorie zum Einsatz kommt und ursprünglich von Aronson & Carlsmith (1963) entwickelt wurde. Einem Kind wird mit minimaler → Drohung das Spielen mit einem attraktiven Spielzeug verboten. Danach wird das Kind mit dem Spielzeug allein

gelassen. Als Folge davon stehen die → Kognitionen „Ich spiele nicht mit dem Spielzeug" und „Das Spielzeug ist attraktiv" einander gegenüber. Eine Dissonanzreduktion ist dadurch möglich, dass die Attraktivität des Spielzeugs abgewertet wird. Dieses Paradigma steht für die → Internalisierung von Verboten in der Entwicklung des Kindes, die – aus dissonanztheoretischer Sicht – erfolgreicher verläuft, wenn milde statt harte Drohungen eingesetzt werden.

Erläuterung: Durch massive Abschreckung von Kindern, sich nicht auf „eine schiefe Bahn zu begeben", könnte die Delinquenz weniger erfolgreich bekämpft werden als durch abgestufte Drohungen, die gerade ausreichen, um Delinquenz zu verhindern.

Paradigma vom anonymen Fremden (Paradigm of the anonymous stranger): Bezeichnet eine experimentelle Versuchsanordnung zur Überprüfung des Einflusses von → Ähnlichkeit auf die interpersonelle → Attraktion: Versuchsteilnehmern wird im ersten Schritt ein Einstellungsfragebogen gegeben, bei dem sie ihre → Einstellungen zu allgemeinen Themen angeben sollen. Beispiele: „Generell bin ich sehr entschieden gegen das Rauchen" und „Ich bin sehr fest davon überzeugt, dass Krieg manchmal notwendig ist, um Weltprobleme zu lösen". Die Stellungnahme wird auf 6-stufigen Skalen abgegeben.

Im zweiten Schritt findet nach einigen Wochen oder Monaten der eigentliche Beurteilungsversuch statt: Den Teilnehmern wird ein Einstellungsfragebogen vorgelegt, den eine ihnen unbekannte Person („anonymer Fremder") angeblich bearbeitet hat und der dieselben Einstellungsfragen enthält, die ursprünglich von den Versuchsteilnehmern selbst eingeschätzt wurden. Über diesen Fragebogen wird die → Einstellungsähnlichkeit manipuliert.

Wenn sieben Feststellungen vorliegen, bedeutet 100% Ähnlichkeit eine Übereinstimmung in jeder Antwort. Davon ausgehend lässt sich das Ausmaß der Ähnlichkeit reduzieren, bis schließlich 0% Übereinstimmung gegeben ist. Im dritten Schritt haben die Versuchsteilnehmer die Aufgabe, den Fremden im Hinblick auf dessen Attraktion anhand der „Interpersonal Judgment Scale" (→ Interpersonelle Urteilsskala) zu beurteilen. Wie Byrne & Nelson (1965) feststellen konnten, ist die interpersonelle Attraktion eine lineare Funktion der Proportion ähnlicher Einstellungen (→ Verstärkungstheorie der Attraktion).

Erläuterung: Eine Person, die in zwei von vier Themen übereinstimmt, wird mehr gemocht als eine Person, die in acht von 24 Themen übereinstimmt (Byrne & Nelson, 1965).

Parallelismus-Theorem (Parallelism theorem): Lautet nach Anderson (1977, S. 202) wie folgt: „Wenn 1. das lineare Modell korrekt ist und wenn 2. das Reaktionsmaß eine lineare Skala ist und wenn 3. die Stimulusvariablen unabhängige Effekte haben, dann 1. werden die Daten aus einem faktoriellen Design auf parallelen Profilen abgebildet und darüber hinaus 2. werden die Randmittelwerte (aus der Datentabelle) die Stimuluswerte auf validierten Intervallskalen sein". Das P. wird z. B. in Studien über die → Eindrucksbildung verwendet, in denen Parallelismus der Profile häufig festgestellt wurde.

Erläuterung: Das P. löst das Problem, eine Intervallskala auf der Ebene von Ratingskalen nachzuweisen (→ Kognitive Algebra).

Peinlichkeit (Embarrassment): → Verlegenheit

Performanz (Performance): → Kompetenz

Perseveranz-Effekt (Perseverance effect): → Beharrungs-Effekt

Persönlicher Raum (Personal space): Bezeichnet den Umkreis, den eine Person in Anspruch nimmt und dessen Verletzung zu Vermeidungs- und Abwehrreaktionen (wie aus dem Felde gehen, Wegblicken) führt. Die Präferenzen für den P. sind von Individuum zu Individuum unterschiedlich. Die Beeinträchtigung des P. – etwa aufgrund hoher → Dichte – ist ein → Stressor, der durch unterschiedliche Strategien der → Bewältigung von Stress reduziert werden kann, die oft eine kompensatorische Reaktion darstellen.

Erläuterung: Eva geht gerne in Diskotheken, um zu tanzen. Auf der Tanzfläche bemerkt sie, wie ein junger Mann immer näher an sie herankommt und sie schließlich am Arm streift. Eva fühlt sich in ihrem P. beeinträchtigt und reagiert, indem sie den Abstand vergrößert.

Persönlichkeit (Personality): Der Begriff P. wird nicht einheitlich definiert. Herrmann (1969, S. 25) beschrieb nach einer Bedeutungsanalyse über eine Vielzahl von Definitionen deren gemeinsamen Nenner so: „Persönlichkeit ist ein bei jedem Menschen einzigartiges, relativ überdauerndes und stabiles Verhaltenskorrelat". Pervin & John (2001, S. 4) beziehen den Begriff in ähnlicher Weise auf die Merkmale der Person, die für ihre konsistenten Muster des Fühlens, Denkens und Verhaltens verantwortlich sind. P. ist also ein abstraktes Konstrukt, das sich auf die individuelle Prägung von vielfältigen Formen des Verhaltens, Erlebens und Denkens in unterschiedlichen Situationen und über längere Zeit hinweg bezieht.

Verschiedene Persönlichkeitstheorien akzentuieren unterschiedliche Struktur- und Prozess-Einheiten. So hat die Freudsche → Psychoanalyse Triebe und ihre → Konflikte mit regulierenden Prozessen hervorgehoben. Die psychodynamischen Objekt-Beziehungstheorien (Kohut, Kernberg, Mahler, Bowlby) stellen stabile kognitive Repräsentationen von frühen interpersonalen Beziehungen in den Mittelpunkt. Eigenschaftstheorien (Cattell, Eysenck, Costa & McCrae) betonen stabile Temperaments- und Leistungseigenschaften (→ Eigenschaft) und deren biologische Fundierung. Phänomenologische Theorien (Rogers) stellen das → Selbstschema und Inkongruenzen zwischen Selbstaspekten in den Mittelpunkt. Radikale Lerntheorien (Watson, Skinner) betonen individuell gelernte Gewohnheiten. → Sozial-kognitive Lerntheorien (Bandura, Mischel) heben die wechselseitige Beeinflussung von Person- und Umweltvariablen hervor. Auf der Personseite sind individuelle Formen der Informationsverarbeitung (→ Soziale Informationsverarbeitung), gelernte → Erwartungen über Ereignisabläufe und Handlungsfolgen und deren subjektive → Bewertung (→ Handlung), Verhaltensstandards und Ziele zentral.

In der neueren Forschung wird die P. z. B. anhand von fünf auf faktorenanalytischer Grundlage gewonnen Dimensionen beschrieben (→ Faktorenanalyse), die mit dem NEO-FFI von Costa & McCrae (1989) bzw. mit der deutschsprachigen Version von Borkenau & Ostendorf (1994) erfasst werden. Die „Big Five" der P. sind: 1. Freundlichkeit, 2. Gewissenhaftigkeit, 3. Neurotizismus, 4. Extraversion und 5. Aufgeschlossenheit.

Die psychologische Persönlichkeitsforschung grenzt sich von der sozialpsychologischen Forschung zum → Selbstschema mehr oder weniger stark ab (vgl. Asendorpf, 1995, 1996). In der → Sozialpsychologie ist die P. von Menschen oftmals Untersuchungsgegenstand. Beispiele sind → altruistische Persönlichkeit, → Attributionsstil, → autoritäre Persönlichkeit, → implizite Persönlichkeitstheorie, → Kontrollüberzeugung, dispositionale → öffentliche und private Selbstaufmerksamkeit, eigenschaftsbezogenes → Selbstwertgefühl und → Selbstüberwachung.

Erläuterung: Die P. eines Menschen wird in vielen Lebensbereichen relevant. So verdient in der Verkehrspsychologie das Persönlichkeitsmerkmal „Sensation Seeking" (Zuckerman, 1984) Beachtung. Dabei handelt es sich um die Tendenz, stimulierende Umweltbedingungen aufzusuchen, um sich entsprechende Sinneseindrücke zu verschaffen. Eine hohe Ausprägung von „Sensation Seeking" kann das Verkehrssicherheitsrisiko erhöhen. Das gilt vor allem bei 18- bis 24-jährigen Verkehrsteilnehmern (vgl. Schulze, 2001).

Personalismus (Personalism): → Stellvertretender Personalismus

Personpermanenz (Person permanence): → Objektpermanenz

Personenwahrnehmung (Person perception): Bezieht sich auf einen Teilbereich → sozialer Kognitionen und ist nach Secord & Backman (1964) als der Prozess, durch den Eindrücke über andere Personen geformt werden, zu verstehen. Die Forschung zur P. reicht von den Determinanten des ersten Eindrucks bis zu der Frage, wie die → Eindrucksbildung die soziale → Interaktion beeinflusst (Bierhoff, 1989; Kanning, 1999). Wichtige Forschungsgebiete der P. umfassen → zentrale und periphere Eigenschaften in der Eindrucksbildung, → Reihenfolge-Effekte und → sich-selbst-erfüllende Prophezeiungen.

Erläuterung: Um einen ersten Eindruck von einer Person zu bilden, muss man sie nicht näher kennen. Es reicht schon aus, im → Internet anonym miteinander zu chatten. So kann es sein, dass witzige Kommentare eines Chat-Teilnehmers einen positiven Eindruck auslösen (vgl. Döring, 2001).

Persönliche Beziehung (Personal relationship): → Enge Beziehung

Perspektiveneffekt (Actor-observer difference): → Akteur-Beobachter-Unterschied

Perspektivenübernahme (Perspective-taking): Bezeichnet die Fähigkeit einer Person, die Perspektive einer anderen Person nachzuvollziehen. Die P. hängt nach Underwood & Moore (1982) mit → Empathie und hohem → moralischem Urteil zusammen (→ Moralische Kompetenz). Drei Formen der P. werden unterschieden. 1. inwieweit kann die Wahrnehmungsperspektive der anderen Person nachvollzogen werden, 2. inwieweit kann man sich in die Gedanken, → Motive und Absichten der anderen Person hineinversetzen (sozial-kognitive Perspektive) und 3. inwieweit kann man die → Gefühle der anderen Person nachempfinden (affektive Perspektive). Die Fähigkeit zur P., die sich in der Kindheit entwickelt (→ Stufenmodell der Entwicklung empathischen Mitleidens), kann als eine wichtige Determinante für → prosoziales Verhalten angesehen werden (Hofmann, 2000). Der Gegenbegriff ist → Egozentrismus.

Erläuterung: Berthold telefoniert mit Rainer, der ihm erzählt, dass er sich vor einer Woche von seiner Freundin getrennt habe. Da Berthold eine → Scheidung hinter sich hat, kann er sich gut in die psychische Verfassung von Rainer hineinversetzen und dessen Trauer, → Einsamkeit und Wut nachempfinden.

Pessimismus (Pessimism): → Theorie der gelernten Hilflosigkeit

Phobie (Phobia): Bezeichnet im Allgemeinen eine situations-, tätigkeits- oder objektgebundene → Angst, die anhaltend und irrational ist und Flucht- und Vermeidungsverhalten auslöst. Nach dem ICD-10 (Dilling, Mombour & Schmidt, 1996) kann man eine Unterscheidung zwischen der „spezifischen (isolierten) Phobie" (z. B. Spinnenangst, Höhenangst), der „sozialen Phobie"

(z. B. Angst vor der kritischen Prüfung durch andere Personen) und der „Agoraphobie" (z. B. Angst vor Menschenmengen) treffen. Eine P. kann in Form einer → Neurose als „phobische Angstneurose" in Erscheinung treten (Ermann, 1997).

Physische Attraktivität (Physical attractiveness): Bezeichnet das Aussehen einer Person (bestimmt durch Merkmale des Gesichts und der Figur, aber auch durch Make-up und Kleidung), das auf der Dimension der Schönheit bewertet wird. Nach Cunningham (1986) korreliert die P. von Männern und Frauen mit bestimmten Gesichtsmerkmalen. Werden Frauen von Männern beurteilt, so fallen Attraktivitätsurteile höher aus, wenn die Frau über eine relativ kleine Nase, große Augen, ein kleines Kinn (→ Kindchenschema), deutliche Wangenknochen, schmale Wangen (Reifemerkmale), hohe Augenbrauen, große Pupillen und über ein breites Lächeln (expressive Merkmale) verfügt.

Dagegen erhält ein Mann von Frauen dann höhere Attraktivitätsurteile, wenn er über einen großen Augenbereich mit hohen und weit auseinanderliegenden Augen und einen kleinen Nasenbereich verfügt (Kindchenschema) und wenn er ferner einen großen Kinnbereich, vorspringende Backenknochen (Reifemerkmale) und ein breites Lächeln (expressive Merkmale) aufweist.

P. hängt mit durchschnittlichen Gesichtszügen zusammen. Langlois & Roggman (1990) konnten zeigen, dass bei der Beurteilung von Durchschnittsbildern von Gesichtern, bei denen eine größere Zahl von Einzelgesichtern integriert worden ist, und die einem → prototypischen Gesicht nahe kommen, die eingeschätzte Attraktivität höher ausfällt als bei Bildern, die weniger dem Durchschnittsgesicht entsprechen. Die P. einer Person ruft Urteile auf der Dimension der Schönheit hervor, die auf die → Eindrucksbildung generalisiert, so dass man von einem → Stereotyp der physischen Attraktivität sprechen kann (vgl. Feingold, 1992; Hassebrauck & Niketta, 1993).

Erläuterung: Die aus der Fernsehserie „Baywatch" bekannte Schauspielerin Pamela Anderson repräsentiert hohe P.

Piliavin-Modell der Hilfeleistung (Piliavin and Piliavin model of helping behavior): Leistet die Prognose → hilfreichen Verhaltens in Abhängigkeit von situativen Randbedingungen, die sich auf wahrgenommene → Kosten beziehen. Dovidio et al. (1991) gehen davon aus, dass ein Beobachter einer → Notlage sowohl Kosten einer Hilfe als auch Kosten einer Nicht-Hilfe in Betracht zieht, bevor er oder sie sich entschließt, Hilfe oder keine Hilfe zu leisten (→ Austauschtheorie). Die Beobachtung einer Notlage löst eine physiologische → Erregung aus, die als unangenehm empfunden wird. Der Beobachter wird daher motiviert sein, die Erregung zu reduzieren. Dazu wird die Reaktion gewählt, die die Erregung möglichst schnell und vollständig reduziert und die so wenig Kosten wie möglich verursacht. Der Name des Modells resultiert daher, dass es ursprünglich von den Piliavins in den 70er Jahren postuliert und in Feldexperimenten getestet wurde (Piliavin & Piliavin, 1972). Während das P. in der ersten Formulierung von einer egoistischen Orientierung der Helfer ausging, wird es in neueren Veröffentlichungen so interpretiert, dass es auch altruistische Orientierungen umfasst (Schroeder, Penner, Dovidio & Piliavin, 1995). Das gelingt dadurch, dass die Kosten der Nicht-Hilfe auf die Nichterfüllung altruistischer Strebungen zurückgeführt werden (→ Altruistisches Verhalten, → Prosoziales Verhalten).

Aus einer systematischen Gegenüberstellung von Kosten der Hilfe (z. B. eigener zeitlicher Aufwand, finanzieller Verlust) und Kosten der Nicht-Hilfe (z. B. Wissen über das Leid und die Bedürftigkeit der anderen Person) lassen sich typische Reaktionsweisen (direkte vs. indirekte Intervention, Verlassen der Situation etc.) in Abhängigkeit von den Kosten der Hilfe und den Kosten der Nicht-Hilfe ableiten. Wichtige Hypothesen, die sich aus dem P. ergeben, lauten: Sind die Kosten der Hilfe hoch und die Kosten der Nicht-Hilfe niedrig, wird ein Beobachter eher die Notsituation verlassen, das Problem ignorieren oder verleugnen. Sind die Kosten der Hilfe niedrig und die Kosten der Nicht-Hilfe hoch, wird ein Eingreifen wahrscheinlich.

Erläuterung: Detlef hält mit seinem Auto an einer Unfallstelle an. Jemand leistet den Verletzten Erste Hilfe und bittet darum, den Rettungsdienst zu verständigen. Da für Detlef die Kosten einer Hilfe aufgrund des geringen Aufwands niedrig sind, während die Kosten einer Nicht-Hilfe hoch sind, da er die Opfer im Stich lassen würde, wenn er den Anruf unterlässt, wird er wahrscheinlich den Anruf übernehmen.

Placebo (Placebo): Bezeichnung für eine Substanz, die in Form eines pharmazeutischen Leer- oder Scheinpräparates keinen direkten therapeutischen Effekt besitzt (z. B. Glukose-Tabletten). P.s werden in der pharmazeutischen Forschung in der Kontrollgruppe eingesetzt, um die Ähnlichkeit der Behandlung von Versuchs- und Kontrollgruppe zu erhöhen. In Doppel-Blind-Versuchen weiß weder der Arzt noch der Patient, ob ein P. gegeben wird oder eine wirksame chemische Substanz. Dadurch, dass eine Person, die mit einem P. „behandelt" wird, glaubt, ein wirksames Präparat einzunehmen, können Veränderungen im Erleben und Befinden ausgelöst werden, die teilweise denen des Medikaments entsprechen, für das das P. steht.

Erläuterung: P.s werden in → Attributionstherapien verwendet. Sie werden häufig auch in der experimentellen Forschung eingesetzt, wie z. B. in Untersuchungen zur → kognitiv-physiologischen Theorie der Emotion.

Pluralistische Ignoranz (Pluralistic ignorance): Bezeichnet den subjektiven Eindruck, dass die eigenen → Einstellungen von denen anderer Menschen abweichen, während das eigene sichtbare Verhalten mit dem der anderen Menschen übereinstimmt. Wenn die → Mehrheit diesen Eindruck hat, entsteht die paradoxe Situation, dass → Konformität auftritt, obwohl die meisten beteiligten Personen sich unausgesprochen eine abweichende → Meinung zuschreiben (Miller & McFarland, 1987).

Erläuterung: P. kann fatale Folgen für → prosoziales Verhalten in → Notlagen haben, wenn die Zeugen eines Unfalls fälschlicherweise annehmen, dass die anderen Zeugen das Ereignis als harmlos interpretieren und deshalb nicht eingreifen.

Pornographie (Pornography): Bezeichnet die Darstellung der Sexualität in obszöner Form in Filmen, Videos, Fotos oder Büchern. Eine Abgrenzung zu erotischen Darstellungsweisen der Sexualität ist nicht immer eindeutig möglich, da die → soziale Kategorisierung als P. eine → Attribution darstellt, der eine gesellschaftliche Definition von Obszönität zugrunde liegt. Besonders problematisch sind pornographische Darstellungen, in denen eine Vergewaltigung dargestellt wird. Männer, die sich die Darstellung einer Vergewaltigung auf Video angeschaut hatten und die zuvor von einer Frau geärgert worden waren, verhielten sich gegenüber der Frau besonders aggressiv (vgl. Donnerstein, Linz & Penrod, 1987).

Erläuterung: Die teilweise in obszöner Ausdrucksweise abgefassten Gedichte und Prosatexte des verstorbenen US-amerikanischen Schriftstellers Charles Bukowski haben kritische Diskussionen nach sich gezogen, ob die Grenze zur P. überschritten wird.

Position (Position): Bezeichnet einen Ort in einem Feld → sozialer Beziehungen. Eine alternative Bezeichnung ist → sozialer Status. Allgemeine P.en lassen sich von speziellen P.en unterscheiden (z. B. Lehrer vs. Deutschlehrer). Ein und dieselbe Person hat im Allgemeinen mehrere P.en inne. Dementsprechend kann man von einem Positionssatz oder einem Positionssystem sprechen. Verwandte Begriffe sind Positionsgefüge und Positionsfeld. Jede einzelne P. impliziert ein Netz anderer P.en. Wenn nacheinander unterschiedliche P.en realisiert werden, spricht man von einer Positionssequenz.

Die P. ist in sich komplex. Sie lässt sich in Positionssegmente untergliedern, die auch Positionssektoren genannt werden. Ein Lehrer hat z. B. unterschiedliche Positionssegmente, je nachdem, ob er mit Schülern, Kollegen oder Eltern interagiert. Wenn die Komplexität der Gesellschaft zunimmt, wächst in der Tendenz die Zahl der P.en des einzelnen. Zu jeder P. gehört eine → soziale Rolle (und zu jedem Positionssegment ein Rollensegment). Nach Dahrendorf (1969) kennzeichnet das Begriffspaar „P. – soziale Rolle" den Homo Sociologicus. Es stellt ein Grundelement der → Soziologie dar.

Erläuterung: Generell lassen sich angeborene (Mann oder Frau), erworbene (Studienrat) und zugeschriebene (Deutscher) P.en unterscheiden.

Positionsmacht (Position power): → Kontingenzmodell

Positive Illusion (Positive illusion): Besagt, dass Menschen positive Überzeugungen über dass eigene → Selbst ausbilden, die nicht unbedingt den Tatsachen entsprechen und daher illusionären Gehalt haben können. P. beruht z. B. auf einer → selbst-(wert)erhöhenden Attribution oder einer → selbst(wert)schützenden Attribution (→ Selbst(wert)dienliche Verzerrung). P.en gehen nach Taylor & Brown (1988) oftmals mit einer guten Anpassung und mit psychischer Gesundheit einher, wohingegen den Tatsachen entsprechende negative Überzeugungen häufig mit mangelnder Anpassung und Depression verbunden sind.

Inwieweit die P. tatsächlich zur mentalen Gesundheit von Menschen beitragen kann, wurde kritisch diskutiert (Colvin & Block, 1994; Taylor & Brown, 1994), so dass sich mittlerweile die Ansicht durchsetzt, dass die P. in relativ eng umgrenzten Lebensbereichen durchaus mit Vorteilen behaftet ist, die es individuell zu nutzen gilt. Hingegen sind bei wichtigen lebensrelevanten Entscheidungen realistische Selbst-Überzeugungen vorzuziehen (vgl. Baumeister, 1989; Gollwitzer & Kinney, 1989). Robins & Beer (2001) haben gezeigt, dass die P. zwar aus kurzfristiger Sicht manche Vorteile mit sich bringt, aus langfristiger Perspektive dagegen mit erheblichen → Kosten und Risiken verbunden ist (vgl. Schneider, 2001; Taylor & Gollwitzer, 1995). Die Bildung einer P. dient häufig dem → Motiv der → Selbst(wert)erhöhung. Eine P. kann zur Unterschätzung der Einschätzung eines Risikos führen (→ Risikowahrnehmung).

Erläuterung: Der 19-jährige Edgar glaubt, dass er ein begnadeter Künstler ist und als Maler einmal groß herauskommt. Dies vermittelt ihm ein positives → Selbstwertgefühl. Tatsächlich hat er aber nur unterdurchschnittliche Fähigkeiten in der Malerei, so dass seine Selbsteinschätzung auf einer P. beruht. Nachdem er sich acht Jahre lang mit Gelegenheitsjobs durchs Leben geschlagen und mehrere Ablehnungen bei Bewerbungen an Kunstakademien bekommen hat, sind seine Chancen auf dem Arbeitsmarkt, mit 27 Jahren noch eine Lehrstelle etwa als Bankkaufmann zu finden, sehr niedrig: Der kurz- und mittelfristige Vorteil einer P. ist in diesem Beispiel langfristig mit erheblichen Kosten verbunden.

Postexperimentelle Aufklärung (Debriefing): Bezeichnet das Informieren der Versuchsteilnehmer über eine evtl. verwendete experimentelle Täuschung und das Offenlegen der Absichten der Forschung. Eine P. gilt als notwendig auf der Grundlage von Regeln des ethischen Handelns (→ Ethik) in der Wissenschaft. Sie beruht auf dem → moralischen Urteil bzw. der internalisierten → Norm der sozialen Verantwortung. Trotz gründlicher Aufklärung können starke experimentelle Manipulationen länger andauernde Wirkung auf Versuchsteilnehmer ausüben (vgl. Schuler, 1980), die sich dann in Form eines → Beharrungs-Effekts oder einer → sich-selbst-erfüllenden Prophezeiung manifestieren.

Erläuterung: Fingierte negative → Rückmeldung von → Leistung (mangelnde Intelligenz etc.) vom Versuchsleiter gegenüber Versuchsteilnehmern nach der Bearbeitung eines Leistungstests kann dazu führen, dass – obwohl die Versuchsteilnehmer durch den Versuchsleiter über die Willkürlichkeit der Rückmeldung aufgeklärt worden sind –, diese dennoch von ihrer mangelnden Leistungsfähigkeit weiterhin überzeugt sind, was wiederum ein vermindertes → Selbstwertgefühl nach sich ziehen kann.

„Primacy"-Effekt (Primacy effect): → Vorrang-Effekt

„Priming": Bezeichnet die beiläufige Aktivierung von Wissensstrukturen in der gegebenen Situation. P. liegt vor, wenn Ereignisse, die mehrere Interpretationen zulassen, in einer bestimmten Richtung aufgrund einer Voraktivierung von Vorstellungen ausgelegt werden (Srull & Wyer, 1979, 1980). Eine Erklärung dafür besteht darin, dass voraktivierte Vorstellungen im → Gedächtnis leichter verfügbar sind (→ Zugänglichkeits-Heuristik) und die Wahrnehmung von Ereignissen färben.

Zwei Varianten des P.s lassen sich unterscheiden (Smith, 1998): Semantisches P. ist die beschleunigte Reaktion auf ein Ziel nach der Verarbeitung eines darauf bezogenen Primes. Wiederholungs-P. ist die beschleunigte Reaktion auf ein Ziel, das vorher schon einmal oder mehrmals verarbeitet worden ist. P. wird in vielen Bereichen der Urteilsbildung relevant. Darunter fällt die Auslösung aggressiver Gedanken durch Darstellung von → Gewalt im Fernsehen (→ Kognitiv-neoassoziationistischen Theorie des Ärgers) und die Verwendung von → Stereotypen (Greenwald & Banaji, 1995; Zárate & Sanders, 1999).

Erläuterung: Eine Chinesin isst mit Stäbchen Reis. Diese Beobachtung führt dazu, dass im nachhinein → Eigenschaften, die für eine Chinesin typisch sind (z. B. anmutig, ruhig), schneller erkannt werden, obwohl sie vorher nicht explizit thematisiert wurden (Macrae, Bodenhausen & Milne, 1995).

Prinzip der absoluten Gleichheit

(Equality principle): Ist eine → Gerechtigkeitsregel, die häufig zur Abschätzung von → Verteilungsgerechtigkeit herangezogen wird. Das P. besagt, dass jede Person unabhängig von ihren Vorleistungen den gleichen Betrag erhält.

Die Basis für die Anwendung des P.s ist eine harmonische → soziale Beziehung. Eine Hypothese lautet, dass die Verwendung des P.s dann wahrscheinlich ist, wenn die Beziehung zu einer anderen Person als „Einheit" wahrgenommen wird (z. B. wenn Person A die Person B als ähnlich beurteilt) und wenn eine Äquivalenz der → Positionen zwischen zwei oder mehreren Personen wahrgenommen wird (Lerner, 1977). Das Ziel von Aufteilungsentscheidungen, die nach dem P. erfolgen, besteht vielfach darin, → Kooperation, → Solidarität und Partnerschaft zwischen den Akteuren zu fördern.

Erläuterung: Aufbau von Teamgeist in einem Qualitätszirkel, der auf der Verabredung beruht, dass jeder Teilnehmer in gleichem Maße finanziell von einer Leistungsverbesserung profitiert.

Prinzip der relativen Gleichheit

(Equity principle): (Synonym: Beitragsprinzip) Ist eine → Gerechtigkeitsregel, die sich dem Bereich der → Verteilungsgerechtigkeit zuordnen lässt. Nach dem P. wird eine interpersonelle Beziehung dann als ausgeglichen wahrgenommen, wenn die Relation von Input (I) und Konsequenzen (K) zwischen zwei Personen (Person A und B) gleich ist (vgl. Adams, 1965; Walster, Walster & Berscheid 1978): $IA / KA = IB / KB$. Das P. gewinnt vor allem in leistungsorientierten Situationen an Bedeutung, wo es zur Erhöhung der Leistungseffizienz (→ Leistung) durch Schaffung individueller → Anreize beiträgt.

Erläuterung: Das P. liegt der Einführung eines Entlohnungssystems, das auf einem Leistungsakkord basiert, zugrunde (→ „Equity"-Theorie).

Prinzip des gerechtfertigten Eigeninteresses

(Principle of justified egoism): Ist eine → Gerechtigkeitsregel aus dem Bereich der → Mikrogerechtigkeit und damit der → Verteilungsgerechtigkeit, die vor allem in solchen Situationen zur Anwendung kommt, in denen ein → Konflikt zwischen zwei Personen auftritt und in denen die beteiligten Personen die jeweils anderen als „Nicht-Einheit" wahrnehmen (Lerner, 1977). Der Konflikt beruht darauf, dass nur eine Person das erstrebte Ziel erreichen kann (→ Nullsummen-Spiel).

Erläuterung: Der Wettkampf zwischen Lance Armstrong und Jan Ullrich, die beide die Tour de France gewinnen wollen, ist durch das P. gekennzeichnet.

Privatheit (Privacy): → Norm

Prophezeiung (Prophecy): → Sich-selbst-erfüllende Prophezeiung

Prosoziale Motivation (Prosocial motivation): Bezeichnet den Prozess der Aktualisierung des → Bedürfnisses, Hilfe zu leisten, und die Umsetzung dieses Bedürfnisses in eine → Handlung. → Prosoziales Verhalten kann intrinsisch oder extrinsisch motiviert sein (→ Intrinsisch motivierte Hilfe; → Extrinsisch motivierte Hilfe). Der Motivationsprozess wird in dem → Prozessmodell prosozialen Verhaltens dargestellt.

Erläuterung: Ein Beispiel ist die Entstehung einer moralischen → Verpflichtung, einem Unfallopfer zu helfen, wenn man allein an den Unfallort kommt. Wenn mehrere Zuschauer anwesend sind, kann es zu einer → Diffusion der Verantwortung kommen, die die Verpflichtung zu helfen reduziert.

Prosoziale Norm (Prosocial norm): Bezeichnung für eine soziale → Norm, die ein → prosoziales Verhalten nahe legt. Zwei wichtige P.en sind die → Norm der sozialen Verantwortung und die → Norm der Reziprozität. Die Verletzung einer P. kann → Scham oder → Schuld auslösen.

Erläuterung: Über den Erklärungswert der P. ist kontrovers diskutiert worden. Einwände beziehen sich auf die Widersprüchlichkeit von Normen, die nachträgliche → Rechtfertigung des Verhaltens durch Normen und die Inflation von Normen zur ad-hoc-Erklärung immer neuer Sachverhalte. Daher kommt der Frage, welche Hinweisreize eine P. aktivieren, eine besondere Bedeutung zu, um im vorhinein prognostizieren zu können, wann prosoziales Verhalten auftreten wird. Da Normen den Akteuren als soziale Bezugssysteme dienen, die ihnen Standards angemessenen Verhaltens vorgeben, sind sie für die Planung → sozialen Verhaltens und die → Bewertung des → Selbst (→ Selbstdiskrepanz-Theorie) unerlässlich.

Prosoziales Verhalten (Prosocial behavior): Bezeichnet eine Form von → hilfreichem Verhalten, die folgende Kriterien erfüllt: 1. Absicht der helfenden Person, anderen eine Wohltat zu erwei-

sen, 2. die Wohltat kommt einer konkreten Person zugute und 3. sie erfolgt freiwillig und nicht im Rahmen von beruflichen Verpflichtungen (Bierhoff, 2002a). P. lässt sich von → hilfreichem Verhalten und → altruistischem Verhalten abgrenzen. Die Bedeutung von hilfreichem Verhalten ist umfassender, da es auch alle Formen von bezahlter Hilfeleistung einschließt. Die Bedeutung von altruistischem Verhalten ist enger, da es voraussetzt, dass die Unterstützung durch → Perspektivenübernahme und → Empathie motiviert ist und nicht primär egoistisch (→ Stufenmodell der Entwicklung empathischen Mitleidens).

P. zeigt sich in vielen Formen: einer Person Hilfe geben, sie verteidigen, sie retten und mit ihr etwas teilen (Zahn-Waxler & Smith, 1992). Generell lassen sich drei Dimensionen unterscheiden, auf denen die Formen P.s variieren: 1. geplante, formale Hilfe vs. spontane, informelle Hilfe, 2. Hilfe in schwerwiegenden vs. nicht schwerwiegenden Situationen und 3. aktives Tun vs. Geben (Smithson, Amato & Pearce, 1983). P. ist danach zu beurteilen, ob die Unterstützung effektiv ist, was in unterschiedlichen → Modellen der Hilfeleistung zum Gegenstand gemacht wird, und ob die Hilfeempfänger in ihrem → Selbstwertgefühl beeinträchtigt oder gefördert werden (→ Modell der Selbstwertbedrohung der Reaktionen auf Hilfe). Es gibt einen → Stadt-Land-Unterschied in P.

Erläuterung: Eine dramatische Form P.s kommt in Organspenden zum Ausdruck (vgl. Schneewind, Hillebrand & Land, 1997). Eine organisierte Form des P.s ist → ehrenamtliche Hilfe.

Prosoziale Transformation (Prosocial transformation): → Interdependenztheorie

Prospekttheorie (Prospect theory): → Rahmen-Effekt

Protestantische Ethik (Protestant work ethics): Nach Max Weber (1904/5)

bezeichnet P. ein Merkmal des westlichen Kulturkreises (→ Kultur), das dadurch charakterisiert ist, dass ein starkes individuelles Streben nach Reichtum und Wohlstand vorhanden ist, der nicht in einem Luxusleben verschleudert wird, sondern reinvestiert wird. Bestimmte Richtungen des Protestantismus, Puritanismus und Calvinismus werden als die geistigen Ursprünge der P. angesehen. Der Calvinismus steht für die Idee, dass Menschen als Gottes Werkzeug auf Erden Berufserfolg zum höheren Ruhme Gottes anstreben sollten. Hinzu kommt die Auffassung, dass der erworbene Wohlstand einer Person ein Zeichen dafür ist, dass sie auserwählt ist, in den Himmel zu kommen. Diese Prädestinationslehre trug zusätzlich dazu bei, dass das Unternehmertum im christlichen Europa angekurbelt wurde.

P. impliziert einen hohen Stellenwert der Selbstbestimmung (→ Selbst) des Einzelnen, der seines Glückes Schmied zu sein scheint (→ Kontrollüberzeugung). Vielfach wurde darauf hingewiesen (z. B. Baumeister, 1992), dass die US-amerikanische Gesellschaft viele Züge einer P. zum Ausdruck bringt. P. wird in der Forschung zur → Ethik untersucht (vgl. Pieper, 1991).

Erläuterung: Eine Verbindung zwischen der P. und der Psychologie stellte McClelland (1961) her. Er behauptete, dass die Kindererziehung auf der Grundlage der P. besonders auf Selbstständigkeit und Eigenverantwortung ausgerichtet sei. Dies begünstige die Entwicklung eines ausgeprägten Leistungsmotivs (→ Leistungsmotivation), führe zur verstärkter Unternehmertätigkeit und höherem Wirtschaftswachstum durch Reinvestition des Kapitalertrags und wirke sich schließlich in einer größeren Wirtschaftskraft von protestantischen gegenüber katholischen Ländern aus. Diese Hypothesen wurden empirisch zumindest teilweise bestätigt.

Prototyp (Prototype): Bezeichnet das abstrakte Abbild eines Objekts, das im → Gedächtnis abgespeichert wird. Der P. repräsentiert die zentralen Merkmale eines Objekts und erlaubt eine ökonomische Informationsverarbeitung von ähnlichen Einzelfällen auf der Basis der idealtypischen Repräsentation (Cantor & Mischel, 1979). Eine Person, die dem P. relativ unähnlich ist, ist nur durch wenige prototypische Merkmale gekennzeichnet, während eine Person, die dem P. ähnlicher ist, zahlreiche solcher Merkmale aufweist. Je mehr Merkmale des P.s eine Person auf sich vereinigt, desto eher wird sie dem P. zugeordnet. Bei geringer Zahl prototypischer Merkmale sinkt die Häufigkeit der Zuordnung zu der → Kategorie und die Variabilität der Urteile steigt.

Der P. wird erfasst, indem Beurteiler darüber befragt werden, welche Merkmale sie mit dem in Frage stehenden Objekt verbinden. In einem zweiten Schritt wird erfasst, als wie zentral die genannten Merkmale für das eingeschätzte Objekt wahrgenommen werden. Anschließend werden die Zentralitätseinschätzungen korreliert, um die Begriffsstruktur zu ermitteln. P.en weisen einen engen Bezug zu → sozialen Kategorien auf. P.en treten u. a. als → P. der Beziehungszufriedenheit, als → P. einer einsamen Person, als → P. der Liebe und als → prototypisches Gesicht in Erscheinung.

Erläuterung: Die Zuordnung eines einzelnen Falls zum P. gelingt um so schneller, je mehr der zentralen Merkmale des P.s in dem Einzelfall enthalten sind.

Prototyp der Beziehungszufriedenheit (Prototype of relationship satisfaction): Bezeichnet die Gedächtnisrepräsentation (→ Gedächtnis) von Beziehungszufriedenheit als → Prototyp. Die Merkmale einer guten Beziehung können auf vier Dimensionen zurückgeführt werden: Intimität, Übereinstimmung, Sexualität und Unabhängigkeit. Frauen legen mehr Wert auf die Intimität als Männer. Umgekehrt legen Männer mehr Wert auf Sexualität. Außerdem variiert die Bewertung mit der Verbindlichkeit der Beziehung. Je unzufriedener jemand mit seiner Beziehung ist, desto enger hängen die vier Dimensionen mit der Beziehungszufriedenheit zusammen (Hassebrauck & Fehr, in press).

Prototyp der Liebe (Prototype of love): Ist nach Shaver, Wu & Schwartz (1992) eine Gedächtnisrepräsentation (→ Gedächtnis) der → Liebe, die durch bestimmte antezedente Bedingungen und Reaktionsmuster gekennzeichnet ist (vgl. Aron & Westbay, 1996). Liebe ist durch verschiedene Merkmale charakterisiert, die in unterschiedlicher Zusammenstellung und Anzahl bei Personen vorhanden sein können (Anbetung, Begehren, Leidenschaft, Sehnsucht, Zärtlichkeit, Zuneigung). Der P. weist eine gewisse Ähnlichkeit zu dem Prototyp der Freude auf, unterscheidet sich aber durch die Orientierung an einer bestimmten Zielperson davon. Er ist im Unterschied zu dem → Prototyp der Beziehungszufriedenheit eher durch die Betonung von → Leidenschaft und bedingungsloser Hingabe gekennzeichnet (Fehr, 1988).

An antezedenten Bedingungen der Liebe wird genannt, dass die Zielperson etwas hat, was die Person mag, und dass die Zielperson die beurteilende Person mag. Hinzu kommen Bedingungen wie → physische Attraktivität und kommunikativer Austausch (→ Kommunikation). Reaktionsmuster, die Liebe kennzeichnen, sind die Suche nach Nähe, das Ausdrücken von → Gefühlen und sexuelle Aktivitäten.

Erläuterung: Der interkulturelle Vergleich ist aufschlussreich (Shaver, Wu & Schwartz, 1992): Während Liebe in westlichen → Kulturen eine Basiskategorie der → Emotion darstellte, verschwand Liebe in China als eigene Basiskategorie und ging in der Basiskategorie Freude/Glück auf. Diese Ergebnisse sprechen insgesamt sowohl für kulturelle Gemeinsamkeiten als auch für kulturelle Unterschiede im P.

Prototyp einer einsamen Person (Prototype of a lonely person): Ist nach Horowitz, French & Anderson (1982) eine Gedächtnisrepräsentation (→ Gedächtnis) einer Person, die drei Facetten aufweist: 1. Gedanken und → Gefühle der Trennung von anderen Personen und der damit verbundenen Vorstellung von eigener Unterlegenheit und Schwäche, 2. negative Gefühle (→ Ärger und Traurigkeit) und 3. isolierende → Handlungen (Vermeiden von Sozialkontakten), was mit → Einsamkeit einhergeht.

Prototypisches Gesicht (Prototypical face): Ist das Gesicht einer Person, das dem Durchschnittsgesicht entspricht. Innerhalb der experimentellen Forschung zur → physischen Attraktivität wird ein P. dadurch erzeugt, dass eine größere Zahl von Einzelbildern verschiedener Personen durch digitale Verarbeitung computertechnisch integriert wird (Grammer, 1995; Henss, 1992).

Provokation (Provocation): → Aggressionstheorie

Prozedurale Gerechtigkeit (Procedural justice): → Verfahrensgerechtigkeit

Prozesskontrolle (Process control): → Modell der Konfliktlösung

Prozessmodell prosozialen Verhaltens (Process model of prosocial behavior): (Synonym: Normatives Entscheidungsmodell des Altruismus) Ist ein von Schwartz & Howard (1981) entwickeltes Norm-Aktivierungs-Modell (→ Hilfreiches Verhalten, → Norm), bei dem die Wahrnehmung einer in → Notlage befindlichen Person einen sequentiellen Prozess bei der wahrnehmenden

Person in Gang setzt, der in mehreren Phasen abläuft: 1. Aufmerksamkeitszuwendung: Ausrichtung der Aufmerksamkeit auf die Notsituation, Erkennen der Hilfsbedürftigkeit der Person sowie Bewertung eigener Interventionsmöglichkeiten, 2. → prosoziale Motivation: Fällt die Bewertung der eigenen Fähigkeit zur Intervention positiv aus, so resultiert eine prosoziale Motivation, die zur Handlungsbereitschaft führt (→ Handlung). Die prosoziale Motivation ist von persönlichen Normen abhängig, die mit einem sozialen Verantwortungsgefühl (i. S. eines Gefühls der moralischen → Verpflichtung, → Moralische Kompetenz, → Verantwortung) einhergeht. Daher wird das P. auch als Norm-Aktivierungs-Modell bezeichnet, 3. antizipatorische Bewertung der Konsequenzen: Gegenüberstellung der → Kosten der Hilfe und Kosten der Nicht-Hilfe, wobei hohe Kosten der Hilfe trotz vorliegendem Verantwortungsgefühl eine Intervention eher unwahrscheinlich machen, 4. Abwehrprozesse: Ergibt sich aus der antizipatorischen Bewertung der Konsequenzen ein uneindeutiges Ergebnis, treten Abwehrprozesse (z. B. Verneinung der Notlage, der persönlichen → Kompetenz, der Verantwortung) auf, die das Verantwortungsgefühl und die Wahrscheinlichkeit einer Intervention verringern und zu einer Neubewertung der Notlage führen können, und 5. hilfreiches bzw. → altruistisches Verhalten: Ist das Ergebnis der antizipatorischen Bewertung der Konsequenzen dagegen eindeutig, d. h., sind die Kosten der Nicht-Hilfe höher als die Kosten der Hilfe, so wird die Person mit hoher Wahrscheinlichkeit intervenieren. Teilbereiche des P. werden im → Pilavin-Modell der Hilfeleistung und als → Diffusion der Verantwortung angesprochen.

Erläuterung: Das P. ist eine Weiterentwicklung des Entscheidungsmodells hilfreichen Verhaltens von Latané & Darley (1970), in dem die folgenden Stufen unterschieden werden: Einem Ereignis Aufmerksamkeit zuwenden, es interpretieren, persönliche Verantwortung übernehmen, Auswahl einer Form der Hilfe und → Entscheidung über die Implementierung der Hilfehandlung.

Psychoanalyse (Psychoanalysis): Ist ein auf Freud zurückgehender Begriff, der mindestens drei unterscheidbare Bereiche aufweist (vgl. Loch, 1977): P. als 1. Forschungsmethode, 2. Theorie und 3. Behandlungsmethode. In der Erforschung psychischer Vorgänge ist die P. insoweit als Methode zu verstehen, als sie mit verschiedenen Einzelverfahren unbewusste Prozesse zu überprüfen versucht und sich dabei auf die freie Assoziation, die Traumanalyse und die Analyse von Fehlleistungen bezieht. Als Theorie vom menschlichen Erleben und → Verhalten steuert die P. Aussagen zur Entwicklungs-, Persönlichkeits-, Emotions-, Motivations-, Sozial- und Organisationspsychologie sowie zu einer psychoanalytischen Psychosomatik und Neurosenlehre (→ Neurose) bei (Mertens, 1992, 1993; Mertens & Lang, 1991). In der Behandlung psychischer Störungen als → Psychotherapie kommt die P. schließlich mehr oder weniger stark in klassisch orientierter Weise zum Einsatz, so z. B. in Form einer psychoanalytischen Psychotherapie oder tiefenpsychologisch fundierten Psychotherapie (Hohage, 1996; Kernberg, 1999).

Seit Freud zeigen sich in der Theorie und Praxis der P. zahlreiche Weiterentwicklungen und Schulrichtungen (Wyss, 1993), die mehr oder weniger dem Anspruch gerecht werden, mit Vorstellungen der klassischen P. von Freud in Einklang zu stehen (z. B. Adler, Jung, Klein, Balint, Schultz-Hencke, Kohut, Kernberg, Heigl-Evers & Heigl). Ihnen allen ist gemeinsam, dass eine tiefenpsychologische Perspektive vorhanden ist.

Psychoanalytische Ansätze lassen sich für die → Sozialpsychologie nutzen (vgl. Bowers & Farvolden, 1996; Curtis, 1991; Kihlstrom, 1994; Westen, 1998). Partielle Konvergenzen zeigen sich z. B. in den Bereichen der → sozialen Informationsverarbeitung bzw. der Objektbeziehungstheorie und → Übertragung (Baldwin, 1992; Chen & Andersen, 1999; Westen, 1991), des → Modells der Aufrechterhaltung der Selbstbewertung bzw. Kohuts Selbstpsychologie (Tesser, 1991, 1992), des affektiven, kognitiven und motivationalen bzw. psychodynamischen Unbewussten (vgl. Bargh, 1997; Epstein, 1994; Wegner, 1994) und der → sich-selbst-erfüllenden Prophezeiung und der „Strukturalen Analyse Sozialen Verhaltens" in Kurzpsychotherapien (vgl. Tress et al., 1996).

Erläuterung: Als von der P. beeinflusst gilt der spanische Maler und Graphiker Salvador Dalí, der als einer der bedeutendsten Vertreter des Surrealismus zu bezeichnen ist und der das menschliche Unbewusste in seine Traummalerei hat einfließen lassen.

Psychobiologie (Psychobiology): → Soziobiologie

Psychologie (Psychology): Ist ein Teilbereich der Sozial- und Verhaltenswissenschaften, der historisch seine Wurzeln in der vorchristlichen griechischen Philosophie (Aristoteles, Plato) und der Philosophie des Mittelalters (z. B. Descartes, Locke) findet. Der Ursprung der modernen P. ist mit dem Namen Wilhelm Wundt aufs Engste verbunden, der mit seinen Schülern McKeen Cattell, Kraepelin, Külpe, Marbe, Meumann und Titchener die P. als experimentelle Erfahrungswissenschaft von der Philosophie abzukoppeln vermochte. Es folgte die Bildung klassischer Schulrichtungen (z. B. → Behaviorismus, Gestaltpsychologie, → Psychoanalyse), die gegenwärtig zum Großteil in dieser Form allerdings nicht mehr bestehen (vgl. Lück & Miller, 1999; Lück, Miller & Sewz-Vosshenrich, 2000; Schönpflug, 2000). Die historische Entwicklung des Begriffs der P. wurde von Scheerer (1989) im Detail dargestellt.

Die heutige P. versteht sich als eine Erfahrungswissenschaft vom menschlichen Erleben (einschließlich der Kognition) und Verhalten, das sie beschreibt und erklärt (vgl. Thomae & Feger, 1969). Im Zuge der Differenzierung des psychologischen Wissens ist eine Unterteilung in psychologische Disziplinen durchgeführt worden, die mehr grundlagen- oder mehr anwendungsbezogen ausgerichtet sind (vgl. Asanger & Wenninger, 1988; Hoff, 1998; Kluwe, 2001; Schorr, 1993): im Grundlagenbereich sind die Allgemeine Psychologie (Spada, 1992), die Methoden der Psychologie (Holling, Schulze & Großmann, 2002; Westermann, 2000), die Persönlichkeits- und differentielle Psychologie (Amelang & Bartussek, 2001), die Entwicklungspsychologie (Trautner, 1991, 1992b), die → Sozialpsychologie (Bierhoff, 2000b; Stroebe, Jonas & Hewstone, 2002) und die Biologische Psychologie (Birbaumer & Schmidt, 1990) vertreten. Im Anwendungsbereich finden sich die Arbeits-, Wirtschafts-, Organisations-, Medien- und Werbepsychologie (Frieling & Sonntag, 1999; Hoyos & Frey, 1999; Kirchler, 1999; Moser, 1990; Schuler, 1995; Winterhoff-Spurk, 1999), die Sportpsychologie (Bierhoff-Alfermann, 1986), die Politische- und Friedenspsychologie (Moser, 1979), die Medizinische Psychologie, die Geronto-, Gesundheits- und Ernährungspsychologie (Brähler & Strauß, 2001; Kruse, 1998a,b; Pudel & Westenhöfer, 1998; Schwarzer, 1997), die Klinische Psychologie und → Psychotherapie (Baumann & Perrez, 1998), die Gemeindepsychologie (Keupp, 1994), die Rechtspsychologie (Hommers, 1991), die Ökologische Psychologie (Kruse, Graumann & Lantermann, 1990), die Pädagogische Psychologie (Rost, 2001) und die Diagnostik (Sarges & Wottawa, 2001; Wottawa & Hossiep, 1997). Eine deutschsprachige Gesamtübersicht zur P.

beinhalten mehrere Serien der Enzyklopädie der Psychologie, deren Bände teilweise noch im Entstehen begriffen sind.

Erläuterung: Steven Schwartz (urspr. 1987) beschreibt 15 klassische Experimente in der P. in anschaulicher Weise. Er stellt folgende Wissenschaftler vor, deren Arbeiten die psychologische Forschung stark beeinflusst haben: Iwan Pawlow, John Watson, Roger W. Sperry, Gustav Fechner, Hermann Ebbinghaus, Frederick C. Bartlett, James J. Gibson, Stanley Schachter, Solomon Asch, Stanley Milgram, John Darley, Bibb Latané, Elton Mayo, Konrad Lorenz, Jean Piaget und Lewis M. Terman.

Psychologie des Hilfeerhaltens (Psychology of receiving help): → Modell der Selbstwertbedrohung der Reaktionen auf Hilfe

Psychophysiologischer Katharsis-Effekt (Psychophysiological catharsis effect): Bezeichnet den Effekt, dass eine frustrierte Person sich besser fühlt, wenn sie durch verbale oder physische → Aggression „Dampf ablassen" kann. Dieser P. zeigt sich darin, dass auf den Blutdruckanstieg nach einer Beleidigung ein kardiovaskulärer Erregungsabfall aufgrund einer nachfolgenden verbalen Gegenaggression der frustrierten Person folgt (Huber, Hauke & Gramer, 1988). Bei nachfolgender physischer Gegenaggression waren die Hinweise auf einen P. schwächer. Bei der Interpretation der Ergebnisse ist zu berücksichtigen, dass die Gegenaggression in der Untersuchungssituation zu keiner weiteren Eskalation des → Konflikts führte. Eine solche Konflikteskalation ist aber im Alltag häufig zu beobachten. Der P. lässt sich der → Katharsis-Hypothese zuordnen.

Psychotherapie (Psychotherapy): Der Begriff der P. geht auf Charcot, Breuer und Freud zurück. Er bezeichnet heute eine spezifische Form der interpersonellen Beziehungsgestaltung, in der Klienten/Patienten eine psychologische Hilfe auf professioneller Basis zur Bewältigung ihrer Probleme oder Schwierigkeiten erhalten (vgl. Bastine, 1982; Pongratz, 1982). Auf wissenschaftlicher Basis entwickelte P.-Verfahren grenzen sich von halb- oder unwissenschaftlichen P.-Verfahren u. a. dadurch ab, dass 1. deren Auswahl und Einsatz eine fachkundige Anamnese-Erhebung, Diagnose- und Indikationsstellung voraussetzt (vgl. Ahrens, 1997; Schulte, 1998), dass 2. deren Effektivität anhand adäquater wissenschaftlicher Methoden und Theorien überprüfbar ist (Franz et al., 2000; Geiser et al., 2001; Grawe, 1999b; Humphreys, 1996; Kriz, 1999; Leichsenring, 1996; Plath, 1998; Schulte, 1993; vgl. auch Baumann, 1996, und die Kommentarbeiträge in Report Psychologie 1997, Heft 1)., und dass 3. deren Ausübung (zumindest in Deutschland) eine abgeschlossene oder in naher Zukunft abschließbare qualifizierte Ausbildung über Berufs- oder Fachverbände bzw. über gesetzlich anerkannte Ausbildungsinstitute voraussetzt (Ahrens, 1997; Senf & Broda, 2000).

Die P. kann in unterschiedlichen Arten und Formen ausgeübt werden (Ahrens, 1997; Senf & Broda, 2000), und zwar je nach 1. institutionellem Rahmen (ambulante, teilstationäre und stationäre Therapie), 2. Anzahl der Klienten/Patienten (Einzel- Paar- und → Gruppentherapie), 3. Zielgruppe (z. B. Kinder-, Jugendlichen-, Erwachsenen-, Ehe- und Familientherapie), 4. zeitlichem Umfang (Kurz- und Langzeittherapie), 5. Methodik (z. B. Bewegungs-, Biofeedback-, Spiel-, Musik-, Gestaltungs-, Entspannungs-, Gesprächs-, Hypnose- und → Verhaltenstherapie) und 6. (mehr) einsichtsorientierter Zielsetzung (z. B. Gesprächstherapie, → Psychoanalyse) oder (mehr) verhaltensmodifizierender Zielsetzung (z. B. Verhaltenstherapie).

Obwohl das Feld psychotherapeutischer Verfahren alles andere als einheitlich ist, so zeigen sich neuerdings doch

Bestrebungen, einzelne psychotherapeutische Verfahren/Richtungen im Rahmen eines Gesamtkonzepts psychotherapeutischen Handelns zu integrieren (Lazarus & Messer, 1991; Fiedler, 2000; Grawe, 1999a), zu dem sozialpsychologische Ansätze wichtige Beiträge liefern können (Kowalski & Leary, 1999; Snyder & Forsyth, 1991; Westen, 1991, 1998).

Erläuterung: P. stellt eine → Kommunikation zwischen Klient/Patient und Therapeut dar. Aus sozialpsychologischer Perspektive sind Regeln der Kommunikation, Erkenntnisse der Führungsforschung (→ Führung) sowie Erkenntnisse aus den Bereichen → Emotion, → Kognition und → Motivation als Erklärungskonzepte für den Prozess der P. unmittelbar relevant.

Pufferhypothese der sozialen Unterstützung (Buffering hypothesis of social support): → Soziale Unterstützung

Pygmalion-Effekt (Pygmalion effect): → Sich-selbst-erfüllende Prophezeiung

Rahmen-Effekt (Framing effect): Bezeichnet einen Kontexteffekt, der in Entscheidungssituationen bedeutsam wird (→ Wahl; Kahneman & Tversky, 1984). Die Bewertung von Zahlenwerten (z. B. Geldbeträge) hängt von dem jeweiligen Bezugsrahmen (Gewinn oder Verlust) ab. R.e werden durch die Prospekt-Theorie näher untersucht (vgl. Kopp, 1995) und sind u. a. im Hinblick auf Gesundheitsprogramme (Rothman & Salovey, 1997) und auf die Bereitschaft für → Kooperation (Brewer & Kramer, 1986) genauer analysiert worden.

Erläuterung: Der subjektive Wert von Gewinnen weist eine konkave Funktion auf, der von Verlusten eine konvexe Funktion. Während ein Gewinn von € 100 verhältnismäßig geringe positive → Emotionen (z. B. Freude) verursacht, löst ein Verlust von € 100 relativ starke negative Emotionen aus.

Rassismus (Racism): Bezeichnet → Vorurteile und → Intergruppen-Diskrimierung von → ethnischen Gruppen, wobei „die Ablehnung der Fremden mit biologischen Unterschieden und entsprechend determinierten Abgrenzungsautomatismen begründet wird" (Wagner & Zick, 1998, S. 152). R. kann sich in einer offenen oder subtilen Weise zeigen (Klink & Wagner, 1999; Pettigrew et al., 1998; Pettigrew & Meertens, 1995; Zick, 1997) und tritt unter bestimmten Bedingungen als → regressiver Rassismus in Erscheinung. Die Grenzen zwischen R. und Ausländeroder Fremdenfeindlichkeit sind fließend (vgl. Dollase, Kliche & Moser, 1999; Streeck-Fischer, 1994). Eine häufige Form des R. ist der Antisemitismus. Ein Ansatz zur Erklärung von R. ist die → Theorie der sozialen Identität.

Erläuterung: Carl von Ossietzky stellte fest: „Der Antisemitismus ist dem Nationalismus blutsverwandt und dessen bester Alliierter."

Rational-Choice-Modell (Rational-choice model): → Rationalität

Rationalität (Rationality): Wird dann unterstellt, wenn eine Person in einer Entscheidungssituation die optimale → Wahl im Hinblick auf ihre eigenen Interessen trifft. R. dient der Maximierung des subjektiven Nutzens. R. lässt sich durch „Rational-Choice"-Modelle kennzeichnen. Ein Beispiel ist die Theorie der Entscheidungsbildung (Edwards, 1954, 1961), die zwei Grundannahmen beinhaltet: 1. Die wählende Person kann angeben, ob sie von zwei Alternativen eine präferiert oder ob sie indifferent ist und somit keine bevorzugt. Damit einher geht die Transitivität von Präferenzen: Wenn A gegenüber B bevorzugt wird und B gegenüber C, wird A gegenüber C bevorzugt. Weiterhin gilt, dass die Wahl einer Alternative dazu dient, den Nutzen zu maximieren. Maximierung bedeutet, dass die beste Alternative unter denen, die

zur Wahl stehen, gewählt wird. Für jede Alternative wird eine subjektive Wahrscheinlichkeitsverteilung der Ergebnisse angenommen. Die Wahl soll das Kriterium der Maximierung des erwarteten Nutzens erfüllen. 2. Die Theorie der Maximierung des erwarteten Nutzens bezieht sich auf → Entscheidungen unter Unsicherheit. Deren Analyse beruht auf dem erwarteten Nutzen, der als Summe der Produkte zwischen der Wahrscheinlichkeit des Auftretens einer Konsequenz mit dem Wert definiert ist. Die Summe der Wahrscheinlichkeiten muss sich auf 1 addieren. → Erwartungen werden als subjektive Wahrscheinlichkeiten aufgefasst, die von objektiven Wahrscheinlichkeiten abweichen können (→ Risikowahrnehmung).

Ein wichtiges Beispiel für rationale Entscheidungen stellt die → Spieltheorie dar. Diese verwendet anstelle des Prinzips der Maximierung des erwarteten Nutzens eine andere Grundregel: Minimierung des maximalen Verlustes. Diese strategische Regel beruht auf der besonderen Wettbewerbssituation, in der sich die Spieler in einem → Nullsummenspiel befinden (→ Wettbewerb). Schließlich will jeder der Spieler seine Interessen gegen den anderen durchsetzen, was einer feindseligen Intention entspricht.

Eine Alternative zum Begriff der R. ist der Begriff der → eingeschränkten Rationalität. In der Handlungstheorie von Max Weber (urspr. 1921) wird zwischen Wertrationalität und Zweckrationalität unterschieden. Wertrationalität ist dann gegeben, wenn eine Optimierung der Mittel zur Erreichung eines gegebenen Ziels verfolgt wird. Zweckrationalität bezieht sich darauf, dass die Ziele in Abhängigkeit davon bestimmt werden, wie groß die → Kosten sind, die mit den verwendeten Mitteln zu ihrer Erreichung verbunden sind. Werden diese Kosten übermäßig groß, wird das Ziel modifiziert, bis Kosten und Nutzen in einem angemessenem Verhältnis stehen. Das Paradigma zweckrationalen Handelns ist das von Akteuren in der Wirtschaft. In diesem Sinne schreibt Edwards (1954, S. 381): „The crucial fact about economic man is that he is rational." In diesem Zusammenhang spricht man von einem „Homo oeconomicus".

Erläuterung: Eine Person entscheidet sich für den Beruf, bei dem die subjektive Wahrscheinlichkeit der Realisierung multipliziert mit seinem erwarteten Nutzen am größten ist.

Reaktanz (Reactance): Bezeichnet eine Abwehrreaktion gegen die vermutete oder tatsächliche Ausübung von Einfluss. R. kann zu dem paradoxen Resultat führen, dass eine → Kommunikation das Gegenteil von dem erreicht, was intendiert wurde. Die Psychologie der R. wird in der → Reaktanztheorie zum Thema gemacht.

Nach Wicklund (1974) treten R.-Effekte vor allem in drei Bereichen auf: 1. gegenüber Einflussnahmen, die Bumerangeffekte auslösen können, 2. bei Errichtung von Barrieren und 3. bei → Entscheidung für eine von mehreren zur Auswahl stehenden Alternativen (da die Entscheidung für eine Alternative einen Freiheitsverlust impliziert, da die anderen Alternativen entfallen).

Erläuterung: In der früheren DDR wurden die Bürger von Kindheit an massiv mit Propaganda beeinflusst. Durch die Gleichschaltung der Massenmedien wurde ein hohes Ausmaß an einseitiger Kommunikation gewährleistet. Trotzdem blieben viele DDR-Bürger gegenüber den staatlichen Botschaften skeptisch und lehnten die → Ideologie des Sozialismus ab.

Reaktanztheorie (Theory of psychological reactance): Ist eine von Brehm (1966) entwickelte Theorie, wonach Menschen, die eine Einschränkung ihrer Freiheit erfahren, motivational angeregt werden, ihre Freiheit wieder herzustellen. Die Abwehrreaktion wird als → Reaktanz bezeichnet.

Die R. macht verschiedene Vorhersagen über die Stärke der Reaktanz (vgl. Grabitz-Gniech & Grabitz, 1973; Wortman & Brehm, 1975). Die Reaktanz variiert mit: 1. Stärke der → Erwartung, von Anfang an eine Freiheit der → Wahl zu haben, 2. Stärke der Freiheitsbedrohung, 3. Bedeutung der Freiheitsbedrohung und 4. Implikation der Freiheitsbedrohung für andere Freiheiten.

Wortman & Brehm (1975) zeigen die Gemeinsamkeiten und Unterschiede zwischen der R. und der → Theorie der gelernten Hilflosigkeit auf. Beide Theorien befassen sich mit den Auswirkungen des → Kontrollverlusts. Reaktanz zeichnet sich im Unterschied zu gelernter Hilflosigkeit nicht durch Apathie, sondern durch aktiven Protest aus.

Inwieweit eine Person nach einem Kontrollverlust mit Reaktanz oder Hilflosigkeit reagiert, ist vor allem von dem Ausmaß des erfahrenen → Hilflosigkeitstrainings und der damit verbundenen Erwartungshaltung, → Kontrolle ausüben zu können, abhängig (Pittman & Pittman, 1980). So wird eine Person, die noch die Erwartung hat, Kontrolle ausüben zu können, eher mit Reaktanz reagieren, um die mit einem Kontrollverlust einhergehende Freiheitseinengung zu reduzieren. Eine Person dagegen, die die Kontrollerwartung aufgegeben hat, wird eher in einen Zustand der Hilflosigkeit geraten.

Die R. weist zahlreiche Anwendungsmöglichkeiten auf (Dickenberger, Gniech & Grabitz, 1993). Ein Beispiel ist der → Romeo-und-Julia-Effekt.

Erläuterung: Massenunfälle im Nebel lassen sich nach Schönbach (1996) mit der R. erklären: Ein Autofahrer tendiert im Nebel dazu, sich an dem vorausfahrenden Fahrzeug zu orientieren, um sich sicherer zu fühlen. Er fährt dicht auf, damit er den Blickkontakt nicht verliert. Dadurch fühlt sich der Vorausfahrende bedrängt und in seiner Freiheit eingeschränkt, so dass er beschleunigt. Die Folge ist, dass zu schnell

gefahren wird und die Unfallgefahr zunimmt. Im Sinne einer unglücklichen Kettenreaktion entstehen auf diese Weise Massenunfälle.

Realitätsprinzip (Reality principle): Bezeichnet in der → Psychoanalyse die Einsicht des Menschen in die Tatsache, dass nicht alle seine Wünsche in Erfüllung gehen (Lernen von Verzicht), dass seine → Bedürfnisse und Ansprüche nicht immer sofort befriedigt werden können (→ Belohnungsaufschub) und dass er bei der Durchsetzung seiner Ziele auf reale Gegebenheiten – insbesondere auf die Interessen seiner Mitmenschen – Rücksicht nehmen muss. Diese Einsicht geht mit der Reifung der auf das → Ich bezogenen Funktionen beim Kind einher, durch die die psychischen Sekundärvorgänge (Sekundärprozesse) geregelt werden (vgl. Leichsenring & Hiller, 1990). Dem R. steht das → Lustprinzip entgegen.

Erläuterung: Ein Schüler stellt durch → sozialen Vergleich fest, dass er mehrere Monate seine Hausaufgaben sorgfältig machen muss, um eine gute Note zu erzielen.

Rechenschaftsepisode (Account episode): Bezeichnet eine Form der Bewältigung von → Konflikten, die in der Grundversion vier Phasen umfasst (Schönbach, 1998): 1. Durch eine Verfehlung verletzt ein Akteur die normativen → Erwartungen eines Beobachters, der 2. darauf mit einem Vorwurf reagiert. Die Verfehlung variiert in der Schwere und der Vorwurf in der Härte. 3. In der Rechenschaftsphase gibt der Akteur Erklärungen für die Verfehlungen ab, die Schuldeingeständnisse (→ Schuld, → Selbstverschuldungsattribution), → Entschuldigungen, → Rechtfertigungen, die Ankündigung von Kompensationsbereitschaft oder auch Leugnung der Beteilung an der Verfehlung und Gegenaggression beinhalten kann (→ Aggressionstheorie). 4. In der Bewertungsphase beurteilt der Beobachter die Verfehlung bzw. die Rechenschaft daraufhin, ob er oder sie die gegebene Rechenschaft für angemessen und hinreichend hält, ob die Verfehlung damit „vom Tisch ist" und welche → Eigenschaften dem Akteur zuzuschreiben sind (z. B. feindselig, reumütig).

In einer R. kann es zu einer Einigung über den → Konflikt unter den Kontrahenten kommen. Eine andere Möglichkeit ist eine Eskalation des Konflikts. Diese wird wahrscheinlicher, wenn die Verfehlung besonders schwer ist, wenn der Vorwurf besonders scharf ist, wenn die Rechenschaft defensiv ausfällt und wenn die Kontrahenten Persönlichkeitsmerkmale aufweisen, die sie besonders streitlustig machen. Dazu zählen Maskulinität (→ Geschlechtsrolle), gesteigertes Kontrollbedürfnis und Unsicherheit des → Selbstwertgefühls.

R.n sind Teil der Bewältigung von Konflikten, wie sie z. B. durch die → Mediation oder vor Gericht geleistet wird. Sie treten aber auch in alltäglichen Konfliktsituationen auf, z. B. zwischen Ehepartnern oder zwischen Freunden.

Erläuterung: Der pünktliche Besuch einer Oper scheitert daran, dass der Mann zu spät nach Hause gekommen ist. Daher kann das Ehepaar seinen Platz erst zu Beginn des zweiten Aktes einnehmen, nachdem es 20 Minuten in der Garderobe gewartet hat. Die Frau macht ihrem Mann Vorwürfe, der sich mit einem wichtigen Geschäftsvorgang rechtfertigt, der noch unbedingt erledigt werden musste. Daraufhin akzeptiert sie die Erklärung des Mannes, dass es ihm leid tut und dass er bei dem nächsten Opernbesuch Vorsorge treffen wird, dass ein ähnliches Missgeschick nicht wieder auftreten kann.

Rechtfertigung (Justification): Ist eine Aussage, die der Verringerung des Tadels für eine an sich tadelnswerte → Handlung dient, ohne dass die → Verantwortung für die Handlung geleugnet wird. Dazu werden Gründe genannt, warum der Akteur nicht anders handeln konnte, als er gehandelt hat (Montada, 2001a; Schönbach, 1990). Darunter fallen 1. Verweis auf gute Absichten, 2. Verweis auf positive Konsequenzen für einzelne oder die → Gemeinde, 3. Nennung von Vergeltung als → Motiv („Das Opfer hat es verdient"), 4. Abwertung der Opfer, 5. Verweis auf gerechtfertigtes Eigeninteresse, 6. Verweis auf höhere → Werte, 7. Verweis auf die Notwendigkeit, sich selbst zu verteidigen, 8. Verweis darauf, dass andere genauso handeln bzw. für dieselbe → Handlung nicht getadelt wurden, und 9. Verweis auf die vorherige Einwilligung des späteren Opfers (wie bei einer riskanten Operation). R. dient häufig dem → Eindrucksmanagement. Ein verwandter Begriff ist → Entschuldigung. R.en sind Teil von → Rechenschaftsepisoden.

Erläuterung: Ein Polizist gibt während einer Gerichtsverhandlung gegenüber dem Richter an, dass er den Einbrecher, der ihn mit einer Pistole bedrohte, aus Notwehr angeschossen habe.

„Recency"-Effekt (Recency effect): → Neuheits-Effekt

Rechtsradikalismus (Right-wing radicalism): → Autoritarismus

Reflexive Kontrolle (Reflexive control): → Abhängigkeit, soziale

Regelspiel (Rule game): Ist eine Form des → Spiels, die sich durch die Befolgung von vorher festgelegten Spielregeln auszeichnet (z. B. Brett- und Gesellschaftsspiele). Nach Piaget (urspr. 1959) treten R.e in der Phase der konkret-logischen Operationen, also ab sieben bis acht Jahren auf (vgl. Oerter, 1999). Das R. trägt zur → Sozialisation von → Normen bei.

Erläuterung: Mehrere Schüler treffen sich nach der Schule auf einer Wiese, um Fußball zu spielen.

Regressionsanalyse (Regression analysis): → Multiple Regressionsanalyse

Regressiver Rassismus (Regressive racism): Bezeichnet nach Rogers & Prentice-Dunn (1981) die Rückkehr verschütteter Aggressionstendenzen (→ Aggression). Ein überwunden geglaubter → Rassismus wird in → Stress auslösenden Situationen reaktiviert. R. wird durch Umstände, die die → Deindividuation fördern, begünstigt.

Erläuterung: Als weiße Amerikaner in einer experimentellen Bedingung durch einen Schwarzen massiv beleidigt wurden, fielen sie wieder in das traditionelle Aggressionsmuster zurück, wonach Schwarze mehr als Weiße angegriffen werden. Nicht beleidigte Weiße zeigten hingegen eine Tendenz, Schwarze weniger als Weiße anzugreifen (umgekehrte Diskriminierung; vgl. Rogers & Prentice-Dunn, 1981).

Reihenfolge-Effekt (Order effect): Bezeichnet die Tendenz, dass sich die Position einer Information in einer Informationssequenz auf die Urteilsbildung auswirkt. In einer ersten Untersuchung zum R. wurden von Asch (1946) Eigenschaftslisten vorgegeben, in denen die Reihenfolge der → Eigenschaften variiert wurde. Generell lässt sich zwischen → Vorrang-Effekt und → Neuheits-Effekt unterscheiden. Positionseffekte lassen sich durch eine Veränderung des Gewichts einer Information je nach Position in der Serie darstellen. Sie gehen auf mehrere psychologische Prozesse zurück (z. B. Aufmerksamkeitsverteilung über die Serie, Behaltensleistung je nach Position; vgl. Bierhoff, 1989).

Erläuterung: Asch (1946) legte seinen Beurteilern folgende Eigenschaftslisten vor, die zwei fiktive Personen charakterisierten: Person A: „intelligent, geschäftig, impulsiv, kritisch, widerspenstig, neidisch"; Person B: „neidisch, widerspenstig, kritisch, impulsiv, geschäftig, intelligent". Die Ergebnisse zeigten, dass Person A durchweg positiver wahrgenommen wurde als Person B, was einem Vorrang-Effekt entspricht. Person B wurde z. B. wie folgt charakterisiert: „Diese Person ist wahrscheinlich fehlangepasst, weil sie neidisch und impulsiv ist". Solche Negativbeschreibungen wurden für Person A nicht berichtet, vermutlich weil ihr Eindruck durch die Positiveigenschaft „intelligent" geprägt wurde, die an erster Stelle genannt wurde.

Reizklassifikation (Stimulus classification): → Theorie der Reizklassifikation

Rekategorisierungs-Modell (Recategorization model): Befasst sich mit der Frage, wie → Intergruppen-Diskriminierung durch den Kontakt zwischen → Gruppen vermindert werden kann (Gaertner, Mann, Murrell & Dovidio, 1989). Im Gegensatz zum → Dekategorisierungs-Modell und → Intergruppen-Modell basiert das R. auf der Idee, → Stereotype durch die Mitgliedschaft in einer übergeordneten Gruppe abzubauen. Indem bestehende Gruppenmitgliedschaften als zweitrangig dargestellt werden und stattdessen die Mitgliedschaft in einer übergeordneten gemeinsamen Gruppe in den Vordergrund gerückt wird, wird zum Abbau von Spannungen zwischen Gruppen beigetragen (vgl. Gaertner et al., 1993). Das R. greift den Gedanken der Schaffung von → übergeordneten Zielen auf, der von Sherif (1966) in seiner → Theorie des realistischen Gruppenkonflikts zum Abbau von → Intergruppen-Konflikten empfohlen wurde.

Erläuterung: So könnten nach dem R. die → Konflikte zwischen verschiedenen → ethnischen Gruppen in den USA dadurch reduziert werden, dass alle Gruppen sich als Teil einer übergeordneten Einheit verstehen, auf die sie stolz sind.

Rekognitions-Heuristik (Recognition heuristics): Beinhaltet die Entscheidungsregel, bei Aufgaben vom Typ „X größer als Y?" die Alternative als Antwort zu wählen, die wiedererkannt wird. Die R. lässt sich in solchen Urteilsaufgaben anwenden, in denen unter mehreren Objekten das ausgewählt werden soll, das einen höheren Kriteriumswert erreicht. Ihr Erfolg beruht darauf, dass das Wiedererkennen eines Objekts in vielen Fällen mit der Größenausprägung dieses Objekts korreliert ist (Goldstein & Gigerenzer, 1999; Hertwig & Hoffrage, 2001). D. h., dass man sich an das größere Objekt besser erinnert als an das kleinere Objekt. Dieser Zusammenhang trägt dazu bei, dass das Wiedererkennen eine ökologische Validität für die Findung der richtigen Lösung hat.

Die Anwendung der R. setzt voraus, dass man nicht alle Objekte, die in die Beurteilung einbezogen sind, kennt. Daher lässt sie sich gerade dann einsetzen, wenn nur wenige Informationen zur Verfügung stehen, wenn also das Unwissen hoch ausgeprägt ist.

Erläuterung: Die R. lässt sich für die Beantwortung von vergleichenden Wissensfragen nutzen, wenn hohe Unsicherheit besteht. Ein Beispiel ist die Frage, welche Stadt größer ist: San Antonio oder Seattle?

Relative Deprivation (Relative deprivation): → Deprivation, → Existentielle Schuld, → Theorie der relativen Deprivation

Relative Privilegierungs-Theorie (Relative privileges theory): → Existentielle Schuld

Relevante-Attribute-Hypothese (Relevant attribute hypothesis): Festinger (1954) stellte im Rahmen seiner → Theorie der sozialen Vergleichsprozesse folgende Hypothese über das Auftreten sozialer Vergleiche in Abhängigkeit von der Ähnlichkeit auf (S. 120): „Die Tendenz, sich mit bestimmten anderen Personen zu vergleichen, nimmt ab, wenn die Differenz zwischen deren Meinun-

gen und Fähigkeiten und der eigenen ansteigt." (→ Fähigkeit, → Meinung).

Die R. dient zur Klärung der Frage, wie → Ähnlichkeit ein Kriterium für die Durchführung eines sozialen Vergleichs sein kann, obwohl vorher ein sozialer Vergleich durchgeführt werden müsste, um Ähnlichkeit oder Unähnlichkeit zu ermitteln. Sie weist einen Weg aus dem logischen Argumentationszirkel (Goethals & Darley, 1977, S. 265): „Wenn eine Anzahl möglicher Vergleichspersonen gegeben ist, dann wird diejenige für einen Vergleich gewählt, die – unter Berücksichtigung ihres Standpunkts in bezug auf Charakteristika, die bezogen sind auf und vorhersagend sind für die Leistung oder die Meinung – nahe der eigenen Leistung oder Meinung sein sollte." Nach dieser präzisierten Hypothese werden Personen eher solche Vergleichspersonen wählen, die ihnen in relevanten Attributen (z. B. Geschlecht, Alter) ähnlich sind (Suls, Gastorf & Lawhon, 1978; vgl. Wood, 1989).

Erläuterung: Tanja, Silke und Günter, die dieselbe Klasse besuchen, nehmen gemeinsam an einem Tanzkurs teil. Tanja weiß noch nicht, wie sie sich anziehen soll und wendet sich spontan an Silke, um Vergleichsinformationen einzuholen.

Repräsentativitäts-Heuristik (Representativeness heuristics): Bezeichnet eine zur Vereinfachung von Urteilsaufgaben angewandte Technik, durch die die Wahrscheinlichkeit der Einordnung eines Objektes in eine Klasse von der Ähnlichkeit beeinflusst wird, die ein Beurteiler zwischen Objekt und Klasse wahrnimmt. Wenn ein Beurteilungsobjekt (z. B. eine Person) einen Ausnahmefall darstellt, kann aufgrund der R. falsch generalisiert werden. Tversky & Kahneman (1974) sprechen in diesem Zusammenhang auch von dem → Gesetz der kleinen Zahl. Verwandte → Heuristiken sind die → Zugänglichkeits-Heuristik und die → Anker-

Heuristik. Die Anwendung der R. kann → Stereotype fördern.

Erläuterung: In einem Experiment von Hamill, Wilson & Nisbett (1980) erhielten die Teilnehmer eine Beschreibung von einer Sozialhilfeempfängerin, die ihr Geld sinnlos ausgab, in Schmutz und Ungeziefer lebte und ihre Kinder vernachlässigte. Wie die Ergebnisse zeigten, neigten die Teilnehmer dazu, aufgrund des Einzelfalls verallgemeinernde Schlussfolgerungen auf die Population der Sozialhilfeempfänger zu ziehen, auch wenn sie darauf aufmerksam gemacht wurden, dass der Einzelfall untypisch ist.

Ressourcenmanagement (Resource management): → Kollektive Aktion

Retrospektiver Irrtum (Retrospective error): Bezeichnet die Neuinterpretation früherer Ereignisse aufgrund eines → Stereotyps, das im nachhinein aktiviert worden ist. Der R. beinhaltet eine → Hypothesen-bestätigende Strategie, die darin besteht, dass neue Informationen dazu benutzt werden, die Vorgeschichte in einseitiger Weise zu deuten, so dass sie mit den neuen Informationen konsistent wird.

Erläuterung: In einer Untersuchung von Snyder & Uranowitz (1978) hatten Studierende eine Fallgeschichte über eine Person namens Betty K. zu lesen und sich einen Eindruck von Betty zu bilden. Unmittelbar darauf oder eine Woche später erhielten die Studierenden eine Mitteilung, aus der hervorging, dass Betty in einer lesbischen Beziehung glücklich geworden ist (→ soziale Kategorie „lesbisch") oder einen Mann geheiratet hat (soziale Kategorie „heterosexuell"). Wie die Ergebnisse zeigen, beeinflusste das jeweilige Label (lesbisch vs. heterosexuell) den Abruf von Information über die Biografie von Betty aus dem → Gedächtnis: Die Mitteilung über die lesbische Verbindung führte dazu, dass Vorgaben, die dem Stereotyp der lesbischen Frau entsprechen, eher

der Fallgeschichte zugeordnet wurden, als es in der Bedingung der Fall war, in der eine hetereosexuelle Beziehung angesprochen wurde.

Reziproker Altruismus (Reciprocal altruism): Nach Trivers (1971) besteht in der → Evolution die Tendenz, → prosoziales Verhalten zu bevorzugen. Diese Vorhersage beruht darauf, dass R. auf lange Sicht für das Individuum vorteilhaft ist, auch wenn kein Verwandtschaftsverhältnis besteht. R. dient also dem Eigeninteresse. Voraussetzung ist, dass alle Mitglieder der Gruppe dem R. entsprechend handeln, weil sonst die Gefahr der Ausbeutung der Hilfeleistung durch Betrug besteht. Daher wird R. durch Identifizierbarkeit der Gruppenmitglieder und durch die Entwicklung von → Vertrauen gefördert (→ Optimale Distinktheits-Theorie).

Erläuterung: Ein Spaziergänger, der am See entlang geht, wird Zeuge, wie ein Schwimmer mit dem Ertrinken kämpft. Die Rettung des Schwimmers bringt für diesen eine große → Belohnung, während die → Kosten des Retters relativ gering sind. Daher ist die Gesamtbilanz sehr günstig. Wenn der Retter zu einem späteren Zeitpunkt auch in eine lebensbedrohliche Situation kommt und gerettet wird, hat er ebenfalls von der Anwendung des Prinzips des R. profitiert.

Reziprozität (Reciprocity): → Norm der Reziprozität

Ringelmann-Effekt (Ringelmann effect): Bezeichnet das Ergebnis, dass Personen, die gemeinsam eine Aufgabe bearbeiten, weniger leisten, als es der Summe der Einzelleistungen entspricht (→ Leistung). Die Bezeichnung geht auf Professor Ringelmann zurück, der Agrikultur lehrte und Versuche durchführte, bei denen die Versuchsteilnehmer an Seilen zogen. Die aufgewandte Kraft in → Gruppen war geringer als die Summe der Einzelleistungen, die sich ergaben, wenn jedes Gruppenmitglied einzeln zog (vgl. Kravitz & Martin, 1986). Dieser Leistungsverlust in Gruppen wurde zunächst als Koordinationsverlust erklärt. Zusätzlich kommt es aber auch zu Motivationsverlusten in Gruppen, wie sie durch den Begriff des → sozialen Faulenzens gekennzeichnet werden (Latané, Williams & Harkins, 1979).

Der Leistungsverlust in Gruppen ist von verschiedenen Faktoren abhängig: 1. von der Gruppengröße, da mit zunehmender Anzahl von Gruppenmitgliedern größere Leistungseinbußen in Gruppen auftreten, 2. von der leistungsbezogenen Identifizierbarkeit, da geringe Identifizierbarkeit Motivationsverluste fördert, 3. von dem Geschlecht der Gruppenmitglieder, da Frauen weniger soziales Faulenzen zeigen als Männer, 4. von der jeweiligen → Kultur, da z. B. Personen in westlichen Kulturen mehr zum sozialen Faulenzen neigen als solche aus fernöstlichen Kulturen und 5. von der persönlichen → Involviertheit, da der Motivationsverlust geringer ausfällt, wenn die Aufgabe als persönlich bedeutsam eingestuft wird (vgl. Karau & Williams, 1993).

Unter bestimmten Bedingungen tritt der zum R. gegenteilige Effekt auf, der auf Motivationssteigerung in Gruppen beruht (→ Köhler-Effekt).

Erläuterung: Zur Abgrenzung von Koordinations- und Motivationsverlusten wurde folgender Versuch durchgeführt (Latané, Williams & Harkins, 1979, Exp. 2).: Versuchsteilnehmer wurden gebeten, so laut wie möglich zu rufen. Entweder wurde angekündigt, dass die Aufgabe allein zu bewältigen war, oder sie wurde als Gruppenaufgabe vorgestellt, obwohl nur jeweils eine Person beteiligt war (= Pseudo-Gruppe) oder sie wurde als Gruppenaufgabe durchgeführt. Wenn die Aufgabe allein durchgeführt wurde, war die individuelle Leistung höher, als wenn sie als Pseudo-Gruppe ausgeführt wurde. Das spricht für das Auftreten von Motivationsverlusten in Gruppen, die unabhängig von Koordinationsverlusten sind. Wurde die Aufgabe in Gruppen durchgeführt, fand sich zusätzlich noch ein Koordinationsverlust.

Risikoschub (Risky shift): → Gruppenpolarisation

Risikowahrnehmung (Risk perception): Bezeichnet die Wahrnehmung von Gefahren. Die R. bringt die subjektive Interpretation der Gefährdung zum Ausdruck, die nicht unbedingt mit der objektiven Gefährdung übereinstimmen muss. Tatsächlich ist es aber so, dass Beurteiler im Allgemeinen ein Risiko größer als ein anderes einschätzen, wenn es objektiv doppelt so hoch ist. Bei weniger großen Unterschieden in der Gefährdung war die Differenzierung in der R. allerdings schwach ausgeprägt (Lichtenstein et al., 1978). Im Vergleich bestimmter Gefahren treten erhebliche Fehleinschätzungen auf. Z. B. wurde das Risiko, durch einen Wirbelsturm getötet zu werden, für höher gehalten als das, an Asthma zu sterben, obwohl die Gefährdung durch Asthma mehr als 20 mal höher ist als die durch Wirbelstürme.

Als primärer Irrtum wird die Tendenz bezeichnet, das Risiko niedriger Gefährdungen zu überschätzen und das großer Gefährdungen zu unterschätzen. Hinzu kommt ein sekundärer Irrtum, der damit zusammen hängt, dass spektakuläre Ereignisse in ihrer Häufigkeit überschätzt werden. Weitere Ergebnisse zeigen, dass die Risikowahrnehmung von der wahrgenommenen Schrecklichkeit und der persönlichen Betroffenheit abhängt. Das Risiko wird höher eingeschätzt, wenn die Schrecklichkeit höher und die persönliche Betroffenheit größer ist.

Die Akzeptanz von Risiken kann durch Gruppenprozesse, die als Risikoschub bezeichnet werden, intensiviert werden (→ Gruppenpolarisation). Darüber hinaus können → Rahmen-Effekte, die in der Prospekt-Theorie beschrieben werden, die Bereitschaft zur Akzeptanz von Risiken beeinflussen. Aufgrund von → positiven Illusionen werden Risiken unterschätzt.

Erläuterung: Für eine große Anzahl von Todesursachen lässt sich die relative objektive Häufigkeit angeben. In den USA ergeben sich, dividiert durch 100.000.000, folgende Basisraten: Vitaminvergiftung 0.5, Masern 2.4, Wirbelsturm 44, Asthma 920, Diabetes 19.000 und Schlaganfall 102.000.

Rollenspiel (Role play): Stellt eine soziale Variante des → Fiktionsspiels dar, bei der es zu einer Verteilung von → Rollen unter mehreren Akteuren kommt, die auf einem → Skript aufbaut. Eine weitere Differenzierung ergibt sich durch die Unterscheidung von „sozialem R." (natürlichem R.) und „dramatischem R." (theatralischem R.). Das R. kann nach Broich (1980) Teil einer umfassenderen Handlungssequenz (Interaktions-, Motivations-, Rollenspiel- und Reflexionsphase) sein. Es ist durch verminderten Ernstcharakter gekennzeichnet.

Das R. findet in vielen Bereichen (Einstellungsforschung, Diagnostik, Assessment Center, → Psychotherapie, Personalentwicklung) eine Anwendung (vgl. Bliesener & Brons-Albert, 1994; Sader, 1986). Es dient der Wissensvermittlung in dialogischen Unterrichtsformen, zur Einübung sozialer Rollen durch Probehandeln, zur Schaffung eines höheren Gruppenzusammenhalts (→ Kohäsion) und zur Abfuhr von gefühlsbedingten Spannungen. Das R. als Forschungsmethode beinhaltet, dass die Befragten gebeten werden, sich möglichst realistisch vorzustellen, wie sie sich unter bestimmten Bedingungen verhalten würden.

Erläuterung: Verwendung von R.en zum Abbau von Prüfungsangst in Examenssituationen (Knigge-Illner, 1998).

Rolle (Role): → Soziale Rolle

Rollentheorie (Role theory): → Soziale Rolle

Rollenübernahme (Role taking): → Modelllernen

Romantische Beziehung (Romantic relationship): → Enge Beziehung

Romantische Liebe (Romantic love): → Liebestil

Romeo-und-Julia-Effekt (Romeo-and-Juliet effect): Basiert auf der Interpretation der → Liebe zwischen Romeo und Julia in der bekannten Shakespeare-Tragödie als Ergebnis des massiven sozialen Widerstands gegen die Verbindung. Der R. bezeichnet die Tatsache, dass elterliche Interferenz (Ablehnung des einen Partners durch die Eltern des anderen) die romantische Liebe zwischen den Liebenden intensivieren kann (Driscoll, Davis & Lipetz, 1972).

Der R. lässt sich auf der Grundlage von → Reaktanz erklären, da durch den Widerstand der sozialen Umwelt eine Freiheitseinengung der Liebenden erfolgt (Dickenberger, Gniech & Grabitz, 1993).

Erläuterung: Jasmin und Pascal sind ineinander verliebt. Sowohl Pascals als auch Jasmins Eltern sind dagegen, dass beide sich verloben. Der Protest der Eltern intensiviert die romantischen → Gefühle zwischen Jasmin und Pascal.

Rosenthal-Effekt (Rosenthal effect): → Lehrererwartungs-Effekt, → Sich-selbst-erfüllende Prophezeiung

„Rough-and-Tumble"-Spiel (Rough-and-tumble play): Ist eine Variante des → Spiels und bezeichnet ein nicht ernst gemeintes Kämpfen unter Kindern, das durch Aktivitäten wie Rennen, Jagen, Ringen, Springen etc. gekennzeichnet ist und der motorischen Übung dient. Die Kinder zeigen während des R.s häufig ein lachendes Spielgesicht. Diese spielerische Mimik ist derjenigen bestimmter Säugetiere während ihrer Sozialspiele verwandt (→ Ethologie, → Evolution) und grenzt das R. gegen → Aggression ab, mit der es nicht verwechselt werden sollte.

Erläuterung: Thomas und Michael, die beide neun Jahre alt sind, nehmen sich gegenseitig in den Schwitzkasten und drücken sich zu Boden. Ihr Lachen verrät, dass es sich um R. handelt.

Rubikon-Modell der Handlungsphasen (Rubikon-model of action phases): Teilt den Handlungsverlauf in vier Phasen auf, denen unterschiedliche Bewusstseinslagen zugrunde liegen. Unterschieden wird zwischen der motivationalen und volitionalen Bewusstseinslage, die durch die Intentionsbildung voneinander getrennt sind. Während die motivationale Bewusstseinslage, die hauptsächlich dem Prüfen und Abwägen von → Anreizen und → Erwartungen gewidmet ist (→ Leistungsmotivation), durch eine hohe Realitätsorientierung gekennzeichnet ist, steht in der volitionalen Bewusstseinslage die Steuerung der → Handlung im Sinne der Realisierung der Intention im Vordergrund. Damit einher geht eine Fokussierung der Aufmerksamkeit, eine selektive Informationsaufnahme und die Bildung von optimistischen Illusionen (Gollwitzer, 1996; Heckhausen, 1989). Diese Gegenüberstellung entspricht im Wesentlichen dem Unterschied zwischen der Vor- und Nachentscheidungsphase (→ Entscheidung), der auf die funktionalen Erfordernisse der Entscheidungsvorbereitung einerseits und der Handlungsausführung andererseits zurückgeführt wird (Jones & Gerard, 1967). Die Modellbezeichnung spielt darauf an, dass Caesar im Jahre 49 v. Chr. den Rubikon überschritt und damit den römischen Bürgerkrieg begann. Sein sprichwörtlicher Ausspruch „Die Würfel sind gefallen" kann so verstanden werden, dass Caesar eine eindeutige Intention gebildet hatte, die nicht mehr umzukehren war.

Eine weitere Aufgliederung der handlungspsychologischen Sequenz führt zu vier Phasen, von denen die erste vor der Überschreitung des Rubikon liegt, während die drei folgenden danach angeordnet sind. In der prädezionalen Phase wird die Handlungsintention gebildet. In der präaktionalen Phase wird die Handlungsinitiierung vorbereitet. Dabei besteht das Problem, zwischen verschiedenen konkurrierenden Intentionen eine auszuwählen. In diesem Zusammenhang wird eine Fiat-Tendenz postuliert, nach der die Intention zur Ausführung kommt, die stark ausgeprägt ist und für die sich eine günstige Gelegenheit bietet. In der aktionalen Phase geht es um Fragen der Anstrengungsregulation (→ Anstrengung), Schwierigkeitsabschätzung und die Erreichung von Nah- und Zwischenzielen (→ Anspruchsniveau). In der postaktionalen Phase steht die Bewertung der erzielten Handlungsergebnisse als Erfolg oder Misserfolg im Vordergrund. Gleichzeitig wird bei entsprechenden Anforderungen vorausgeschaut, um mögliche weitere Handlungen vorzubereiten. Während die prädezionale und postaktionale Phase motivational sind, ist die präaktionale und aktionale Phase volitional.

Das R. verweist sowohl auf förderliche als auch hemmende Faktoren der Bewältigung von Problemen. So kann in der volitionalen Phase eine positive Kontrollillusion dazu beitragen, dass die Zuversicht erhöht wird (vgl. Gollwitzer & Kinney, 1989; Taylor & Gollwitzer, 1995). Umgekehrt besteht die Möglichkeit, dass nach der → Rückmeldung von Misserfolg Grübeln einsetzt, das mit der Bildung einer neuen Intention interferiert. Die rückblickende Bewertung kann perseverieren (→ Beharrungs-Effekt) und zu einem negativen Kreislauf führen. Es kann auch dazu kommen, dass eine Intention nicht aufgegeben wird, obwohl keine realistische Chance der Zielerreichung besteht. In diesem Fall wird von einer „degenerierten" Intention gesprochen (Kuhl & Helle, 1986), deren Auftreten mit depressiven → Stimmungen in Verbindung gebracht wird.

Erläuterung: Neben situativen Merkmalen sind auch dispositionale Merkmale für das R. relevant. Dazu zählt die Unterscheidung zwischen einer Handlungsorientierung und einer Lageorientierung (Kuhl & Beckmann, 1994). Während erstere sich auf die Ausführung der Handlung konzentriert, ist letztere durch Gedanken gekennzeichnet, die von einer erfolgreichen Umsetzung der Intentionen ablenken (→ Handlungs- vs. Lageorientierung).

Rückmeldung (Feedback): Bezeichnet jede Art von → Kommunikation, die darüber Auskunft gibt, in welchem Grad ein Sachverhalt (z. B. das Ergebnis einer → Handlung) bestimmten Kriterien entspricht. R. gilt als unersetzlich für die Planung des Verhaltens und stellt einen integralen Bestandteil der „TOTE-Einheit" dar (Miller, Galanter & Pribram, 1960).

Danach verläuft Handeln nach folgendem Schema: Die Ausgangssituation wird überprüft (Test); es folgt eine Aktion zu ihrer Veränderung in eine erwünschte Richtung (Operate); ein weiterer Test gibt Aufklärung darüber, ob die erwünschte Wirkung erzielt wurde (Test). Diese Operate-Test-Abfolge wird so lange wiederholt, bis der erwünschte Umweltzustand eingetreten ist, so dass die Handlungseinheit verlassen werden kann (Exit). Die Tests im Anschluss an die Handlungen sorgen für die R. über den Handlungserfolg (→ Theorie der Selbstregulation). R. kann sich sowohl auf das abschließende Handlungsergebnis beziehen als auch auf die Erreichung einzelner Nah- und Zwischenziele auf dem Weg zum Ziel. Bei komplexen Aufgaben trägt sachgerechte R., die auf verschiedene Etappen der Aufgabenbewältigung verteilt ist, wesentlich zur Zielerreichung bei (Bandura & Schunk, 1981; → Soziale Fertigkeit, → Sozial-kognitive Lerntheorie).

In → sozialen Beziehungen bezieht sich R. häufig darauf, ob ein Sachverhalt verstanden oder nicht verstanden wurde. Eine andere Form der R. bringt Lob oder Tadel bzw. Zustimmung oder Ablehnung zum Ausdruck (z. B. ein Zuhörer eines Referats nickt mit dem Kopf, was der Referent als Zustimmung interpretiert). R. ist daher sowohl für die Kommunikation im persönlichen Bereich als auch in → Organisationen von großer Bedeutung (vgl. Scherm, 2002). Darüber hinaus hat die angemessene Verwendung von R. in vielen sozialen Trainingsprogrammen, wie dem → Rollenspiel und dem → Selbstbehauptungstraining, eine wichtige Bedeutung.

R. dient auch zur Kommunikation von → Sanktionen. Die R. kann zutreffend oder unzutreffend sein. Falsche R.en sind eine Quelle der Täuschung. In der → „Bogus-pipeline" wird durch fingierte R. der Eindruck erweckt, die wahren → Einstellungen einer Person messen zu können, ohne dass dies zutreffend ist.

Erläuterung: Mit dem Verfahren „Multidirektionales Feedback – 360°" (MDF-360°) von Fennekels (in Vorbereitung) erhält eine Führungskraft oder eine Fachkraft mit Führungsverantwortung eine R. aus vier unterschiedlichen Perspektiven: 1. vom direkten Vorgesetzten, 2. von den direkt zugeordneten Mitarbeitern, 3. von den Kollegen und 4. von den internen oder externen Kunden. Außerdem besteht die Möglichkeit, diese Fremdeinschätzungen mit der Selbsteinschätzung zu vergleichen.

Rückschau-Fehler (Hindsight bias): → „Knew-it-all-along"-Effekt

Salienz (Salience): → Figur/Grund-Trennung, → Selbstkategorisierungs-Theorie, → Terror-Management-Theorie

Sanktion (Sanction): Bezeichnet die → Bewertung eines Verhaltens durch

Einzelpersonen oder → Gruppen. Positive S. ist eine ausdrückliche Billigung, während negative S. eine ausdrückliche Missbilligung des Verhaltens darstellt. S.en dienen der Unterscheidung zwischen erwünschtem (normangemessenem) und unerwünschtem Verhalten und haben im Allgemeinen eine Stabilisierung des sozialen Systems aufgrund der Durchsetzung von Rollenerwartungen (→ Soziale Rolle) zur Folge (→ Solidarität). Neben dem harten Kern von S.en, die als Muss-Erwartungen zu bezeichnen sind, gibt es auch weniger verbindliche Soll-Erwartungen und relativ unverbindliche Kann-Erwartungen. S.en variieren in ihrer Härte. Ein extremes und besonders umstrittenes Beispiel für staatliche S.en ist die Todesstrafe (vgl. Ellsworth & Gross, 1994).

S.en können Bumerangeffekte bewirken, wenn → Reaktanz bei den Zielpersonen ausgelöst wird. Ein weiterer Nachteil der Verwendung von S.en liegt in der Abhängigkeit ihres Erfolges von funktionierenden Überwachungssystemen, da eine → Internalisierung der Norm häufig ausbleibt (→ Sozialisation).

Erläuterung: Die Einführung der gesetzlichen Gurtpflicht für Autofahrer verbunden mit Geldstrafen bei Zuwiderhandlung führte zu einer hohen Befolgung dieser lebensrettenden Vorschrift. Für die Durchsetzung von gesundheitspolitischen Zielen hat sich die Verwendung von Verboten auf staatlicher Ebene, deren Einhaltung durch Behörden beaufsichtigt und deren Missachtung verfolgt und bestraft wird, als erfolgreich erwiesen (Stroebe & Jonas, 2002).

Sapir-Whorf-Hypothese (Sapir-Whorf-Hypothesis): → Sprache

Schadenfreude (Downward comparison): → Abwärts gerichteter Vergleich, → Theorie des abwärts gerichteten Vergleichs

Schädigung (Damage): → Aggressionstheorie

Scham (Shame): Bezeichnet eine unangenehme → Emotion, die aus einer Normverletzung resultiert. Im Zentrum steht die Annahme der Person, dass eine negative → Bewertung ihres gesamten → Selbst im interpersonellen Kontext stattfindet. Die Normverletzung wird als persönliche Niederlage vor einem wirklichen oder vorgestellten Publikum interpretiert. S. ist daher eine selbst-(wert)relevante Emotion und entsteht, wenn eine Diskrepanz zwischen dem wirklichen Selbst und moralischen Standards dessen, was als angemessen erscheint, erlebt wird (→ Selbstdiskrepanz-Theorie) und wenn persönliche → Verantwortung dafür übernommen wird. Als Folge entsteht das. Streben, sich möglichst unsichtbar zu machen, um sich nicht dem Spott der anderen auszusetzen.

Die Normverletzung wird nach Lewis (2000) internal und global attribuiert und betrifft im Unterschied zur → Verlegenheit zentrale Aspekte des → Selbst. Ein weiterer Unterschied zur Verlegenheit liegt darin, dass keine externe Abwertung vorliegen und keine Öffentlichkeit bestehen muss. Man kann sich mithin für sich allein schämen. S. unterscheidet sich daher in den interpersonellen Folgen deutlich von → Schuld und hinsichtlich Verlegenheit in der Art und Weise, wie Diskrepanzen zwischen Real- und Ideal-Selbst erlebt werden. S. ist als Gegenpol von Stolz aufzufassen (vgl. Roos, 2000).

Typische Reaktionsmerkmale der S. sind nach Lewis (2000) und Roos (2000): Blicksenkung, Verdeckgesten, Verstummen, ausbleibendes Lächeln (im Unterschied zur Verlegenheit), Erröten, Verkleinerung des Körpers. Das Erleben ist stark negativ getönt durch vorübergehende Abnahme des → Selbstwertgefühls, erhöhte (öffentliche) → Selbstaufmerksamkeit und → Ärger über sich selbst. Das Handeln kann zunächst blockiert sein, Flucht- und Rückzugstendenzen sind möglich. Häufig bemüht sich die betroffene Person um Wiederherstellung des → Selbstbildes. S. führt also häufig zu sozialem Rückzug und → Einsamkeit, kann aber auch Ärger und → Gewalt bei einer Person, die S. erfährt, nach sich ziehen (vgl. Baumeister, Smart & Boden, 1996; Tangney, 1995).

Als Gegenpol der S. sieht Roos (2000) den Stolz, nach Lewis (2000) ist es die Hybris, der übersteigerte Stolz. S. entwickelt sich um das dritte Lebensjahr. Vorausgesetzt sind die Entwicklung des → Selbstkonzepts, die Verinnerlichung von einigen → Normen und Regeln, die subjektive Feststellung von Normverstößen und deren kausale → Attribution.

Individuelle Unterschiede in der Tendenz, sich zu schämen, werden mit verschiedenen Fragebogen und Interviewverfahren erfasst und vor allem mit psychopathologischen Symptomen verbunden (vgl. Andrews, 1998; Harder, 1995; Tangney, Burggraf & Wagner, 1995). Extreme S. ist mit verschiedenen psychischen Störungen korreliert, vor allem mit der narzisstischen Persönlichkeitsstörung (→ Narzissmus), mit sexuellem Missbrauch als Kind, mit Depression, sozialer → Phobie, Substanzmissbrauch und sexuellen Störungen.

Erläuterung: Ein Studierender ist in der Vordiplom-Prüfung durchgefallen. Er hat das Gefühl, dass er am liebsten „im Boden versinken" möchte. Er erlebt eine Diskrepanz zwischen Real- und Ideal-Selbst.

Scheidung (Divorce): Bezeichnet die Auflösung einer → engen Beziehung zwischen Paaren, die miteinander verheiratet sind. S. stellt ein → kritisches Lebensereignis dar. Nach Bodenmann (2001) haben die individuelle Tendenz zur emotionalen Labilität (Neurotizismus) und individuelle Defizite hinsichtlich der → Kommunikation (z. B. destruktive Kritik) und der → Bewälti-

gung von Stress einen Prognosewert für das Scheidungsrisiko. S. hat einen negativen Einfluss auf das psychische und physische Wohlbefinden der Ex-Partner. Darüber hinaus treten negative Auswirkungen auf die Kinder der geschiedenen Eltern auf, die von ihrem Alter, von ihrem Geschlecht und der Harmonie unter den geschiedenen Eltern abhängen. Einige Untersuchungen weisen auf die Möglichkeit hin, dass Kinder von geschiedenen Eltern eine größere Wahrscheinlichkeit haben, später eine geringere Zufriedenheit in einer eigenen Partnerschaft zu erleben und sich scheiden zu lassen, wenn sie geheiratet haben (Amato & Keith, 1991a,b; Fincham, 1994; Hetherington, Stanly-Hagan & Anderson, 1989). Diese Effekte hängen vermutlich entscheidend von dem Fortbestehen von → Konflikt unter den geschiedenen Eltern ab (Beelmann & Schmidt-Denter, im Druck).

Für Personen, die von S. betroffen sind, stehen unterschiedliche Hilfsangebote wie die Scheidungsberatung zur Verfügung (Griebel, Siefert & Herz, 1991). In gerichtlichen Scheidungsverfahren wird die Frage nach dem elterlichen Sorgerecht zum Wohle des Kindes/ der Kinder auf der Grundlage von psychologischen Gutachten, die von Sachverständigen erstellt werden, entschieden (Fabian & Wetzels, 1991).

Erläuterung: Mit der Reform des Kindschaftsrechts, die am 1. Juli 1998 in Kraft trat, wurde auch das Umgangsrecht mit dem Kind geändert. Hierdurch werden die Rechte und Pflichten von Familienangehörigen, bei denen das Kind nicht in ständiger Obhut ist, für den Fall von Trennung oder S. der Eltern geregelt. „Das Familiengericht kann insbesondere anordnen, dass der Umgang nur stattfinden darf, wenn ein mitwirkungsbereiter Dritter anwesend ist. Dritter kann auch ein Träger der Jugendhilfe oder ein Verein sein; dieser bestimmt dann jeweils, welche Einzelperson die Aufgabe wahrnimmt" (begleitender Umgang, § 1684 Abs. 4 3 f.). Fthenakis, Gödde & Thurisch (2001) untersuchten die Faktoren, die die Anordnungen des Familiengerichts beeinflussen können. Die Autoren befragten dazu in erster Linie Familienrichter. Die Ergebnisse zeigen, dass begleitender Umgang vor allem dann angeordnet wird, wenn die Sorge einer schweren Gefährdung des Kindeswohls durch sexuellen Missbrauch, körperliche Misshandlung oder Entführung besteht.

Schema (Schema): Bezeichnet Abstraktionen aus konkreten Erfahrungen, die in kognitiven Strukturen repräsentiert werden. Der Begriff des S.s geht auf Bartlett (1932) zurück. Er steht für eine ganze Gruppe von verwandten Begriffen. Dazu zählen → Erwartung, → Skript, Hypothese und → Prototyp.

Der Nutzen der Verwendung von S.ta lässt sich dahingehend beschreiben, dass eine schnelle Identifikation ankommender Information ermöglicht wird, fehlende Information ergänzt wird und weitere Strategien der Informationssuche nahe gelegt werden. Die Anwendung eines S.s hat zur Folge, dass die Information so geordnet wird, wie es der Struktur des S.s entspricht. S.ta sind relativ resistent gegenüber widersprüchlichen Informationen, wie das Beispiel des → konfirmatorischen Hypothesentestens zeigt (Bierhoff, 1989). Taylor & Crocker (1981) weisen darauf hin, dass S.ta inhaltsspezifisch sind (wie die S.ta zur → Personenwahrnehmung).

Erläuterung: → Stereotypen liegt eine schematische Informationsverarbeitung zugrunde. Sie verdeutlichen die Gefahr, dass schematisches Wissen übergeneralisiert werden kann.

Schicksalskontrolle (Fate control): → Abhängigkeit, soziale

Schnelles Vertrauen (Swift trust): Bezeichnet → Vertrauen in temporären Be-

ziehungen, das dem Ziel dient, sich als verlässlicher Interaktionspartner zu zeigen (Neubauer, 1999). S. erleichtert die erfolgreiche Arbeit in Projektgruppen und fördert den reibungslosen Ablauf von Geschäftsbeziehungen, die durch Repräsentanten zwischen → Organisationen koordiniert werden.

Schüchternheit (Shyness): → Verlegenheit

Schuld (Guilt): Bezeichnet eine unangenehme → Emotion, die aufgrund eines Fehlverhaltens des → Selbst im interpersonellen Kontext, das negative Folgen für andere bewirkt, entsteht. Als Folge tritt der Wunsch auf, den Fehler wieder gutzumachen bzw. seine S. einzugestehen. S. ist daher eine selbst(wert)relevante Emotion, deren Auslösung voraussetzt, dass man sich selbst für ein Verhalten verantwortlich sieht, das moralische Standards verletzt. S. wird vorwiegend in → sozialen Beziehungen erlebt und bezieht sich im Unterschied zur → Scham auf eine einzelne → Handlung der Person, die S. empfindet (vgl. Baumeister, Stillwell & Heatherton, 1994; Roos, 2000). S. motiviert → prosoziales Verhalten.

Der S. geht eine festgestellte Verletzung von internalisierten Standards, → Normen oder Zielen voraus. Diese Abweichung wird nach Lewis (2000) internal und spezifisch attribuiert (→ Attributionsdimension) und betrifft im Unterschied zur → Verlegenheit eher moralische Normen (→ Moralische Kompetenz, → Moralisches Urteil). Im Unterschied zur Scham muss diese Norm-Verletzung (wenigstens vermeintlich) eine andere Person schädigen. Schuldig fühlt man sich also anderen Personen gegenüber. Als Gegenpol zur S. sieht Lewis (2000) den (gerechtfertigten) Stolz. Die → Attribution von S. setzt eine → Verantwortungsattribution voraus. Sie ist darüber hinaus noch von der Größe des durch die Verfehlung hervorgerufenen Schadens und von →

Rechtfertigungen abhängig (→ Rechenschaftsepisode). Je größer der Schaden und je geringer die Rechtfertigung, desto mehr S. wird für einen Fehler zugeschrieben (Schütz & Hoge, im Druck).

Mimik und Verhalten bei S. sind wenig markant, gleiches gilt für das Erleben und die Gedanken. Die Handlungstendenzen sind ebenfalls variabel. Die (öffentliche) → Selbstaufmerksamkeit ist gesteigert, das → Selbstwertgefühl kann vorübergehend abnehmen, → Ärger über sich selbst ist möglich. Entwicklungspsychologisch scheint sich S. aus der → Empathie zu entwickeln. Voraussetzung ist die Fähigkeit des Kindes, zwischen verursachten und beobachteten → Notlagen anderer zu unterscheiden bzw. zwischen dem Selbst und anderen Menschen zu differenzieren (Hoffman, 2000). Ein Spezialfall von S. ist → existentielle Schuld.

Individuelle Unterschiede in der Tendenz, sich schuldig zu fühlen, werden mit verschiedenen Fragebogen und Interviewverfahren erfasst und mit psychopathologischen Symptomen in Beziehung gesetzt (Harder, 1995; Tangney, Burggraf & Wagner, 1995). In empirischen Studien ist extreme S.-Neigung z. T. mit ähnlichen klinischen Syndromen korreliert wie die Scham, meist aber schwächer, vor allem, wenn der Anteil der Scham am Zustandekommen der Syndrome statistisch kontrolliert wird.

Erläuterung: In dem Spielfilm „In the line of fire" spielt der US-amerikanische Schauspieler Clint Eastwood einen alternden Leibwächter, der sich noch nach vielen Jahren schuldig fühlt, weil er glaubt, bei der Ermordung John F. Kennedys versagt zu haben.

Sekundäre Verstärkung (Secondary reinforcement): → Abhängigkeit, soziale

Selbst (Self): Das S. zeichnet sich dadurch aus, dass es sich mit der Existenz des menschlichen Körpers entwickelt und sich über reflexiv-bewusste und interpersonelle Prozesse, bei denen das S. vorwiegend als handelnder Akteur auftritt, beschreiben lässt (Baumeister, 1999). Das S. lässt sich unter drei Perspektiven analysieren: 1. das S. als wissensbezogene Überzeugung (→ Wissen), 2. das S. als interpersonelle Erscheinung und 3. das S. als handelnder Akteur. Obwohl das S. seit langem ein Thema innerhalb philosophischer und psychologischer Ansätze ist (vgl. Baumeister, 1988; Snyder, 1988b), kann man erst seit den 70er Jahren des 20. Jahrhunderts von einer systematischen Behandlung des S. in der → Sozialpsychologie sprechen (Epstein, 1973; Filipp, 1979; Markus, 1977).

Das S. wird als wissensbezogene Überzeugung einer Person über sich selbst (self-knowledge) aufgefasst, wobei nur Teile dieser Überzeugung der Person zu einem bestimmten Zeitpunkt bewusst sind. Diese bewussten Teile sind als „spontanes Selbstkonzept" (McGuire, McGuire, Child & Fujioka, 1978) oder Arbeitsselbst (Hannover, 1997; Markus & Wurf, 1987) bezeichnet worden. Das S. als Selbstwissen konstituiert sich durch Prozesse der → Selbstwahrnehmung oder durch Zugriffe auf das autobiographische Gedächtnis (vgl. Klein & Loftus, 1993; Schütz, 1998).

Das S. unterliegt zumindest drei motivationalen Einflüssen: 1. der Motivation nach → Selbsteinschätzung, 2. der Motivation nach → Selbst(wert)erhöhung und 3. der Motivation nach → Selbstkonsistenz. Nach Befunden von Sedikides (1993) stellt die stärkste Motivation die Selbst(wert)erhöhung, gefolgt von Selbstkonsistenz und Selbsteinschätzung dar (vgl. Dunning, 1995; Jussim, Yen & Aiello, 1995).

Das Selbstwissen wird im menschlichen → Gedächtnis gespeichert, wobei sich der Organisationsprozess mit Hilfe von Prozessen, die → Abwehrmechanismen gleichen (Hansen & Hansen,

1988), oder durch Unterstützung von selbstbezogenen „Wegweisern" (self-guides) vollzieht, die nach Higgins (1987) einzelne Vorstellungen beinhalten, wie man gerne sein möchte (Ideal-Selbst) und was man eigentlich tun sollte (Soll-Selbst).

Auf interpersoneller Ebene wird das S. durch → soziale Rollen bzw. Rollenerwartungen geprägt (→ Symbolischer Interaktionismus). Umgekehrt wird das S. mit Hilfe eines → Eindrucksmanagements anderen gegenüber dargestellt, um einen positiven Eindruck zu erzielen. Gleichzeitig ist das S. durch kulturelle Rahmenbedingungen und entsprechende → Werte geprägt (Gergen, 1990; Markus & Kitayama, 1991). Wenn eine Normverletzung (→ Abweichendes Verhalten) auftritt, können Gefühle von → Schuld und → Scham auftreten, die den Vorgang der → Selbstbewertung verdeutlichen.

Schließlich wird dem S. als handelnder Akteur Rechnung getragen. Das S. übt → Kontrolle aus und sieht sich dabei als mehr oder weniger stark in seiner → Selbstwirksamkeit und → Selbstdetermination betroffen bzw. in seiner → Selbstregulation gefordert.

Nach Staudinger & Greve (1997) kann man das S. 1. kognitiv, d. h. wissensbezogen-beschreibend, 2. emotional-bewertend und 3. konativ-handlungsanleitend interpretieren. Diese Perspektiven können auf bewusste oder unbewusste Inhalte und Prozesse bezogen sein.

Die Forschung zum S. ist mit einer Reihe von theoretischen Ansätzen verbunden: 1. → Theorie der Selbstwahrnehmung, 2. → Theorie der Selbstaufmerksamkeit, 3. → Theorie des Selbst(wert)schutzes und der Selbst-(wert)erhöhung, 4. Theorie zum Eindrucksmanagement, 5. → Selbstdiskrepanz-Theorie, 6. → Selbstverifikations-Theorie, 7. → Theorie der symbolischen Selbstergänzung, 8. → Theorie der Selbstregulation, 9. → Selbst-

überwachung, 10. → Selbstöffnung und 11. → Modell der Aufrechterhaltung der Selbstbewertung.

Erläuterung: C.G. Jung wird mit dem Aphorismus zitiert: „Es ist leichter, zum Mars vorzudringen, als zu sich selbst."

Selbstaffimierung (Self-affirmation): → Selbstaffimierungs-Theorie

Selbstaffimierungs-Theorie (Self-affirmation theory): Bezeichnet nach Steele (1988) die individuelle Tendenz, das eigene → Selbst als effektiv und moralisch gut zu betrachten. Die S. unterstellt ein entsprechendes → Motiv, das im Motivsystem mit den Motiven nach kognitiver Konsistenz (→ Konsistenztheorie) und nach → Kontrolle konkurriert. Die S. wird als Alternative der → Dissonanztheorie herangezogen (vgl. Aronson, Cohen, & Nail, 1999; Simon, Greenberg & Brehm, 1995).

Nach der S. streben Menschen danach, ihr → Selbstwertgefühl zu sichern und Schaden vom Selbst abzuwenden. Wenn das Selbst bedroht wird, verfolgt die Person das Ziel, die Integrität des → Selbstschemas wiederherzustellen. Dieses Anliegen kann durch unterschiedliche Methoden verwirklicht werden, von denen Dissonanzreduktion eine ist. Andere Möglichkeiten bestehen darin, dass die Person die Integrität ihres Selbstschemas wiederherstellt, indem sie etwas Gutes tut. Wenn eine Methode der Wiederherstellung der Integrität des Selbstschemas erfolgreich angewendet worden ist, sind andere Methoden nicht mehr erforderlich (Steele, 1988).

Erläuterung: Ein Beleg für die S. besteht darin, dass Personen, die ein hohes → Selbstwertgefühl haben und die eine positive Rückmeldung über ihr → Selbst erhalten bzw. ihr Selbst bestätigen können, Dissonanzeffekten gegenüber resistent sind.

Selbstaufmerksamkeit (Self-awareness): → Theorie der Selbstaufmerksamkeit

Selbstbehauptungstraining (Assertiveness training): (Synonym: Selbstsicherheitstraining) Bezeichnet ein Interventionsverfahren, das Menschen hilft, die unter sozialer → Ängstlichkeit und → Verlegenheit leiden, indem ihre → Selbstsicherheit und ihr → Selbstvertrauen erhöht wird. S. zielt darauf ab, die → soziale Kompetenz zu verbessern (Margraf & Rudolf, 1995; Pfingsten & Hinsch, 1991). Wichtige Bestandteile eines S.s sind → Rollenspiele, Einsatz von Vorbildern (→ Modelllernen) und Selbstverbalisierungstechniken (→ Sozial-kognitive Lerntheorie).
Erläuterung: Ein Angestellter lernt in einem S., seine → soziale Kompetenz bei Vorträgen vor Mitarbeitern oder Kunden zu verbessern.

Selbstbehinderung (Self-handicapping): Bezeichnet die Tendenz einer Person, in einer leistungsrelevanten Situation, in der sie einen Misserfolg befürchtet, sich durch ein selbstauferlegtes Handicap prophylaktisch die Möglichkeit zu verschaffen, den Misserfolg durch eine → selbst(wert)schützende Attribution zu erklären (Berglas & Jones, 1978; Jones & Berglas, 1978; vgl. Higgins, Synder & Berglas, 1990). S. kann taktisch erfolgen, wenn sie einmalig stattfindet, oder strategisch, wenn sie von langer Hand vorbereitet wird (z. B. durch eine Alkoholsucht). S. ist eine Variante von → Selbstschädigung und hat angewandte Bedeutung für die Forschung zur Abhängigkeit von Substanzen.
Erläuterung: Wenn ein Studierender sich unausgeschlafen einer Abschlussprüfung unterzieht, schafft er eine selbstwertschützende Ursache für ein mögliches Duchfallen, da er nicht „mangelnde Fähigkeit", sondern den Schlafentzug als Erklärung heranziehen kann. Die bedrohliche internale → Attribution auf Fähigkeit wird mithilfe einer entlastenden externalen Attribution vermieden (→ Attributionsdimension, → Attributionaler Egotismus).

Selbst-Bestätigungs-Theorie (Selfaffirmation theory): → Selbstaffirmierungs-Theorie

Selbstbewertung (Self-evaluation): → Modell der Aufrechterhaltung der Selbstbewertung, → Selbstwertgefühl

Selbstbild (Self-image): Ist ein Teilbereich des → Selbst, der sich auf einen Aspekt oder eine Facette des → Selbstschemas bezieht. Die Summe aller S.er kann man als Selbstschema bezeichnen (vgl. Herner, 1990; Staudinger & Greve, 1997). Das S. kann experimentell z. B. über eine → Tu-es-Motivation beeinflusst werden.
Erläuterung: Das S. kommt in Äußerungen wie „Ich bin ein Familienvater", „Ich bin ein Sozialdemokrat" oder „Ich bin ein Sportler" zum Ausdruck.

Selbstbild-Verzerrung (Self-image bias): Bezieht sich nach Lewicki (1983) auf eine individuelle Tendenz, andere Personen unter Betonung solcher → Eigenschaften wahrzunehmen, bei denen die beurteilende Person selbst gut abschneidet.
Erläuterung: Befunde von Hill, Smith & Lewicki (1989) zeigen, dass Studierende, die erfolgreich einen Computerkurs absolviert hatten, stärker als erfolglose Studierende dazu neigten, andere Personen nach computerbezogenen Fertigkeiten zu beurteilen.

Selbstdarstellung (Self-presentation): → Eindrucksmanagement

Selbstdetermination (Self-determination): → Selbstdeterminations-Theorie

Selbstdeterminations-Theorie (Selfdetermination theory): Nach dieser Theorie von Deci & Ryan (1995) lassen sich drei intrinsische Aspekte des → Selbst unterscheiden: 1. einem → Bedürfnis nach → Kompetenz, das z. B. mit Erfahrungen einhergeht, sich als effektiv in der Auseinandersetzung mit der Umwelt zu erleben, 2. einem Bedürfnis nach Autonomie, was einer internalen → Kontrollüberzeugung (locus of control) impliziert, und 3. einem Bedürfnis nach Verbundenheit (relatedness), das z. B. in Achtsamkeit/Fürsorge für andere Menschen und der Überzeugung, dass diese sich um einen selbst kümmern werden, zum Ausdruck kommt.

Ein → Selbstwertgefühl, das durch selbstdeterminiertes Verhalten bedingt ist, wird als „wahres Selbstwertgefühl" bezeichnet. Der S. wird besondere Bedeutung für → intrinsisch motivierte Hilfe oder für intrinsisch motivierten Unterricht von Lehrern beigemessen (vgl. Deci, Koestner & Ryan, 1999; Deci & Ryan, 1993). Sie geht auf Deci (1971) zurück, der davon ausging, dass Menschen → Handlungen entweder um ihrer selbst willen (intrinsische Motivation) oder wegen Vorteilen, die sich aus der Handlung ergeben (extrinsische Motivation) ausführen.

Erläuterung: Um die Selbstdetermination bei Schülern zu erhöhen, ist es wichtig, dass ein Lehrer solche → Rückmeldungen gegenüber einem Schüler, die zu einer extrinsischen Motivation beitragen („Danke – genau so will ich die Sache erledigt haben" usw.), unterlässt, und anstelle dessen solche, die zu einer intrinsischen Motivation führen („Danke – das machst du sehr gut so"), einsetzt (vgl. Gage & Berliner, 1996).

Selbst(wert)dienliche Verzerrung

(Self-serving bias): Bezieht sich darauf, dass Beurteiler zum Schutz und zur Erhöhung des eigenen → Selbstwertgefühls zu asymmetrischen → Attributionen neigen (Snyder, Stephan & Rosenfeld, 1976). Die S. wurde vornehmlich in Situationen mit positiver oder negativer → Rückmeldung für den Beurteiler bei eigenen und fremden Leistungen untersucht (Herner, 1990; Krahé, 1984; Meyer & Försterling, 1993). Sie zeigt sich in zwei Formen: einerseits in → selbst(wert)erhöhenden Attributionen und andererseits in → selbst(wert)schützenden Attributionen. Die S. lässt sich auf der Grundlage der → Theorie des Selbst(wert)schutzes und der Selbst(wert)erhöhung interpretieren.

Erläuterung: S. wird in dem Sprichwort „Der Sieg hat hundert Väter, die Niederlage ist ein Waisenkind" sichtbar.

Selbstdiskrepanz-Theorie (Self-discrepancy theory): Bezeichnet einen theoretischen Ansatz von Higgins (1987, 1998), der auf das → Selbst fokussiert und dabei zwischen verschiedenen Selbstzuständen unterscheidet. Zentral für die S. sind individuell erlebte Abweichungen vom Selbst, die qualitativ unterschiedliche → Emotionen und → Motivationen zur Folge haben. Hierbei wird zwischen einem aktuellen Selbstzustand (actual self), idealen Selbstzustand (ideal self) und geforderten Selbstzustand (ought self) unterschieden, und zwar aus zwei Perspektiven heraus: 1. aus der eigenen Perspektive (z. B. über das aktuelle Selbst) und 2. aus der Perspektive signifikanter anderer (Mutter, Freund etc.; z. B. über das ideale Selbst). Während das aktuelle Selbst aus Repräsentationen von Attributen besteht, von denen das Individuum oder andere meinen, dass das Individuum sie tatsächlich besitzt, setzt sich das ideale Selbst aus Repräsentationen von Attributen zusammen, bei denen das Individuum oder andere wünschen, dass das Individuum sie besitzt. Das geforderte Selbst schließlich umfasst Repräsentationen von Attributen, von denen das Individuum oder andere meinen, dass das Individuum diese besitzen müsste.

Diskrepanzen zwischen aktuellem und idealem Selbst bzw. aktuellem und gefordertem Selbst haben unterschiedliche Folgen, zumal das ideale und geforderte Selbst entsprechende Standards setzen, nach denen das Individuum seine → Handlungen nach ihrem Ergebnis bewertet (self-guides) und die durch Entwicklungs- bzw. Internalisierungsprozesse des Individuum (→ Identifikation, → Sozialisation) ausgebildet werden (Higgins, 1989). So geht eine Diskrepanz zwischen aktuellem und idealem Selbst mit dem Ausbleiben positiver Konsequenzen einher, was mit größerer Niedergeschlagenheit und Depression verbunden ist, während eine Diskrepanz zwischen aktuellem Selbst und gefordertem Selbst mit dem Eintreten negativer Konsequenzen verbunden ist, was mit größerer Intensität der → Erregung und sozialer → Angst (bzw. Angst vor Zurückweisung) einhergeht.

In der Weiterentwicklung der S. werden zum einen noch zwei weitere Selbstaspekte angenommen: 1. das erreichbare Selbst (can self) und 2. das zukünftige Selbst (future self). Diese haben im Unterschied zum idealen Selbst und geforderten Selbst keine „self-guide"-Funktion, sondern können als Überzeugungen mit selbstevaluierenden Prozessen interferieren. Zum anderen kommt außer einer selbstevaluierenden Funktion noch eine selbstregulierende Funktion des Selbstwissens hinzu, bei der das Individuum bestimmte Handlungsstrategien anhand eines Ordners an gespeichertem Wissen (self-digest) ableitet, um z. B. Selbstdiskrepanzen zu vermeiden oder zu verringern. Hierdurch erhalten auch kognitive Prozesse, die z. B. auf die individuelle Zugänglichkeit bestimmter Selbstdiskrepanzen in einem bestimmten Moment bezogen sind (→ Zugänglichkeits-Heuristik), eine Bedeutung (vgl. Higgins, 1996a,b; Helbing-Tietze, 2001). In der S. werden Gedanken von Erikson, Freud und Mead sowie Ansätze zur → sozialen Kognition aufgegriffen.

Erläuterung: Die US-amerikanische Künstlerin Mariah Carey singt in ihrem Hit „Heroes" darüber, dass jeder ein Held ist. Manchmal können solche Ermutigungen hohe → Erwartungen erzeugen, die durch die Realität nicht immer eingelöst werden.

Selbsteinschätzung (Self-assessment): Bezeichnet das Einholen von akkurater und diagnostisch aufschlussreicher → Rückmeldung über das eigene → Selbst im Hinblick auf → Fähigkeiten, → Meinungen und → Eigenschaften (Trope, 1983, 1986). Die S. beinhaltet die Annahme eines entsprechenden Motivs nach genauer Beurteilung der eigenen Person. Das Motiv nach S. steht in Konkurrenz zu dem Streben nach → Selbst(wert)erhöhung und → Selbstkonsistenz (vgl. Dunning, 1995; Jussim, Yen & Aiello, 1995; Sedikides, 1993).

Erläuterung: Der französische Schriftsteller Vauvenargues wird mit der Erkenntnis zitiert: „Man urteilt über andere nicht so falsch wie über sich selbst."

Selbst(wert)erhaltung (Self-maintenance): → Theorie des Selbst(wert)schutzes und der Selbst(wert)erhöhung, → Terror-Management-Theorie

Selbst(wert)erhöhende Attribution (Self-enhancing attribution): Liegt vor, wenn eine Person dazu neigt, eigene und fremde positive Ergebnisse (z. B. gute → Leistungen) durch eine interne → Attribution für sich zu reklamieren, um ihr → Selbstwertgefühl zu steigern (vgl. Bradley, 1978; Tetlock & Levi, 1982). Diese Beurteilungstendenz ist eine Variante des → attributionalen Egotismus bzw. der → selbst(wert)dienlichen Verzerrung. Sie kann dem → Eindrucksmanagement dienen. S. ist Teil von → positiven Illusionen, denen Menschen in vielen Situationen unterliegen (Taylor & Brown, 1988, 1994) und die zu ihrem Optimismus beitragen können (Armor & Taylor, 1998).

Erläuterung: „Wer eine Hintertür in sein Leben einbaut, gebraucht sie eines Tages als Hauptportal" (Hans Arndt).

Selbst(wert)erhöhung (Self-enhancement): → Theorie des Selbst(wert)schutzes und der Selbst(wert)erhöhung

Selbstfokus (Self-focus): → Theorie der Selbstaufmerksamkeit, → Theorie der Selbstregulation

Selbsthilfegruppe (Self-help group): Bezeichnet einen spontanen Zusammenschluss von Betroffenen zu einer → Gruppe auf lokaler Ebene, die gemeinsam versuchen, ein Ziel zu erreichen (vgl. Moeller, 1997; Riessman & Banks, 2001). Je nach Ziel unterscheidet man 1. gesundheitsbezogene S.n (z. B. von Erkrankten), 2. arbeitsbezogene S.n (z. B. von Arbeitslosen), 3. ausbildungsbezogene S.n (z. B. von bestimmten Berufsgruppen) und 4. Bürgerinitiativen. Das Spektrum von S.n reicht vom Buchstaben „A" (z. B. Adipositas) bis zum Buchstaben „Z" (z. B. Zwillingseltern).

Die Gesprächsgemeinschaft ist eine besondere Form der S. Sie besteht aus sechs bis zwölf Personen, die sich festgelegten Regeln unterziehen: 1. Jedes Gruppenmitglied ist gleichberechtigt, 2. Jedes Gruppenmitglied trägt eigenverantwortliche → Entscheidungen, 3. Jedes Gruppenmitglied kommt mit einem eigenen Problem, 4. Jedes Gruppenmitglied unterliegt der Schweigepflicht und 5. Die Teilnahme an der Gruppe ist kostenlos. Selbsthilfeorganisationen (z. B. Bundesverband „Hilfe für Behinderte") unterscheiden sich von S.n insofern, als sie bürokratisch organisiert sind und hauptsächlich „äußere" Selbsthilfeziele wie etwa Öffentlichkeitsarbeit und Gesetzesänderung zugunsten ihrer Mitglieder anstreben (vgl. Moeller, 1997).

Erläuterung: Nach einem Informationsblatt der Kassenärztlichen Vereinigung Nordrhein zur Kooperationsberatung für S.n und Ärzte (KOSA) vom März 2001 existieren schätzungsweise allein im Bereich Nordrhein 10.000 S.n.

Selbstkategorisierungs-Theorie (Self-categorization theory): Auf der → Theorie der sozialen Identität aufbauend, entwickelten Turner et al. (1987) die S., die die Prozesse innerhalb von → Gruppen näher spezifiziert. Von einer Gruppe wird dann gesprochen, wenn eine Anzahl von Menschen sich selbst einer bestimmten Kategorie zuordnet und wenn sich diese Personen als ähnlich wahrnehmen. Nach der S. sind die wahrgenommene → Ähnlichkeit der Mitglieder innerhalb der Gruppe, die → Sympathie für andere Mitglieder der Gruppe und schließlich die → Identifikation der Mitglieder mit der Gruppe keine voneinander unabhängigen Bedingungen für die Gruppenentstehung, sondern ein Resultat aus vorausgegangenen Selbstkategorisierungs-Prozessen (Wagner & Zick, 1990). Ebenso ist nach der S. ein bestimmtes → Intergruppen-Verhalten hauptsächlich von der sozialen → Identität und weniger von der persönlichen Identität der Gruppenmitglieder abhängig (→ Deindividuation).

Während die persönliche Identität einer Person sich auf Aspekte zurückführen lässt, die das Individuelle einer Person näher kennzeichnen (z. B. Konsistenz des → Selbstbildes der eigenen Leistungsfähigkeit über die Zeit hinweg), bezieht sich die soziale Identität einer Person auf Aspekte, die sich aus ihrer Gruppenzugehörigkeit ableiten (z. B. die Feststellung, Studierender der Psychologie zu sein). Es ist anzunehmen (vgl. Oakes, 1987), dass der Grad der Hervorgehobenheit (Salienz) von Kategorien zur Selbstdefinition einen Einfluss darauf hat, welcher Aspekt der sozialen Identität in welcher Situation aktualisiert wird und somit verhaltenssteuernd wirkt (vgl. → Theorie der Selbstaufmerksamkeit). Die Salienz einer sozialen Kategorie ist komplex determiniert. Sie hängt von der Interaktion zwischen ihrer relativen Zugänglichkeit im → Gedächtnis (→ Zugänglichkeits-Heuristik) und der Übereinstimmung zwischen Input und Kategorienspezifikationen ab: Zugänglichkeit besagt, dass z. B. für Süd-Afrikaner die Kategorisierung „Schwarze/Weiße" leichter und schneller im Gedächtnis abgerufen werden kann als für Finnen. Übereinstimmung besagt, dass wahrgenommene Ähnlichkeiten/Differenzen zwischen Individuen und deren Verhalten als korreliert innerhalb eines Unterbereiches einer sozialen Kategorie wahrgenommen werden und dass ein solcher Zusammenhang auf solchen Dimensionen besteht, die mit dem normativen Inhalt einer Kategorisierung konsistent sind (vgl. Oakes, 1987, S. 132).

Erläuterung: Wenn eine Türkin ein Kopftuch trägt, drückt sie ihre Selbstkategorisierung aus und macht diese salient.

Selbstkonsistenz (Self-consistency): → Selbstverifikations-Theorie

Selbstkontrolle (Self-control): → Kontrolle, → Modelllernen

Selbstkonzept (Self-concept): → Selbstschema

Selbstmanagementtraining (Selfmanagement training): → Soziale Fertigkeit

Selbstoffenbarung (Self-disclosure): → Selbstöffnung

Selbstöffnung (Self-disclosure): (Synonym: Selbstoffenbarung) Bezeichnet das Mitteilen intimer Sachverhalte, die sich auf das eigene → Selbst beziehen. S. schafft Vertrautheit. Nach der Theorie der sozialen Durchdringung von Altman & Taylor (1973) schreitet der wechselseitige Informationsaustausch zwischen zwei Personen von mehr oberflächlichen zu mehr intimen Themen fort. Der Prozess des gegenseitigen Sichselbst-Einbringens wird von erwarteten → Kosten und → Belohnungen und individuellen Merkmalen der beteiligten Akteure beeinflusst, aber auch durch situative und soziale Faktoren. Eine → Metaanalyse von Collins und Miller (1994) zeigt, dass ein positiver Zusammenhang zwischen S. und → Attraktion besteht: 1. Je mehr sich eine Person gegenüber einer anderen in intimer

Weise öffnet, desto mehr wird sie gemocht, 2. S. wird häufiger gegenüber jenen gezeigt, die anfänglich schon gemocht werden.

Zahlreiche Untersuchungen befassen sich mit Geschlechtsunterschieden in der S. In einer → Metaanalyse, über die Dindia & Allen (1992) berichten, zeigt sich, dass Männer im Allgemeinen weniger sich selbst einbringen als Frauen, und zwar besonders in gleichgeschlechtlichen Interaktionen. Ausschlaggebend dürfte hier die unterschiedliche → Sozialisation von Frauen und Männern sein: Männer – im Gegensatz zu Frauen – verknüpfen S. mehr mit Schwäche und Verwundbarkeit, so dass die S. eher unterbleibt (vgl. Derlega, Metts, Petronio & Margulis, 1993).

Erläuterung: Sybille lernt Detlev im Zug kennen. Nachdem beide über das Wetter geredet haben, berichtet Detlev, dass er sich über seinen Vermieter geärgert hat, weil dieser die Miete erhöht hat. Sybille „kontert", dass sie sich über ihren Freund geärgert hat, der sie nicht mit seinem Auto auf der Arbeitsstelle abgeholt hat, obwohl er es versprochen hatte.

Selbstregulation (Self-regulation): → Theorie der Selbstregulation

Selbstschädigung (Self-defeating behavior, Self-destructive behavior): Bezeichnet intentionales Handeln, das vermutlich negative Konsequenzen für das → Selbst hat oder für die Projekte des Selbst (Baumeister & Scher, 1988; Mummendey, 2000). Das intentionale Handeln muss nicht primär darauf gerichtet sein, das Selbst zu schädigen, so dass S. auch als Nebeneffekt einer auf ein anderes Ziel gerichteten → Handlung auftreten kann.

Drei Modelle der S. werden unterschieden (Baumeister & Scher, 1988): 1. Primäre S., die auf der bewussten Absicht beruht, das Selbst zu schädigen. 2. „Tradeoffs" zwischen positiven und negativen Konsequenzen einer Handlung, von denen einige eine S. beinhalten, die den Nutzen der Handlung übertreffen. 3. Strategien, die einen nicht weiterbringen, sondern das Gegenteil bewirken (counterproductive strategies).

Während primäre S. empirisch nicht eindeutig nachgewiesen werden konnte, sind ungünstige „Tradeoffs" häufig die Folge von Vernachlässigung der Langzeitfolgen gegenüber kurzfristigen Vorteilen (→ Heuristik) und fehlender → Rationalität. Ein Beispiel ist → Selbstbehinderung. Andere Beispiele sind Alkoholmissbrauch, Tabakkonsum und Drogenmissbrauch. Strategien, die „nach hinten losgehen", beruhen häufig auf mangelndem Selbstwissen und fehlender Selbsteinsicht. Ein Beispiel ist Ausdauer, die aufrechterhalten wird, obwohl ein Misserfolg unvermeidlich ist. Ein weiteres Beispiel sind unbegründete Erfolgserwartungen, die die Person dazu verführen, mit einer Aufgabe weiterzumachen, obwohl keine Chance auf einen Erfolg besteht (→ Eskalierendes Commitment).

In der Theorie der → Leistungsmotivation wird vorausgesagt, dass eine hohe Stärke der Motivationstendenz, Erfolg aufzusuchen, die Ausdauer erhöht. Wenn die subjektive Erfolgswahrscheinlichkeit falsch eingeschätzt wird, z. B. weil die Person ihre Fähigkeit überschätzt, kann die Beharrlichkeit zur Verschwendung von Zeit und Ressourcen führen, die man besser zur Lösung von lösbaren Aufgaben eingesetzt hätte (Janoff-Bulman & Brickman, 1982).

S. beruht auf einer Reihe von Mechanismen (Mummendey, 2000). Dazu zählt der → Beharrungs-Effekt, die → Hypothesen-bestätigende Strategie, die → sich-selbst-erfüllende Prophezeiung und die Verleugnung von → Verantwortung.

Erläuterung: Umgangssprachlich redet man über S. häufig in Redeweisen wie „sich's schwerer machen als nötig" bzw. „sich Steine in den Weg legen" (Mummendey, 2000).

Selbstschema (Self-scheme): (Synonym: Selbstkonzept) Ist ein Teilbereich des → Selbst, der sich als deskriptive Komponente durch eine subjektive Hypothese, Theorie oder Konstruktion über die eigene Person auszeichnet. Das S. umfasst die Summe der subjektiv bedeutsamen selbstbezogenen Einschätzungen oder → Selbstbilder (vgl. Epstein, 1973; Filipp, 1979; Weber, 1997).

Ein in Deutschland bekanntes Verfahren zur Erfassung des S.s sind die „Frankfurter Selbstkonzept-Skalen (FSKN)" von Deusinger (1986). Häufig wird der Begriff S. und der Begriff → Selbstwertgefühl synonym verwendet, ohne dass eine Gleichsetzung gerechtfertigt ist (vgl. Frey, 1997).

Erläuterung: Das S. kann etwa beinhalten, eine gefühlsbetonte Person zu sein.

Selbst(wert)schutz (Self-protection): → Theorie des Selbst(wert)schutzes und der Selbst(wert)erhöhung

Selbst(wert)schützende Attribution (Self-protective attribution): (Synonym: Defensive Attribution) Ist eine Variante der → selbst(wert)dienlichen Verzerrung, die vorliegt, wenn eine Person dazu neigt, eigene und fremde negative Ergebnisse (z. B. schlechte → Leistungen) durch eine externale → Attribution zu erklären, um ihr → Selbstwertgefühl abzusichern (vgl. Bradley, 1978; Tetlock & Levi, 1982). Die S. trägt zu → positiven Illusionen bei und fördert das → Eindrucksmanagement. Sie ist eine Variante des → attributionalen Egotismus. S. trägt zu der Entwicklung von → positiven Illusionen bei.

Erläuterung: „Wer glaubt, etwas zu sein, hat aufgehört, etwas zu werden" (Philip Rosenthal).

Selbstsicherheit (Self-confidence): Bezeichnet in einer gegebenen Situation die Erkenntnis, eigene Ziele verfolgen und Schwierigkeiten meistern zu können. S. stellt neben dem Vorhandensein → sozialer Fertigkeiten eine wichtige Komponente sozial-kompetenten Verhaltens dar (→ Soziale Kompetenz, → Selbstwirksamkeit). S. ist gelernt (→ Sozialisation), wobei neben → Modelllernen auch der Aufbau von selbstgesteuerten Verhaltensprogammen, die Selbstkontrolle ermöglichen, wesentlich ist (→ Belohnungsaufschub, → Sozialkognitive Lerntheorie). Verwandte Begriffe sind → Selbstvertrauen und → Selbstwertgefühl.

Selbstunsicherheit beruht auf sozialer → Ängstlichkeit und → Verlegenheit. Sie kann sich in nachgiebigem Verhalten (z. B. → Schüchternheit) oder in Verhalten, das auf → Aggression ausgerichtet ist (z. B. Beleidigungen), äußern (vgl. Pfingsten & Hinsch, 1991). Selbstunsicherheit beruht häufig darauf, dass die Handlungsplanung und Handlungskontrolle eingeschränkt ist oder dass die Umsetzung von Kompetenz in Performanz unterbrochen ist. Sie führt vielfach dazu, dass eine Person ihre Ziele nicht verwirklichen kann. Für selbstunsichere Personen besteht die Möglichkeit, ein → Selbstbehauptungstraining zu absolvieren, um mehr S. zu erreichen.

Erläuterung: Ein Kellner serviert einem Gast versehentlich das falsche Essen. Nachgiebiges Verhalten könnte darin bestehen, das Essen kommentarlos zu akzeptieren. Aggressives Verhalten wäre gegeben, wenn der Gast den Kellner mit den Worten „Sie sind ein Trottel! Ich bestehe darauf, dass Sie mir das richtige Essen servieren" beschimpft. Selbstsicheres Verhalten könnte darin bestehen, den Kellner in freundlichem Ton auf den Irrtum aufmerksam zu machen und ihn aufzufordern, das bestellte Essen zu servieren.

Selbstsicherheitstraining (Assertiveness training): → Selbstbehauptungstraining

Selbstverifikation (Self-verification): → Selbstverifikations-Theorie

Selbstverifikations-Theorie (Self-verification theory): Individuen bevorzugen Sachverhalte und Ereignisse, die vorhersagbar, bekannt, stabil und Unsicherheit reduzierend sind (Swann, 1983). Aus dieser Präferenz, die als angeboren angesehen wird, lässt sich ein Streben nach Selbstverifikation ableiten. Darunter versteht man eine Strategie, die darauf abzielt, das bestehende → Selbstschema zu bestätigen (Swann, 1987). So werden z. B. → Rückmeldungen, die das Selbstschema bestätigen, für glaubwürdiger gehalten, und ihnen wird mehr diagnostische Relevanz zugeschrieben als widersprüchlichen Rückmeldungen.

Selbstverifizierende Prozesse lassen sich danach unterscheiden, ob das → Selbst als Routine (quasi automatisch) oder in einer aktiven Form darauf zurückgreift. Generell lassen sich zwei Klassen von Strategien unterscheiden, die dazu beitragen, das Selbstschema zu verifizieren: 1. Schaffung einer Selbstbestätigenden Gelegenheitsstruktur (Auswahl von Interaktionspartnern, von denen man annimmt, dass sie das Selbstschema stützen, Entwicklung von Interaktionsstrategien, um Interaktionspartner von dem eigenen Selbstschema zu überzeugen) oder 2. → selektive Informationsverarbeitung (z. B. → Beharrungs-Effekt, → Bestätigungsfehler oder selektive Aufmerksamkeitszuwendung).

Die Schaffung einer passenden Gelegenheitsstruktur beruht auf der Auswahl von Freunden und Vertrauten, die über die Person genauso denken wie die Person über sich selbst. Personen wählen sich solche Interaktionspartner aus, deren Rückmeldungen mit ihrem Selbstschema kongruent sind. Dabei spielt es keine Rolle, ob der Inhalt des Selbstschemas positiv oder negativ ist. Bei positivem Selbstschema werden Freunde bevorzugt, die positiv über einen denken, während bei negativem Selbstschema solche Freunde bevorzugt werden, die negativ über einen denken.

Eine zweite Strategie beruht darauf, dass Signale verwendet werden, die mit der eigenen Selbstsicht kongruent sind. Dazu zählt die Manipulation von körperlichen Merkmalen, die mit dem Aussehen zu tun haben, durch Schönheitschirurgie. Eine dritte Strategie besteht darin, dass Personen andere davon zu überzeugen versuchen, dass ihr Selbstschema zutreffend ist (wenn z. B. ein Bekannter eine Person als introvertiert bezeichnet, die sich für extravertiert hält, kann sie dem Bekannten durch ausgelassenes Verhalten und lautes Lachen nahe zu bringen versuchen, dass sie extravertiert ist). Solche Interaktionsstrategien sind besonders wahrscheinlich, wenn sich die Person ihres Selbstschemas sicher ist (Swann & Ely, 1984; Swann, Stein-Seroussi & Geisler, 1992). Selektive Informationsaufnahme äußert sich z. B. in erhöhter Aufmerksamkeit gegenüber einer Information, die mit dem Selbstschema übereinstimmt. Eine weitere Strategie besteht darin, sich selektiv besser an bestätigende Informationen zu erinnern. Eine dritte Strategie beruht auf → Attribution: Eine kongruente → Kommunikation wird auf die Besonderheiten der eigenen Person zurückgeführt („Weil ich so bin, wie ich bin"), während eine inkongruente Kommunikation auf Besonderheiten des Kommunikators zurückgeführt wird („Weil er unsensibel ist").

Die Bedeutung der S. kommt darin zum Ausdruck, dass die Bezugspersonen eines Akteurs häufig über Jahrzehnte gleich bleiben. Als Folge davon ergibt sich eine stabile soziale Umwelt, die in der Regel kongruente Persönlichkeitsrückmeldungen bereit hält und aus der systematisch alle Personen entfernt werden, die eine inkongruente Sichtweise vertreten. Das ist eine Erklärung dafür, dass das Selbstschema der Personen tatsächlich über die Zeit relativ stabil ist, obwohl in experimentellen Untersuchungen gezeigt werden konnte, dass es leicht zu beeinflussen ist (Morse & Gergen, 1970).

Die S. steht in Konkurrenz zu → sichselbst-erfüllenden Prophezeiungen (Swann & Ely, 1984) und teilweise in Konkurrenz zur → Theorie des Selbst(wert)schutzes und der Selbst-(wert)erhöhung (Swann, Griffin, Predmore & Gaines, 1987; vgl. Sedikides, 1993). Im Unterschied zur → Dissonanztheorie akzentuiert die S. weniger Inkonsistenzen zwischen Kognitionen und Verhaltensweisen, sondern vielmehr solche zwischen unterschiedlichen Kognitionen.

Erläuterung: Wenn sich eine alternde Person für jung hält, kann sie mit Hilfe der Schönheitschirurgie versuchen, ihre Selbstsicht durch Wiederherstellung entsprechender Merkmale zu stabilisieren. Die Pop-Sängerin Cher verkörpert diese Problembewältigung in der Öffentlichkeit.

Selbstverschuldungsattribution (Selfblame attribution): Bezeichnet eine → Attribution auf das eigene → Selbst, die über eine reine Ursachen- und Verantwortungsattribution hinausgeht, da zusätzlich die eigene → Schuld für eine → Handlung betont wird, durch die für andere ein Schaden entstanden ist, ohne dass externe Entlastungsgründe von der handelnden Person geltend gemacht werden (vgl. Hoffman, 2000; Shaver & Drown, 1986).

Verschiedene Autoren betonen die adaptive Funktion von S.en (Janoff-Bulman & Lang-Gunn, 1986), wobei die Befundlage für eine solche Sicht jedoch gemischt ist. Nach Befunden von Major & Cozzarelli (1992) haben S.en negative Folgen bei Frauen, die vor kurzem eine Abtreibung hatten (vgl. Faller, 1998; Herner & Hartkamp, 2001).

Erläuterung: Armin schubst Brigitte im Schwimmbad ins Wasserbecken, obwohl er weiß, dass sie schlecht schwimmen kann. Brigitte kann sich noch so gerade aus eigener Kraft retten. Da Armin keine äußeren Gründe geltend machen kann, die seine → Handlung hervorgerufen haben könnten, entwickelt er über eine S. ein → Gefühl von → Schuld. Damit einher geht sein Bedauern für den Fehler, den er gemacht hat, und sein Wunsch, den Schaden wieder gutzumachen.

Selbstverstärkung (Self reinfocement): → Aggressionstheorie

Selbstvertrauen (Self-confidence): Bezieht sich auf die Einschätzung, ob man die zur Meisterung bestimmter Situationen erforderlichen Verhaltensweisen, Techniken und Strategien zur Verfügung hat. Das S. beruht auf der generalisierten Erwartung, in der Lage zu sein, aufgrund eigener Handlungskompetenz Problemsituationen erfolgreich bewältigen zu können (→ Kompetenz). S. trägt zu sozial-kompetentem Verhalten bei, das die Verfügbarkeit von Handlungsplänen umfasst, die es ermöglichen, die eigenen Interessen angemessen durchzusetzen und gleichzeitig den sozialen Frieden zu wahren (→ Soziale Kompetenz). Bandura (1977) betont die Nähe zwischen den Begriffen S., → Selbstsicherheit und → Selbstwirksamkeit. S. ist eine Voraussetzung für → Zivilcourage. Mangelndes S. kann durch → Selbstbehauptungstrainings verbessert werden.
Erläuterung: Max geht eine Straße entlang und sieht, dass vor ihm eine junge verängstigte Frau von einem betrunkenen Mann bedrängt wird, der ihr gegenüber sexuelle Anspielungen macht. Er weiß sofort, wie er reagieren sollte, und fordert den Mann auf, die Frau in Ruhe zu lassen.

Selbstverwirklichung (Self-actualization): → Individuation

Selbstwahrnehmung (Self perception): → Selbstwahrnehmungs-Theorie

Selbstwahrnehmungs-Theorie (Self-perception theory): Die S. beruht auf der Annahme, dass Individuen aus der Beobachtung ihres eigenen Verhaltens Schlussfolgerungen über ihre inneren Zustände wie z. B. → Einstellungen, Neigungen und → Gefühle ziehen (Bem, 1972). Demnach nimmt sich eine Person selbst so wie ein außenstehender Beobachter wahr. Voraussetzung ist, dass die inneren Hinweisreize (über eigene Einstellungen, Präferenzen etc.) schwach ausgeprägt sind oder wegen ihrer Widersprüchlichkeit nicht interpretierbar sind, so dass sie keine Klarheit über innere Zustände vermitteln können. Die S. wurde herangezogen, um Ergebnisse aus Experimenten zur → Dissonanztheorie zu erklären. Aber auch die → „Foot-in-the-door"-Technik, die Unterscheidung von → intrinsischer Motivation und → extrinsischer Motivation und die → Tu-es-Motivation lassen sich auf der Grundlage der S. interpretieren.
Erläuterung: Als der spätere US-Präsident Richard Nixon vor dem Beginn seiner politischen Karriere von einem Bekannten gefragt wurde, ob er Republikaner sei, soll er geantwortet haben: „Ich glaube ja. Denn ich habe Dewey gewählt." Dewey war der republikanische Präsidentschaftskandidat (nach Janis & Mann, 1977).

Selbstwertgefühl (Self-esteem): Ist ein Teilbereich des → Selbst, der sich als affektiv-evaluative Komponente bezeichnen lässt und der eine zusammenfassende Selbstbewertung der Person darstellt (→ Selbstschema, → Selbstbild; vgl. Campbell, 1990; Frey & Benning, 1983; Brown, 1993; Rustemeyer, 1997). Neben individuellem S. wird auch ein S. angenommen, das sich auf das Gruppenniveau bezieht (Kollektives S., vgl. Bohner & Sturm, 1997).
Zur weiteren Differenzierung lässt sich ein zustandsbezogenes, eigenschaftsbezogenes und kollektives S. unterscheiden (Bohner & Sturm, 1997; Heatherton & Polivy, 1991; Tice, 1991), aber auch ein globales und bereichs-

spezifisches (Hormuth & Lalli, 1988; Marsh, 1993), ein positives und negatives (Marsh, 1996) oder ein stabiles und instabiles (Kernis et al., 1993). Mit Fragebogenverfahren können diese Subtypen einschließlich des globalen S. erfasst werden. Das globale S. wird z. B. mit der deutschen Fassung der Rosenberg-Skala von Ferring & Filipp (1996) gemessen.

Anfänglich wurde die Aufmerksamkeit vor allem auf niedrig ausgeprägtes S. gerichtet (vgl. Baumeister, 1993). Erst in letzter Zeit wurde auch hoch ausgeprägtes S. näher untersucht (Baumeister, Heatherton & Tice, 1993; Baumeister, Smart & Boden, 1996). Die → Terror-Management-Theorie erklärt die Bedeutung des S. damit, dass es zur Abwehr gegen → Angst vor dem Tod geeignet ist. Hingegen sieht die → Sociometer-Hypothese des S.s seine Funktion darin, dass es ein Indikator des Ausmaßes ist, in dem sich die Person sozial akzeptiert oder zurückgewiesen fühlt.

Erläuterung: Im Zusammenhang mit hohem S. ist der → Narzissmus in Form eines „narzisstischen Selbstwertmanagements" (Raskin, Novacek & Hogan, 1991) ins Blickfeld der Forschung zum Selbst gerückt (vgl. Schütz, 2000).

Selbstwertmanagement (Self-esteem management): → Selbstwertgefühl, → Terror-Management-Theorie

Selbstwirksamkeit (Self-efficacy): Bezeichnet die Wahrnehmung eigener Leistungseffizienz (→ Leistung). S. bezieht sich auf die Selbsteinschätzung, ob man über die Fähigkeiten und → Motivationen verfügt, die für die erfolgreiche Bewältigung einer Aufgabe oder Situation wichtig sind (Bandura, 1977, 1997). S. steht in engem Zusammenhang mit → Effektanz-Motivation, → Selbstsicherheit und → Selbstvertrauen. S. ist eine zentrale Bestimmungsgröße der → sozial-kognitiven Lerntheorie und der → Kompetenz.

Erläuterung: Zur Messung der S. wurden Schüler gebeten, bei vorgegebenen Subtraktionsaufgaben anzugeben, mit welcher Sicherheit sie die Aufgabe lösen könnten (Bandura & Schunk, 1981).

Selbstüberwachung (Self-monitoring): Ist ein Merkmal der → Persönlichkeit, wonach sich Menschen darin unterscheiden, in welchem Ausmaß sie das öffentliche Erscheinungsbild ihres → Selbst beobachten, kontrollieren und regulieren (Snyder, 1974). Eine Person gilt nach Snyder (1987) als hoher Selbstüberwacher, wenn sie so handelt, wie es den situativen Hinweisreizen entspricht. Handelt sie hingegen konsistent mit ihren inneren Überzeugungen und → Einstellungen, realisiert sie das Handlungsmuster (→ Handlung) eines niedrigen Selbstüberwachers. Niedrige S. bedeutet daher eine höhere → Einstellungs-Verhaltens-Konsistenz als hohe.

S. steht mit unterschiedlichen → Einstellungsfunktionen in Zusammenhang. Hohe S. ist mit der sozialen Anpassungsfunktion verwandt, während niedrige S. der Wertausdrucksfunktion entspricht.

S. wirkt sich in einer Vielzahl von sozialen Situationen aus. So nehmen z. B. hohe Selbstüberwacher eine aktivere Rolle bei zwischenmenschlichen Konversationen ein, haben ein besseres Erinnerungsvermögen gegenüber sozial relevanten Wissensinhalten (→ Wissen), wählen in Personalauswahlsituationen häufiger solche Personen aus, die durch ihr attraktives Äußeres auffallen, und berichten häufiger über geringe Intimität in Partnerschaften. S. wird durch Fragebogen gemessen. Ein Beispiel lautet: „Ich kann Leute durch meine Freundlichkeit täuschen, auch wenn ich sie wirklich nicht mag".

Die Messung der S. wurde kritisch hinterfragt (Lennox & Wolfe, 1984). Ein Problem besteht in der hohen → Korrelation mit → Ängstlichkeit, die dem Bild des Selbstüberwachers, der im → Eindrucksmanagement geschickt ist, widerspricht. Eine Alternative ist die Unterscheidung von zwei Dimensionen der S.: 1. Fähigkeit, die Selbstdarstellung zu modifizieren (Beispiel: „Ich habe die Fähigkeit, die Art und Weise zu kontrollieren, wie ich auf andere Menschen wirke, entsprechend dem Eindruck, den ich gerne machen möchte") und 2. Sensitivität für das Ausdrucksverhalten anderer (Beispiel: „Ich kann normalerweise meinem Gegenüber an den Augen ablesen, wenn ich etwas unangemessenes gesagt habe"). S., die durch diesen revidierten Fragebogen gemessen wird, korreliert leicht negativ mit sozialer Angst und geringfügig mit → öffentlicher und privater Selbstaufmerksamkeit. Im Hinblick auf Erbe-Umwelt-Einflüsse kann festgestellt werden, dass die S. genetisch bedingten Determinanten unterliegt (vgl. Gangestad & Synder, 2000).

Erläuterung: Der Hochstapler Felix Krull, der von dem Literatur-Nobelpreisträger Thomas Mann in seinem letzten Roman beschrieben wird, versinnbildlicht eine Person, die ihre Auftritte sorgfältig plant und ihr wahres Wesen zu verbergen versucht (→ Hochstapler-Phänomen).

„Self-Monitoring": → Selbstüberwachung

Semantisches Differential (Semantic differential): Ist ein Verfahren zur Messung von → Einstellungen, das neben der → Bewertung auch Potenz und Aktivität erfasst (Osgood, Suci & Tannenbaum, 1957). Im deutschen Sprachraum wurde das S. durch Hofstätter (1966) verbreitet. Es wird auch als Eindrucksdifferential bezeichnet. Ein Beispiel ist die Einschätzung politischer Begriffe (wie Freiheit, Demokratie, Sozialismus) auf Adjektivpaaren (z. B. gut-schlecht, stark-schwach, aktiv-passiv). Diese Gegensatzpaare werden als Endpunkte einer mehrstufigen Skala (meist von −3 bis +3) dargestellt, auf der die Beurteiler die Begriffe einstufen. Das S. besteht aus zahlreichen Gegensatzpaaren. → Faktorenanalysen verweisen auf drei Dimensionen des S.s: Bewertung, Potenz und Aktivität. Daher spricht man von der EPA-Struktur (evaluation, potency, activity) des S.s. Ertel (1965a,b) bezeichnet sie als E-V-P-System, wobei E für Erregung (= Aktivität), V für Valenz (Bewertung) und P für Potenz steht. Der Bewertungsfaktor des S.s wird zur → Einstellungsmessung verwandt.

Erläuterung: Im deutschsprachigen Bereich werden neben den Skalen von Hofstätter (1966), die auf Adjektiven beruhen, häufig diejenigen von Ertel (1965a) eingesetzt, die Substantive als Endpole verwenden (z. B. Bewegung vs. Ruhe). Während in Hofstätters Polaritätsprofil der Bewertungsfaktor dominiert, sind die drei Dimensionen Erregung, Valenz und Potenz in Ertels Eindrucksdifferential nahezu gleich stark ausgeprägt (Ertel, 1965b). Schäfer (1975) empfiehlt die Konstruktion von S.en, die auf die zu beurteilenden Begriffe abgestimmt sind.

„Sensation Seeking": → Persönlichkeit

Sexismus (Sexism): → Ambivalenz, → Theorie der ambivalenten Stereotype, → Vorurteil

Sexuelle Belästigung (Sexual harrasment): → Sexuelle Gewalt

Sexuelle Gewalt (Sexual violence): Bezeichnet eine sexuell ausgerichtete Form von → Gewalt oder → Aggression. S. wird von Krahé (1998) in drei Bereichen analysiert: 1. Vergewaltigung und sexuelle Nötigung, 2. sexueller Missbrauch und 3. sexuelle Belästigung.

S. ist im Allgemeinen multikausal verursacht (vgl. Krahé, 1998, 2001; Sczesny & Stahlberg, 1999): 1. soziokulturelle Faktoren (z. B. Vergewaltigung als sexuelles → Skript oder als Folge von erhöhter Rezeption von → Pornographie), 2. individuelle Faktoren (z. B. physiologische → Erregung bzw. mangelnde → Kontrolle des → Affekts beim Täter) und 3. soziobiologische Erklärung (Vergewaltigung als verquere Reproduktionsstrategie beim Mann, wenn freiwillige Sexualkontakte zur Weitergabe des Erbgutes als nicht möglich erscheinen).

Deegener (1996) legte für den deutschsprachigen Raum Fragebogen vor, mit dem u. a. psychosexuelle Merkmale bei erwachsenen männlichen sexuellen Missbrauchern und Vergewaltigern erfasst werden können. Lauscher & Schulze (1998) stellten fest, dass die Schwere von sexuellem Missbrauch in positivem Zusammenhang mit klinisch auffälligen Störungsbildern (z. B. Suizidversuche, Selbstverletzung) steht. Entsprechende Interventionsverfahren stehen für Sexualtäter zur Verfügung (Wischka, 2001).

Erläuterung: Spielfilme lassen sich nach den Aspekten 1. sexueller Inhalt, 2. nicht-sexueller Inhalt, 3. gewalttätiger Inhalt und 4. nicht-gewalttätiger Inhalt systematisch klassifizieren (vgl. Taylor, Peplau & Sears, 1994): 1. „Geschichte der O" (gewalttätig/sexuell), 2. „Rambo" (gewalttätig/nicht-sexuell), 3. „Emmanuelle" (nicht-gewalttätig/sexuell) und 4. „E.T." (nicht-gewalttätig/nicht-sexuell).

Sich-beliebt-Machen (Ingratiation): → Ingratiation

Sich-selbst-erfüllende Prophezeiung (Self-fulfilling prophecy): (Synonyme: Pygmalion-Effekt, Rosenthal-Effekt, Verhaltensbestätigung) Ist ein ursprünglich auf Merton (1957) zurückgehender Begriff, wonach das, was man erwartet, zu einem späteren Zeitpunkt auch eintritt und so die ursprüngliche → Erwartung bestätigt. Eine S. beinhaltet Prozesse der Erwartungsbestätigung, die als „eine Erwartung, die ihre eigene Er-

füllung selbst bedingt" (Jussim, 1991; Ludwig, 1991) definiert wird.

Darley & Fazio (1980) unterscheiden sechs Phasen der Erwartungsbestätigung: 1. Die wahrnehmende Person entwickelt eine Erwartung bezüglich bestimmter Merkmale der Zielperson. Solch eine Erwartung kann entweder aus einer direkten Beobachtung oder einer stereotypen Annahme resultieren. Demnach unterscheidet man zwischen einer → Zielperson-basierenden Erwartung und → Kategorie-basierenden Erwartung; 2. Die wahrnehmende Person zeigt ein Verhalten gegenüber der Zielperson, das der gebildeten Erwartung entspricht 3. Die Zielperson nimmt das Verhalten der anderen Person wahr und schreibt diesem Verhalten Ursachen zu, die z. B. in der Disposition der anderen Person, in der situativen Norm (z. B. Rollenvorschriften) oder in eigenen Dispositionen liegen; 4. Aufgrund dieser → Attribution handelt die Zielperson mit reziprokem Verhalten oder mit einem Verhalten, das einen angenommenen schlechten Eindruck zu kompensieren bzw. einen angenommenen positiven Eindruck zu bestätigen versucht, was einem → Eindrucksmanagement entspricht, 5. Die wahrnehmende Person interpretiert das Verhalten der Zielperson. Entspricht dieses Verhalten der anfänglichen Erwartung, so bleibt die Erwartung bestehen; wenn das Verhalten dagegen der anfänglichen Erwartung widerspricht, so perseveriert häufig der falsche Eindruck trotz des widersprüchlichen Verhaltens der Zielperson (→ Beharrungs-Effekt); ist schließlich das Verhalten der Zielperson in Bezug zur anfänglichen Erwartung uneindeutig, so bleibt im Allgemeinen die Interpretation, dass das Verhalten erwartungskonform ausgefallen ist, aufgrund eines selektiven Behaltens (→ Bestätigungsfehler) bestehen, 6. Die Zielperson interpretiert ihr eigenes Verhalten gegenüber der wahrnehmenden Person, wobei sie entweder eine Revision der Si-

tuationsbeurteilung oder des → Selbstschemas vornimmt. In diesem 6-stufi-
gen Ablaufschema tritt die S. mit der
Vollendung der vierten Stufe ein: Wenn
die Zielperson mit einem reziproken
Verhalten gegenüber der wahrnehmenden Person reagiert hat, schließt sich der
Kreis, d. h., das, was fälschlicherweise
als Ergebnis unterstellt wurde, tritt
tatsächlich ein.

S. setzt sich nicht immer durch, da
andere konkurrierende Prozesse wirksam werden können (→ Selbstverifikation). Die S. lässt sich auf den →
Lehrererwartungs-Effekt, auf den →
Versuchsleiter-Effekt, auf das → Stereotyp der physischen Attraktivität, auf →
Selbstschädigung sowie auf die →
Führung von Mitarbeitern (Eden, 1992)
anwenden.

Erläuterung: Das → Stereotyp der
physischen Attraktivität wird durch
eine S. betätigt (Snyder, Tanke & Berscheid, 1977). Wenn ein Mann während
eines Telefonats mit einer Frau aufgrund eines Fotos erwartet, dass sie attraktiv aussieht, unterhält er sich anre-
gender und interessanter mir ihr, als
wenn er ein weniger attraktives Aussehen vermutet. Die Folge davon ist,
dass die Frau, die für attraktiv gehalten
wird, ein wärmeres und freundlicheres
Gesprächsverhalten zeigt als die, von
der angenommen wird, dass sie weniger
gut aussieht.

Signalentdeckungs-Theorie (Signal detection theory): → Vigilanz

Simulations-Heuristik (Simulation heuristics):
Bezeichnet eine → Heuris-
tik, die sich um den Vergleich der Rea-
lität mit ihren möglichen Alternativen
dreht (Kahneman & Tversky, 1982).
Dazu zählt einerseits kontrafaktisches
Denken („Hätte ich doch…, dann wäre
alles viel besser ausgegangen") und an-
dererseits zukunftsorientiertes Ändern
(„Daraus ziehe ich die Lehre, dass ich in
Zukunft das und das mache"; Klauer &
Migulla, 1995).

Kontrafaktisches Denken ist über
„Was-wäre-wenn"-Gedanken näher erforscht worden und dient subjektiv der
Simulation unterschiedlicher Welten.
Häufig beruht es auf → sozialen Vergleichen. Das ist etwa dann der Fall,
wenn der Zweite einer Meisterschaft
sich mit dem Ersten vergleicht und enttäuscht ist. Kontrafaktisches Denken
kann der Planung zukünftigen Verhaltens dienen, wenn es auf Sachverhalte
bezogen ist, die sich in der Zukunft wiederholen (Markman, Gavanski, Sherman & McMullen, 1993). Es kann auch
ein kurzfristiges Korrektiv sein, nachdem etwas misslungen oder schiefgelau-
fen ist (Roese, 1997).

Erläuterung: Nach einer Niederlage
im Fußballspiel fragt sich der Trainer
der Mannschaft, die verloren hat: „Was
wäre, wenn die Abwehr standgehalten
hätte?"

Situation gemischter Motive (Mix-ed motive situation): → Experimentel-les Spiel

Skript (Script):
Ist nach Abelson (1976)
wie ein kognitives Drehbuch zu verstehen, das sich auf die vertraute Abfolge
von Ereignissen oder Ereignissequenzen
in alltäglichen Situationen bezieht und
das die → soziale Informationsverarbeitung beeinflusst. Ein verwandter Begriff ist → kognitives Schema. In S.-Si-
tuationen folgen die Teilnehmer in der
Regel den Anforderungen der Situation, während individuelle Präferenzen
zu vernachlässigen sind. Die Befolgung
von S.en führt zu → Gedankenlosigkeit.
Der Vorteil der Verwendung von S.en
ist die Einsparung von kognitiver Anstrengung. Ein Nachteil besteht darin,
dass die Person, die Skripten folgt,
leicht auf Manipulationen hereinfallen
kann.

Erläuterung: Die Vorstellungen des
Besuchers eines Restaurants, wie typischerweise der Restaurantbesuch abläuft (Bestellen, Essen und Bezahlen),
beruht auf einem S.

„Sleeper"-Effekt (Sleeper effect): Bezeichnet bei einer auf → Überredung angelegten Botschaft, die durch Unglaubwürdigkeit des Kommunikators diskreditiert wird, die Tendenz, dass die Wirkung der Botschaft mit der Zeit ansteigt, da die negativen Begleiterscheinungen schneller vergessen werden als der Inhalt der Botschaft (→ Einstellungsänderung; Kelman & Hovland, 1953; vgl. Cook, Gruder, Hennigan & Flay, 1979).

Neben diesem klassischen S. verwendet man diese Bezeichnung immer dann, wenn der Effekt einer Manipulation zur Einstellungsänderung nicht unmittelbar, sondern verzögert auftritt.

Erläuterung: Der S. trat als Folge von Gruppendruck in einem Experiment zur → Reaktanz von Brehm & Mann (1975) auf. Hoher Gruppendruck wurde auf Personen ausgeübt, für die die Erhaltung ihrer Freiheit wichtig war und die eine starke → Gebundenheit an die → Gruppe empfanden. Erst nach der Beendigung des Gruppendrucks trat eine mit dem Druck übereinstimmende Verschiebung der privaten Meinung auf.

„Social Impact"-Theorie (Social impact theory): Ist ein theoretischer Ansatz, der nach Latané (1981) die „Stärke", die „Nähe" und die „Anzahl" der Personen berücksichtigt, um deren → sozialen Einfluss zu bestimmen. Mit der Zahl der Personen steigt ihr Einfluss. Der Anstieg des sozialen Einflusses folgt einer Potenzfunktion, was dem psychophysikalischen Gesetz nach Stevens (1972) entspricht und als psychosoziales Gesetz bezeichnet wird:

$I = sN^t$ (I = sozialer Einfluss; N = Anzahl der Personen; t = Exponent mit einem Wert von kleiner als 1).

Jede Person, die der Beeinflussungsquelle hinzugefügt wird, übt einen zunehmend geringeren Einfluss aus. Der größte Effekt wird bei der ersten Person erzielt. Aus der S. lässt sich ableiten, dass → Meinungen von kleinen →

Gruppen ein relativ hohes Einflusspotential haben, da sie besonders stark gewichtet werden (→ Minderheitseinfluss, → Konformität). Die S. ist auch zur Erklärung des → Anzahl-Effekts und des → Uniformitätsdrucks geeignet. Ein verwandter Ansatz ist das Modell des sozialen Einflusses (Tanford & Penrod, 1984).

Erläuterung: Sommer (1989) verweist auf die S., um zu erklären, weshalb Modetrends sich in einer Gesellschaft durchsetzen.

Sociometer-Hypothese (Sociometer hypothesis): Behauptet, dass die Funktion des → Selbstwertgefühls darin besteht, der Person anzuzeigen, ob sie von anderen Personen einbezogen oder ausgeschlossen wird, und die Person zu motivieren, die Wahrscheinlichkeit einer sozialen Zurückweisung zu minimieren (Leary, Tambor, Terdal & Downs, 1995). Damit ist das Selbstwertgefühl ein Maßstab für soziale Akzeptanz bzw. ein „Soziometer", also vergleichbar mit einem Anzeigegerät, auf dem das Ausmaß des sozialen Einschlusses abgelesen werden kann. Die Aufgabe des Selbstwertgefühls wird darin gesehen, interpersonelle Beziehungen aufrechtzuerhalten, sei es im Dienste der → Bindung oder eines Bedürfnisses, dazu zu gehören („need to belong"; Baumeister & Leary, 1995). Eine Bedrohung des Selbstwertgefühls ist dann gleichbedeutend mit einer bevorstehenden sozialen Isolierung bzw. mit dem Verlust sozialer Bindung.

Die S. betrifft zunächst das situationsspezifische Selbstwertgefühl („state self-esteem"), kann aber auch auf das überdauernde Selbstwertgefühl („trait self-esteem") angewandt werden, wenn angenommen wird, dass der chronische soziale Ausschluss über eine längere Zeitspanne das allgemeine Selbstwertgefühl drückt. Tatsächlich zeigen Untersuchungsergebnisse, dass das situationsspezifische Selbstwertgefühl hoch mit den erwarteten Reaktionen anderer korreliert und dass das überdauernde Selbstwertgefühl mit der Tendenz, sich sozial integriert zu fühlen, zusammenhängt. Die Tendenz, sich sozial integriert zu fühlen, wurde durch einen Fragebogen gemessen, der Feststellungen enthielt wie: „Menschen suchen oft meine Gesellschaft" und „Ich fühle mich oft wie ein Außenseiter bei einem sozialen Beisammensein".

Die S. steht im Wettbewerb mit der → Terror-Management-Theorie. Sie bezieht sich sowohl auf → öffentliche und private Selbstaufmerksamkeit, wenn auch die Sensibilität für soziale Billigung eine zentrale Rolle zu spielen scheint (→ Selbstüberwachung). Aber auch persönliche Gedanken und Gefühle können den „Soziometer" reagieren lassen, wenn ihre Veröffentlichung Auswirkungen auf einen sozialen Ausschluss haben könnte.

Erläuterung: Die S. baut auf Ideen des → symbolischen Interaktionismus auf, vor allem auf der Vorstellung von einem „looking-glass self" (Cooley, 1902).

Solidarität (Solidarity): Bezeichnet das Eintreten für andere zum Zweck gegenseitiger Unterstützung, das auf → Werten und Idealen beruht (→ Kollektive Aktion). Der französische Soziologe Emile Durkheim (urspr. 1902) trennte zwischen mechanischer S., die auf → Ähnlichkeit und Gemeinsamkeit beruht, und organischer S., die auf Arbeitsteilung beruht. Spätere Autoren trennten zwischen instinktiver S., die auf → enge Beziehungen, d. h. auf Familie und Freunde, begrenzt ist, und offener S., die sich auf die gesamte Menschheit bezieht. Ein weiterer Kontrast wurde zwischen S. mit Benachteiligten und S. bei gemeinsamen Interessen hergestellt. Diese Unterteilungen basieren auf der Erkenntnis, dass sich eine enger gefasste (S. bei gemeinsamen Interessen) und eine weit gefasste Form der S. (die den

individuellen Standpunkt überwindet) beschreiben lassen.

Erklärungen der S. beruhen auf einer breiten Palette von Theorien: S. bei gemeinsamen Interessen wird mit der Lösung des → Gefangenendilemmas, der Anwendung der → „Tit-for-Tat"-Strategie, der Verwendung der → Norm der Gegenseitigkeit, → Vertrauen, → Kooperation und ihrer Kombination in der → Ziel/Erwartungs-Theorie, der Anwendung von → Sanktionen innerhalb der Solidaritätsgruppe sowie als Abwehrreaktion auf Gruppen-Deprivation (→ Theorie der relativen Deprivation) erklärt. S. bei unterschiedlichen Interessen wird mit der Verwendung der → Norm der sozialen Verantwortung, Auslösung von → Empathie und → existentieller Schuld, Prinzipientreue (→ Gerechtigkeit) und dem → Gerechte-Welt-Glauben erklärt.

S. wird in unterschiedlichen Bereichen thematisiert: am Arbeitsplatz (Wittek & Flache, 2001), in der Beziehung zwischen der Ersten und der Dritten Welt (Montada, 2001b; Rucht, 2001), → als Zivilcourage (Frey, Neumann & Schäfer, 2001), im ehrenamtlichen Engagement (Bierhoff & Schülken, 2001), im Umweltschutz (Mosler, 2001) und in der Frage der Steuerehrlichkeit (Fetchenhauer, 2001). Ein in Deutschland besonders häufig diskutiertes Thema ist die S. der Westdeutschen mit den Ostdeutschen nach der Wiedervereinigung (Maes, 2001; Schmitt, Reichle & Maes, 2001)

Erläuterung: Die Gewerkschaftsbewegung ist ein Fall von S. bei gemeinsamen Interessen. Die Unterstützung der Opfer der Flutkatastrophe in Mosambik im Jahre 2000 stellt ein Beispiel für S. bei unterschiedlichen Interessen dar.

Soziabilität (Sociability): → Anschlussmotiv

Soziale Abhängigkeit (Social dependency, Social dependence): → Abhängigkeit, soziale

Soziale Aktivierung (Social facilitation): Bezeichnet den Einfluss anderer (Zuschauer oder Ko-Akteure) auf die Aufgabenleistung. S. geht auf Triplett (1898) zurück, der feststellte, dass Radfahrer schneller fahren, wenn sie gemeinsam und nicht allein fahren. Die Anwesenheit von Zuschauern lässt eine Leistungssteigerung (im Vergleich zu einer neutralen Allein-Bedingung) erwarten, wenn die → dominante Reaktion die richtige ist (typischerweise bei einfachen Aufgaben), während bei komplexen Aufgaben eine Beeinträchtigung der → Leistung eintritt (Zajonc, 1965). S. wird durch die → Triebtheorie der sozialen Aktivierung, die → Bewertungsangst-Theorie, die → Ablenkungs-Konflikt-Theorie und die → „Social impact"-Theorie erklärt (vgl. Wilke & Meertens, 1994).
Erläuterung: Erste Hilfe für Unfallopfer sollte bei gutem Training durch die Anwesenheit von Zuschauern gefördert werden, während ihre Ausübung bei fehlenden Kenntnissen in der Öffentlichkeit vermutlich eher unterdrückt wird.

Soziale Angst (Social anxiety): → Selbstbehauptungstraining, → Selbstsicherheit, → Verlegenheit

Soziale Ängstlichkeit (Social anxiety): → Selbstbehauptungstraining, → Selbstsicherheit, → Verlegenheit

Soziale Anpassung (Social adjustment): → Konformität, → Soziale Erwünschtheit, → Theorie der kognitiven Anpassung

Soziale Beziehung (Social relationship): Beruht auf einem stabilen → Interaktionsmuster zwischen zwei Personen (→ Dyade), das bei ihnen dreifach kognitiv repräsentiert ist: als → Selbstbild, Bild der Bezugsperson und Interaktionsskript (→ Skript) für bestimmte Situationen (Asendorpf & Banse, 2000; vgl. Reis, Collins & Berscheid, 2000). S.en lassen sich nach Bereichen unterteilen: Arbeit, Eltern-Kind, → Freundschaft, Geschwister, Nachbarschaft, romantische Beziehung und Verwandtschaftsbeziehung). Drei Aspekte der Nähe einer S. werden durch die Enge-Skalen von Berscheid, Snyder & Omoto (1989b) gemessen: Häufigkeit der Interaktion, Vielfalt der unterschiedlichen Aktivitäten, die gemeinsam ausgeführt werden, und Stärke des → sozialen Einflusses.

Nach Argyle & Henderson (1985) lassen sich S.en durch Regeln, die in ihnen gelten, durch Ziele der beteiligten Personen, durch erleichternde oder hemmende Umweltbedingungen und durch → soziale Fertigkeiten, die den Personen zur Verfügung stehen, beschreiben. Unter den S.en wurden → enge Beziehungen besonders intensiv erforscht.

In der Analyse von S. lassen sich nach Fiske (1992) vier Beziehungsmodelle unterscheiden: 1. Modell des Gemeinschaftssinnes (communal sharing), das in Liebes- und Teambeziehungen realisiert wird, 2. Modell der Autoritäts-Abstufung (authority ranking), das in asymmetrischen, hierarchischen Beziehungen zwischen Vorgesetzten und Untergebenen zum Ausdruck kommt, 3. Modell der Gleichheits-Passung (equality matching), das u. a. die Ausgewogenheit der Nutzung (→ Ausgewogenheitstheorie) von gemeinschaftlich genutzten Gütern (Car-Sharing etc.) in den Vordergrund rückt, und 4. Modell des Marktpreises (market pricing), das etwa auf die Kosten-Nutzen-Kalkulation im Rahmen der Gewinnmaximierung von Firmen fokussiert (vgl. Fiske & Tetlock, 1997).
Erläuterung: Die S.en von Gabriele sehen wie folgt aus: Sie hat in der Firma, in der sie beschäftigt ist, eine Arbeitsbeziehung auf gleicher Ebene zu ihren Kolleginnen Franziska und Verona sowie zu ihrer Vorgesetzen Maria; sie hat eine Verwandtschaftsbeziehung zu ihrer Nichte Marion und sie hat eine ro-

mantische Beziehung zu ihrem Freund Daniel.

Soziale Deprivation (Social deprivation): → Deprivation

Soziale Diskriminierung (Social discrimination): → Intergruppen-Diskriminierung, → Vorurteil

Soziale Einstellung (Social attitude): → Einstellung

Soziale Entwicklung (Social development): → Moralisches Urteil, → Ökologie der menschlichen Entwicklung, → Sozialisation

Soziale Erwünschtheit (Social desirability): Bezeichnet die Tendenz, entsprechend sozialer → Normen zu antworten. Was man nach den → Konventionen tun sollte, findet verstärkt Zustimmung, was die Konventionen verletzt, wird eher abgelehnt. Die Tendenz zur S., die mit dem → Eindrucksmanagement zusammenhängt, kann bei der Beantwortung von Einstellungs- und Persönlichkeitsfragebögen zur Verfälschung beitragen (→ Einstellungsmessung).

Die S. lässt sich durch spezielle Fragebogenvorgaben erfassen. Dabei werden Feststellungen verwandt, die unerwünschtes Verhalten betreffen (z. B. Unehrlichkeit), das nahezu jeder schon ausgeführt hat. Wenn die befragte Person angibt, solche „kleinen Sünden" des Alltags nie zu begehen, wird daraus geschlossen, dass sie dazu neigt, ihre Antworten zu beschönigen (Amelang & Bartussek, 1970; Lück & Timaeus, 1969; Stöber, 1999). Eine weitere Möglichkeit der Erfassung von S. liegt in experimentellen Verfahren wie z. B. der → „Bogus pipeline", die der Person vorspiegeln, dass ihre wahre Antworttendenz unabhängig von ihrer verbalen Antwort von einer Maschine abgelesen werden kann. S. kann auch das Denken und Handeln einer Person bestimmen, so dass sie neben einer Fehlerquelle in

Daten auch als substantielles Persönlichkeitsmerkmal interpretiert werden kann, das die soziale Anpassung betrifft (→ Persönlichkeit).

Erläuterung: Korinna beantwortet in einem Fragebogen die Frage, ob sie schon einmal gelogen hat, mit „nein", was als Hinweis auf den Einfluss von S. ausgewertet wird.

Soziale Falle (Social trap): Liegt vor, wenn unter bestimmten Konstellationen kurzfristige → Anreize ein egoistisches Verhalten (→ Egoismus) fördern, das langfristig zu Nachteilen führt, wenn alle den kurzfristigen Vorteil suchen (Platt, 1973). Verwandte Begriffe sind Allmende-Problem, → N-Personen-Gefangenendilemma, Ressourcenmanagement-Problem, soziales Dilemma, „tragedy of the commons" und Trittbrettfahren.

Zur Überwindung einer S. sind kollektive Mobilisierungs-Strategien erforderlich (Mosler, 2001), die sich in → kollektiven Aktionen zeigen, aber auch Strategien, die auf die Stärkung der → Selbstwirksamkeit der Akteure abzielen (Kerr, 1996) und ihre → Kompetenz erhöhen. S.n wurden vor allem im Bereich des umweltverträglichen Verhaltens konstatiert (→ Umweltverantwortung).

Erläuterung: Eine S. stellt die extensive Nutzung des privaten PKWs dar, die für jeden einzelnen die Lebensqualität steigert, aber langfristig die Luftverschmutzung erhöht, die für alle von Nachteil ist.

Soziale Fertigkeit (Social skill): Bezeichnet interpersonelle → Leistungen, die die → soziale Kompetenz erhöhen: adäquate Selbst- und Fremdwahrnehmung, → Empathie, Zuhören-Können, rhetorisches Geschick, Nein-Sagen-Können, zwischenmenschliche Kontakte aufnehmen und abbrechen können, mit Kritik umgehen können und die Verhaltensregeln kennen und beachten, die in der sozialen Situation gelten.

Das Modell der sozialen Fertigkeiten (Argyle & Kendon, 1967) wurde in Analogie zu dem sensumotorischen Modell der → Handlung entwickelt. Es beinhaltet, dass Ziele (z. B. Freunde gewinnen), die sich in Unterziele gliedern lassen (z. B. eine Veranstaltung besuchen, die Nähe von Personen suchen, die als Freunde in Frage kommen etc.), in soziale Handlungen umgesetzt werden. Dazu erfolgt eine Diagnose der Situation, eine Umsetzung der Ziele in Handlungsmuster unter Berücksichtigung der situativen Erfordernisse und eine erneute Diagnose aufgrund der → Rückmeldung über die Veränderung der sozialen Umwelt.

S.en lassen sich mittels eines → Selbstbehauptungstrainings verbessern. Diese beinhalten Techniken der Problemidentifizierung, Strategien der Problembewältigung und Aufstellen problembezogener Zielsetzungen (Gist, Stevens & Bavetta, 1991; Luthans & Davis, 1979; Pfingsten & Hinsch, 1991; Trower, Bryant & Argyle, 1978).

Erläuterung: Eine S. ist das Nein-Sagen-Können gegenüber Angeboten, die von „fliegenden Händlern" an der Haustür gemacht werden, wenn man an den Angeboten nicht interessiert ist.

Soziale Gruppe (Social group): → Gruppe

Soziale Hemmung (Social inhibition): Liegt vor, wenn eine Person durch die Anwesenheit von Zuschauern davon abgehalten wird, in einer → Notlage zu intervenieren. S. führt dazu, dass Erste Hilfe nach Unfällen unterbleibt oder verzögert wird (→ Anzahl-Effekt). Sie wird auf drei Prozesse zurückgeführt: → Bewertungsangst, → Diffusion der Verantwortung und → pluralistische Ignoranz.

Erläuterung: Simone steht mit zwei anderen Zuschauern in der Nähe eines alten Mannes, der auf Glatteis ausgerutscht ist und auf dem Boden liegt. Da sie sich nicht im klaren ist, wer nun die → Verantwortung übernehmen soll, dem Mann beim Aufstehen zu helfen, bleibt sie zunächst passiv. Als der Mann alleine aufgestanden ist, atmet Simone erleichtert auf.

Soziale Identifizierung (Social identification): → Identifikation

Soziale Identität (Social identity): → Identität, → Sozialer Identitätsansatz

Soziale Informationsverarbeitung (Social information processing): Bezieht sich auf den Prozess der Wahrnehmung, Verarbeitung und Erinnerung sozialer Ereignisse. Die S. beruht auf Prozessen der → sozialen Kognition. Forschungsprogramme, die sich auf die S. beziehen, gehören seit den 70er Jahren des 20. Jahrhunderts zu den erfolgreichsten in der → Sozialpsychologie (vgl. Higgins, 2000; Kunda, 1999; Macrae & Bodenhausen, 2000). Beispiele sind → Attribution, → Personenwahrnehmung und → Stereotype.

Soziale Integration (Social integration): → Soziale Unterstützung

Soziale Interaktion (Social interaction): → Interaktion

Soziale Kategorie (Social category): Bezeichnet einen Begriff, der auf Personen, → Gruppen oder allgemein soziale Phänomene angewendet werden kann. S. beinhaltet eine Grenzziehung zwischen sozialen Phänomenen, die unter den Begriff fallen, und solchen, die nicht darunter fallen. Solche Grenzen sind häufig bis zu einem gewissen Grad ungenau (fuzzy). In der Forschung zu → Prototypen wird versucht, typische Merkmale von sozialen Phänomenen, die unter einen Begriff fallen, zu identifizieren. Ein Spezialfall einer S. sind → soziale Klassen (→ Position).

Erläuterung: S.n können sich an Dichotomien wie „Mann vs. Frau", „Arbeitslose vs. Job-Besitzer", „Hochbegabte vs. durchschnittlich Begabte" oder „Depressive vs. Normale" orientieren.

Soziale Kategorisierung (Social categorization): Bezeichnet den Prozess, durch den Personen, → Gruppen oder allgemein soziale Phänomene, die bestimmte Merkmale gemeinsam haben, einer → sozialen Kategorie zugeordnet werden (vgl. Park, Judd & Ryan, 1991). Eine Tendenz zur Verzerrung der S. kommt durch → „Priming" zustande. Die S. kann sich in → Stereotypen niederschlagen (van Knippenberg & Dijksterhuis, 2000). S. erfolgt entweder spontan oder in systematischer Absicht, wie z. B. in der Diagnostik.

Erläuterung: Dem Hausarzt ist im deutschen Gesundheitssystem eine wichtige Funktion für eine angemessene diagnostische Einschätzung psychogen Erkrankter beizumessen, weil er im Alltag häufig eine „erste Anlaufstelle" für betroffene Patienten darstellt. Ergebnisse von Tress et al. (1997) zeigen aber einen entsprechenden Nachholbedarf auf: So erkennt der Hausarzt nur zu 51,4% der von einer Psychotherapeutin klassifizierten Fälle der psychogen Erkrankten.

Soziale Klasse (Social class): Bezeichnet die → soziale Kategorisierung von Individuen und → Gruppen nach Kriterien, die mit Prestige, Rang und → sozialem Status assoziiert sind.

Soziale Kognition (Social cognition): Bezeichnet → Kognitionen, die durch die Mitglieder einer → Gruppe geteilt werden (vgl. Leyens & Dardenne, 1996). S. liegt der → sozialen Informationsverarbeitung zugrunde. Die Betonung der S.n hat zu einer Verschiebung des Forschungsinteresses innerhalb der → Sozialpsychologie von → sozialem Verhalten auf → soziale Informationsverarbeitung geführt (Strack, 1988).

Erläuterung: Erhöhung der Verfügbarkeit von → Einstellungen durch → „Priming" fördert die Schnelligkeit, mit der eine Einstellung abgerufen werden kann (→ Einstellungsstärke; Fazio, 1986). Außerdem gilt, dass die höhere Verfügbarkeit einstellungskongruentes Verhalten fördert (→ Einstellungs-Verhaltens-Konsistenz). Wer seine Einstellungen zu Präsidentschaftskandidaten schneller abrufen kann, lässt sich in seinem Wahlverhalten besser prognostizieren (Fazio & Williams, 1986).

Soziale Kohäsion (Social cohesion): → Kohäsion

Soziale Kompetenz (Social competence): Bezeichnet die Verfügbarkeit von kognitiven Fertigkeiten und Handlungsmustern (→ Kompetenz), die einen für alle befriedigenden → Austausch zwischen Interaktionspartnern ermöglichen (→ Interdependenz). S. basiert auf → sozialen Fertigkeiten wie der Vertretung eigener Interessen, → Empathie, sich abgrenzen können und soziale Kontakte initiieren können. Um die Durchsetzung eigener Bedürfnisse und Wünsche situationsangemessen zu gestalten, ist Aufmerksamkeit für relevante Information, genaue Interpretation des Handlungskontextes (→ Handlung) und konkreter Bezug zu dem Wirklichkeitsausschnitt, in dem ein → Konflikt auftritt, erforderlich. Die Betonung liegt auf dem „gewusst wie" bei der Vertretung der eigenen Interessen unter gleichzeitiger Wahrung → sozialer Beziehungen. Ein Teilbereich der S. ist die → moralische Kompetenz. S. ist im Falle von Selbstunsicherheit beeinträchtigt (→ Selbstsicherheit, → Selbstvertrauen). Sie wird durch → Selbstbehauptungstraining gefördert.

Erläuterung: S. zeigt sich z. B. im Umgang mit Kritik. Anstelle einer Eskalation negativer Bewertungen (→ Sozialer Konflikt) wird versucht, konstruktiv auf die Kritik einzugehen, indem nach ihrer Ursache gefragt wird (→ Attribution), ihre Berechtigung beurteilt wird und die Möglichkeit ins Auge gefasst wird, das kritisierte Verhalten abzustellen (→ Akkomodation).

Soziale Konformität (Social conformity): → Konformität

Soziale Kontrolle (Social control): → Kontrolle

Soziale Kooperation (Social cooperation): → Kooperation

Soziale Lerntheorie (Social learning theory): → Modelllernen, → Sozial-kognitive Lerntheorie

Soziale Macht (Social power): → Macht

Soziale Mobilität (Social mobility): → Mobilität

Soziale Motivation (Social motivation): → Motivation

Soziale Norm (Social norm): → Norm, → Prosoziale Norm

Soziale Orientierung (Social orientation): Bezieht sich auf das Ziel, das Menschen in einer sozialen Situation anstreben. In einer systematischen Betrachtung, bei der zwischen der Orientierung an eigenen Gewinnen und der Orientierung an den Gewinnen der anderen Person unterschieden wird, lassen sich folgende Ziele unterscheiden (Griesinger & Livingstone, 1973): 1. Maximierung des eigenen Gewinns (Individualismus), 2. Maximierung des Gewinns der anderen Person (→ Altruismus), 3. Maximierung des gemeinsamen Gewinns (→ Kooperation), 4. Maximierung des relativen Gewinns (→ Wettbewerb), 5. Maximierung der Verluste des Interaktionspartners (→ Aggression), 6. Maximierung der eigenen Verluste (Masochismus), 7. Sich für den anderen aufopfern (Märtyrertum) und 8. Minimierung der gemeinsamen Gewinne (Sadomasochismus). Von diesen Zielen sind die ersten fünf für die Vorhersage → sozialen Verhaltens wichtig, während die drei restlichen Ziele nur selten verfolgt werden (vgl. van Lange, 2000). Die Messung der S. erfolgt durch die Vorgabe hypothetischer → Entscheidungen in einem Fragebogen, in dem die → Motive Indi-vidualismus, Kooperation und Wettbewerb unterschieden werden (Kuhlman & Marshello, 1975).

Erläuterung: Ein Individualist orientiert sich nur an den eigenen Gewinnen, während ihm egal ist, ob andere mehr gewinnen. Im Wettbewerb sieht es anders aus: Es kommt darauf an, die Differenz zu den eigenen Gunsten zu maximieren, auch wenn die Gewinne sehr niedrig sind.

Soziale Repräsentation (Social representation): → Theorie der sozialen Repräsentation

Soziale Rolle (Social role): Bezeichnet die Gesamtheit an → Erwartungen der → Bezugsgruppe bezüglich des Inhabers einer → Position. Da die Erwartungen vielfältig sind, ist es sinnvoll, von einem Bündel von Erwartungen zu sprechen. Die Erwartungen lassen sich auch als Ansprüche der Gesellschaft an den Inhaber von Positionen verstehen, die sich sowohl auf Rollenverhalten (z. B. Höflichkeit im Service-Bereich) als auch Rollenattribute (z. B. Dienstkleidung) beziehen. Jede Rolle besteht aus mehreren Rollensegmenten, in denen spezifische Erwartungen thematisiert werden.

Die S. beschreibt die Verbindung des Einzelnen mit der Gesellschaft. Sie ist unabhängig von einzelnen Personen, da sie ein Komplex von Verhaltensvorschriften bzw. Erwartungen darstellt. Der Inhalt wird durch die Gesellschaft bzw. die → Bezugsgruppe bestimmt. Für die Person, die eine S. innehat, entsteht eine Verbindlichkeit des Anspruchs, die in einem Rollendruck zum Ausdruck kommt (Wiswede, 1977). Die Verbindlichkeit von S.n wird durch positive und negative → Sanktionen hergestellt, wobei den negativen Sanktionen eine zentrale Rolle zukommt. Der harte Kern von S.n besteht aus Muss-Erwartungen, deren absolute Verbindlichkeit durch Gesetze und Verordnungen gewährleistet wird (z. B. an deutsche Staatsbürger oder an Eheleute). Zusätzlich verfügen viele → Organisationen noch über quasi-rechtliche Verhaltensvorschriften, die den Muss-Erwartungen nahe kommen. Darüber hinaus bestehen mildere Soll-Erwartungen, wie sie in Sitten und Gebräuchen zum Ausdruck kommen (z. B. an ein Vereinsmitglied). Schließlich liegen auch Kann-Erwartungen vor, die sich auf Gewohnheiten beziehen (z. B. an Katholiken).

Über Sanktionen werden Rollenerwartungen konkretisiert. S.n zwingen die Person zur Teilnahme an der normativen Struktur der Gesellschaft (→ Norm). Sie schränken aber nicht nur die individuelle Freiheit ein, sondern tragen auch dazu bei, dass der einzelne ein soziales Bezugssystem erhält, das ihm oder ihr das → Gefühl von Sicherheit und Ordnung vermitteln kann. In diesem Zusammenhang kann man von entlastenden Komponenten des Rollenverhaltens sprechen (Wiswede, 1977). Die individuelle Verinnerlichung von S.n beruht auf Rollenlernen. Sie erfolgt durch die → Sozialisation, die den eigentlichen Prozess der Vermittlung zwischen dem Einzelnen und der Gesellschaft darstellt. Dabei spielen Sozialisationsagenten (z. B. Eltern, Lehrer) eine wesentliche Rolle. Die Sozialisation bewirkt, dass viele S.n ausgeführt werden, ohne dass sie durch äußere Sanktionen erzwungen werden müssen. Der Aspekt der Verinnerlichung von Rollenvorschriften verdeutlicht, dass S. ein Begriff ist, der zwischen Soziologie und → Psychologie steht. Während die Gesellschaft dem einzelnen S.n zumutet und damit seine Freiheit einschränkt, bleibt ein Freiheitsspielraum übrig, der dazu führt, dass umgekehrt auch der einzelne die Gesellschaft beeinflussen kann.

Die Analyse von Dahrendorf (1969) hat wesentlich zur empirischen und theoretischen Einordnung des Begriffs der S. beigetragen. Empirische Fragestellungen der Rollentheorie beziehen sich auf die Themen → Ich-Beteiligung,

die zeitlichen Erstreckung und die → Identifikation mit der S. Der Gegenbegriff ist der des → Selbst (Sader, 1969). Trotz des Wechsels zwischen verschiedenen S.n erlebt sich das → Ich als stabil. Andererseits lässt sich das Selbst als Ausdruck der wahrgenommen Erwartungen signifikanter anderer an die Person interpretieren („looking-glass self"; → Symbolischer Interaktionismus).

Erläuterung: Herr Schmidt wird einem neuen Lehrer als Kollege vorgestellt. Der neue Kollege kann zahlreiche Informationen über die S.n von Herrn Schmidt erlangen (als Studienrat, als Vater, als Ehemann, als Vereinsvorsitzender). Natürlich ist Herr Schmidt mehr als die Summe der Positionen, die er innehat. Darin kommt seine Individualität zum Ausdruck. So kann es sein, dass er von bestimmten Rollenerwartungen mehr oder weniger stark abweicht (→ Abweichendes Verhalten) oder sich mit ihnen konform verhält (→ Konformität; Beispiel nach Dahrendorf, 1969).

Soziale-Struktur-Analyse (Social structure analysis): Bezeichnet eine Erklärung für den Inhalt von → Stereotypen, die davon ausgeht, dass die → sozialen Rollen der Personen darüber bestimmen, welche → Eigenschaften ihnen zugeschrieben werden (Eagly, 1987; Eagly & Johannesen-Schmidt, 2001).

Erläuterung: Da Frauen häufig die Kinder erziehen, sind in dem → Geschlechter-Stereotyp der Frau Eigenschaften wie „warm", „herzlich" und „weich" enthalten. Da Männer sich häufig im Beruf behaupten müssen, beruht ihr Geschlechter-Stereotyp auf Merkmalen wie „hart", „erfolgreich" und „durchsetzungsfähig". Interessant ist nun die Frage, welche Eigenschaften Frauen, die eine Männerrolle innehaben (Karrierefrau), und Männern, die eine typische Frauenrolle innehaben (Hausmann), zugeschrieben werden. In Übereinstimmung mit der S. deuten Ergebnisse darauf hin, dass Karrierefrauen ähnlich wie Männer stereotypisiert werden und Hausmänner ähnlich wie Frauen (Bless et al., 1992).

Soziale Unterstützung (Social support): Bezeichnet die wahrgenommene materielle, emotionale oder kognitive Förderung einer Person durch Mitglieder in ihrem sozialen Netzwerk, die zur Bewältigung von Krisensituationen dient (→ Gemeinde). Generell lassen sich zwei Formen der S. unterscheiden: Strukturelle S., die die wahrgenommene Größe des sozialen Netzwerkes einer Person kennzeichnet, und funktionale S., die sich auf die wahrgenommene Erfüllung bestimmter → Bedürfnisse der Person bezieht. S. wird oft von Verwandten und Freunden gegeben (→ Freundschaft).

Das Ausmaß der strukturellen S. kann mit dem Fragebogen F-SOZU von Fydrich et al. (1999) gemessen werden. Die funktionale S. wird nach verschiedenen Bedürfnisbereichen untergliedert (Cohen, Sherrod & Clark, 1986; Wills, 1985): 1. Emotionale S. dient zur Erhöhung des → Selbstwertgefühls bzw. zu seiner Stabilisierung, 2. Informative S. zielt auf die Lösung eines Problems durch Bereitstellung von → Wissen ab, wie sie in der Beratung gegeben ist, 3. Materielle S. (Synonym: instrumentelle S.) setzt sich sowohl aus unterstützenden Aktivitäten als auch aus materiellen Zuwendungen zusammen, 4. Soziale Kontakte erweitern die Freizeitmöglichkeiten und erhöhen die → Gesellung, und 5. Motivationale S. beinhaltet Ansporn und Ermutigung durch andere. Viel spricht dafür, dass funktionale S. in ihrem Erfolg davon abhängig ist, welche besondere Belastung vorliegt (→ Stressor). Das Thema der S. überschneidet sich mit der Forschung zum → prosozialen Verhalten.

Erläuterung: S. erweist sich vermutlich in Belastungssituationen als besonders wichtig für die Abfederung der psychologischen und gesundheitlichen Folgen (→ Bewältigung von Stress), wie es in der Pufferhypothese der sozialen Unterstützung angenommen wird (Stroebe & Jonas, 2002).

Soziale Urteilsbildung (Social judgment): → Algebraisches Modell, → Soziale Informationsverarbeitung

Soziale Verantwortung (Social responsibility): → Norm der sozialen Verantwortung, → Umweltverantwortung, → Verantwortung

Soziale Wahrnehmung (Social perception): → Eindrucksbildung, → Personenwahrnehmung

Sozialer Austausch (Social exchange): → Austauschtheorie

Sozialer Einfluss (Social influence): Bezeichnet eine Veränderung in den → Meinungen, Urteilen und → Einstellungen, die auf → Überredung, → Suggestion oder anderen Formen der → Kommunikation beruht. Man kann zwischen dem S. auf individueller Ebene und auf Gruppenebene unterscheiden. Der Gruppeneinfluss wird häufig als → Minderheit oder als → Mehrheit ausgeübt. S. wird z. B. durch das → Heuristisch-Systematische-Modell, die → „Social impact"-Theorie und die → Theorie des geplanten Verhaltens erklärt.

Erläuterung: Nachdem in Deutschland zu Beginn der Saison 2001/2002 die Berichterstattung über die Fußball-Bundesliga auf Samstag 20.15 Uhr verlegt wurde, versuchten viele Männer ihre Frauen davon zu überzeugen, dass es interessant ist, Zusammenfassungen von Fußballspielen zu sehen. Allerdings scheint der Versuch ohne Erfolg gewesen zu sein, wie die Rückkehr zum früheren Sendetermin auf Druck der Öffentlichkeit hin andeutet.

Sozialer Identitätsansatz (Social identity approach): Bezeichnet theoretische Ansätze, die die Erforschung der Prozesse und Bedingungen von sozialer → Identität zum Ziel haben. Wagner & Zick (1990) fassen hierunter drei Ansätze: 1. die → Theorie der Reizklassifikation, 2. die → Theorie der sozialen Identität und 3. die → Selbstkategorisierungs-Theorie. Ein anderer S. befasst sich mit der → Ortsidentität.

Sozialer Konflikt (Social conflict): (Synonym: intersubjektiver Konflikt) Kennzeichnet interpersonelle und intergruppale Spannungen. S.e sind häufig → Interessenkonflikte, resultierend aus sich ausschließenden Ansprüchen der Interaktionspartner (z. B. auf Wasser oder Land). S.e können aber auch auf Beziehungskonflikten beruhen, die hinter den diskutierten Sachkonflikten liegen, aber vielfach nicht thematisiert werden (→ Konflikt, → Konfliktlösung).

Zur experimentellen Untersuchung von S.en ist vorwiegend die → Spieltheorie verwendet worden, auf deren Grundlage → · experimentelle Spiele durchgeführt werden. Die Ergebnisse verweisen auf die Bedeutung unterschiedlicher → sozialer Orientierungen der Interaktionspartner für den Konfliktverlauf. So ist eine Wettbewerbsorientierung vielfach mit Eskalation von → Konflikten verbunden (Axelrod, 1984). In Überlegungen darüber, wie S.e gelöst werden können, wird oft vorausgesetzt, dass die Akteure individualistisch orientiert sind. Unter diesen Umständen führt die → „Tit-for-Tat"-Strategie zu günstigen Ergebnissen. Ihre Anwendung kann zur Entwicklung von → Solidarität führen. Moralische Appelle und soziale → Verantwortung der Akteure kann ebenfalls zur Konfliktlösung beitragen. In → Rechenschaftsepisoden kommt es entweder zu einer Beilegung des Konflikts, oder es tritt eine zusätzliche Eskalation ein.

S. lässt sich von intrapsychischen Konflikten unterscheiden. Der Beile-gung von S.en dient z. B. die → Mediation.

Erläuterung: Einer → Scheidung gehen häufig heftige S. zwischen den Ehepartnern voraus, die emotional aufgeladen sind und sich über die Zeit steigern. Die Scheidung beinhaltet meist sowohl die Auseinandersetzung um Sachprobleme als auch um Beziehungsprobleme.

Sozialer Prozess (Social process): Bezeichnet die Austauschprozesse zwischen Individuen, → Gruppen und Institutionen (→ Abhängigkeit, soziale, → Austauschtheorie). S.e werden häufig durch → Normen geregelt und durch → soziale Vergleiche beeinflusst.

Sozialer Status (Social status): Bezeichnet die Wertschätzung und Rechte, die einer Person in einem sozialen System in Form von Entlohnung oder Privilegien zuerkannt werden und die häufig durch vorherige → Leistungen erworben werden oder durch Tradition und Erbe zustande kommen (vgl. Cohen & Zhou, 1991). Der S. wird vielfach durch Statussymbole verdeutlicht (z. B. persönlicher Parkplatz vor dem Firmensitz). Er leitet sich aus der sozialen → Position bzw. → sozialen Rolle ab.

Erläuterung: Ein wichtiges Statussymbol stellt das Auto dar. Die Benutzung von Nobelmarken verleiht dem Besitzer die Aura, etwas Besonderes darzustellen.

Sozialer Vergleich (Social comparison): Bezeichnet die Beobachtung anderer Personen mit dem Ziel, diagnostische Informationen über ihre → Leistungen, → Meinungen, → Werte und Probleme einzuholen, die für die Beurteilung und Bewertung eigener Leistungen, Meinungen, Werte und Probleme benutzt werden (→ Relevante-Attribute-Hypothese, → Selbsteinschätzung, → Theorie der sozialen Vergleichsprozesse).

Erläuterung: Ein Schüler vergleicht die Zahl richtiger Lösungen in einem

Mathematiktest spontan mit dem Ergebnis des besten Schülers seiner Klasse.

Sozialer Wandel (Social change): → Innovation

Soziales Dilemma (Social dilemma): → Soziale Falle

Soziales Faulenzen (Social loafing): Wenn → Leistungen in → Gruppen erbracht werden, besteht die Tendenz, weniger Kraft und Energie einzusetzen als in einer Allein-Situation. Hinweise auf dieses Phänomen wurden schon Ende des 19. Jahrhunderts von dem französischen Wissenschaftler Max Ringelmann beobachtet, der den Kraftaufwand im Tauziehen in Abhängigkeit von der Größe der Gruppe untersuchte, aber erst Jahrzehnte später einer größeren wissenschaftlichen Öffentlichkeit als → Ringelmann-Effekt mitgeteilt hat (Moede, 1927).

Diese Ergebnisse lassen sich sowohl auf Koordinationsverluste als auch auf Motivationsverluste in Gruppen zurückführen. In späteren Untersuchungen war es möglich, reine Motivationsverluste nachzuweisen (Latané, Williams & Harkins, 1979). Eine Erklärung für diesen Motivationsverlust ist die verringerte Identifizierbarkeit der individuellen Leistung in der Gruppe. Eine weitere Erklärung ist die geringe persönliche → Involviertheit, die bei Aufgaben von geringer subjektiver → Bedeutung auftritt.

Erläuterung: Ein Beispiel ist die geringere Leistungsbereitschaft der Individuen in einer Kollektivwirtschaft, die auf dem Sozialismus aufbaut.

Soziales Lernen (Social learning): → Sozial-kognitive Lerntheorie

Soziales Motiv (Social motive): Bezeichnung für solche → Bedürfnisse, die in sozialen Bezügen aktualisiert werden können. Zwei Grundtypen von S.n lassen sich unterscheiden 1. Motive, die das Selbst überwinden: das Motiv nach → hilfreichem Verhalten, das → Anschlussmotiv, das Motiv nach → Gerechtigkeit, 2. Motive, die auf das Selbst bezogen sind: das Motiv nach → Selbst(wert)schutz und → Selbst(wert)-erhöhung, das → Aggressionsmotiv.

Soziales Verhalten (Social behavior): Bezeichnet alle Aktivitäten, die zwischen Individuen, in → Gruppen und zwischen Gruppen auftreten. S. ist daher der Oberbegriff für → interpersonelles Verhalten und → Intergruppen-Verhalten.

Dementsprechend lassen sich unterschiedliche Ebenen der Analyse unterscheiden (Doise, 1986): 1. Die intraindividuelle Ebene stellt die kognitiven Prozesse der → sozialen Informationsverarbeitung in den Mittelpunkt. 2. Auf der interpersonalen Ebene werden Merkmale der → Interaktion und → Kommunikation unter Berücksichtigung der sozialen Situation analysiert. 3. Auf der positionalen Ebene (→ Position) wird der Einfluss von Statusunterschieden (→ Sozialer Status) oder → Positionen des Individuums in der Gruppe untersucht (→ Soziale Rolle). 4. Die Ideologie-Ebene betrifft die → Kultur, die die Auswirkungen von Religion, Tradition und Schule einschließt.

Soziales Vorurteil (Social prejudice): → Vorurteil

Sozialisation (Socialization): Ist der Prozess, durch den ein Kind in → Interaktion mit anderen Menschen bestimmte → Meinungen, → Werte, Persönlichkeitsmerkmale (→ Persönlichkeit) und → soziale Fertigkeiten erwirbt, die der vorherrschenden → Kultur entsprechen. Ein anderer Ausdruck ist Akkulturation. Durch die S. erwirbt das Kind schrittweise sein → Selbstschema, sein Selbstbewusstsein und sein kulturelles → Wissen. Der primäre S.s Agent ist die Familie. Sekundäre S.s-Agenten sind Schule, Gleichaltrige und Massenmedien. Die S. bestimmt die soziale Entwicklung des Kindes. Gelegentlich wird auch von Prägung gesprochen (vgl. Maugleburg & Bristol, 1998; Richins, 1991; Zimmermann, 2000).

Der S.s-Prozess hat vielfältige Effekte: Lernen der → Sprache, Erweiterung des → Wissens, Erwerb von Regeln der → Kommunikation und → Interaktion und → Internalisierung von → Normen. Kinder unterscheiden sich in dem Ausmaß, in dem sie sich diese Inhalte aneignen. Verschiedene theoretische Ansätze haben Beiträge zur Erklärung der S. geliefert: behavioristisch-lerntheoretische, kognitiv-entwicklungspsychologische, psychoanalytische und interaktionistische Ansätze. Nach Gottschalch (1988) liegen vor allem in einer 1. kulturvergleichenden, 2. historischen und politischen und 3. geschlechtsspezifischen S.s-Forschung bedeutsame zukünftige Untersuchungsfelder.

Erläuterung: Der französische Regisseur Francois Truffaut behandelt in seinen Filmen mehrfach die Thematik des Erwachsenwerdens als Hineinwachsen in die Gesellschaft.

Sozialismus (Socialism): → Reaktanz, → Soziales Faulenzen

Sozial-kognitive Entwicklung (Social-cognitive development): → Moralische Entwicklung, → Sozial-kognitive Lerntheorie, → Stufenmodell der Entwicklung empathischen Mitleidens

Sozial-kognitive Lerntheorie (Social-cognitive theory of learning): Bezeichnet einen theoretischen Ansatz, der auf zwei theoretischen Entwicklungen aufbaut (Bandura, 1977, 1997): 1. dem Ansatz zum → Modelllernen und 2. dem Ansatz zur → Selbstwirksamkeit. Der erste Ansatz ist dadurch gekennzeichnet, dass durch Beobachtung des Verhaltens von Modellen und seiner Folgen kognitive Lernvorgänge in Gang gesetzt werden können, die auf symbolischen Repräsentationen des Verhaltens beruhen. Der zweite Ansatz betont die Bedeutung der wahrgenommenen Leistungseffizienz (→ Leistung). Die eigene Einschätzung, ein Problem lösen zu können, wird auf vier Quellen zurückgeführt: 1. erfolgreiche eigene Ausführung der → Handlung, die zur Lösung des Problems führt, 2. die Beobachtung anderer Personen, die das Problem lösen (→ Sozialer Vergleich), 3. → Überredung durch andere und Selbstinstruktion und 4. gefühlsmäßige → Erregung. Die Effizienzerwartung ist hoch, wenn die Person die Aufgabe erfolgreich gelöst hat, wenn ähnliche andere eine erfolgreiche Aufgabenbewältigung vorführen, wenn ein Lehrer glaubwürdig macht, dass die Aufgabe für die Person lösbar ist, und wenn die physiologische Erregung niedrig ist.

Die Auswirkungen der vier Quellen der Selbstwirksamkeits-Erwartung hängen von kognitiven Vermittlungsprozessen ab. Eine wichtige Rolle spielt die → Attribution. Wenn ein Kind eine Rechenaufgabe löst, wird seine Effizienzerwartung dadurch positiv beeinflusst, dass es das Ergebnis auf seine → Anstrengung zurückführt (Schunk, 1982).

Die S. hat vor allem im Bereich der Medien-, Motivations-, Entwicklungs- und Pädagogischen Psychologie, der Klinischen Psychologie und der Organisationspsychologie eine große Bedeutung gewonnen (Bandura, 1997; Locke & Latham, 1990; Nerdinger, 1995; Schmitz & Schwarzer, 2000). Ein wichtiger Verhaltensbereich, auf den die S. angewandt wird, ist die Aggression (→ Aggressionstheorie). Die S. ergänzt andere lerntheoretische Ansätze, wie z. B. die → operante Konditionierung und die → klassische Konditionierung.

Erläuterung: Grundschüler mit Schwierigkeiten im Rechnen wurden gebeten, sich an einem selbst gesteuerten Lernprogramm zum Erwerb der Fähigkeit, Substraktionsaufgaben zu lösen, zu beteiligen. Alle Schüler erhielten Lernmaterial, das in mehreren Sitzungen bearbeitet werden sollte. In einer

Bedingung wurde keine Zielsetzung festgelegt. In einer zweiten Bedingung wurde das Fernziel vorgegeben, alle Unterlagen bis zum Ende der letzten Sitzung durchzuarbeiten. In der dritten Bedingung wurden Nahziele genannt, indem die Kinder ermutigt wurden, pro Sitzung eine Lerneinheit zu bewältigen. Die Ergebnisse zeigten, dass die Vorgabe der Nahziele zu besseren Lernfortschritten führte als die Vorgabe des Fernziels bzw. das Fehlen einer Zielbindung (→ Anspruchsniveau). Die zwei zuletzt genannten Bedingungen unterschieden sich nicht bedeutsam in ihrem Lernerfolg (Bandura & Schunk, 1981).

Sozialpsychologie (Social psychology): Ist eine Teildisziplin der → Psychologie, die sich mit den Auswirkungen der Anwesenheit anderer Menschen auf das Verhalten und Erleben befasst und dabei sowohl grundlagenbezogene als auch anwendungsbezogene Frage- und Problemstellungen aufgreift (→ Angewandte Sozialpsychologie). Nach Allport (1968, S. 3) ist S. „ein Versuch, zu verstehen und zu erklären, wie die Gedanken, → Gefühle und Verhaltensweisen von Individuen durch die wirkliche, vorgestellte oder implizierte Anwesenheit anderer beeinflusst werden." Die S. erhält einerseits wichtige Entwicklungsimpulse durch einzelne Disziplinen in der Psychologie (z. B. Allgemeine und Differentielle Psychologie) und andererseits durch die Sozialwissenschaften im Allgemeinen und die → Soziologie im Besonderen. Neuerdings sind auch verstärkt Einflüsse der → Evolution(sbiologie) und → Ethologie festzustellen.
Innerhalb der S. lassen sich unterschiedliche Strömungen in Form einer 1. psychologisch orientierten S., 2. soziologisch orientierten S. und 3. psychoanalytisch orientierten S. identifizieren, die über längere Zeit hinweg zwar wenig Notiz voneinander genommen haben (vgl. Graumann, 1979, 2002; House, 1977; Jaspars, 1986), jedoch

neuerdings sich in einzelnen Teilbereichen mehr aufeinander zu- als voneinander fortbewegen (Curtis, 1991; Nolte, 1994). Als bekannte klassische Vertreter sind für die psychologische S. Lewin, Festinger, Schachter, Asch, Campbell und F. H. Allport zu nennen, für die soziologische S. Mead, Goffman, Homans und Bales und für die psychoanalytische S. Freud, Fromm, Adorno, Bowlby, und Mitscherlich (vgl. Graumann, 2002; Keupp, 1993).
Es ist allerdings festzustellen, dass die psychologische S. ein erhebliches Übergewicht gegenüber den beiden anderen Richtungen aufweist. Tatsächlich wird die gegenwärtige sozialpsychologische Forschung durch sie nahezu vollständig dominiert. Das hängt damit zusammen, dass vor allem im angloamerikanischen Bereich ein Siegeszug der psychologischen S. stattgefunden hat, der entscheidend von Kurt Lewin vorbereitet wurde.
Die Entwicklung der S. ist durch gelegentliche Identitätskrisen und „Wenden" gekennzeichnet (Flick, 1995b; Rijsman & Stroebe, 1989): die „historisch-kulturelle" (Gergen, 1973; Zajonc, 1989), die „kognitive" (Graumann, 1988) und die „linguistische" (Gergen & Gergen, 1988; Potter & Reicher, 1985). Stärker wurde die S. jedoch durch methodische Fortschritte beeinflusst: die Verbreitung der → Metaanalyse zur Integration von Forschungsbefunden und die Entwicklung von quasi-experimentellen Versuchsplänen (Bierhoff & Rudinger, 1996).
Das 1998 in vierter Auflage erschienene „Handbook of Social Psychology" (Gilbert, Fiske & Lindzey, 1998) verdeutlicht das umfangreiche Themenspektrum sozialpsychologischer Forschung, das im Wesentlichen dem entspricht, was in diesem Wörterbuch dargestellt wird. Die Herausgeber des Handbook schreiben in ihrem Vorwort, dass seine Autoren „share a concern with the fundamental question – how

do people think about, feel about, and act toward each other? – as well as a commitment to empirical analysis and a respect for the diverse approaches that constitute the science" (S. xii).

Erläuterung: Die wichtigste → Organisation der S. auf europäischer Ebene stellt die „European Association of Experimental Social Psychology" (EAESP) dar. Die Zeitschrift „European Journal of Social Psychology", die im Anhang näher vorgestellt wird, sowie die Buchreihe „European Review of Social Psychology" (Herausgeber: Wolfgang Stroebe und Miles Hewstone) werden im Auftrag der EAESP herausgegeben.

Soziobiologie (Sociobiology): Bezeichnet eine Teildisziplin der Biologie, die sich mit den biologischen Grundlagen des → sozialen Verhaltens befasst (Wilson, 1975). In der S. wird die Evolutionstheorie auf die Entwicklung des Sozialverhaltens von Tieren und Menschen angewandt. Die Analyse des individuellen Fortpflanzungserfolgs bildet eine wichtige Grundlage für die Ableitung von Hypothesen. Unter der S. werden eine Reihe von Theorien zusammengefasst, die z. T. widersprüchliche Annahmen beinhalten. Hypothesen, die aus diesen Theorien abgeleitet werden, lassen sich empirisch auf ihre Gültigkeit prüfen (vgl. Buss, 1998).

In dem Buch von Edward O. Wilson werden Themen wie → Aggression, → altruistisches Verhalten, → Kommunikation, → Sozialisation und → moralisches Urteil behandelt. Ein wichtiges Anwendungsfeld ist die Erklärung von geschlechtsspezifischen Partnerwahlstrategien (→ Elterliches Investment, → Theorie der sexuellen Strategien). Ein anderes Forschungsthema der S. ist die → Kooperation. In diesem Zusammenhang wird die Bedeutung → evolutionsstabiler Strategien betont. Weitere Forschungsthemen der S. sind Selbstbetrug in der → Personenwahrnehmung (Krebs & Denton, 1997), Beziehungsanbah-

nung (Clark, Shaver & Abrahams, 1999) und → Attraktion (Graziano, Jensen-Campbell, Todd & Finch, 1997), → Flirten, → Bindung (Zeifman & Hazan, 1997) und → Intergruppen-Verhalten (Caporael & Baron, 1997).

Erläuterung: Neben dem Begriff der S. ist auch der der Psychobiologie in Verwendung (Immelmann, Scherer, Vogel & Schmoock, 1988), die viele wichtige Teilgebiete der → Psychologie umfasst: Entwicklung, → Motivation, → Kognition, Lernen (→ Modelllernen), → Handlung, → Selbst, → Konformität, → Vorurteile und → Kultur.

Soziologie (Sociology): Bezeichnet das Studium des menschlichen Soziallebens, von → Gruppen und Gesellschaften (Giddens, 1989). Der Forschungsgegenstand ist die → soziale Rolle des Menschen in der Gesellschaft (Bellebaum, 1994; Dahrendorf, 1969). Dabei werden Prinzipien der Entwicklung, Aufrechterhaltung und Veränderung sozialer Systeme und der damit verbundenen sozialen Strukturen (→ Position, → Sozialer Status) und → sozialen Prozesse thematisiert. Vor dem Hintergrund des jeweils vorliegenden theoretischen Bezugsrahmens (z. B. → Symbolischer Interaktionismus, Handlungstheorie, Funktionalismus) unterscheiden sich die methodologischen Zugänge der S. im Hinblick auf ihr Erkenntnisobjekt erheblich voneinander.

Erläuterung: Wichtige Forschungsfelder der S., die → Sozialisation, Strukturen der → Macht und soziale Kontrolle einschließen, sind soziale Institutionen (z. B. → Familie, Schule, → Organisationen) und soziale Veränderungsprozesse (z. B. Globalisierung, soziale Bewegungen und Urbanisierung).

Soziometrie (Sociometry): Ist eine Methode, die die Erfassung, Darstellung und Analyse sozialer Merkmale, sozialer Strukturen und → sozialer Beziehungen in → Gruppen zum Ziel hat. Charakteristisch ist die Verwendung des

Soziogramms (vgl. Dollase, 2001; Moreno, 1996), das in den 30er Jahren des 20. Jahrhunderts von Moreno entwickelt wurde. Im Mittelpunkt steht die Frage nach bevorzugten und abgelehnten Personen in der Gruppe, die von allen Gruppenmitgliedern beantwortet wird. Die zusammenfassende Auswertung ergibt Hinweise auf die Beziehungsstruktur und das soziale Netz, in dem sowohl Favoriten als auch Außenseiter identifiziert werden können. Ein wichtiges Anwendungsfeld für die S. ist die Schulklasse.

Erläuterung: Zur Erstellung eines Soziogramms haben die Mitglieder einer Gruppe einzeln die Frage zu beantworten „Welches andere Gruppenmitglied ist Ihnen am sympathischsten?" Die graphische Darstellung der Sympathiewahlen über die Gruppenmitglieder hinweg (Soziogramm) lässt Schlussfolgerungen über die Gruppenstruktur zu (einschließlich der Bildung von Cliquen).

Spannungsreduktion (Tension reduction): → Graduelle und reziproke Initiative der Spannungsreduktion

Spiel (Play): Bezeichnet Verhaltensweisen, die durch eine freie Kombination unterschiedlicher Verhaltenselemente in einer entspannten Situation mit geringem Ernstcharakter gekennzeichnet sind und die nicht primär durch äußere Verstärkung, sondern durch → intrinsische Motivation aufrechterhalten werden. Zwischen S. und → Exploration bestehen fließende Übergänge.

Erläuterung: Die wichtigsten Spielformen des Kindes sind → Fiktionsspiel, → Funktionsspiel, → Regelspiel, → „Rough-and-Tumble"-Spiel und → Konstruktionsspiel.

Spieltheorie (Theory of games): Bezeichnet die mathematische Analyse von Spielsituationen, in denen zwei oder mehrere Spieler wenigstens zwei Handlungsalternativen haben (→ Handlung).

Es geht um rationale → Entscheidung unter Bedingungen der Unsicherheit. Im Folgenden gehen wir von dem Zwei-Personen- bzw. Zwei-Alternativen-Fall aus, der sich in einer 2x2-Gewinnmatrix darstellen lässt, in die die Konsequenzen jedes Spielers eingetragen werden. Die S. wurde ursprünglich durch von Neumann und Morgenstern (urspr. 1944) in einer umfangreichen Monographie formuliert, die ihre Anwendung im Bereich der Wirtschaftswissenschaften sahen. Dementsprechend stellt die S. einen Teil der Ökonometrie dar. Sie stellt aber auch einen wichtigen Beitrag zur psychologischen Entscheidungsforschung dar. Generell wird zwischen → Nullsummenspielen und Nicht-Nullsummenspielen unterschieden. In ersteren ist der Gewinn des einen Spielers der Verlust des anderen, während letztere diese Restriktion nicht enthalten.

Die S. befasst sich mit der Ableitung von rationalen Spielstrategien (→ Rationalität) bei unterschiedlichen Spielmatrizen. Unter bestimmten Bedingungen ist eine Alternative dominant, da sie bei jeder möglichen Entscheidung des Partners immer günstigere Ergebnisse für den Spieler erbringt als die andere Alternative. Dann ergibt sich, dass immer die dominante Alternative gewählt wird. Eine Strategie beinhaltet Regeln, die spezifizieren, was ein Spieler wählen wird, wenn der Gegenspieler eine → Wahl getroffen hat, und zwar für jede denkbare Wahl des Gegenspielers beginnend mit der Spieleröffnung. In der Suche nach der optimalen Strategie kommt dem Auffinden des Minimums der Zeilenmaxima eine besondere Bedeutung zu. Daraus folgt die Bezeichnung „Minimax-Strategie der Verluste". Diese ist dadurch gekennzeichnet, dass versucht wird, den maximalen Verlust zu minimieren. Das entspricht der Strategie, ein Gebirge zu überqueren, indem man den Pass benutzt, der die maximale Höhe minimiert (Edwards, 1954). Eine andere Beschreibung dieser Strategie besteht darin, dass die minimalen Gewinne maximiert werden („Maximin-Strategie der Gewinne").

Wenn beide Spieler in der Zelle übereinstimmen, in der die Minimax-Strategie erfüllt ist, spricht man von einem Sattelpunkt, der die beste Lösung darstellt, die jeder der Spieler vermutlich erreichen kann. Wenn keine dominante Alternative zur Verfügung steht, ergibt sich die Notwendigkeit, in einem bestimmten Verhältnis zwischen den vorhandenen Alternativen nach Zufall abzuwechseln (gemischte Strategie). Das → normative Modell, das der S. zugrunde liegt, ist auf Risikominimierung ausgerichtet.

Erläuterung: Die S. wurde in den 50er Jahren des letzten Jahrhunderts für die → Sozialpsychologie als Forschungsparadigma entdeckt. Auf der S. aufbauend wurden zahlreiche Studien mit experimentellen Spielen durchgeführt. Die umfassendste Anwendung in der Sozialpsychologie findet sich in der → Interdependenztheorie von Kelley & Thibaut (1978), wenn auch im mathematischen Anspruch weitgehend reduziert. Das am häufigsten verwendete spieltheoretische Modell ist das → Gefangenendilemma. Die S. wird auch in den politischen Wissenschaften zur Analyse von → Konflikten zwischen politischen Akteuren verwendet (Schelling, 1984).

Sportlicher Geist (Sportsmanship): → Freiwilliges Arbeitsengagement

Sprache (Language): Kennzeichnet ein Zeichensystem, das Lautketten verwendet. Sprachliche Zeichen (Äußerungen) werden zwischen Sprecher und Hörer kommuniziert. Über den Kanal der Schallwellen werden Lautketten, die die Äußerungen enthalten, gesendet. Dazu ist es erforderlich, dass der Sprecher seine Vorstellung kodiert, während der Hörer die Lautkette unter Rückgriff auf Inhalte im → Gedächtnis dekodiert. Wenn die Hörerinformation der Sprecherinformation entspricht, war die → Kommunikation der Äußerung erfolgreich. Voraussetzung dafür ist das Vorliegen eines gemeinsamen Sprachcodes, den Sprecher und Hörer teilen (Herrlitz, 1973b) und der sich dem kulturellen → Wissen zuordnen lässt.

Die Inhalte der sprachlichen Zeichen sind im Sprachcode als begriffliche → Bedeutung festgelegt und werden denotative → Bedeutung der Äußerung genannt. Davon zu unterscheiden ist die konnotative Bedeutung, die sich aus dem sprachlichen Kontext, kulturellen → Konventionen und Situationsmerkmalen ergibt. Die Bezeichnung „konnotativ" erklärt sich dadurch, dass die zusätzliche Bedeutung der Äußerung, die in der Kommunikationssituation mit geliefert wird, zu der denotativen Bedeutung hinzukommt (Herrlitz, 1973a).

Einerseits ist die begriffliche Bedeutung der Äußerungen Bestandteil des kulturellen → Wissens (→ Kultur). Andererseits beeinflussen kulturelle → Normen und Rituale die Interpretation der Äußerungen (im Sinne normativ geregelter → Interaktionen). S. ist aber weder Bestandteil der Kultur noch der Sozialstruktur oder damit gleichzusetzen. Denn die S. ist systematischer aufgebaut als die Kultur und lässt sich nicht als Teilsystem einer Institution deuten, da sie Autonomie besitzt (Luckmann, 1979).

Seit Wilhelm von Humboldt wird die S. als Verbindung zwischen der Subjektivität der Person und der gesellschaftlichen Wirklichkeit verstanden. Dieser Gedanke wurde von Emile Durkheim aufgegriffen, der die Rolle der S. für das Denken betonte. Dieser Ansatz wurde einerseits durch die Sapir-Whorf-Hypothese weitergeführt, nach der die S. das Denken formt. Andererseits nahm der → symbolische Interaktionismus den Ansatz auf, indem die Bildung des → Selbst als Ergebnis gesellschaftlicher Prozesse verstanden wurde, die sprachlich vermittelt sind (→ Identität). Nach George H. Mead ist die S., verbunden mit bestimmten → sozialen Rollen, für das individuelle Bewusstsein prägend (→ Ethnische Gruppe, → Theorie der sozialen Repräsentation).

Die Bedeutung der S. wurde in der → Sozialpsychologie im Zusammenhang mit → Attribution bestätigt (Semin & Fiedler, 1991, 1992). Außerdem wurde eine Unterscheidung zwischen verbaler und → nonverbaler Kommunikation durchgeführt. Die S. des Kindes stellt ein zentrales Thema der kognitiven Entwicklungspsychologie Jean Piagets (urspr. 1923) dar. Ob der Erwerb der Sprache im Wesentlichen genetisch vorprogrammiert ist (→ Evolution) oder das Ergebnis von Prozessen des sozialen Lernens darstellt (→ Sozial-kognitive Lerntheorie), bleibt bis heute umstritten. S. dient der → Kommunikation (Watzlawick, 2000).

Erläuterung: Jemand ruft während einer Besprechung aus „Das darf doch nicht wahr sein!" Der Sinngehalt dieser Äußerung hängt von dem sprachlichen Kontext ab. Wenn gerade eine Erfolgsmeldung verbreitet wurde, drückt der Satz Enthusiasmus aus. Wurde gerade eine Niederlage bekannt gegeben, bringt derselbe Satz Empörung und Entsetzen zum Ausdruck.

„Spreading-apart"-Effekt (Spreading-apart effect): Bezeichnet eine von Brehm (1956) nachgewiesene individuelle Tendenz, nach einer getroffenen → Entscheidung zwischen zwei Alternativen die dabei ausgelöste → Dissonanz dadurch zu reduzieren, dass die gewählte Alternative in ihrer Attraktivität erhöht und die nicht gewählte Alternative in ihrer Attraktivität verringert wird. Der S. steht in gewissem Gegensatz zum → Bedauern (Festinger, 1964).

Erläuterung: Brehm (1956) bat Studentinnen, acht Konsumartikel im Wert zwischen 15 und 30 Dollar (Toaster, Kunstbuch etc.) in eine Rangreihe nach ihrer Attraktivität zu bringen. Um die Studentinnen für den Versuch zu bezahlen, hatten sie im Weiteren die Möglichkeit, entweder zwischen zwei Produkten, die in der Attraktivität nahe beieinander lagen, oder zwei Produkten, die weiter entfernt voneinander lagen, zu wählen. Den Studentinnen wurde mitgeteilt, dass das Paar der Produkte, das ihnen zur Wahl vorgegeben wurde, nach Zufall ausgewählt worden war. Ergebnis: Nach der Wahl nahm die Attraktivität des ausgewählten Produkts zu, während die des nicht gewählten Produkts abnahm. Das war besonders deutlich in der Bedingung der Fall, in der die beiden Alternativen, die zur Wahl standen, in ihrer Attraktivität ähnlich eingeschätzt worden waren, während dieser S. in der zweiten Bedingung weniger deutlich ausfiel.

Stabilität (Stability): → Attributionsdimension, → Theorie der gelernten Hilflosigkeit

Stadt-Land-Unterschied in prosozialem Verhalten (Urban-rural difference in prosocial behavior): → Informationsüberlastungs-Hypothese

Stellvertretender Personalismus (Vicarious personalism): Personalismus liegt nach der → Attributionstheorie von Jones & Davis (1965) dann vor, wenn der Beobachter annimmt, dass die zu erklärende → Handlung auf sie oder ihn gerichtet ist. Als Folge davon wird eine Extremisierung der Bewertung erwartet (sei es in positiver Richtung, wenn eine positive Intention unterstellt wird; sei es in negativer Richtung, wenn eine negative Intention angenommen wird). Dieses Prinzip wird dann, wenn die Person sich als Gruppenmitglied (→ Gruppe) wahrnimmt, S. genannt, der sich auf die Wahrnehmung eines Gruppenmitglieds, dass die Aktionen einer anderen Gruppe auf die → Binnengruppe gerichtet sind, bezieht (Cooper & Fazio, 1986). Als Ergebnis wird eine

Bewertung der Mitglieder der → Fremdgruppe erwartet, die negativer ausfällt
als die von unbeteiligten Beobachtern.

S. liefert eine attributionstheoretische Erklärung dafür, dass die Wahrnehmung von Gruppenmitgliedern
gegenüber Konkurrenten und Widersa-
chern durch die Unterstellung von
feindseligen Intentionen gekennzeichnet
ist (→ Intergruppen-Aggression). Ein
verwandter Begriff ist die → gruppendienliche Verzerrung.

Erläuterung: Der Rassenkonflikt
zwischen Schwarzen und Weißen in den
USA wurde viele Jahrzehnte durch gegenseitige böswillige Unterstellungen
vergiftet, die sich als Manifestation des
S. deuten lassen.

Stellvertretende Verstärkung (Vica-
rious reinforcement): → Aggressionstheorie

Stereotyp (Stereotype): S.e sind →
Meinungen, die sich auf die persönlichen Attribute einer → Gruppe von
Menschen beziehen (Lilli, 1982). Wenn
solche Meinungen weithin in der Gesellschaft geteilt werden, spricht man von
einem kulturellen S. (→ Kultur). Dieser
Begriff des S.s geht auf Lippmann
(1922) zurück. Das S. bezeichnet die
kognitive Komponente eines → Vorurteils.

S.e werden auf bestimmte Gruppen
von Menschen angewandt, die in einer
→ sozialen Kategorie zusammengefasst
werden können. Beispiele sind
Schwarze, Weiße, Frauen oder Männer.
S.e enthalten im Allgemeinen zwei Dimensionen: „Kompetenz" und „soziale
Wärme", die nahezu immer in Kontrast
zueinander gesetzt werden: „kompetent, aber kalt" oder „inkompetent,
aber warm" (Fiske, Xu, Cuddy &
Glick, 1999; → Theorie der ambivalenten Stereotype).

Die Analyse von S.en folgt drei unterschiedlichen Orientierungen (Ashmore
& DelBoca, 1981): 1. Soziokulturelle
Orientierung: S.e sind häufig über Ge-
nerationen hinweg stabil und können
daher zum kulturellen Erbe gerechnet
werden (→ Sozialisation). Princeton-
Studenten wurden zu → Eigenschaften
der Deutschen in den Jahren von 1933,
1951 und 1967 befragt. Es zeigt sich,
dass Deutsche zu den einzelnen Erhe-
bungszeitpunkten gleichermaßen z. B.
als „wissenschaftlich orientiert" und
„fleißig" eingeschätzt wurden (vgl. Karlins, Coffman & Walters, 1969). 2. Psychodynamische Orientierung: S.e dienen der rigiden Verteidigung der
eigenen Weltanschauung. Als Beispiel
lässt sich die → autoritäre Persönlichkeit nennen. 3. Kognitive Orientierung:
S.e sind Begriffe, die der Strukturierung
der Wahrnehmung von Personen und
Gruppen dienen. Eine Person wird z. B.
aufgrund ihrer schwarzen Hautfarbe
(physisches Merkmal) von einer anderen Person in die soziale Kategorie
„Schwarzer" eingeordnet, mit der stereotypisierte Eigenschaften (z. B. rhyth-
misch) verbunden sind, die wiederum
mit bestimmten Verhaltenserwartungen
(z. B. Gospel singen) zusammenhängen
(Stephan, 1989).

S.e lassen sich auch danach unterscheiden, inwieweit die → Binnengruppe oder die → Fremdgruppe von
dem S. betroffen ist (Hofstätter, 1966).
Im ersten Fall spricht man von einem Ei-
gen- oder Autostereotyp (Selbsteinschätzung: z. B. Berliner schätzen Berliner ein), im zweiten von einem Fremd-
oder Heterostereotyp (Fremdeinschät-
zung: z. B. Wiener schätzen Berliner
ein).

Der Inhalt von S.en wird durch die
Sozialisation in der Kindheit und Jugend beeinflusst (Trautner, 1991). Wenn
S.e einmal erworben worden sind (→ Internalisierung), wirken sie als → sich-
selbst-erfüllende Prophezeiungen (Snyder, 1992), da sie spezifische →
Erwartungen enthalten, die dazu tendieren, sich Bestätigung zu suchen. Die
→ Soziale-Struktur-Analyse gibt eine
Erklärung für den spezifischen Inhalt

von Stereotypen. Die → Theorie der Bedrohung durch Stereotype und Identifikationsverlust befasst sich mit den negativen Auswirkungen der Stereotypisierung auf die Betroffenen. Unter → Subtypen versteht man die Differenzierung eines globalen S.s in mehrere Unterformen.

Erläuterung: Das S., Frauen haben keine naturwissenschaftliche Begabung, trägt dazu bei, dass sie in den Natur- und Ingenieurwissenschaften unterrepräsentiert sind (→ Geschlechter-Stereotyp).

Stereotyp der physischen Attraktivität (Physical attractiveness stereotype): Ist ein → Stereotyp, das der Regel folgt: „Was schön ist, ist gut". Schönen Menschen werden sozial wünschbare Persönlichkeitseigenschaften (z. B. „warm", „ehrlich", „interessant", „unabhängig"), mehr Berufserfolg und mehr romantischer Erfolg in → engen Beziehungen zugeschrieben (Dion, Berscheid & Walster, 1972).

Physisch attraktive Frauen gelten aber auch eher als eitel, egoistisch und materialistisch, wobei ihnen auch eine größere Bereitschaft für außereheliche Beziehungen und → Scheidungen zugeschrieben wird. Dermer & Thiel (1975) sprechen in diesem Zusammenhang von der dunklen Seite des Stereotyps. Das S. wird abgeschwächt, wenn die Beurteiler neben Information über die → physische Attraktivität auch andere Information über die zu beurteilende Person zur Verfügung haben.

Erläuterung: Eine → Metaanalyse (Eagly, Ashmore, Makhijani & Longo, 1991) zeigte, dass das S. besonders deutlich im Hinblick auf → soziale Kompetenz auftritt (→ Metaanalyse). Bei der Beurteilung im Hinblick auf Dominanz, intellektuelle Fähigkeiten und Anpassung zeigten sich hingegen geringere Effektstärken. Bei der Beurteilung im Hinblick auf Ehrlichkeit und Interesse an anderen traten keine Effekte auf.

Stigmatisierung (Stigmatization): Beruht auf der Wahrnehmung durch andere (Goffman, 1963) und fungiert als Schlüsselreiz für → Intergruppen-Diskriminierung, → Stereotype und → Vorurteile. Viele Stigmata sind sichtbar (z. B. Hautfarbe), andere sind nicht von vorne herein erkennbar. Es gibt keine universellen Merkmale, die eine Person immer stigmatisieren, wenn sie sie aufweist. Stigmata sind abhängig von soziokulturellen Gegebenheiten (→ Kultur, → Sozialisation).

Erläuterung: Übergewicht hat sich in den letzten Jahrzehnten zum Stigma entwickelt, während es in früheren Zeitaltern nicht stigmatisiert wurde.

Stimmung (Mood): Bezeichnet Gefühlszustände, die sich auf eine Situation und einen bestimmten Zeitraum beziehen (z. B. momentan am Arbeitsplatz) und die sich von → Emotionen und → Affekten auf der Basis des → Figur-Grund-Phänomens unterscheiden lassen: Während Emotionen und Affekte als Figur mehr im Vordergrund stehen, positionieren sich S.en mehr im Hintergrund (vgl. Otto, Euler & Mandl, 2000).

Die S.s-Theorie von Watson, Clark & Tellegen (1988) unterscheidet zwei Dimensionen, die voneinander unabhängig sind und als positive und negative S. bezeichnet werden. Danach bedeutet eine geringe Ausprägung einer guten S. nicht automatisch das Überwiegen von schlechter S. Vielmehr ist die S. neutral, wenn beide Dimensionen gering ausgeprägt sind. Wenn beide Dimensionen hoch ausgeprägt sind, werden sie im Erleben nicht gleichzeitig, sondern nacheinander verfügbar.

S. wird mit Adjektivskalen gemessen, deren bekannteste vermutlich der „Positive Affect and Negative Affect Schedule" (PANAS) ist, der zwei 10-Item Skalen für positive und negative S.en enthält. Adjektive wie „enthusiastisch", „interessiert" und „inspiriert" (positive

Skala) und „ängstlich", „beunruhigt" und „nervös" (negative Skala) werden von 1 (ganz gering oder überhaupt nicht) bis 5 (extrem) eingestuft. Das Zeitfenster variiert zwischen momentan und mehrere Monate. Die → Korrelationen der positiven mit der negativen Skala sind zwar negativ, aber in der Höhe gering. Da S. eine deutliche Stabilität über zwei Messzeitpunkte aufweist, geht man davon aus, dass sie eine dispositionale Komponente beinhaltet.

Damit steht in Übereinstimmung, dass positive S. mit Extraversion positiv korreliert und negative S. mit Neurotizismus (Meyer & Shack, 1989). S. kann durch „think fun"- und „think sad"-Instruktion beeinflusst werden. Eine andere Möglichkeit besteht in hypnotischen Vorgaben (→ Suggestion) oder im Lesen von traurigen oder lustigen Feststellungen (Blaney, 1986). Wichtige Stimmungstheorien sind das → Affekt-als-Information-Modell, das → Affekt-Priming-Modell und das → Affekt-Infusions-Modell (vgl. Bless, 1997; Fiedler & Forgas, 1988; Fiedler, 1990; Forgas, 1995; zusammenfassend Forgas, 2000).

Erläuterung: Kirchler & Hermann (1986) berichten von Ergebnissen, wonach die Erinnerungsleistung an Produktmarken eine Abhängigkeit von der positiven, neutralen oder negativen S. der Rezipienten einer Werbebotschaft und den durch die Werbebotschaft übermittelten positiven, neutralen oder negativen S.en zeigen: Stimmungskongruente Werbeinhalte werden besser erinnert als stimmungsdivergente (→ Stimmungs-Kongruenz-Effekt). Wie diese Untersuchung zeigt, sind S.en für die Werbewirkungsforschung bedeutsam (vgl. Kirchler, 1999).

Stimmungs-Kongruenz-Effekt
(Mood-congruency effect): → Affekt-Infusions-Modell

Stimmungsmanagement (Mood management): → Affekt-Infusions-Modell

Stimmungstheorie (Mood theory):
→ Stimmung

Stimulus-Werthaltungs-Rollen-Theorie (Stimulus-value-role theory): Bezeichnet ein von Murstein (1986) vorgeschlagenes Stufenmodell der Entwicklung von → engen Beziehungen, das durch unterschiedliche Phasen gekennzeichnet ist: In der ersten Phase (Phase des Kennenlernens) hat die → physische Attraktivität einen bedeutsamen Einfluss auf die Beachtung, die einer Person bei der → Wahl eines Partners erhält. In der zweiten Phase (Phase des Vergleiches von → Werten) wird zur Einschätzung der Tragfähigkeit der Beziehung überprüft, welche → Einstellungen der Partner oder die Partnerin vertritt und inwieweit diese den eigenen Einstellungen ähnlich sind. In der dritten Phase (Phase des Rollenvergleichs) überprüfen die Partner, inwieweit ihre → sozialen Rollen zusammen passen.

Obgleich die empirische Bestätigung des Stufenmodells bislang nicht zufriedenstellend ist, erscheint eine phasenspezifische Betrachtungsweise der Entwicklung einer Beziehung für den Einblick in den Prozess der Partnerwahl sinnvoll zu sein (Klein, 1991).

Erläuterung: Anna lernt Georg neu kennen. Sie findet sein gutes Aussehen sehr anziehend und verabredet sich mit ihm. Nach kurzer Zeit sind sie ein Paar. Nach einigen Monaten stellt Anna fest, dass Georg überwiegend andere Vorstellungen vom Leben hat als sie, so dass sie zu dem Entschluss kommt, sich zu trennen.

Stress (Stress): Ist nach Greif (1991, S. 13) „ein subjektiv intensiv unangenehmer Spannungszustand, der aus der Befürchtung entsteht, dass eine stark aversive, subjektiv zeitlich nahe (oder bereits eingetretene) und subjektiv lang andauernde Situation sehr wahrscheinlich nicht vollständig kontrollierbar ist, deren Vermeidung aber subjektiv wichtig erscheint." Die Auslösung von S. ist

davon abhängig, dass eine schwierige Situation als bedrohlich erlebt wird, weil sie die Fähigkeit zur Bewältigung in Frage stellt. Der Begriff S. geht auf Cannon (1914) zurück. Besonders bekannt ist die Abhandlung über S. von Selye (1976) geworden, die die Forschung angeregt hat.

S. auslösende Faktoren werden als → Stressoren bezeichnet, die wiederum kurz-, mittel- und langfristige Reaktionen auslösen können, die sich auf physiologischer, psychischer und verhaltensbezogener Ebene identifizieren lassen. Auf psychischer Ebene können kurzfristig z. B. Ermüdung, Erschöpfung, → Frustration, → Ärger auftreten, mittel- und langfristig dagegen sind Depressivität, → Angst und → Burnout wahrscheinlich (vgl. Greif, 1991; Kaufmann, Pornschlegel & Udris, 1982).

Zum Verständnis der Auswirkungen von S. ist es wesentlich, die kognitiven Vermittlungsprozesse zu kennen, die durch Stressoren ausgelöst werden (Lazarus, 1993). Im Wesentlichen sind diese Auswirkungen durch die kognitive Bewertung und die Bewältigungsressourcen bestimmt. Personen schätzen S.-Situationen nach ihrer Bedrohlichkeit ein (primäre Einschätzung) und überprüfen – wenn die Situation als bedrohlich interpretiert wird – das Vorhandensein von Bewältigungsressourcen (sekundäre Einschätzung), um schließlich aktive oder passive Versuche zur → Bewältigung von S. zu unternehmen (z. B. problemorientiertes Handeln, Veränderung emotionaler Reaktionen, Vermeidung; vgl. Lazarus, 1966, 1993; Park & Folkman, 1997).

Auf S. bezogene Belastung und deren Bewältigung wird in verschiedenen Berufsfeldern untersucht, z. B. für pflegende Berufe (Boeger & Pickartz, 2001) und Wissenschaftler (Schnitger & van Dick, 2000). Die Bewältigungs- und Verarbeitungsmaßnahmen (z. B. Situationskontrolle; Vermeidung, → Aggres-

sion) in belastenden Situationen können mit einem von Jahnke, Erdmann & Kallus (1997) vorgelegten Fragebogen erfasst werden.

S. wird häufig in experimentellen Studien erzeugt, um die Auswirkung auf das → Typ-A-Verhalten näher zu untersuchen. Negative Folgen von S. können u. a. durch → soziale Unterstützung (Stroebe & Jonas, 2002) und durch → Psychotherapie positiv beeinflusst werden (Pennebaker, 1993). Aus betrieblicher Sicht kann ein S.-Management zur Gesundheitsförderung von Mitarbeitern beitragen (Busch, 1998).

Erläuterung: Die in der Betriebspraxis am häufigsten angebotenen S.-Managementansätze sind Trainings mit kognitiv-behavioralen Techniken, die u. a. kognitive Umstrukturierungen und Entspannungstechniken beinhalten (vgl. Bamberg & Busch, 1996).

Stressbewältigung (Coping): → Bewältigung von Stress

Stressor (Stressor): Bezeichnet einen Faktor, der die Wahrscheinlichkeit der Auslösung von → Stress erhöht (Greif, 1991). Ein S. stellt eine Beziehung zwischen der Umwelt und dem Individuum her, die von dem Individuum als belastend oder einschränkend wahrgenommen wird. Zu den bedeutsamsten S.en zählen → kritische Lebensereignisse. Daneben sind auch → tägliche Ärgernisse von Bedeutung (wie Wartezeiten bei der Fahrt zur Arbeit), die sich kumulativ über die Zeit aufgrund ihrer Wiederholung belastend auswirken können (→ Alltagswidrigkeit).

Holmes & Rahe (1967) legten eine Liste von möglichen S.en vor und baten darum, diese – ungeachtet ihrer → sozialen Erwünschtheit – nach Intensität und benötigter Zeit der Anpassung einzustufen. Es zeigte sich, dass der Tod des Ehegatten als am meisten belastend erfahren wird, gefolgt von → Scheidung, ehelicher Trennung ohne Scheidung, Gefängnisstrafe, Tod eines nahen

Familienmitgliedes und eigene Verletzung oder Krankheit (vgl. Basten et al., 1994; Filipp, 1981; Stone, Reed & Neale, 1987; Watson & Pennebaker, 1989). Unter die weniger belastenden Lebensereignisse fallen Veränderung der Essgewohnheit, Urlaub, Weihnachtsrummel und kleinere Verstöße gegen Gesetze.

Udris & Frese (1988; vgl. auch Semmer & Mohr, 2001) identifizierten S.en, die speziell am Arbeitsplatz wirken können: 1. S.en, die sich aus der Arbeitsaufgabe ergeben, 2. physikalische S.en aus der Arbeitsumgebung (z. B. Lärm), 3. S.en in zeitlicher Hinsicht (z. B. Schichtarbeit), 4. soziale S.en (z. B. Spannungen mit Kollegen), 5. organisatorisch bedingte S.en (z. B. Informationsmangel aufgrund einer Telefonstörung), 6. S.en in der Berufskarriere (z. B. Realitätsschock bei Eintritt ins Berufsleben) und 7. S.en aufgrund von Arbeitslosigkeit und -unsicherheit (z. B. Gefahr, den Arbeitsplatz zu verlieren).

Unter die sozialen S.en am Arbeitsplatz fällt auch Mobbing (Knorz & Zapf, 1996). Diese Form der → Aggression am Arbeitsplatz äußert sich darin, dass jemand von Vorgesetzten, Kollegen oder unterstellten Mitarbeitern drangsaliert, schikaniert und benachteiligt wird (Zapf, 1999).

Erläuterung: Soziale Isolierung am Arbeitsplatz, die dadurch zustande kommt, dass der Initiator dem Opfer aus dem Weg geht, es nicht mehr grüßt und ihm die fachliche Unterstützung versagt, kann ein schwerer beruflicher S. sein.

Stufenmodell (Stage model): → Moralisches Urteil, → Stimulus-Werthaltungs-Rollen-Theorie, → Stufenmodell der Entwicklung empathischen Mitleidens

Stufenmodell der Entwicklung empathischen Mitleidens (Stage model of development of empathic distress): Bezeichnet eine von Hoffman (1978, 2000) entwickelte Theorie, wonach empathisches Leiden (→ Empathie, → Empathie-Altruismus-Hypothese) einer stufenweisen Entwicklung unterliegt, die durch die kognitive Entwicklung bestimmt wird. Je differenzierter die kognitive Struktur eines Kindes ist, desto besser sind seine Möglichkeiten aufgrund verbesserter → Perspektivenübernahme, adäquates → altruistisches Verhalten zu zeigen. Eine vorgeschaltete Phase, die früh im ersten Lebensjahr auftritt, wird als reaktives Weinen des Neugeborenen bezeichnet. In einer Untersuchung von Sagi & Hoffman (1976) ergab sich, dass Babys, die einen Tag alt waren, mit Weinen reagierten, wenn ein anderes Baby weinte. Babys zeigen demnach schon kurz nach der Geburt empathische Reaktionen, allerdings ohne dass eine Perspektivenübernahme gegeben ist.

Die erste Stufe des S.s (am Ende des ersten Lebensjahrs; Zeitangaben sind approximativ gemeint und abhängig von individuellen Unterschieden) wird als egozentrisches empathisches Leiden bezeichnet (→ Egozentrismus). Dem Kleinkind fehlt noch das Verständnis dafür, wodurch seine stellvertretende → Erregung bedingt ist, so dass „fremdes Leid" mit „eigenem Leid" gleichgesetzt wird. Diese Verwirrung hat mit der fehlenden eindeutigen Abgrenzung zwischen dem eigenen → Selbst und anderen zu tun.

Die zweite Stufe der Entwicklung, die im zweiten Lebensjahr auftritt, wird als quasi-egozentrisches empathisches Leiden bezeichnet. Durch das Bewusstsein, dass unterscheidbare Personen im Umfeld des Kindes existieren, ist es für das Kind möglich, das Leid anderer Personen ihnen auch zuzuordnen; dabei ist das Kind jedoch noch nicht in der Lage, die Motive und Gedanken dieser Personen nachzuvollziehen. Die eigenen inneren Zustände anderer Menschen werden noch nicht erkannt. Die kognitive Verankerung in der Realität trägt aber dazu bei zu erkennen, dass eine andere

Person leidet und ihr in angemessener Form Hilfe anzubieten.

Die dritte Stufe der Entwicklung wird als angemessenes empathisches Leiden bezeichnet (ab dem zweiten bis dritten Lebensjahr). Es beruht auf der klaren Trennung zwischen eigenem und fremdem Selbst und deren inneren Zuständen. Diese Stufe ist die Grundlage für eine reife Empathie, die auf einem reflexiven Selbst beruht und der Fähigkeit, die Perspektive einer anderen Person zu übernehmen (Perspektivenübernahme). Das empathische Leiden wird über die Kindheit hinweg differenzierter, so dass das Leiden anderer Menschen in Abhängigkeit von dem sozialen Kontext angemessen erfasst werden kann.

Schließlich tritt (etwa bei 9-jährigen Kindern) ein empathisches Leiden unabhängig von der konkreten Situation auf. Diese vierte Stufe wird als empathisches Leiden jenseits der Situation bezeichnet. Voraussetzung dafür ist die kognitive Repräsentation des Leidens einer anderen Person, so dass es in der Vorstellung vorhanden ist, auch wenn die andere Person nicht sichtbar ist. Durch das begriffliche Generalisierungsvermögen kann das Kind sich über die aktuelle Situation hinaus in die Lage von anderen Personen hineinversetzen und – vermittelt über empathische Reaktionen – angemessenes Hilfeverhalten zeigen. Auf dieser Stufe werden die Biografie einer anderen Person und ihre generellen Lebensbedingungen berücksichtigt.

Die vier Stufen des Modells werden mit vier sozial-kognitiven Stufen der Differenzierung zwischen der eigenen Person und anderen in Zusammenhang gebracht: 1. unklar oder diffus, 2. Bewusstsein getrennter physischer Entitäten, 3. Bewusstsein unabhängiger internaler Zustände und 4. Bewusstsein, dass die eigene Person und andere ihre eigene persönliche Geschichte, Biografie und → Identität haben, die sich auch jenseits der konkreten Situation fortsetzen. Das S. lässt sich dem Stufenmodell des → moralischen Urteils gegenüberstellen.

Erläuterung: In der Phase des quasi-egozentrischen empathischen Leidens wird die emotionale Reaktion auf das Leiden eines anderen durch selbstbezogene Reaktionen dominiert. Der Auslöser ist das Leid eines anderen, während die Folge eine Leidensreaktion ist, die so tut, als wenn das Leiden selbst erlebt würde. Wenn Hilfe angeboten wird, entspricht sie nicht den Bedürfnissen der anderen Person, sondern wird so gegeben, als wenn die eigene Person betroffen wäre. So wird z. B. einem weinenden Kind zum Trost der eigene Teddy gebracht und nicht der Teddy des weinenden Kindes.

Subjektive/objektive Umwelt (Subjective/objective environment): Diese Unterscheidung bringt die Tatsache zum Ausdruck, dass die subjektive Wahrnehmung und Interpretation der Umwelt im Allgemeinen nur teilweise mit der objektiven Umwelt übereinstimmt. Die subjektiv wahrgenommene Umwelt erweist sich als wichtigere Determinante der sozialen Entwicklung als die objektiv gegebene Umwelt (Bronfenbrenner, 1981). Die Unterscheidung S. lässt sich in der Theorie von Piaget (urspr. 1959) auf die Wirkung der → Assimilation der Umweltgegebenheiten an ein kognitives → Schema zurückführen. Die Verzerrung der Umwelt kann unterschiedlich stark sein, wobei aber im Allgemeinen Grenzen der Verzerrungsmöglichkeiten gegeben sind, da die „kognitive Gymnastik" nicht unabhängig von den Umweltmerkmalen arbeiten kann, die ihrerseits eine Anpassung der Person an die äußeren Gegebenheiten erzwingen (→ Akkomodation). Die Unterscheidung S. wird in der Umweltpsychologie betont.

Erläuterung: Die Relevanz der Unterscheidung S. lässt sich am Beispiel der Reaktion auf → Dichte demonstrieren.

Subtiler Rassismus (Subtle rassism): → Rassismus

Subtyp (Subtype): Bezeichnet die Unterteilung eines globalen und einheitlichen → Stereotyps in mehrere Einzelstereotype. Ob die Bildung von S.en zum Abbau von Stereotypen beitragen kann, ist umstritten. Ein Problem besteht darin, dass die Subtypisierung benutzt wird, um zwischen „guten" und „schlechten" Mitgliedern der stereotypisierten → Gruppe zu unterscheiden und die positiven Erfahrungen mit Mitgliedern der stereotypisierten Gruppe auf den S. der „Guten" zu beschränken (Klink, Hamberger, Hewstone & Avci, 1998).

Erläuterung: Das allgemeine Stereotyp von Frauen betont interpersonelle Wärme, während das Stereotyp von Männern fachliche → Kompetenz hervorhebt. Tatsächlich stehen im Alltag mehrere S.en von Frauen und Männern zur Verfügung, die zur Stereotypisierung eingesetzt werden können. So differenzieren Frauen in Bezug auf Männer zwischen dem Stereotyp des Geschäftsmanns, des Draufgängers und des Egozentrikers. Männer unterscheiden in Bezug auf Frauen zwischen dem Stereotyp der idealen Freundin, der schwierigen Frau, der Mutter, die sich ihrer Familie widmet, und der extravertierten Frau (Ashmore, 1981). Subtypisierung wird auch auf Schwarze angewandt, wenn etwa zwischen Schwarzen der Mittelklasse und militanten Schwarzen unterschieden wird (Fiske, Xu, Cuddy & Glick, 1999).

Suggestion (Suggestion)· Ist ein Begriff, der in der → Massenpsychologie im Zusammenhang mit kollektivem Verhalten frühzeitig mit mehr spekulativem Charakter thematisiert wurde und der in der neueren sozialpsychologischen Forschung eine Form von → sozialem Einfluss darstellt. S. tritt im Rahmen sozialer Einflussprozesse als Fremdsuggestion (Heterosuggestion) in Erscheinung. Während → Überredung mittels Argumenten auf relativ komplexen Botschaften aufbaut, besteht S. aus relativ einfachen Botschaften (vgl. McGuire, 1985).

Soziale S. wird von motorischer und sensorischer S. unterschieden. S. hat vor allem im Bereich der → Psychotherapie in Form der Hypnose, im Bereich der Rechtspsychologie im Hinblick auf die Suggestibilität von Zeugen vor Gericht und im Bereich der Werbung große Beachtung gefunden (Erickson & Rossi, 1993; Gheorghiu, Netter, Eysenck & Rosenthal, 1989; Kellermann, 1997; Rassin, 2001). Eigensuggestion (Autosuggestion) ist begrifflich von Fremdsuggestion zu trennen.

Erläuterung: In einer Hypnotherapie wird der Patient, der meistens auf einer Couch liegt, zunächst durch den Hypnotiseur mittels suggestiver Formeln („Sie schlafen jetzt" etc.) und z. B. mittels Fixierung der Augen des Therapeuten in einen Zustand verminderter Wachheit (leichte Hypnose oder Hypnoid) oder einen schlafähnlichen Zustand (tiefe Hypnose oder Trance) versetzt. Dieser Zustand wird im Allgemeinen vom Patienten als erholsam, schmerzvermindernd und beruhigend erlebt. Während des Hypnosezustands erhält der Patient weitere S.en (z. B. in bestimmten Alltagsituationen frei von → Angst zu sein), die von ihm als eigene Willensäußerung erlebt werden und die später, nachdem der Patient schrittweise vom Therapeuten aus dem Hypnosezustand zurückgeholt worden ist, seine körperlichen Reaktionen, → Einstellungen sowie sein Verhalten beeinflussen können (Ermann, 1997).

Sündenbock (Scapegoat): → Aggressionsverschiebung

Syllogismus (Syllogism): Bezeichnet eine Gruppe von Schlüssen der aristotelischen Logik, die auch als mittelbare Schlüsse bezeichnet werden: Aufgrund einer Majorprämisse und einer Minorprämisse wird eine Schlussfolgerung abgeleitet. Die Majorprämisse enthält den Oberbegriff und den Mittelbegriff, während die Minorprämisse neben dem Mittelbegriff den Unterbegriff enthält. Die Verbindung aus Major- und Minorprämisse impliziert die Schlussfolgerung. Beispiel: Alle Menschen können irren (Majorprämisse). Alle Wissenschaftler sind Menschen (Minorprämisse). Alle Wissenschaftler können irren (Konklusion). Der S. lässt sich mengentheoretisch und aussagenlogisch darstellen. Nach Jones & Gerard (1967) wird eine → Einstellung als eine Schlussfolgerung aus der Meinungskomponente und der Bewertungskomponente aufgefasst (→ Zwei-Komponenten-Modell der Einstellung). Nach Kruglanski & Thompson (1999) lassen sich auch Argumente, die zu einer → Einstellungsänderung führen, als S. darstellen. Der S. ist auch für die Erklärung der Entstehung von → Vorurteilen bedeutsam (vgl. Klauer, Musch & Naumer, 2000).

Erläuterung: Ein S., der einer → Kommunikation zur Einstellungsänderung zugrunde liegt, lautet: Wenn etwas zur Erwärmung der Erde beiträgt, sollte es eingeschränkt werden. Das Fahren von Autos trägt zur Erwärmung der Erde bei. Das Fahren von Autos sollte eingeschränkt werden.

Symbolischer Interaktionismus (Symbolic interactionism): Bezeichnet eine soziologische Theorie, die die Rolle der Symbole (→ Sprache) für die Strukturierung der sozialen → Interaktion betont (vgl. Giddens, 1989, S. 751). Der S. geht auf George Herbert Mead zurück. Weitere bedeutende Vertreter sind Charles Horton Cooley, William Isaac Thomas, Herbert Blumer, Anselm Strauss, Ervin Goffman und Sheldon Stryker.

Ein wichtiges Thema des S. ist die Wechselwirkung zwischen Wahrnehmung und Handeln, die durch die Definition der Situation bestimmt wird (→

Handlung). Die Gesellschaft wird als soziale Welt der Selbste (→ Selbst) bzw. Rollenidentitäten (→ Soziale Rolle) bezeichnet. Das → Ich („I") als Handelnder kann sich selbst zum Objekt der Beobachtung („me") machen: „Ich gucke auf mich" (→ Theorie der Selbstaufmerksamkeit). Dabei wird es bereits vor der Geburt und dann während der lebenslangen → Sozialisation immer wieder von den bedeutsamen anderen beobachtet, kategorisiert und bewertet, so dass das Ich sich oft im Spiegel der anderen („looking-glass self") betrachtet bzw. betrachten muss (→ Sozialer Vergleich). Da die Rollenerwartungen der Interaktionspartner je nach Handlungskontext wechseln, lassen sich multiple Selbste unterscheiden, die sich kontinuierlich verändern („Who am I in this situation?"). Diese Selbste bzw. Rollenidentitäten sind nach ihrer Wichtigkeit für die Person und nach dem sozialen Netz, in dem die → soziale Rolle verankert ist (→ Position), hierarchisch geordnet (Stryker & Serpe, 1982). Die → Kommunikation bezieht sich auf geteilte Sinngehalte und deren immer neue Aushandlung.

Die → Sozialpsychologie wurde am stärksten durch die Arbeiten von Goffman (urspr. 1959) beeinflusst. Er bezeichnet die Definition der Situation als „frame" (Goffman, 1974). Die Manipulation dieses Bezugsrahmens kennzeichnet das → Eindrucksmanagement. Der S. erweitert die Perspektive der Sozialpsychologie, indem nicht nur die Wahrnehmung einer anderen Person, sondern auch die Interpretation dessen, was die andere Person von dem Akteur denkt, berücksichtigt wird. Insofern ist der S. komplexer angelegt als behavioristische Theorien (→ Behaviorismus). Die → Selbstverifikations-Theorie, die → Selbstdiskrepanz-Theorie, die → Theorie der symbolischen Selbstergänzung, die Theorie der Selbstaufmerksamkeit sowie die Forschung zur → Stigmatisierung stellen Ansätze dar, die auf dem S. beruhen.

Symbolspiel (Symbolic play): → Fiktionsspiel

Sympathie (Sympathy): Bezeichnet nach dem Bedeutungswörterbuch des Dudens „eine positive gefühlsmäßige → Einstellung zu jemandem/etwas". S. stellt eine interpersonelle → Emotion dar, die mit → Mitgefühl und Mitleid verwandt ist. Die spezielle Bedeutung von S. wird aus der Theorie der sozialen Führung von Weiner (2001) deutlich: Die Wahrnehmung von Menschen, die mit Problemen zu kämpfen haben, ruft dann S. hervor, wenn ihre Probleme als nicht kontrollierbar bzw. als nicht intendiert wahrgenommen werden (→ Verantwortungsattribution). Der Gegenbegriff für S. ist in dieser Theorie → Ärger.

Tägliches Ärgernis (Daily hassle): → Alltagswidrigkeit

„Target-based expectancy": → Zielpersonbezogene Erwartung

Teilautonome Arbeitsgruppe (Autonomous work group): Bezeichnet „eine kleine Gruppe von Mitarbeitern, denen die Erstellung eines kompletten (Teil-)produktes oder einer Dienstleistung mehr oder weniger verantwortlich übertragen wurde" (Antoni, 1998, S. 162). Eine Abkürzung lautet TAG. Die Einführung von T.n in Unternehmen setzt u. a. eine partizipative → Führung voraus.

„Tend-and-befriend": → Kampf oder Flucht

Terror-Management-Theorie (Terror management theory): Befasst sich mit der Frage, wie Menschen sich mit dem Thema Tod auseinandersetzen (Greenberg, Solomon & Pyszczynski, 1997; Pyszczynski, Greenberg & Solomon, 1997). Im Mittelpunkt der T. steht der Umgang mit dieser Angst-erzeugenden Bedrohung, die als „Terror" bezeichnet wird. Es wird angenommen, dass die empfundene Bedrohung zwei Ursachen hat, die auf der Basis von evolutions-psychologischen Überlegungen (→ Soziobiologie) interpretiert werden: 1. → Angst vor Vernichtung, die sich aus einem Streben nach Selbsterhaltung ableitet, und 2. Bewusstsein der Unvermeidlichkeit des Todes, das durch die besonderen kognitiven Fähigkeiten des Menschen, die eine Antizipation zukünftiger Ereignisse ermöglicht, zustande kommt.

Die T. macht die weitere Annahme, dass die potentielle Bedrohung durch das Thema Tod durch die Verwendung kultureller Vorstellungen (→ Kultur) unter → Kontrolle gehalten wird (der Ausdruck, der durch die Bezeichnung der Theorie nahegelegt wird, ist Management der Todesbedrohung), die dem einzelnen Lebenssinn geben und ihm das Überleben im Angesicht des Todes erleichtern kann. Dazu trägt auch bei, dass die kulturellen und religiösen Vorstellungen beinhalten, dass ein Leben nach dem Tod zu erwarten ist, das denen versprochen wird, die die kulturellen Wertvorstellungen erfüllen.

Der Glaube daran, dass man den kulturellen Standards entspricht, wird mit dem → Selbstwertgefühl identifiziert, das dementsprechend als Gefühl, das man ein Objekt primärer Bedeutung in einem bedeutungsvollen Universum ist, verstanden wird. Während das Selbstwertgefühl der Angstabwehr dient, trägt der Glaube an die kulturelle Weltsicht dazu bei, dass psychologische Gelassenheit eintritt. Es wird angenommen, dass die Person diese psychologische Ausgeglichenheit gegen mögliche Bedrohungen, die den kulturellen Rahmen in Frage stellen, verteidigt.

Empirische Belege für die T. kommen einerseits aus Studien, die zeigen, dass das Selbstwertgefühl negativ mit Angst korreliert ist, so dass man davon sprechen kann, dass ein hohes Selbstwertgefühl die Angst vor möglichen Bedrohungen von der Person abprallen lässt. Zum anderen wurde die Hervorgehobenheit (→ Salienz) der Sterblichkeit experimentell manipuliert, indem die Personen z. B. gebeten wurden, ihre Gefühle zu beschreiben, die durch den Gedanken an ihren eigenen Tod in ihnen ausgelöst werden. In diesen Studien fand sich eine größere Ablehnung von moralischen Übertretungen und → (sozial-)abweichendem Verhalten generell. Salienz der Mortalität erhöht auch die → Binnengruppen-Favorisierung in dem → Paradigma der minimalen Gruppe (Harmon-Jones, Greenberg, Solomon & Simon, 1996) und erhöht die Neigung zu → Ethnozentrismus und Antisemitismus sowie die Verwendung von → Stereotypen und → Vorurteilen.

Allerdings hat die Mortalitätssalienz nicht nur negative Folgen. Vielmehr ergab sich in einer Untersuchung, in der liberale und konservative Studierende verglichen wurden, dass Konservative auf die Salienz des Todes mit einem vergrößerten Mögen gegenüber ähnlichen Personen und einem intensivierten Nicht-Mögen gegenüber unähnlichen Personen reagierten (→ Interpersonelle Urteilsskala), während liberale Studierende durch die Salienz des Todes veranlasst wurden, ähnliche andere weniger zu bevorzugen und unähnliche andere mehr zu mögen (Greenberg et al., 1992, Exp. 1). Dieses Ergebnis wird damit erklärt, dass die jeweils dominante Weltsicht durch die Salienz des Todes verstärkt wird: Bei Konservativen, die einen höheren → Autoritarismus zeigen, Intoleranz, bei Liberalen eine Weltsicht, die Toleranz betont.

Die gemischten Auswirkungen von Terror-Management zeigen sich auch bezogen auf → Aggression und → prosoziales Verhalten: Während die Aggressionsbereitschaft gegenüber Personen, die die eigenen politischen Einsichten in Frage stellten, bei hoher Salienz der Mortalität zunahm, wurde auch festgestellt, dass der soziale Wert prosozialen Verhaltens höher eingeschätzt wurde, wenn Mortalitätssalienz gegeben war. Andere Befragungsdaten, die in der Nähe eines Leichenwagens oder in größerer Entfernung erhoben wurden, zeigen, dass Mortalitätssalienz das Auftreten eines → falschen Konsensus-Effekts intensiviert. Andererseits kann auch ein → falscher Einmaligkeits-Effekt intensiviert werden, wenn Personen die Persönlichkeitsrückmeldung erhalten, dass sie exzessive Konformisten sind.

Die → Sociometer-Hypothese des Selbstwertgefühls steht mit der T. in Konkurrenz. Sie kann aber nur einen Teil der Effekte erklären, die durch die T. abgedeckt werden und die darauf zurückgeführt werden, dass die → Zugänglichkeit von Gedanken über den Tod erhöht wird. Abschließend ist noch darauf hinzuweisen, dass eine hohe → Selbstaufmerksamkeit dazu führt, dass man sich dem Thema des Sterbens besonders schnell entzieht.

Erläuterung: „Wer das Leben voll begreift, hat keine Angst vor dem Sterben. Todesangst ist nur das Ergebnis eines nicht erfüllten Lebens. Es ist eine Äußerung der Untreue" (Franz Kafka).

„That's-not-all"-Technik (That's-not-all technique): Ist eine → Einflusstechnik, bei der der Preis eines Produktes, für das sich ein Kunde interessiert, genannt wird, um dann nach einer kurzen Pause, in der der Käufer abgelenkt wird, ein besseres Preisangebot „nachzuschieben". Noch bevor sich der Kunde zu dem ersten Preisangebot äußern kann, wird ihm ein besserer „Deal" vorgeschlagen (entweder durch Preisnachlass oder durch ein Extra, das zu dem gegebenen Preis „draufgelegt" wird). Im Unterschied zu einer Kontrollgruppe, in der nur das verbesserte Angebot gemacht wird, ist die Kaufbereitschaft aufgrund der T. größer (Burger, 1986).

Der Erfolg der T. beruht auf der Aktivierung der → Norm der Reziprozität und auf Urteilsprozessen, die der → Anker-Heuristik folgen. Die T. ist mit der → „Door-in-the-face"-Technik weitgehend identisch, außer dass keine Antwort auf das überhöhte erste Preisangebot abgewartet wird. Beide Techniken tragen dazu bei, dass die Wahrscheinlichkeit eines Kaufs erhöht wird, wobei die T. einen kleinen Vorteil zu haben scheint (Burger, 1986, Exp. 7). Da beide Techniken nur bei Produkten im unteren Preisbereich getestet wurden, bleibt die Frage offen, ob ihr Einfluss auch auftritt, wenn es um teure Produkte wie z. B. bei einem Autokauf geht.

Erläuterung: Ein Händler auf einem Trödelmarkt bietet Schmucksteine aus Indonesien an. Er nennt einen Preis von € 40,–, dreht sich dann kurz um, bevor er ein neues Preisangebot von € 35,– unterbreitet.

Theorie der aggressiven Hinweisreize (Theory of aggressive cues): In seiner modifizierten → Frustrations-Aggressions-Hypothese entwickelte Berkowitz (1974) die Annahme, dass aggressive Hinweisreize die Bereitschaft zur → Aggression erhöhen können, wenn eine Person frustriert worden ist. Es wird angenommen, dass → Frustration eine emotionale → Erregung erzeugt. Bei Vorhandensein aggressiver Hinweisreize wird die Bereitschaft zur Aggression gesteigert und als Folge davon auch die Tendenz, aggressiv zu handeln. Aggressive Hinweisreize sind Symbole der Aggression, die die → Handlungen, die sie darstellen, wahrscheinlicher machen können.

Hinweisreize haben dann aggressive Bedeutung, wenn sie mit → Aggression assoziativ verbunden sind. Ein Beispiel ist der → Waffen-Effekt. Ergebnisse einer → Metaanalyse, die auf der Auswertung von 57 Experimenten beruhen, verweisen darauf, dass aggressive Hinweisreize tatsächlich die Aggressionsbereitschaft erhöhen (Carlson, Marcus-Newhall & Miller, 1990). Dieser Befund gilt besonders deutlich nach einer Frustration. Bemerkenswert ist allerdings auch, dass auch Personen, die nicht im

vorhinein provoziert wurden und die nur mit aggressiven Hinweisreizen konfrontiert wurden, eine Erhöhung der Aggressionsbereitschaft zeigen. Weitere Ergebnisse der Metaanalyse waren, dass aggressive Hinweisreize stärker wirken, wenn die Aggression auf eine Person gerichtet ist, die einen niedrigen → sozialen Status hat oder einer → Fremdgruppe angehört (→ Intergruppen-Diskriminierung).

Erläuterung: Vermutlich trägt ein weit verbreiteter privater Besitz von Waffen in einer Gesellschaft dazu bei, dass die Gewaltbereitschaft erhöht wird (im Vergleich zu einer Gesellschaft, in der der Waffenbesitz im Wesentlichen auf die Ordnungskräfte beschränkt ist).

Theorie der Bedrohung durch Stereotype und Identifikationsverlust (Theory of stereotype threat and disidentification): Bezeichnet einen Ansatz von Steele (1997), der davon ausgeht, dass Personen schlechtere → Leistungen zeigen, wenn sie annehmen, dass ihre Mitgliedschaft in einer → Gruppe, die einem → Stereotyp oder einer → Stigmatisierung unterliegt, ihre Aussichten auf Erfolg beeinträchtigt (vgl. Aronson et al., 1999). Wenn sich eine Person als Mitglied einer Gruppe wahrnimmt, die die Zielscheibe von Stereotypen ist, kann ihre Leistung beeinträchtigt werden, weil sie in der Leistungssituation über eine mögliche Diskriminierung nachdenkt, → Ängste entwickelt und sich deshalb nicht frei entfalten kann. Dieser Prozess wird damit beschrieben, dass Identifikationsverlust entsteht. Nach empirischen Befunden von Marx, Brown & Steele (1999) reicht es aus, einen Test als fair gegenüber Schwarzen und Weißen zu bezeichnen, um schlechtere sprachliche Leistungen von Schwarzen an die Resultate von Weißen anzugleichen.

Die T. steht in einem gewissen Gegensatz zu der Sichtweise, wonach Stereotype und Stigmatisierungen in Leistungssituationen auch Vorteile für die Betroffenen mit sich bringen. Dies ist dann der Fall, wenn ein persönlicher Leistungsmisserfolg nicht durch internale Ursachen (z. B. mangelnde Fähigkeit), sondern durch externale Ursachen (Stereotyp gegenüber Schwarzen usw.) erklärt wird (→ Selbst(wert)schützende Attribution). Crocker & Major (1989) sprechen daher von einer das → Selbstwertgefühl schützenden Funktion, die Stigmatisierungen haben können (vgl. Crocker, Cornwell & Major, 1993).

Erläuterung: Ein Schwarzer, der einen Intelligenztest absolviert, schneidet deshalb schlechter ab, weil er sich durch Gedanken über seine mangelnden Erfolgsaussichten ablenken lässt. In diesem Fall wirkt die Hautfarbe als Stigma, das Gedanken auslöst, die mit der Lösung der Aufgaben interferieren. Dabei spielt es keine Rolle, ob der Test tatsächlich Schwarze benachteiligt. Es reicht aus, wenn die Testperson glaubt, dass sie aufgrund eines Stigmas benachteiligt ist.

Theorie der gelernten Hilflosigkeit (Theory of learned helplessness): Befasst sich mit den Folgen des Auftretens einer unangenehmen Situation (→ Stress), in der der Organismus keine Reaktion zur Verfügung hat, die die Situation beendet. Die T. umfasst in der ersten Version, die auf den Ergebnissen von → Hilflosigkeitstraining mit Hunden basiert (Seligman, 1975), zwei Annahmen. Wenn die Beziehung zwischen Reaktionen und unangenehmen Reizen durch Unabhängigkeit gekennzeichnet ist, entsteht die → Erwartung, dass Reaktion und Ergebnis voneinander unabhängig sind. Die zweite Annahme besteht darin, dass diese Erwartung die Reaktionsbereitschaft und die Lernfähigkeit beeinträchtigt.

Nach dem Aufkommen der → Attributionstheorie und vor allem der Theorie von Weiner & Kukla (1970; Weiner, Heckhausen, Meyer & Cook, 1972)

über die Ursachenzuschreibung bei → Leistungen wurde eine attributionstheoretische Variante der T. entwickelt (Abramson, Seligman & Teasdale, 1978). Ausgangspunkt ist die Erkenntnis, dass die Frage, wie ein Misserfolg erklärt wird, unterschiedlich beantwortet werden kann. Mögliche Antworten variieren auf drei Dimensionen: 1. stabil vs. instabil, 2. global vs. spezifisch, 3. internal vs. external (→ Attributionsdimension). Stabilität bedeutet, dass eine andauernde Handlungsunfähigkeit erwartet wird (→ Handlung). Globalität impliziert, dass die erwartete Handlungsunfähigkeit auf viele Ereignisse bezogen ist. Internalität beinhaltet eine Rückführung auf Ursachen, die in der Person begründet liegen und führt zu einer Beeinträchtigung des → Selbstwertgefühls.

Während Weiner (1986) → Attribution als situationsabhängige Gedanken interpretierte, betonten Seligman und seine Mitarbeiter die gewohnheitsmäßigen Erklärungsstile, die Teil der → Persönlichkeit sind. Zur Erfassung entwickelten sie einen Fragebogen des → Attributionsstils. Der pessimistische Erklärungsstil konzentriert sich auf internale, stabile und globale Erklärungen für negative Ereignisse. Ein Misserfolg wird z. B. auf Fähigkeitsmängel zurückgeführt (stabil, global, internal) statt auf schlechtes Wetter (instabil, spezifisch, external). Dieser Erklärungsstil ist ein Risikofaktor für depressive Gefühle (Peterson & Seligman, 1984). Der Attributionsstil bei negativen Ereignissen hängt nur schwach mit dem für positive Ereignisse zusammen (Hull & Mendolia, 1991). Weiterhin gilt, dass der Attributionsstil für positive Ereignisse den Optimismus einer Person beeinflusst: Je mehr positive Ereignisse stabil, global und internal erklärt werden, desto mehr Optimismus tritt auf (Seligman, 1991).

Die Forschung zur T. ist wegen der Fülle der Untersuchungen kaum noch überschaubar (s. aber Buchanan & Seligman, 1995, und Peterson, Maier & Seligman, 1993). Gleichzeitig sind zusätzlich zu der attributionstheoretischen Revision weitere Alternativerklärungen vorgeschlagen worden. So hat Kuhl (1981) den Gedanken verfolgt, die Theorie der → Leistungsmotivation auf gelernte Hilflosigkeit anzuwenden. Neben → Anreiz und → Erwartung berücksichtigt er als dispositionale Variable die → Handlungsorientierung vs. Lageorientierung. Er unterscheidet motivationale Hilflosigkeit, die auf einer reduzierten Erwartung von → Kontrolle beruht, und funktionale Hilflosigkeit, die durch das Vorliegen von Lageorientierung hervorgerufen wird. Er bezieht auch die Unterscheidung zwischen → Reaktanz und Hilflosigkeit als zwei alternative Reaktionen auf → Kontrollverlust in seine Theoriebildung ein.

Eine Weiterentwicklung der T. besteht in der Betonung der Auslösung von → Hoffnungslosigkeit als Folge der reduzierten Erwartung von Kontrolle (Abramson, Metalsky & Alloy, 1989). Die Frage der Hoffnung wird damit in Zusammenhang gebracht, dass Attributionen auf den Dimensionen von global-spezifisch und stabil-instabil variieren. Wenn ein negatives Ereignis global und stabil interpretiert wird, entsteht dadurch Hoffnungslosigkeit. „Die ,Kunst des Hoffens' besteht darin, zeitweilige und spezifische Ursachen für unser Unglück zu finden" (Seligman, 1991, S. 64). Damit ergibt sich ein wichtiger Beitrag der T. für die Psychologie der Hoffnung (Snyder, 1994). „Die ,Praxis der Verzweiflung' besteht darin, dauerhafte und globale Gründe für unser Unglück zu finden" (Seligman, 1991, S. 64). Ein globaler und stabiler Attributionsstil bei Misserfolg wird als möglicher Einstieg in Depression interpretiert.

Eine Längsschnittuntersuchung, die mit Drittklässlern begonnen wurde und fünf Jahre dauerte, führte zu folgenden Ergebnissen (Nolen-Hoeksema, Girgus & Seligman, 1992): In der Frühphase sind negative Lebensereignisse (wie → Scheidung der Eltern) für die Depressionsentwicklung der Kinder entscheidend. Später nimmt die Bedeutung des pessimistischen Attributionsstils zu. Negative Lebensereignisse wirken sich nur noch dann negativ auf Depressionen aus, wenn der pessimistische Attributionsstil vorherrschend ist. Wenn Kinder einmal einen pessimistischen Attributionsstil entwickelt haben, tendiert er dazu, fortzubestehen, und erhöht das Risiko späterer Depressionen. Diese Untersuchungsergebnisse zeigen, dass die → Sozialisation gelernter Hilflosigkeit in Schule und Unterricht von besonderer Bedeutung ist (Meyer, 2000).

Erläuterung: In einer Felduntersuchung (Metalsky, Halberstadt & Abramson, 1987) beantworteten Studierende den Attributionsstil-Fragebogen im Hinblick auf den Leistungsbereich. Die Studierenden, die Misserfolg auf stabile und globale Faktoren zurückführten, reagierten auf Misserfolg bei einer Prüfung mit depressiver → Stimmung (zwei Tage nach der Prüfung erfasst), während Studierende, die günstiger in der Prüfung abschnitten, keinen entsprechenden Zusammenhang zwischen Generalität der Attribution und → Stimmung aufwiesen. Das schlechte Prüfungsergebnis schafft die Gelegenheit dafür, dass sich die spezifische Vulnerabilität, die auf dem pessimistischen Attributionsstil beruht, in depressiven Gefühlen niederschlägt.

Theorie der interpersonellen Attraktion (Theory of interpersonal attraction): → Verstärkungstheorie der Attraktion

Theorie der kognitiven Anpassung (Theory of cognitive adaptation): Bezeichnet den Prozess der Neuanpassung nach einer lebensbedrohlichen Erkrankung auf der Grundlage von drei Themen: 1. Suche nach der Bedeutung der Krankheit, 2. Streben nach Wiedererlangung von handlungsbezogener → Kontrolle sowie 3. Durchführung von abwärts gerichteten Vergleichen (→ Theorie des abwärts gerichteten Vergleichs). Die Suche nach Bedeutung konzentriert sich auf die → Attribution von Ursachen auf bestimmte → Stressoren und das Überdenken der Prioritäten in der Lebensführung. Die Rückgewinnung von Handlungskontrolle bezieht sich auf aktive Beeinflussungsversuche des Krankheitsverlaufs (z. B. durch mehr Freizeitorientierung und Körpertraining). Die → sozialen Vergleiche beinhalten, dass sich die Befragten mit Personen vergleichen, denen es gleich gut oder schlechter als ihnen selbst geht. Sie wählen z. T. auch hypothetische Vergleichspersonen aus, um diese abwärtsgerichteten Vergleiche durchführen zu können (Taylor, 1983; Taylor & Lobel, 1989).

Die T. wurde aufgrund der Ergebnisse einer → Befragung von Krebspatientinnen entwickelt, die häufig die Krankenstation besuchen und im Wartezimmer des Arztes, in Kurkliniken etc. mit anderen Krebspatientinnen in Kontakt kommen, so dass ihnen die Möglichkeit gegeben ist, soziale Vergleiche mit anderen Personen, die ebenfalls an Krebs erkrankt sind, anzustellen. Die abwärts gerichteten Vergleiche dienen dazu, das herabgesetzte → Selbstwertgefühl wieder zu stabilisieren.

Erläuterung: In einer Studie von Taylor, Lichtman & Wood (1984) zeigte sich, dass Frauen, die sich zuvor einer Brustkrebs-Operation unterziehen mussten, eine stärkere Tendenz zu abwärts als zu aufwärts gerichteten Vergleichen aufwiesen. Sie verglichen sich eher mit solchen Personen, die schwerere Operationen zu bewältigen hatten und die sich schlechter an die Belastungssituation anpassen konnten als sie selbst.

Theorie der kognitiven Dissonanz (Theory of cognitive dissonance): → Dissonanztheorie

Theorie der kognitiven Ressourcen (Cognitive ressource theory): → Kontingenztheorie

Theorie der komplementären Bedürfnisse (Theory of complementary needs): Bezeichnet eine von Winch (1958) entwickelte Theorie, die sich mit dem Erfolg → enger Beziehungen befasst. Die T. geht von einer Liste von → Bedürfnissen aus (vgl. Murray, urspr. 1938), die z. B. Anerkennung, Dominanz und → Leistung enthält. Zwei Formen der Gegensätzlichkeit werden für diese Bedürfnisse angenommen: Eine hohe und niedrige Ausprägung der beiden Partner in demselben Bedürfnis kann für die Beziehung förderlich sein (z. B. Dominanz; „Typ I"-Komplementarität). Weiterhin kann die gleiche Ausprägung in sich ergänzenden Bedürfnissen günstig sein (z. B. in Leistung und Anerkennung; „Typ II"-Komplementarität). Die bisherigen Ergebnisse zur Stützung dieses Ansatzes sind für die T. negativ (Stroebe, 1977). Eine Alternative zur T. stellt die → Verträglichkeitstheorie dar.

Theorie der Konsistenz (Theory of consistency): → Konsistenztheorie

Theorie der korrespondierenden Inferenzen (Theory of correspondent inferences): → Attributionstheorie

Theorie der Laien-Epistemologie (Theory of lay epistemology): Bezeichnet einen theoretischen Ansatz, der sich auf den Erwerb von → Wissen über sich selbst, andere Menschen und die soziale und physikalische Umwelt bezieht (Kruglanski, 1980, 1989). Menschen werden in ihrer Rolle als Wissenssuchende betrachtet. Wissen bezieht sich auf Hypothesen, Prämissen oder Überzeugungen, die in Gedanken, → Meinungen und → Gefühlen zum Ausdruck kommen. Wissensinhalte werden unter Rückgriff auf eine deduktive Logik („wenn X, dann Y") auf ihre Gültigkeit überprüft.

Entscheidend dafür, dass der wissensbezogene Überprüfungsprozess fortgesetzt oder beendet wird, ist, ob eine Hypothese beibehalten oder nicht-beibehalten, d. h. kognitiv „eingefroren" (freezing) oder „nicht-eingefroren" (unfreezing) wird. Das Einfrieren bzw. Nicht-Einfrieren einer Hypothese ist von kognitiven und motivationalen Faktoren der Person, die auf Wissenssuche ist, abhängig (→ Soziale Informationsverarbeitung). Kognitive Faktoren erstrecken sich auf die Hypothesengenerierung, die vom Umfang der Wissensbasis der Person abhängt, aber auch davon, inwieweit ihr bestimmte Informationen oder Gedanken zur Verfügung stehen (→ Zugänglichkeits-Heuristik). Motivationale Faktoren beziehen sich auf einzelne → Bedürfnisse: 1. auf ein Bedürfnis nach Struktur, wonach die Person sich wünscht, zumindest ein gewisses Wissen zu einem Thema zu besitzen, um sich gegenüber einem Sachverhalt orientieren zu können; 2. auf ein Bedürfnis nach spezifischen Schlussfolgerungen, wonach die Person sich wünscht, an solchem Wissen festzuhalten, das für sie günstig ist; und 3. auf ein Bedürfnis nach Gültigkeit, wonach die Person sich wünscht, Wissen aufrechtzuerhalten, das wahr ist.

Erläuterung: Mit Hilfe der T. konnten Forschungsansätze zu → Attributionen, zur → kognitiven Konsistenz, zum → Beharrungs-Effekt, zum → Vorrang-Effekt und zum → sozialen Vergleich einer Reinterpretation zugänglich gemacht werden. Weiterhin wurde das integrative Potential der T. für diese einzelnen Ansätze verdeutlicht. Schließlich wurde die (forschungsstrategische) Notwendigkeit einer allgemeinen Theorie des menschlichen Wissenserwerbs aufgezeigt (vgl. Kruglanski, 1990; Kruglanski & Webster, 1996).

Theorie der leidenschaftlichen Liebe (Passionate love theory): Bezeichnet eine von Berscheid & Walster (1974) entwickelte Theorie, die zwei Voraussetzungen für die Entstehung von → Liebe in → engen Beziehungen enthält: 1. Es muss eine starke physiologische → Erregung ausgelöst worden sein und 2. Hinweisreize müssen vorliegen, die die → Etikettierung der physiologischen Erregung als „Liebe" nahe legen. Der Gegenbegriff zu leidenschaftlicher Liebe ist kameradschaftliche Liebe (→ Liebesstil).

Erläuterung: Leidenschaftliche Liebe wird mit einem Fragebogen gemessen (Hatfield & Sprecher, 1986). Ein Beispielitem lautet: „Ich würde tief verzweifelt sein, wenn N.N. mich verlassen würde."

Theorie der minimalen Ressourcen (Minimum resoruce theory): → Koalition

Theorie der moralischen Entwicklung (Theory of moral development): → Moralisches Urteil

Theorie der Reizklassifikation (Theory of stimulus classification): Bezeichnet eine von Tajfel (1975) entwickelte Theorie, wonach eine willkürliche Trennung einer aufsteigenden Reizserie (z. B. durch eine A/B-Klassifikation, bei der die niedrigen Reize mit A und die höheren mit B bezeichnet werden) eine Akzentuierung der Differenzen zwischen den Reizen der oberen A-Klasse und der unteren B-Klasse zur Folge hat. Die T. wird zur Erklärung von Ergebnissen im → Paradigma der minimalen Gruppen herangezogen. Die T. ist ein Ansatz unter mehreren, die dem → sozialen Identitätsansatz zugrunde gelegt werden.

Erläuterung: In einem Experiment von Tajfel & Wilkes (1963) hatten Beurteiler acht Linien in aufsteigender Länge (mit konstanter Längendifferenz) zu beurteilen. Die kürzeren vier Linien wurden mit dem Buchstaben A, die restlichen vier Linien mit dem Buchstaben B dargeboten. Wie die Ergebnisse zeigten, traten sowohl Beurteilungseffekte innerhalb und zwischen den Klassen auf. So unterschätzten die Beurteiler die Differenz der Linien innerhalb der Klasse (z. B. zwischen der kürzesten und längsten Linie innerhalb von A; → Assimilations-Effekt) und überschätzten die Differenz der Linien zwischen den Klassen (z. B. Differenz zwischen der längsten Linie aus A und der kürzesten Linie aus B; → Kontrast-Effekt).

Theorie der relativen Deprivation
(Theory of relative deprivation): Bezeichnet einen theoretischen Ansatz zur → Deprivation, der auf einen Vergleich des gegebenen Niveaus an → Belohnungen mit → Erwartungen fokussiert, die vorab über das Belohnungsniveau in einer bestimmten sozialen Situation und → Gruppe ausgebildet wurden.

Stouffer et al. (1949) befragten US-Soldaten während des Zweiten Weltkrieges und stellten fest, dass das Ausmaß ihrer Zufriedenheit von dem jeweiligen Beförderungssystem abhängig war: Soldaten, die zu Einheiten gehörten, in denen häufig befördert wurde (Luftwaffe), waren weniger zufrieden als Soldaten aus Einheiten (Militärpolizei), in denen nicht so häufig befördert wurde. Das Phänomen der „relativen Deprivation" wurde auf → soziale Vergleiche zurückgeführt, wonach Soldaten andere Soldaten aus ihrer Einheit als Vergleichsmaßstab heranziehen, so dass in Einheiten mit häufiger Beförderung sich die nicht beförderten Soldaten mehr zurückgesetzt fühlten als Soldaten aus Einheiten, in denen nicht so häufig befördert wurde.

Erläuterung: Die T. wurde durch Runciman (1966) erweitert. Eine Person A empfindet sich im Hinblick auf das Objekt X relativ depriviert, wenn A das Objekt X nicht besitzt, es aber haben möchte und glaubt, dass es erreichbar ist, während Vergleichspersonen das Objekt X besitzen. Runciman unterschied zwischen „egoistischer Depriva-

tion" und „fraternalistischer Deprivation": Egoistische Deprivation liegt vor, wenn eine Person sich innerhalb der → Binnengruppe als benachteiligt fühlt. Dagegen ist von fraternalistischer Deprivation zu sprechen, wenn die Binnengruppe als Ganze innerhalb der Gesellschaft als benachteiligt wahrgenommen wird. Wird egoistische Deprivation erlebt, ist die Entstehung von individuellen Symptomen von → Stress (z. B. Schlaflosigkeit) wahrscheinlich. Wird hingegen fraternalistische Deprivation erfahren, so sind soziale Unruhen nicht auszuschließen (z. B. Walker & Mann, 1987). Ein verwandter Ansatz ist die → V-Hypothese.

Theorie der Selbstaufmerksamkeit
(Theory of self-awareness): Beruht auf der Annahme, dass die Aufmerksamkeit eines Menschen in einem gegebenen Augenblick entweder nach außen oder nach innen gerichtet ist (Duval & Wicklund, 1972). Hohe Selbstaufmerksamkeit kennzeichnet den Zustand, in dem die Aufmerksamkeit nach innen gerichtet ist. Er wurde ursprünglich als „objektive Selbstaufmerksamkeit" bezeichnet, da das Objekt der Aufmerksamkeit das → Selbst ist. Demgegenüber wurde von „subjektiver Selbstaufmerksamkeit" gesprochen, wenn der Zustand des Bewusstseins dadurch charakterisiert ist, dass die Aufmerksamkeit nach außen gerichtet ist. Diese Bezeichnungen wurden aus der Beschreibung von zwei unterschiedlichen Bewusstseinszuständen durch Mead (1934) abgeleitet. Die Wurzeln der T. liegen also im → symbolischen Interaktionismus.

Als Folge hoher Selbstaufmerksamkeit tritt das eigene Selbst in den Mittelpunkt der Aufmerksamkeit (vgl. Wicklund & Frey, 1993). Die T. nimmt an, dass dann Vergleiche zwischen internalen Standards und dem tatsächlichen Verhalten verstärkt angestellt werden, die häufig zum Auffinden von negativen Diskrepanzen führen, da der Standard vielfach höher liegt als das, was erreicht wurde. Daher wird Selbstaufmerksamkeit im Allgemeinen als aversiv erlebt. Die aversive Erfahrung motiviert Versuche, die Diskrepanz zu verringern. Eine Möglichkeit besteht darin, durch Verhaltensänderung eine Annäherung an den Standard zu erzielen. Eine andere Möglichkeit besteht darin, dass durch negative Ergebnisse, die mit der eigenen Person verbunden sind, Abwehrreaktionen wie z. B. → selbst(wert)schützende Attributionen ausgelöst werden. Da Selbstaufmerksamkeit häufig unangenehm erlebt wird, besteht eine Tendenz, sie zu vermeiden.

Experimentell wird Selbstaufmerksamkeit z. B. dadurch hergestellt, dass die Person mit ihrem Spiegelbild konfrontiert wird oder ihre eigene Stimme vom Tonband hört. Andere Methoden der Induktion von Selbstaufmerksamkeit sind Videokameras, die auf die Person gerichtet sind, oder die Anwesenheit eines Publikums.

Neben einer situativen Auslösung von Selbstaufmerksamkeit sind auch dispositionale Unterschiede im Ausmaß der Selbstaufmerksamkeit zu beachten. Während einige Personen über eine chronisch hohe Selbstaufmerksamkeit verfügen, wenden sich andere nur relativ wenig dem eigenen Selbst zu. Diese interindividuellen Unterschiede werden durch die „private self-consciousness scale" gemessen (Fenigstein, Scheier & Buss, 1975; → Öffentliche und private Selbstaufmerksamkeit). Hohe dispositionale Selbstaufmerksamkeit wirkt sich ähnlich wie hohe Selbstaufmerksamkeit, die durch eine experimentelle Manipulation erzeugt wurde, aus.

Unter den Effekten hoher Selbstmerksamkeit sind zu nennen: 1. Mehr internale Wahrnehmung von → Emotionen mit der Folge, dass Emotionen intensiver erlebt werden; 2. Mehr Bewusstsein innerer Zustände mit der Folge, dass die Anfälligkeit für → Suggestionen verringert wird; 3. Mehr → Einstellungs-Verhaltens-Konsistenz; und 4. Mehr Dissonanzreduktion im Sinne von → Einstellungsänderung als Folge von → einstellungskonträrem Verhalten (→ Dissonanztheorie).

Das besondere Verdienst der T. besteht darin, dass das → Selbst in das Zentrum der Analyse von → Einstellungen, → Attributionen und → sozialen Vergleichen gerückt wird (vgl. Higgins, 1996a,b). Dadurch besteht z. B. die Möglichkeit, das Auftreten von Inkonsistenzen zwischen → Einstellung und Verhalten vorherzusagen und Bedingungen anzugeben, unter denen Verhaltensauskünfte wahrscheinlich zur Verhaltensvorhersage geeignet sind. In diesem Zusammenhang wird ein Transfereffekt angenommen, der darin besteht, dass eine Erhöhung der Selbstaufmerksamkeit die Dimension des → Selbstschemas betrifft, die in der gegebenen Situation im Mittelpunkt steht (Wicklund & Frey, 1993). Die T. bzw. die mit ihr verwandte → Theorie der Selbstregulation lässt sich auf Phänomene der → Selbstschädigung anwenden (Baumeister & Scher, 1988; Baumeister & Schütz, 1997; Heatherton & Baumeister, 1991; Mummendey, 2000).

Erläuterung: Davis & Brock (1975) stellten in zwei Experimenten fest, dass Personen, die mittels Spiegel oder Kameras in einen Zustand der Selbstaufmerksamkeit versetzt wurden, häufiger Pronomen der ersten Person wählten als diejenigen, die nicht in einem solchen Zustand waren.

Theorie der Selbstdiskrepanz (Theory of self-discrepancy): → Selbstdiskrepanz-Theorie

Theorie der Selbstregulation (Theory of self-regulation): Bezeichnet einen mit der → Theorie der Selbstaufmerksamkeit verwandten Ansatz, der die Handlungstheorie einbezieht und besonders die Bedeutung der → Rückmeldung für die Handlungsplanung hervorhebt (Carver & Scheier, 1981,

1982). Selbstaufmerksamkeit wird als Zustand eines hohen Selbstfokus bezeichnet. Es wird angenommen, dass hoher Selbstfokus eine Sequenz von Vergleich mit einem positiven Standard (Test), Annäherung an den Standard (Operate), erneuter Vergleich mit dem Standard (Test) und schließlich Verlassen der Schleife (Exit) auslöst.

Damit sind die Elemente der „TOTE"-Einheit beschrieben, wie sie von Miller, Galanter & Pribram (1960) für die Planung des Verhaltens (z. B. einen Nagel in die Wand schlagen) beschrieben wurde. So lange eine Diskrepanz zwischen Test und Standard besteht, wird eine weitere Annäherung versucht, bis Übereinstimmung gegeben ist und das Handlungsprogramm verlassen wird. Die Funktionsweise eines Kühlschranks lässt sich analog als „TOTE"-Einheit darstellen. Mit dieser Anwendung der „TOTE"-Einheit auf das Thema der Selbstregulation ist die Verwendung von Flussdiagrammen zur Beschreibung der Handlungsabläufe verbunden (→ Handlung). Ein analoger Prozess wird auch für die Ausübung → sozialer Fertigkeiten angenommen.

Die Fortsetzung des „match to standard"-Prozesses im Sinne einer Rückmeldungsschleife wird davon abhängig gemacht, ob positive oder negative Erfolgserwartungen bestehen. Während bei positiver → Erwartung das Überwiegen positiver → Emotionen angenommen wird, wird bei negativer Erwartung vermutet, dass negative Emotionen und Rückzugstendenzen auftreten. Schließlich wird für den Fall, dass der Standard negativ bewertet wird, ein Bestreben, sich von diesem Standard zu entfernen, vorausgesagt.

Ein wichtiger Unterschied zwischen der T. und der Theorie der Selbstaufmerksamkeit besteht darin, dass erstere von einem hohen Selbstfokus nicht automatisch annimmt, dass er aversiv erlebt wird (Carver & Scheier, 1990). Vielmehr wird vermutet, dass hoher Selbstfokus nur dann mit einem negativen Gefühlszustand verbunden ist, wenn eine negative Diskrepanz zum Standard auftritt, die als wenig oder nicht veränderbar wahrgenommen wird.

Erläuterung: Die T. ist unmittelbar für ein Verständnis von therapeutischen Prozessen bedeutsam (→ Psychotherapie). Das gilt z. B. für angstbezogene Störungen und → gelernte Hilflosigkeit. Generell geht es dabei um die Korrektur von Fehlregulationen des Verhaltens (vgl. Carver & Scheier, 1998).

Theorie der Selbstwahrnehmung
(Self-perception theory): → Selbstwahrnehmungs-Theorie

Theorie der Selbstverifikation (Self-verification theory): → Selbstverifikations-Theorie

Theorie der sexuellen Strategien
(Sexual strategies theory): Beinhaltet Hypothesen über die Vorgehensweisen von Männern und Frauen, die dem Ziel dienen, sexuelle Partner zu finden (Buss, 1998). Diese Hypothesen zielen in der Regel auf → Geschlechtsunterschiede zwischen Männern und Frauen ab und sind mit allgemeinen Prinzipien der Evolutionsbiologie (→ Evolution) abgestimmt, die davon ausgehen, dass sich Merkmale, die mit erfolgreichen Reproduktionsstrategien verbunden sind, im Laufe der Entwicklung des Menschen durchgesetzt haben.

Im Mittelpunkt stehen psychologische Mechanismen, die sich möglicherweise auf Verhalten auswirken, das zusätzlich unter der Kontrolle anderer Einflüsse steht (z. B. den Zwängen, die durch die Präferenzen des anderen Geschlechts ausgeübt werden). Diese psychologischen Mechanismen dienen der Verwirklichung sexueller Wünsche. Generell wird zwischen Kurzzeit- und Langzeitstrategien unterschieden. Diese werden mit der Tatsache in Verbindung gebracht, dass Frauen wesentlich mehr in ihre Kinder investieren als Männer (→ Elterliches Investment). Daraus folgt, dass Männer mehr als Frauen eine Präferenz für sexuelle Abenteuer haben sollten. Allerdings können auch Frauen einen Vorteil aus Kurzzeitstrategien ziehen (ansonsten würde die Vorhersage lauten, dass sie sie generell abblocken sollten), wenn sie unmittelbar Ressourcen erhalten (z. B. weil der Partner sich großzügig verhält), wenn sie potentielle Ersatzpartner zur Verfügung haben für den Fall, dass ihr Langzeitpartner ausfällt, und wenn sie in ihren sexuellen Abenteuern Männer bevorzugen, von denen sie erwarten, dass sie überlegene Gene besitzen.

Die Langzeitperspektive sieht demgegenüber anders aus: Frauen sollten Partner wünschen, die über wertvolle Ressourcen verfügen bzw. von denen erwartet werden kann, dass sie in Zukunft über solche verfügen werden. Diese → Erwartung beruht auf solchen Anzeichen wie Alter, Bildungsgrad, Status, Leistungsstreben und Fleiß. Außerdem sollten Frauen um solche Männer „einen Bogen machen", die sich so verhalten wie es typischerweise Männer tun, die auf sexuelle Abenteuer aus sind.

Empirische Belege für diese Annahmen finden sich in unterschiedlichen Bereichen und auf der Grundlage unterschiedlicher Methoden. So gibt es starke Evidenz, die zeigt, dass Männer ein größeres Interesse an unterschiedlichen sexuellen Partnerinnen haben als Frauen an unterschiedlichen sexuellen Partnern. Männer bevorzugen vor allem in der Langzeitperspektive Frauen, die gut aussehen und jung sind, zwei Merkmale, die als Hinweise auf Fruchtbarkeit gedeutet werden können. Demgegenüber bevorzugen Frauen Männer, die älter, finanziell gut gestellt und ehrgeizig sind sowie einen hohen → sozialen Status haben.

Weiterhin finden sich auch Unterschiede in den Auslösebedingungen für

→ Eifersucht. Männer sind besonders eifersüchtig aufgrund von sexueller Untreue, während Frauen besonders eifersüchtig auf emotionale Untreue reagieren. Das wird damit erklärt, dass sich Männer ihrer Vaterschaft nicht sicher sein können, während Frauen sich ihrer Mutterschaft sicher sind, und dass Frauen besorgt sind, die Ressourcenzuwendung des Vaters ihres Kindes nicht an eine andere Frau zu verlieren.

Ein anderes Bündel von Hypothesen bezieht sich auf das Auftreten von → Konflikten zwischen den Geschlechtern, die dadurch erklärt werden, dass die sexuelle Strategie der Partnerin mit der des Partners interferiert. Während Frauen eher durch sexuelle → Aggression des Mannes in ihrer sexuellen Befriedigung beeinträchtigt werden sollten (→ Sexuelle Gewalt), wird bei Männern erwartet, dass sie eher durch sexuelle Zurückhaltung der Frau in ihrer sexuellen Befriedigung beeinträchtigt werden. Tatsächlich fanden sich entsprechende signifikante Korrelationen, die nur jeweils bei dem Geschlecht auftraten, für die sie erwartet wurden, also z. B. bei Männern zwischen sexueller Unzufriedenheit und Zurückhaltung der Partnerin.

Erläuterung: Männer bringen positivere Einstellungen gegenüber vorehelichem Gelegenheitssex zum Ausdruck als Frauen. Außerdem vertreten Männer eine größere sexuelle Permissivität (z. B. Akzeptanz von vielen Sexualpartnern) als Frauen (→ Metaanalyse von Oliver & Hyde, 1993).

Theorie der sozialen Durchdringung (Social penetration theory):
→ Selbstöffnung

Theorie der sozialen Führung (Theory of social conduct): → Sympathie, → Verantwortungsattribution

Theorie der sozialen Identität (Social identity theory): Bezeichnet eine Theorie, die die soziale Identität einer

Person in den Vordergrund rückt (Tajfel & Turner, 1986; → Sozialer Identitätsansatz). Es wird angenommen, dass Menschen motiviert sind, eine positive soziale Identität zu erreichen. Die soziale Identität ist durch die Zugehörigkeit zu einer → Binnengruppe definiert. Dieses Streben korrespondiert mit dem Streben nach Aufrechterhaltung und Erhöhung der → Selbstbewertung. Die positive soziale Identität einer Person kann durch → soziale Vergleiche hergestellt werden. Das ist dann der Fall, wenn der Vergleich zwischen → Binnengruppe und → Fremdgruppe ergibt, dass die Eigengruppe auf einer relevanten Bewertungsdimension überlegen ist. Diese Überlegenheit wird vor allem auf solchen Vergleichsdimensionen angestrebt, die für die soziale Identität von zentraler Bedeutung sind.

Die T. geht von dem Ergebnis aus, dass ein → Interessenkonflikt, wie er in der → Theorie des realistischen Gruppenkonflikts als Ursache von Intergruppen-Diskriminierung postuliert wird, nicht notwendig ist, um eine Benachteiligung von Mitgliedern fremder → Gruppen hervorzurufen. Vielmehr reicht eine bloße Unterteilung in zwei Gruppen aus, damit die Mitglieder der einen Gruppe gegenüber den Mitgliedern der anderen Gruppe diskriminierendes Verhalten zeigen (→ Paradigma der minimalen Gruppen).

Die Voraussetzung für → Intergruppen-Verhalten ist eine → soziale Kategorisierung. Auf dieser Basis werden alle Mitglieder einer Gruppe gleich behandelt, ohne dass zwischen einzelnen Personen differenziert wird. Diese Gleichbehandlung beinhaltet eine → Binnengruppen-Favorisierung. Diese kommt selbst dann zum Ausdruck, wenn die Maximierung der Differenz zugunsten der Binnengruppe mit einer Verschlechterung des absoluten Niveaus des Gewinns der Binnengruppe verbunden ist (Man bevorzugt es also, wenig

zu bekommen, dann aber mehr als die Fremdgruppe, im Vergleich zu dem Fall, dass man mehr bekommt, dann aber genauso viel wie die Fremdgruppe). Außerdem wird die Erzielung eines maximalen gemeinsamen Gewinns in einer solchen Intergruppen-Situation vernachlässigt.

Unter sozialer Identität wird das → Selbstbild verstanden, das sich aus der sozialen Kategorisierung ableitet. Sie beinhaltet, dass die individuelle Bewertung in einem bestimmten Umfang aus der Zugehörigkeit zu einer sozialen Kategorie abgeleitet wird, so dass die Binnengruppe für die Selbstbewertung bedeutsam wird. Eine Diskrepanz zwischen der Binnengruppe und Fremdgruppe zugunsten der Binnengruppe erhöht das Ansehen der Binnengruppe, während ein Vergleich, der zugunsten der Fremdgruppe ausgeht, dieses Ansehen reduziert. Typischerweise sind statusniedrige Gruppen durch eine negative soziale Identität gekennzeichnet, während statushöhere Gruppen durch eine positive soziale Identität ausgezeichnet sind (→ Sozialer Status).

Negative soziale Identität kann unterschiedliche Folgen haben: 1. Individuelle Mobilität, die zum Verlassen der Binnengruppe führt, 2. Soziale Kreativität auf der Suche nach positiver Distinktheit der Binnengruppe (z. B. durch Auswahl neuer Vergleichsdimensionen, auf denen die Binnengruppe besonders gut abschneidet oder Veränderung der Bewertung bestimmter Attribute wie der Hautfarbe im Sinne von „black is beautiful"), 3. Austragen des → sozialen Konflikts durch sozialen → Wettbewerb. Die Strategien der statusniedrigeren Personen hängen von verschiedenen Randbedingungen ab. Dazu zählt die Frage, ob die Statusunterschiede über die Zeit stabil sind, ob sie eine Legitimation besitzen und ob die Grenzen zwischen den Gruppen durchlässig sind.

Die wichtigsten Hypothesen der T. sind die folgenden: Personen streben nach positiver sozialer Identität. Diese basiert auf dem Vergleich mit vergleichbaren Fremdgruppen, der zu dem Ergebnis führt, dass die eigene Gruppe positive Distinktheit erhält, weil sie sich positiv von der Fremdgruppe abhebt (z. B. besser, wohlhabender oder bedeutender ist). Wenn eine negative soziale Identität auftritt (aufgrund eines sozialen Vergleichs, der zuungunsten der Binnengruppe ausfällt), besteht der Wunsch, die Binnengruppe zu verlassen und eine positiv distinkte Gruppe aufzusuchen oder die positive Distinktheit der Binnengruppe herzustellen.

Die T. lässt sich auf das Thema der Ausländerfeindlichkeit anwenden (Klink & Wagner, 1999; Wagner & Zick, 1998). Sie beinhaltet implizit die Annahme, dass die Aufwertung der Binnengruppe und die Abwertung anderer Gruppen unausweichlich sind. Daher ist die T. unmittelbar als Erklärung der Entstehung von → Stereotypen und → Vorurteilen bedeutsam. Auch die Ost-West-Spannungen, die nach der Wiedervereinigung in Deutschland entstanden sind, lassen sich auf der Grundlage der T. interpretieren (Blanz, Mummendey, Mielke & Klink, 1998; Haeger et al., 1996; Wilberg, 1996). Eine Weiterentwicklung der T. stellt die → Selbstkategorisierungs-Theorie dar. Schiffmann & Wicklund (1988) haben sich kritisch mit der T. auseinandergesetzt.

Erläuterung: Hennessy & West (1999) werteten Fragebogendaten von Mitarbeitern (Sozialarbeiter, Klinische Psychologen, Psychiater etc.) aus, die aus 17 Arbeitsgruppen eines Tageszentrums einer Klinik kamen. Die Ergebnisse zeigten, dass höhere Identifikation mit der eigenen Arbeitsgruppe mit höherer eingeschätzter Binnengruppen-Favorisierung einherging, jedoch nicht mit verhaltensbezogener Diskriminierung zwischen Gruppen in Aufteilungsentscheidungen. Binnengruppen-Favorisierung war nicht auf der Basis der Identifikation mit der Organisation, wohl aber auf der Basis der Arbeitsgruppe zu beobachten. Das verweist auf wichtige Anwendungsaspekte der T. für die Organisationspsychologie, da die Bedeutung einer Konkurrenz unter Teams der gleichen Firma deutlich wird (Wagner, 2001).

Theorie der sozialen Konstruktion individueller Realität (Theory of the social construction of individual reality): → Uniformitätsdruck

Theorie der sozialen Repräsentation (Theory of social represenation): Moscovici (1973) versteht unter einer sozialer Repräsentation „ein System von Werten, Ideen und Handlungsweisen mit zweifacher Funktion; erstens eine Ordnung zu schaffen, die Individuen in die Lage versetzt, sich in ihrer materiellen und sozialen Welt zu orientieren und sie zu meistern; und zweitens Kommunikation unter den Mitgliedern einer Gemeinschaft zu ermöglichen, indem es diesen einen Kode für sozialen Austausch und einen Kode zur Benennung und zur eindeutigen Klassifikation der verschiedenen Aspekte der Welt und ihrer individuellen Geschichte und der ihrer Gruppe liefert" (S. XVII) (→ Kommunikation, → Wert).

Die soziale Repräsentation, die Begriffe, Bilder, Glaubensinhalte, Metaphern und Symbole beinhaltet, hat das Ziel, Unvertrautes vertraut werden zu lassen. Dabei erhalten zwei Prozesse einen zentralen Stellenwert: 1. Verankerung von ungewöhnlichen Phänomenen (z. B. neue Techniken) in einem vertrauten Zusammenhang mit Hilfe → sozialer Kategorien; 2. Objektivierung, d. h. Übersetzung von abstrakten Vorstellungen in ein konkretes Bild oder eine Verbindung mit konkreten Gegenständen (vgl. Flick, 1995b; Moscovici, 1984, 1995).

Neben der allgemeinen sozialen Repräsentation ist die individuelle soziale Repräsentation zu beachten, die die individuelle Aneignung sozialer Repräsentation bezeichnet (→ Sozialisation). Der Einfluss sozialer Repräsentation auf das Individuum ist umso größer, je mehr es sich mit der Bezugsgruppe identifiziert (→ Identifikation). In kontroversen Diskussionen stellen soziale Repräsentationen identitätsstiftende Markierungen dar, die der Person ihre Position vermittelt (→ Sozialer Identitätsansatz).

Die T. ist im Zusammenhang mit Themen wie soziale → Attribution, → Gedächtnis, → Selbst, → Rassismus, Medienkommunikation, → Sprache und Umweltbewusstsein (→ Umweltverantwortung) untersucht worden und wird – da sie einen sozial-konstruktiven Charakter von Wirklichkeit postuliert – durch den diskursanalytischen Ansatz ergänzt und vertieft (vgl. von Cranach, Doise & Mugny, 1992; Flick, 1995a; Fuhrer, 1995; Moscovici, 1995).

Erläuterung: Ein Mitglied des Bundes Umwelt und Naturschutz Deutschland (BUND) übernimmt Werte, Symbole und Wissensinhalte (→ Wissen) über ökologische Lebensplanung und Politik, die mit dem Begriff „grüne Politik" umschrieben wird.

Theorie der sozialen Vergleichsprozesse (Theory of social comparison processes): Bezeichnet eine Zusammenstellung von Hypothesen und ergänzenden Annahmen und Ableitungen, die erklären, warum → soziale Vergleiche stattfinden, auf wen sie gerichtet werden und welche Folgen sie haben (Festinger, 1954). Im Mittelpunkt steht die Frage nach der → Selbstbewertung von → Meinungen und → Fähigkeiten auf der Basis von Bezugsgruppen, wie in den ersten drei Hypothesen deutlich wird: 1. „Im menschlichen Organismus besteht ein Trieb zur Bewertung seiner Meinungen und Fähigkeiten". 2. „In dem Ausmaß, wie objektive, nicht-soziale Mittel nicht zur Verfügung stehen, bewerten Menschen ihre Meinungen und Fähigkeiten durch Vergleich mit den Meinungen bzw. Fähigkeiten anderer." 3. „Die Tendenz, sich mit bestimmten anderen Personen zu vergleichen, nimmt ab, wenn die Differenz zwischen deren Meinungen und Fähigkeiten und der eigenen ansteigt."

Die erste Hypothese verbindet soziale Vergleiche mit der Formierung von Selbstwissen (→ Selbst, → Selbstschema). Die zweite Hypothese befasst sich mit der Frage, wann soziale Vergleiche angestellt werden, und beantwortet sie mit dem Verweis auf subjektive Unsicherheit aufgrund fehlender objektiver Standards. Die dritte Hypothese zielt auf eine Eingrenzung der sozialen Vergleiche ab, die nicht mit allen Menschen dieser Erde gleichermaßen wahrscheinlich sind, sondern dann besonders naheliegend sind, wenn die Vergleichspersonen nicht allzu unterschiedlich sind. Oder anders ausgedrückt: Sozialer Vergleich setzt Ähnlichkeit voraus, wie sie in einer gemeinsamen Bezugsgruppe gegeben ist. Daher kann man auch von einer Ähnlichkeitshypothese bezogen auf die Selbstbewertung sprechen. Sie stellt die zentrale Aussage der T. dar. Astronauten vergleichen ihre Gefühle vor dem Start vermutlich nicht mit U-Boot-Fahrern, sondern mit denen anderer Astronauten.

Weiterhin wird angenommen, dass eine Person versucht, vorhandene Diskrepanzen zwischen sich und anderen zu reduzieren, um → Gruppenhomogenität anzustreben. Dazu besteht einerseits die Möglichkeit, sich selbst den anderen anzunähern. Andererseits kann eine Person auch versuchen, die Position von Vergleichspersonen zu beeinflussen, so dass sie sich der eigenen Meinung oder Fähigkeit annähern (→ Sozialer Einfluss). Dieser → Uniformitätsdruck sollte umso größer sein, je stärker der in der ersten Hypothese angesprochene „Trieb zur Bewertung" ausgeprägt ist.

Obwohl soziale Vergleiche für Meinungen und Fähigkeiten gleichen Hypothesen unterliegen, werden doch auch Unterschiede gemacht. Nur bei Fähigkeiten wird angenommen, dass sich die Person in der Tendenz nach oben, also mit Besseren vergleicht, was mit kulturellen Leistungsstandards des → Wettbewerbs erklärt wird (→ Kultur). Da gleichzeitig Uniformitätsdruck besteht, sollte die passende Vergleichsperson bezogen auf Fähigkeiten allerdings nicht allzu weit von der Person entfernt liegen. Der „unidirectional drive upward" verweist auf das Motiv nach Selbstwerterhöhung (→ Eindrucksmanagement, → Theorie des Selbst(wert)schutzes und der Selbst-(wert)erhöhung).

Die Bedeutung von sozialen Vergleichen nimmt zu, wenn der kindliche → Egozentrismus überwurden wird (Ruble, Boggiano, Feldman & Loebl, 1980). Soziale Vergleiche können systematisch ausgewählt werden oder der Person spontan durch die Situation aufgedrängt werden. Wenn eine andere Person eine Leistung zeigt, wird häufig ein automatischer Vergleich ausgelöst, der erst nachträglich daraufhin überprüft wird, ob er diagnostischen Wert besitzt oder nicht (Gilbert, Giesler & Morris, 1995). Diese Interpretation sozialer Vergleiche als nicht intendiert ist mit der ursprünglichen Darstellung der T. vereinbar, in der soziale Vergleiche als eine Reaktion des menschlichen Organismus dargestellt werden.

Die T. wurde in unterschiedlichen Richtungen weiter entwickelt (vgl. Kruglanski & Mayseless, 1990). Dazu zählt die → Relevante-Attribute-Hypothese, das → Modell der Aufrechterhaltung der Selbstbewertung, die → Theorie der kognitiven Anpassung und die → Theorie des abwärts gerichteten Vergleichs. Grundsätzlich lassen sich soziale Vergleichsprozesse unterscheiden, die „aufwärts" oder „abwärts" gerichtet sind (vgl. Collins, 1996; Exline & Lobel, 1999). Soziale Vergleiche spielen eine wichtige Rolle für die Erklärung von Gesellung (→ Gesellungstheorie),

Intergruppen-Verhalten (→ Theorie der relativen Deprivation, → Theorie der sozialen Identität) und Leistungsverhalten (→ Anspruchsniveau).

Erläuterung: Die T. (1954) hat einen kaum zu übertreffenden Einfluss in der → Sozialpsychologie gehabt. Wichtige Standortbestimmungen sind in den von Suls & Miller (1977) bzw. Suls & Wills (1991) herausgegebenen Sammelwerken enthalten.

Theorie der symbolischen Selbstergänzung (Theory of symbolic self-completion): Besagt, dass Menschen zur Sicherung ihrer Selbstdefinition bestimmte Symbole sammeln, von denen sie meinen, dass diese ihre Selbstdefinition in den Augen von anderen vervollständigen können (Wicklund & Gollwitzer, 1982; Gollwitzer & Wicklund, 1985). Symbole der Selbstdefinition sind in → Sprache, Verhaltensweisen und Gegenständen enthalten. Die T. greift Gedanken von Cooley (1902) und Mead (1934) auf (→ Symbolischer Interaktionismus) sowie das Konzept der „Ersatzhandlung" (Lewin, 1926).

Personen erleben einen Spannungszustand bei der Wahrnehmung eigener selbstbezogener Unvollkommenheit, der sie motiviert, sich selbst zu ergänzen, und zwar mit Symbolen, die Hinweisreize bieten, selbstbezogene Vollkommenheit zu erreichen. Symbolische Selbstergänzungen sind insofern als selbstbezogene Ziele zu verstehen. Im Einzelnen werden folgende Hypothesen aufgestellt 1. Personen neigen zu „selbstsymbolisierenden Handlungen", die ein Defizit an bedeutsamen Selbstsymbolen durch ein Zeigen von alternativen Selbstsymbolen auszugleichen vermögen; 2. Die Wirksamkeit selbstsymbolisierender → Handlungen ist davon abhängig, dass andere wissen oder zur Kenntnis nehmen, dass die betreffende Person über entsprechende Selbstsymbole verfügt; und 3. Personen mit selbstsymbolisierenden Handlungen vernachlässigen die psychischen Befindlichkeiten anderer Personen. Zur T. liegen verschiedene Studien vor, die die Annahmen der T. überwiegend bestätigen (Braun & Wicklund, 1989a,b; Brunstein & Gollwitzer, 1996).

Erläuterung: Rheinberg, Schwarz & Singer (1987) gaben Studierenden der Medizin mit hohem vs. niedrigem Leistungsmotiv, die in ihrer Selbstdefinition bedroht vs. nicht bedroht wurden, die Gelegenheit, sich selbst auf drei Arten symbolisch zu ergänzen: 1. einen Vortrag vor Krankenschwestern halten, 2. sich als idealer Mediziner in einem Persönlichkeitsprofil präsentieren und 3. an einem Trainingsprogramm teilnehmen. Wie die Ergebnisse zeigen, hatten jene Personen, deren Selbstdefinition bedroht worden war (schlechte Leistung in einer diagnostischen Aufgabe = Experimentalgruppe), in der Selbstergänzungsmöglichkeit „idealer Mediziner" eine signifikant stärkere Tendenz, diese zu nutzen, als jene, deren Selbstdefinition nicht bedroht worden war (= Kontrollgruppe).

Theorie der ambivalenten Stereotype

(Theory of ambivalent stereotypes): Der Eindruck von anderen Menschen lässt sich auf zwei Dimensionen zurückführen, die mit sozialer und fachlicher → Kompetenz bezeichnet werden. Die T. besagt, dass diese beiden Dimensionen in → Stereotypen gegenübergestellt werden: kompetent, aber kalt vs. warm, aber inkompetent (→ Eindrucksbildung). Daher sind Stereotype i. a. durch → Ambivalenz gekennzeichnet. Das gilt sowohl für ethnische → Vorurteile (= ambivalenter Rassismus) als auch für → Geschlechter-Stereotype, deren ambivalenter Sexismus durch den „Ambivalenten Sexismus Fragebogen" (ASI; Glick & Fiske, 1996) gemessen wird.

Erläuterung: Zwei Beispiele können den Inhalt ambivalenter Stereotype verdeutlichen: Juden werden als kompetent, aber unsensibel stereotypisiert, Schwarze als inkompetent, aber sensibel (Fiske, Xu, Cuddy & Glick, 1999).

Theorie der informellen Kommunikation

(Informal communication theory): → Uniformitätsdruck

Theorie des abwärts gerichteten Vergleichs

(Downward comparison theory): Beinhaltet die Annahme, dass → soziale Vergleiche unter bestimmten Bedingungen mit schwächeren oder gleich schwachen Personen durchgeführt werden (→ Abwärts gerichteter Vergleich; Wills, 1981). Die T. wird in einer „starken" und einer „schwachen" Version vorgestellt: Menschen können ihr subjektives Wohlbefinden durch Vergleich mit „weniger glücklichen anderen" (starke Version) bzw. mit „gleich unglücklichen anderen" (schwache Version) erhöhen. Der Zustand der anderen wird entweder vorgefunden (und hat dann eine passive Basis) oder durch Angriffe und Schädigungen hergestellt (und hat dann eine aktive Basis).

Als situationale Folgerung ergibt sich, dass abwärts gerichtete Vergleiche durch die Abnahme des subjektiven Wohlbefindens wahrscheinlicher gemacht werden. Als Persönlichkeitsfolgerung ergibt sich, dass Personen mit niedrigem → Selbstwertgefühl eine stärkere Tendenz zu abwärts gerichtetem Vergleich aufweisen als Personen mit hohem Selbstwertgefühl. Abwärts gerichtete Vergleiche tendieren dazu, sich auf Zielpersonen mit niedrigem → sozialen Status zu beziehen („Zielprinzip"). Im „Ambivalenz-Prinzip" schließlich wird postuliert, dass Menschen im Hinblick auf abwärts gerichtete Vergleiche ambivalent sind (→ Ambivalenz), da ihre Zufriedenheit gefördert wird, aber die wahrgenommene → Gerechtigkeit beeinträchtigt wird. Gewinn zu ziehen aus einem Vergleich mit Menschen, denen es schlecht geht, steht im Widerspruch mit dem impliziten Verständnis davon, was Fairness darstellt.

Die T. dient der Erklärung der → Abwertung anderer Personen, von → Vorurteilen und → Aggression. Verwandte Theorien sind das → Modell der Aufrechterhaltung der Selbstbewertung und die → Theorie der kognitiven Anpassung.

Erläuterung: Ludwig, der vor kurzem arbeitslos geworden ist, hat wenig Geld, weil das, was er vom Arbeitsamt monatlich überwiesen bekommt, gerade ausreicht, um seinen Lebensstandard zu halten. Er versucht sein angeschlagenes → Selbstwertgefühl zu steigern, indem er sich mit Asylanten vergleicht, die noch schlechter dran sind als er selbst.

Theorie des aufwärts gerichteten Vergleichs (Upward comparison theory): → Aufwärts gerichteter Vergleich, → Modell der Aufrechterhaltung der Selbstbewertung, → Theorie der sozialen Vergleichsprozesse

Theorie des begründeten Handelns (Theory of reasoned action): Bezeichnet ein Einstellungsmodell, das auf → Rationalität aufgebaut ist und ein → Erwartungs-Wert-Modell zugrunde legt (Fishbein & Ajzen, 1975). Es wird angenommen, dass sich → Einstellungen aus → Meinungen ableiten lassen, die Argumente über das → Einstellungsobjekt enthalten. Weiterhin wird davon ausgegangen, dass die Einstellung zur Vorhersage von Verhaltensintentionen dienen kann, die das Verhalten gegenüber dem Einstellungsobjekt determinieren. Schließlich wird eine → Rückmeldung auf der Basis des Handlungsergebnisses auf die Meinungen postuliert.

Neben den Meinungen über das Einstellungsobjekt spielen auch die Meinungen über das, was wichtige Bezugspersonen darüber denken, wie man sich verhalten sollte, eine wichtige Rolle, da sie die subjektive → Norm bestimmen. Neben der Einstellung trägt die subjektive Norm zu der Vorhersage der Verhaltensintention bei. Das relative Gewicht der beiden Prädiktoren wird empirisch in jedem Einstellungsbereich abgeschätzt.

Das Erwartungs-Wert-Modell dient zur Messung der Einstellung. Während die Meinungen für die Erwartung stehen, bezieht sich die Wert-Komponente auf die Bewertung der einzelnen Meinungen. Die Einstellung ergibt sich dann als Summe der Produkte von Meinungen und zugeordneten → Bewertungen. Analog wird die subjektive Norm berechnet. Sie beruht auf den Meinungen darüber, wie Bezugspersonen denken, dass man sich in geeigneter Weise verhalten sollte, sowie auf der → Motivation, den Bezugspersonen zu folgen. Die subjektive Norm ist dann die Summe der Produkte von normativen Meinungen unterschiedlicher Bezugspersonen und der Motivation, den entsprechenden Bezugspersonen zu folgen.

Voraussetzung für die Anwendung der T. ist, dass → Wahlfreiheit besteht. Der besondere Wert der T. liegt zum einen darin, dass ein besseres Verständnis der → Einstellungs-Verhaltens-Konsistenz ermöglicht wird. Zum zweiten kann ermittelt werden, in welchen Meinungen sich Personen unterscheiden, die ein bestimmtes Verhalten zeigen und die es nicht zeigen. Schließlich besteht die Möglichkeit der → Einstellungsänderung auf der Basis der T. Wenn z. B. bekannt ist, welche Meinungen Personen vertreten, die eine erwünschte Verhaltensintention nicht zeigen (im Unterschied zu denen, die die Verhaltensintention zeigen), kann der gezielte Versuch unternommen werden, diese kritischen Meinungen durch entsprechende → Kommunikationen in die erwünschte Richtung zu verändern. Eine Weiterentwicklung der T. stellt die → Theorie des geplanten Verhaltens dar.

Erläuterung: Vorhersage des Verhaltens von Müttern nach der Geburt ihres Kindes im Hinblick auf die Bevorzugung von Stillen oder Flasche (Manstead, Proffitt & Smart, 1983). Eine relevante Meinung war z. B., dass Stillen eine enge → Bindung zwischen Mutter und Baby erzeugt. Die subjektive Norm wurde z. B. erfasst, indem nach der Meinung des Vaters des Kindes gefragt wurde, der tatsächlich den stärksten normativen Einfluss hatte (verglichen mit eigener Mutter, Freundin und Arzt). Während diese Angaben und die zur Verhaltensintention vor der Geburt erhoben wurden, wurde der Verhaltensbericht der Mütter danach erfasst. Unter den erstmaligen Müttern fand sich, dass Einstellungen und subjektive Norm die Verhaltensintention gleichermaßen beeinflussten, während die Einstellungen bei Mehrfachmüttern viel wichtiger waren. Außerdem trug bei ihnen die Kenntnis über das frühere Verhalten zur Prognose bei. Erstmütter stillten mehr als Mehrfachmütter. Im Einzelnen wurde das Stillen durch Meinungen über das Stillen und über die Flaschenfütterung über die Bewertung der Konsequenzen als wichtig und durch normative Erwartungen beeinflusst. Z. B. wurde eher gestillt, wenn das Stillen mit der Formierung einer engen Bindung zum Kind in Zusammenhang gebracht wurde, wenn es als gut für die eigene Figur angesehen wurde und wenn der Vater es für richtig hielt.

Theorie des Erregungstransfers (Excitation transfer theory): → Erregungstransfer-Theorie

Theorie des geplanten Verhaltens (Theory of planned behavior): Ist eine Weiterentwicklung der → Theorie des begründeten Handelns (Ajzen, 1988). Die Beziehung zwischen → Einstellung und Verhalten wird als über Verhaltensintentionen vermittelt aufgefasst. Von diesen wird angenommen, dass sie durch Einstellungen gegenüber dem Verhalten, subjektiven → Normen und von der wahrgenommenen → Verhaltenskontrolle beeinflusst werden. Während Einstellungen und subjektive Normen analog zu der Theorie des begründeten Handelns interpretiert wer-

den, stellt die wahrgenommene Verhaltenskontrolle die zentrale Erweiterung in der T. dar.

Die Verhaltenskontrolle, die eine Person in einem bestimmen Einstellungsbereich hat, kann global abgefragt werden. Ein Beispiel bezogen auf die AIDS-Prävention lautet: „Wie schwierig ist es für Sie, Kondome mit neuen Sexualpartnern zu benutzen?" (Reinecke, Schmidt & Ajzen, 1997, S. 747). Darüber hinaus besteht die Möglichkeit, Einzelhemmnisse zu erfassen (z. B. Einschränkung der → Kontrolle aufgrund einer beruflichen Tätigkeit, Krankheit oder wegen Verschlafens). Es wird angenommen, dass die wahrgenommene Verhaltenskontrolle das Verhalten vermittelt über die Intention beeinflusst. Neben dieser indirekten Beeinflussung des Verhaltens wird auch ein direkter Einfluss der wahrgenommenen Verhaltenskontrolle auf das Verhalten vermutet, der vor allem dann auftritt, wenn die wahrgenommene Verhaltenskontrolle die reale Kontrolle zumindest teilweise zum Ausdruck bringt. Eine → Metaanalyse zeigt, dass Einstellungen, subjektive Norm und wahrgenommene Verhaltenskontrolle etwa 40% der Varianz der Verhaltensintention aufklären können (Stroebe, 2000) und dass die T. in dieser Hinsicht der Theorie des begründeten Verhaltens überlegen ist.

Verschiedene Anwendungsbeispiele finden sich in der → Gesundheitspsychologie (Godin & Kok, 1996; Kals, 2001), in der Sportpsychologie (Arnscheid & Schomers, 1996) und in der Umweltpsychologie (Bamberg, 1996; Bamberg & Lüdemann, 1996).

Erläuterung: Anwendung der T. im Zusammenhang mit Kondombenutzung zur AIDS-Prävention (Fishbein et al., 1995; Reinecke, Schmidt & Ajzen, 1997). Die Ergebnisse zeigen, dass sowohl der normative Druck als auch die Einstellung und die wahrgenommene Verhaltenskontrolle bedeutsame Prädiktoren der Intention, Kondome zu benutzen, sind. In einer repräsentativen deutschen Stichprobe erwiesen sich Einstellung und wahrgenommene Verhaltenskontrolle als die bedeutsamsten Prädiktoren. Daher sollten diese beiden Prädiktoren in Aufklärungskampagnen zur AIDS-Prävention besonders berücksichtigt werden.

Theorie des ideosynkratischen Kredits (Theory of ideosyncratic credit): → Minderheitseinfluss

Theorie des realistischen Gruppenkonflikts (Realistic group conflict theory): Geht davon aus, dass → ein Wettbewerb um knappe Mittel ausreicht, um → Konflikte zwischen → Gruppen auszulösen (Sherif, 1966). In solchen → Intergruppenkonflikten wird psychologisch dazwischen unterschieden, ob eine Person der → Binnengruppe oder der → Fremdgruppe angehört. Die Folge eines solchen intergruppalen Spannungszustands ist eine ins Negative verzerrte Wahrnehmung und die Bildung abwertender → Stereotype bezogen auf die Mitglieder der Fremdgruppe. Außerdem entsteht → Intergruppen-Diskriminierung und im Extremfall → Intergruppen-Aggression. Die → Theorie der sozialen Identität relativiert die Bedeutung der T. für → soziale Konflikte.

Ein wichtiger Aspekt der T. besteht darin, dass sie einen Mechanismus angibt, wie die negative Intergruppendynamik angehalten werden kann. Es wird angenommen, dass die Bewältigung von → übergeordneten Zielen, die nur durch → Kooperation zwischen den verfeindeten Gruppen bewältigt werden können und deren Erreichung für die Mitglieder beider Gruppen wichtig ist, dazu beiträgt, die Spannungen zu verringern und im Idealfall ganz abzubauen.

Erläuterung: Belege für die T. finden sich in vielen politischen Auseinandersetzungen zwischen Staaten und innerhalb von Staaten zwischen Interessengruppen. Politische Konflikte drehen sich häufig um die Aufteilung knapper Ressourcen unter verschiedenen Gruppen, die Ansprüche darauf anmelden. Ein Beispiel ist die Auseinandersetzung zwischen Arbeitnehmern und Arbeitgebern, die von dem DGB-Vorsitzenden Schulte in einem Interview am 22.12. 2001 als „Ganoven" bezeichnet wurden.

Theorie des Selbst(wert)schutzes und der Selbst(wert)erhöhung (Theory of self-protection and self-enhancement): Bezeichnet die Zusammenfassung verschiedener Ansätze, die sich nach Stahlberg, Osnabrügge & Frey (1985) auf mindestens eine der zwei folgenden Grundannahmen zurückführen lassen: 1. Menschen haben eine → Motivation, ihr → Selbstwertgefühl zu schützen und zu steigern; 2. Diese Motivation ist umso stärker ausgeprägt, je niedriger das akute Selbstwertgefühl einer Person ist.

Verschiedene Forschungsansätze unterstützen die Annahme eines selbstwertdienlichen Motivsystems: 1. Ansätze, die sich mit der individuellen Auseinandersetzung mit selbstrelevanten → Rückmeldungen befassen: a) selektive Informationssuche, affektive und kognitive Reaktionen auf selbstbezogene Informationen; und 2. Ansätze, die sich auf die Selbst- und Fremdwahrnehmung beziehen: a) selektive Gewichtung von Urteilsdimensionen, → Abwertung anderer Personen etc.; b) Erklärung eigener Erfolge und Misserfolge durch → selbst(wert)dienliche Verzerrung; c) Aktualisierung selbstwertrelevanter Information durch selektives Erinnern (Stahlberg, Osnabrügge & Frey, 1985; vgl. Kruglanski, 1996; Kunda, 1990) in Anlehnung an Tetlock & Levi (1982), Tetlock & Manstead (1985) und Herner (1990).

Allerdings ist nicht immer eindeutig klar, inwieweit bei der Erklärung individueller Reaktionsweisen das Motiv nach Selbstwertschutz und -erhöhung zum Tragen kommt (Tetlock & Levi, 1982; Tetlock & Manstead, 1985). Es ist auch denkbar, dass diese Reaktionsweisen alternativ oder ergänzend mit Hilfe von → Eindrucksmanagement oder durch das Bedürfnis nach → Selbstkonsistenz erklärt werden können (vgl. Dauenheimer, Stahlberg & Petersen, 1997; Dunning, Leuenberger & Sherman, 1995; Sedikides, 1993; Tesser, Martin & Cornell, 1996). Herner (1990) plädiert dafür, zur Weiterentwicklung des Begriffs der selbst-(wert)dienlichen Verzerrung verstärkt methodologische Gesichtspunkte zu berücksichtigen. Die T. hat vielfältige Anwendungsmöglichkeiten: Darunter fallen die Bereiche → Führung, → Leistungsmotivation, → Selbstbehinderung im Besonderen und → Selbstschädigung im Allgemeinen.

Erläuterung: Befunde von Baumeister, Tice & Hutton (1989) und Tice (1991) zeigen, dass das Bedürfnis nach Selbstwerterhöhung eher für Menschen mit hohem überdauerndem Selbstwertgefühl, dasjenige nach Selbstwertschutz eher für solche mit niedrigem Selbstwertgefühl zutrifft (vgl. Schütz, 2000).

Theorie des sozialen Einflusses (Theory of social influence): → Konformität

Theorie des sozialen Austausches (Theory of social exchange): → Austauschtheorie

Theorie des sozialen Lernens (Social learning theory): → Modelllernen, → Sozial-kognitive Lerntheorie

Tiefenstruktur eines Konfliktes (Deep structure of a conflict): → Interessenkonflikt

„Tit-for-Tat"-Strategie (Tit-for-tat strategy): Ist eine Spielstrategie, die auf dem Prinzip der → Norm der Reziprozität basiert und die sich bei der Bewältigung von sich wiederholenden sozialen Dilemmata (→ Soziale Falle) als

erfolgreich erwiesen hat (Yamagishi, 1986). Die T. beinhaltet folgende Regel: Im ersten Zug wird immer kooperativ gewählt, in den weiteren Zügen wird die → Entscheidung von der Entscheidung des Spielpartners abhängig gemacht, indem diese imitiert wird.

Als erfolgreich erweist sich eine Spielstrategie dann, wenn sie maximal zwischen auf → Kooperation ausgerichteten und unkooperativen Interaktionspartnern differenziert. Beantwortet eine Person kooperatives Verhalten eines Interaktionspartners mit kooperativem Verhalten und unkooperatives Verhalten mit → Wettbewerb, ist die eingeschlagene Strategie als maximal differenzierend zu bezeichnen (Axelrod, 1984).

Der Erfolg der T. wurde für das wiederholte → Gefangenendilemma nachgewiesen, das den Spielern eine kooperative und eine unkooperative Alternative zur Auswahl stellt. Zur Bewältigung der Spielsituation sind viele Strategien möglich. Darunter fallen: 1. immer „unkooperativ" zu spielen (immer D-Strategie), 2. immer „kooperativ" zu spielen (immer C-Strategie). Über 200 Runden eines Computerturniers erreichte die T. das beste Ergebnis.

Erläuterung: Die T. weist einige typische Merkmale auf: 1. Es werden keine unkooperativen → Interaktionen provoziert, da zunächst Kooperation bevorzugt wird, so dass man auch von einer „fairen" Strategie sprechen kann, 2. Auf eine provokative Reaktion des Spielpartners wird mit einem unkooperativen Spielzug geantwortet, 3. Das Reziprozitätsprinzip wird befolgt, was u. a. den Vorteil hat, dass sich ein Spieler nur den letzten Zug seines Mitspielers merken muss, um über die → Wahl für den nächsten Zug zu bestimmen, und 4. Eskalation von → Konflikt im Sinne von negativen „Echo-Effekten" wird entgegengewirkt, da länger zurückliegende unkooperative Züge des Mitspielers nicht beachtet werden.

Todesangst (Mortal terror): → Terror-Management-Theorie

Todestrieb (Death instinct): In der letzten Fassung der Trieblehre von Freud (urspr. 1940) wird eine Unterscheidung zwischen zwei Grundtrieben getroffen: → Liebestrieb und T. Der T. zeichnet sich durch das Ziel aus, organische Einheiten zu zerstören, und zwar durch eine Rückführung in den anorganischen Zustand. Dieser anorganische Zustand ist vergleichbar mit dem Tod lebendiger Systeme. Eine andere Bezeichnung für den T. ist Thanatos.

Beide Triebe sind normalerweise in einer „Mischung" gleichzeitig vorhanden. Demnach geht z. B. jede gesunde sexuelle Beziehung mit einem bestimmten Grad an → Aggression einher, um den Partner zu erobern. Bei pathologischer Entwicklung (z. B. durch eine Regression) kann es allerdings zu einer „Entmischung" kommen, so dass die Aggression in reiner Form bestehen bleibt (vgl. Battegay, 1996; Schmidt-Hellerau, 1995). Diese Aggression kann auf das eigene → Selbst gerichtet werden oder vom Selbst weg nach außen auf andere Personen.

„Top-of-the-head"-Phänomen (Top-of-the-head phenomenon): → Zugänglichkeits-Heuristik

Toleranz (Tolerance): → Terror-Management-Theorie

Transaktionale Führung (Transactional leadership): Bezeichnet ein Führungsmuster (→ Führung), das dadurch gekennzeichnet ist, dass die Mitarbeiter über den Austausch von → Belohnungen veranlasst werden, Ziele der Vorgesetzten zu erfüllen (Steyrer, 1999). Der Begriff der T. geht auf Burns (1978) zurück. T. stellt eine Anwendung von Prinzipien der → Austauschtheorie auf die Entwicklung der Beziehung zwischen Vorgesetzten und Mitarbeitern dar. Nach dem Ansatz der T. werden Mitarbeiter durch Bereitstellung von Vorteilen und → Anreizen (wie soziale Anerkennung, Bonussysteme) dazu veranlasst, wünschenswertes Verhalten zu zeigen. Der Austausch von positiven Konsequenzen trägt zu der Entwicklung einer tragfähigen Arbeitsbeziehung bei, durch die Mitarbeiter motiviert werden, die Ziele der Unternehmensleitung, wie sie durch die Vorgesetzten dargestellt werden, zu verfolgen.

Der austauschtheoretische Ansatz schließt die Vorstellung ein, dass Führung und Mitarbeiter sich gegenseitig beeinflussen, so dass von einem bidirektionalen Einflussprozess gesprochen werden kann. Der Austausch besteht darin, dass das → freiwillige Arbeitsengagement der Mitarbeiter gegen die Förderung, Ermutigung, und Eigenständigkeit eingetauscht wird, die der Vorgesetzte bereitstellt (Zalesny & Graen, 1995). Ein Spezialfall des transaktionalen Ansatzes stellt die → Führungskraft-Mitarbeiter-Austauschbeziehung dar. Der Gegenbegriff ist → transformationale Führung.

Erläuterung: In dem „Multifactor Leadership Questionnaire" (MLQ) werden mehrere Dimensionen erfasst, die Austausch und Aushandeln in der Vorgesetzten-Mitarbeiter-Beziehung thematisieren (Steyrer, 1999): Bedingte Belohnung (positive Verstärkung in Abhängigkeit von der Erfüllung bestimmter Zielvorstellungen), „Management by Exception" (Negative Rückmeldung bei Auftreten von Abweichungen vom Sollzustand) und „Laissez-Faire-Verhalten" (Vernachlässigung im Sinne von „die Dinge laufen lassen"). Der Austausch von Informationen wird durch die „Information Exchange Scale" (IES) von Kozlowski & Doherty (1989) gemessen.

Transaktives Gedächtnis (Transactive memory): → Gedächtnis, → Gruppengeist

Transformationale Führung (Transformational leadership): Bezeichnet ein Führungsmuster (→ Führung), das dadurch gekennzeichnet ist, dass die Mitarbeiter über symbolische → Handlungen (wie identitätsstiftende Rituale) dazu veranlasst werden, sich über ihr persönliches Interesse hinaus für höhere Ziele zu engagieren und intrinsisches Interesse aufzubauen (vgl. Steyrer, 1999). Als zentrale Führungsmuster der T., die in dem „Multifactor Leadership Questionnaire" gemessen werden, gelten (Bass & Steyrer, 1995): Das Charisma der Führungsperson (→ Charismatische Führung), ihr inspirierendes Verhalten aufgrund der Vermittlung von Visionen über zukünftige Chancen, intellektuelle Stimulierung durch die Führung, indem die Möglichkeit angesprochen wird, alte Probleme auf neuen Wegen zu lösen, und individuelle Wertschätzung, indem auf die Erfüllung der persönlichen → Bedürfnisse der Mitarbeiter geachtet wird und ihnen Unterstützung angeboten wird.

Im Gegensatz zur → transaktionalen Führung versuchen transformationale Führungspersonen, die Phantasie ihrer Mitarbeiter anzuregen, ihnen Ziele zu vermitteln, mit denen sie sich identifizieren können (→ Identifikation), und auf sie als individuelle Personen einzugehen, die imstande sind, große → Leistungen zu vollbringen. Die Folge kann eine stärkere Identifikation der Mitarbeiter mit dem Vorgesetzten sowie den Zielen und Strategien der → Organisation sein.

Erläuterung: Ein Beispiel ist die Tätigkeit von Lee Iacocca bei der US-amerikanischen Firma Chrysler: Durch die Betonung der Notwendigkeit von Veränderungen, die Bereitstellung neuer Zielvorgaben und die Weckung der → Motivation der Mitarbeiter durch inspirierende Ansprachen gelang es dem Firmenchef, das Unternehmen vor dem Niedergang zu retten.

Treue (Faith): → Vertrauen

Triebtheorie der sozialen Aktivierung (Drive theory of social facilitation): Erklärt → soziale Aktivierung da-

mit, dass die Anwesenheit anderer eine Erhöhung des generellen Triebniveaus zur Folge hat (Zajonc, 1965). Diese Erregungssteigerung führt dazu, dass die Wahrscheinlichkeit der Ausführung der in der Situation dominanten Reaktion steigt. Diese Vorhersage lässt sich direkt aus der Hull-Spence-Lerntheorie ableiten, in der angenommen wird, dass das Triebniveau mit der Gewohnheitsstärke multipliziert wird, um das Erregungspotential zu erhalten. Bei einer gegebenen Gewohnheitsstärke rücken zwei unterschiedlich dominante Reaktionen in ihrer Auftretenswahrscheinlichkeit weiter auseinander, wenn das Triebniveau steigt.

Ist die dominante Reaktion die richtige, wird durch Zuschauer eine Leistungsverbesserung hervorgerufen. Umgekehrt verschlechtert sich die Leistung in Anwesenheit von Zuschauern, wenn die dominante Reaktion falsch ist. Da einfache Aufgaben dadurch gekennzeichnet sind, dass die naheliegende und dominante Reaktion richtig ist, entsteht durch die Anwesenheit von Zuschauern bei diesen Aufgaben eine Leistungssteigerung. Hingegen gilt für schwierige und komplexe Aufgaben, dass die Lösung nicht mit der nahe liegenden Reaktion übereinstimmt, so dass Zuschauer eine Leistungsbeeinträchtigung auslösen.

Die T. geht implizit davon aus, dass die Anwesenheit anderer auf einer angeborenen Grundlage das generelle Triebniveau erhöht (Cottrell, 1972). Konkurrierende Erklärungen sind die → Bewertungsangst-Theorie und die → Ablenkungs-Konflikt-Theorie (vgl. Wilke & Meertens, 1994).

Erläuterung: Die Aufgabe besteht darin, auf einem Fahrrad-Ergometer zu radeln. Personen, die allein die Aufgabe ausführen, tendieren dazu, langsamer zu treten als Personen, die die Aufgabe vor Zuschauern ausführen.

Tu-es-Motivation (Do-it motivation): Bezeichnet das → Selbstbild, wonach man das, was man denkt, auch tun sollte. Die experimentelle Erzeugung einer T. ist dazu geeignet, eine hohe → Einstellungs-Verhaltens-Konsistenz hervorzurufen (Snyder & Kendzierski, 1982).

Erläuterung: Ein Beispiel für eine → Kommunikation, die auf der T. aufbaut, ist die Nike-Werbung mit dem Slogan „just do it".

Tür-ins-Gesicht-Technik (Door-in-the-face technique): → „Door-in-the-face"-Technik

Typ-A-Verhalten (Type A behavior): Bezeichnet ein Verhaltensmuster, das durch drei Merkmale gekennzeichnet ist: 1. Auf → Wettbewerb ausgerichtetes Leistungsstreben (→ Leistung), 2. Zeitdruck und Ungeduld, 3. Aggressivität und → Feindseligkeit im Lebensstil. Der Gegenbegriff ist Typ-B-Verhalten, das sich durch ein entgegengesetztes Merkmalsmuster auszeichnet. Die Forschung zum T. geht auf Friedman & Rosenman (urspr. 1974) zurück, die sich damit befassten, weil T. das Risiko für das Auftreten einer koronaren Erkrankung im Vergleich zum Typ-B-Verhalten erhöht.

Das T. entspricht teilweise dem → Geschlechter-Stereotyp von Männlichkeit und geht mit der Tendenz einher, auf kurzfristigen → Kontrollverlust mit → Reaktanz und auf langfristigen Kontrollverlust mit → Hilflosigkeit zu reagieren. T. wird einerseits durch bestimmte Umweltbedingungen gefördert; andererseits wird es auch durch die Leistungsideologie angefacht, wie sie in der → protestantischen Ethik zum Ausdruck kommt (Mattews, 1982; Miller et al., 1991; Myrtek, 2001). Das T. hängt von den → Attributionen einer Person in Belastungssituationen ab (Leppin & Schwarzer, 1991)

Erläuterung: T. ist kein Schicksal. Es ist durch präventive, therapeutische und rehabilitative Maßnahmen reduzierbar (vgl. Ahrens, 1997).

UCLA-Einsamkeitsskala (UCLA loneliness scale): Ist ein von Russell, Peplau & Cutrona (1980) entwickeltes Messverfahren zur Erfassung von → Einsamkeit, das 20 Feststellungen in Bezug auf Isolation von und Kontakt mit anderen enthält und auch in deutscher Fassung (Lamm & Stephan, 1986) vorliegt. Untersuchungsergebnisse zeigen, dass Einsamkeit hoch negativ mit dem erlebten Ausmaß an → sozialer Unterstützung zusammenhängt (Bilsky & Hosser, 1998).

Erläuterung: Ein Item aus der U. lautet: „Es gibt niemanden, zu dem ich mich hinwenden kann".

Überbehütung (Overprotection): Bezeichnet eine übertriebene fürsorgliche Haltung einer Erziehungsperson gegenüber einem Kind. Ü. kann dazu beitragen, dass das Explorationsverhalten und die Neugier des Kindes beeinträchtigt werden. Außerdem kann das Bindungsverhalten verunsichert werden (→ Bindungsstil).

Erläuterung: Ü. tritt häufig in der Eltern-Kind-Beziehung auf (→ Sozialisation). Ein Beispiel ist gegeben, wenn eine Mutter ihrem drei Jahre alten Kind aus Sorge, ihm könnte etwas passieren, kaum von der Seite weicht.

Übergeordnetes Ziel (Superordinate goal): Bezeichnet die Bewältigung von Bedrohungen durch → Kooperation zwischen → Gruppen, die vorher in Konflikt miteinander standen. Das Prinzip der Schaffung eines Ü.s zur Reduktion von → Vorurteilen wird in dem → Rekategorisierungs-Modell zugrunde gelegt. Das Ü. ist Teil der → Theorie des realistischen Gruppenkonflikts.

Erläuterung: Die Weltraumstation ISS, an deren Errichtung und Betrieb zahlreiche Nationen beteiligt sind, unter ihnen auch die politischen Rivalen USA und Russland.

Über-Ich (Super ego): Ist ein in der → Psychoanalyse verwendeter Begriff, der die Begriffe → Es und → Ich ergänzt. Im Strukturmodell von Freud (urspr. 1923) wird das Ü. als Instanz der → Persönlichkeit begriffen, von der zensierende und der → Norm folgende Einflüsse ausgehen. Ursprünglich wurde ein Zusammenhang zwischen Entwicklung des Ü.s und der Lösung des „Ödipuskomplexes" im Alter von ca. vier bis sechs Jahren beim Kind angenommen (vgl. Greve & Roos, 1996).

Neuere Befunde zeigen, dass auch schon beim Kleinkind, bevor es in die ödipale Phase eintritt, von präödipalen Vorläufern des Ü.s auszugehen ist, die durch Übernahme der mütterlichen Rolle bzw. durch Idealisierung des elterlichen Bildes durch das Kind zu erklären sind (Mertens, 1992). Trimborn (1979) unterscheidet zwischen 1. einem „archaischen Ü." (aufgrund von Frustrationserlebnissen im ersten Lebensjahr), 2. einem „sozialen Ü. und dem Ich-Ideal" (aufgrund der Bewältigung von Trennungsangst und der Sicherstellung der eigenen Identität, → Narzissmus) und 3. einem „ödipalen Ü. und Ich-Ideal" (aufgrund der Bewältigung des Ödipuskomplexes).

Erläuterung: Der Karikaturist, Autor und Schauspieler Loriot stellt in dem Film „Ödipussi" in humorvoller Weise den Charakter eines Mannes mit einer starken Mutter-Bindung dar, der als Resultat von unbewältigten ödipalen Strebungen interpretiert werden kann.

Überleben (Survival): → Terror-Management-Theorie

Überredung (Persuasion): Bezeichnet eine → Kommunikation, die auf → Einstellungsänderung abzielt. Der Erfolg der Ü. hängt von zahlreichen Randbedingungen und Persönlichkeitsmerkmalen ab. Ein Beispiel ist die → Involviertheit der zu überredenden Person, die für die Frage bedeutsam ist, ob die Qualität der Argumente den Erfolg der Ü. beeinflusst (Petty & Cacioppo, 1990). Das → Elaborations-Wahrscheinlichkeits-Mo-

dell und das → Heuristisch-Systematische-Modell sind die bekanntesten Modelle der Ü. Weitere Erklärungsansätze der Ü. sind in der → Theorie des begründeten Handelns und in der → Theorie des geplanten Verhaltens enthalten.

Erläuterung: Vielfach wurde darüber spekuliert, wie Ü. und → Persönlichkeit zusammenhängt. Rhodes & Wood (1992) zeigen in einer → Metaanalyse, dass ein kurvilinearer Zusammenhang zwischen → Selbstwertgefühl und Einstellungsänderung besteht. Ein mittleres Selbstwertgefühl steht mit der größeren Einstellungsänderung in Zusammenhang. Die Beziehung zwischen Selbstwertgefühl und Einstellungsänderung ist eine umgekehrte U-Funktion.

Übertragung (Transference): Bezeichnet in der → Psychoanalyse nach Greenson (1975) „eine Wiederholung, eine Neuauflage einer alten Objektbeziehung. Sie ist ein Anachronismus, ein Irrtum in der Zeit. Eine Verschiebung hat stattgefunden; Triebimpulse, Gefühle, Abwehrhaltungen, die sich auf eine Person in der Vergangenheit beziehen, sind auf eine Person in der Gegenwart verschoben worden. Dies ist in erster Linie ein unbewusstes Phänomen, und die Person, die mit Übertragungsgefühlen reagiert, ist sich weitgehend der Verzerrung nicht bewusst" (S. 163 f.; → Abwehrmechanismus, → Gefühl).

Ü.en sind ein ubiquitäres Phänomen, da sie in vielen Beziehungen zwischen Menschen auftreten können (z. B. am Arbeitsplatz zwischen Mitarbeiter und Vorgesetztem). Ü.en lassen sich als Reinszenierungen von Vergangenem interpretieren und unterliegen einem individuellem Wiederholungszwang (als Übertragungsdisposition; Freud, urspr. 1920) bzw. dem Wunsch nach „Familiarität" oder nach dem Wiederfinden und Beibehalten des Vertrauten (als Übertragungsmotiv; vgl. König, 1998). Sie zeichnen sich durch Gefühle, → Einstellungen sowie Abwehrmechanismen (wie Regression, Verschiebung und Projektion) einer Person gegenüber einer anderen aus und wirken somit dem → Realitätsprinzip entgegen. Nach entwicklungsdiagnostischen Kriterien sind 1. die (klassisch-neurotische) objektale Ü. (z. B. Mutter-, Vater- und Geschwister-Ü.), 2. die narzisstische Ü. (Selbstobjekt-Ü., Spiegel-Ü., Selbst-Ü., → Narzissmus) und 3. die Borderline-Ü. (Teilobjekt-Ü.) zu unterscheiden (Ermann, 1997).

Neuerdings wird die Aufmerksamkeit auf → Affekte und deren mimischen Ausdruck (→ Nonverbale Kommunikation) gerichtet (vgl. Krause & Merten, 1998). So konnten Krause & Lütolf (1989) in einer längsschnittlichen Einzelfallanalyse zeigen, dass ambivalenter mimischer Ausdruck (vgl. Ekman & Friesen, 1975) als Indikator für das Auftreten einer Ü. gewertet werden kann.

Ü. in der → Sozialpsychologie wurde aus einer sozial-kognitiven Perspektive untersucht (s. Chen & Andersen, 1999, → Symbolischer Interaktionismus). Grundlegend ist die Annahme, dass mentale Repräsentationen von bedeutsamen anderen (Personen) aus der Vergangenheit im individuellen → Gedächtnis abgespeichert und affektiv besetzt sind. Diese mentalen Repräsentationen beeinflussen Erinnerungsleistungen, → Erwartungen, → Stimmungen, → Affekte und → Bewertungen einer Person, die aktuell auf eine neue, bislang unbekannte Person trifft. In diesem Zusammenhang wird vorwiegend auf Erkenntnisse aus der Forschung zu → engen Beziehungen, → Bindungsstilen, → „Priming" und → Schema zurückgegriffen.

Dieser empirische Untersuchungsansatz ist als eine Kombination aus ideographischen und nomothetischen Vorgehensweisen zu charakterisieren. In der Vortestphase wird das ideographische Vorgehen verwendet, indem für jede Versuchsperson (intraindividuell) über die subjektive Zuordnung von beschreibenden Beurteilungen und Eigenschaften bzw. über eine Rangreihenbildung die mentale Repräsentation einer bedeutsamer anderen Person erfasst wird. In der anschließenden Test- oder Lernphase wird das nomothetische Vorgehen verwendet, indem repräsentationsabhängige Beurteilungen über die Auswertung der → Leistungen der Versuchsteilnehmer (interindividuell) in einem Rekognitions-Test (→ Gedächtnis) überprüft werden, die dann als Hinweis für Übertragungseffekte dienen. Im interpersonellen Kontext wird Ü. durch → Gegenübertragung beantwortet.

Erläuterung: Bettighofer (1998, S. 39) beschreibt die Ü. einer Patientin auf den Therapeuten, die indirekt die Autorität ihres Vater mit der des Therapeuten gleich setzt.

Umgekehrte Diskriminierung (Reverse discrimination): → Regressiver Rassismus

Umweltpsychologie (Environmental psychology): → Subjektive/objektive Umwelt, → Theorie des geplanten Verhaltens, → Umweltverantwortung

Umweltverantwortung (Environmental responsibility): (Synonym: ökologische Verantwortung) Basiert auf einem moralischen Verpflichtungsgefühl, die Umwelt – jenseits der eigenen egoistischen Ansprüche – zu schonen, um die Umweltverschmutzung zu verringern (→ Moralische Kompetenz, → Prosoziales Verhalten, → Verpflichtung). U. beinhaltet die Überwindung der eigenen egoistischen Interessen (→ Egoismus) durch die Vermeidung der Belastung der lokalen Gemeinschaft oder größerer sozialer Einheiten durch eine kontaminierte Umwelt. Darüber hinaus drückt sie sich auch in der Naturverbundenheit aus (Kals, Schumacher & Montada, 1998). Naturschutz

wird eher von Personen bevorzugt, die U. internalisiert haben (Kals, Schmumacher & Montada, 1998, → Interanlisierung).

Menschen unterscheiden sich darin, inwieweit sie der → Norm der sozialen Verantwortung im Umweltbereich folgen (Kals, 1996). U. stellt auch ein Thema der → Attribution dar. → Verantwortungsattribution für umweltzerstörendes Verhalten kann internal auf die handelnde Person oder external auf andere Menschen oder gegebene Kontextbedingungen erfolgen. Damit sind bestimmte Verhaltenskonsequenzen verbunden. Generell scheint ein ausgeprägter Sinn persönlicher Verpflichtung und eine internale Verantwortungsattribution in Umweltfragen ähnliche Folgen zu haben (Kaiser et al., 2001), nämlich das Streben nach einer größeren Umweltschonung. Hingegen scheint eine geringe Befolgung der → Norm der sozialen Verantwortung bzw. eine Bevorzugung der externalen Verantwortungsattribution die Bereitschaft zu umweltschonenden Verhaltensweisen zu verringern.

Ein verwandter Begriff ist das Umweltbewusstsein, das sich auf die Sensibilität für Umweltprobleme bezieht und als dreidimensionale → Einstellung definiert wird (Fuhrer, 1995; → Drei-Komponenten-Modell der Einstellung). Während das Umweltbewusstsein gewissermaßen den Radarschirm für Ereignisse darstellt, die die Umwelt bedrohen, bezieht sich die U. auf die Bereitschaft, sich für die Umwelt einzusetzen (Kals, Schumacher & Montada, 1998). Am Beispiel der Nutzung von öffentlichem Nahverkehr lässt sich zeigen, dass umweltschonendes Verhalten durch ein normatives Modell (→ Prozessmodell prosozialen Verhaltens), das zusätzlich → Schuld(gefühle) einbezieht, erklärt werden kann (Hunecke, Blöbaum, Matthies, & Höger, in press). Außerdem kann die → Theorie des geplanten Verhaltens zur Erklärung herangezogen

werden, das häufig in der Umweltpsychologie zur Vorhersage des Verhaltens Verwendung findet. Fuhrer (1995) stellt ein modifiziertes Prozessmodell der U. vor.

Erläuterung: Der US-amerikanische Sänger John Denver machte schon 1972 in seinem Lied „Rocky Mountains High" auf die Gefahren der Umweltverschmutzung aufmerksam.

Unabhängigkeit (Independence). Bezeichnet eine → Persönlichkeit(sstruktur), die durch Autonomie und Selbstbestimmung charakterisiert ist und die auch als Selbstständigkeit bezeichnet wird. U. zeigt sich im politischen und kulturellen Bereich in Nonkonformismus. In der → Austauschtheorie kennzeichnet U. die Lage eines Akteurs in einer sozialen Beziehung, die dadurch gekennzeichnet ist, dass die andere Person tun kann, was sie will, ohne dass die Konsequenzen des Akteurs verändert werden (→ Abhängigkeit).

Erläuterung: Unabhängiges Denken findet sich vielfach in der Kunst. Ein Beispiel ist Joseph Beuys, dessen Werke die Kunst des 20. Jahrhunderts revolutioniert haben.

Uniformitätsdruck (Pressure toward uniformity): Bezeichnet den Druck, der von einer → Gruppe oder einzelnen Personen auf eine Zielperson ausgeübt wird, um eine Homogenisierung der → Meinungen und → Gefühle zu erreichen (→ Gruppenhomogenität). Nach Festingers (1950) Theorie der informellen Kommunikation ergibt sich der Druck zur Meinungsuniformität einerseits aus dem Wunsch nach Absicherung einer gemeinsamen sozialen Realität und andererseits aus der Notwendigkeit der Koordination, die sich zum Zweck der Verwirklichung von gemeinsamen Zielen ergibt. Nach Festinger (1954) ist der Druck zur Meinungsuniformität eine wichtige Voraussetzung für die Bildung einer stabilen → Selbstbewertung auf der Basis → sozialer Vergleiche.

Erläuterung: U. kann sich sowohl darin äußern, dass ein Akteur versucht, eine andere Person zu verändern (z. B. durch → Überredung oder Beratung), als auch darin, dass der Akteur versucht, sich an die andere Person anzunähern, indem er oder sie sich selbst verändert.

Unkompliziertheit (Sportsmanship): → Freiwilliges Arbeitsengagement

Verantwortung (Responsibility): Umfasst moralische → Entscheidungen (→ Moralisches Urteil), die die Begründung dafür liefern, was als gut oder schlecht angesehen wird, sowie moralische → Verpflichtungsgefühle (→ Moralische Kompetenz, → Norm der sozialen Verantwortung). V. besteht aus zwei Komponenten: 1. das Wohlergehen anderer im täglichen Leben zu gewährleisten und 2. die eigenen Ziele zu verfolgen, ohne die berechtigten → Erwartungen anderer zu verletzen. V. ist ein dreistelliger Begriff: die Person ist verantwortlich für etwas, gegenüber jemandem und bezogen auf eine innere oder äußere Instanz (Auhagen, 1999).

Im Einzelnen lassen sich zwei Verständnisweisen von V. unterscheiden: 1. als moralisches Verpflichtungsgefühl, das zwischen unterschiedlichen Personen variiert und durch einen Fragebogen gemessen wird, der ursprünglich von Berkowitz & Daniels (1963) entwickelt wurde (deutsche Fassung von Bierhoff, 2000a); 2. als internale → Attribution von Zuständigkeit auf sich selbst im Unterschied zu einer Verweigerung von persönlicher Zuständigkeit auf der Basis einer externalen Attribution der Zuständigkeit auf andere (Shaver, 1986). Die Attribution kann sich auch darauf beziehen, ob eine → Notlage selbst verursacht wurde (z. B. durch Nachlässigkeit) oder jenseits der persönlichen → Kontrolle entstanden ist (z. B. eine Naturkatastrophe; Weiner, 2001). Diese internale/externale → Verantwortungsattribution für ein Problem

beeinflusst das → prosoziale Verhalten, das durch eine internale Attribution reduziert wird.

V. wird als Teil der menschlichen Natur interpretiert (Hinde, 2001). Regeln, nach denen V. zugeschrieben wird, scheinen sich in allen Gesellschaften zu finden. Es gibt aber auch kulturelle Unterschiede. In westlichen → Kulturen besteht eine Tendenz, nach negativen Ereignissen V. einseitig einer Person im Sinne eines Verschuldungsvorwurfs zuzuschreiben (Shaver & Schutte, 2001), während in fernöstlichen Kulturen die V. für Fehler unter Bezugnahme auf → soziale Rollen und das soziale Netzwerk interpretiert wird (Hamilton & Sanders, 1992). Die → Sozialisation vermittelt → Werte, die der V. zugrunde liegen, deren → Internalisierung dispositionale Handlungsbereitschaften hervorruft (→ Handlung). Die Vernachlässigung der V. kommt in dem Persönlichkeitsmerkmal des → Machiavellismus zum Ausdruck, das eine Verabsolutierung egoistischer Ansprüche kennzeichnet.

V. lässt sich individuell als Mechanismus der Selbstkontrolle deuten, während sie auf gesellschaftlicher Ebene der sozialen Kontrolle dient. Das Dreiecksmodell der Verantwortung (Schlenker et al., 1994) berücksichtigt drei Komponenten: 1. ein Ereignis, 2. soziale Vorschriften (→ Norm), die auf das Ereignis angewandt werden, und 3. die Identität des Akteus, die seine → sozialen Rollen, → Gebundenheiten und → Eigenschaften umfasst. Die Identität bestimmt darüber, welche sozialen Vorschriften in welcher Situation auf einen Akteur angewandt werden.

Zwar dient die Übernahme von V. der Zielerreichung und hängt mit → Selbstwirksamkeit zusammen (Auhagen, 2001), aber es besteht auch eine Tendenz zur → Diffusion der V., wenn mehrere Zuschauer mit der Notlage eines Opfers konfrontiert werden. Tatsächlich finden sich zahlreiche Strategien, die der Verneinung von V. für eigenes Vergehen zum Inhalt haben (Montada, 2001a). Darunter fallen einerseits → Entschuldigungen, die das Ausmaß der V. eines Akteurs reduzieren, und andererseits → Rechtfertigungen, die die V. des Akteurs akzeptieren, aber Gründe beinhalten, die dafür sprechen, dass der Akteur nicht schuldhaft gehandelt hat (→ Schuld).

Viele aktuelle Debatten um V. beziehen sich auf das Thema des Umweltschutzes (→ Umweltverantwortung). Andere wichtige Themen sind z. B. die Diskussion um Genmanipulationen, Klonen und Ersatzmütter, die unter dem Begriff der Bioethik zusammengefasst sind (→ Ethik). V. ist Ausdruck von Humanität.

Erläuterung: Als der ausgediente Ölturm Brent Spar in der Nordsee versenkt werden sollte, trug ein Protest dagegen in ganz Europa dazu bei, dass die Firmenpläne geändert wurden und nach einer umweltverträglichen Demontagemöglichkeit gesucht wurde, die dem Anspruch an verantwortliches Handeln von Unternehmen gerecht wurde (vgl. Bierhoff, 2002b).

Verantwortungsattribution (Responsibility attribution): Bezeichnet eine → Attribution, die über eine Ursachenzuschreibung, bei der eine Person nur als notwendiger oder hinreichender Grund für das Auftreten eines Effektes (Ereignisses) zu betrachten ist, hinausgeht. Der Person wird zusätzlich unterstellt, dass der von ihr verursachte Effekt absehbar, kontrollierbar oder intendiert war (vgl. Heider, 1958; Shaver & Drown, 1986). Damit sind vier Urteilskriterien gegeben (Schütz & Hoge, im Druck): Ursachenzuschreibung, Vorhersehbarkeit, Handlungsfreiheit und Intentionalität.

In der Theorie der sozialen Führung (theory of social conduct; Weiner, 1995, 2001) wird angenommen, dass Ereignisse, die sich auf Leistungsversagen, → Stigmatisierung, Hilfsbedürftigkeit

(→ Notlage) oder → Aggression einer Zielperson beziehen, entweder → Sympathie oder → Ärger der Beobachter auslösen. Sympathie dominiert, wenn die Zielperson für ihr Problem von → Verantwortung freigesprochen wird, während → Ärger bei V. überwiegt. Während Sympathie mehr Verständnis, Hilfsbereitschaft und Unterlassung von Vergeltung auslöst, führt Ärger zu Tadel, moralischer Verurteilung, Ignorierung der Notlage und Vergeltung nach einer Aggression.

Erläuterung: Einem Betrunkenen wird unterstellt, er hätte vorhersehen können, dass übermäßiger Alkoholkonsum zu einem Kontrollverlust in der Öffentlichkeit führen kann. Daher wird seine Notlage von Zuschauern häufig ignoriert.

Verantwortungsdiffusion (Diffusion of responsibility): → Diffusion der Verantwortung

Verfahrensgerechtigkeit (Procedural justice): (Synonym: Prozedurale Gerechtigkeit) Bezeichnet die Fairness des Verfahrens, das zur Vorbereitung von → Entscheidungen durchlaufen wird. V. wird typischerweise bei Entscheidungen relevant, die sich auf die Verteilung und den Austausch von Ressourcen (Gütern, → Belohnung etc.) beziehen sowie auf Vergeltung und Wiedergutmachung.

Herstellung von V. stellt eine wesentliche Grundlage der Legitimation einer Institution dar. Leventhal (1980) verweist auf sechs Bedingungen, die V. gewährleisten können: 1. Konsistenz der Regelanwendung, 2. Unvoreingenommenheit der entscheidenden Personen, 3. Korrigierbarkeit von Entscheidungen, die sich als fehlerhaft erwiesen haben, 4. Genauigkeit (i.S. der Nutzung von Informationen), 5. Repräsentativität (i.S. der Einbeziehung der Interessen aller Betroffenen) und 6. ethische → Rechtfertigung (i.S. einer Übereinstimmung mit gültigen moralischen Standards).

V. spiegelt das → Bedürfnis von Menschen wider, in einer Konfliktsituation mit Würde und Neutralität behandelt und in den eigenen Anliegen für wichtig genommen zu werden. Lind & Tyler (1988) betonen daher die wichtige Funktion der Mitsprache der Betroffenen in einem Entscheidungsverfahren, um zu gewährleisten, dass die Anliegen der Betroffenen angemessen berücksichtigt werden. Dieses Thema wird in der → Gruppen-Wert-Theorie weiter behandelt. Ein komplementärer Begriff ist → Verteilungsgerechtigkeit. V. wird in → Modellen der Konfliktlösung angestrebt.

Erläuterung: Täter, die sich an einem Täter-Opfer-Ausgleich beteiligen, werden durch die wahrgenommene Unvoreingenommenheit der Verhandlungsführung ermutigt, auch unangenehme Ergebnisse zu akzeptieren.

Vergeltung (Retaliation): → Aggressionstheorie, → „Equity"-Theorie, → Graduelle und reziproke Initiative der Spannungsreduktion

Vergleichsgruppe (Comparison group): → Bezugsgruppe, → Sozialer Vergleich

Vergleichsniveau (Comparison level): → Austauschtheorie

Verhalten (Behavior): → Soziales Verhalten

Verhaltensbestätigung (Behavioral confirmation): → Sich-selbst-erfüllende Prophezeiung

Verhaltensepisode (Behavior episode): → Handlung

Verhaltensforschung (Ethology): → Ethologie

Verhaltensgitter (Managerial grid): Stellt ein Hilfsmittel zur Darstellung unterschiedlicher Führungsmuster (→ Führung) dar, die sich auf zwei Dimensionen unterscheiden: Aufgabenorientierung (Arbeitsfortschritt rückmelden, → Leistung fordern) und Mitarbeiterorientierung (Harmonie fördern, positive → Gefühle ermutigen). Nach Blake & Mouton (1964) lassen sich diese beiden Dimensionen der Führung auf 9-stufigen Skalen darstellen, deren Kombination ein 9x9-Schema ergibt.

Ein optimaler Führungsstil kommt dadurch zustande, dass beide Führungsmuster gleichzeitig verwirklicht werden (9,9). Ein solcher Führungsstil ist durch offene → Kommunikation, gegenseitige → Kooperation, Betonung der → Verantwortung jedes Einzelnen, kollektive Entscheidungsfindung, leistungsorientierte Bezahlung und Betonung von hohen Leistungsstandards gekennzeichnet (→ Leistungsmotivation). Hingegen ist der einseitig aufgabenorientierte Führungsstil (9,1) durch → Kontrolle und Dominanz charakterisiert, während der einseitig mitarbeiterorientierte Führungsstil (1,9) durch Anerkennung und menschliche Wärme gekennzeichnet ist. Schließlich dominiert bei dem mittleren Führungsstil (5,5) die Suche nach Kompromissen.

Das V. ist mit der optimistischen Perspektive verbunden, dass der günstige 9,9-Führungsstil gelernt werden kann, indem systematische Programme zur Personalentwicklung verwirklicht werden. Im Unterschied zur → Kontingenztheorie der Führung und zur → normativen Theorie der Führung wird angenommen, dass das 9,9-Führungsmuster in unterschiedlichen Führungssituationen gleichermaßen wünschenswert ist (Lux, 1995).

Erläuterung: Führungskräfte werden in einem Managementtraining dazu angehalten, sowohl ein kooperatives Klima in ihrer Abteilung zu schaffen als auch die Verantwortung jedes einzelnen Mitarbeiters zu betonen.

Verhaltenskontrolle (Behavioral control): → Abhängigkeit, soziale

Verhaltenspsychologie (Behaviorism): → Behaviorismus

Verhaltenssteuerung (Behavioral guidance): → Duales-System-Modell der Verhaltenslenkung

Verhaltenstherapie (Behavior therapy): → Behaviorismus, → Psychotherapie

Verhandeln (Bargaining): Bezeichnet Gespräche zwischen zwei oder mehreren Parteien zur Lösung eines → Konflikts. Die Parteien sind motiviert, eine Übereinkunft herbeizuführen, die im Allgemeinen ein Kompromiss ist (→ Konfliktlösung). Das V. ist durch den Austausch von Forderungen, Vorschlägen, Informationen, → Rechtfertigungen und Versprechungen gekennzeichnet.

Wichtige Erkenntnisse für die Analyse des V.s enthält die → Spieltheorie, die → Austauschtheorie, die → soziale Informationsverarbeitung und die → Verfahrensgerechtigkeit (vgl. Kramer & Messick, 1995; Montada & Kals, 2001; Pruitt & Carnevale, 1993). Gelegentlich kann nur durch Hinzuziehung eines Vermittlers, Schlichters oder Schiedsmannes ein Kompromiss erzielt werden (Carnevale & Pruitt, 1992; Jansen, Röhl & Schwarz, 1987; → Interesse-Wahrscheinlichkeits-Modell, → Mediation).

Erläuterung: Tarifverhandlungen, in denen Arbeitgeber- und Arbeitnehmervertreter einen Kompromiss für die Tarifvereinbarung anstreben, illustrieren den Prozess des V.s.

Verhandlungstheorie (Bargaining theory): → Koalition, → Verhandeln

Verlegenheit (Embarrassment): Ist ein akuter sozial-emotionaler Zustand, der auf Ereignisse folgt, die die Wahrscheinlichkeit von unerwünschten → Bewertungen durch eine reale oder nur vorgestellte Öffentlichkeit steigern (Miller, 1996, S. 129). Typische Anregungsbedingungen sind verbreitete (soziale) Missgeschicke, die die Selbstdarstellung vorübergehend beeinträchtigen und die soziale → Interaktion kurzfristig stören

(→ Eindrucksmanagement). Im Unterschied zu Scham-Auslösern (→ Scham) betreffen die Fehler eher soziale → Konventionen als zentrale Aspekte des → Selbstbildes. Eine weitere Quelle ist die erhöhte Beachtung durch andere, z. B. vor anderen gelobt werden oder im Mittelpunkt der Aufmerksamkeit stehen. Die Beobachtung der V. anderer kann empathisch V. auslösen (→ Empathie, → Stufenmodell der Entwicklung empathischen Mitleidens).

Blickkontaktvermeidung und das verlegene Lächeln, Erröten, nervöse Unruhe, Stammeln und Stottern sind häufige Reaktionsweisen. Die (öffentliche) → Selbstaufmerksamkeit ist erhöht. Die Gedanken kreisen um das Missgeschick und den schlechten Eindruck, den man hinterlassen haben könnte. Typische Handlungstendenzen sind Flucht und verschiedene Strategien zur Wiederherstellung des beschädigten Selbstbildes (→ Theorie des Selbst(wert)schutzes und der Selbst(wert)erhöhung). V. setzt ein entwickeltes → Selbstschema und die Fähigkeit zur Übernahme einer Fremdperspektive (→ Perspektivenübernahme) voraus (vgl. Leary, Britt, Cutlip & Templeton, 1992; Roos, 2000).

V. wird in die Nähe von Scham, sozialer Ängstlichkeit und Schüchternheit gerückt, wobei Schüchternheit aber auch als eine Persönlichkeitseigenschaft oder als eine Form des → Eindrucksmanagement betrachtet wird. Soziale Ängstlichkeit zeigt sich im Unterschied zur V. weniger reaktiv. Statt dessen ist sie mehr antizipativ hinsichtlich bestimmter Ereignisse (Leary & Kowalski, 1995; Roos, 2000). Bei der V. sind Fehler oder öffentliche Beachtung bereits eingetreten, während ihr Eintreten bei akuter Schüchternheit erst befürchtet wird. Akute Schüchternheit ist daher stärker furchtgetönt, V. stärker schamgetönt. Verhalten und Erleben ähneln sich bei V. und Scham, Verlegenheitsreaktionen sind aber weniger intensiv. Scham resultiert eher nach Normabweichungen, die moralisch bedeutsam und im Selbstkonzept zentral sind.

Die Neigung, leicht in V. zu geraten, wird Verlegenheitstendenz genannt und mit einem Fragebogen erfasst (Modigliani, 1968; Edelmann, 1985). Sie korreliert z. B. positiv mit → Selbstaufmerksamkeit und mit Schüchternheit.

Erläuterung: Der verstorbene US-amerikanische Schauspieler Harold Lloyd stellte den schüchternen jungen Mann in vielen seiner Rollen dar.

Vernachlässigung (Neglect): → „Exit-voice-loyalty-neglect"-Typologie

Verortung von Ursachen (locus of control): → Kontrollüberzeugung

Verpflichtung (Indebtedness, Obligation): Bedeutet zum einen, dass man sich nach dem Erhalt einer Hilfeleistung (→ Prosoziales Verhalten) daran gebunden fühlt, in der Zukunft für einen Ausgleich zu sorgen (→ „Equity"-Theorie). Die englische Bezeichnung dafür ist „indebtedness". Aufbauend auf Gouldner (1960) entwickelte Greenberg (1980) eine Theorie der V., in der angenommen wird, dass je größer das Gefühl der V. ist, desto unangenehmer die Erfahrung. V. führt dazu, dass die Aufmerksamkeit des Hilfeempfängers besonders auf solche Handlungsalternativen (→ Handlung) gerichtet ist, die dazu führen, dass die erhaltene Hilfe dem Geber „zurückgezahlt" werden kann. V. trägt zur Einhaltung der → Norm der Reziprozität bei. Sie wird auch in dem → Modell der Selbstwertbedrohung der Reaktionen auf Hilfe thematisiert.

V. kennzeichnet zum anderen die moralische V. zu helfen, wenn die → Norm der sozialen Verantwortung aktiviert wurde. Im Englischen wird dafür der Begriff „obligation" verwendet.

Erläuterung: Das Ausmaß der V. ist von dem Wert abhängig, den der Empfänger der Hilfe beimisst. Dieser Wert ist wiederum abhängig von 1. der Intensität der → Bedürfnisse des Hilfeempfängers, die durch die Hilfe befriedigt wurden, 2. den Mitteln des Gebers, 3. den → Motiven, die dem Geber zugeschrieben werden, und 4. inwieweit die ursprüngliche Hilfe unter Zwang oder freiwillig gegeben wurde.

Verstärkung (Reinforcement): → Operante Konditionierung

Verstärkungstheorie der Attraktion (Reinforcement theory of attraction): Beinhaltet die Annahme, dass interpersonelle → Attraktion eine positive lineare Funktion der Proportion positiver Verstärkungen ist (Byrne, 1971). Positive Verstärkungen können z. B. Beurteilungen sein, die die eigene → Meinung oder das → Selbstbild bestätigen. Außerdem spielt die → Einstellungsähnlichkeit im Speziellen und die Ähnlichkeit in Merkmalen der → Persönlichkeit im Allgemeinen eine große Rolle.

Grundlage der V. ist die → klassische Konditionierung. Demnach entsteht die Attraktion gegenüber einer Person aus einer zeitlichen Assoziation mit dem Auftreten eines unkonditionierten Stimulus (UCS). Als unkonditionierte Stimuli fungieren solche Reize, die positive Gefühle auslösen. Hierbei wird eine → Effektanz-Motivation angenommen, wonach Menschen bestrebt sind, die Welt als bedeutungsvoll zu erleben und die eigenen Meinungen und Fähigkeiten zu bestätigen. Dabei spielen Prozesse des → sozialen Vergleiches eine große Rolle. Die Person, mit der der unkonditionierte Stimulus assoziiert ist, wird als konditionierter Stimulus (CS) aufgefasst. Je häufiger eine Zielperson mit der Auslösung positiver Gefühle assoziiert wird, desto mehr sollte sie gemocht werden. Ein Beispiel ist die Einstellungsähnlichkeit, die mit der Zielperson assoziiert wird, so dass sie als attraktiver erscheint.

Erläuterung: Je größer der Anteil positiver Verstärkungen ist, die Karin von Lars erhält, desto mehr wird Karin ihren Lars mögen.

Versuchsleiter-Effekt (Experimenter effect): Bezeichnet die ungewollte Beeinflussung der Ergebnisse eines Versuchs durch die Merkmale und → Erwartungen des Versuchsleiters (Rosenthal, 1969). V.e beruhen vielfach auf Prozessen der → sich-selbst-erfüllenden Prophezeiung. Ein verwandtes Phänomen ist der → Lehrererwartungs-Effekt.

Erläuterung: In einem Tierversuch findet ein Experimentator, dass Ratten, die als „klug" bezeichnet wurden, ein Labyrinth erfolgreicher bewältigen als Ratten, die als „dumm" bezeichnet wurden, obwohl alle Ratten aus dem selben Rattenstamm entnommen wurden (Rosenthal & Fode, 1963).

Verteilungsgerechtigkeit (Distributive justice): Bezieht sich auf die Fairness der Gewinne und Verluste, die mehrere Personen erhalten, die miteinander verglichen werden (→ Sozialer Vergleich). Je nach theoretischem Zugang werden unterschiedliche Kriterien bei der Beurteilung dieser Fairness angenommen: So betont die → „Equity"-Theorie (Walster, Walster & Berscheid, 1978), dass bei der Beurteilung der Fairness ein Vergleich der Relation zwischen erzielten Erträgen und geleisteten Beiträgen von verschiedenen Personen berücksichtigt wird.

Der Ansatz von Lerner, Miller & Holmes (1976) dagegen verweist auf verschiedene → Gerechtigkeitsregeln, nach denen Menschen eine faire Verteilung – je nach situativem Kontext – herstellen (Multidimdensionalität der → Gerechtigkeit). Er unterscheidet u. a. das → Prinzip der absoluten Gleichheit – „Jedem das Gleiche" –, das → Prinzip der relativen Gleichheit – „Jedem gemäß seiner Beiträge" – und das → Bedürfnisprinzip – "Jedem gemäß seiner Bedürfnisse".

Von Mikrogerechtigkeit wird gesprochen, wenn es um die Fairness der Verteilung von → Belohnungen für individuelle → Leistungen geht; Makroge-

rechtigkeit hingegen liegt vor, wenn die Form der Verteilung in einer → Gruppe von Personen, in einer Institution (z. B. Industriebetrieb) oder in einer Gesellschaft spezifiziert wird, ohne dass auf individuelle Unterschiede Bezug genommen wird. Das Bedürfnisprinzip und das Prinzip der relativen Gleichheit lässt sich der Mikrogerechtigkeit zuordnen. Das Prinzip der absoluten Gleichheit nimmt dagegen eine Mittelstellung zwischen Mikro- und Makrogerechtigkeit ein, da sowohl die Gesamtverteilung als auch die Belohung jedes einzelnen Individuums durch diese Regel genau spezifiziert wird. Nur der Makrogerechtigkeit zuzuordnen sind Vorgaben, die den minimalen oder maximalen Wert bei der Verteilung von Belohnungen festlegen. Von der V. ist die → Verfahrensgerechtigkeit zu unterscheiden.

Erläuterung: Die Spezifizierung des Minimums wird in einer Situation der Versorgungsknappheit relevant: Was ist z. B. die minimale Ration an Benzin, die jedes Mitglied der Gesellschaft während einer Ölkrise erhalten sollte?

„Vertical-Dyad-Linkage"-Modell (Vertical-dyad-linkage model): → Führungskraft-Mitarbeiter-Austauschbeziehung

Verträglichkeitstheorie (Compatibility theory): Ist eine von Schutz (1958) entwickelte Theorie, die besagt, dass drei Bedürfnisbereiche für die Verträglichkeit zwischen Partnern in → engen Beziehungen bedeutsam sind: 1. das → Bedürfnis nach Einbeziehung (→ Gesellung und Anerkennung), 2. das Bedürfnis nach → Kontrolle und 3. das Bedürfnis nach → Affekt (enge persönliche Beziehungen). Zur Überprüfung der Theorie wurde ein Messinstrument (FIRO-B) entwickelt. Deren Skalen erfassen jeden der Bedürfnisbereiche. Gemessen wird jeweils das von der anderen Person erwünschte Verhalten und das Verhalten, das gegenüber der anderen Person gezeigt wird. Es wird angenommen, dass je geringer die Differenz zwischen dem Wunsch des einen Partners und dem Verhalten des anderen Partners ist, umso größer die reziproke Verträglichkeit zwischen den Partnern.

Erläuterung: Obgleich sich Belege fanden, die die V. bei Paaren bestätigen, die länger als 18 Monate zusammen sind (Kerckhoff & Davis, 1962), verliert die V. an Bedeutung. Das hängt vermutlich damit zusammen, dass in vielen modernen Gesellschaften eine verstärkte Orientierung an → Werten wie „Autonomie" und „individuelle Unabhängigkeit" zu beobachten ist. Damit einhergehend entsteht ein neues Verständnis → enger Beziehungen (Levinger, 1994). Ein verwandter Ansatz ist die → Theorie der komplementären Bedürfnisse.

Vertrauen (Trust): Bezeichnet „ein sich Stützen auf Informationen, die man von einer anderen Person über unsichere Umweltzustände und deren nachfolgende Konsequenzen in einer riskanten Situation erhalten hat" (Schlenker, Helm & Tedeschi, 1973, S. 419).

V. lässt sich nach vier Bereichen differenzieren (Lindskold, 1978): 1. als objektive Glaubwürdigkeit (inwieweit jemand glaubt, dass das, was ein Interaktionspartner sagt, auch verlässlich ist); 2. als → Attribution von Wohlwollen (inwieweit jemand glaubt, dass der Interaktionspartner zu einer konstruktiven Zusammenarbeit zum Nutzen beider Seiten bereit ist); 3. als fehlende manipulative Absicht (inwieweit jemand glaubt, dass der andere keine versteckten Absichten verfolgt, die er oder sie „hinten herum" durchsetzen will); und 4. als → Kosten des → Lügens (inwieweit jemand glaubt, dass jemand deshalb verlässlich ist, weil die Kosten des Lügens hoch sind, so dass eine Abschreckung gegen Unehrlichkeit besteht).

Eine zentrale Rolle hat V. für die Entstehung von → Kooperation. Ein Beispiel dafür stellt das → Gefangenendilemma dar (→ Ziel/Erwartungstheorie), das sich als Vertrauensdilemma interpretieren lässt. Neben einem „gewachsenen" V. kommt dem → schnellen Vertrauen eine besondere Bedeutung zu.

V. hängt eng mit Vertrauenswürdigkeit einer Person zusammen (Buck & Bierhoff, 1986). V. spielt eine wichtige Rolle in romantischen Beziehungen. Auf der Grundlage eines Fragebogens von Rempel, Holmes & Zanna (1985) wird zwischen drei Dimensionen des partnerschaftlichen Vertrauens unterschieden: 1. Vorhersagbarkeit bezieht sich auf die subjektive Sicherheit zu wissen, wie der Partner oder die Partnerin handeln wird, 2. Verlässlichkeit bezieht sich auf die Zuschreibung von Ehrlichkeit und Vertrauenswürdigkeit und 3. Treue kennzeichnet eine Art „Gottvertrauen" in den Partner oder die Partnerin, „komme, was da wolle".

V. wird in vielen Anwendungsbereichen relevant. Dazu zählt das V. in Politiker (Schweer, 2000) und Lehrer (Schweer, 1996), das V. in → Organisationen (Bierhoff, 1995; Neubauer, 1999) und in die Medien (Döring, 1999; Petermann, 1996) sowie das partnerschaftliche V. als Thema der Paarberatung.

Erläuterung: Um V. zwischen Schülern bewusst zu machen und zu fördern, können Lehrer auf eine praktische Übung zurückgreifen, die sich „Blindengang" nennt: Zwei Schüler wechseln sich jeweils dabei ab, den anderen, der eine Augenbinde trägt, eine Weile lang durch den Klassenraum zu führen (vgl. Gage & Berliner, 1996).

Vertrautheit (Intimacy): → Äquilibrium Theorie der Intimität, → Erregungsmodell interpersoneller Intimität, → Selbstöffnung

Verwundbarkeit (Vulnerability): Bezieht sich auf das subjektive → Gefühl der Verletzbarkeit, wie es z. B. in der Kriminalitätsfurcht zum Ausdruck kommt (Schwind, Fetchenhauer, Ahlborn & Weiß, 2001). Nach Milgram (1970) ist die V. der Menschen in Millionenstädten gegenüber kleineren → Gemeinden vergrößert (→ Informationsüberlastungs-Hypothese).

V-Hypothese (V-hypothesis): Ist eine von Grofman & Muller (1973) aufgestellte Annahme, die sich aus der → Theorie der relativen Deprivation ergibt und die besagt, dass Personen, die relativ optimistisch sind im Hinblick auf das Erreichen positiver Ergebnisse, mit → Ärger reagieren, wenn und solange das Ziel noch nicht erreicht ist. Die V. beinhaltet die Folgerung, dass die Bereitschaft zu politischem Protest (→ Gewalt) von der erlebten Diskrepanz zwischen erwarteten und tatsächlich eingetreten Ergebnissen abhängt. Die Hypothese ist nicht unumstritten, da auch widersprüchliche Ergebnisse vorliegen (Taylor, 1982).
Erläuterung: Zur Überprüfung der V. wurden die Einwohner von Waterloo im US-amerkanischen Bundesstaat Iowa befragt, nachdem dort schwere Rassenunruhen aufgetreten waren. Wie die Ergebnisse zeigen, reagierten vor allem solche Personen mit politischem Protest, die einerseits eine Verschlechterung und andererseits eine Verbesserung ihrer Lage über die Zeit hinweg wahrnahmen. Wurde hingegen keine Veränderung der eigenen Situation wahrgenommen, ergab sich die geringste Bereitschaft, politischen Protest auszuüben (V-förmiger Verlauf der Protestbereitschaft in der graphischen Darstellung der Ergebnisse).

Vier Seiten einer Nachricht (Four aspects of a communiction): → Kommunikation

Vigilanz (Vigilance): Bezeichnet Wachsamkeit über einen längeren Zeitraum, die durch das Nachlassen der Aufmerksamkeit bedroht ist. Mackworth (1969, S. 18) definiert V. als „Bereitschaftszustand, spezifizierte kleine Veränderun-

gen, die in der Umwelt in zufälligen Zeitintervallen auftreten, zu erkennen und auf sie zu reagieren."

V. dient zur Zuwendung der Aufmerksamkeit auf neue, unerwartete oder unbekannte Ereignisse und lässt sich als → Bewältigungsstil gegenüber einer möglichen Bedrohung interpretieren. Solche Ereignisse rufen eine neurophysiologische Aktivierung hervor, die durch Habituierung abgebaut wird, die sich bei häufiger Wiederholung des Ereignisses einstellt (z. B. wenn täglich 100 Züge am Fenster vorbeifahren). Habituierung ist als eine Abnahme einer angeborenen Reaktion als Ergebnis der Wiederholung eines Ereignisses definiert (Mackworth, 1969, S. 14).
Erläuterung: Die Auswirkungen von Habituierung auf die Identifikation von versteckten Signalen, die auf dem Hintergrund von ablenkenden Ereignissen auftreten, wird durch die Vorgabe von Vigilanzaufgaben untersucht. Ein Beispiel ist eine Radaraufgabe, bei der bestimmte Zeichen, die unregelmäßig irgendwo auf dem Bildschirm auftreten, entdeckt werden müssen. Die Signalentdeckungs-Theorie dient zur Beschreibung des Ergebnisses in solchen Aufgaben. Z. B. findet sich eine geringere Sensitivität und mehr falscher Alarm, nachdem der nächtliche Schlaf auf weniger als drei Stunden reduziert worden ist.

Virtuelle Realität (Virtual reality): Bezeichnet computergestützte Technologien, mit denen sich reale Umwelten nachbilden lassen und die in beruflichen Bereichen und Freizeitbereichen ihre Anwendung finden (Peterson & Bente, 2001). Die Computersimulation dient der Herstellung eines künstlichen Modells, das geeignet ist, eine → Interaktion mit dem Benutzer durchzuführen (Alsdorf & Bannwart, 1995).

Die V. ist für Architektur, Medizin, → Psychologie und → Kommunikation von zunehmender Bedeutung (→ Internet). In diesen Bereichen dient ihre Anwendung häufig der → Innovation (vgl. Boos, Jonas & Sassenberg, 2000). In der Psychologie wird V. mit Gewinn im pädagogischen Bereich im Zusammenhang mit multimedialen Lernangeboten eingesetzt.

Erläuterung: Eine häufig angewendete Methode der Interaktion in der V. ist der Datenhandschuh. Weitere Hilfsmittel sind Monitorbrille und Kopfhörer. Dabei kann der Eindruck erzeugt werden, durch n-dimensionale Welten zu fliegen.

„Voice": → „Exit-voice-loyalty-neglect"-Typologie

Vorbild (Model): → Soziale-kognitive Lerntheorie

Vorhersagbarkeit (Predictability): → Kontrollierbarkeit, → Verantwortungsattribution, → Vertrauen

Vorrang-Effekt (Primacy effect): Bezeichnet die Betonung von Anfangsinformation bei einer sukzessiv dargebotenen Informationsreihe in der → Eindrucksbildung. Legt man z. B. einer Person eine Liste mit → Eigenschaften vor, die eine fiktive Stimulusperson beschreiben, so zeigt sich, dass die zuerst genannten Eigenschaften in der Liste einen dominierenden Einfluss auf die Eindrucksbildung ausüben. Der V. ist ein Beispiel für einen → Reihenfolge-Effekt.

Nach Jones & Goethals (1972) lassen sich V.e wie folgt erklären: 1. Aufmerksamkeitsverlust über eine Informationsreihe, 2. Abwertung inkonsistenter Information (neue inkonsistente Information werden tendenziell ignoriert, nachdem ein erster Eindruck gebildet wurde) und 3. Assimilierung (anfängliche Information dient als Anker, an den spätere Information angepasst wird; → Anker-Heuristik).

Erläuterung: Ein Prüfer, der fünf mündliche Prüfungen abgenommen hat, wird von einer Kollegin gefragt, wie die Prüfungen gewesen sind. Da der Prüfer den ersten Prüfungskandidaten, der eine exzellente Leistung gezeigt hat, noch in bester Erinnerung hat, antwortet er, dass der Tag für die Prüflinge sehr gut verlaufen ist.

Vorstellungs-Effekt (Imagination effect): Bezeichnet die Tendenz einer Person, die sich ein Ereignis in Gedanken vor Augen geführt hat, die Auftretenswahrscheinlichkeit des Ereignisses zu überschätzen (Carroll, 1978).

Vorstellungen erhöhen die Zugänglichkeit der angesprochenen Gedächtnisinhalte, deren Aktivierung sich auf die Bildung von → Erwartungen auswirkt. V.e lassen sich daher durch die → Zugänglichkeits-Heuristik erklären. Wenn sich Vorstellungen förderlich auf das Verhalten auswirken, kann man von → sich-selbst-erfüllenden Prophezeiungen sprechen.

Erläuterung: Wenn Personen sich die Vorteile eines Kabelfernsehens vorstellen, dann neigen sie eher dazu, ein Kabel-TV zu mieten, als Personen, denen die Vorteile nur mitgeteilt wurden (Gregory, Cialidini & Carpenter, 1982).

Vorurteil (Prejudice): Ist die Teilklasse von sozialen → Einstellungen, die sich auf soziale → Gruppen bezieht. Die kognitive Komponente eines V.s wird als → Stereotyp bezeichnet. Ein V. ist dadurch gekennzeichnet, dass es eine hohe Änderungsresistenz aufweist (Irle, 1975). Das hängt damit zusammen, dass V.e zu einer selektiven Informationsaufnahme prädisponieren. V.e weisen meist einen negativen Inhalt auf. Beispiele sind Sexismus und → Rassismus (vgl. Eckes & Six-Materna, 1999; Fiske et al., 1991; Ruscher, 1998; Zick, 1997).

Vor allem, wenn sie von der Mehrheit der Bevölkerung geteilt werden und wenn die Situation förderlich ist (Beispiel Stammtisch), manifestieren sich V.e in offenem Verhalten (→ Intergruppen-Diskriminierung). Der Begriff Diskriminierung entspricht der Verhaltenskomponente eines V.s. Personen, denen gegenüber Stereotype, V.e und Diskriminierung auftreten, erleben eine → Stigmatisierung (vgl. Kurzbau & Leary, 2001).

V.e und diskriminierendes Verhalten sind über verschiedene Erhebungstechniken (Fragebogen, „Technik der verlorenen Briefe" etc.) erfassbar (vgl. Klink & Wagner, 1999; Pettigrew & Meertens, 1995; Schäfer & Six, 1978). Merton (1949) hat eine Typologie vorgelegt, die das Vorliegen von V.en und von Diskriminierung miteinander in einem Vier-Felder-Schema kombiniert (vgl. Schäfer & Six, 1978): 1. Mit V.en/Diskriminierung, 2. Mit V.en/keine Diskriminierung, 3. Ohne V.e/Diskriminierung und 4. Ohne V.e/keine Diskriminierung.

Erläuterung: Das Vier-Felder-Schema lässt sich wie folgt veranschaulichen: 1. Der Personalchef einer Firma meint, dass Frauen „an den Küchenherd" gehören. Daher übergeht er Petra, die sich für eine hausinterne Besetzung einer Führungsposition bewirbt. 2. Der Personalchef ignoriert seine sexistischen V.e und stellt Petra ein, weil er dem Frauenförderplan entsprechen will. 3. Der Personalchef hat zwar selbst keine entsprechenden V.e gegenüber Frauen, arbeitet aber in einer Firma, in der durch Firmengrundsätze indirekt entsprechende V.e gegenüber Frauen gefördert werden, so dass er, um Kritik von der Firmenführung zu vermeiden, Petra nicht einstellt. 4. Der Personalchef denkt nicht sexistisch und lässt sich auch durch vorurteilsvolle Mitarbeiter nicht beeindrucken, so dass er Petra einstellt.

Waffen-Effekt (Weapon effect): Besagt, dass das Vorhandensein von Waffen die → Aggression steigert. Der W. wird darauf zurückgeführt, dass Waffen assoziativ mit → Gewalt verknüpft sind, so dass sie als aggressive Hinweisreize dienen (Berkowitz & LePage, 1967; → Theorie der aggressiven Hinweisreize). Eine theoretische Weiterentwicklung stellt die → kognitiv-neoassoziationistische Theorie des Ärgers dar (vgl. Anderson, Anderson & Deuser, 1996).

Erläuterung: In einem Experiment zeigten frustrierte Personen häufiger aggressives Verhalten (Verabreichung von Elektroschocks), wenn Schusswaffen sichtbar waren, als wenn keine solchen Hinweisreize zur Verfügung standen (Berkowitz & LePage, 1967).

Wahl (Choice): Bezeichnet willentliches Handeln, das auf der Grundlage der → Entscheidung für eine von mehreren Alternativen zustande kommt. W. setzt → Wahlfreiheit voraus. Ein Spezialfall ist die rationale W. (→ Rationalität).

Erläuterung: 1. Korintherbrief 4, 21: „Was ist euch lieber? Soll ich mit dem Stock zu euch kommen oder mit Liebe und Nachsicht?".

Wahlfreiheit (Freedom of choice): Liegt vor, wenn eine Person sich aufgrund ihrer Präferenzen für eine von mehreren Alternativen entscheidet.

Erläuterung: Von W. ist die Illusion von W. (→ Illusion von Freiheit) zu unterscheiden, die in der → Dissonanztheorie oft mit W. bezeichnet wird. Da alle oder fast alle Personen in entsprechenden Experimenten (→ Forcierte Einwilligung) dieselbe Entscheidung für eine unpopuläre Alternative treffen (z. B. → Lügen), ergibt sich, dass die Voraussetzung für die Auslösung von Dissonanz die Illusion von W. ist, während echte W. nicht erforderlich ist.

Wahrnehmung (Perception): → Personenwahrnehmung

Wahrnehmungsperspektive (Perspective of perception): → Akteur-Beobachter-Unterschied

Warm-Kalt-Variable (Warm-cold variable): Bezeichnet ein Gegensatzpaar, das die → Eindrucksbildung dominiert. Personen, die als „warm" beschrieben werden, werden günstiger bewertet als solche, die als „kalt" dargestellt werden. Asch (1946) schlussfolgerte daher, dass die → Eigenschaften „warm" und „kalt" als „zentrale" Eigenschaften (→ Zentrale und periphere Eigenschaften) für die Eindruckbildung anzusehen sind. Die Gründe dafür sind vielfältig. Oft ist warm-kalt die einzige bewertende Eigenschaft in der Liste der Eigenschaften, aus der ein Eindruck über die Stimulusperson gebildet werden soll. Häufig korreliert warm-kalt hoch mit den Eigenschaften, die auf der Checkliste zu finden sind, auf der die Beurteiler ihren ersten Eindruck kennzeichnen sollen. Schließlich gilt, dass das Eigenschaftspaar „warm-kalt" extreme Positionen auf der Bewertungsdimension innehat, die als „sozial gut vs. sozial schlecht" beschrieben werden können.

Erläuterung: Asch (1946) legte seinen Beurteilern in einem seiner Experimente Eigenschaftslisten vor, die die Stimulusperson als „warm" oder „kalt" beschrieben, z. B. Versuchsgruppe 1: „intelligent–geschickt–fleißig–warm–entschlossen–praktisch–vorsichtig"; Versuchsgruppe 2: „intelligent–geschickt–fleißig–kalt–entschlossen–praktisch–vorsichtig". Es zeigte sich, dass die W. stark den Gesamteindruck der Beurteiler beeinflussen konnte (z. B. auf Eigenschaften wie „großzügig-kleinlich", „humorvoll-humorlos" oder „glücklich-unglücklich"). In einem zweiten Experiment wurde die W. in der Eigenschaftsliste weggelassen, während die restlichen sechs Eigenschaften vorgegeben wurden. Bei dieser Vorgabe ergab sich ein neutraler Gesamteindruck.

Wert (Value): Bezeichnet in der philosophischen → Ethik Vorstellungen eines Individuums oder einer → Gruppe, die auf wünschenswerte → Handlungen oder → Einstellungen bezogen sind (vgl.

Pieper, 1991). Aus sozialpsychologischer Sicht unterscheiden sich aber W. bzw. W.-Haltungen von Einstellungen u. a. dadurch, dass erstere ein objekt- und situationsübergreifendes Verständnis des Wünschenswerten umfassen, während letztere auf ein bestimmtes → Einstellungsobjekt bezogen sind. Allport (1959) unterschied sechs W.-Richtungen: 1. theoretisch, 2. ökonomisch, 3. ästhetisch, 4. sozial, 5. politisch und 6. religiös. Diese können durch einem Fragebogen gemessen werden, der auch in einer deutschen Fassung vorliegt (Roth, 1971).

Aufbauend auf Rokeach (1973) entwarfen Schwartz & Bilsky (1987) und Schwartz (1992) eine Typologie von W.-Haltungen, die sich auf zwei Dimensionen abbilden lässt: Offenheit vs. Konservatismus und Selbsterhöhung vs. Selbstüberwindung. Von Rosenstiel & Nerdinger (2000), die zwischen materialistischen W.en (z. B. Kampf gegen Verbrechen) und postmaterialistischen W.en (z. B. mehr Mitspracherecht am Arbeitsplatz) unterscheiden, arbeiten praktische Konsequenzen der Wertforschung für das Personalmanagement heraus.

Erläuterung: Hofstede (1991, 2001) befragte über 100.000 IBM-Manager im Service- und Marketingbereich aus mehr als 50 Ländern über arbeitsbezogene → Einstellungen, W.e. und Ziele. Nach Auswertung der Daten erhielt er vier Dimensionen, auf denen sich die erfassten W.e unterscheiden lassen: 1. Gefälle von → Macht: Inwieweit wird Ungleichheit der Machtverteilung akzeptiert oder Gleichheit der Machtverteilung gutgeheißen? Auf dieser Dimension erreichen Deutschland, Österreich und Schweiz einen niedrigen Rangplatz, der für geringes Machtgefälle spricht. 2. Individualismus (vs. Kollektivismus): Inwieweit erhält das Individuum oder die Gruppe einen Vorrang? Auf dieser Dimension erreichen Deutschland, Österreich und Schweiz hohe Werte, die für eine individualistische Orientierung sprechen (→ Soziale Orientierung). 3. Maskulinität (vs. Femininität): Inwieweit wird auf erfolgreiche → Leistung und materiellen Erfolg oder auf zwischenmenschliche Harmonie und ein Sich-Sorgen um andere wert gelegt? Deutschland, Österreich und Schweiz liegen hoch auf Maskulinität. Und 4. Unsicherheitsvermeidung: Inwieweit wird Unsicherheit und → Ambivalenz toleriert? Auf dieser Dimension liegen Deutschland, Österreich und die Schweiz im mittleren Bereich.

Wert-Pluralismus-Modell (Value pluralism model): Bezeichnet einen Ansatz von Tetlock (1989), der die auf → Werte bezogene Komplexität von Überzeugungen mit der Extremität politischer → Einstellungen in Beziehung setzt. Komplexität bezeichnet das Ausmaß der Mehrdimensionalität von werthaltigen Überzeugungen einer Person gegenüber einem → Einstellungsobjekt. Personen unterscheiden sich in ihrer „integrativen Komplexität" voneinander (Tetlock, 1989), mit der das Einstellungsobjekt anhand der Anzahl von verschiedenen Attributen und deren logischen oder kausalen Verknüpfungen repräsentiert ist (vgl. Tetlock, Peterson & Lerner, 1996).

Erläuterung: Tetlock, Peterson & Armor (1994) untersuchten historische Dokumente (Schriftstücke etc.) zur Debatte der Sklavenhaltung im frühen Amerika. Es zeigte sich, dass je polarisierter die Einstellungen waren (Befürworter vs. Gegner), desto weniger integrative Komplexität ließ sich in den Äußerungen der Politiker identifizieren. Hingegen fand sich mehr integrative Komplexität bei Politikern, die eine mittlere Position in der Sklaven-Debatte einnahmen.

Wettbewerb (Competition): Bezeichnet die Maximierung des relativen Gewinns in interpersonellen Austauschsituationen (→ Austauschtheorie). W.

stellt eine Form der → sozialen Orientierung dar (Maki, Thorngate & McClintock, 1979). W. bedeutet, dass z. B. ein Verlust von −3 für sich und von −10 für den Partner gegenüber einem Gewinn von +2 für sich und von +1 für den Partner bevorzugt wird. Die Generalthese, dass W. die → Leistung fördert, kann in dieser Form nicht aufrechterhalten werden. Generell scheint → Kooperation überlegen zu sein (Deutsch, 1949; Johnson et al., 1981). Allerdings können Elemente des Wettbewerbs, z. B. zwischen Gruppen, die Leistung der Gruppenmitglieder steigern (Erev, Bornstein & Galli, 1993; → Intergruppen-Konflikt).

W. wurde im Rahmen → experimenteller Spiele und in der Gruppenforschung (→ Gruppe) näher untersucht. Die → Dreieckshypothese befasst sich mit der Frage, wie Wettbewerbsorientierte im Unterschied zu kooperativ orientierten Personen die Orientierung ihrer Partner einschätzen. W. und das damit einhergehende Konkurrenzdenken wird durch gesellschaftlich-kulturelle Faktoren gefördert (→ Kultur) und kann → Typ-A-Verhalten nach sich ziehen. W. kann zu einer → sozialen Aktivierung führen (→ Bewertungsangst-Theorie). Der Gegenbegriff ist → Kooperation. Wichtig ist die Klärung der Frage, ob W. nach Regeln erfolgt, die → Gerechtigkeit herstellen. Eine Verletzung solcher Regeln führt zum → Konflikt.

Erläuterung: W. zeigt sich vor allem im Bereich des Sports und der Wirtschaft: Sportler treten im sportlichen Wettkampf genauso gegeneinander an wie Unternehmen auf dem Markt.

Widrigkeit (Hassle): → Alltagswidrigkeit, → Stressor

Wiedervereinigung (Reunification): → Existentielle Schuld, → Relative Deprivation, → Solidarität

Wissen (Knowledge): Ist die Gesamtheit der Kenntnisse, die in → Kultur, →

Sprache und Wissenschaft enthalten sind sowie aus persönlicher Erfahrung abgeleitet werden (→ Einstellungsfunktion, → „Priming", → Selbst, → Sozialisation, → Theorie der sozialen Repräsentation, → Theorie des symbolischen Interaktionismus). Wissensinhalte lassen sich als Behauptungen formulieren (→ Theorie der Laien-Epistemologie).

W. erhält z. B. in → Organisationen als Wissensmanagement einen besonderen Stellenwert. Dieses betont eine zielorientierte Beeinflussung von organisationalen Lernprozessen auf der Grundlage von Wissenssystemen, die in verschiedenen Teilbereichen der Organisation vorhanden sind (vgl. Reinmann-Rothmeier & Mandl, 2000; Staehle, 1999). Aufgaben eines Wissensmanagement sind nach Staehle (1999, S. 920): 1. Management von Wissens- und Informationsquellen, 2. Management der Wissensträger- und Informationsressourcen, 3. Management von Wissensangeboten, 4. Management des Wissensbedarfs und 5. Management der Infrastruktur der Wissens- und Informationsverarbeitung.

Erläuterung: „Die Klugen kennen ihre Schwächen zu gut, um Unfehlbarkeit anzunehmen. Wer am meisten weiß, weiß am besten, wie wenig er weiß" (Thomas Jefferson).

Zentrale und periphere Eigenschaften (Central and peripheral traits): Bezeichnet in der interpersonellen → Eindrucksbildung, dass eine → Eigenschaft den Gesamteindruck einer Person dominiert. Ein Beispiel ist die → Warm-Kalt-Variable. Peripher ist eine Eigenschaft dann, wenn sie den Gesamteindruck nicht oder nur unwesentlich beeinflusst.

Erläuterung: Auf Checklisten, die eine Reihe von Gegensatzpaaren enthalten (z. B. „klug-dumm") wird der Eindruck von der beschriebenen Person erfasst. Nach Befunden von Wishner (1960) ist es möglich, vorgegebene Eigenschaften unter Verwendung geeigneter Checklisten (mit Eigenschaften, die hoch mit den vorgegebenen Eigenschaft korrelieren) nach Belieben in den Status einer zentralen Eigenschaft zu versetzen.

Ziel/Erwartungstheorie (Goal/expectancy theory): Besagt, dass eine Person in einer Konfliktsituation wie dem → Gefangenendilemma dann kooperieren wird, wenn sie das Ziel hat zu kooperieren und wenn sie der anderen Seite vertraut (d. h. erwartet, dass die andere Seite kooperieren wird). Die Z. von Pruitt & Kimmel (1977) entwickelt die Sichtweise von Deutsch (1958), wonach → Vertrauen eine wesentliche Voraussetzung für → Kooperation ist, weiter, indem die Annahme hinzugefügt wird, dass zunächst einmal überhaupt das Ziel der Kooperation verfolgt werden muss. Viele Menschen neigen in → sozialen Konflikten dazu, aufgrund ihres ersten Impulses mit → Wettbewerb zu reagieren.

Für Formierung eines kooperativen Ziels sind drei Voraussetzungen wichtig: 1. Wahrnehmung von persönlicher → Abhängigkeit (z. B. aufgrund einer antizipierten → Interaktion mit der anderen Partei, von der man Unterstützung benötigt); 2. Pessimismus bezüglich der Möglichkeit, die andere Partei auszubeuten (z. B. weil bisherige Erfahrungen solche Versuche als aussichtslos erscheinen lassen); und 3. Einsicht in die Notwendigkeit zur Kooperation, damit die andere Partei auch kooperiert. Für die Entstehung von Vertrauen werden folgende Voraussetzungen identifiziert: 1. Die andere Partei hat sich in der Vergangenheit Dritten gegenüber als kooperativ erwiesen, 2. In der ersten Konfliktsituation, in die die Person mit der anderen Partei verwickelt wurde, ergab sich eine kooperative Lösung, 3. Die andere Partei hat ihre kooperative Zielsetzung kommuniziert (→ Kommunikation) und 4. Hinweise darauf, dass die andere Partei die gegenseitige → Inter-dependenz durchschaut hat und daraus entsprechende Schlussfolgerungen gezogen hat.

Zielperson-basierende Erwartung (Target based expectancy): Ist die → Erwartung einer Person, die aus einer konkreten Beobachtung des Verhaltens oder der äußeren Erscheinung einer Zielperson resultiert. Der Gegenbegriff ist → Kategorie-basierende Erwartung.

Erläuterung: Die Beobachtung einer → Aggression führt zu der Erwartung, dass der Täter sich auch in Zukunft aggressiv verhalten wird.

Zielsetzung (Goal setting): → Anspruchsniveau, → Rubikon-Modell der Handlungsphasen, → Sozial-kognitive Lerntheorie

Zivilcourage (To stand up for one's beliefs, Courage): Nach dem Bedeutungswörterduden bezeichnet Z. den Mut, für seine Überzeugung trotz eines zu erwartenden Widerstandes oder trotz Nachteilen einzutreten und seine → Meinung offen und ohne Rücksicht auf eventuelle negative Folgen in der Öffentlichkeit gegenüber Vorgesetzten und anderen Autoritätspersonen zu vertreten. Ein sinnverwandter Ausdruck ist Bürgermut. In dieser Definition wird deutlich, dass sich Z. im öffentlichen Bereich abspielt und dass sie inhaltlich mit dem Wunsch zusammenhängt, sozial verantwortlich zu handeln (→ Verantwortung).

Frey, Neumann & Schäfer (2001) weisen darauf hin, dass die Determinanten der Z. mit denen des → prosozialen Verhaltens übereinstimmen. Auffällig ist die häufige Verweigerung von zivilcouragiertem Verhalten, wenn andere Hilfe brauchen oder wenn Fehler gemacht werden. Eine wichtige Voraussetzung für das Zeigen von Z. scheint → Selbstvertrauen zu sein. Z. wird durch → Diffusion der Verantwortung beeinträchtigt.

Erläuterung: Die südafrikanische Schriftstellerin und Nobelpreisträgerin Nadine Gordimer, die in den 70er Jahren des 20. Jahrhunderts – trotz Repression durch die staatliche Zensurbehörde – die Rassenprobleme (→ Rassismus) in Südafrika in ihren Büchern thematisierte, repräsentiert Z.

Zugänglichkeits-Heuristik (Availability heuristics): Bezeichnet eine zur Vereinfachung von Aufgaben angewandte Urteilstechnik (→ Heuristik), bei der die Information besonders stark gewichtet wird, die unmittelbar aus dem → Gedächtnis abrufbar, leicht vorstellbar oder konkret und farbig dargestellt ist. Es handelt sich um ein „top-of-the-head"-Phänomen, weil die Z. im übertragenen Sinn so zu verstehen ist, dass die zugängliche Information obenauf im Gedächtnis abgelegt ist. Folgen der Anwendung der Z. zeigen sich im → falschen Konsensus-Effekt, in → egozentrischen Irrtümern, im → Akteur-Beobachter-Unterschied und im → Vorstellungs-Effekt.

Erläuterung: Das Prinzip der Z. wird in Anti-Raucherkampagnen zugrunde gelegt, in denen die drastischen Folgen des Rauchens anschaulich auf Fotos verdeutlicht werden (z. B. Darstellung einer verteerten Lunge).

Zustandsangst (State anxiety): Bezeichnet eine Variante von → Angst, die bei Bedrohung durch physische Gefahren oder durch Ereignisse, die das → Selbstwertgefühl bedrohen, erlebt wird und unterschiedlich lang anhalten kann. Als akuter emotionaler Zustand wird Furcht oder Angst als Syndrom aus mehreren Merkmalen beschrieben. Ekman & Friesen (1975) nennen als mimische Merkmale das Anheben der inneren und äußeren Augenbrauen (Querfalten auf der Stirn) bei gleichzeitigem Zusammenziehen der inneren Augenbrauen und Anheben der Oberlider, wodurch das Auge weit geöffnet erscheint. Akzidentiell sind verschiedene Änderungen im Lippenbereich, häufig tritt mäßiges Auseinander-ziehen der Lippen auf (vgl. Stöber & Schwarzer, 2000). Biologische Ableitungen ergeben eine erhöhte Herzrate, Atembeschleunigung, vermehrtes Schwitzen und gesteigerte Leitfähigkeit der Haut, sowie gesteigerte Adrenalin-Ausschüttung. Im Erleben dominiert die Bedrohung und Besorgnis. Typische Handlungstendenzen sind Rückzug oder (kognitive) Vermeidung (→ Handlung). Die Merkmale korrelieren oft nur schwach bis mittel, d. h. für verschiedene Personen können leicht unterschiedliche Reaktionsmuster typisch sein. Ob und welche Merkmale der Z. primär sind, ist innerhalb der Emotionstheorien umstritten. Auch ist es trotz anhaltender Versuche bislang nicht eindeutig gelungen, Z. und → Ärger allein biologisch eindeutig zu unterscheiden. Hingegen sind mimische Unterschiede gesichert.

Vom Angst- bzw. Furchtzustand sind verschiedene Formen der Angst- bzw. Furchtbewältigung (→ Bewältigung von Stress; → Bewältigungsstil) nur unscharf abzugrenzen (Krohne, 1996; Krohne & Egloff, 1998). Dazu zählen Vermeidungsverhalten, Verdeckgesten, Blickabkehr, kognitive Vermeidung (Verdrängung), intensive Auseinandersetzung mit dem Auslöser (Rationalisierung, Sensitization) oder auch gezielte Entspannung. Weitere Ansätze, die auf Z. Bezug nehmen, werden in der → Gesellungstheorie und der → kognitiv-physiologischen Theorie der Emotion deutlich. Messverfahren zur Erfassung der Z. sind häufig mit der Messung der → Ängstlichkeit kombiniert, die Angst als Persönlichkeitsmerkmal kennzeichnet.

Erläuterung: Nicht-gelernte Auslöser von Z. sind unerwartet laute Geräusche (z. B. Explosion), massive Erschütterungen des visuell-räumlichen Bezugssystems (im Extrem: Erdbeben) und andere unerwartet massive sensorische Reize. Bedrohungen des → Selbstwertgefühls und Verlassenwerden von engen Bezugspersonen sind weitere Auslöser. Ein abstrakter kleinster gemeinsamer Nenner der primären oder angeborenen Auslöser sind offenbar massive Abweichungen zwischen der üblichen Stimulation und neuen Reizen. Daneben werden viele Auslöser über → klassische Konditionierung und → Modelllernen individuell erworben.

Zwei-Faktoren-Theorie der Emotion (Two-factor theory of emotion): → Kognitiv-physiologische Theorie der Emotion

Zwei-Komponenten-Modell der Einstellung (Two component model of attitude): Bezeichnet eine Definition von → Einstellung, die zwischen der bewertenden und der kognitiven Komponente unterscheidet. In dem → Drei-Komponenten-Modell der Einstellung wird zusätzlich die Verhaltenskomponente berücksichtigt, während in einem → Ein-Komponenten-Modell Einstellung allein über die → Bewertung des → Einstellungsobjekts definiert wird.

Erläuterung: Die positive Einstellung zu einem Politiker ist z.B. durch die → Meinung bestimmt, dass er sich für die Interessen der Arbeitnehmer einsetzt, und durch die Bewertung, dass ein solches Engagement gut ist.

Zwei-Stufen-Modell der Hilfeleistung (Two step model of helping behavior): Bezeichnet eine Erklärung für → altruistisches Verhalten, das aus zwei Prozessen besteht: 1. → Perspektiven-Übernahme führt zu einer Steigerung empathischer Reaktionen, 2. Empathische Reaktionen erhöhen die → Motivation, einer anderen Person zu helfen (Coke, Batson & McDavis, 1978; → Empathie-Altruismus-Hypothese, → Intrinsisch motivierte Hilfe).

Erläuterung: Sebastian hilft einem Behinderten über den Fußgängerweg. Vor einem halben Jahr hatte Sebastian einen Beinbruch, der mit einem Gipsverband versorgt wurde. Daher kann er leicht nachvollziehen, was es heißt, schlecht gehen zu können. Die gelungene Übernahme der Perspektive des Behinderten trägt zur Motivation von Sebastian bei, ihm zu helfen.

Zwischenmenschlicher Kredit (Idiosyncrasy credit): Basiert darauf, dass eine Führungsperson (→ Führung) bei den Geführten aufgrund seines Verhaltens Anerkennung sammelt, die es ihr später ermöglicht, Einfluss auf die Geführten auszuüben (Hollander, 1995). Damit wird der Aufbau von → Vertrauen als Voraussetzung für die Akzeptanz von unangenehmen → Entscheidungen angesehen. Die Theorie des Z.s lässt sich vor allem auf den politischen und wirtschaftlichen Bereich anwenden.

In der Theorie des Z.s wird der Führungsprozess in zwei Phasen unterteilt. In der ersten Phase trägt → Konformität dazu bei, dass die Führungsperson die Anerkennung der Geführten gewinnt. Dieser Prozess wird mit Prinzipien der → Austauschtheorie erklärt. Einerseits sorgt die Führungsperson dafür, dass die Gruppenmitglieder günstige Konsequenzen erreichen. Andererseits trägt die Anerkennung der Gruppenmitglieder zu der wachsenden Anerkennung der Führungsperson bei. Dadurch entsteht ein soziales System, dass durch Wertschätzung und → Einfluss gekennzeichnet ist. In der zweiten Phase kann die erworbene Anerkennung genutzt werden, um unpopuläre Entscheidungen zu treffen und durchzusetzen.

Solche Entscheidungen werden in der Theorie des Z.s im Zusammenhang mit → Innovationen gesehen. Zwar kann der dafür erforderliche Nonkonformismus der Führungsperson ihre Anerkennung verringern, aber dieser Prozess untergräbt die Autorität von Personen mit niedrigem Status schneller als die mit hohem Status (→ Sozialer Status).

Erläuterung: Jemand hat sich zwei Jahrzehnte lang im Unternehmen bewährt und versinnbildlicht die → Organisationskultur der Firma. Bedingt durch die Einführung neuer Technologien führt diese Führungsperson einen schmerzhaften Umstrukturierungsprozess durch, der heftige Widerstände hervorruft und nur allmählich von den Mitarbeitern akzeptiert wird. Obwohl die Führungsperson in dieser Zeit → Sympathien verliert, wird ihre Stellung dennoch nicht grundlegend in Frage gestellt.

Anhang

Im Folgenden findet der Leser eine Auswahl und Beschreibung von sieben wissenschaftlichen Zeitschriften, über die sich ein Teil der Primärliteratur zu den Begriffswörtern erschließen lässt. Wir haben im Auswahlverfahren der Zeitschriften drei Kriterien zugrunde gelegt:

1. Kriterium: Wurden die Zeitschriften für die Ausarbeitung der Begriffswörter ausführlich berücksichtigt? Die Antwort lautet „Ja", da sich alle Zeitschriften in ihren Rangplätzen unter den meist zitierten befinden, wenn die der Häufigkeit der Erwähnung im Literaturverzeichnis zugrunde gelegt wird: Im Einzelnen ergaben sich folgende Rangplätze (Anzahl der absoluten Häufigkeiten in Klammern): Auf den ersten Platz kam das „Journal of Personality and Social Psychology" (169), den zweiten Platz erreichte das „Psychological Bulletin" (82), die „Zeitschrift für Sozialpsychologie" (44) errang den dritten Platz, der vierte Platz wird mit der „Psychological Review" (41) belegt. Den fünften Platz teilen sich der „American Psychologist (18), das „Journal of Social Psychology" (18) sowie das „Journal of Experimental Social Psychology" (18). Der achte Platz wird aufgeteilt zwischen dem „European Journal of Social Psychology" (15), dem „Journal of Social Issues" (15) und der „Psychologischen Rundschau" (15). Den elften Platz nimmt die „Gruppendynamik und Organisationsberatung" (13) ein. Den zwölften Platz teilen sich die „Diagnostica" (12) sowie das „Personality and Social Psychology Bulletin" (12), wohingegen der vierzehnte Platz von dem „Journal of Abnormal and Social Psychology" (11) und dem „Report Psychologie" (11) gemeinsam eingenommen wird. Das „Journal of Applied Social Psychology" schließlich belegt den sechzehnten Platz (9).

2. Kriterium: Repräsentieren die Zeitschriften größtenteils die dominierende wissenschaftstheoretische Position, wonach die Sozialpsychologie – von ihren Anfängen bis zum heutigen Tag – sich als eine vorwiegend experimentell oder empirisch ausgerichtete Erfahrungswissenschaft versteht? (vgl. Graumann, 2002; Rook, Frey & Irle, 1993). Die Antwort lautet „Ja", da sich alle Zeitschriften dieser Position verpflichtet fühlen.

3. Kriterium: Repräsentieren die Zeitschriften größtenteils die grundlagen- und anwendungsbezogene Forschung innerhalb der Sozialpsychologie? Die Antwort lautet „Ja", zumal sich mit dem „Journal of Applied Social Psychology" und der „Gruppendynamik und Organisationsberatung" zwei Zeitschriften finden, die eine „angewandte Sozialpsychologie" stark fördern, während die restlichen fünf Zeitschriften Austauschmöglichkeiten zwischen Forschern bieten, die überwiegend versuchen, Fragen aus der Grundlagenforschung aufzugreifen und zu beantworten. Diese Fragestellungen werden teilweise unter Anwendungsbezügen betrachtet.

Abschließend sei noch angemerkt, dass viele Forschungsberichte nach einheitlichen Standards, die ursprünglich von der American Psychological Association vorgegeben wurden, verfasst worden sind. Eine didaktische Hilfe für das Lesen entsprechender Berichte bieten Jordan & Zanna (1999) in ihrem Beitrag „How to Read a Journal Article in Social Psychology".

European Journal of Social Psychology (EJSP)

Der erste Band des EJSP erschien 1971 als Folge von Bestrebungen, eine europäische Sozialpsychologie zu institutionalisieren. Die Zeitschrift fungiert als Organ der European Association of Experimental Social Psychology. Sie erschien ursprünglich im Verlag Mouton (The Hague) und seit 1978 im Verlag Wiley (Chichester). Die Gründungsherausgeber waren Mauk Mulder, Gustaf Jahoda, Serge Moscovici und Peter Schönbach. Schon nach wenigen Heften änderte sich die Zusammensetzung des Herausgebergremiums, das dann für einen längeren Zeitraum von Jos Jaspars, Serge Moscovici, Peter Schönbach und Henri Tajfel besetzt war (bis 1977). Seit 1978 wird das Herausgebergremium durch einen geschäftsführenden Herausgeber geleitet, der regelmäßig wechselt. Inzwischen wird diese Person als Herausgeber bezeichnet, die mit mehreren „Assoziierten Herausgebern" zusammenarbeitet. Zur Zeit (2001, Jahrgang 31) wird die Position des Herausgebers von Fritz Strack bekleidet.

Die Zeitschrift veröffentlicht Beiträge aus allen Bereichen der Sozialpsychologie von europäischen Autoren, aber auch verfasst von Autoren aus verschiedenen Commonwealth-Ländern und aus den USA. Ein besonderer Schwerpunkt der Beiträge liegt seit den 1980er Jahren im Bereich der Intergruppen-Forschung. Im Jahre 2000 wurde das Design grundlegend verändert, und 2001 wurde das Druckformat vergrößert. Im Jahre 2000 wurden eingeladene Beiträge unter dem Titel „AGENDA 2000" veröffentlicht, die eine „Vision der Sozialpsychologie im neuen Jahrhundert" aufzeigen sollten, in der enthalten ist, wo die Entwicklung steht und wohin sie gehen sollte. Diese Beiträge können als eine Art Standortbestimmung der europäischen Sozialpsychologie angesehen werden.

zum einen die Gruppendynamik, zum anderen die → Zeitschrift für Sozialpsychologie. Wesentliche Unterschiede bestanden darin, dass die Gruppendynamik interdisziplinärer und angewandter ausgerichtet war. Band 1 erschien 1970 mit dem Untertitel „Forschung und Praxis". Später wurde der Untertitel „Zeitschrift für angewandte Sozialpsychologie" gewählt. Schließlich wurde der Titel im Jahre 2000 in Gruppendynamik und Organisationsberatung umbenannt. Darin kommt die zunehmende Betonung der Verbindung von Sozial- und Organisationspsychologie zum Ausdruck. In den ersten Jahrgängen wurden Themen wie Aktionsforschung, Trainingsgruppen, Interaktionsanalyse nach Bales, Führungsstile und Führung im Betrieb angesprochen. Schon relativ bald wurden die Hefte einzelnen Themen gewidmet. Beispiele aus den letzten Jahren sind Führung und Teamarbeit, Heterogenität in Gruppen, Kooperatives Lernen, Zwang und Freiwilligkeit, Freiwilliges Arbeitsengagement in Organisationen und Coaching. Daneben erscheinen auch Einzelberichte über ausgewählte Fragestellungen und historisch-biografische Rückblicke.

Der geschäftsführende Herausgeber ist Helmut E. Lück. Der Verlag, in dem die Zeitschrift erscheint, ist Leske + Budrich. Gegenwärtig erscheint Band 31 (2001). Von Anfang an enthielt die Gruppendynamik neben theoretischen auch empirische Arbeiten, die regelmäßig erscheinen und ein breites Spektrum an Phänomenen der Sozialpsychologie betreffen.

Gruppendynamik und Organisationsberatung

Anfang der 1970er Jahre bestand eine Aufbruchstimmung unter den Sozialpsychologen in Deutschland. Gleich zwei neue Zeitschriften wurden gegründet:

Journal of Applied Social Psychology (JASP)

Das JASP entsprach bei ihrer Gründung durch Siegfried Streufert 1971 einem weitverbreiteten Bedürfnis, ein Forum für die Anwendung der Sozialpsychologie zur Verfügung zu haben. Das JASP, dessen Einführung wesentlich auf die Initiative des ersten Herausgebers zurückgeht, erschien ursprünglich in dem Verlag Scripta Publishing Corporation und inzwischen bei V.H. Winston. Es ist seinem ursprünglichen Design und Format bis heute (Band 31, 2001) treu geblieben. Allerdings hat sich sein Umfang stark vergrößert. Das hängt einerseits mit dem großen Interesse zusammen, das die angewandte Sozialpsychologie von Anfang an fand. Andererseits spricht die Umfangserweiterung auch dafür, dass sich die relative Bedeutung der angewandten Sozialpsychologie in den letzten 30 Jahren gegenüber der Grundlagenforschung vergrößert hat. Der gegenwärtige Herausgeber ist Andrew Baum.

Das erste Heft wurde mit einem nachdenklichen Beitrag von Ernest R. Hilgard über den Weg zu einer verantwortungsorientierten Sozialwissenschaft eröffnet. Darin wurde zwischen zwei Formen der Verantwortung des Wissenschaftlers unterschieden: einerseits objektive Wissenschaft betreiben, andererseits die Anwendung der wissenschaftlichen Ergebnisse etwa in Politik und Wirtschaft in die Forschungsplanung einzubeziehen, letztlich mit dem Ziel, die Lebensqualität der Menschen zu erhöhen. Tatsächlich sind viele Beiträge des JASP in diesem Kontext zu sehen, wenn es auch mehr in die Richtung geht, dass Faktoren untersucht werden (wie das Rauchen oder Stress), die die Lebensqualität reduzieren. Daher kann man feststellen, dass das ursprüngliche Ziel eher indirekt angegangen wurde.

Die ersten zwei inhaltlichen Beiträge befassten sich mit den Effekten von „crowding", den Einstellungen der „Neuen Linken" und den Auswirkungen von Lärm. Damit wird exemplarisch das Themenspektrum der Zeitschrift illustriert. Das JASP macht mit der Anwendungsorientierung ernst. Bis heute finden sich Beiträge über Stress und seine Bewältigung, aber auch über AIDS-Aufklärung, Geschlechtsrollen, Aggression in engen Beziehungen oder ehrenamtliche Hilfe.

Journal of Experimental Social Psychology (JESP)

Das JESP wird seit 1965 im Verlag Academic Press veröffentlicht. Der erste Herausgeber war John Thibaut, der von den beiden Assoziierten Herausgebern Chester A. Insko und John Schopler unterstützt wurde. Unter den fünf Beiträgen des ersten Heftes waren wenigstens drei Beiträge, die über den Tag hinaus Bedeutung gewonnen haben: 1. Wallach & Kogans Experiment zum Risikoschub in Gruppen, 2. der Beitrag von H.H. Kelley und seinen Mitarbeitern über eine Simulation einer Paniksituation und 3. ein Experiment von Thibaut und Faucheux über die Entwicklung von Normen in einer Verhandlungssituation. Mit diesen Themen wird schon verdeutlicht, dass in der Anfangsphase ein stärkerer Schwerpunkt auf Gruppenprozessen lag, während Personwahrnehmung und Einstellung als weniger bedeutsame Themen figurierten. Inzwischen erscheint Band 37 (2001) unter dem Herausgeber Russell H. Fazio, der alle Themen der Sozialpsychologie gleichermaßen berücksichtigt. Nach wie vor scheint aber der Schwerpunkt mehr auf Studien zu grundlegenden Prozessen als zu Anwendungsfragen zu liegen. Seit 2001 wurde das Druckformat vergrößert. Die Zeitschrift erscheint als Organ der Society of Experimental Social Psychology. Gelegentlich werden auch Themenhefte eingestreut wie 1999 das über Stereotype und soziale Stigmata (betreut von Jennifer Crocker), welches im Unterschied zu den meisten Beiträgen des JESP einer eher angewandten Themenstellung folgte.

Journal of Personality and Social Psychology (JPSP)

Das JPSP stellt eine Fortsetzung des Journal of Abnormal and Social Psychology dar, das 1964 zum letzten Mal erschien und in zwei Folgezeitschriften aufgeteilt wurde. JPSP und Journal of Abnormal Psychology. Während letzteres die Bandnummerierung fortführte, begann die Bandfolge des JPSP wieder mit der Bandnummer 1. Das JPSP wird durch die American Psychological Association herausgegeben. Es erlebte 1977/1978 eine Krise, als der damalige Herausgeber Anthony G. Greenwald durchsetzen wollte, dass nur Veröffentlichungen erscheinen sollten, die einen originellen Forschungsbeitrag enthielten, der in einer Serie von Studien untersucht worden war. Die Folge dieser Vorgabe war, dass eine sehr geringe Zahl von Beiträgen erscheinen konnte, was dann 1979 zur Ablösung des Herausgebers führte. Seit 1980 wurde das JPSP in drei Themenblöcke aufgespalten, die jeweils von einem eigenen Herausgebergremium betreut werden: 1. Einstellung und soziale Kognition, 2. Interpersonelle Beziehungen und Gruppenprozesse sowie 3. Persönlichkeitsprozesse und individuelle Unterschiede. Somit kann festgestellt werden, dass das ursprüngliche Journal of Abnormal and Social Psychology de facto in vier eigenständige Zeitschriften aufgeteilt wurde. 2001 erscheinen die Bandnummern 80 und 81. Die Art der Beiträge hat sich seit 1980 nur unwesentlich verändert.

Im Mittelpunkt stehen grundlagenorientierte Forschungen, deren Zielsetzung die Prüfung von Theorien und die Weiterentwicklung vorhandener Erkenntnisse sind. Typische Themen sind Einstellung und Handeln, Selbstschemata und Selbstwert, Stereotype, romantische Beziehungen, soziale Vergleiche, Aggression, prosoziales Verhalten, Emotionen, Coping in Belastungssituationen, Extraversion, Ängstlichkeit und Lebenszufriedenheit. Auffällig ist eine Tendenz, dass sich die Länge der Beiträge im JPSP über die Jahrzehnte vergrößert hat. Während es heute zum guten Ton gehört, ein umfangreiches Literaturverzeichnis in den Theorieteil einzuarbeiten, wurde in den frühen Jahren oft nur die unmittelbar relevante Literatur erwähnt und die Autoren und Autorinnen kamen unmittelbar zu ihrem Forschungsanliegen.

Personality and Social Psychology Bulletin (PSPB)

Das PSPB entstand aus bescheidenen Anfängen. Heft 1 wurde 1974 durch Improvisation aus den Proceedings der Division of Personality and Social Psychology (Division 8 der American Psychological Association) herbeigezaubert. Organisatorisch wurden die ersten Bände durch Bibb Latané gefördert. Während noch die ersten drei Bände in einfachem Schreibmaschinendruck erschienen, setzten sich mit Band 4 die Anfänge eines Layouts durch. Diese Tendenz zur Formalisierung wurde noch verstärkt, als der Sage-Verlag 1980 (Band 6) begann, die Zeitschrift im Auftrag von Division 8 zu publizieren. Aber auch in dieser Phase blieb die äußere Erscheinung des PSPB unverwechselbar, nicht zuletzt durch die Kürze der Beiträge, die sich angenehm von den weit ausholenden Beiträgen in anderen US-amerikanischen Zeitschriften (Beispiel → Journal of Personality and Social Psychology) unterschieden. Allerdings setzte sich in neueren Bänden des PSPB immer mehr dieser weit ausholende Darstellungsstil durch, besonders nachdem das Druckformat vergrößert worden war (ab Band 17, 1991). Daher kann heute davon gesprochen werden, dass das PSPB die „kleine" Version des Journal of Personality and Social Psychology ist. Inhaltlich besteht mit dem „großen" Bruder eine weitgehende Überschneidung.

Viele Forschungsansätze, die in der einen Zeitschrift behandelt werden, finden sich auch in der anderen wieder. Nachdem das PSPB in den Jahren 1977 und 1978 eine Ventilfunktion hatte, als die Kriterien für die Aufnahme in das Journal of Personality and Social Psychology verschärft wurden, dient es heute mehr als ergänzendes Publikationsorgan, das dazu dient, die Vielzahl von Forschungsarbeiten hauptsächlich aus Nordamerika zu veröffentlichen, die durch die starke Expansion von Stellen in diesem Bereich in den 1970er und 1980er Jahren entstanden ist. Im Jahre 2001 erscheint Band 27.

Zeitschrift für Sozialpsychologie (ZfS)

Die ZfS beinhaltet Beiträge aus allen Bereichen der Sozialpsychologie. Die vier Gründungsherausgeber, Hubert Feger, Carl Friedrich Graumann, Klaus Holzkamp und Martin Irle, schlossen einen Vertrag mit dem Verlag Hans Huber in Bern. Die Gründungsherausgeber blieben nahezu 20 Jahre im Amt. 1988 zeichnete sich ein Umbruch ab, der 1989 in die personelle Neuformierung des Herausgebergremiums führte. Die Tradition eines Herausgebergremiums mit vier Teilnehmern wurde aber beibehalten, allerdings mit wechselnder Zusammensetzung.

Jährlich erscheint ein Band in vier Heften. Das Titelbild, das auf einem Schwarz-Weiß-Kontrast beruhte, wurde

bis 1998 (Bd. 29) beibehalten und danach grafisch modernisiert. Ein neues Druckformat kam hinzu. Im ersten Heft des ersten Bandes der ZfS wurden ein wissenschaftstheoretischer Beitrag, ein theoretischer Beitrag über die Konsistenztheorie sowie zwei empirische Arbeiten über die Persönlichkeit von Drogenkonsumenten und das Zustandekommen von Stereotypen veröffentlicht. In späteren Jahrgängen wurde diese Zusammenstellung von angewandter Forschung und Grundlagenuntersuchungen beibehalten. Allerdings sind die wissenschaftstheoretischen Arbeiten, die offensichtlich dem Zeitgeist geschuldet waren, inzwischen weitgehend verschwunden, und auch der Anteil der theoretischen Beiträge ist seit Jahren sehr gering, so dass Berichte über empirische Forschung dominieren.

1994 erschien ein Themenheft zum 25-jährigen Jubiläum der Zeitschrift, in dem unter anderem auch eine Inhaltsanalyse der ZfS vorgenommen wurde. Es wurde festgestellt, dass Veröffentlichungen zu Einstellungen und Gruppen dominieren und dass der ursprüngliche methodische Schwerpunkt fortbesteht. Außerdem wurde eine Tendenz festgestellt, amerikanische Vorgaben mit verbesserter Methodik und verfeinerter Theorie nachzuvollziehen, wobei allerdings auch zunehmend eigenständige Forschungstendenzen beobachtet wurden. 2001 erscheint Band 32, der von den Herausgebern Andrea Abele-Brehm, Herbert Bless, Erich Kirchler und Harald Wallbott betreut wird. Nach der Ausarbeitung eines neuen Vertrages zwischen Verlag, Herausgebern und Fachgruppe Sozialpsychologie in der Deutschen Gesellschaft für Psychologie Anfang der 1990er Jahre ist die ZfS ein Organ der Fachgruppe Sozialpsychologie der Deutschen Gesellschaft für Psychologie.

Literaturverzeichnis

Abelson, R.P. (1976). Script processing in attitude formation and decision making. In J.S. Carroll & J.W. Payne (Eds.), Cognition and social behavior (pp. 33–45). Hillsdale, NJ: Erlbaum.

Abramson, L.Y., Metalsky, G.I. & Alloy, L.B. (1989). Hopelessness depression: A theory-based sub-type of depression. Psychological Review, 96, 358–372.

Abramson, L.Y., Seligman, M.E.P. & Teasdale, J.D. (1978). Learned helplessness in humans: Critique and reformulation. Journal of Abnormal Psychology, 87, 49–74.

Adams, J.S. (1965). Inequity in social exchange. In L. Berkowitz (Ed.), Advances in experimental social psychology (Vol. 2, pp. 267-299). New York: Academic Press.

Adorno, T.W., Frenkel-Brunswik, E., Levinson, D.J. & Sanford, R.N. (1950). The authoritarian personality. New York: Harper & Row.

Aguinis, H. & Heule, C.A. (2001). Empirical assessment of the ethics of the bogus pipeline. Journal of Applied Social Psychology, 31, 352–375.

Aguinis, H., Pierce, C.A. & Quigley, B.H. (1995). Enhancing the validity of self-reported alcohol and marijuana consumption using a bogus pipeline procedure: A meta-analytic review. Basic and Applied Social Psychology, 16, 515-534.

Ahrens, S. (Hrsg., 1997). Lehrbuch der psychotherapeutischen Medizin. Stuttgart: Schattauer.

Ainsworth, M.D.S., Blehar, M.C., Waters, S. & Wall, S. (1978). Patterns of attachment: A psychological study of the strange situation. Hillsdale, NJ: Erlbaum.

Ajzen, I. (1988). Attitudes, personality, and behavior. Milton Keynes: Open University Press.

Albert, S. (1977). Temporal comparison theory. Psychological Review, 84, 485–503.

Alfermann, D. (1996). Geschlechterrollen und geschlechtstypisches Verhalten. Stuttgart: Kohlhammer.

Allport, G.W. (1935). Attitudes. In C.M. Murchison (Ed.), Handbook of social psychology (pp. 792–844). Worcester, MA: Clark University Press.

Allport, G.W. (1959). Persönlichkeit. Struktur, Entwicklung und Erfassung der menschlichen Eigenart. Meisenheim: Hain.

Allport, G.W. (1968). The historical background of modern social psychology. In G. Lindzey & E. Aronson (Eds.), Handbook of social psychology (Vol. 1, pp. 1–80). Reading, MA: Addison-Wesley.

Alsdorf, C. & Bannwart, E. (1995). Virtuelle Realität: Erfahrbare Information im Cyberspace. In L. Issing & P. Klimsa (Hrsg.), Information und Lernen mit Multimedia (S. 337–450). Weinheim: Beltz.

Altemeyer, B. (1996). The authoritarian specter. Cambridge, MA: Harvard University Press.

Altemeyer, B. (1998). The other „authoritarian personality". In M.P. Zanna (Ed.), Advances in experimental social psychology (Vol. 30, pp. 47–92). San Diego, CA: Academic Press.

Altman, J. & Taylor, D.A. (1973). Social penetration. The development of interpersonal relationships. New York: Holt, Rinehart & Winston.

Amato, P.R. & Keith, B. (1991a). Parental divorce and adult well-being: A meta-analysis. Journal of Marriage and the Family, 53, 43–58.

Amato, P.R & Keith, B. (1991b). Parental divorce and the well-being of children: A meta-analysis. Psychological Bulletin, 110, 26–46.

Amelang, M. & Bartussek, D. (1970). Untersuchung zur Validität einer neuen Lügenskala. Diagnostica, 16, 103–122.

Amelang, M. & Bartussek, D. (2001). Differentielle Psychologie und Persönlichkeitsforschung (5. Auflage). Stuttgart: Kohlhammer.

Anderson, C.A. (1983). The causal structure of situations: The generation of plausible causal attributions as a function of type of event situation. Journal of Experimental Social Psychology, 19, 185–203.

Anderson, C.A., Anderson, K.B. & Deuser, W.E. (1996). Examining an affective aggression framework: Weapon and temperature effects on aggressive thougths, affect, and attitudes. Personality and Social Psychology Bulletin, 22, 366–376.

Anderson, N.H. (1967). Averaging model analysis of set-size effect in impression formation. Journal of Experimental Psychology, 75, 158–165.

Anderson, N.H. (1977). Note on functional measurement and data anlysis. Perception and Psychophysics, 21, 201–215.

Anderson, N.H. (1981). Foundations of information integration theory. New York: Academic Press.

Andrews, B. (1998). Methodological and definitional issues in shame research. In P. Gilbert & B. Andrews (Eds.), Shame. Interpersonal behavior, psychopathology and culture (pp. 39–54). New York: Oxford University Press.

Antoni, C.H. (1990). Qualitätszirkel als Modell partizipativer Gruppenarbeit. Analyse der Möglichkeiten und Grenzen aus der Sicht betroffener Mitarbeiter. Bern: Huber.

Antoni, C.H. (1998). Kooperationsförderliche Arbeitsstrukturen. In E. Spieß (Hrsg.), Formen der Kooperation. Bedingungen und Perspektiven (S. 157–168). Göttingen: Verlag für Angewandte Psychologie.

Ardelt-Gattinger, E., Lechner, H. & Schlögl, W. (Hrsg., 1998). Gruppendynamik. Anspruch und Wirklichkeit der Arbeit in Gruppen. Göttingen: Verlag für Angewandte Psychologie.

Argyle, M. (1996). Körpersprache und Kommunikation (7. Auflage). Paderborn: Junfermann.

Argyle, M. & Dean, J. (1965). Eye-contact, distance, and affiliation. Sociometry, 28, 289–304.

Argyle, M. & Henderson, M. (1985). The anatomy of relationships. London: Penguin.

Argyle, M. & Kendon, A. (1967). The experimental analysis of social performance. In L. Berkowitz (Ed.), Advances in experimental social psychology (Vol. 3, pp. 55–98). New York: Academic Press.

Armor, D.A. & Taylor, S.E. (1998). Situated optimism: Specific outcome expectancies and self-regulation. In M.P. Zanna (Ed.), Advances in experimental social psychology (Vol. 30, pp. 309–379). San Diego, CA: Academic Press.

Arnscheid, R. & Schomers, P. (1996). Einstellung und Leistung in Gruppen: Eine Überprüfung der Theorie des geplanten Verhaltens bei Spielern der Basketball-Bundesliga. Zeitschrift für Sozialpsychologie, 27, 61–69.

Aron, A., Aron, E.N. & Smollan, D. (1992). Inclusion of Other in the Self scale and the structure of interpersonal closeness. Journal of Personality and Social Psycholoy, 63, 596–612.

Aron, A., Aron, E.N., Tudor, M. & Nelson, G. (1991). Close relationships as including other in the self. Journal of Personality and Social Psychology, 60, 241–253.

Aron, A. & Westbay, L. (1996). Dimensions of the prototype of love. Journal of Personality and Social Psychology, 70, 535–551.

Aronson, E. & Carlsmith, J.M. (1963). Effect of severity of threat on the valuation of forbidden behavior. Journal of Abnormal and Social Psychology, 66, 584–588.

Aronson, J., Cohen, G. & Nail, P.R. (1999). Self-affirmation theory: An update and appraisal. In E. Harmon-Jones & J. Mills (Eds.), Cognitive dissonance. Progress on a pivotal theory of social psychology (pp. 127–147). Washington, DC: American Psychological Association.

Aronson, J., Lustina, M.J., Good, C., Keough, K., Steele, C.M. & Brown, J.L. (1999). When white men can't do math: necessary and sufficient factors in stereotype threat. Journal of Experimental Social Psychology, 35, 29–46.

Asanger, R. & Wenninger, G. (Hrsg., 1988). Handwörterbuch Psychologie (4. Auflage). München: Psychologie Verlags Union.

Asch, S.E. (1946). Forming impressions of personality. Journal of Abnormal and Social Psychology, 41, 258–290.

Asch, S.E. (1951). Effects of group pressure on the modification and distortion of judgements. In H. Guetzkow (Ed.), Groups, leadership and men (pp. 177–190). Pittsburgh, PA: Carnegie.

Asendorpf, J.B. (1995). Persönlichkeitspsychologie: Das empirische Studium der individuellen Besonderheit aus spezieller und differentieller Perspektive. Psychologische Rundschau, 46, 235–247.

Asendorpf, J.B. (1996). Psychologie der Persönlichkeit. Grundlagen. Berlin: Springer.

Asendorpf, J.B. & Banse, R. (2000). Psychologie der Beziehung. Bern: Huber.

Ashmore, R.D. (1981). Sex stereotypes and implicit personality theory. In D.L. Hamilton (Ed.), Cognitive processes in stereotyping and inter-group behavior (pp. 37–81). Hillsdale, NJ: Erlbaum.

Ashmore, R.D. & DelBoca, F.K. (1981). Conceptual approaches to stereotypes and stereotyping. In D.L. Hamilton (Ed.), Cognitive processes in stereotyping and intergroup behavior (pp. 1–35). Hillsdale, NJ: Erlbaum.

Aspinwall, L.G. & Taylor, S.E. (1997). A stitch in time: Self-regulation and proactive coping. Psychological Bulletin, 121, 417–436.

Atkinson, J.W. (1957). Motivational determinants of risk-taking behavior. Psychological Review, 64, 359–372.

Atkinson, J.W. (1964). An introduction to motivation. Princeton, NJ: van Nostrand.

Atteslander, P. & Kopp, M. (1993). Befragung. In E. Roth (Hrsg.), Sozialwissenschaftliche Methoden (S. 144–172, 3. Auflage). München: Oldenbourg.

Atzwanger, K., Schäfer, K., Kruck, K. & Sütterlin, C. (1998). Wohlbefinden und Kooperation im öffentlichen Raum: Eine humanethologische Feldstudie. Report Psychologie, 23, 450–455.

Audi, R. (1999). The Cambridge dictionary of philosophy (2nd ed.). Cambridge: Cambridge University Press.

Augoustinos, M. (1990). The mediating role of representations on causal attributions in the social world. Social Behavior, 5, 49–62.

Auhagen, A.E. (1991). Freundschaft im Alltag. Eine Untersuchung mit dem Doppeltagebuch. Bern: Huber.

Auhagen, A.E. (1993). Freundschaft unter Erwachsenen. In A.E. Auhagen & M. v. Salisch (Hrsg.), Zwischenmenschliche Beziehungen (S. 215–233). Göttingen: Hogrefe.

Auhagen, A.E. (1999). Die Realität der Verantwortung. Göttingen: Hogrefe.

Auhagen, A.E. (2001). Responsibility in everyday life. In A.E. Auhagen & H.W. Bierhoff (Eds.), Responsibility. The many faces of a social phenomenon (pp. 61–77). London: Routledge.

Averill, J.R. (1985). The social construction of emotions. With special reference to love. In K.J. Gergen & K.E. Davis (Eds.), The social construction of the person (pp. 89–109). New York: Springer.

Axelrod, R. (1984). The evolution of cooperation. New York: Basic Books.

Baddeley, A. (1990). Human memory. Hove: Erlbaum.

Bakan, D. (1966). The duality of human existence. Chicago: Rand McNally.

Bakker, A.B., Schaufeli, W.B., Sisma, H.J. & Bosveld, W. (2001). Burnout contagion among general practioners. Journal of Social and Clinical Psychology, 20, 82–98.

Baldwin, M.W. (1992). Relational schemas and the processing of information. Psychological Bulletin, 112, 461–484.

Bamberg, E. & Busch, C. (1996). Betriebliche Gesundheitsförderung durch Streßmanagementtraining: Eine Metaanalyse (quasi)experimenteller Studien. Zeit-

schrift für Arbeits- und Organisationspsychologie, 40, 127–137.

Bamberg, S. (1996). Habitualisierte PKW-Nutzung: Integration des Konstrukts „Habit" in die Theorie des geplanten Verhaltens. Zeitschrift für Sozialpsychologie, 27, 295–310.

Bamberg, S. & Lüdemann, C. (1996). Eine Überprüfung der Theorie des geplanten Verhaltens in zwei Wahlsituationen mit dichotomen Handlungsalternativen: Rad vs. PKW und Container vs. Hausmüll. Zeitschrift für Sozialpsychologie, 27, 32–46.

Banaji, M.R. & Greenwald, A.G. (1995). Implicit gender stereotyping in judgements of fame. Journal of Personality and Social Psychology, 68, 181–198.

Bandura, A. (1971). Analysis of modeling processes. In A. Bandura (Ed.), Psychological modeling (pp. 1–62). Chicago: Aldine.

Bandura, A. (1973). Aggression: A social learning analysis. Englewood Cliffs, NJ: Prentice-Hall.

Bandura, A. (1977). Self-efficacy: Toward a unifying theory of behavioral change. Psychological Review, 84, 191–215.

Bandura, A. (1997). Self-efficacy: The exercise of control. New York: W.H. Freeman.

Bandura, A., Blanchard, E.B. & Ritter, B. (1969). Relative efficacy of desensitization and modeling approaches for inducing behavioral, affective, and attitudinal changes. Journal of Personality and Social Psychology, 13, 173–199.

Bandura, A. & Huston, A.C. (1961). Identification as a process of incidental learning. Journal of Abnormal and Social Psychology, 63, 311–318.

Bandura, A. & Schunk, D.H. (1981). Cultivating competence, self-efficacy, and intrinsic interest through proximal self-motivation. Journal of Personality and Social Psychology, 41, 586–598.

Bargal, D., Gold, M. & Lewin, M. (Eds., 1992). The heritage of Kurt Lewin: Theory, research, and practice. Journal of Social Issues, 48 (whole No. 2).

Bargh, J. (1997). The automaticity of everyday life. In R.S. Wyer (Ed.), The automaticity of everyday life: Advances in social cognition (Vol. 10, pp. 1–61). Mahwah, NJ: Erlbaum.

Bargh, J.A. & Ferguson, M.J. (2000). Beyond behaviorism: On the automaticity of higher mental processes. Psychological Bulletin, 126, 925–945.

Baron, R.S. (1986). Distraction-conflict theory: progress and problems. In L. Berkowitz (Ed.), Advances in experimental social psychology (Vol. 19, pp. 1–40). New York: Academic Press.

Bartholomew, K. (1990). Avoidance of intimacy: An attachment perspective. Journal of Social and Personal Relationships, 7, 147–178.

Bartlett, F.C. (1932). Remembering: A study in experimental and social psychology. Cambridge: Cambridge University Press.

Bartol, C.R. & Bartol, A.M. (1994). Psychology and law. Research and applications. Pacific Grove, CA: Brooks/Cole.

Bass, B.M. & Steyrer, J. (1995). Transaktionale und transformationale Führung. In A. Kieser, G. Reber & R. Wunderer (Hrsg.), Handwörterbuch der Führung (Sp. 2054–2062, 2. Auflage). Stuttgart: Schäffer-Poeschel.

Basten, M., Florin, I., Tuschen, B., Wessels, R., Hübner, I., Bossong, A. & Schmidt, S. (1994). Psychische Symptome und körperliche Gesundheit im vereinten Deutschland: Eine Ost-West-Vergleichsuntersuchung an einer studentischen Stichprobe. Verhaltenstherapie, 4, 90–95.

Bastine, R. (1982). Psychotherapie. In R. Bastine, P.A. Fiedler, K. Grawe, S. Schmidtchen & G. Sommer (Hrsg), Grundbegriffe der Psychotherapie (S. 311–317). Weinheim: Edition Psychologie.

Batinic, B. & Moser, K. (2001). Neue Befragungsmethoden für die Medienpsychologie: Online-Panels. Zeitschrift für Medienpsychologie, 13, 45–49.

Batinic, B., Werner, A., Gräf, L. & Bandilla, W. (Hrsg., 1999). Online-Research. Methoden, Anwendungen und Ergebnisse. Göttingen: Hogrefe.

Batson, C.D. (1987). Prosocial motivation: Is it ever truly altruistic? In L. Berkowitz (Ed.), Advances in Experimental Social Psychology (Vol. 20, pp. 65–122). San Diego, CA: Academic Press.

Batson, C.D. (1991). The altruism question. Toward a social-psychological answer. Hillsdale, NJ: Erlbaum.

Batson, C.D. (1995). Prosocial motivation: Why do we help others? In A. Tesser (Ed.), Advanced social psychology (pp. 333–381). New York: McGraw-Hill.

Batson, C.D., Sager, K., Garst, E., Kang, M., Rubchinsky, K. & Dawson, K. (1997). Is empathy-induced helping due to self-other merging? Journal of Personality and Social Psychology, 73, 495–509.

Battegay, R. (1996). Autodestruktion und Lebenstriebe. In. E. Wenglein, A. Hellwig

& M. Schoof (Hrsg.), Selbstvernichtung. Psychodynamik und Psychotherapie bei autodestruktivem Verhalten (S. 26–46). Göttingen: Vandenhoeck & Ruprecht.

Baumann, U. (1996). Wissenschaftliche Psychotherapie auf der Basis der wissenschaftlichen Psychologie. Report Psychologie, 21, 686–699.

Baumann, U. & Perrez, M. (Hrsg., 1998). Lehrbuch Klinische Psychologie – Psychotherapie. (2. Auflage). Bern: Huber.

Baumeister, R.F. (1986) Identity. Cultural change and the struggle for the self. New York: Oxford University Press.

Baumeister, R.F. (1988). How the self became a problem: A psychological review of historical research. Journal of Personality and Social Psychology, 52, 163–176.

Baumeister, R.F. (1989). The optimal margin of illusion. Journal of Social and Clinical Psychology, 8, 176–189.

Baumeister, R.F. (1992). Meanings of life. New York: Guilford Press.

Baumeister, R.F. (Ed., 1993). Self-esteem: The puzzle of low self-regard. New York: Plenum.

Baumeister, R.F. (1999). The nature and structure of the self: An overview. In R.F. Baumeister (Ed.), The self in social psychology (pp. 1–24). Philadelphia, PA: Psychology Press.

Baumeister, R.F., Dale, K. & Sommer, K.L. (1998). Freudian defense mechanisms and empirical findings in modern social psychology: reaction formation, projection, displacement, undoing, isolation, sublimation, and denial. Journal of Personality, 66, 1081–1124.

Baumeister, R.F., Heatherton, T.F. & Tice, D.M. (1993). When ego threats lead to self-regulation failure: The consequences of high self-esteem. Journal of Personality and Social Psychology, 64, 141–156.

Baumeister, R.F. & Leary, M.R. (1995). The need to belong: Desire for interpersonal attachments as a fundamental human motivation. Psychological Bulletin, 117, 497–529.

Baumeister, R.F. & Scher, S.J. (1988). Self-defeating behavior patterns among normal individuals: Review and analysis of common self-destructive tendencies. Psychological Bulletin, 104, 3–22.

Baumeister, R.F. & Schütz, A. (1997). Das tragische Paradoxon selbstschädigenden Verhaltens: Mythos und Realität. Psychologische Rundschau, 48, 67–83.

Baumeister, R.F., Smart, L. & Boden, J.M. (1996). Relation of threatened egotism to violence and aggression: The dark side of high self-esteem. Psychological Review, 103, 5–33.

Baumeister, R.F., Stillwell, A.M. & Heatherton, T.F. (1994). Guilt: An interpersonal approach. Psychologial Bulletin, 115, 243–267.

Baumeister, R.F., Tice, D.M. & Hutton, D.G. (1989). Self-presentational motivations and personality differences in self-esteem. Journal of Personality, 57, 547–579.

Beach, S.R, Tesser, A., Mendolia, M., Anderson, P.O., Whitaker, D. & Fincham, F.D. (1996). Self maintenance in marriage: Toward a performance ecology of the marital relation. Journal of Family Psychology, 10, 379–396.

Beck, D. & Orth, B. (1995). Wer wendet sich an wen? - Muster in der Interaktion kooperierender Kleingruppen. Zeitschrift für Sozialpsychologie, 26, 92–106.

Becker, P. (1982). Der Interaktions-Angst-Fragebogen (I-A-F). Weinheim: Beltz.

Beckmann, J. (1996). Entschlussbildung. In J. Kuhl & H. Heckhausen (Hrsg.), Motivation, Volition und Handlung (S. 411–426). Göttingen: Hogrefe.

Beelmann, A. & Bliesener, T. (1994). Aktuelle Probleme und Strategien der Metaanalyse. Psychologische Rundschau, 45, 211–233.

Beelmann, W. & Schmidt-Denter, U. (im Druck). Auswirkungen von Scheidung. In I. Grau & H.W. Bierhoff (Hrsg.), Sozialpsychologie der Partnerschaft. Heidelberg: Springer.

Bellabarba, J. & Schnappauf, D. (Hrsg., 1996). Organisationsentwicklung im Krankenhaus. Göttingen: Verlag für Angewandte Psychologie.

Bellebaum, A. (1994). Soziologische Grundbegriffe (12. Auflage). Stuttgart: Kohlhammer.

Bem, D.J. (1972). Self-perception theory. In L. Berkowitz (Ed.), Advances in experimental social psychology (Vol. 6, pp. 1–62). New York: Academic Press.

Bem, S.L. (1975). Sex role adaptability: One consequences of psychological androgeny. Journal of Personality and Social Psychology, 31, 634–643.

Bensley, L.S. & Wu, R. (1991). The role of psychological reactance in drinking following alcohol prevention messages. Journal of Applied Social Psychology, 21, 1111–1124.

Berglas, S. & Jones, E.E. (1978). Drug choice as a self-handicapping strategy in response to non-contingent success. Journal of Personality and Social Psychology, 36, 405–417.

Berkowitz, L. (1965). The concept of aggressive drive: Some additional considerations. In L. Berkowitz (Ed.), Advances in experimental social psychology (Vol. 2, pp. 301–329). New York: Academic Press.

Berkowitz, L. (1974). Some determinants of impulsive aggression: the role of mediated associations with reinforcements of aggression. Psychological Review, 81, 165–176.

Berkowitz, L. (1989). Frustration-aggression hypothesis: Examination and reformulation. Psychological Bulletin, 106, 59–73.

Berkowitz, L. (1993). Aggression. Ist causes, consequences, and control. New York: McGraw-Hill.

Berkowitz, L., & Daniels, L.R. (1963). Responsibility and dependency. Journal of Abnormal and Social Psychology, 66, 429–436.

Berkowitz, L. & Heimer, K. (1989). On the construction of the anger experience: Aversive events and negative priming in the formation of feelings. In L. Berkowitz (Ed.), Advances in experimental social psychology (Vol. 22, pp. 1–37). San Diego, CA: Academic Press.

Berkowitz, L. & Knurek, D.A. (1969). Label-mediated hostility generalization. Journal of Personality and Social Psychology, 13, 200–206.

Berkowitz, L. & LePage, A. (1967). Weapons as aggression-eliciting stimuli. Journal of Personality and Social Psychology, 7, 202–207.

Berlyne, D.E. (1960). Conflict, arousal, and curiosity. New York: McGraw-Hill.

Berry, D.S. & McArthur, L.Z. (1985). Some components and consequences of a babyface. Journal of Personality and Social Psychology, 48, 312–323.

Berscheid, E., Dion, K.K., Walster, E. & Walster, G.W. (1971). Physical attractiveness and dating choice: A test of the matching hypothesis. Journal of Experimental Social Psychology, 7, 173–189.

Berscheid, E., Snyder, M. & Omoto, A.M. (1989a). Issues in studying close relationships: Conceptualizing and measuring closeness. In C. Hendrick (Ed.), Close relationships: Review of personality and social psychology (Vol. 10, pp. 63–91). Newbury Park, CA: Sage.

Berscheid, E., Snyder, M. & Omoto, A.M. (1989b). The Relationship Closeness Inventory: Assessing the closeness of interpersonal relationships. Journal of Personality and Social Psychology, 57, 792–807.

Berscheid, E. & Walster, E. (1974). A little bit about love. In T. Huston (Ed.), Foundations of interpersonal attraction (pp. 355–381). New York: Academic Press.

Bettencourt, B.A., Brewer, M.B., Rogers-Croak, M. & Miller, N. (1992). Cooperation and the reduction of intergroup bias: The role of reward structures and social orientation. Journal of Experimental Social Psychology, 28, 301–319.

Bettighofer, S. (1998). Übertragung und Gegenübertragung im therapeutischen Prozeß. Stuttgart: Kohlhammer.

Bierhoff, H.W. (1984). Altruism and patterns of social interaction. In E. Staub, D. Bar-Tal, J. Karylowski & J. Reykowski (Eds.), Development and maintenance of prosocial behavior (pp. 309–321). New York: Plenum.

Bierhoff, H.W. (1988). Affect, cognition and prosocial behavior. In K. Fiedler & J. Forgas (Eds.), Affect, cognition and social behavior (pp. 167–182). Toronto: Hogrefe.

Bierhoff, H.W. (1989). Person perception and attribution. Berlin: Springer.

Bierhoff, H.W. (1991). Schema der hinreichenden Ursache als Maxime der Kausalerklärung: Was sind informative und ausreichende Erklärungen? Zeitschrift für Sozialpsychologie, 22, 112–122.

Bierhoff, H.W. (1992). Prozedurale Gerechtigkeit. Das Wie und Warum der Fairneß. Zeitschrift für Sozialpsychologie, 23, 163–178.

Bierhoff, H.W. (1995). Vertrauen in Führungs- und Kooperationsbeziehungen. In A. Kieser, G. Reber & R. Wunderer (Hrsg.), Handwörterbuch der Führung (Sp. 2148–2158, 2. Auflage). Stuttgart: Schäffer-Poeschel.

Bierhoff, H.W. (1996). Neuere Erhebungsmethoden. In E. Erdfelder, R. Mausfeld, T. Meiser & G. Rudinger (Hrsg), Handbuch quanitative Methoden (S. 59–70). Weinheim: Psychologie Verlags Union.

Bierhoff, H.W. (1998). Ärger, Aggression und Gerechtigkeit: Moralische Empörung und antisoziales Verhalten. In H.W. Bierhoff & U. Wagner (Hrsg.), Aggression und Gewalt. Phänomene, Ursachen und Interventionen (S. 26–47). Stuttgart: Kohlhammer.

Bierhoff, H.W. (2000a). Skala der sozialen Verantwortung nach Berkowitz & Daniels: Entwicklung und Validierung. Diagnostica, 46, 18–28.

Bierhoff, H.W. (2000b). Sozialpsychologie. Ein Lehrbuch (5. Auflage). Stuttgart: Kohlhammer.

Bierhoff, H.W. (2002a). Prosoziales Verhalten. In W. Stroebe, K. Jonas & M. Hewstone (Hrsg.), Sozialpsychologie. Eine Einführung (S. 319–351, 4. Auflage). Berlin: Springer.

Bierhoff, H.W. (2002b). Soziale Verantwortung im Berufs- und Wirtschaftsleben. Zeitschrift für Personalforschung, 16, 209–229.

Bierhoff, H.W. (im Druck). Wie entsteht soziales Engagement und wie wird es aufrechterhalten? In D. Rosenkranz, A. Weber & A. Möhringer (Hrsg.), Freiwilligenarbeit. Lehrbuch zum Management von Ehrenamtlichen. Weinheim: Juventa.

Bierhoff, H.W. & Fetchenhauer, D. (Hrsg., 2001). Solidarität. Konflikt, Umwelt und Dritte Welt. Opladen: Leske + Budrich.

Bierhoff, H.W. & Grau, I. (1997). Dimensionen enger Beziehungen: Entwicklung von globalen Skalen zur Einschätzung von Beziehungseinstellungen. Diagnostica, 43, 210–229.

Bierhoff, H.W., Grau, I. & Ludwig, A. (1993). Marburger Einstellungs-Inventar für Liebesstile (MEIL). Göttingen: Hogrefe.

Bierhoff, H.W. & Herner, M.J. (1999). Arbeitsengagement aus freien Stücken: Zur Rolle der Führung. In G. Schreyögg & J. Sydow (Hrsg.), Führung – neu gesehen (Reihe Managementforschung, Bd. 9, S. 55–87). Berlin: de Gruyter.

Bierhoff, H.W., Klein, R. & Kramp, P. (1991). Evidence for the altruistic personality from data on accident research. Journal of Personality, 59, 263–280.

Bierhoff, H.W. & Ludwig, A. (1991). Depressivität und Geschlechtsrollenorientierung: Drei Untersuchungen bei Frauen. In J. Haisch & H.P. Zeitler (Hrsg.), Gesundheitspsychologie. Zur Sozialpsychologie der Prävention und Krankheitsbewältigung (S. 205–222). Heidelberg: Asanger.

Bierhoff, H.W. & Müller, G.F. (1999). Positive feelings and cooperative support in project groups. Swiss Journal of Psychology, 58, 180–190.

Bierhoff, H.W., Müller G.F. & Küpper, B. (2000). Prosoziales Arbeitsverhalten: Entwicklung und Überprüfung eines Messinstruments zur Erfassung des freiwilligen Arbeitsengagements. Gruppendynamik und Organisationsberatung, 31, 141–153.

Bierhoff, H.W. & Rudinger, G. (1996). Quasi-experimentelle Untersuchungsmethoden. In E. Erdfelder, R. Mausfeld, T.

Meiser & G. Rudinger (Hrsg.), Handbuch quantitative Methoden (S. 47–58). Weinheim: Psychologie Verlags Union.

Bierhoff, H.W. & Schülken, T. (2001). Ehrenamtliches Engagement. In H.W. Bierhoff & D. Fetchenhauer (Hrsg.), Solidarität. Konflikt, Umwelt und Dritte Welt (S. 183–204). Opladen: Leske + Budrich.

Bierhoff-Alfermann, D. (1986). Sportpsychologie. Stuttgart: Kohlhammer.

Bierhoff-Alfermann, D. (1989). Androgynie. Opladen: Westdeutscher Verlag.

Bies, R.J. & Moag, J.S. (1986): Interactional justice. In B.M Staw & L.L. Cummings (Eds.), Research in organizational behavior (Vol. 9, pp. 289–319). Greeenwich: CT: JAI Press.

Bilsky, W. & Hosser, D. (1998). Soziale Unterstützung und Einsamkeit: Psychometrischer Vergleich zwischen Skalen auf der Basis einer bundesweiten Repräsentativbefragung. Zeitschrift für Differentielle und Diagnostische Psychologie, 19, 130–144.

Biner, P.M., Angle, S.T., Park, J.H., Mellinger, A.E. & Barber, B.C. (1995). Need state and the illusion of control. Personality and Social Psychology Bulletin, 21, 899–907.

Birbaumer, N. & Schmidt, R.F. (1990). Biologische Psychologie. Berlin: Springer.

Birnbaum, M. (1981). Thinking and feeling: A sceptical review. American Psychologist, 36, 99–101.

Blake, R.R. & Mouton, J.S. (1964). The managerial grid. Houston, TX: Gulf.

Blake, R.R. & Mouton, J.S. (1979). Intergroup problem solving in organizations: From theory to practice. In W.G. Austin & S. Worchel (Eds.), The social psychology of intergroup relations (pp. 19–32). Monterey, CA: Brooks/Cole.

Blaney, P.H. (1986). Affect and memory: A review. Psychological Bulletin, 99, 229–246.

Blanz, M., Mummendey, A., Mielke, R. & Klink, A. (1998). Wechselseitige Differenzierung zwischen sozialen Gruppen: Ein Vorhersagemodell der Theorie der sozialen Identität. Zeitschrift für Sozialpsychologie, 29, 239–259.

Blass, T. (1991). Understanding behavior in the Milgram obedience experiment: The role of personality, situations, and their interactions. Journal of Personality and Social Psychology, 60, 398–413.

Bless, H. (1997). Stimmung und Denken. Bern: Huber.

Bless, H., Bohner, G., Chassein, B., Kittel, C., Kohlhoff, A., Nathusius, K., Schüssler,

G. & Schwarz, N. (1992). Hausmann und Abteilungsleiterin: Die Auswirkungen von Geschlechtsrollenerwartungen und rollendiskrepantem Verhalten auf die Zuschreibung von Persönlichkeitseigenschaften. Zeitschrift für Sozialpsychologie, 23, 16–24.

Blickle, G. (1995). Wie beeinflussen Personen erfolgreich Vorgesetzte, Kolleginnen und Untergebene? Skalenentwicklung und -validierung. Diagnostica, 41, 245–260.

Blickle, G. (Hrsg., 1998). Ethik in Organisationen. Konzepte, Befunde, Praxisbeispiele. Göttingen: Verlag für Angewandte Psychologie.

Blickle, G. (2002). Mikropolitik – eine ethische Analyse. Zeitschrift für Personalforschung, 16, 169–186.

Blickle, G. & Gönner, S. (1999). Studien zur Validierung eines Inventars zur Erfassung intraorganisationaler Einflussstrategien. Diagnostica, 45, 35–46.

Bliesener, T. & Brons-Albert, R. (Hrsg., 1994). Rollenspiele in Kommunikations- und Verhaltenstrainings. Opladen: Westdeutscher Verlag.

Bock, P.K. (Ed., 1994). Psychological anthropology. Westport, CT: Praeger.

Bodenmann, G. (2001). Psychologische Risikofaktoren für Scheidung: Ein Überblick. Psychologische Rundschau, 52, 85–95.

Bodenmann, G. & Cina, A. (2000). Stress und Coping als Prädiktoren für Scheidung: Eine prospektive Fünf-Jahres-Längsschnittstudie. Zeitschrift für Familienforschung, 12, 5–20.

Boeger, A. & Pickartz, A. (2001). Bewältigungsstrategien bei pflegenden Angehörigen. Report Psychologie, 26, 234–240.

Bohner, G., Moskowitz, G.B. & Chaiken, S. (1995). The interplay of heuristic and systematic processing of social information. In W. Stroebe & M. Hewstone (Eds.), European review of social psychology (Vol. 6, pp. 33–68). Chichester: Wiley.

Bohner, G. & Sturm, S. (1997). Evaluative Aspekte sozialer Identität bei Frauen und Männern: Vorstellung einer Skala des Kollektiven Selbstwerts in bezug auf das Geschlecht (KSW-G). Psychologische Beiträge, 39, 322–335.

Boos, M., Jonas, K.J. & Sassenberg, K. (Hrsg., 2000). Computervermittelte Kommunikation in Organisationen. Göttingen: Hogrefe.

Bora, A. (1995). Procedural justice as a contested concept: Sociological remarks on the group value model. Social Justice Research, 8, 175–195.

Borkenau, P. (1996). Prosoziales Verhalten. In M. Amelang (Hrsg.), Enzyklopädie der Psychologie, Serie VIII: Differentielle Psychologie und Persönlichkeitsforschung (Bd. 3): Temperaments- und Persönlichkeitsunterschiede (S. 377–406). Göttingen: Hogrefe.

Borkenau, P. & Ostendorf, F. (1994). NEO-Fünf-Faktoren Inventar (NEO-FFI) nach Costa & McCrea. Göttingen: Hogrefe.

Bornewasser, M. (1982). Das Aggressionsurteil in Abhängigkeit von der Schadenshöhe und Entschuldigungsgründen (Bielefelder Arbeiten zur Sozialpsychologie, Nr. 82). Bielefeld: Fakultät für Soziologie der Universität Bielefeld.

Bornewasser, M. (1998). Soziale Konstruktion von Gewalt und Aggression. In H.W. Bierhoff & U. Wagner (Hrsg), Aggression und Gewalt: Phänomene, Ursachen und Interventionen (S. 48–61). Stuttgart: Kohlhammer.

Bossong, B. (1995). Angst als dispositionale selbstwertdienliche Strategie in Leistungssituationen. Zeitschrift für Sozialpsychologie, 26, 3–14.

Bowers, K.S. & Farvolden, P. (1996). Revisiting a century-old Freudian slip – From suggestion disavowed to the truth repressed. Psychological Bulletin, 119, 355–380.

Bowlby, J. (1984, urspr. 1969). Bindung. Frankfurt/Main: Fischer.

Bowlby, J. (1986, urspr. 1973). Trennung. Franfurt/Main: Fischer.

Bowlby, J. (1983, urspr. 1980). Verlust. Frankfurt/Main: Fischer.

Bradbury, T.N. & Fincham, F.D. (1990). Attributions in marriage. Review and critique. Psychological Bulletin, 107, 3–33.

Bradley, G.W. (1978). Self-serving biases in the attribution process: A reexamination of the fact or fiction question. Journal of Personality and Social Psychology, 36, 56–71.

Brähler, E. & Felder, H. (Hrsg., 1999). Weiblichkeit, Männlichkeit und Gesundheit (2. Auflage). Opladen: Westdeutscher Verlag.

Brähler, E. & Strauß, B. (Hrsg., 2001). Medizinische Psychologie und Soziologie. Ein praxisorientiertes Lehrbuch. Göttingen: Hogrefe.

Brandstätter, H., Davis, J.H. & Schuler, H. (Eds., 1978). Dynamics of group decisions. Beverly Hills, CA: Sage.

Brauer, M. & Judd, C.M. (1996). Group polarization and repeated attitude expressions: A new take on an old topic. In W. Stroebe & M. Hewstone (Eds.), European review of social psychology (Vol. 7, pp. 173–207). Chichester: Wiley.

Braun, O.L. & Wicklund, R.A. (1989a). Psychological antecedents of conspicuous consumption. Journal of Economic Psychology, 10, 161–187.

Braun, O.L. & Wicklund, R.A. (1989b). When discounting fails. Journal of Experimental Social Psychology, 25, 450–461.

Brauner, E. (1994). Soziale Interaktion und mentale Modelle. Münster: Waxmann.

Brauner, E. (2001). Wissenstransfer in Projektgruppen: Die Rolle des transaktiven Gedächtnisses. In R. Fisch, D. Beck & B. Englich (Hrsg.), Projektgruppen in Organisationen (S. 237–248). Göttingen: Verlag für Psychologie.

Brehm, J.W. (1956). Post-decision changes in the desirability of alternatives. Journal of Abnormal and Social Psychology, 52, 384–389.

Brehm, J.W. (1966). A theory of psychological reactance. New York: Academic Press.

Brehm, J.W. & Mann, M. (1975). Effect of importance of freedom and attraction to group members on influence produced by group pressure. Journal of Personality and Social Psychology, 31, 816–824.

Brewer, M.B. (1999). The psychology of prejudice: In-group love or out-group hate? Journal of Social Issues, 55, 429–444.

Brewer, M.B. & Gardner, W. (1996). Who is this „we"? Levels of collective identity and self-representations. Journal of Personality and Social Psychology, 71, 83–93.

Brewer, M.B. & Kramer, R.M. (1986). Choice behavior in social dilemmas: Effects of social identity, group size and decision framing. Journal of Personality and Social Psychology, 50, 543–549.

Brewer, M.B. & Miller, N. (1988). Contact and cooperation: When do they work? In P. Katz & D. Taylor (Eds.), Eliminating racism: Means and controversies (pp. 315–326). New York: Plenum.

Brickman, P., Rabinowitz, V.C., Karuza, J., Coates, D., Cohn, E. & Kidder, I. (1982). Models of helping and coping. American Psychologist, 37, 368–384.

Brief, A.P. & Motowidlo, S. (1986). Prosocial organizational behaviors. Academy of Management Review, 11, 710–725.

Brockner, J. & Rubin, J.Z. (1985). Entrapment in escalating conflicts. New York: Springer.

Brockner, J. & Wiesenfeld, B.M. (1996). An integrative framework for explaining reactions to decisions: Interactive effects of outcomes and procedures. Psychological Bulletin, 120, 189–208.

Broich, J. (1980). Rollenspiele mit Erwachsenen. Anleitungen und Beispiele für Erwachsenbildung, Sozialarbeit, Schule. Reinbek: Rowohlt.

Bronfenbrenner, U. (1981). Die Ökologie der menschlichen Entwicklung. Stuttgart: Klett-Cotta.

Broverman, I.K., Vogel, S.R., Broverman, D.M., Clarkson, F.E. & Rosenkrantz, P.S. (1972). Sex-role stereotypes: A current appraisal. Journal of Social Issues, 28(2), 59–78.

Brown, J.D. (1993). Self-esteem and self-evaluations: Feeling is believing. In J. Suls (Ed.), Psychological perspectives on the self (Vol. 4, pp. 27–58). Hillsdale, NJ: Erlbaum.

Brown, R., Vivian, J. & Hewstone, M. (1999). Changing attitudes through intergroup contact: the effects of group membership salience. European Journal of Social Psychology, 29, 741–764.

Brunstein, J.C. & Gollwitzer, P.M. (1996). Effects on subsequent performance: The importance of self-defining goals. Journal of Personality and Social Psychology, 70, 395–407.

Buchanan, G. & Seligman, M.E.P. (Eds., 1995). Explanatory style. Hillsdale, NJ: Erlbaum.

Buck, E. & Bierhoff, H.W. (1986). Verläßlichkeit und Vertrauenswürdigkeit: Skalen zur Erfassung des Vertrauens in eine konkrete Person. Zeitschrift für Differentielle und Diagnostische Psychologie, 7, 205–223.

Bungard, W. & Herrmann, T. (Hrsg., 1993). Arbeits- und Organisationspsychologie. Im Spannungsfeld zwischen Grundlagenorientierung und Anwendung. Bern: Huber.

Burger, J.M. (1986). Increasing compliance by improving the deal: The that's-not-all technique. Journal of Personality and Social Psychology, 51, 277–283.

Burkardt, K.P., Zumkley, H. & Kornadt, H.J. (1987). Das Aggressions-Motiv-Gitter. Konstruktion und erste Ergebnisse. Diagnostica, 33, 339–353.

Burns, J.M. (1978) Leadership. New York: Harper.

Busch, C. (1998). Streßmanagement und betriebliche Gesundheitsförderung. In E. Bamberg, A. Ducki & & A.M. Metz (Hrsg.), Handbuch Betriebliche Gesundheitsförderung. Arbeits- und organisationspsychologische Methoden und Konzepte (S. 97–110). Göttingen: Verlag für Angewandte Psychologie.

Bushman, B.J. & Anderson, C.A. (2001). Is it time to pull the plug on hostile versus instrumental aggression dichotomy? Psychological Review, 108, 273–279.

Bushman, B.J., Baumeister, R.F. & Stack, A.D. (1999). Catharsis, aggression, and persuasive influence. Self-fulfilling or self-defeating prophecies? Journal of Personality and Social Psychology, 76, 367–376.

Buss, D.M. (1995). Evolutionary psychology: a new paradigm for psychological science. Psychological Inquiry, 6, 1–30.

Buss, D.M. (1998). Sexual strategies theory: Historical origins and current status. Journal of Sex Research, 35, 19–31.

Büssing, A. & Perrar, K.M. (1992). Die Messung von Burnout. Untersuchung einer deutschen Fassung des Maslach Burnout Inventory (MBI-D). Diagnostica, 38, 328–353.

Byrne, D. (1971). The attraction paradigm. New York: Academic Press.

Byrne, D., Allgeier, A.R., Winslow, L. & Buchman, J. (1975). The situational facilitation of interpersonal attraction: A three factor hypothesis. Journal of Applied Social Psychology, 5, 1–15.

Byrne, D., Ervin, C.R. & Lamberth, J. (1970). Continuity between the experimental study of attraction and real-life computer dating. Journal of Personality and Social Psychology, 16, 157–165.

Byrne, D. & Nelson, D. (1965). Attraction as a linear function of proportion of positive reinforcements. Journal of Personality and Social Psychology, 1, 659–663.

Cacioppo, J.T. & Tassinary, L.G. (Eds., 1989). Principles of psychophysiology. New York: Cambridge University Press.

Campbell, D.T. (1963). Social attitudes and other acquired behavioral dispositions. In S. Koch (Ed.), Psychology: A study of a science (Vol. 3, pp. 94–172). New York: McGraw-Hill.

Campbell, J. (1990). Self-esteem and clarity of the self-concept. Journal of Personality and Social Psychology, 59, 538–549.

Cannon, W.B. (1914). The interrelations of emotions suggested by recent physiological researches. American Journal of Psychology, 25, 256–282.

Cannon, W.B. (1932). The wisdom of the body. New York: Norton.

Cantor, N. & Mischel, W. (1979). Prototypes in person perception. In L. Berkowitz (Ed.), Advances in experimental social psychology (Vol. 12, pp. 1–52.). New York: Academic Press.

Caplow, T. (1956). A theory of coalitions in the triad. American Sociological Review, 21, 489–493.

Caporael, L.R. & Baron, R.M. (1997) Groups as the mind's natural environment. In J.A. Simpson & D.T. Kenrick (Eds.), Evolutionary social psychology (pp. 317–343). Mahwah, NJ: Erlbaum.

Carli, L.L. & Eagly, A.H. (Eds., 2001). Gender, hierarchy, and leadership. Journal of Social Issues, 57 (whole No. 4).

Carlson, M., Marcus-Newhall, A. & Miller, N. (1990). Effects of situational aggression cues: A quantitative review. Journal of Personality and Social Psychology, 58, 622–633.

Carnevale, P.J. (1986). Strategic choice in mediation. Negotiation Journal, 2, 41–56.

Carnevale, P.J. & Isen, A.M. (1986). The influence of positive affect and visual access on the discovery of integrative solutions in bilateral negotiation. Organizational Behavior and Human Decision Processes, 37, 1–13.

Carnevale, P.J. & Pruitt, D.G. (1992). Negotiation and mediation. Annual Review of Psychology, 43, 531–582.

Carroll, J.S. (1978). The effects of imagining an event on expectations for the event: An interpretation in terms of the availability heuristic. Journal of Experimental Social Psychology, 14, 88–96.

Carver, C.S. & Scheier, M.F. (1981). Attention and self-regulation: A control-theory approach to human behavior. New York: Springer.

Carver, C.S. & Scheier, M.F. (1982). Control theory: A useful conceptual framework for Personality, Social, Clinical and Health Psychology. Psychological Bulletin, 92, 111–135.

Carver, C.S. & Scheier, M.F. (1990). Origins and functions of positive and negative affect: A control-process view. Psychological Review, 97, 19–35.

Carver, C.S & Scheier, M.F. (1998). On the self-regulation of behavior. New York: Cambridge University Press.

Cassidy, J.A. & Shaver, P.R. (Eds., 1999). Handbook of attachment: Theory, reserach, and clinical applications. New York: Guilford Press.

Cattell, R.B. & Scheier, I.H. (1961). The meaning and measurement of neuroticism and anxiety. New York: Ronald Press.

Chaiken, S. (1980). Heuristic versus systematic information processing in the use of source versus message cues in persuasion. Journal of Personality and Social Psychology, 39, 752–766.

Chaiken, S. & Trope, Y. (1999). Dual-process theories in social psychology. New York: Guilford Press.

Chapman, L.J. & Chapman. J.P. (1969). Illusory correlations as an obstacle to the use of valid psychodiagnostic signs. Journal of Abnormal Psychology, 74, 271–280.

Chen, S. & Andersen, S.M. (1999). Relationships from the past in the present: Significant-other representations and transference in interpersonal life. In M.P. Zanna (Ed.), Advances in experimental social psychology (Vol. 31, pp. 123–190). San Diego, CA. Academic Press.

Christie, R. & Geis, F.L. (1970). Studies in machiavellianism. Nex York: Academic Press.

Cialdini, R.B. (1997). Die Psychologie des Überzeugens. Bern: Huber.

Cialdini, R.B., Borden, R.J., Thorne, A., Walker, M.R., Freeman, S. & Sloan, L.R. (1976). Basking in reflected glory: Three (football) field studies. Journal of Personality and Social Psychology, 34, 366–375.

Cialdini, R.B., Brown, S.L., Lewis, B.P., Luce, C. & Neuberg, S.L. (1997). Reinterpreting the empathy-altruism relationship: When one into one equals oneness. Journal of Personality and Social Psychology, 73, 481–494.

Cialdini, R.B., Cacioppo, J.T., Bassett, R. & Miller, J.A. (1978). Low-ball procedure for producing compliance: Commitment then cost. Journal of Personality and Social Psychology, 36, 463–476.

Cialdini, R.B. & DeNicholas, M.E. (1989). Self-presentation by association. Journal of Personality and Social Psychology, 57, 626–631.

Cialdini, R.B., Kallgren, C.A. & Reno, R.R. (1991). A focus theory of normative conduct: A theoretical refinement and reevaluation of the role of norms in human behaviour. In M.P. Zanna (Ed.), Advances in experimental social psychology (Vol. 24, pp. 202–234). San Diego, CA: Academic Press.

Cialdini, R.B. & Richardson, K.D. (1980). Two indirect tactics of image management: Basking and blasting. Journal of Personality and Social Psychology, 34, 366–375.

Cialdini, R.B., Schaller, M., Houlihan, D., Arps, K., Fultz, J. & Beaman, A.L. (1987).

Empathy-based helping: Is it selflessly or selfishly motivated? Journal of Personality and Social Psychology, 52, 749–758.

Cialdini, R.B., Vincent, J.E., Lewis, S.K., Catalan, J., Wheeler, D. & Darby, B.L. (1975). Reciprocal concessions procedure for inducing compliance: The door-in-the-face technique. Journal of Personality and Social Psychology, 31, 206–215.

Clance, P.R., Dingman, D., Reviere, S.L. & Stober, D.R. (1995). Impostor phenomenon in an interpersonal/social context: Origins and treatment. Women and Therapy, 16, 79–96.

Clark, C.L., Shaver, P.R. & Abrahams, M.F. (1999). Strategic behaviors in romantic relationship initiation. Personality and Social Psychology Bulletin, 25, 707–720.

Clark, H.H. & Brennan, S.E. (1991). Grounding in communication. In L.B. Resnick, J.M. Levine & S.D. Teasley (Eds.), Perspectives on socially shared cognition (pp. 127–149). Washington, DC: Amercian Psychological Association.

Clark, H.H. & Schaefer, E.F. (1987). Concealing one's meaning from overhearers. Language and Cognitive Processes, 26, 209–225.

Clark, H.H. & Schaefer, E.F. (1989). Contributing to discourse. Cognitive Science, 13, 259–294.

Clark, M.S., Milberg, S. & Erber, R. (1988). Arousal-state-dependent memory: Evidence and implications for understanding social judgements and social behaviour. In K. Fiedler & J. Forgas (Eds.), Affect, cognition and social behaviour (pp. 63–83). Toronto: Hogrefe.

Clary, E.G. & Snyder, M. (1991). A functional analysis of altruism and prosocial behavior. A case of volunteerism. In M.S. Clark (Ed.), Prosocial behavior (pp. 119–148). Newbury Park, CA: Sage.

Clore, G.L. & Parrott, W.G. (1991). Moods and their vicissitudes: Thoughts and feelings as information. In J.P. Forgas (Ed.), Emotion and social judgments (pp. 107–123). Oxford: Pergamon Press.

Cohen, B.P. & Zhou, X. (1991). Status processes in enduring work groups. American Sociological Review, 56, 179–188.

Cohen, J. (1969). Statistical power analysis for the behavioral sciences. San Diego, CA: Academic Press.

Cohen, S., Sherrod, D.R. & Clark, M.S. (1986). Social skills and the stress protective role of social support. Journal of Personality and Social Psychology, 50, 963–973.

Coke, J.S., Batson, C.D. & McDavis, K. (1978). Empathic mediation of helping: A two-stage model. Journal of Personality and Social Psychology, 36, 752–766.

Collins, B.E. & Raven, B.H. (1969). Group structure: Attraction, coalitions, communication and power. In G. Lindzey & E. Aronson (Eds.), Handbook of social psychology (Vol. 4, pp. 102–204). Reading, MA: Addison-Wesley.

Collins, N.L. & Miller, L.C. (1994). Self-disclosure and liking: A meta-analytic review. Psychological Bulletin, 116, 457–475.

Collins, R.L. (1996). For better or worse: The impact of upward social comparison on self-evaluations. Psychological Bulletin, 119, 51–69.

Colvin, C.R. & Block, J. (1994). Do positive illusions foster mental health? An examination of the Taylor and Brown formulation. Psychological Bulletin, 116, 3–20.

Conlon, D.E., Carnevale, P.J. & Murnighan, J.K.(1994). Intravention: Third-party intervention with cloud. Organizational Behavior and Human Decision Processes, 57, 387–410.

Cook, T.D., Gruder, C.L., Hennigan, K.M. & Flay, B.R. (1979). History of the sleeper effect. Some logical pitfalls in accepting the null hypothesis. Psychological Bulletin, 86, 662–679.

Cooley, C.H. (1902). Human nature and the social order. New York: Scribner.

Cooper, J. & Fazio, R.H. (1986). The formation and persistence of attitudes that support intergroup conflict. In S. Worchel & W.G. Austin (Eds.), Psychology and intergroup relations (pp. 183–195). Chicago, IL: Nelson-Hall.

Cooper, J. & Worchel, S. (1970). Role of undesired consequences in arousing cognitive dissonance. Journal of Personality and Social Psychology, 16, 199–206

Costa, P.T. & McCrae, R.R. (1989). NEO PI/FFI. Manual supplement. Odessa, FL: Psychological Assessment Resources.

Cottrell, N.B. (1972). Social facilitation. In C.G. McClintock (Ed.), Experimental social psychology (pp. 185–236). New York: Holt.

Coyne, J.C. & Downey, G. (1991). Social factors in psychopathology. Annual Review of Psychology, 42, 401–425.

Cozzarelli, C. & Major, B. (1990). Exploring the validity of the impostor phenomenon. Journal of Social and Clinical Psychology, 9, 401–417.

Cranach, M. v., Doise, W & Mugny, G. (Eds., 1992), Social representations and the social bases of knowledge. Lewiston, NY: Hogrefe.

Crocker, J., Cornwell, B. & Major, B. (1993). The stigma of overweight: Affective consequences of attributional ambiguity. Journal of Personality and Social Psychology, 64, 60–70.

Crocker, J. & Major, B. (1989). Social stigma and self-esteem: The self-protective properties of stigma. Psychological Review, 96, 608–630.

Cronbach, J.L. (1955). Processes affecting scores on „understanding of others" and „assumed similarity". Psychological Bulletin, 52, 177–193.

Csikszentmihalyi, M. (1992). Flow. Das Geheimnis des Glücks. Stuttgart: Klett.

Cunningham, M.R. (1986). Measuring the physical in physical attractiveness: Quasi-experiments on the sociobiology of female facial beauty. Journal of Personality and Social Psychology, 50, 925–935.

Curtis, R.C. (Ed., 1991). The relational self: Theoretical convergences in psychoanalysis and social psychology. New York: Guilford Press.

Dahrendorf, R, (1969). Homo Sociologicus. Ein Versuch zur Geschichte, Bedeutung und Kritik der Kategorie der sozialen Rolle. Opladen: Westdeutscher Verlag.

Dalbert, C. (1996). Über den Umgang mit Ungerechtigkeit. Eine psychologische Analyse. Bern: Huber.

Dalbert, C. (1999). The world is more just for me than generally: About the personal belief in a just world scale's validity. Social Justice Research, 12, 79–98.

Dann, H.D. & Doise, W. (1974). Ein neuer methodologischer Ansatz zur experimentellen Erforschung von Intergruppen-Beziehungen. Zeitschrift für Sozialpsychologie, 5, 2–15.

Dansereau, F., Graen, G. & Haga, W.J. (1975). A vertical dyad linkage approach to leadership within formal organizations: A longitudinal investigation of the role making process. Organizational Behavior and Human Performance, 13, 46–78.

Darley, J.M. & Fazio, R.H. (1980). Expectancy confirmation processes arising in the social interaction sequence. American Psychologist, 35, 867–881.

Darwin, C. (1859). On the origin of the species by means of natural selection, or preservation of favored races in the struggle for life. London: Murray.

Darwin, C. & Wallace, A.R.W. (1858). On the tendency of species to form varieties; and on the perpetuation of varieties and species by natural means of selection. Journal of the Linnean Society of London (Zoology), 3, 45–62.

Dauenheimer, D., Stahlberg, D. & Petersen, E.L. (1997). Reaktionen auf Leistungsbewertungen in Abhängigkeit von Elaborationsgrad des Selbstbildes und der Motivation zur Veränderung des Selbstbildes. Zeitschrift für Sozialpsychologie, 28, 19–29.

Davies-Osterkamp, S., Hartkamp, N., Heigl-Evers, A. & Standke, G. (1992). Zur Diagnostik von Ich-Funktionen und Objektbeziehungen anhand von Ratingskalen. Zeitschrift für Psychosomatische Medizin und Psychoanalyse, 38, 17–30.

Davis, D. & Brock, T.C. (1975). Use of first-person pronouns as a function of increased objective self-awareness and performance feedback. Journal of Experimental Social Psychology, 11, 381–388.

Davis, K.E. & Roberts, M.K. (1985). Relationships in the real world: The descriptive psychology approach to personal relationships. In K.J. Gergen & K.E. Davis (Eds.), The social construction of the person (pp. 145–163). New York: Springer.

Davis, M.H. (1983). Measuring individual differences in empathy: Evidence for a multidimensional approach. Journal of Personality and Social Psychology, 44, 113–126.

Davison, G.C. & Neale, J.M. (2000). Abnormal psychology (8th ed.). New York: Wiley.

Deci, E.L. (1971). Effects of externally mediated rewards on intrinsic motivation. Human autonomy. Journal of Personality and Social Psychology, 18, 105–115.

Deci, E.L., Koestner, R. & Ryan, R.M. (1999). A meta-analytic review of experiments examining the effects of extrinsic rewards on intrinsic motivation. Psychological Bulletin, 125, 627–668.

Deci, E.L.& Ryan, R.M. (1993). Die Selbstbestimmungstheorie der Motivation und ihre Bedeutung für die Pädagogik. Zeitschrift für Pädagogik, 39, 223–238.

Deci, E.L. & Ryan, R.M. (1995). Human autonomy: The basis for true self-esteem. In M. Kernis (Ed.), Efficacy, agency, and self-esteem (pp. 31–49). New York: Plenum.

Deegener, G. (1996). Multiphasic Sex Inventory (MSI). Fragebogen zur Erfassung psychosexueller Merkmale bei Sexualtätern. Göttingen: Hogrefe.

Deneke, F.W. & Hilgenstock, B. (1989). Das Narzißmusinventar. Bern: Huber.

Denison, D.R. (1996). What is the difference between organizational culture and organizational climate? A native's point of view on a decade of paradigm wars. Academy of Management Review, 21, 619–654.

DePaulo, B.M. (1992). Nonverbal behavior and self-presentation. Psychological Bulletin, 111, 203–243.

DePaulo, B.M., Kashy, D.A., Kirkendol, S.E., Wyer, M.M. & Epstein, J.A. (1996). Lying in erveryday life. Journal of Personality and Social Psychology, 70, 979–995.

DePaulo, B.M., Lanier, K. & Davis, T. (1983). Detecting the deceit of the motivated liar. Journal of Personality and Social Psychology, 45, 1096–1103.

Derlega, V.J., Metts, S., Petronio, S & Margulis, S.T. (1993). Self-disclosure. Newbury Park, CA: Sage.

Dermer, M. & Thiel, D.L. (1975). When beauty may fail. Journal of Personality and Social Psychology, 31, 1168–1176.

Deusinger, I.M. (1986). Frankfurter Selbstkonzept-Skalen (FSKN). Göttingen: Hogrefe.

Deusinger, I.M. (1993). Der Einbrecher. Psychologische Untersuchungen zu Entscheidungsstrategien im Rahmen der Tatplanung und Deliktausführung. Göttingen: Verlag für Angewandte Psychologie.

Deutsch, M. (1949). A theory of cooperation and competition. Human Relations, 2, 129–151.

Deutsch, M. (1958). Trust and suspicion. Journal of Conflict Resolution, 2, 265–279.

Devine, P.G. (1989). Stereotypes and prejudice: Their automatic and controlled components. Journal of Personality and Social Psychology, 56, 5–18.

Devine, P.G. & Monteith; M.J. (1993). The role of discrepancy-associated affect in prejudice reduction. In D.E. Mackie & D.L. Hamilton (Eds.), Affect, cognition, and stereotyping: Interactive processes in group perception (pp. 317–344). San Diego, CA: Academic Press.

Dickenberger, D., Gniech, G. & Grabitz, H.J. (1993). Die Theorie der psychologischen Reaktanz. In D. Frey & M. Irle (Hrsg.), Theorien der Sozialpsychologie (Bd. 1, S. 243– 273; 2. Auflage). Bern: Huber.

Diehl, M. (1990). The minimal group paradigm: Theoretical explanations and empirical findings. In W. Stroebe & M. Hewstone (Eds.), European review of social psychology (Vol. 1, pp. 263–292). Chichester: Wiley.

Diehl, M. & Stroebe, W. (1987). Productivity loss in brainstorming groups: Toward the solution of a riddle. Journal of Personality and Social Psychology, 53, 497–509.

Diehl, M. & Stroebe, W. (1991). Productivity loss in idea-generating groups: Tracking down the blocking effect. Journal of Personality and Social Psychology, 61, 392–403.

Diener, E. (1980). Deindividuation: The absence of self-awareness and self-regulation in group members. In P. Paulus (Ed.), The psychology of group influence (pp. 209–242). Hillsdale, NJ.: Erlbaum.

Dilling, H., Mombour, W. & Schmidt, M.H. (Hrsg., 1996). Internationale Klassifikation psychischer Störungen. ICD-10 Kapitel V (F). Klinisch-diagnostische Leitlinien (3. Auflage). Bern: Huber.

Dindia, K. & Allen, M. (1992). Sex differences in self-disclosure: A meta-analysis. Psychological Bulletin, 112, 106–124.

Dion, K., Berscheid, E. & Walster, E. (1972). What is beautiful is good. Journal of Personality and Social Psychology, 24, 285–290.

Doise, W. (1986): Levels of explanation in social psychology. Cambridge: Cambridge University Press.

Dollard, J., Doob, I.W., Miller, N.E., Mowrer, O.H. & Sears, R.R. (1939). Frustration and aggression. New Haven, CT: Yale University Press.

Dollase, R. (2001). Soziometrie. In D. Rost (Hrsg.), Handwörterbuch Pädagogische Psychologie (S. 679–685, 2. Auflage). Weinheim: Psychologie Verlags Union.

Dollase, R., Kliche, T. & Moser, H. (Hrsg., 1999). Politische Psychologie der Fremdenfeindlichkeit: Opfer - Täter - Mittäter. Weinheim: Juventa.

Donnerstein, E., Linz, D. & Penrod, S. (1987). The question of pornography. New York: Free Press.

Döring, N. (1999). Sozialpsychologie des Internet. Die Bedeutung des Internet für Kommunikationsprozesse, Identitäten, soziale Beziehungen und Gruppen. Göttingen: Hogrefe.

Döring, N. (2001). Belohnungen und Bestrafungen im Netz: Verhaltenskontrolle in Chat-Foren. Gruppendynamik und Organisationsberatung, 32, 109–143.

Dovidio, J.F., Piliavin, J.A., Gaertner, S.L., Schroeder, D.A. & Clark, R.D. (1991). The arousal: cost-reward model and the process of intervention. A review of the evidence. In M.S. Clark (Ed.), Prosocial behavior (pp. 86–118). Newbury Park, CA: Sage.

Downs, G.W. (1991). Arms races and war. In P.E. Tetlock, R. Jervis, P. Stern, J.L. Husbands & C. Tilly (Eds.), Behavior, society, and nuclear war (Vol. 2, pp. 73–109). New York: Oxford University Press.

Dragoi, V. & Staddon, J.E.R. (1999). The dynamics of operant conditioning. Psychological Review, 106, 20–61.

Driscoll, R., Davis, K.E. & Lipetz, M.E. (1972). Parental interference and romantic love. The Romeo and Juliet effect. Journal of Personality and Social Psychology, 24, 1–10.

Dulabaum, N.L. (1998). Mediation. Die Kunst, in Konflikten erfolgreich zu vermitteln. Weinheim: Beltz.

Dunning, D. (1995). Trait importance and modifiablility as factors influencing self-assessment and self-enhancement motives. Personality and Social Psychology Bulletin, 21, 1297–1306.

Dunning, D., Leuenberger, A. & Sherman, D.A. (1995). A new look at motivated inference: Are self-serving theories of success a product of motivational forces? Journal of Personality and Social Psychology, 69, 58–68.

Durkheim, E. (1988, urspr. 1902). Über soziale Arbeitsteilung. Studie über die Organisation höherer Gesellschaften. Frankfurt/Main: Suhrkamp.

Dutton, D.G. & Aron, A.P. (1974). Some evidence for heightened sexual attraction under conditions of high anxiety. Journal of Personality and Social Psychology, 30, 510–517.

Dutton, D.G. & Aron, A.P. (1989). Romantic attraction and generalized liking for others who are sources of conflict-based arousal. Canadian Journal of Behavioural Science, 21, 246–257.

Duval, S. & Wicklund, R.A. (1972). A theory of objective self-awareness. New York: Academic Press.

Eagly, A.H. (1987). Sex differences in social behavior: A social-role interpretation. Hillsdale, NJ: Erlbaum.

Eagly, A.H., Ashmore, R.D., Makhijani, M.G. & Longo, L.C. (1991). What is beautiful is good, but …: A meta-analytic review of research on the physical attractiveness stereotype. Psychological Bulletin, 110, 109–128.

Eagly, A.H. & Chaiken, S. (1993) The psychology of attitudes. Fort Worth, TX: Harcourt Brace.

Eagly, A.H. & Johannesen-Schmidt, M.C. (2001). The leadership styles of women and men. Journal of Social Issues, 57, 781–797.

Eagly, A.H. & Johnson, B.T. (1990). Gender and leadership style: A meta-analysis. Psychological Bulletin, 108, 233–256.

Eagly, A.H., Karau, S.J. & Makhijani, M.G. (1995). Gender and the effectiveness of leaders: A meta-analysis. Psychological Bulletin, 117, 125–145.

Eagly, A.H., Makhijani, M.G. & Klonsky, B.G. (1992). Gender and the evaluation of leaders: A meta-analysis. Psychological Bulletin, 111, 3–22.

Eckes, T. & Six-Materna, I. (1999). Hostilität und Benevolenz: Eine Skala zur Erfassung des ambivalenten Sexismus. Zeitschrift für Sozialpsychologie, 30, 211–228.

Edelmann, R.J. (1985). Individual differences in embarrassment: Self-consciousness, self-monitoring, and embarrassability. Personality and Individual Differences, 6, 223–230.

Eden, D. (1992). Leadership and expectations: Pygmalion effects and other self-fulfilling prophecies in organizations. Leadership Quarterly, 3, 271–305.

Edwards, A.L. (1957). The social desirability variable in personality assessment and research. New York: Dryden.

Edwards, W. (1954). The theory of decision making. Psychological Bulletin, 51, 380–417.

Edwards, W. (1961). Behavioral decision theory. Annual Review of Psychology, 12, 473–498.

Eibl-Eibesfeldt, I. (1984). Die Biologie des menschlichen Verhaltens. München: Piper.

Eikhof, N. (1973). Eine Theorie der Gewerkschaftsentwicklung. Tübingen: Mohr-Siebeck.

Ekman, P. (1985). Telling lies. New York: Norton.

Ekman, P. (1992). An argument for basic emotions. Cognition and Emotion, 6, 169–200.

Ekman, P. & Friesen, W.V. (1975). Unmasking the face. Englewood Cliffs, NJ: Prentic-Hall.

Ellsworth, P.C. & Gross, S.R. (1994). Hardening of the attitudes: Americans' views on the death penalty. Journal of Social Issues, 50(2), 19–52.

Epstein, S. (1973). The self-concept revisited: Or a theory of a theory. Amercian Psychologist, 28, 404–416.

Epstein, S. (1994). Integration of the cognitive and psychodynamic unconscious. American Psychologist, 49, 709–724.

Erev, I., Bornstein, G. & Galli, R. (1993). Constructive intergroup competition as a solution to the free rider problem: A field experiment. Journal of Experimental Social Psychology, 29, 463–478.

Erickson, M.H. & Rossi, E.L. (1993). Hypnotherapie. Aufbau – Beispiele – Forschungen (3. Auflage). München: Pfeiffer.

Erikson, E.H. (1950). Childhood and society. New York: Norton.

Ermann, M. (1997). Psychotherapeutische und psychosomatische Medizin (2. Auflage). Stuttgart: Kohhammer.

Ertel, S. (1965a). Standardisierung eines Eindrucksdifferentials. Zeitschrift für experimentelle und angewandte Psychologie, 12, 22–58.

Ertel, S. (1965b). Weitere Untersuchungen zur Standardisierung eines Eindrucksdifferentials. Zeitschrift für experimentelle und angewandte Psychologie, 12, 177–208.

Exline, J.J. & Lobel, M. (1999). The perils of outperformance: Sensitivity about being the target of threatening upward comparison. Psychological Bulletin, 125, 307–337.

Eysenck, H.J. (1994). Personality: Biological foundations. In P.A. Vernon (Ed.), The neuropsychology of individual differences (pp. 151–207). San Diego: Academic Press.

Eysenck, H.J. & Rachman, S. (1970). Neurosen: Ursachen und Heilmethoden. Berlin: VEB Deutscher Verlag für Wissenschaften.

Eysenck, H.J. & Wilson, G.D. (Eds., 1978). The psychological basis of ideology. Lancaster: MTP Press.

Fabian, T. & Wetzels, P. (1991). Zur gegenwärtigen Praxis von forensischen Psychologen und Psychologinnen: Ergebnisse einer Befragung. Praxis der Forensischen Psychologie, 1, 10–18.

Faller, H. (1998). Somatisierung, Krankheitsattribution und Public Health. Zeitschrift für Klinische Psychologie, Psychiatrie und Psychotherapie, 46, 190–214.

Faure, G.O. & Rubin, J.Z. (1993). Culture and negotiation. Newbury Park, CA: Sage.

Fazio, R.H. (1986). How do attitudes guide behavior? In R.M. Sorrentino & E.T. Higgins (Eds.), Handbook of motivation and cognition (pp. 204–243). New York: Guilford Press.

Fazio, R.H. & Williams, C.J. (1986). Attitude accessibility as a moderator of the attitude-perception and attitude-behavior relations: An investigation of the 1984 presidential elections. Journal of Personality and Social Psychology, 51, 505–514.

Feather, N.T. (1982). Expectations and actions. Expectancy-value models in psychology. Hillsdale, NJ: Erlbaum.

Fehr, B. (1988). Prototype analysis of the concepts of love and commitment. Journal of Personality and Social Psychology, 55, 557–579.

Feingold, A. (1988). Matching for attractiveness in romantic partners and same-sex friends: A meta-analysis and theoretical critique. Psychological Bulletin, 104, 226–235.

Feingold, A. (1990). Gender differences in effects of physical attractiveness on romantic attraction: A comparison across five research paradigms. Journal of Personality and Social Psychology, 59, 981–993.

Feingold, A. (1992). Good-looking people are not what we think. Psychological Bulletin, 111, 304–341.

Fenigstein, A., Scheier, M.F. & Buss, A.H. (1975). Public and private self-consciousness: Assessment and theory. Journal of Consulting and Clinical Psychology, 43, 522–527.

Fennekels, G.P. (in Vorbereitung). Multidirektionales Feedback – 360° (MDF-360°). Göttingen: Hogrefe.

Ferguson, T.J. & Rule, B.G. (1983). An attributional perspective on anger and aggression. In R.G. Geen & E.I. Donnerstein (Eds.), Aggression (Vol. 1, pp. 41–74). New York: Academic Press.

Ferring, D. & Filipp, S.H. (1996). Messung des Selbstwertgefühls. Befunde zu Reliabilität, Validität und Stabilität der Rosenberg-Skala. Diagnostica, 42, 284–292.

Festinger, L. (1950). Informal social communication. Psychological Review, 57, 271–282.

Festinger, L. (1954). A theory of social comparison processes. Human Relations, 7, 117–140.

Festinger, L. (1957). A theory of cognitive dissonance. Stanford, CA: Stanford University Press.

Festinger, L. (1964). Conflict, decision, and dissonance. Stanford, CA: Stanford University Press.

Festinger, L. & Carlsmith, J.M. (1959). Cognitive consequences of forced compliance. Journal of Abnormal and Social Psychology, 58, 203–210.

Festinger, L., Pepitone, A. & Newcomb, T. (1952). Some consequences of de-individuation in group. Journal of Abnormal and Social Psychology, 47, 382–389.

Festinger, L. & Thibaut, J. (1951). Interpersonal communication in small groups. Journal of Abnormal and Social Psychology, 46, 92–99.

Fetchenhauer, D. (2001). Fehlende Solidarität. In H.W. Bierhoff & D. Fetchenhauer (Hrsg.), Solidarität. Konflikt, Umwelt und Dritte Welt (S. 205–230). Opladen: Leske + Budrich.

Fiedler, F.E. (1964). A contingency model of leadership effectiveness. In L. Berkowitz (Ed.), Advances in experimental social psychology (Vol. 1, pp. 149–190). New York: Academic Press.

Fiedler, F.E. & Garcia, J.E. (1987). Leadership: Cognitive ressources and performance. New York: Wiley.

Fiedler, F.E. & Mai-Dalton, R. (1995). Führungstheorien-Kontingenztheorie. In A. Kieser, G. Reber & R. Wunderer (Hrsg.), Handwörterbuch der Führung (Sp. 940–953, 2. Auflage). Stuttgart: Schäffer-Poeschel.

Fiedler, K. (1989). Lügendetektion aus alltagspsychologischer Sicht. Psychologische Rundschau, 40, 127–140.

Fiedler, K. (1990). Mood-dependent selectivity in social cognition. In W. Stroebe & M. Hewstone (Eds.), European review of social psychology (Vol. 1, pp. 1–32). Chichester: Wiley.

Fiedler, K. & Forgas, J.P. (Eds., 1988). Affect, cognition and social behavior. Lewiston, NY: Hogrefe.

Fiedler, K., Hemmeter, U. & Hofmann, C. (1984). On the origin of illusory correlations. European Journal of Social Psychology, 14, 191–201.

Fiedler, P. (1995). Persönlichkeitsstörungen (2. Auflage). Weinheim: Psychologie Verlags Union.

Fiedler, P. (1996). Verhaltenstherapie in und mit Gruppen. Psychologische Psychotherapie in der Praxis. Weinheim: Psychologie Verlags Union.

Fiedler, P. (2000). Integrative Psychotherapie bei Persönlichkeitsstörungen. Göttingen: Hogrefe.

Filipp, S.H. (Hrsg.,1979). Selbstkonzeptforschung. Stuttgart: Klett–Cotta.

Filipp, S.H. (Hrsg., 1981). Kritische Lebensereignisse. München: Urban & Schwarzenberg.

Filipp, S.H. (1995). Ein allgemeines Modell für die Analyse kritischer Lebensereignisse. In S.H. Filipp (Hrsg.), Kritische Lebensereignisse (3. Auflage, S. 63–95). Weinheim: Psychologie Verlags Union.

Filipp, S.H. & Freudenberg, E. (1989). Fragenbogen zur Erfassung dispositionaler Selbstaufmerksamkeit (SAM). Göttingen: Hogrefe.

Fincham, F.D. (1994). Understanding the association between marital conflict and children adjustment: An overview. Journal of Family Psychology, 8, 123–127.

Fincham, F.D. & Bradbury, T.N. (1993). Marital satisfaction, depression, and attributions: A longitudinal analysis. Journal of Personality and Social Psychology, 64, 442–452.

Fisch, R. & Schmalt, H.D. (1970). Vergleich von TAT- und Fragebogendaten der Leistungsmotivation. Zeitschrift für experimentelle und angewandte Psychologie, 17, 606–634.

Fischhoff, B. & Beyth, R. (1975). „I knew it would happen". Remembered probabilities of once-future things. Organizational Behavior and Human Performance, 13, 1–16.

Fishbein, M. & Ajzen, I. (1975). Belief, attitude, intention and behavior. An introduction to theory and research. Reading, MA: Addison-Wesley.

Fishbein, M., Trafimow, D., Middlestadt, S.E., Helquist, M., Francis, C. & Eustace, M.A. (1995). Using an AIDS KABP survey to identify determinants of condom use among sexually active adults from St. Vincent and the Grenadines. Journal of Applied Social Psychology, 25, 1–20.

Fisher, J.D., Nadler, A. & Whitcher-Alagna, S. (1982). Recipient reactions to aid. Psychological Bulletin, 91, 27–54.

Fisher, R.J. (1990). The social psychology of intergroup and internation conflict resolution. New York: Springer.

Fisher, R.P. & Geiselman, R.E. (1988). Enhancing eyewitness memory with the cognitive interview. In M.M. Gruneberg, P.E. Morris & R.N. Sykes (Eds.), Practical aspects of memory: Current research and issues (Vol. 1, pp. 34–39). Chichester: Wiley.

Fiske, A.P. (1992). The four elementary forms of sociality: Framework for a unified theory of social relations. Psychological Review, 99, 689–723.

Fiske, A.P. & Tetlock, P. (1997). Taboo tradeoffs: Reactions to transactions that transgress spheres of exchange. Political Psychology, 18, 255–298.

Fiske, S.T., Bersoff, D.N., Borgida, E., Deaux, K. & Heilman, M.E. (1991). Social science research on trial: The use of sex stereotyping reserach in Price Waterhouse vs. Hopkins. American Psychologist, 46, 1049–1060.

Fiske, S.T. & Neuberg, S.L. (1990). A continuum of impression formation, from category-based to individuating processes: Influences of information and motivation on attention and interpretation. In M.P. Zanna (Ed.), Advances in experimental social psychology (Vol. 23, pp. 1–74). San Diego, CA: Academic Press.

Fiske, S.T. & Taylor, S.E. (1991). Social cognition (2nd ed.). New York: McGraw-Hill.

Fiske, S.T., Xu, J. & Cuddy, A.C. & Glick. P. (1999). (Dis)respecting versus (dis)liking: Status and inter-dependence predict ambivalent stereotypes of competence and warmth. Journal of Social Issues, 55, 473–489.

Fitness, J. & Fletcher, G.J.O. (1993). Love, hate, anger, and jealousy in close relationships: A prototype and cognitive appraisal. Journal of Personality and Social Psychology, 65, 942–958.

Flick, U. (Hrsg., 1995a). Psychologie des Sozialen. Repräsentationen in Wissen und Sprache. Reinbek: Rowohlt.

Flick, U. (1995b). Soziale Repräsentationen in Wissen und Sprache als Zugänge zur Psychologie des Sozialen. In U. Flick (Hrsg.), Psychologie des Sozialen. Repräsentationen in Wissen und Sprache (S. 7–20). Reinbek: Rowohlt.

Foa, E.B. & Foa, U.G. (1980). Resource theory: Interpersonal behavior as exchange. In K.J. Gergen, M.S. Greenberg & R.H. Willis (Eds.), Social exchange (pp. 77–94). New York: Plenum.

Forgas, J.P. (1995). Mood and judgment: The Affect Infusion Model (AIM). Psychological Bulletin, 117, 39–66.

Forgas, J.P. (Ed., 2000). Feeling and thinking. The role of affect in social cognition. Cambridge: Cambridge University Press.

Forsyth, D.R. (1983). An introduction to group dynamics. Monterey, CA: Brooks/Cole.

Försterling, F. (1986). Attributionstheorie und Klinische Psychologie. München: Psychologie Verlags Union.

Försterling, F. (1992). Attributionsverzerrungen vor dem Hintergrund alter und neuer Kovariationsmodelle. Zeitschrift für Sozialpsychologie, 23, 179–193.

Försterling, F. (2001). Attribution. An introduction to theories, research, and applications. Hove: Psychology Press.

Fox, N.A. (1995) Of the way we are: Adult memories about attachment experiences and ther role in determining infant-parent-relationships. A commentary on van Ijzendoorn (1995). Psychological Bulletin, 117, 404–410.

Frankena, W.K (1972). Analytische Ethik. Eine Einführung. München: Deutscher Taschenbuch Verlag.

Franz, M. (1994). Die „negative Psychotherapieakzeptanz" als eine Manifestation des destruktiven Narzißmus. Empirische Befunde zur Ablehnung eines Psychotherapieangebotes. In G.H. Seidler (Hrsg.), Das Ich und das Fremde. Klinische und sozialpsychologische Analysen des destruktiven Narzißmus (S. 240–262). Opladen: Westdeutscher Verlag.

Franz, M., Janssen, P., Lensche, H., Schmidtke, V., Tetzlaff, M., Martin, K., Wöller, W., Hartkamp, N., Schneider, G. & Heuft, G. (2000). Effekte stationärer psychoanalytisch orientierter Psychotherapie – eine Multizenterstudie. Zeitschrift für Psychosomatische Medizin und Psychotherapie, 46, 242–258.

Franz, M., Lieberz, K., Schmitz, N. & Schepank, H. (1999). An decade of spontaneous long-term course of psychogenic impairment in a community population sample. Social Psychiatry and Psychiatric Epidemiology, 34, 651–656.

Freedman, J.L. & Fraser, S.C. (1966). Compliance without pressure: The foot-in-the-door technique. Journal of Personality and Social Psychology, 4, 195–202.

French, J.R.P. & Raven, B.H. (1959). The bases of social power. In D. Cartwright (Ed.), Studies in social power (pp. 607–623). Ann Arbor, MI: University of Michigan Press.

Freud, A. (1936). Das Ich und die Abwehrmechanismen. Wien: Internationaler Psychoanalytischer Verlag.

Freud, S. (1952, urspr. 1895). Studien über Hysterie. In A. Freud, E. Bibring, W. Hoffer, E. Kris & O. Isakower (Hrsg.), Sigmund Freud. Gesammelte Werke I (S. 76–312). Frankfurt/Main: Fischer.

Freud, S. (1946, urspr. 1914). Zur Einführung des Narzißmus. In A. Freud, E. Bibring, W. Hoffer, E. Kris & O. Isakower

(Hrsg.), Sigmund Freud. Gesammelte Werke X (S. 138–170). Frankfurt/Main: Fischer.

Freud, S. (1946, urspr. 1916–1917). Trauer und Melancholie. In A. Freud, E. Bibring, W. Hoffer, E. Kris & O. Isakower (Hrsg.), Sigmund Freud. Gesammelte Werke X (S. 428–446). Frankfurt/Main: Fischer.

Freud, S. (1940, urspr. 1920). Jenseits des Lustprinzips. In A. Freud, E. Bibring, W. Hoffer, E. Kris & O. Isakower (Hrsg.), Sigmund Freud. Gesammelte Werke XIII (S. 3–69). Frankfurt/Main: Fischer.

Freud, S. (1940, urspr. 1923). Das Ich und das Es. In A. Freud, E. Bibring, W. Hoffer, E. Kris & O. Isakower (Hrsg.), Sigmund Freud. Gesammelte Werke XIII (S. 237–289). Frankfurt/Main: Fischer.

Freud, S. (1941, urspr. 1940). Abriß der Psychoanalyse. In A. Freud, E. Bibring, W. Hoffer, E. Kris & O. Isakower (Hrsg.), Sigmund Freud. Gesammelte Werke XVII (S. 67–138). Frankfurt/Main: Fischer.

Freudenberger, H.J. (1974). Staff burn-out. Journal of Social Issues, 30(1), 159–165.

Frey, D. (1997). Einige kritische Anmerkungen zur psychologischen Forschung zum „Selbst". Zeitschrift für Sozialpsychologie, 28, 129–157.

Frey, D. & Benning, E. (1983). Das Selbstwertgefühl. In H. Mandl und G.L. Huber (Hrsg.), Emotion und Kognition (S. 148–182). München: Urban & Schwarzenberg.

Frey, D. & Gaska, A. (1993). Die Theorie der kognitiven Dissonanz. In D. Frey & M. Irle (Hrsg.), Theorien der Sozialpsychologie (Bd. 1, S. 275–324, 2. Auflage). Bern: Huber.

Frey, D., Neumann, R. & Schäfer, M. (2001). Determinanten von Zivilcourage und Hilfeverhalten. In H.W. Bierhoff & D. Fetchenhauer (Hrsg.), Solidarität. Konflikt, Umwelt und Dritte Welt (S. 93–122). Opladen: Leske + Budrich.

Frey, D. & Schulz-Hardt, S. (Hrsg., 2000). Vom Vorschlagwesen zum Ideenmanagement. Zum Problem der Änderungen von Mentalitäten, Verhalten und Strukturen. Göttingen: Hogrefe.

Fricke, R. & Treinies, G. (1985). Einführung in die Metaanalyse. Bern: Huber.

Friedman, M. & Rosenman, R.H. (1985, urspr. 1974). Rette Dein Herz. Reinbek: Rowohlt.

Frieling, E. & Sonntag, K. (Hrsg., 1999). Lehrbuch Arbeitspsychologie (2. Auflage). Bern: Huber.

Fritsch, T. & Weber, H. (1991). Ärgerbewältigung bei Reservespielern in der Fußball-Bundesliga. Sportwissenschaft, 21, 170–181.

Fthenakis, W.E., Gödde, M. & Thurisch, S. (2001). Entwicklung von Interventionsansätzen im Scheidungsgeschehen – Beaufsichtigter und begleitender Umgang: Erste Ergebnisse eines Praxisprojekts. In Deutsche Psychologen Akademie (Hrsg.), Psychologie am Puls der Zeit. Beiträge zum Psychologentag 2001. 21. Kongress für Angewandte Psychologie des BDP in Bonn (S. 498–501). Bonn: Deutscher Psychologen Verlag.

Fuhrer, U. (1995). Sozialpsychologisch fundierter Theorierahmen für eine Umweltbewusstseinsforschung. Psychologische Rundschau, 46, 93–103.

Fuhrer, U. & Kaiser, F. (1994). Multilokales Wohnen. Psychologische Aspekte der Freizeitmobilität. Bern: Huber.

Fürstenau, P. (1977). Die beiden Dimensionen des psychoanalytischen Umgangs mit strukturell ich-gestörten Patienten. Psyche, 31, 197–207.

Fydrich, T., Geyer, M., Hessel, A., Sommer, G. & Brähler, E. (1999). Fragebogen zur sozialen Unterstützung (F-SOZU): Normierung in einer repräsentativen Stichprobe. Diagnostica, 45, 212–216.

Gadamer, H.G. (1968). Platos dialektische Ethik und andere Studien zur Platonischen Philosophie (2. Auflage). Hamburg: Meiner.

Gadamer, H.G. & Vogler, P. (Hrsg., 1975), Neue Anthropologie (Bd. 1–7). Stuttgart: Thieme.

Gaertner, S.L., Dovidio, J.F., Anastasio, P.A., Bachman, B.A. & Rust, M.C. (1993). The common ingroup identity model: Recategorization and the reduction of intergroup bias. In W. Stroebe & M. Hewstone (Eds.), European review of social psychology (Vol. 4, pp. 1–26). Chichester: Wiley.

Gaertner, S.L., Mann, J.A., Murrell, A.J. & Dovidio, J.F. (1989). Reducing intergroup bias: the benefits of recategorization. Journal of Personality and Social Psychology, 57, 239–249.

Gage, N.L. & Berliner, D.C. (1996). Pädagogische Psychologie (5. Auflage). Weinheim: Psychologie Verlags Union.

Gamson, W.A. (1964). Experimental studies of coalition formation. In L. Berkowitz (Ed.), Advances in experimental social psychology (Vol. 1, pp. 81–110). New York: Academic Press.

Gangestad, S.W. & Synder, M. (2000). Self-monitoring: Appraisal and reappraisal. Psychological Bulletin, 126, 530–555.

Gebert, D. (1992). Führungsstilforschung. Ein Vorschlag zur Neuorientierung. Zeitschrift für Personalforschung, 6, 245–259.

Gediman, H.K. (1985). Imposture, inauthenticity and feeling fraudulent. Journal of the American Psychoanalytic Association, 33, 911–935.

Geen, S. & Donnerstein, E. (Eds., 1998). Human aggression: Theories, research, and implications for social policy. San Diego, CA: Academic Press.

Geiser, F., Imbierowicz, K. Conrad, R., Schilling, G. & Liedtke, R. (2001). Zur Unterscheidung von „geheilten" und „gebesserten" sowie „unveränderten" und „verschlechterten" Patienten in einer Therapieerfolgsstudie. Zeitschrift für Psychosomatische Medizin und Psychotherapie, 47, 250–261.

George, C., Kaplan, N. & Main, M. (2001). Adult Attachment Interview. In G. Gloger-Tippelt (Hrsg.), Bindung im Erwachsenenalter. Ein Handbuch für Forschung und Praxis (S. 364–387). Bern: Huber.

George, J.M. & Brief, A.P. (1992). Feeling good – doing good: A conceptual analysis of the mood at work-organizational spontaneity relationship. Psychological Bulletin, 112, 310–329.

Gergen, K. (1973). Social psychology as history. Journal of Personality and Social Psychology, 26, 309–320.

Gergen, K. (1990). Die Konstruktion des Selbst im Zeitalter der Postmoderne. Psychologische Rundschau, 41, 191–199.

Gergen, K. & Gergen, M. (1988). Narrative and the self as relationship. In L. Berkowitz (Ed.), Advances in experimental social psychology (Vol. 21, pp. 17–56). San Diego, CA: Academic Press.

Gergen, K., Greenberg, M.S. & Willis, R.H. (Eds., 1980). Social exchange. New York: Plenum.

Gheorghiu, V.A., Netter, P., Eysenck, H.J. & Rosenthal, R. (Eds., 1989). Suggestion and suggestibility: Theory and research. Berlin: Springer.

Giacobbe-Miller, J. (1995). A test of the group values and control models of procedural justice from the competing perspectives of labor and management. Personnel Psychology, 48, 115–142.

Giddens, A. (1989). Sociology. Cambridge: Polity Press.

Giddens, A. (1992). The transformation of intimacy. Cambridge: Polity Press.

Gigerenzer, G. & Goldstein, D.G. (1996). Reasoning the fast and frugal way: Models of bounded rationality. Psychological Review, 103, 650–669.

Gilbert, D.T. (1998). Ordinary personology. In D.T. Gilbert, S.T. Fiske & G. Lindzey (Eds.), The handbook of social psychology (Vol. 2, pp. 89–150, 4th ed.). Boston, MA: McGraw-Hill.

Gilbert, D.T, Fiske, S.T & Lindzey, G. (Eds., 1998). The handbook of social psychology (Vol. 1 + 2, 4th ed.). Boston, MA: McGraw-Hill.

Gilbert, D.T., Giesler, R.B. & Morris, K.A. (1995). When comparisons arise. Journal of Personality and Social Psychology, 69, 227–236.

Gilbert, D.T. & Malone, P.S. (1995). The correspondence bias. Psychological Bulletin, 117, 21–38.

Gilovich, T., Medvec, V.H. & Kahneman, D. (1998). Varieties of regret: A debate and partial resolution. Psychological Review, 105, 602–605.

Gist, M.E., Stevens, C.K. & Bavetta, A. (1991). Effects of self-efficacy and post-training intervention on the aquisition and maintenance of complex interpersonal skills. Personnel Psychology, 44, 837–861.

Glass, D.C. (1977). Behavior patterns, stress and coronary disease. Hillsdale, NJ: Erlbaum.

Glick, P. & Fiske, S.T (1996). The ambivalent sexism inventory: Differentiating hostile and benevolent sexism. Journal of Personality and Social Psychology, 70, 491–512.

Glick, P. & Fiske, S.T. (2001). An ambivalent alliance. Hostile and benevolent sexism as complementary justifications for gender inequality. Amercian Psychologist, 56, 109–118.

Gloger-Tippelt, G. (2001). Das Adult Attachment Interview: Durchführung und Auswertung. In G. Gloger-Tippelt (Hrsg.), Bindung im Erwachsenenalter. Ein Handbuch für Forschung und Praxis (S. 102–120). Bern: Huber.

Godin, G. & Kok, G. (1996). The theory of planned behavior: a review of its applications to health-related behavior. American Journal of Health Promotion, 11, 87–97.

Goethals, G.R. & Darley, J.M. (1977). Social comparison theory. An attributional approach. In J.M. Suls & R.L. Miller (Eds.), Social comparison processes (pp. 259–278). Washington, DC: Hemisphere.

Goffman, E. (1971, urspr. 1959). The presentation of self in everyday life. London: Penguin.

Goffman, E. (1963). Stigma: Notes on the management of spoiled identity. Englewood Cliffs, NJ: Prentice-Hall.

Goffman, E. (1974). Frame analysis. Cambridge, MA: Harvard University Press.

Goldstein, D.G. & Gigerenzer, G. (1999). The recognition heuristic: How ignorance makes us smart. In G. Gigerenzer, P.M. Todd & the ABC Research Group (Eds.), Simple heuristics that make us smart (pp. 37–58). New York: Oxford University Press.

Gollwitzer, P.M. (1996). Das Rubikonmodell der Handlungsphasen. In J. Kuhl & H. Heckhausen (Hrsg.), Motivation, Volition und Handlung (S. 531–582). Göttingen: Hogrefe.

Gollwitzer, P.M. & Kinney, R.F. (1989). Effects of deliberative and implemental mindsets on illusion of control. Journal of Personality and Social Psychology, 56, 531–542.

Gollwitzer, P.M. & Wicklund, R.A. (1985). The pursuit of self-defining goals. In J. Kuhl & J. Beckmann (Eds.), Action control: From cognitions to behavior (pp. 62–85). NewYork: Springer.

Gotschalch, W. (1988). Sozialisation. In R. Asanger & G. Wenninger (Hrsg.), Handwörterbuch Psychologie (S. 703–707, 4. Auflage). Weinheim: Psychologie Verlags Union.

Gouldner, A.W. (1960). The norm of reciprocity: a preliminary statement. American Sociological Review, 25, 161–178.

Grabitz-Gniech, G. & Grabitz, H.J. (1973). Psychologische Reaktanz: Theoretisches Konzept und experimentelle Untersuchungen. Zeitschrift für Sozialpsychologie, 4, 19–35.

Graen, G.B. & Scandura, T.A. (1987). Toward a psychology of dyadic organizing. In L.L. Cummings & B.M. Staw (Eds.), Research in organizational behavior (Vol. 9, pp. 175–208). Greenwich, CT: JAI Press.

Grammer, K. (1995). Signale der Liebe (2. Auflage). München: Deutscher Taschenbuch Verlag.

Grau, I. (1999). Entwicklung von Kurzskalen zur Erfassung von Bindungsrepräsentationen in Paarbeziehungen. Zeitschrift für Differentielle und Diagnostische Psychologie, 20, 142–152.

Graumann, C.F. (1979). Die Scheu des Psychologen vor der Interaktion. Ein Schisma und seine Geschichte. Zeitschrift für Sozialpsychologie, 10, 284–304.

Graumann, C.F. (1988). Der Kognitivismus in der Sozialpsychologie: Die Kehrseite der „Wende". Psychologische Rundschau, 39, 83–90.

Graumann, C.F. (2002). Eine historische Einführung in die Sozialpsychologie. In W. Stroebe, K. Jonas & M. Hewstone (Hrsg.), Sozialpsychologie: Eine Einführung (S. 3–24, 4. Auflage). Berlin: Springer.

Grawe, K. (1999a). Gründe und Vorschläge für eine Allgemeine Psychotherapie. Psychotherapeut, 44, 350–359.

Grawe, K. (1999b). Wie kann Psychotherapie noch wirksamer werden? Verhaltenstherapie & psychosoziale Praxis, 31, 185–200.

Gray, J.A. (1983). Where should we search for biologically based dimensions of personality? Zeitschrift für Differentielle und Diagnostische Psychologie, 4, 165–176.

Graziano, W.G. Jensen-Campbell, L.A., Todd, M. & Finch, J.F. (1997). Interpersonal attraction from evolutionary perspective: Women's reactions to dominant and prosocial men. In J.A. Simpson & D.T. Kenrick (Eds.), Evolutionary social psychology (pp. 141–167). Mahwah, NJ: Erlbaum.

Greenberg, J. (1987). A taxonomy of organizational justice theories. Academy of Management Review, 12, 9–22.

Greenberg, J. (1990). Looking fair vs. being fair: Managing impressions of organizational justice. In B.M. Staw. & L.L. Cummings (Eds.), Research in organizational behavior (Vol. 12, pp. 111–157). Greenwich, CT: JAI Press.

Greenberg, J., Simon, L., Pyszczynski, T., Solomon, S. & Chatel, D. (1992). Terror management and tolerance: Does mortality salience always intensify negative reactions to others who threaten one's worldview? Journal of Personality and Social Psychology, 63, 212–220.

Greenberg, J., Solomon, S. & Pyszczynski, T. (1997). Terror management theory of self-esteem and cultural worldviews: empirical assessments and conceptual refinements. M.P. Zanna (Ed.), Advances in experimental social psychology (Vol. 29, pp. 61–139). San Diego, CA: Academic Press.

Greenberg, M.S. (1980). A theory of indebtedness. In K.J. Gergen, M.S. Greenberg

& R.H. Willis (Eds.), Social exchange (pp. 3–26). New York: Plenum.

Greene, C.N. & Podsakoff, P.M. (1981). Effects of withdrawal of a performance-contingend reward on supervisory influence and power. Academy of Management Journal, 24, 527–542.

Greenson, R. (1975). Technik und Praxis der Psychoanalyse. Stuttgart: Klett.

Greenwald, A.G. (1968). Cognitive learning, cognitive response to persuasion, and attitude change. In A.G. Greenwald, T.C. Brock & T.M. Ostrom (Eds.), Psychological foundations of attitudes (pp. 147–170). New York: Academic Press.

Greenwald, A.G. & Banaji, M.R. (1995). Implicit social cognition: Attitudes, self-esteem and stereotypes. Psychological Review, 102, 4–27.

Greenwald, A.G. & Breckler, S. (1985). To whom is the self presented? In B.R. Schlenker (Ed.), The self and social life (pp. 126–145). New York: McGraw-Hill.

Greenwald, A.G., McGhee, D.E. & Schwartz, J.L.K. (1998). Measuring individual differences in implicit cognition: The Implicit Association Test. Journal of Personality and Social Psychology, 74, 1464–1480.

Gregory, W.L., Cialdini, R.B. & Carpenter, K.M. (1982). Self-relevant scenarios as mediators of likelihood estimates and compliance: Does imaging make it so? Journal of Personality and Social Psychology, 43, 89–99.

Greif, S. (1991). Stress in der Arbeit. Einführung und Grundbegriffe. In S. Greif, E. Bamberg & N. Semmer (Hrsg.), Psychischer Stress am Arbeitsplatz (S. 1–28). Göttingen: Hogrefe.

Greve, W. & Roos, I. (1996). Der Untergang des Ödipuskomplexes. Bern: Huber.

Griebel, W., Siefert, I. & Herz, I. (1991). Phasenspezifische Unterstützungsangebote für Scheidungsfamilien, insbesondere für betroffene Kinder. Zeitschrift für Familienforschung, 3, 62–83.

Griesinger, D.W. & Livingstone, J.W. (1973). Toward a model of interpersonal motivation in experimental games. Behavioral Science, 18, 173–188.

Griffitt, W. & Veitch, R. (1974). Preaquaintance attitude similarity and attraction revisited: Ten days in a fallout shelter. Sociometry, 37, 163–173.

Grofman, B.N. & Muller, E.N. (1973). The strange case of relative gratification and potential for political violence. The V-curve hypothesis. American Political Science Review, 67, 514–539.

Grossmann, K.E. (2000). Die Entwicklung von Bindungsqualität und Bindungsrepräsentation. Auf der Suche nach der Überwindung psychischer Unsicherheit. In M. Endres & S. Hauser (Hrsg.), Bindungstheorie in der Psychotherapie. München: Reinhardt.

Grossmann, K.E. & Grossmann, K. (1991). Attachment quality as an origanizer of emotional and behavioral responses in a longitudinal perspective. In C.M. Parkes, J. Stevenson-Hinde & P. Marris (Eds.), Attachment across the life cycle (pp. 93–114). London: Tavistock.

Gruen, A. (1989). Der Wahnsinn der Normalität. Realismus als Krankheit: eine grundlegende Theorie der menschlichen Destruktivität. München: Deutscher Taschenbuch Verlag.

Guilford, J.P. (1964, urspr. 1959). Persönlichkeitspsychologie. Weinheim: Beltz.

Guski, R. (1996). Wahrnehmen – ein Lehrbuch. Stuttgart: Kohlhammer.

Habermas, J. (1983). Diskursethik – Notizen zu einem Begründungsprogramm. In J. Habermas (Hrsg.), Moralbewußtsein und kommunikatives Handeln (S. 53–125). Frankfurt/Main: Suhrkamp.

Haddock, G. & Zanna, M. P. (1999). Cognition, affect, and the prediction of social attitudes. In. W. Stroebe & M. Hewstone (Eds.), European review of social psychology (Vol. 10, pp.76–99). Chichester: Wiley.

Haddock, G., Zanna, M.P. & Esses, V.P. (1993). Assessing the structure of prejudical attitudes: The case of attitudes toward homosexuals. Journal of Personality and Social Psychology, 65, 1105–1118.

Haeger, G., Mummendey, A., Mielke, R., Blanz, M. & Kanning, U. (1996). Zum Zusammenhang von negativer sozialer Identität und Vergleichen zwischen Personen und Gruppen: Eine Felduntersuchung in Ost- und Westdeutschland. Zeitschrift für Sozialpsychologie, 27, 259–277.

Häfner, S. (1994). Georg Groddeck – Vater der Psychosomatik. Zeitschrift für Psychosomatische Medizin und Psychoanalyse, 40, 249–265.

Haisch, J. (1983). Bedingungen der Anwendung sozialpsychologischen Wissens auf Fragestellungen der Praxis: Methodologische Regeln. In J. Haisch (Hrsg.), Angewandte Sozialpsychologie. Bedingungen, Möglichkeiten und Ergebnisse der praktischen Anwendung sozialpsychologischer Theorien (S. 11–22). Bern: Huber.

Haisch, J. (1984). Anwendung von Attributionstheorie als normatives Modell für Schuldzuschreibungen in Strafverfahren. Ein Trainingsprogramm. Psychologie und Praxis, 26, 24–36.

Haisch, J. (im Druck). Gesundheit und Prävention. In A.E. Auhagen & H.W. Bierhoff (Hrsg.), Angewandte Sozialpsychologie. Weinheim: Beltz.

Haisch, J. & Haisch, I. (1991). Behandlung und Therapie von Eßstörungen – eine Attributionsanalyse. In J. Haisch & H.P. Zeitler (Hrsg.), Gesundheitspsychologie (S. 243–259). Heidelberg: Asanger.

Haisch, J. & Zeitler, H.P. (1991). Einführung und konzeptionelle Begründung des Buches: Sozial-behaviorale Grundlagen der Gesundheitspsychologie. In. J. Haisch & H.P. Zeitler (Hrsg.), Gesundheitspsychologie. (S. 7–33). Heidelberg: Asanger.

Halberschmidt, T. (2001). Leben auf der Säbelklinge. Unicum, 19, 16–18.

Hamill, R., Wilson, T.D. & Nisbett, R.E. (1980). Insensitivity to sample bias: Generalizing from atypical cases. Journal of Personality and Social Psychology, 39, 578–587.

Hamilton, D.L. & Rose, P.L. (1980). Illusory correlation and the maintenance of stereotypic beliefs. Journal of Personality and Social Psychology, 39, 832–845.

Hamilton, V.L. & Sanders, J. (1992). Everyday justice: Responsibility in the individual in Japan the United States. New Haven: CT: Yale University Press.

Hammerstein, P. & Bierhoff, H.W. (1988). Kooperation und Konflikt. In K. Immelmann, K.R. Scherer, C. Vogel & P. Schmoock (Hrsg.), Psychobiologie (S. 525–560). Stuttgart: Fischer.

Hannover, B. (1997). Das dynamische Selbst. Die Kontextabhängigkeit selbstbezogenen Wissens. Bern: Huber.

Hansen, R.D. (1980). Commonsense attribution. Journal of Personality and Social Psychology, 39, 996–1009.

Hansen, R.D. & Hansen, C.H. (1988). Repression of emotionally tagged memories: The architecture of less complex emotions. Journal of Personality and Social Psychology, 55, 811–818.

Hardaway, R.A. (1990). Subliminally activated symbiotic fantasies: Facts and artifacts. Psychological Bulletin, 107, 177–195.

Harder, D.W. (1995). Shame and guilt assessment, and the relationship of shame- and guilt-proneness to psychopathology. In J.P. Tangney, & K.W. Fischer (Eds.), Self-conscious emotions: The psychology of shame, guilt, embarrassment and pride (pp. 368– 392). New York: Guilford Press.

Harmon-Jones, E., Greenberg, J., Solomon, S. & Simon, L. (1996). The effects of mortality salience on intergroup bias between minimal groups. European Journal of Social Psychology, 26, 677–681.

Harris, M.J. & Rosenthal, R. (1985). Mediation of interpersonal expectancy effects: 31 meta-analyses. Psychological Bulletin, 97, 363–386.

Hartmann, H. (1939). Ich-Psychologie und Anpassungsproblem. Internationale Zeitschrift für Psychoanalyse, 24, 62–135.

Hartmann, H. (1950). Comments on the psychoanalytic theory of the ego. Psychoanalytic Study of the Child, 5, 74–96.

Hartouni, Z.S. (1992). Effects of narcissistic personality organization on causal attributions. Psychological Reports, 71, 1339–1346.

Hassebrauck, M. & Fehr, B. (in press). Dimensions of relationship quality. Personal Relationships.

Hassebrauck, M. & Niketta, R. (Hrsg., 1993). Physische Attraktivität. Göttingen: Hogrefe.

Hatfield, E. & Sprecher, S. (1986). Measuring passionate love in intimate relationships. Journal of Adolescence, 9, 383–410.

Haußer, K. (1995). Identitätspsychologie. Berlin: Springer.

Hawkins, S.A. & Hastie, R. (1990). Hindsight: Biased judgments of past events after the outcomes are known. Psychological Bulletin, 107, 311–327.

Hazan, C. & Shaver, P. (1987). Romantic love conceptualized as an attachment process. Journal of Personality and Social Psychology, 52, 511–524.

Heatherton, T.F. & Baumeister, R.F. (1991). Binge eating as escape from self-awareness. Psychological Bulletin, 110, 86–108.

Heatherton, T.F. & Polivy, J. (1991). Development and validation of a scale for measuring state self-esteem. Journal of Personality and Social Psychology, 60, 895–910.

Hechter, M. (1987). Theories of group solidarity. Berkely, CA: University of California Press.

Heckhausen, H. (1963). Hoffnung und Furcht in der Leistungsmotivation. Meisenheim: Hain.

Heckhausen, H. (1989). Motivation und Handeln. Berlin: Springer.

Heckhausen, H. & Strang, H. (1988). Efficiency under record performance demands: Exertion control – An individual difference variable? Journal of Personality and Social Psychology, 55, 489–498.

Heckhausen, J. (2000). Wo hängen die süßen Trauben? Entwicklungs- und motivationspsychologische Überlegungen zur Funktionalität des Bereuens. Psychologische Rundschau, 51, 123–134.

Heckhausen, J. & Schulz, R. (1995). A lifespan theory of control. Psychological Review, 102, 284–304.

Hedges, L.V. & Olkin, I. (1985). Statistical methods for meta-analysis. San Diego, CA: Academic Press.

Heider, F. (1946). Attitudes and cognitive organization. Journal of Psychology, 21, 107–112.

Heider, F. (1958). The psychology of interpersonal relations. New York: Wiley.

Heigl-Evers, A. & Nitschke, B. (1991). Das Prinzip „Deutung" und das Prinzip „Antwort" in der psychoanalytischen Therapie. Anmerkungen zur theoretischen Begründung zweier therapeutischer Angebote, die an unterschiedliche Patientengruppen gerichtet sind. Zeitschrift für Psychosomatische Medizin und Psychoanalyse, 37, 115–127.

Helbing-Tietze, B. (2001). Was ist ein „reifes Ich-Ideal"? Ein Beitrag zur Präzisierung des Idealsystems. Gießen: Psychosozial-Verlag.

Heller, K. (1990). Social and community intervention. Annual Review of Psychology, 41, 141–168.

Hellriegel, D., Slocum, J.W. & Woodman, R. (1992). Organizational behaviour (6th ed.). St. Paul, MN: West.

Helson, H. (1964). Adapation-level theory: an experimental and systematic approach to behavior. New York: Harper & Row.

Helmholtz, H.v. (1896). Handbuch der physiologischen Optik (2. Auflage). Hamburg: Voss.

Hendrick, C. & Hendrick, S. (1989). Research on love: Does it measure up? Journal of Personality and Social Psychology, 56, 784–794.

Hennessy, J. & West, M.A. (1999). Intergroup behavior in organizations. A field test of social identity theory. Small Group Research, 30, 361–382.

Henning, H.J. & Six, B. (1977). Konstruktion einer Machiavellismus-Skala. Zeitschrift für Sozialpsychologie, 8, 185–192.

Henss, R. (1992). „Spieglein, Spieglein an der Wand". Geschlecht, Alter und physische Attrtaktivität. Weinheim: Psychologie Verlags Union.

Herner, M.J. (1986). Empirische Befunde und Schlußfolgerungen zu einigen Aspekten des Führungsmodells von Mitchell, Green und Wood (1981). Psychologie und Praxis. Zeitschrift für Arbeits- und Organisationspsychologie, 30, 163–171.

Herner, M.J. (1990). Selbstwertdienliche Kausalattributionen von Führungskräften: Eine Retro- und Prospektive. Zeitschrift für Arbeits und Organisationspsychologie, 34, 85–90.

Herner, M.J. (2000). Management by Mentoring: Ein Konzept psychoanalytisch orientierter Mitarbeiterführung. Freie Assoziation, 3, 239–265.

Herner, M.J. & Bierhoff, H.W. (1995). Das Narzißmusinventar von Deneke und Hilgenstock (1989): sozialpsychologische Befunde und Forschungsperspektiven. Unveröffentlichtes Manuskript. Bochum: Ruhr-Universität Bochum.

Herner, M.J. & Hartkamp, N. (2001). Attribution. In R. Brinkmann-Göbel (Hrsg.), Handbuch für Gesundheitsberater (S. 378–384). Bern: Huber.

Herrlitz, W. (1973a). Aufbau eines Modells der sprachlichen Kommunikation. In Funk-Kolleg Sprache (S. 38–46). Frankfurt/Main: Fischer.

Herrlitz, W. (1973b). Modell der Kodierung und Dekodierung. In Funk-Kolleg Sprache (S. 47–56). Frankfurt/Main: Fischer.

Herrmann, T. (1969). Lehrbuch der empirischen Persönlichkeitsforschung. Göttingen: Hogrefe.

Hertwig, R. & Hoffrage, U. (2001). Eingeschränkte und ökologische Rationalität: Ein Forschungsprogramm. Psychologische Rundschau, 52, 11–19.

Hetherington, E.M., Stanly-Hagan, M. & Anderson, E.R. (1989). Marital transitions: A child´s perspective. American Psychologist, 44, 303–312.

Hewstone, M. (1988). Attributional bases of intergroup conflict. In W. Stroebe, A.W. Kruglanski, D. Bar-Tal & M. Hewstone (Eds.), The social psychology of intergroup conflict (pp. 47–71). Berlin: Springer.

Hewstone, M. & Brown, R. (1986). Contact is not enough: An intergroup perspective on the 'contact hypothesis'. In M. Hewstone & R. Brown (Eds.), Contact and conflict in intergroup encounters (pp. 1–44). Oxford: Blackwell.

Hewstone, M. & Jaspars, J. (1987). Covariation and causal attribution: A logical model of the intuitive analysis of variance. Journal of Personality and Social Psychology, 53, 663–672.

Higgins, E.T. (1987). Self-discrepancy: A theory relating self and affect. Psychological Review, 94, 319–340.

Higgins, E.T. (1989). Continuities and discontinuties in self-regulatory and self-evaluative processes: A developmental theory relating self and affect. Journal of Personality, 57, 407–444.

Higgins, E.T. (1996a). Shared reality in the self-system: The social nature of self-regulation. In W. Stroebe & M. Hewstone (Eds.), European review of social psychology (Vol. 7, pp. 1–29). Chichester: Wiley.

Higgins, E.T. (1996b). The „self-digest“: Self-knowledge serving self-regulatory functions. Journal of Personality and Social Psychology, 71, 1062–1083.

Higgins, E.T. (1998). Promotion and prevention: Regulatory focus as a motivational principle. In M.P. Zanna (Ed.), Advances in experimental social psychology (Vol. 30, pp. 1–46). San Diego, CA: Academic Press.

Higgins, E.T. (2000). Social cognition: Learning about what matters in the social world. European Journal of Social Psychology, 30, 3–39.

Higgins, E.T., Snyder, C.R. & Berglas, S. (1990). Self-handicapping: The paradox that isn't. New York: Plenum.

Hill, T., Smith, N. & Lewicki, P. (1989). The development of self-image bias: A real-world demonstration. Personality and Social Psycholgy Bulletin, 15, 205–211.

Hilton, D.J. (1991) A conversational model of causal explanation. In W. Stroebe & M. Hewstone (Eds.), European review of social psychology (Vol. 2, pp. 51–81). Chichester: Wiley.

Himmelfarb, S. (1973). General test of a differential weighted averaging model of impression formation. Journal of Experimental Psychology, 9, 379–390.

Hinde, R.A. (2001). Responsibility: a biological perspective. In A.E. Auhagen & H.W. Bierhoff (Eds.), Responsibility. The many faces of a social phenomenon (pp. 23–33). London: Routledge.

Hirsch, M. (1997). Schuld und Schuldgefühl. Göttingen: Vandenhoeck & Ruprecht.

Hirt, C. (1992). Moderation in Gruppen. Eine Literaturübersicht. Gruppendynamik, 23, 203–213.

Hodapp, V. (1991). Das Prüfungsängstlichkeitsinventar TAI-G. Eine erweiterte und modifizierte Version mit vier Komponenten. Zeitschrift für Pädagogische Psychologie, 5, 121–130.

Hoff, E.H. (1998). Probleme der Psychologie als Profession. Report Psychologie, 23, 18–25.

Hoffman, M.L. (1978). Empathy, its development and prosocial implications. In C.B. Keasey (Ed.), Nebraska symposium on motivation (Vol. 25, pp. 169–218). Lincoln, NE: University of Nebraska Press.

Hoffman, M.L. (1984). Interaction of affect and cognition in empathy. In C.E. Izard, J. Kagan & R.B. Zajonc (Eds.), Emotions, cognition, and behavior (pp. 103–131). Cambridge: Cambridge University Press.

Hoffman, M.L. (1989). Empathy and prosocial activism. In N. Eisenberg, J. Reykowski & E. Staub (Eds.), Social and moral values (pp. 65–85). Hillsdale, NJ: Erlbaum.

Hoffman, M.L. (2000). Empathy and moral development. Cambridge: Cambridge University Press.

Hoffmann, S.O. & Hochapfel, G. (1995). Neurosenlehre, Psychotherapeutische und Psychosomatische Medizin (5. Auflage). Stuttgart: Schattauer.

Hofstadter, D.R. (1988, urspr. 1985). Metamagicum. Fragen nach der Essenz von Geist und Struktur. Stuttgart: Klett-Cotta.

Hofstätter, P.R. (1966). Einführung in die Sozialpsychologie. Stuttgart: Kröner.

Hofstede, G. (1991). Cultures and organisations. London: Harper.

Hofstede, G. (2001). Culture's consequences (2nd ed.). Thousand Oaks, CA: Sage.

Hogg, M.A. (1993). Group cohesiveness: A critical review and some new directions. In W. Stroebe & M. Hewstone (Eds.), European review of social psychology (Vol. 4, pp. 85–111). Chichester: Wiley.

Hohage, R. (1985). Das Selbst zwischen Ambivalenz und Ambiguität. Zur Theorie des unbewußten Konfliktes. Forum der Psychoanalyse, 1, 189–200.

Hohage, R. (1996). Analytisch orientierte Psychotherapie in der Praxis. Stuttgart: Schattauer.

Hollander, E.P. (1995). Führungstheorien – Idiosynkrasiemodell. In A. Kieser, G. Reber & R. Wunderer (Hrsg.), Handwörterbuch der Führung (Sp. 926–940, 2. Auflage). Stuttgart: Schäffer-Poeschel.

Holling, H., Schulze, R. & Großmann, H. (2002). Lehrbuch der Statistik. Göttingen: Hogrefe.

Holmes, T.H. & Rahe, R.H. (1967). The social readjustment rating scale. Journal of Psychosomatic Research, 11, 213–218.

Holz-Ebeling, F. & Steinmetz, M. (1995). Wie brauchbar sind die vorliegenden Fragebogen zur Messung von Empathie? Zeitschrift für Differentielle und Diagnostische Psychologie, 16, 1995, 11–32.

Homans, G.C. (1978). Theorie der sozialen Gruppe (7. Auflage). Opladen: Westdeutscher Verlag.

Hommers, W. (Hrsg., 1991). Perspektiven der Rechtspsychologie. Göttingen: Hogrefe.

Honer, E. (1999). Wer „ausbrennt", muss einmal gebrannt haben. Das Burnout-Syndrom in der Supervision mit katholischen Pfarrern. Organisationsberatung – Supervision – Clinical Management, 6, 131–148.

Hoppe, F. (1930). Erfolg und Misserfolg. Psychologische Forschung, 14, 1–62.

Hormuth, S.E. Lalli, M. (1988). Eine Skala zur Erfassung der bereichsspezifischen Selbstzufriedenheit. Diagnostica, 34, 148–166.

Horowitz, L.M., French, R.S. & Anderson, C.A. (1982). The prototype of a lonely person. In L.A. Peplau & D. Perlman (Eds.), Loneliness (pp. 183–205). New York: Wiley.

House, J.S. (1977). The three faces of social psychology. Sociometry, 40, 161–177.

House, R. & Shamir, B. (1995). Führungstheorien – Charismatische Führung. In A. Kieser, G. Reber & R. Wunderer (Hrsg.), Handwörterbuch der Führung (Sp. 878–897, 2. Auflage). Stuttgart: Schäffer-Poeschel.

Hoyos, C. Graf & Frey, D. (Hrsg., 1999). Arbeits- und Organisationspsychologie. Ein Lehrbuch. Weinheim: Psychologie Verlags Union.

Huber, H.P., Hauke, D. & Gramer, M. (1988). Frustrationsbedingter Blutdruckanstieg und dessen Abbau durch aggressive Reaktionen. Zeitschrift für experimentelle und angewandte Psychologie, 35, 427–440.

Hull, J.G. & Mendolia, M. (1991). Modeling the relations of attributional style, expectancies, and depression. Journal of Personality and Social Psychology, 61, 85–97.

Humphreys, K. (1996). Clinical psychologists as psychotherapists: History, future and alternatives. American Psychologist, 51, 190–197.

Hunecke, M., Blöbaum, A., Matthies, E. & Höger, R. (in press). Responsibility and environment – ecological norm orientation and external factors in the domain of travel mode choice behavior. Environment and Behavior.

Hupka, R.B. & Otto, J.H. (2000). Neid und Eifersucht. In J.H. Otto, H.A. Euler & H. Mandl (Hrsg.), Emotionspsychologie (S. 272–283). Weinheim: Psychologie Verlags Union.

Immelmann, K., Scherer, K.R., Vogel, C. & Schmoock, P. (1988). Psychobiologie. Grundlagen des Verhaltens. Stuttgart: Fischer.

Insko, C.A. & Cialdini, R.B. (1969). A test of three interpretations of attitudinal verbal reinforcement. Journal of Personality and Social Psychology, 12, 333–341.

Insko, C.A. & Schopler, J. (1972). Experimental social psychology. New York: Academic Press.

Irle, M. (1975). Lehrbuch der Sozialpsychologie. Göttingen: Hogrefe.

Isen, A.M., Clark, M. & Schwartz, M.F. (1976). Duration of the effect of good mood on helping: „Footprints on the sands of time". Journal of Personality and Social Psychology, 34, 385–393.

Isen, A.M., Daubman, K.A. & Nowicki, G.P. (1987). Positive affect facilitates creative problem solving. Journal of Personality and Social Psychology, 52, 1122–1131.

Isen, A.M. & Patrick, R. (1983). The effects of positive feelings on risk taking: When the chips are down. Organizational Behavior and Human Performance, 31, 194–202.

Islam, M.R. & Hewstone, M. (1993). Intergoup attributions and affective consequences in majority and minority groups. Journal of Personality and Social Psychology, 64, 936–950.

Jaeggi, E. (1993). Ambivalenz. In A. Schorr (Hrsg.), Handwörterbuch der Angewandten Psychologie (S. 12–14). Bonn: Deutscher Psychologen Verlag.

Jago, A.G. (1995). Führungstheorien – Vroom/Yetton Modell. In A. Kieser, G. Reber & R. Wunderer (Hrsg.), Handwörterbuch der Führung (Sp. 1058–1075, 2. Auflage). Stuttgart: Schäffer-Poeschel.

Jahnke, W., Erdmann, E. & Kallus, K.W. (1997). Streßverarbeitungsfragebogen (SVF mit SVF 120) (2. Auflage). Göttingen: Hogrefe.

James, W. (1890). Principles of psychology. New York: Holt.

Janis, I.L. (1982). Groupthink: Psycholoical studies of policy decisions and fiascos (2nd ed.). Boston: Houghton Mifflin.

Janis, I.L. & Mann, L. (1977). Decision making. New York: Free Press.

Janoff-Bulman, R. & Brickman, P. (1982). Expectations and what people learn from failure. In N.T. Feather (Ed.), Expectations and actions (pp. 207–237). Hillsdale, NJ: Erlbaum.

Janoff-Bulman, R & Lang-Gunn, I. (1986). Coping with disease, crime, and accidents: The role of self-blame attributions. In L.Y. Abramson (Ed.), Social cognition and clinical psychology (pp. 116–147). New York: Guilford Press.

Jansen, D., Röhl, K.F. & Schwarz, G. (1987). Das Güteverfahren vor dem Schiedsmann – ein alternatives Vermittlungsverfahren in zivilrechtlichen Streitigkeiten. Köln: Heymanns.

Jaspars, J. (1986). Forum and focus: a personal view of European social psychology. European Journal of Social Psychology, 16, 3–15.

Jeffries, V. (1998). Virtue and the altruistic personality. Sociological Perspectives, 41, 151–166.

John, O.P. & Robbins, R.W. (1994). Accuracy and bias in self-perception: Individual differences in self-enhancement and the role of narcissism. Journal of Personality and Social Psychology, 66, 206–219.

Johnson, D.W. & Johnson, F. (1982). Joining together: Group theory and group skills (2nd ed.). Englewood Cliffs, NJ: Prentice Hall.

Jonas, H. (1979). Das Prinzip Verantwortung. Versuch einer Ethik für die technologische Zivilisation. Frankfurt/Main: Suhrkamp.

Jonas, K. (1998). Die Kontakthypothese: Abbau von Vorurteilen durch Kontakt mit Fremden? In M.E. Oswald & U. Steinvorth (Hrsg.), Die offene Gesellschaft und ihre Fremden (S. 129–154). Bern: Huber.

Jonas, K., Broemer, P. & Diehl, M. (2000). Attitudinal ambivalence. In W. Stroebe & M. Hewstone (Eds.), European review of social psychology (Vol. 11, pp. 35–74). Chichester: Wiley.

Jones, C. & Aronson, E. (1973). Attribution of fault to a rape victim as a function of respectability of the victim. Journal of Personality and Social Psychology, 26, 415–419.

Jones, E.E. (1964). Ingratiation. New York: Appleton-Century-Crofts.

Jones, E.E. (1979). The rocky road from acts to dispositions. American Psychologist, 34, 107–117.

Jones, E.E. & Berglas, S. (1978). Control of attribution about the self through self-handicapping strategies: The appeal of alcohol and the role of underachievement. Personality and Social Psychology Bulletin, 4, 200–206.

Jones, E.E. & Davis, K.E. (1965). From acts to dispositions: The attribution process in person perception. In L. Berkowitz (Ed.), Advances in experimental psychology (Vol. 2, pp. 219–266). New York: Academic Press.

Jones, E.E. & Gerard, H.B. (1967). Foundations of social psychology. New York: Wiley.

Jones, E.E. & Goethals, G.R. (1972). Order effects in impression formation: Attribution context and the nature of the entity. In E.E. Jones et al. (Eds.), Attribution: Perceiving the causes of behavior (pp. 27–46). Morristown, NJ: General Learning Press.

Jones, E.E. & Pittman, T.S. (1982). Toward a general theory of strategic self-presentation. In J. Suls (Ed.), Psychological perspectives on the self (Vol. 1, pp. 231–262). Hillsdale, NJ: Erlbaum.

Jones, E.E., Riggs, J.M. & Quatrone, G. (1979). Observer bias in the attitude attribution paradigm: Effect of time and information order. Journal of Personality and Social Psychology, 37, 1230–1238.

Jones, E.E. & Sigall, H. (1971). The bogus pipeline: A new paradigm for measuring affect and attitude. Psychological Bulletin, 76, 349–364.

Jordan, C.H. & Zanna, M.P. (1999). Appendix: How to read a journal article in social psychology. In R.F. Baumeister (Ed.), The self in social psychology (pp. 461–470). Philadelphia, PA: Psychology Press.

Joule, R.C. & Beauvois, J.L. (1998). Cognitive dissonance theory: A radical view. In W. Stroebe & M. Hewstone (Eds.), European review of social psychology (Vol. 8, pp. 1–32). Chichester: Wiley.

Jussim, L. (1991). Social perception and social reality: A reflection-construction model. Psychological Review, 98, 54–73.

Jussim, L., Eccles, J. & Madon, S. (1996). Social perception, social stereotypes, and teacher expectations: Accuracy and the quest for the powerful self-fulfilling prophecy. In M.P. Zanna (Ed.), Advances in experimental social psychology, (Vol., 28, pp. 281–388). San Diego, CA: Academic Press.

Jussim, L., Yen, H. & Aiello, J.R. (1995). Self-consistency, self-enhancement, and accuracy in reactions to feedback. Journal of Experimental Social Psychology, 31, 322–356.

Kahneman, D. & Tversky, A. (1982). The simulation heuristic. In D. Kahneman, P. Slovic & A. Tversky (Eds.), Judgment under uncertainty: Heuristics and biases (pp. 201–208). Cambridge: Cambridge University Press.

Kahneman, D. & Tversky, A. (1984). Choices, values and frames. American Psychologist, 39, 341–350.

Kahneman, D. & Tversky, A. (1996). On the reality of cognitive illusions. Psychological Review, 103, 582–591.

Kaiser, F.G., Fuhrer, U., Weber, O., Ofner, T. & Bühler-Ilieva, E. (2001). Responsibility and ecological behaviour. In A.E. Auhagen & H.W. Bierhoff (Eds.), Responsibiliy. The many faces of a social phenomenon (pp. 109–126). London: Routledge.

Kals, E. (1996). Verantwortliches Umweltverhalten. Weinheim: Psychologie Verlags Union.

Kals, E. (2001). Responsibility appraisals in health protection. In A.E. Auhagen & H.W. Bierhoff (Eds.), Responsibility. The many faces of a social phenomenon (pp. 127–138). London: Routledge.

Kals, E., Schumacher, D. & Montada, L. (1998). Naturerfahrungen, Verbundenheit mit der Natur und ökologische Verantwortung als Determinanten naturschützenden Verhaltens. Zeitschrift für Sozialpsychologie, 29, 5–19.

Kanner, A.D., Feldman, S.S., Weinberger, D.A. & Ford, M.E. (1991). Uplifts, hassles, and adaptational outcomes in early adolescents. In A. Monat & R.S. Lazarus (Eds.), Stress and coping (pp. 158–181, 3rd ed.). New York: Columbia University Press.

Kanning, U.P. (1999). Die Psychologie der Personenbeurteilung. Göttingen: Hogrefe.

Karlins, M., Coffman, T.L. & Walters, G. (1969). On the fading of social stereotypes: Studies in three generations of college students. Journal of Personality and Social Psychology, 13, 1–16.

Karau, S.J. & Williams, K.D. (1993). Social loafing: A meta-analytic review and theoretical integration. Journal of Personality and Social Psychology, 65, 681–706.

Katz, D. & Stotland, E. (1959). A preliminary statement to a theory of attitude structure and change. In S. Koch (Ed.), Psychology: A study of a science (Vol. 3, pp. 433–475). New York: McGraw-Hill.

Kaufmann, I., Pornschlegel, H. & Udris, I. (1982). Arbeit und Beanspruchung. In. L. Zimmermann (Hrsg.), Belastungen und Stress bei der Arbeit (Humane Arbeit – Leitfaden für Arbeitnehmer, Bd. 5, S. 13–48). Reinbek: Rowohlt.

Keller, J.A. (1996). Anspruchsniveau. In J. Kuhl & H. Heckhausen (Hrsg.), Motivation, Volition und Handlung (S. 153–207). Göttingen: Hogrefe.

Kellermann, M. (1997). Suggestive Kommunikation. Unterschwellige Botschaften in Alltag und Werbung. Bern: Huber.

Kelley, H.H. (1967). Attribution theory in social psychology. In D. Levine (Ed.), Nebraska symposium on motivation (Vol. 15, pp. 192–238). Lincoln, NE: University of Nebraska Press.

Kelley, H.H. (1973). The processes of causal attribution. American Psychologist, 28, 107–128.

Kelley, H.H. (1979). Personal relationships. Hillsdale, NJ: Erlbaum.

Kelley, H.H. (1983). Love and commitment. In H.H. Kelley, E. Berscheid, A. Christensen, J.H. Harvey, T.L. Houston, G. Levinger, E. McClintock, L.A. Peplau & D.R. Peterson (Eds.), Close relationships (pp. 265–314). New York: Freeman.

Kelley, H.H., Berscheid, E., Christensen, A., Harvey, J.H., Huston, T.L., Levinger, G., McClintock, E., Peplau, L.A. & Peterson, D. (Eds., 1983). Close relationships. New York: Freeman.

Kelley, H.H. & Michela, J.L. (1980). Attribution theory and research. Annual Review of Psychology, 31, 457–501.

Kelley, H.H. & Stahelski, A.J. (1970). Social interaction basis of cooperators' and competitors' beliefs about others. Journal of Personality and Social Psychology, 16, 66–91.

Kelley, H.H. & Thibaut, J.W. (1978). Interpersonal relations. A theory of interdependence. New York: Wiley.

Kelman, H.C. (1958). Compliance, identification, and internalisation: three processes of attitude change. Journal of Conflict Resolution, 2, 51–60.

Kelman, H.C. (1993). Coalitions across conflict lines: The interplay of conflicts within and between Israeli and Palestinian communities. In J. Simpson & S. Worchel (Eds.), Conflict between people and peoples (pp. 165–190). Chicago, IL: Nelson Hall.

Kelman, H.C. & Hovland, C. I (1953). „Reinstatement" of the communicator in delayed measurement of opinion change. Journal of Abnormal and Social Psychology, 48, 327–335.

Kerckhoff, A.C. & Davis, K.E. (1962). Value consensus and need complementarity in mate selection. American Sociological Review, 27, 295–303.

Kerlinger, F.N. (1984). Liberalism and conservatism. The nature and structure of social values. Hillsdale, NJ: Erlbaum.

Kernberg, O. (Hrsg., 1996). Narzißtische Persönlichkeitsstörungen. Stuttgart: Schattauer.

Kernberg, O. (1999). Psychoanalyse, psychoanalytische Psychotherapie und supportive Psychotherapie: Aktuelle Kontroversen. Psychotherapie, Psychosomatik, Medizinische Psychologie, 49, 90–99.

Kernis, M.H., Cornell, D.P., Sun, C.R., Berry, A. & Harlow, T. (1993). There's more to self-esteem than wheter it is high or low: The importance of stability of self-esteem. Journal of Personality and Social Psychology, 65, 1190–1204.

Kerr, N.L. (1996). Does my contribution really matter? Efficacy in social dilemmas. In W. Stroebe & M. Hewstone (Eds.), European review of social psychology (Vol. 7, pp. 209–240). Chichester: Wiley.

Keupp, H. (1982). Krankheitsbegriff und Normalität. In R. Bastine, P.A. Fiedler, K. Grawe, S. Schmidtchen & G. Sommer (Hrsg), Grundbegriffe der Psychotherapie (S. 225–227). Weinheim: Edition Psychologie.

Keupp, H. (1993). Psychoanalytische Sozialpsychologie. In W. Mertens (Hrsg.), Schlüsselbegriffe der Psychoanalyse (S. 256–266). Stuttgart: Verlag Internationale Psychoanalyse.

Keupp, H. (1994). Psychologisches Handeln in der Risikogesellschaft. Gemeindepsychologische Perspektiven. München: Quintessenz.

Kihlstrom, J.F. (1994). Commentary: Psychodynamics and social cognition – Notes on the fusion of psychoanalysis and psychology. Journal of Personality, 62, 681–696.

Kipnis, D., Schmidt, S.M. & Wilkinson, I. (1980). Intraorganizational influence tactics: Explorations in getting one's way. Journal of Applied Psychology, 440–452.

Kirchler, E. (1999). Wirtschaftspsychologie. Grundlagen und Anwendungsfelder der Ökonomischen Psychologie (2. Auflage). Göttingen: Hogrefe.

Kirchler, E. & Hermann, M. (1986). Stimmung als Filter von Werbebotschaften –

Zur Wechselwirkung zwischen Emotion und Gedächtnis in der Werbewirkungsforschung. Jahrbuch der Absatz und Verbrauchsforschung, 4, 355–367.

Kirchler, E., Rodler, C., Hölzl, E. & Meier, K. (2000). Liebe, Geld und Alltag. Entscheidungen in engen Beziehungen. Göttingen: Hogrefe.

Klauer, K.C. (1998). Affective priming. In W. Stroebe & M. Hewstone (Eds.), European review of social psychology (Vol. 8, pp. 67–103). Chichester: Wiley.

Klauer, K.C. & Migulla, G. (1995). Spontanes kontrafaktisches Denken. Zeitschrift für Sozialpsychologie, 26, 34–45.

Klauer, K.C., Musch, J. & Naumer, B. (2000). On belief bias in syllogistic reasoning. Psychological Review, 107, 852–884.

Klein, R. (1991). Modelle der Partnerwahl. In A. Amelang, H.J. Ahrens & H.W. Bierhoff (Hrsg.), Partnerwahl und Partnerschaft (S. 31–69). Göttingen: Hogrefe.

Klein, S.B. & Loftus, J. (1993). Behavioral experience and trait judgments about the self. Personality and Social Psychology Bulletin, 19, 740–745.

Kleinbeck, U. & Schmidt, K.H. (1996). Die Wirkung von Zielsetzungen auf das Handeln. In J. Kuhl & H. Heckhausen (Hrsg.), Motivation, Volition und Handlung (S. 875–907). Göttingen: Hogrefe.

Kleinbeck, U. & Fuhrmann, H. (2001). Das partizipative Produktivitätsmanagement (PPM). In R. Fisch, D. Beck & B. Englich (Hrsg.), Projektgruppen in Organisationen (S. 61–74). Göttingen: Verlag für Angewandte Psychologie.

Klimoski, R. & Mohammed, S. (1994). Team mental model: Construct or metaphor? Journal of Management, 20, 403–437.

Klink, A., Hamberger, J., Hewstone, M. & Avci, M. (1998). Kontakte zwischen sozialen Gruppen als Mittel zur Reduktion von Aggression und Gewalt: Sozialpsychologische Theorien und ihre Anwendung in der Schule. In H.W. Bierhoff & U. Wagner (Hrsg), Aggression und Gewalt: Phänomene, Ursachen und Interventionen (S. 279–306). Stuttgart: Kohlhammer.

Klink, A. & Wagner, U. (1999). Discrimination against ethnic minorities in Germany: Going back to the field. Journal of Applied Social Psychology, 29, 402–423.

Klix, F. & Lanius, K. (1999). Wege und Irrwege der Menschenartigen. Wie wir wurden, wer wir sind. Stuttgart. Kohlhammer.

Kluwe, R.H. (2001). Zur Lage der Psychologie: Perspektiven der Fortentwicklung einer erfolgreichen Wissenschaft. Psychologische Rundschau, 52, 1–10.

Knigge-Illner, H. (1998). „Das Examen schaffen". Evaluation eines Workshops zur Bewältigung von Prüfungsangst. Report Psychologie, 23, 828–840.

Knight, G.P., Fabes, R.A. & Higgins, D.A. (1996). Concerns about drawing causal inferences from meta-analyses: An example in the study of gender differences in aggression. Psychological Bulletin, 119, 410–421.

Knight, J.A. & Vallacher, R.R. (1981). Interpersonal engagement in social perception: The consequences of getting into the action. Journal of Personality and Social Psychology, 40, 990–999.

Knorz, C. & Zapf, D. (1996). Mobbing – eine extreme Form sozialer Stressoren am Arbeitsplatz. Zeitschrift für Arbeits- und Organisationspsychologie, 40, 12–21.

Knowles, E.S. (1980). An affiliative conflict theory of personal and group spatial behavior. In P.B. Paulus (Ed.), Psychology of group influence (pp. 133–188). Hillsdale, NJ: Erlbaum.

Kobak, R.R. & Sceery, A. (1988). Attachment in late adoslescence. Working models, affect regulation, and representations of self and others. Child Development, 59, 135–146.

Kohlberg, L. (1984, urspr. 1969). Stage and sequence: The cognitive-developmental approach to socialization. In L. Kohlberg, Essays on moral development (Vol. 2, pp. 7–169), San Francisco: Harper.

Köhnken, G., Mantwill, M., Aschermann, E. & Dannenberg, U. (1990). Das kognitive Interview: Eine neue Entwicklung in der Interviewforschung. In D. Frey (Hrsg.), Bericht über den 37. Kongress der Deutschen Gesellschaft für Psychologie in Kiel 1990 (Bd. 2, S. 283–289). Göttingen: Hogrefe.

Kok, G., Schaalma, H., deVries, H., Parcel, G. & Paulussen, T. (1996). Social psychology and health education. In W. Stroebe & M. Hewstone (Eds.), European review of social psychology (Vol. 7, pp. 241–282). Chichester: Wiley.

Kolligian, J. & Sternberg, R.J (1991). Perceived fraudulence in young adults: Is there an impostor syndrome? Journal of Personality Assessment, 56, 308–316.

Komorita, S.S. (1974). A weighted probability model of coalition formation. Psychological Review, 81, 242–256.

Komorita, S.S. (1984). Coalition bargaining. In L. Berkowitz (Ed.), Advances in experimental social psychology (Vol. 18, pp. 183–245). New York: Academic Press.

Komorita, S.S. & Chertkoff, J.M. (1973). A bargaining theory of coalition formation. Psychological Review, 80, 149–162.

Konagawa, C., Cross, S. E. & Markus, H.R. (2001). „Who am I?". The cultural psychology of the conceptual self. Personality and Social Psychology Bulletin, 27, 90–103.

Konecni, V.J. (1975). Annoyance, type and duration of postannoyance activity and aggression. The „cathartic effects". Journal of Experimental Psychology: General, 104, 76–102.

König, K. (1998). Übertragungsanalyse. Göttingen: Vandenhoeck & Ruprecht.

König, K. & Lindner, W.V (1991). Psychoanalytische Gruppentherapie (2. Auflage). Göttingen: Vandenhoeck & Ruprecht.

König, O. (2001). Individualität und Zugehörigkeit. Gruppendynamik als Forschungsfeld der angewandten Sozialwissenschaft. Gruppenpsychotherapie und Gruppendynamik, 37, 29–44.

Kopp. J. (1995). Zur Stabilität von framing-Effekten bei Entscheidungssituationen – eine Replikation und Modifikation des „Asian disease problem" von Kahneman und Tversky. Zeitschrift für Sozialpsychologie, 26, 107–118.

Kornadt, H.J. (1982). Aggressionsmotiv und Aggressionshemmung (Bd. 1+2). Bern: Huber.

Kowalski, R.M. & Leary, M.R. (Eds., 1999). The social psychology of emotional and behavioral problems: Interfaces of social and clinical psychology. Washington, DC: American Psychological Association.

Kozlowski, S.W.J. & Doherty, M.L. (1989). Integration of climate and leadership: Examination of a neglected issue. Journal of Applied Psychology, 74, 546–553.

Krahé, B. (1984). Der „self-serving bias" in der Attributionsforschung. Theoretische Grundlagen und empirische Befunde. Psychologische Rundschau, 35, 79–97.

Krahé, B. (1998). Sexuelle Gewalt. In H.W. Bierhoff & U. Wagner (Hrsg.), Aggression und Gewalt: Phänomene, Ursachen und Interventionen (S. 108–127). Stuttgart: Kohlhammer.

Krahé, B. (2001). The social psychology of aggression. Hove: Psychology Press.

Kramer, R.M. & Messick, D.M. (Eds., 1995). Negotiation as a social process. Thousand Oaks, CA: Sage.

Krampen, G. (Hrsg., 1989). Diagnostik von Attributionen und Kontrollüberzeugungen. Göttingen: Hogrefe.

Krause, R. (2000). Neue Befunde der Affektforschung zur Depression. Zeitschrift für Psychosomatische Medizin und Psychotherapie, 46, 331–348.

Krause, R. & Lütolf, P. (1989). Mimische Indikatoren von Übertragungsvorgängen – Erste Untersuchungen. Zeitschrift für Klinische Psychologie, 18, 55–67.

Krause, R. & Merten, J. (1998). Affekte, Beziehungsregulierung, Übertragung und Gegenübertragung. In C. Rohde-Dachser (Hrsg.), Verknüpfungen. Psychoanalyse im interdisziplinären Gespräch (S. 181–207). Göttingen: Vandhoeck & Ruprecht.

Krauss, R.M. & Fussell, S.R. (1996). Social psychologcal models of interpersonal communication. In E.T Higgins & A.W. Kruglanski (Eds.), Social psychology: A handbook of basic principles (pp. 655–701). New York: Guilford Press.

Kravitz, D.A. & Martin, B. (1986). Ringelmann rediscovered: The original article. Journal of Personality and Social Psychology, 50, 936–941.

Krebs, D. (1975). Empathy and altruism. Journal of Personality and Social Psychology, 32, 1134–1146.

Krebs, D.L. & Denton, K. (1997). Social illusions and self-deception: The evolution of bias in person perception. In J.A. Simpson & D.T. Kenrick (Eds.), Evolutionary social psychology (pp. 21–47) Mahwah, NJ: Erlbaum.

Kriz, J. (1999). Von der „science-fiction" zur „science". Methodologische und methodische Bemerkungen zur Frage der „Wissenschaftlichkeit von Psychotherapieverfahren". Report Psychologie, 24, 21–30.

Kroeber-Riel, W. (1991). Strategie und Technik der Werbung. Verhaltenswissenschaftliche Ansätze. Stuttgart: Kohlhammer.

Kroeber-Riel, W. (1993). Bildkommunikation. Imagerystrategien für die Werbung. München: Vahlen.

Kroeber-Riel, W. & Weinberg, P. (1999). Konsumentenverhalten (7. Auflage). München: Vahlen.

Krohne, H.W. (1996). Angst und Angstbewältigung. Stuttgart: Kohlhammer.

Krohne, H.W. & Egloff, B. (1998). Das Angstbewältigungs-Inventar (ABI). Manual. Frankfurt/Main: Swet Test Services.

Krüger, M., Piesch, A., Thoma, H. & Schmidt-Michel, P.O. (1994). Chronisch psychisch krank. Wie aus endlicher Krankheit unendliche Behinderung wird. Fundamenta Psychiatrica, 8, 191–195.

Kruglanski, A.W. (1980). Lay epistemologic process and contents. Psychological Review, 87, 70–87.

Kruglanski, A.W. (1989). Lay epistemics and human knowledge: Cognitive and motivational bases. New York: Plenum.

Kruglanski, A.W. (1990). Lay epistemic theory in social-cognitive psychology. Psychological Inquiry, 1, 181–197.

Kruglanski, A.W. (1996). Motivated social cognition. Principles of the interface. In E.T. Higgins & A.W. Kruglanski (Eds.), Social psychology: Handbook of basic principles (pp. 493–520). New York: Guilford Press.

Kruglanski, A.W. & Mayseless, O. (1990). Classic and current social comparison research: Expanding the perspective. Psychological Bulletin, 108, 195–208.

Kruglanski, A.W. & Thompson, E.P. (1999). Persuasion by a single route: A view from the unimodel. Psychological Inquiry, 10, 83–109.

Kruglanski, A. W. & Webster, D. M. (1996). Motivated closing of the mind: „Seizing" and „freezing". Psychological Review, 103, 263–283.

Kruse, A. (Hrsg., 1998a). Psychosoziale Gerontologie (Bd. 1): Grundlagen. Göttingen: Hogrefe.

Kruse, A. (Hrsg., 1998b). Psychosoziale Gerontologie (Bd. 2): Intervention. Göttingen: Hogrefe.

Kruse, L. (1975). Crowding, Dichte und Enge aus sozialpsychologischer Sicht. Zeitschrift für Sozialpsychologie, 6, 2–30.

Kruse, L., Graumann, C.F. & Lantermann, E.D. (Hrsg., 1990). Ökologische Psychologie. Ein Handbuch in Schlüsselbegriffen. München: Psychologie Verlags Union.

Kuhl, J. (1981). Motivational and functional helplessness: The moderating effect of state versus action orientation. Journal of Personality and Social Psychology, 40, 155–170.

Kuhl, J. (1994). Action versus state orientation: Psychometric properties of the action control scale (ACS-90). In J. Kuhl & J. Beckmann (Eds.), Volition and personality: action versus state orientation (pp. 47–59). Seattle, CA: Hogrefe.

Kuhl, J. (1996). Wille und Freiheitserleben: Formen der Selbststeuerung. In J. Kuhl & H. Heckhausen (Hrsg.), Motivation, Volition und Handlung (S. 665–765). Göttingen: Hogrefe.

Kuhl, J. & Beckmann, J. (Eds., 1994). Volition and personality: action versus state orientation. Seattle, CA: Hogrefe.

Kuhl, J. & Helle, P. (1986). Motivational and volitional determinants of depression: The degenerated intention hypothesis. Journal of Abnormal Psychology, 95, 247–251.

Kuhlman, D.M. & Marshello, A.F.J. (1975). Individual differences in game motivation as moderators of preprogrammed strategy effects in prisoner's dilemma. Journal of Personality and Social Psychology, 32, 922–931.

Kunda, Z. (1990). The case for motivated reasoning. Psychological Bulletin, 108, 480–498.

Kunda, Z. (1999). Social cognition. Cambridge, MA: MIT Press.

Küpper, B. & Bierhoff, H.W. (1999). Liebe Deinen Nächsten, sei hilfreich. Zeitschrift für Differentielle und Diagnostische Psychologie, 20, 217–230.

Kurzbau, R. & Leary, M.R. (2001). Evolutionary origins of stigmatization: The functions of social exclusion. Psychological Bulletin, 127, 187–208.

Lamm, H. (1975). Analyse des Verhandelns. Stuttgart: Enke.

Lamm, H. & Myers, D.G. (1978). Group-induced polarization of attitudes and behavior. In. L. Berkowitz (Ed.), Advances in experimental social psychology, (Vol. 11, pp. 145–195). New York: Academic Press.

Lamm, H. & Stephan, E. (1986). Zur Messung von Einsamkeit: Entwicklung einer deutschen Fassung des Fragebogens von Russell und Peplau. Psychologie und Praxis. Zeitschrift für Arbeits- und Organisationspsychologie, 30, 132–134.

Langer, E. (1975). The illusion of control. Journal of Personality and Social Psychology, 32, 311–328.

Langer, E. (1989). Mindfulness. Reading, MA: Addison-Wesley.

Langer, E., Blank, A. & Chanowitz, B. (1978). The mindlessness of ostensibly thoughtful action: The role of „placebic" information in interpersonal interaction. Journal of Personality and Social Psychology, 36, 635–642.

Langlois, J.H. & Roggman, L.A. (1990). Attractive faces are only average. Psychological Science, 1, 115–121.

Lasswell, H.D. (1948). The structure and function of communication. In L. Bryson (Ed.), The communication of ideas (pp. 37–51). New York: Harper & Row.

Latané, B. (1981). The psychology of social impact. American Psychologist, 36, 343–356.

Latané, B. & Darley, J.M. (1969). Bystander ,apathy'. American Scientist, 57, 244–268.

Latané, B. & Darley, J.M. (1970). The unresponsive bystander: Why doesn't he help? New York: Appleton.

Latané, B. & Nida, S. (1981). Ten years of research on group size and helping. Psychological Bulletin, 89, 308–324.

Latané, B., Williams, K. & Harkins, S. (1979). Many hands make light the work: The causes and consequences of social loafing. Journal of Personality and Social Psychology, 37, 822–832.

Latané, B. & Wolf, S. (1981). The social impact of majorities and minorities. Psychological Review, 88, 438–453.

Latham, G.P. & Locke, E.A. (1995). Zielsetzung als Führungsaufgabe. In A. Kieser, G. Reber & R. Wunderer (Hrsg.), Handwörterbuch der Führung (Sp. 2222–2234, 2. Auflage). Stuttgart: Schäffer-Poeschel.

Lauscher, S. & Schulze, C. (1998). Schweregrad von sexuellem Mißbrauch und Langzeitfolgen. Zeitschrift für Klinische Psychologie, 27, 181–188.

Laux, L., Glanzmann, P., Schaffner, P. & Spielberger, C.D. (1981). Das State-Trait-Angstinventar (STAI). Göttingen: Hogrefe.

Lazarus, A.A. & Messer, S.B. (1991). Does chaos prevail? An exchange on technical eclecticism and assimilative integration. Journal of Psychotherapy Integration, 1, 143–158.

Lazarus, R.S. (1966). Psychological stress and the coping process. New York: Oxford University Press.

Lazarus, R.S. (1993). From psychological stress to the emotions. A history of changing outlooks. Annual Review of Psychology, 44, 1–21.

Leary, M.R. (1982). Hindsight distortion of the 1980 presidential election. Personality and Social Psychology Bulletin, 8, 257–263.

Leary, M.R., Britt, T.W., Cutlip, W.D. & Templeton, J.L. (1992). Social blushing. Psychological Bulletin, 112, 446–460.

Leary, M.R. & Kowalski, R. (1995). Social anxiety. New York: Guilford Press.

Leary, M.R., Patton, K.M., Orlando, A.E. & Wagoner Funk, W. (2000). The impostor phenomenon: Self-perceptions, reflected appraisals, and interpersonal strategies. Journal of Personality, 68, 725–756.

Leary, M.R., Tambor, E., Terdal, S. & Downs, D. (1995). Self-esteem as an interpersonal monitor: The sociometer hypothesis. Journal of Personality and Social Psychology, 68, 518–530.

Leavitt, H.J. (1951). Some effects of certain communication patterns on group performance. Journal of Abnormal and Social Psychology, 46, 38–50.

LeBon, G. (1982, urspr. 1895). Psychologie der Massen. Stuttgart: Kröner.

Lee, J.A. (1976). The colors of love. Englewood Cliffs, NJ: Prentice-Hall.

Lehman, D.R., Wortman, C.B. & Williams, A.F. (1987). Long-term effects of loosing spouse or child in a motor vehicle crash. Journal of Personality and Social Psychology, 52, 218–231.

Leibetseder, M., Laireiter, A.R., Riepler, A. & Köller, T. (2001). E-Skala: Fragebogen zur Erfassung von Empathie – Beschreibung und psychometrische Eigenschaften. Zeitschrift für Differentielle und Diagnostische Psychologie, 22, 70–85.

Leichsenring, F. (1996). Zur Meta-Analyse von Grawe und Mitarbeitern. Gruppenpsychotherapie und Gruppendynamik, 32, 205–234.

Leichsenring, F. & Hiller, W. (1990). Primär- und sekundärprozeßhaftes Denken bei Normalen, Neurotikern und Borderline-Patienten. Zeitschrift für Psychosomatische Medizin ·und Psychoanalyse, 36, 62–87.

Lennox, R.D. & Wolfe, R.N. (1984). Revision of the self-monitoring scale. Journal of Personality and Social Psychology, 46, 1349–1364.

Leppin, A. & Schwarzer, R. (1991). Attributions of Type A individuals in an experimental academic stress situation. In C.D. Spielberger, I.G. Sarason, J. Strelau & J.M.T. Brebner (Eds), Stress and anxiety (pp. 261–282). New York: Hemisphere Publishing Corporation.

Lerner, M.J. (1977). The justice motive. Some hypotheses as to its origins and forms. Journal of Personality, 45, 1–52.

Lerner, M.J. (1980). The belief in a just world: A fundamental delusion. New York: Plenum.

Lerner, M.J., Miller, D.T. & Holmes, J.G. (1976). Deserving and the emergence of forms of justice. In L. Berkowitz (Ed.), Advances in experimental social psychology (Vol. 9, pp. 133–162). New York: Academic Press.

Leventhal, H. (1980). Toward a comprehensive theory of emotion. In L. Berkowitz (Ed.), Advances in experimental social psychology (Vol. 13, pp. 139–207). New York: Academic Press.

Leventhal, T. & Brooks-Gunn, J. (2000). The neighborhoods they live in: The effects of neighborhood residence on child and adolescent outcomes. Psychological Bulletin, 126, 309–337.

Levine, J.M. & Moreland, R.L. (1990). Progress in small group research. Annual Review of Psychology, 41, 585–643.

Levine, J.M. & Moreland, R.L. (1991). Culture and socialization in work groups. In L.B. Resnick, J.M. Levine & S.D. Teasley (Eds.), Perspectives on socially shared cognition (pp. 257–279). Washington, DC: American Psychological Association.

Levine, J.M. & Moreland, R.L. (1994). Group socialization: Theory and reserach. In W. Stroebe & M. Hewstone (Eds.), European review of social psychology (Vol. 5, pp. 305–336). Chichester: Wiley,

Levine, S.R., Wyer, R.S. & Schwarz, N. (1994). Are you what you feel? The affective and cognitive determinants of self-judgments. European Journal of Social Psychology, 24, 63–77.

Levinger, G. (1980). Toward the analysis of close relationships. Journal of Experimental Social Psychology, 16, 510–544.

Levinger, G. (1994). Figure versus ground. Micro- and macroperspectives on the social psychology of personal relationships. In R. Erber & R. Gilmour (Eds.), Theoretical frameworks for personal relationships (pp. 1–28). Hillsdale, NJ: Erlbaum.

Levy, J.S. (1989). The causes of war. A review of theories and evidence. In P.E. Tetlock, R. Jervis, P. Stern, J.L. Husbands & C. Tilly (Eds), Behavior, society, and nuclear war (Vol. 2, pp. 209–333). New York: Oxford University Press.

Lewicki, P. (1983). Self-image bias in person perception. Journal of Personality and Social Psychology, 45, 384–393.

Lewin, K. (1926). Vorsatz, Wille und Bedürfnis. Psychologische Forschung, 7, 330–385.

Lewin, K. (1935). A dynamic theory of personality. New York: McGraw-Hill.

Lewin, K. (1953). Die Lösung sozialer Konflikte. Bad Nauheim: Christian Verlag.

Lewis, M. (2000). Self-conscious emotions: Embarrassment, pride, shame and guilt. In M.Lewis, & J.M. Haviland-Jones (Eds.), Handbook of emotions (pp. 623–636, 2nd ed.). New York: Guilford Press.

Lewis, S.A. & Fry, W.R. (1977). Effects of visual access and orientation on the discovery of integrative bargaining alternatives.

Organizational Behavior and Human Performance, 20, 75–92.

Leyens, J.P. & Dardenne, B. (1996). Soziale Kognition: Ansätze und Grundbegriffe. In W. Stroebe, M. Hewstone & G.M. Stephenson (Hrsg.), Sozialpsychologie. Eine Einführung (S. 115–141, 3. Auflage). Berlin: Springer.

Leyens, J.P., Dardenne, B., Yzerbyt, V., Scaillet, N. & Snyder, M. (1999). Confirmation and disconfirmation: Their social advantages. In W. Stroebe & M. Hewstone (Eds.), European review of social psychology (Vol. 10, pp. 200–230). Chichester: Wiley.

Lichtenstein, S., Slovic, P., Fischhoff, B., Layman, M. & Combs, B. (1978). Judged frequency of lethal events. Journal of Experimental Psychology: Human Learning and Memory, 4, 551–578.

Liebrand, W.B.G., Wilke, H.A.M., Vogel, R. & Wolters, F.J.M. (1986). Value orientation and conformity: A study using three types of social dilemma games. Journal of Conflict Resolution, 30, 77–97.

Lilli, W. (1982). Grundlagen der Stereotypisierung. Göttingen: Hogrefe.

Lilli, W., Reinhard, M.A. & Diehl, M. (1999). Wiederherstellung von Identität nach einer Bedrohung des personalen Selbst. Ein Test der Optimalen Distinktheitstheorie von Brewer. Zeitschrift für Sozialpsychologie, 30, 255–258.

Lin, E.H. & Peterson, C. (1990). Pessimistic attribution style and response to illness. Behavioral Research and Therapy, 3, 243–248.

Lind, E.A. & Tyler, T.R. (1988). The social psychology of procedural justice. New York: Plenum.

Lindsay, G. (1996). Psychology as an ethical discipline and profession. European Psychologist, 1, 79–88.

Lindskold, S. (1978). Trust development, the GRIT proposal, and the effects of conciliatory acts on conflict and cooperation. Psychological Bulletin, 85, 772–793.

Lindskold, S. (1986). GRIT: Reducing distrust through carefully introduced conciliation. In S. Worchel & W.G. Austin (Eds.), Psychology of intergroup relations (pp. 305–322). Chicago, IL Nelson-Hall.

Lippmann, W. (1922). Public opinion. New York: Harcourt Brace.

Loch, E. (1977). Die Krankheitslehre der Psychoanalyse. Stuttgart: Hirzel.

Locke, E.A. & Latham, G.P. (1990). A theory of goal setting and task performance. Englewood Cliffs: NJ: Prentice-Hall.

Lohmer, M. (Hrsg., 2000). Psychodynamische Organisationsberatung. Konflikte und Potentiale in Veränderungsprozesen. Stuttgart: Klett-Cotta.

Long, G.T. & Lerner, M.J. (1974). Deserving, the ,personal contract' and altruistic behavior by children. Journal of Personality and Social Psychology, 29, 551–556.

Lord, C.G. & Lepper, M.R. (1999). Attitude representation theory. In M.P. Zanna (Ed.), Advances in experimental social psychology (Vol. 31, pp. 265–343). San Diego, CA: Academic Press.

Lorenz, K. (1943). Die angeborenen Formen möglicher Erfahrung. Zeitschrift für Tierpsychologie, 5, 235–409.

Lorenz, K. (1963). Das sogenannte Böse. Zur Naturgeschichte der Aggression. München: Pieper.

Lorenz, K. (1978). Vergleichende Verhaltensforschung. Grundlagen der Ethologie. München: Pieper.

Lösel, F., Bender, D. & Bliesener, T. (Eds., 1992), Psychology and law: International perspectives. Berlin: de Gruyter.

Lück, H.E. (1999). Die European Association of Experimental Social Psychology (EAESP). In H.E. Lück & R. Miller (Hrsg.), Illustrierte Geschichte der Psychologie (S. 236–237, 2. Auflage). Weinheim: Psychologie Verlags Union.

Lück, H.E. & Miller, R. (Hrsg., 1999). Illustrierte Geschichte der Psychologie (2. Auflage). Weinheim: Psychologie Verlags Union.

Lück, H.E. & Miller, R. & Sewz-Vosshenrich, G. (Hrsg., 2000). Klassiker der Psychologie. Stuttgart: Kohlhammer.

Lück, H.E. & Timaeus, E. (1969). Skalen zur Messung Manifester Angst (MAS) und sozialer Wünschbarkeit (SDS-E und SDS-CM). Diagnostica, 15, 134–141.

Luckmann, T. (1979). Soziologie der Sprache. In R. König (Hrsg.), Handbuch der empirischen Sozialforschung (Bd. 13, S. 1–116). Stuttgart: Enke.

Ludwig, P.H. (1991). Sich selbst erfüllende Prophezeiungen im Alltagsleben. Stuttgart: Verlag für Angewandte Psychologie.

Ludwig, P.H. (1995). Pygmalion im Notenbuch. Pädagogische Welt, 49, 114–119.

Luthans, F. & Davis, T.R.V. (1979). Behavioral self-management: The missing link in managerial effectiveness. Organizational Dynamics, 8, 42–60.

Lux, E. (1995). Verhaltensgitter der Führung (Managerial Grid). In A. Kieser, G. Reber

& R. Wunderer (Hrsg.), Handwörterbuch der Führung (Sp. 2126–2139, 2. Auflage). Stuttgart: Schäffer-Poeschel.

Lyons-Ruth, K. & Jacobvitz, D. (1999). Attachment disorganisation: Unresolved loss, relational violence, and lapses in behavioural and attentional strategies. In J. Cassidy & P. Shaver (Eds.), Handbook of attachment. Theory, research and clinical applications (pp. 520–554). New York: Guilford Press.

Maccoby, E.E. (1980). Social development. New York: Harcourt Brace.

Maccoby, E.E. & Masters, J.C. (1970). Attachment and dependency. In P.H. Mussen (Ed.), Carmichael's manual of child psychology, (Vol. 2, pp. 73–157). New York: Wiley.

Mackenzie, S.B. & Spreng, G.A. (1992). How does motivation moderate the impact of central and peripheral processing on brand attitudes and intentions? Journal of Consumer Research, 18, 519–529.

Mackie, D.M. (1986). Social identification effects in group polarization. Journal of Personality and Social Psychology, 50, 720–728.

Mackworth, J.F. (1969). Vigilance and habituation. Harmondsworth, Middlesex: Penguin.

Macrae, C.N. & Bodenhausen, G.V. (2000). Social cognition: Thinking categorically about others. Annual Review of Psychology, 51, 93–120.

Macrae, C.N., Bodenhausen, G.V. & Milne, A.B. (1995). The dissection of selection in person perception: Inhibitory processes in social stereotyping. Journal of Personality and Social Psychology, 69, 397–407.

Maes, J. (1998). Immanent justice and ultimate justice: Two ways of believing in justice. In L. Montada & M.J. Lerner (Eds.), Responses to victimizations and belief in a just world (pp. 9–40). New York: Plenum.

Maes, J. (2001). Solidarität – eine Frage der Persönlichkeit? Das Beispiel der Solidarität Westdeutscher mit Ostdeutschen. In H.W. Bierhoff & D. Fetchenhauer (Hrsg.), Solidarität. Konflikt, Umwelt und Dritte Welt (pp. 293–320). Opladen: Leske + Budrich.

Main, M. (1995). Desorganisation im Bindungsverhalten. In G. Spangler & P. Zimmermann (Hrsg.), Die Bindungstheorie. Grundlagen, Forschung und Anwendung (S. 120–139). Stuttgart: Klett-Cotta.

Main, M., Kaplan, N. & Cassidy, J. (1985). Security in infancy, childhood, and adulthood: A move to the level of representation. In I. Bretherton & E. Waters (Eds.), Growing points of attachment theory and research. Monographs of the Society for Research in Child Development, 50, 66–104.

Major, B. & Cozzarelli, C. (1992). Psychosocial predictors of adjustment to abortion. Journal of Social Issues, 48(3), 121–142.

Maki, J.E., Thorngate, W.B. & McClintock, C.G. (1979). Prediction and peception of social motives. Journal of Personality and Social Psychology, 37, 203–220.

Manstead, A.S.R & Hewstone, M. (Eds., 1995). The Blackwell encyclopedia of social psychology. Oxford: Blackwell.

Manstead, A.S.R., Proffitt, C. & Smart, J.L. (1983). Predicting and understanding mothers' infant-feeding intentions and behavior: Testing the theory of reasoned action. Journal of Personality and Social Psychology, 44, 657–671.

Margraf, J. & Lieb, R. (1995). Was ist Verhaltenstherapie? Versuch einer zukunftsoffenen Neucharakterisierung. Zeitschrift für Klinische Psychologie, 24, 1–7.

Margraf, J. & Rudolf, K. (Hrsg., 1995). Training sozialer Kompetenz. Anwendungsfelder, Entwicklungslinien, Erfolgsaussichten. Baltmannsweiler: Röttger-Schneider.

Markman, K.D., Gavanski, I., Sherman, S.J. & McMullen, M.N. (1993). The mental simulation of better and worse possible worlds. Journal of Experimental Social Psychology, 29, 87–109.

Marks, G. & Miller, N. (1987). Ten years of research on the false-consensus effect: An empirical and theoretical review. Psychological Bulletin, 102, 72–90.

Markus, H.R. (1977). Self-schemata and processing information about the self. Journal of Personality and Social Psychology, 35, 63–78.

Markus, H.R. & Kitayama, S. (1991). Culture and the self: Implications for cognition, emotion, and motivation. Psychological Review, 98, 224–253.

Markus, H.R. & Wurf, E. (1987). The dynamic self-concept: A social psychological perspective. Annual Review of Psychology, 38, 299–337.

Marsh, H.W. (1993). Relations between global and specific domains of self: The importance of individual importance, certainty, and ideals. Journal of Personality and Social Psychology, 65, 975–992.

Marsh, H.W. (1996). Positive and negative global self-esteem: A substantively meaningful distinction or artifactors? Journal of Personality and Social Psychology, 70, 810–819.

Marx, D.M., Brown, J.L. & Steele, C.M. (1999). Allport's legacy and the situational press of stereotypes. Journal of Social Issues, 55, 491–502.

Maslach,, C. & Jackson, S.E. (1981). The measurement of experienced burnout. Journal of Occupational Behaviour, 2, 99–113.

Matthews, K.A. (1982). Psychological perspectives on the Type A behavior pattern. Psychological Bulletin, 91, 293–323.

Maugleburg, T.F. & Bristol, T. (1998). Socialization and adolescents´skepticism toward advertising. Journal of Advertising, 27, 11–21.

Mazursky, D. & Ofir, C. (1990). I could never have expected it to happen. Organizational Behavior and Human Decision Processes, 46, 20–33.

McArthur, L.Z. & Post, D.L. (1977). Figural emphasis and person perception. Journal of Experimental Social Psychology, 13, 520–535.

McCann, J.T. & Biaggio, M.K. (1989). Narcissistic personality features of self-reported anger. Psychological Reports, 64, 55–58.

McClelland, D.C. (1961). The achieving society. Princeton, NJ: Van Nostrand.

McCrae, R. R. & Costa, P.T. (1995). Conceptions and correlates of openess to experience. In R. Hogan, J. Johnson & S. Briggs (Eds.), Handbook of personality psychology (pp. 826–847). San Diego, CA: Academic Press.

McDougall, W. (1920). The group mind. Cambridge: Cambridge University Press.

McGarty, C. & Penny, R.E.C. (1988). Categorization, accentuation and social judgment. British Journal of Social Psychology, 27, 147–157.

McGuire, W.A. (1985) Attitudes and attitude change. In G. Lindzey & E. Aronson (Eds.), The handbook of social psychology (Vol. 2, pp. 233–346, 3rd ed.). New York: Random House.

McGuire, W.J., McGuire, C,V., Child, P. & Fujioka, T. (1978). Salience of ethnicity in the spontaneous self-concept as a function of one´s ethnic distinctiveness in the social environment. Journal of Personality and Social Psychology, 36, 511–520.

Mead, G.H. (1934). Mind, self, and society. Chicago, IL: University of Chicago Press.

Meissner, C.A. & Brigham, J.C. (2001). Thirty years of investigating the own-race bias in memory for faces. A meta-analytic review. Psychology, Public Policy, and Law, 7, 3–35.

Mentzos, S. (1994). Neurotische Konfliktverarbeitung. Einführung in die psychoanalytische Neurosenlehre unter Berücksichtigung neuer Perspektiven. Frankfurt/Main: Fischer.

Mertens, W. (1992). Kompendium psychoanalytischer Grundbegriffe. München: Quintessenz.

Mertens, W. (Hrsg., 1993). Schlüsselbegriffe der Psychoanalyse. Stuttgart: Verlag Internationale Psychoanalyse.

Mertens, W. & Lang, H.J. (1991). Die Seele im Unternehmen. Psychoanalytische Aspekte von Führung und Organisation im Unternehmen (Hrsg. G. Lenz). Berlin: Springer.

Merton, R.K. (1949). Discrimination and the American creed. In R.M. MacIver (Ed.), Discrimination and national welfare (pp. 99–126). New York: Institute for Religious and Social Studies.

Merton, R.K. (1957). Social theory and social structure. New York: Free Press.

Metalsky, G.I., Halberstadt, L.J. & Abramson, L.Y. (1987). Vulnerability to depressive mood reactions: Toward a more powerful test of the diathesis-stress and causal mediation components of the reformulated theory of depression. Journal of Personality and Social Psychology, 52, 386–393.

Meyer, G.J. & Shack, J.R. (1989). Structural convergence of mood and personality: Evidence for old and new directions. Journal of Personality and Social Psychology, 57, 691–706.

Meyer, W.U. (2000). Gelernte Hilflosigkeit. Grundlagen und Anwendungen in Schule und Unterricht. Bern: Huber.

Meyer, W.U. & Försterling, F. (1993). Die Attributionstheorie. In D. Frey & M. Irle (Hrsg.), Theorien der Sozialpsychologie (Bd. 1, S. 175–214, 2. Auflage). Bern: Huber.

Michalos, A.C. (1980). Satisfaction and happiness. Social Indicators Research, 8, 385–422.

Mielke, R. (Hrsg., 1982). Interne/externe Kontrollüberzeugung. Bern: Huber.

Mikula, G. (1980). Gerechtigkeit und soziale Interaktion. Bern: Huber.

Mikula, G. (1983). Justice and fairness in interpersonal relations: Thoughts and suggestions. In H. Tajfel (Ed.), The social dimension: European developments in social psychology (Vol. 1, pp. 204–227.). Cambridge: Cambridge University Press.

Mikula, G., Athenstaedt, U., Heimgartner, A. & Heschgl, S. (1997). Perspektivendivergenzen bei der Beurteilung von Ungerechtigkeit in interpersonalen Beziehungen. In E.H. Witte (Hrsg.), Sozialpsychologie der Paarbeziehung (S. 73–91). Lengerich: Pabst.

Mikula, G., Petri, B. & Tanzer, N. (1990). What people regard as unjust: Types and structures of everyday experiences of injustice. European Journal of Social Psychology 22, 133–149.

Milgram, S. (1970). Das Erleben der Großstadt – eine psychologische Analyse. Zeitschrift für Sozialpsychologie, 1, 142–152.

Milgram, S. (1974). Das Milgram-Experiment. Reinbek: Rowohlt.

Miller, D.T. & McFarland, C. (1987). Pluralistic ignorance: When similarity is interpreted as dissimilarity. Journal of Personality and Social Psychology, 53, 298–305.

Miller, D.T. & Smith, J. (1977). The effect of own deservingness and deservingness of others on children's helping behavior. Child Development, 48, 617–620.

Miller, G.A., Galanter, E. & Pribram, K.H. (1960). Plans and the structure of behavior. New York: Holt.

Miller, N.E. (1959). Liberalization of basic S-R concepts: Extension to conflict behavior, motivation, and social learning. In S. Koch (Ed.), Psychology. A study of a science (Vol. 2, pp. 196–292). New York: McGraw-Hill.

Miller, R.S. (1996). Embarrassment. Poise and peril in everyday life. New York: Guilford Press.

Miller, S.M. (1980). Why having control reduces stress: If I can stop the roller coaster, I don't want to get off. In J. Garber & M.E.P. Seligman (Eds.), Human helplessness. Theory and application (pp. 71–95). New York: Academic Press.

Miller, S.M. (1987). Monitoring and blunting: Validation of a questionnaire to assess styles of information seeking under threat. Journal of Personality and Social Psychology, 52, 345–353.

Miller, S.M., Shoda, Y. & Hurley, K. (1996). Applying cognitive-social theory to health-protective behavior: Breast self-examination in cancer screening. Psychological Bulletin, 119, 70–94.

Miller, T.Q., Turner, C.W., Tindale, R.S., Posavac, E.J. & Dugoni, B.L. (1991). Reasons for the trend toward null findings in research on type A behavior. Psychological Bulletin, 110, 469–485.

Mills, J. (1999). Improving the 1957 version of dissonance theory. In E. Harmon-Jones & J. Mills (Eds.), Cognitive dissonance. Progress on a pivotal theory of social psychology (pp. 25–42). Washington, DC: American Psychological Association.

Mischel, W. (1974). Processes in delay of gratification. In L. Berkowitz (Ed.), Advances in experimental social psychology (Vol. 7, pp. 249–292). New York: Academic Press.

Mischel, W., Shoda, Y. & Peake, P.K. (1988). The nature of adolescent competencies predicted by preschool delay of gratification. Journal of Personality and Social Psychology, 54, 687–696.

Modigliani, A. (1968). Embarrassment and embarrassability. Sociometry, 31, 313–236.

Moede, W. (1927). Die Richtlinien der Leistungs-Psychologie. Industrielle Psychotechnik, 4, 193–209.

Moeller, M.L. (1997). Geschichte, Idee und Standort der Selbsthilfegruppen. Gruppenpsychotherapie und Gruppendynamik, 33, 113–129.

Mohamed, A.A. & Wiebe, F.A. (1996). Toward a process theory of groupthink. Small Group Research, 27, 416–430.

Molleman, E., Pruyn, J. & van Knippenberg, A. (1986). Social comparison processes among cancer patients. British Journal of Social Psychology, 25, 1–13.

Montada, L. (1992). Attribution of responsibility for losses and perceived injustice. In L. Montada, S.H. Filipp & M.J. Lerner (Eds.), Life crises and experiences of loss in adulthood (pp. 133–161). Hillsdale, NJ: Erlbaum.

Montada, L. (2001a). Denial of responsibility. In A.E. Auhagen & H.W. Bierhoff (Eds.), Responsibility. The many faces of a social phenomenon (pp. 79–92). London: Routledge.

Montada, L. (2001b). Solidarität mit der Dritten Welt. In H.W. Bierhoff & D. Fetchenhauer (Hrsg.), Solidarität. Konflikt, Umwelt und Dritte Welt (S. 65–92). Opladen: Leske + Budrich.

Montada, L. & Kals, E. (2001). Mediation. Lehrbuch für Psychologen und Juristen. Weinheim: Psychologie Verlags Union.

Montada, L. & Lerner, M.J. (Eds., 1998). Responses to victimizations and belief in a just world. New York: Plenum.

Monteith, M.J., Devine, P.G. & Zuwerink, J.R. (1993). Self-directed versus other-directed affect as a consequence of prejudice-related discrepancies. Journal of Personality and Social Psychology, 64, 198–210.

Moreland R.L. & Levine, J.M. (1982). Socialization in small groups: Temporal changes in individual-group relations. In L. Berkowitz (Ed.), Advances in experimental social psychology (Vol. 15, pp. 137–192). New York: Academic Press.

Moreland, R.L., Levine, J.M. & Wingert, M.L. (1996). Creating the ideal group: Composition effects at work. In. E.H. Witte & J. Davis (Eds.), Understanding group behavior: Small group processes and interpersonal relations (Vol. 2, pp. 11–35). Hillsdale, NJ: Erlbaum.

Moreno, J.L. (1996). Die Grundlagen der Soziometrie. Opladen: Westdeutscher Verlag.

Morf, C.C. & Rhodewald, F. (1993). Narcissism and self-evaluation maintenance: Explorations in object relations. Personality and Social Psychology Bulletin, 19, 668–676.

Morse, S. & Gergen, K.J. (1970). Social comparison, self-consistency and the concept of self. Journal of Personality and Social Psychology, 16, 148–156.

Moscovici, S. (1973). Foreword. In C. Herzlich (Ed.), Health and illness: A social psychological analysis. London: Academic Press.

Moscovici, S. (1979). Sozialer Wandel durch Minoritäten. München: Urban & Schwarzenberg.

Moscovici, S. (1984). The phenomenon of social respresentation. In R.M. Farr & S. Moscovici (Eds.), Social representations (pp. 3–70). Cambridge: Cambridge University Press.

Moscovici, S. (1986). Das Zeitalter der Massen. Eine historische Abhandlung über die Massenpsychologie. Frankfurt/Main. Fischer.

Moscovici, S. (1995). Geschichte und Aktualität sozialer Repräsentationen. In U. Flick (Hrsg.), Psychologie des Sozialen. Repräsentationen in Wissen und Sprache (S. 266–314). Reinbek: Rowohlt.

Moser, H. (Hrsg., 1979). Politische Psychologie. Weinheim: Beltz.

Moser, K. (1990). Werbepsychologie. München: Psychologie Verlags Union.

Moser, K. (1996). Commitment in Organisationen. Bern: Huber.

Mosler, H.J. (2001). Umweltschutz als kollektive Aktion und die Rolle von Solidarität. In H.W. Bierhoff & D. Fetchenhauer (Hrsg.), Solidarität. Konflikt, Umwelt und Dritte Welt (S. 231–250). Opladen: Leske + Budrich.

Mowrer, O.H. (1960). Learning theory and the symbolic processes. New York: Wiley.

Müller, G.F. (1980). Interpersonales Konfliktverhalten: Vergleich und experimentelle Untersuchung zweier Erklärungsmodelle. Zeitschrift für Sozialpsychologie, 11, 168–180.

Müller, G.F. (1989a). Ansätze organisationspsychologischer Forschung: Kritik und Versuch einer Integration. Zeitschrift für Sozialpsychologie, 20, 2–12.

Müller, G.F. (1989b). Identitätsprobleme organisationspsychologischer Forschung. Zeitschrift für Arbeits- und Organisationspsychologie, 33, 197–200.

Mummendey, A., Bornewasser, M., Löschper, G. & Linneweber, V. (1982). Aggressiv sind immer die anderen. Zeitschrift für Sozialpsychologie, 13, 177–193.

Mummendey, A., Linneweber, V. & Löschper, G. (1984). Actor or victim of aggression: Divergent perspectives – divergent evaluations. European Journal of Social Psychology, 14, 297–311.

Mummendey, A. & Simon, B. (Hrsg., 1997). Identität und Verschiedenheit. Zur Sozialpsychologie der Identität in komplexen Gesellschaften. Bern: Huber.

Mummendey, H.D. (1995). Psychologie der Selbstdarstellung (2. Auflage). Göttingen: Hogefe.

Mummendey, H.D. (Hrsg., 2000). Psychologie der Selbstschädigung. Göttingen: Hogrefe.

Muringhan, D. (Ed., 1993). Social psychology in organizations. Englewood Cliffs, NJ: Prentice Hall.

Murray, H.A. (1962, urspr. 1938). Explorations in personality. New York: Science Editions.

Murstein, B.I. (1986). Paths to marriage. Beverly Hills, CA: Sage.

Mussweiler, T. & Strack, F. (1999). Comparing is believing: A selective accessibility model of judgmental anchoring. In. W. Stroebe & M. Hewstone (Eds.), European review of social psychology (Vol. 10, pp. 135–167). Chichester: Wiley.

Myrtek, M. (2001). Das Typ-A-Verhaltensmuster und Hostility als Risikofaktoren der konoraren Herzkrankheit. Frankfurt/Main: Verlag für Akademische Schriften.

Nadler, A. (1991). Help-seeking behavior: Psychological costs of instrumental benefits. In. M.S. Clark (Ed.), Prosocial behavior (pp. 290–311). Newbury Park, CA: Sage.

Nadler, A. & Fisher, J.D. (1986). The role of threat to self-esteem and perceived control in recipient reaction to help. Theory development and empirical validation. In L. Berkowitz (Ed.), Advances in experimental social psychology (Vol. 19, pp. 81–122). New York: Academic Press.

Neale, M.A. & Bazerman, M.H. (1991). Negotiator cognition and rationality. New York: Free Press.

Nerdinger, F.W. (1995). Motivation und Handeln in Organisationen. Eine Einführung. Stuttgart: Kohlhammer.

Nerdinger, F.W. (2000). Extra-Rollenverhalten. Gruppendynamik und Organisationsberatung, 31, 155–167.

Neubauer, W. (1999). Zur Entwicklung interpersonalen, interorganisationalen und interkulturellen Vertrauens durch Führung. In G. Schreyögg & J. Sydow (Hrsg.), Führung – neu gesehen (Reihe Managementforschung, Bd. 9, S. 89–116). Berlin: de Gruyter.

Neuberger, O. (1990). Führen und geführt werden. Stuttgart: Enke.

Neuberger, O. (1991). Mikropolitik. In L. v. Rosenstiel, E. Regnet & M. Domsch (Hrsg.), Führung von Mitarbeitern: Handbuch für erfolgreiches Personalmanagement (S. 35–42). Stuttgart: Schäffer.

Neuberger, O. (1995). Führungsdilemmata. In A. Kieser, G. Reber & R. Wunderer (Hrsg.), Handwörterbuch der Führung (Sp. 533–540, 2. Auflage). Stuttgart: Schäffer-Poeschel.

Neuberger, O. & Kompa, A. (1987). Wir, die Firma. Der Kult um die Unternehmenskultur. Weinheim: Beltz.

Neumann, J.v. & Morgenstern, O. (1972, urspr. 1944). Theory of games and economic behavior. Princeton, NJ: Princeton University Press.

Ng, S.H. & Wilson, S. (1989). Self-categorization theory and belief polarization among Christian believers and atheists. British Journal of Social Psycholgy, 28, 47–56.

Nida-Rümelin, J. (Hrsg., 1996). Angewandte Ethik. Die Bereichsethiken und ihre theoretische Fundierung. Stuttgart: Kröner.

Nöcker, R. (2001). Die eigentliche Konferenz findet in den Kaffeepausen statt. Frankfurter Allgemeine Zeitung, 167, 21. Juli, 24.

Nolen-Hoeksema, S., Girgus, J.S. & Seligman, M.E.P. (1992). Predictors and consequences of childhood depressive symptoms: A 5-year longitudinal study. Journal of Abnormal Psychology, 101, 405–422.

Nolte, H. (1994). Sozialpsychologie als integrierende Perspektive. Versuch einer Ortsbestimmung. Zeitschrift für Sozialpsychologie, 25, 272–289.

Oakes, P.J. (1987). The salience of social categories. In J.C. Turner, M.A. Hogg, P.J. Oakes, S.D. Reicher & M.S. Wetherell (Eds.), Rediscovering the social group: A self-categorization theory (pp. 117–141). Oxford: Blackwell.

Oerter, R. (1999). Psychologie des Spiels. Weinheim: Psychologie Verlags Union.

Oesterreich, D. (1997). Krise und autoritäre Reaktion. Drei empirische Untersuchungen zur Entwicklung rechtsextremistischer Orientierungen bei Jugendlichen in Ost und West von 1991 bis 1995. Gruppendynamik, 28, 259–271.

Oliner, S.P. & Oliner, P.M. (1988). The altruistic personality. Rescuers of Jews in Nazi Europe. New York: Free Press.

Oliver, M.B. & Hyde, J.S. (1993). Gender differences in sexuality: A meta-analysis. Psychological Bulletin, 114, 29–51.

Olson, M. (1965). The logic of collective action. New Haven, CT: Yale University Press.

Olweus, D. (1974). Personality factors and aggression: With special reference to violence with the peer group. In J. de Wit & W.W. Hartup (Eds.), Determinants and origins of aggressive behaviour (pp. 535–565). The Hague: Mouton.

Olweus, D. (1979). Stability of aggressive reaction patterns in males: A review. Psychological Bulletin, 86, 852–875.

Organ, D.W. (1988). Organizational citizenship behavior. Lexington: Lexington Books.

Osborn, A.F. (1953). Applied imagination: Principles and procedures of creative problem solving. New York: Scribner.

Osborn, A.F. (1957). Applied imagination: Principles and procedures of creative problem solving (2nd ed.). New York: Scribner.

Osgood, C.E. (1962). An alternative to war or surrender. Urbana, IL: University of Illinois Press.

Osgood, C.E., Suci, G.J. & Tannenbaum, P.H. (1957). The measurement of meaning. Urbana, IL: University of Illinois Press.

Ostrom, T.M. & Sedikides, V. (1992). Outgroup homogenity effect in natural and minimal groups. Psychological Bulletin, 112, 536–552.

Oswald, M.E. & Bilsky, W. (1991). Subjektive Theorien über Kriminalitätsursachen und richterliche Schuldzuschreibung. Monatszeitschrift für Kriminologie und Strafrechtsreform, 74, 129–145.

Otten, S. & Mummendey, A. (1999). Aggressive Interaktionen und soziale Diskriminierung: Zur Rolle perspektiven- und kontextspezifischer Legitimationsprozesse. Zeitschrift für Sozialpsychologie, 30, 126–138.

Otto, J.H., Euler, H.A. & Mandl, H. (2000). Bergiffsbestimmungen. In J.H. Otto, H.A. Euler & H. Mandl (Hrsg.), Emotionspsychologie. Ein Handbuch (S. 11–18). Weinheim: Psychologie Verlags Union.

Overall, J.E. & Klett, C.J. (1972). Applied multivariate analysis. New York: McGraw-Hill.

Parducci, A. (1965). Category judgment: A range-frequency model. Psychological Review, 72, 407–418.

Parens, H. (1979). Developmental considerations of ambivalence. Psychoanalytic Study of the Child, 34, 385–420.

Park, B. & Judd, C.M. (1990). Measures and models of perceived group variability. Journal of Personality and Social Psychology, 59, 173–191.

Park, B., Judd, C.M. & Ryan, C.S. (1991). Social categorization and the representation of variability information. In W. Stroebe & M. Hewstone (Eds.), European review of social psychology (Vol. 2, pp. 211–245). Chichester: Wiley.

Park, C.L. & Folkman, S. (1997). Meaning in the context of stress and coping. Review of General Psychology, 1, 115–140.

Parrott, W.G. & Smith, R.H. (1993). Distinguishing the experiences of envy and jealousy. Journal of Personality and Social Psychology, 64, 906–920.

Patterson, M.L. (1976) An arousal model of interpersonal intimacy. Psychological Review, 83, 235–245.

Pawlow, I.P. (1928). Lectures on conditioned reflexes. New York: International Publishers.

Pearson, C.A.L. (1992). Autonomous workgroups: An evaluation at an industrial site. Human Relations, 45, 905–936.

Pennebaker, J.W. (1993). Putting stress into words: Health, linguistic, and therapeutic implications. Behavior Research and Therapy, 31, 539–548.

Penner, L.A. & Finkelstein, M.A. (1998). Dispositional and structural determinants of volunteerism. Journal of Personality and Social Psychology, 74, 525–537.

Pentony, J.F., Petersen, K.S.E., Philips, O., Leong, C., Harper, P. Bakowski, A., Steward, S. & Gonzales, R. (2000). A comparison of authoritarianism in the United States, England, and Hungary with selected nonrandom samples. European Psychologist, 5, 259–268.

Pervin, L.A. & John, O.P. (2001). Personality. Theory and research (8th ed.). New York: Wiley.

Petermann, F. (1996). Psychologie des Vertrauens (3. Auflage). Göttingen: Hogrefe.

Petermann, F. (Hrsg., 1997). Rehabilitation. Ein Lehrbuch zur Verhaltensmedizin (2. Auflage). Göttingen: Hogrefe.

Peterson, A. & Bente, G. (2001). Situative und technologische Determinanten des Erlebens virtueller Realität. Zeitschrift für Medienpsychologie, 13, 138–145.

Peterson, C., Maier, S.F. & Seligman, M.E.P. (1993). Learned helplessness: a theory for the age of personal control. Oxford: Oxford University Press.

Peterson, C. & Seligman, M.E.P. (1984). Causal explanations as a risk factor for depression: Theory and evidence. Psychological Review, 91, 347–374.

Pettigrew, T.F. (1998). Intergroup contact theory. Annual Review of Psychology, 49, 65–85.

Pettigrew, T.F., Jackson, J.S., Brika, J.B., Lemaine, G., Meertens, R.W. Wagner, U. & Zick, A. (1998). Outgroup prejudice in Western Europe. In W. Stroebe & M. Hewstone (Eds.), European review of social psychology (Vol. 8, pp. 241–273). Chichester: Wiley.

Pettigrew, T.F. & Meertens, R. (1995). Subtle and blatant prejudice in Western Europe. European Journal of Social Psychology, 25, 57–75.

Pettigrew, T.F. & Tropp, L.R. (2000). Does intergroup contact reduce prejudice? Recent meta-analytic findings. In S. Oskamp (Ed.), Reducing prejudice and discrimination (pp. 93–114). Mahwah, NJ: Erlbaum.

Petty, R.E. & Cacioppo, J.T. (1986). The elaboration likelihood model of persuasion. In L. Berkowitz (Ed.), Advances in experimental social psychology (Vol. 19, pp. 123–205). New York: Academic Press.

Petty, R.E. & Cacioppo, J.T. (1990). Involvement and persuasion: Tradition versus integration. Psychological Bulletin, 107, 367–374.

Petzel, T., Wagner, U., Nicolai, K. & van Dick, R. (1997). Ein kurzes Instrument zur Messung der Autoritarismus-Neigung. Gruppendynamik, 28, 251–258.

Pfeffer, J. (1993). Barriers to the advance of organizational science. Paradigm development as a dependent variable. Academy of Management Review, 18, 599–620.

Pfingsten, U. & Hinsch, R. (1991). Gruppentraining sozialer Kompetenz. Weinheim: Psychologie Verlags Union.

Phinney, J.S. (1990). Ethnic identity in adolescents and adults: Review of research. Psychological Bulletin, 108, 499–514.

Piaget, J. (1982, urspr. 1923). Sprechen und Denken des Kindes. Düsseldorf: Schwann.

Piaget, J. (1954, urspr. 1932). Das moralische Urteil beim Kinde. Zürich: Rascher.

Piaget, J. (1975, urspr. 1950). Der Aufbau der Wirklichkeit beim Kinde. Gesammelte Werke Bd. 2. Stuttgart: Klett.

Piaget, J. (1975, urspr. 1959). Nachahmung, Spiel und Traum. Gesammelte Werke Bd. 5. Stuttgart: Klett.

Pieper, A. (1991). Einführung in die Ethik. Tübingen: Francke.

Piliavin, J.A., Callero, P.L. & Evans, D.E. (1982). Addiction to altruism? Opponent-process theory and habitual blood donation. Journal of Personality and Social Psychology, 43, 1200–1213.

Piliavin, J.A. & Piliavin, I.M. (1972). The effect of blood on reactions to a victim. Journal of Personality and Social Psychology, 23, 353–361.

Pine, F. (1990). Die vier Psychologien der Psychoanalyse und ihre Bedeutung für die Praxis. Forum der Psychoanalyse, 6, 232–249.

Pines, A.M., Aronson, E. & Kafry, D. (1983). Ausgebrannt. Vom Überdruß zur Selbstentfaltung. Stuttgart: Klett-Cotta.

Pittman, T.S. & Pittman, N.L. (1980). Deprivation of control and the attribution process. Journal of Personality and Social Psychology, 39, 377–389.

Plath, I. (1998). Die Untersuchung von Grawe, Donati & Bernauer (1994) aus forschungsintegrativer Sicht. Eine methodenkritische Analyse. Report Psychologie, 23, 730–749.

Platt, J. (1973). Social traps. American Psychologist, 28, 641–651.

Plies, K. & Schmidt, P. (1996). Intention = Verhalten? Eine repräsentative Längsschnittstudie zur Überprüfung der Theorie des geplanten Verhaltens im Kontext der AIDS-Prävention. Zeitschrift für Sozialpsychologie, 27, 70–80.

Podsakoff, P.M., Ahearne, M. & MacKenzie, S.B. (1997). Organizational citizenship behavior and the quantity and quality of work group performance. Journal of Applied Psychology, 82, 262–270.

Podsakoff, P.M., MacKenzie, S., Paine, J.B. & Bachrach, D. (2000). Organizational citizenship behaviors: A critical review of the theoretical and empirical literature and suggestions for future research. Journal of Management, 26, 513–563.

Podsakoff, P.M. & Schriesheim, C.A. (1985). Field studies of French and Raven's bases of power: Critique, reanalysis, and suggestion for future research. Psychological Bulletin, 97, 387–411.

Pond, S.B., Nacoste, R.W., Mohr, M.F. & Rodriguez, C.M. (1997). The measurement of organizational citizenship behavior: Are we assuming too much? Journal of Applied Social Psychology, 27, 1527–1544.

Pongratz, L.J. (1982). Geschichte der Psychotherapie. In R. Bastine, P.A. Fiedler, K. Grawe, S. Schmidtchen & G. Sommer (Hrsg), Grundbegriffe der Psychotherapie (S. 123–129). Weinheim: Edition Psychologie.

Postmes, T. & Spears, R. (1998). Deindividuation and antinormative behavior: A meta-analysis. Psychological Bulletin, 123, 238–259.

Potter, J. & Reicher, S. (1985). Discourses of community and conflict. The organization of social categories in accounts of a „riot". British Journal of Social Psychology, 26, 25–40.

Preiser, S. (1990). Menschenwürde und Menschenrechte als Herausforderungen an Psychologie und Politik – Einführung in das Programm der Sektion Politische Psychologie. In S. Höfling & W. Butollo (Hrsg,), Psychologie für Menschenwürde und Lebensqualität (Bd.3, S. 271–278). Bonn: Deutscher Psychologen Verlag.

Prentice-Dunn, S. & Spivey, C.B. (1986). Extreme deindividuation in the laboratory: It's magnitude and subjective components. Personality and Social Psychology Bulletin, 12, 206–215.

Pretty, G.M. & McCarthy, M. (1991). Exploring psychological sense of community among women and men of the corporation. Journal of Community Psychology, 19, 351–361.

Prince, M. (1993). Women, men, and money styles. Journal of Economic Psychology, 14, 175–182.

Proshansky, H.M. (1978). The city and self-identity. Environment and Behavior, 10, 147–169.

Pruitt, D.G. & Carnevale, P.J. (1993). Negotiation in social conflict. Pacific Grove, CA: Brooks/Cole.

Pruitt, D.G. & Kimmel, M.J. (1977). Twenty years of experimental gaming: Critique, synthesis and suggestions for the future. Annual Review of Psychology, 28, 363–392.

Pruitt, D.G. & Smith, D.L. (1981). Impression management in bargaining: Images for firmness and trustworthiness. In J.T. Tedeschi (Ed.), Impression management theory and social psychology research (pp. 247–267). New York: Academic Press.

Pudel, V. & Westenhöfer, J. (1998). Ernährungspsychologie. Eine Einführung (2. Auflage). Göttingen: Hogrefe.

Pühl, H. (Hrsg., 1999). Supervision und Organisationsentwicklung. Handbuch 3. Opladen: Leske + Budrich.

Püschel, K. & Cordes, O. (2001). Gewalt gegen Ärzte: Tödliche Bedrohung als Berufsrisiko. Deutsches Ärzteblatt, 26, Ausgabe P, 4, 42–45.

Pyszczynski, T., Greenberg, J. & Solomon, S. (1997). Why do we need what we need? A terror management perspective on the roots of human social motivation. Psychological Inquiry, 8, 1–20.

Quattrone, G.A. (1982). Overattribution and unit formation: When behavior engulfs the person. Journal of Personality and Social Psychology, 42, 593–607.

Quattrone, G.A. & Jones, E.E. (1980). The perception of variability within in-groups and out-groups. Journal of Personality and Social Psychology, 38, 141–152.

Rappaport, J. & Seidman, E. (Eds., 1992). Handbook of community psychology. New York: Plenum.

Raskin, R., Novacek, J. & Hogan, R. (1991). Narcissistic self-esteem management. Journal of Personality and Social Psychology, 60, 911–918.

Raskin, R. & Terry, H. (1988). A principal component analysis of the narcissistic personality inventory and further evidence of its construct validity. Journal of Personality and Social Psychology, 54, 890–902.

Rassin, E. (2001). Thought suppression, memory, and interrogative suggestibility. Psychology, Crime and Law, 7, 45–55.

Raudenbush, S.W. (1984). Magnitude of teacher expectancy effects on pupil IQ as a function of the credibility of expectancy induction: A synthesis of findings from 18 experiments. Journal of Educational Psychology, 76, 85–97.

Raven, B.H. (1993). The bases of power: Origins and recent developments. Journal of Social Issues, 49(4), 227–251.

Raven, B.H., Schwarzwald, J. & Koslowsky, M. (1998). Conceptualizing and measuring a power/interaction model of interpersonal influence. Journal of Applied Social Psychology, 28, 307–332.

Rechtien, W. (1992). Angewandte Gruppendynamik. Ein Lehrbuch für Studierende und Praktiker. München: Quintessenz.

Reinecke, J., Schmidt, P. & Ajzen, I. (1997). Birth control versus AIDS prevention: A hierarchical model of condom use among young people. Journal of Applied Social Psychology, 27, 743–759.

Reinmann-Rothmeier, G. & Mandl, H. (2000). Individuelles Wissensmanagement. Strategien für den persönlichen Umgang mit Informatonen und Wissen am Arbeitsplatz. Bern: Huber

Reis, H.T. (1986). Gender effects in social participation: intimacy, loneliness and the conduct of social interaction. In R. Gilmour and S. Duck (Eds.), The emerging field of personal relationships (pp. 91–105). Hillsdale, NJ: Erlbaum.

Reis, H.T., Collins, W.A. & Berscheid, E. (2000). The relationship context of human behavior and development. Psychological Bulletin, 126, 844–872.

Reisenzein, R. & Hofmann, T. (1990). An investigation of dimensions of cognitive appraisal in emotion using the repertory grid technique. Motivation and Emotion, 14, 1–26.

Rempel, J.K., Holmes, J.G. & Zanna, M.P. (1985). Trust in close relationships. Journal of Personality and Social Psychology, 49, 95–112.

Rheinberg, F., Schwarz, N. & Singer, G.M. (1987). Symbolische Selbstergänzung und Leistungsmotivation. Zeitschrift für Sozialpsychologie, 18, 50–58.

Rhodes, N. & Wood, W. (1992). Self-esteem and intelligence affect influenceability: The mediating role of message reception. Psychological Bulletin, 111, 156–171.

Richins, M.L. (1991). Social comparison and the idealized images of advertising. Journal of Consumer Research, 18, 71–83.

Richter, H.E. (1999). Die Gruppe im Wandel des Zeitgeistes. Gruppenpsychotherapie und Gruppendymanik, 35, 176–187.

Riessman, F. & Banks, E.C. (2001). A marriage of opposites. Self-help and the health care system. American Psychologist, 56, 173–174.

Rijsman, J. & Stroebe, W. (1989). The two social psychologies or whatever happend to the crisis. European Journal of Social Psychology, 19, 339–344.

Robins, R.W. & Beer, J.S. (2001). Positive illusions about the self: Short term benefits and long-term costs. Journal of Personality and Social Psychology, 80, 340–352.

Roese, N.J. (1997). Counterfactual thinking. Psychological Bulletin, 121, 133–148.

Rogelberg, S.G., Barnes-Farrell, J.L. & Lowe, C.A. (1992). The stepladder technique: An alternative group structure facilitating effective group decision making. Journal of Applied Psychology, 77, 730–737.

Rogers, R.W. & Prentice-Dunn, S. (1981). Deindividuation and anger-mediated interracial aggression: Unmasking regressive racism. Journal of Personality and Social Psychology, 41, 63–73.

Roghmann, K. (1966). Dogmatismus und Autoritarismus. Meisenheim/Glan: Hain.

Rohmann, E., Bierhoff, H.W. & Müller, G.F. (2000). Förderung freiwilligen Arbeitsengagements in Organisationen. Gruppendynamik und Organisationsberatung, 31, 213–224.

Rokeach, M. (1960). The open and the closed mind. New York: Basic.

Rokeach, M. (1973). The nature of human values. New York: The Free Press.

Romer, D. (1979). Internalization versus identification in the laboratory: A causal analysis of attitude change. Journal of Personality and Social Psychology, 37, 2171–2180.

Roos, J. (2000). Peinlichkeit, Scham und Schuld. In J.H. Otto, H.A. Euler & H. Mandl (Hrsg.), Emotionspsychologie. Ein Handbuch (S. 264–271). Weinheim: Psychologie Verlags Union.

Rosenstiel, L. v. & Nerdinger, F. (2000). Die Münchner Wertestudien – Bestandsaufnahme und (vorläufiges) Resümee. Psychologische Rundschau, 51, 146–157.

Rosenstiel, L. v., Regnet, E. & Domsch, M. (Hrsg., 1999). Führung von Mitarbeitern. Handbuch für erfolgreiches Personalmanagement (4. Auflage). Stuttgart: Schäffer.

Rosenthal, R. (1969). Interpersonal expectations: Effects of the experimenter's hypothesis. In R. Rosenthal (Ed.), Artifact in behavioral research (pp. 181–277). New York: Academic Press.

Rosenthal, R. (1978). Combining results of independent studies. Psychological Bulletin, 85, 185–193.

Rosenthal, R. (1979). The „file drawer problem" and tolerance for null results. Psychological Bulletin, 86, 638–641.

Rosenthal, R. (1984). Meta-analytic procedures for social research. Newbury Park, CA: Sage.

Rosenthal, R. & Fode, K.L. (1963). The effect of experimenter bias on the performance of the albino rat. Behavioral Science, 8, 183–189.

Rosenthal, R & Jacobson, L. (1971, urspr. 1968). Pygmalion im Unterricht. Weinheim: Beltz.

Rosenthal, T.R. & Zimmerman, B.J. (1978). Social learning and cognition. New York: Academic Press.

Roskam, E.E. (1996). Latent-trait-Modelle. In E. Erdfelder, R. Mausfeld, T. Meiser & G. Rudinger (Hrsg.), Handbuch quantitative Methoden (S. 431–458). Weinheim: Psychologie Verlags Union.

Ross, L. (1977). The intuitive psychologist and his shortcomings: Distortions in the attribution process. In L. Berkowitz (Ed.), Advances in experimental social psychology, (Vol. 10, pp. 174–220). New York: Academic Press.

Ross, L., Greene, D. & House, P. (1977). The „false consensus effect": An egocentric bias in social perception and attribution processes. Journal of Experimental Social Psychology, 13, 279–301.

Ross, L., Lepper, M.R. & Hubbard, M. (1975). Perseverance in self-perception and social perception: Biased attribution processes in the debriefing paradigm. Journal of Personality and Social Psychology, 32, 880–892.

Ross, L. & Nisbett, R.E. (1991). The person and the situation. Perspectives of social psychology. New York: McGrawHill.

Ross, M. & Sicoly, F. (1979). Egocentric biases in availability and attribution. Journal of Personality and Social Psychology, 37, 322–336.

Rössler, W. & Salize, H.J. (1995). Gemeindenahe Versorgung braucht eine Gemeinde, die sich sorgt – Die Einstellung der Bevölkerung zur psychiatrischen Versorgung und zu psychisch Kranken. Psychiatrische Praxis, 22, 58–63.

Rost, D.H. (Hrsg., 2001). Handwörterbuch Pädagogische Psychologie (2. Auflage). Weinheim: Psychologie Verlags Union.

Roth, E. (1971). Der Werteinstellungs-Test. Bern: Huber.

Roth, G. (Hrsg., 1974). Kritik der Verhaltensforschung. München: Beck.

Roth, S. & Simoneit, G. (1993). Vergesellschaftung durch ehrenamtliche Tätigkeit im sozialen Bereich. In M. Kohli, H.J. Freter, M. Langehennig, S. Roth, G. Simoneit & S. Tregel (Hrsg.), Engagement und Ruhestand (S. 143–179). Opladen: Leske + Budrich.

Rothman, A.J. & Salovey, P. (1997). Shaping perceptions to motivate healthy behavior: The role of message framing. Psychological Bulletin, 121, 3–19.

Rotter, J.B. (1942). Level of aspiration as a method of studying personality: I. A critical review of methodology. Psychological Review, 49, 463–474.

Rotter, J.B. (1954). The role of the psychological situation in determining the direction of human behavior. In M.R. Jones (Ed.), Nebraska Symposium on Motivation (Vol. 3, pp. 245–268). Lincoln, NE: University of Nebraska Press.

Rotter, J.B. (1966). Generalized expectancies of internal versus external control of reinforcement. Psychological Monographs, 80, whole No. 609.

Rubin, J.Z., Pruitt, D.G. & Kim, S.H. (1994). Social conflict. Escalation, stalemate, and settlement (2nd ed.). New York: McGraw-Hill.

Rubin, Z. (1974). From liking to loving: patterns of attraction in dating relationships. In T.L. Huston (Ed.), Foundations of interpersonal atttraction (pp. 383–402). New York: Academic Press.

Rubin, Z. & Peplau, L.A. (1975). Who believes in a just world? Journal of Social Issues, 31(3), 65–89.

Ruble, D.N., Boggiano, A.K., Feldman, N.S. & Loebl, J.H. (1980). Developmental analysis of the role of social comparison in self evaluation. Developmental Psychology, 16, 105–115.

Rucht, D. (2001). Solidaritätsbewegungen. In H.W. Bierhoff & D. Fetchenhauer (Hrsg.), Solidarität. Konflikt, Umwelt und Dritte Welt (S. 43–63). Opladen: Leske + Budrich.

Rudman, L.A., Greenwald, A.G., Mellott, D.S. & Schwartz, J.L.K. (1999). Measuring the automatic components of prejudice: Flexibility and generality of the Implicit Association Test. Social Cognition, 17, 1–29.

Runciman, W.G. (1966). Relative deprivation and social justice. Berkeley, CA: University of California Press.

Rusbult, C.E. (1983). A longitudinal test of the investment model: The development (and deterioration) of satisfaction and commitment in heterosexual involvements. Journal of Personality and Social Psychology, 45, 101–117.

Rusbult, C.E. & Arriaga, X.B. (1997). Interdependence theory. In S. Duck (Ed.), Handbook of personal relationships (pp. 221–250, 2nd ed.). Chichester: Wiley.

Rusbult, C.E., Johnson, D.J. & Morrow, G.D. (1986). Impact of couple patterns of problem solving on distress and nondistress in dating relationships. Journal of Personality and Social Psychology, 50, 744–753.

Rusbult, C.E. & van Lange, P.A.M. (1996). Interdependence processes. In E.T. Higgins & A.W. Kruglanski (Eds.), Social psychology: Handbook of basic principles (pp. 564–596). New York: Guilford Press.

Rusbult, C.E., Verette, J, Whitney, G.A., Slovik, L.F. & Lipkus, I. (1991). Accomodation processes in close relationships: Theory and preliminary empirical evidence. Journal of Personality and Social Psychology, 60, 53–78.

Ruscher, J.B. (1998). Prejudice and stereotyping in everyday communication. In M.P. Zanna (Ed.), Advances in experimental social psychology (Vol. 30, pp. 241–307). San Diego, CA: Academic Press.

Russell, D., Peplau, L.A. & Cutrona, C.E. (1980). The revised UCLA loneliness scale: Concurrent and discriminant validity evidence. Journal of Personality and Social Psychology, 39, 472–480.

Rustemeyer, R. (1997). Selbst(-Konzept)-Forschung in der Entwicklungs- und Sozialpsychologie: Erfolge und Desiderata. Zeitschrift für Sozialpsychologie, 28, 129–157.

Sackmann, S. (1992). Cultures and subcultures: An analysis of organizational knowledge. Administrative Science Quarterly, 37, 140–161.

Sader, M. (1969). Rollentheorie. In C.F. Graumann (Hrsg.), Sozialpsychologie (Bd. 1, S. 204–231). Göttingen: Hogrefe.

Sader, M. (1976). Psychologie der Gruppe. München: Juventa.

Sader, M. (1986). Rollenspiel als Forschungsmethode. Opladen: Westdeutscher Verlag.

Sader, M. (1995). Attraktionsforschung und Gruppenprozeß. Gruppendynamik, 26, 397–411.

Sagi, A. & Hoffman, M.L. (1976). Empathic distress in the newborn. Developmental Psychology, 12, 175–176.

Salovey, P. & Rodin, J. (1989). Envy and jealousy in close relationships. In C. Hendrick (Ed.), Close relationships: Review of personality and social psychology (Vol. 10, pp. 221–246). Newbury Park, CA: Sage.

Sarges, W. & Wottawa, H. (Hrsg., 2001). Handbuch wirtschaftspsychologischer Testverfahren. Lengerich: Pabst.

Saß, H. Wittchen, H.U. & Zaudig, M. (2000). Diagnostisches und Statistisches Manual Psychischer Störungen DSM-IV (3. Auflage). Göttingen: Hogrefe.

Schachter, S. (1959). The psychology of affiliation. Stanford, CA: Stanford University Press.

Schachter, S. & Singer, J.E. (1962). Cognitive, social and physiological determinants of emotional state. Psychological Review, 69, 379–399.

Schäfer, B. (1975). Das Eindrucksdifferential als Instrument zur Einstellungsmessung. In R. Bergler (Hrsg.), Das Eindrucksdifferential (S. 101–118). Bern: Huber.

Schäfer, B. & Six, B. (1978). Sozialpsychologie des Vorurteils. Stuttgart: Kohlhammer.

Scheerer, E. (1989). Psychologie. In J. Ritter & K. Gründer (Hrsg.), Historisches Wörterbuch der Philosophie (Bd. 7, Sp. 1599–1653). Basel: Schwabe.

Scheidt, C.A. & Waller, E. (1999). Bindungsrepräsentation, Affektregulation und psychophysiologische Reaktionsbereitschaft – Anmerkungen zur Bedeutung neuerer Ergebnisse der Bindungsforschung für die Psychosomatik. Zeitschrift für Psychosomatische Medizin und Psychotherapie, 45, 313–332.

Schein, E. (1990). Organizational culture. American Psychologist, 85, 109–119.

Schelling, T.C. (1984). Choice and consequence. Perspectives of an errant economist. Cambridge, MA: Harvard University Press.

Scherer, K.R. (1984). On the nature and function of emotion: A component process approach. In K.R. Scherer & P. Ekman (Eds.), Approaches to emotion (pp. 293–317). Hillsdale, NJ: Erlbaum.

Scherer, K.R. (1991). Die emotionalen Grundlagen des Gerechtigkeitsgefühls. In D. Frey (Hrsg.), Bericht über den 37. Kongress der Deutschen Gesellschaft für Psychologie in Kiel 1990 (Bd. 2, S.411–420). Göttingen: Hogrefe.

Scherer, K.R. (2002). Emotion. In W. Stroebe, K. Jonas & M. Hewstone (Hrsg.), Sozialpsychologie. Eine Einführung (S. 165–212, 4. Auflage). Berlin: Springer.

Scherm, M. (Hrsg., 2002). 360-Grad-Beurteilungen. Göttingen: Verlag für Angewandte Psychologie.

Schettgen, P. (1993). Führung. In A. Schorr (Hrsg.), Handwörterbuch der Angewandten Psychologie (S. 263–268). Bonn: Deutscher Psychologen Verlag.

Schiffmann, R. & Wicklund, R.A. (1988). Eine Kritik der Social Identity Theory von Tajfel & Turner. Zeitschrift für Sozialpsychologie, 19, 159–174.

Schlenker, B.R., Britt, T.W., Pennington, J., Murphy, R. & Doherty, K. (1994). The triangle model of responsibility. Psychological Review, 101, 632–652.

Schlenker, B.R., Helm, B. & Tedeschi, J.T. (1973). The effects of personality and situational variables on behavioral trust. Journal of Personality and Social Psychology, 25, 419–427.

Schlenker, B.R. & Weigold, M.F. (1992). Interpersonal processes involving impression regulation and management. Annual Review of Psychology, 43, 133–168.

Schmalt, H.D. (1996). Zur Kohärenz von Motivation und Kognition. In J. Kuhl & H. Heckhausen (Hrsg.), Motivation, Volition und Handlung (S. 241–273). Göttingen: Hogrefe.

Schmalt, H.D., Sokolowski, K. & Langens, T.A. (2000). Das Mulit-Motiv-Gitter zur Erfassung von Anschluss, Leistung und Macht - MMG. Frankfurt: Swets.

Schmidbauer, W. (1997). Machiavelli und das Helfersyndrom. Organisationsberatung - Supervision - Clinical Management, 4, 175–187.

Schmidt, N & Sermat, V. (1983). Measuring loneliness in different relationships. Journal of Personality and Social Psychology, 44, 1038–1047.

Schmidt, V.H. & Hartmann, B.K. (1997). Lokale Gerechtigkeit in Deutschland. Opladen: Westdeutscher Verlag.

Schmidt-Hellerau, C. (1995). Lebenstrieb & Todestrieb. Libido & Lethe. Ein formalisiertes kosistentes Modell der psychoanalytischen Trieb- und Strukturtheorie. Stuttgart: Verlag für Internationale Psychoanalyse.

Schmitt, M. (1998). Gerechtigkeit und Solidarität im wiedervereinigten Deutschland. In B. Reichle & M. Schmitt (Hrsg.), Verantwortung, Gerechtigkeit und Moral (pp. 87–98). München: Juventa.

Schmitt, M. & Mondada, L. (1982). Determinanten erlebter Gerechtigkeit. Zeitschrift für Sozialpsychologie, 13, 32–44.

Schmitt, M., Reichle, B. & Maes, J. (2001). Responsibility and reactions to the disadvantaged. In A.E. Auhagen & H.W. Bierhoff (Eds.), Responsibility. The many faces of a social phenomenon (pp. 167–178). London: Routledge.

Schmitz, G.S. & Schwarzer, R. (2000). Selbstwirksamkeitserwartung von Lehrern: Längsschnittbefunde mit einem neuen Instrument. Zeitschrift für Pädagogische Psychologie, 14, 12–25.

Schneewind, K.A. (Hrsg., 2000). Familienpsychologie im Aufwind. Brückenschläge zwischen Forschung und Praxis. Göttingen: Hogrefe.

Schneewind, K.A., Hillebrand, G.F. & Land, W. (1997). Lebendnierenspende zwischen verwandten und nichtverwandten Personen: Das Münchner Modell. Report Psychologie, 22, 118–121.

Schneider, J.F. (1997). Erfahrungen mit deutschsprachigen Versionen der Right-Wing Authoritarianism Scale von Altemeyer. Gruppendynamik, 28, 239–249.

Schneider, K. & Schmalt, H.D. (2000). Motivation (3. Auflage). Stuttgart: Kohlhammer.

Schneider, S.L. (2001). In search of realistic optimism. Meaning, knowledge, and warm fuzziness. Amercian Psychologist, 56, 250–263.

Schnitger, C. & van Dick, R. (2000). Die Arbeit von Wissenschaftlern: Subjektive Wahrnehmung von Stress und Zufriedenheit. Report Psychologie, 25, 660–667.

Scholl, W. (im Druck). Modelle effektiver Teamarbeit. In A. Thomas & S. Stumpf (Hrsg.), Teambildung. Göttingen: Verlag für Angewandte Psychologie.

Scholz, C. (2000). Personalmanagement. Informationsorientierte und verhaltenstheoretische Grundlagen (5. Auflage). München: Vahlen.

Schönbach, P. (1990). Account episodes. The management or escalation of conflict. Cambridge: Cambridge University Press.

Schönbach, P. (1996). Massenunfälle im Nebel. Zeitschrift für Sozialpsychologie, 27, 109–125.

Schönbach, P. (1998). Fehden und Rechenschaftsepisoden. In H.W. Bierhoff & U. Wagner (Hrsg.), Aggression und Gewalt. Phänomene, Ursachen und Interventionen (S. 63–87). Stuttgart: Kohlhammer.

Schönpflug, W. (2000). Geschichte und Systematik der Psychologie. Weinheim: Psychologie Verlags Union.

Schorr, A. (Hrsg., 1993). Handwörterbuch der Angewandten Psychologie. Bonn: Deutscher Psychologen Verlag.

Schreyögg, G. (1989). Unternehmenskultur. VHS-Video und Begleitheft. Wiesbaden: Gabler.

Schreyögg, G. & Sydow, J. (Hrsg., 1999). Führung – neu gesehen (Reihe Managementforschung, Bd. 9). Berlin: de Gruyter.

Schroeder, D.A., Penner, L.A., Dovidio, J.F. & Piliavin, J.A. (1995). The psychology of helping and altruism. New York: McGraw-Hill.

Schuler, H. (1980). Ethische Probleme psychologischer Forschung. Göttingen: Verlag für Psychologie.

Schuler, H. (Hrsg., 1995). Lehrbuch Organisationspsychologie (2. Auflage). Bern: Huber.

Schuler, H. (Hrsg., 2001). Lehrbuch der Personalpsychologie. Göttingen: Hogrefe.

Schuler, H. & Prochaska, M. (2001). Leistungsmotivationsinventar (LMI). Göttingen: Hogrefe.

Schulte, D. (1993). Wie soll Therapieerfolg gemessen werden? Zeitschrift für Klinische Psychologie, 22, 374–393.

Schulte, D. (1998). Therapieplanung (2. Auflage). Göttingen: Hogrefe.

Schultz-Gambard, J. (Hrsg., 1987). Angewandte Sozialpsychologie. Konzepte, Ergebnisse, Perspektiven. München: Psychologie Verlags Union.

Schulz v. Thun, F. (1981). Miteinander reden. Reinbek: Rowohlt.

Schulz-Hardt, S. (1997). Realitätsflucht in Entscheidungsprozessen. Vom Groupthink zum Entscheidungsautismus. Bern: Huber.

Schulze, H. (2001). Lebensstil, Freizeitstil und Verkehrsverhalten 18- bis 34jähriger Verkehrsteilnehmer. In Deutsche Psychologen Akademie (Hrsg.), Psychologie am Puls der Zeit. Beiträge zum Psychologentag 2001. 21. Kongress für Angewandte Psychologie des BDP in Bonn (S. 410–412). Bonn: Deutscher Psychologen Verlag.

Schunk, D.H. (1982). Effects of effort attributional feedback on children's perceived self-efficacy and achievement. Journal of Educational Psychology, 74, 548–556.

Schütz, A. (1998). Autobiographical narratives of good and bad deeds. Defensive and favorable self-description moderated by trait self-esteem. Journal of Social and Clinical Psychology, 17, 466–477.

Schütz, A. (2000). Psychologie des Selbstwertgefühls. Von Selbstakzeptanz bis Arroganz. Stuttgart: Kohlhammer.

Schütz, A. & Hoge, L. (im Druck). Schuldzuschreibungen in Partnerschaften. In I. Grau & H.W. Bierhoff (Hrsg.), Sozialpsychologie der Partnerschaft. Berlin: Springer.

Schutz, W.C. (1958). A three dimensional theory of interpersonal behavior. New York: Holt.

Schwab, R. (1997). Einsamkeit. Grundlagen für die klinisch-psychologische Diagnostik und Intervention. Bern: Huber.

Schwartz, S. (1991, urspr. 1987). Wie Pawlow auf den Hund kam... Die 15 klassischen Eperimente der Psychologie (2. Auflage). Weinheim: Beltz.

Schwartz, S. H. (1975). The justice of need and the activation of humanitarian norms. Journal of Social Issues 31(3), 111–136.

Schwartz, S.H. (1977). Normative influences on altruism. In L. Berkowitz (Ed.), Advances in experimental social psychology (Vol. 10, pp. 221–279). New York: Academic Press.

Schwartz, S.H. (1992). Universals in the content and structure of values: Theoretical advances and empirical tests in 20 countries. In M.P. Zanna (Ed.), Advances in experimental social psychology (Vol. 25, pp. 1–65). San Diego, CA: Academic Press.

Schwartz, S.H. & Bilsky, W. (1987). Toward a psychological structure of human values. Journal of Personality and Social Psychology, 53, 550–562.

Schwartz, S.H. & Howard, J.A. (1981). A normative decision-making model of altruism. In J.P. Rushton & R.M. Sorrentino (Eds.), Altruism and helping behavior (pp. 189–211). Hillsdale, NJ: Erlbaum.

Schwarz, N. (1990). Feelings as information. Informational and motivational functions of affective states. In E.T. Higgins and R.M. Sorrentino (Eds), Handbook of motivation and cognition (Vol. 2, pp. 527–561). New York: Guilford Press.

Schwarz, N. (2000). Social judgment and attitudes: warmer, more social, and less conscious. European Journal of Social Psychology, 30, 149–176.

Schwarzer, R. (Hrsg., 1990). Gesundheitspsychologie. Ein Lehrbuch. Göttingen: Hogrefe.

Schwarzer, R. (1994). Kausalattributionen als gesundheitsbezogene Kognitionen. In F. Försterling & J. Stiensmeier (Hrsg.), Attributionstheorie. Grundlagen und anwendungsbezogene Fragen (S. 235–254). Göttingen: Hogrefe.

Schwarzer, R. (Hrsg., 1997). Gesundheitspsychologie. Ein Lehrbuch (2. Auflage). Göttingen: Hogrefe.

Schweer, M.K.W. (1996). Vertrauen in der pädagogischen Beziehung. Bern: Huber.

Schweer, M.K.W. (Hrsg., 2000), Politische Vertrauenskrise in Deutschland? Münster: Waxmann.

Schwenk, C. & Valacich, J.S. (1994). Effects of devil's advocacy and dialectical inquiry on individuals versus groups. Organizational Behavior and Human Decision Processes, 59, 210–222.

Schwenkmezger, P., Hodapp, V. & Spielberger, C.D. (1992). Das State-Trait-Ärgerausdrucks-Inventar (STAXI). Bern: Huber.

Schwind, H.D., Fetchenhauer, D., Ahlborn, W. & Weiß, R. (2001). Kriminalitätsphänomene im Langzeitvergleich am Beispiel einer deutschen Großstadt. Neuwied: Luchterhand.

Schwinger, T. (1986). The need principle in distributive justice. In H.W. Bierhoff, R.L. Cohen & J. Greenberg (Eds.), Justice in social relations (pp. 211–226). New York: Plenum.

Sczesny, S. & Stahlberg, D. (1999). Sexuelle Belästigung am Telefon: Definition, Prävalenz, Formen und Verarbeitung. Zeitschrift für Sozialpsychologie, 30, 151–164.

Secord, P.F. & Backman, C.W. (1964). Social psychology. New York: McGraw-Hill.

Sedikides, C. (1993). Assessment, enhancement, and verification. Determinants of the self-evaluation process. Journal of Personality and Social Psychology, 65, 317–338.

Seibert, S.E & Goltz, S.M. (2001). Comparison of allocations by individuals and interacting groups in an escalation of commitment situation. Journal of Applied Social Psychology, 31, 134–156.

Selg, H., Mees, U. & Berg, D. (1997). Psychologie der Aggressivität (2. Auflage). Göttingen: Hogrefe.

Seligman, M.E.P. (1975). Helplessness. San Francisco, CA: Freeman.

Seligman, M.E.P. (1991). Pessimisten küsst man nicht. Optimismus kann man lernen. München: Droemer.

Seligman, M.E.P. & Maier, S.F. (1967). Failure to escape traumatic shock. Journal of Experimental Psychology, 74, 1–9.

Selye, H. (1976). The stress of life (2nd ed.). New York: McGraw-Hill.

Semin, G.R. & Fiedler, K. (1991). The linguistic category model, its bases, applications and range. In W. Stroebe & M.

Hewstone (Eds.), European review of social psychology (Vol. 2, pp. 1–30). Chichester: Wiley.

Semin, G.R. & Fiedler, K. (Eds., 1992). Language, interaction and social cognition. London: Sage.

Semin, G.R. & Fiedler, K. (Eds., 1996). Applied social psychology. London: Sage.

Semmer, N.K. & Mohr, G. (2001). Arbeit und Gesundheit: Konzepte und Ergebnisse der arbeitspsychologischen Streßforschung. Psychologische Rundschau, 52, 150–158.

Senf, W. & Broda (Hrsg., 2000). Praxis der Psychotherapie. Ein integriertes Lehrbuch: Psychoanalyse, Verhaltenstherapie, Systemische Therapie (2. Auflage). Stuttgart: Thieme.

Sharpsteen, D.J. & Kirkpatrick, L.A. (1997). Romantic jealousy and adult romantic attachment. Journal of Personality and Social Psychology, 72, 627–640.

Shaver, K.G. (1986). The attribution of blame: causality, responsibility, and self-blame. New York: Springer.

Shaver, K.G. & Drown, D. (1986). On causality, responsibility, and self-blame: A theoretical note. Journal of Personality and Social Psychology, 50, 697–702.

Shaver, K.G. & Schutte, D.A. (2001). Towards a broader pschological foundation for responsibility: who, what, how. In A.E. Auhagen & H.W. Bierhoff (Eds.), Responsibility. The many faces of a social phenomenon (pp. 35–47). London: Routledge.

Shaver, P.R. & Brennan, K.A. (1991). Measures of depression and loneliness. In J.P. Robinson, P.R. Shaver & L.S. Wrightsman (Eds.), Measures of personality and social psychological attitudes (Vol. 1, pp. 195–290). San Diego, CA: Academic Press.

Shaver, P.R., Morgan, H.J. & Wu, S. (1996). Is love a „basic" emotion? Personal Relationships, 3, 81–96.

Shaver, P.R., Wu, S. & Schwartz, J.C. (1992). Cross-cultural similarities and differences in emotion and its representation. In M.S. Clark (Ed.), Emotion (pp. 175–212). Newbury Park, CA: Sage.

Shaw, M.E. (1964). Communication networks. In L. Berkowitz (Ed.,), Advances in experimental social psychology (Vol. 1, pp. 81–110). New York: Academic Press.

Sheppard, B.H. (1984). Third party conflict intervention: A procedural framework. B.M. Staw & L.L. Cummings (Eds.), Research in organizational behavior (Vol. 6, pp. 141–190). Greenwich, CT: JAI Press.

Sheppard, B.H. & Lewicki, R.J. (1987). Toward general principles of managerial fairness. Social Justice Research, 1, 161–176.

Sherif, M. (1935). A study of some social factors in perception. Archives of Psychology, 27, No. 187.

Sherif, M. (1966). In common predicament. Boston, MA: Houghton Miflin.

Sherif, M. & Cantril, H. (1966, urspr. 1947). The psychology of ego-involvements. New York: Wiley.

Sherif, M., Taub, D. & Hovland, C.I. (1958). Assimilation and contrast effects of anchoring stimuli on judgments. Journal of Experimental Psychology, 55, 150–155.

Shweder, R.A. & Sullivan, M. (1993). Cultural psychology: Who needs it? Annual Review of Psychology, 44, 497–523.

Sigall, H. & Page, R. (1971). Current stereotypes: A litte fading, a little faking. Journal of Personality and Social Psychology, 18, 247–255.

Silverstein, B. & Flamenbaum, C. (1989). Biases in the perception and cognition of actions of enemies. Journal of Social Issues, 45(2), 51–72.

Simon, B. (1990). Soziale Kategorisierung und differentielle Wahrnehmung von In- group- und Outgroup-Homogenität. Zeitschrift für Sozialpsychologie, 21, 298–313.

Simon, B. (1992). The perception of ingroup and outgroup homogenity: Reducing the social context. In W. Stroebe & M. Hewstone (Eds.), European review of social psychology (Vol. 3, pp. 1–30). Chichester: Wiley.

Simon, H.A. (1955). A behavioral model of rational choice. Quarterly Journal of Economics, 69, 99–118.

Simon, H.A. (1957). Models of man. New York: Wiley.

Simon, H.A. (1976). Administrative behavior: A study of decision-making processes in administrative organization (3rd ed.). New York: Free Press.

Simon, L., Greenberg, J. & Brehm, J. (1995). Trivialization: The forgotten mode of dissonance reduction. Journal of Personality and Social Psychology, 68, 247–260.

Simonson, I. & Staw, B.M. (1992). Deescalation strategies: A comparison of techniques for reducing commitment to loosing courses of action. Journal of Applied Psychology, 77, 419–426.

Simpson, J.A. Gangestad, S.W. & Biek, M. (1993). Personality and nonverbal social behavior: An ethological perspective of relationship initiation. Journal of Experimental Social Psychology, 29, 434–461.

Simpson, J.A. & Kenrick, D.T. (Eds., 1997), Evolutionary social psychology. Mahwah, NJ: Erlbaum.

Simpson, R.L. (1976). Theories of social exchange. In J.W. Thibaut, J.T. Spence & R.C. Carson (Eds.), Contemporary topics in social psychology (pp. 79–97). Morristown, NJ: General Learning Press.

Sinclair, R.C., Hoffman, C., Mark, M.M, Martin, L.L. & Pickering, T.L. (1994). Construct accessibility and the misattribution of arousal. Schachter and Singer revisited. Psychological Science, 5, 15–19.

Six, B. (1996). Generalisierte Einstellungen. In M. Amelang (Hrsg.), Differentielle Psychologie und Persönlichkeitsforschung: Temperaments- und Persönlichkeitsunterschiede (S. 1–50). Göttingen: Hogrefe.

Six, B. (1997). Autoritarismusforschung: zwischen Tradition und Emanzipation. Gruppendynamik, 28, 223–238.

Skinner, B.F. (1953). Science and human behavior. New York: Macmillan.

Skinner, B.F. (1977). Why I am not a cognitive psychologist. Behaviorism, 5, 1–10.

Smircich, (1983). Concepts of culture and organizational analysis. Administrative Science Quarterly, 28, 339–358.

Smith, C.A., Organ, D.W. & Near, J.P. (1983). Organizational citizenship behavior: Its nature and antecedents. Journal of Applied Psychology, 68, 653–663.

Smith, E.R. (1998). Mental representation and memory. In D.T. Gilbert, S.T. Fiske & G. Lindzey (Eds.), The handbook of social psychology (Vol. 1, pp. 391–445, 4th ed.). Boston, MA: McGraw-Hill.

Smith, M.L., Glass, G.V. & Miller, T.I. (1980). The benefits of psychotherapy. Baltimore, MD: John Hopkins University Press

Smith, T.W. (1992). Hostility and health: Current status of a psychosomatic hypothesis. Health Psychology, 11, 139–150.

Smithson, M., Amato, P.R. & Pearce, P. (1983). Dimensions of helping behaviour. Oxford: Pergamon Press.

Snyder, C.R. (1988a). Excuses: Their effective role in the negotiation of reality. Psychological Bulletin, 104, 23–35.

Snyder, C.R. (1988b). From defenses to self-protection: An evolutionary perspective. Journal of Social and Clinical Psychology, 6, 155–158.

Snyder, C.R. (1994). The psychology of hope. New York: Free Press.

Snyder C.R. & Forsyth, D.R. (Eds., 1991). Handbook of social and clinical psychology. New York: Pergamon Press.

Snyder, C.R. & Fromkin, H.L. (1980). Uniqueness: The human pursuit of difference. New York: Plenum.

Snyder, M. (1974). The self-monitoring of expressive behavior. Journal of Personality and Social Psychology, 30, 526–537.

Snyder, M. (1987). Public appearances/private realities: The psychology of self-monitoring. New York: Freeman.

Snyder, M. (1992). Motivational foundations of behavioral confirmation. In M.P. Zanna (Ed.), Advances in experimental social psychology (Vol. 25, pp. 67–114). San Diego, CA: Academic Press.

Snyder, M. & DeBono, K.G. (1989). Understanding the functions of attitudes. Lessons from personality and social behavior. In A.R. Pratkanis, S.J. Breckler & A.G. Greenwald (Eds.), Attitude structure and function (pp. 339–359). Hillsdale, NJ: Erlbaum.

Snyder, M. & Kendzierski, D. (1982). Acting on one's attitudes: Procedures for linking attitude and behavior. Journal of Experimental Social Psychology, 18, 165–183.

Snyder, M. & Swann, W.B. (1978). Hypothesis-testing processes in social interaction. Journal of Personality and Social Psychology, 36, 1202–1212.

Snyder, M., Tanke, E.D. & Berscheid, E. (1977). Social perception and interpersonal behavior: On the self-fulfilling nature of social stereotypes. Journal of Personality and Social Psychology, 35, 656–666.

Snyder, M. & Uranowitz, S.W. (1978). Reconstructing the past: Some cognitive consequences of person perception. Journal of Personality and Social Psychology, 36, 941–950.

Snyder, M.L., Stephan, W.G. & Rosenfeld, D. (1976). Egotism and attribution. Journal of Personality and Social Psychology, 33, 435–441.

Solomon, R.L. (1980). The opponent-process theory of acquired motivation. The costs of pleasure and the benefits of pain. American Psychologist, 35, 691–712.

Sommer, C.M. (1989). Soziopsychologie der Kleidermode. Regensburg: Roderer Verlag.

Sommer, G. (1998). Internationale Gewalt: Friedens- und Konfliktforschung. In H.W. Bierhoff & U. Wagner (Hrsg.), Aggression und Gewalt: Phänomene, Ursachen und Interventionen (S. 206–231). Stuttgart: Kohlhammer.

Sommer, G. (2001). Stellungnahme zum Flugzeug-Anschlag in den USA am 11.9.2001 und seine Folgen (verfasst am 17.9.2001). Verhaltenstherapie & psychosoziale Praxis, 33, 760–761.

Spada, H. (Hrsg., 1992). Lehrbuch Allgemeine Psychologie (2. Auflage). Bern: Huber.

Spence, J.T. (1993). Gender-related traits and gender ideology: Evidence for a multifactor theory. Journal of Personality and Social Psychology, 64, 624–635.

Spence, J.T. & Helmreich, R.L. (1978). Masculinity & Femininity. Their psychological dimensions, correlates and antecedents. Austin, TX: University of Texas Press.

Spielberger, D.C., Gorsuch, R.L. & Lushene, R.E. (1970). Manual for the statetrait anxiety inventory. Palo Alto: CA: Consulting Psychologists Press.

Spieß, E. (Hrsg., 1998). Formen der Kooperation. Bedingungen und Perspektiven. Göttingen: Verlag für Angewandte Psychologie.

Sporer, S. (2001). Recognizing faces of other ethnic groups. An integration of theories. Psychology, Public Policy and Law, 7, 36–97.

Sporer, S. & Küpper, B. (1995). Realitätsüberwachung und die Beurteilung des Wahrheitsgehaltes von Erzählungen: Eine experimentelle Studie. Zeitschrift für Sozialpsychologie, 26, 173–193.

Sprecher, S., Aron, A., Hatfield, E., Cortese, A., Potapova, E. & Levitskaya, A. (1994). Love: Amercian style, Russian style, and Japanese style. Personal Relationships, 1, 349–369.

Srull, T.K. & Wyer, R.S. (1979). The role of category accessibility in the interpretation of information about persons: Some determinants and implications. Journal of Personality and Social Psychology, 37, 1660–1672.

Srull, T.K. & Wyer, R.S. (1980). Category accessibility and social perception: Some implications for the study of person memory and interpersonal judgements. Journal of Personality and Social Psychology, 38, 841–856.

Staehle, W. (1999). Management. Eine verhaltenswissenschaftliche Perspektive (8. Auflage). München: Vahlen.

Stahlberg, D., Eller, F., Romahn, A. & Frey, D. (1993). Der Knew-it-all-along-Effekt in Urteilssituationen von hoher und geringer Selbstwertrelevanz. Zeitschrift für Sozialpsychologie, 24, 94–102.

Stahlberg, D. & Maass, A. (1998). Hindsight bias: Impaired memory or biased reconstruction? In W. Stroebe & M. Hewstone (Eds.), European review of social psychology (Vol. 8, pp. 105–132). Chichester: Wiley.

Stahlberg, D., Osnabrügge, G. & Frey, D. (1985). Die Theorie des Selbstwertschutzes und der Selbstwerterhöhung. In D. Frey & M. Irle (Hrsg.), Theorien der Sozialpsychologie (Bd. 3, S. 79–124). Bern: Huber.

Stangor, C. & McMillan, D. (1992). Memory for expectancy-congruent and expectancy-incongruent information: A review of the social and social developmental literatures. Psychological Bulletin, 111, 42–61.

Stasser, G., Steward, D.D. & Wittenbaum, G.M. (1995). Expert roles and information exchange during discussions: The importance of knowing who knows what. Journal of Experimental Social Psychology, 31, 24–265.

Staudinger, U.M. & Greve, W. (1997). Das Selbst im Lebenslauf: Brückenschläge und Perspektivenwechsel zwischen entwicklungs- und sozialpsychologischen Zugängen. Zeitschrift für Sozialpsychologie, 28, 3–18.

Staufenbiel, T. (2000). Antezedentien und Konsequenzen freiwilligen Arbeitsengagements. Gruppendynamik und Organisationsberatung, 31, 169–183.

Staw, B.M. (1997). The escalation of commitment: An update and appraisal. In Z. Shapira (Ed.), Organizational decision making (pp. 191–215). New York: Cambridge University Press.

Staw, B.M. & Ross, J. (1987). Behavior in escalation situations. In B.M. Staw & L.L. Cummings (Eds.), Research in organizational behavior (pp. 12–47). Greenwich, CT: JAI Press.

Steele, C.M. (1988). The psychology of self-affirmation: Sustaining the integrity of the self. In L. Berkowitz (Ed.), Advances in experimental social psychology (Vol. 21, pp. 261–302). San Diego, CA: Academic Press.

Steele, C.M. (1997). A threat in the air: How stereotypes shape intellectual identity and performance. American Psychologist, 52, 613–629.

Steffenhagen, H. (1976). Markenbekanntheit als Werbeziel. Zeitschrift für Betriebswirtschaft, 46, 715–734.

Stein, F. (Hrsg., 1990). Brennpunkte der Polizeipsychologie. Grundlagen, Fallbeispiele, Handlungshinweise. Göttingen: Hogrefe.

Steiner, I.D. (1972). Group processes and productivity. New York: Academic Press.

Steiner, I.D. (1976). Task-performing groups. In J.W. Thibaut, J.T. Spence und R.C. Carson (Eds.), Contemporary topics in social psychology (pp. 393–422). Morristown, NJ: General Learning Press.

Stephan, W.G. (1989). A cognitive approach to stereotypes. In D. Bar-Tal, C.F. Graumann, A.W. Kruglanski & W. Stroebe (Eds.), Stereotyping and prejudice (pp. 37–57). New York: Springer.

Stephenson, G.M. (1992). Angewandte Sozialpsychologie. In W. Stroebe, M. Hewstone, J.P. Codol & G.M. Stephenson (Hrsg.), Sozialpsychologie. Eine Einführung (S. 433–465, 2. Auflage). Berlin: Springer.

Sternberg, R.J. (1986). A triangular theory of love. Psychological Review, 93, 119–135.

Sternberg, R.J. (1987). Liking versus loving: A comparative evaluation of theories. Psychological Bulletin, 102, 331–345.

Sternberg, R.J. (1997). Construct validation of a triangular love scale. European Journal of Social Psychology, 27, 313–335.

Stevens, S.S. (1972). Psychophysics and social scaling. Morristown, NJ: General Learning Press.

Steyrer, J. (1999). Charisma in Organisationen – zum Stand der Theorienbildung und empirischen Forschung. In G. Schreyögg & J. Sydow (Hrsg.), Führung – neu gesehen (S. 143–197). Berlin: de Gruyter.

Stock, U. (2001). Der geborene Werbeträger. Soll ein Kind wie eine Limonade heißen? Oder wie eine Dosensuppe? Oder das Hamburger Fußballstadion wie eine Internet-Firma? Ein Widerspruch. Die Zeit, 34, 16. August, 41–42.

Stöber, J. (1999). Die Soziale-Erwünschtheits-Skala-17 (SES-17). Entwicklung und erste Befunde zu Reliabilität und Validität. Diagnostica, 45, 173–177.

Stöber, J. & Schwarzer, R. (2000). Angst. In J.H. Otto, H.A. Euler & H. Mandl (Hrsg.), Emotionspsychologie. Ein Handbuch. (S. 189–198). Weinheim: Psychologie Verlags Union.

Stone, A.A., Reed, B.R. & Neale, J.M. (1987). Changes in daily event frequency precede episodes of physical symptoms. Journal of Human Stress, 13, 70–74.

Stotland, E. (1969). Exploratory investigations of empathy. In L. Berkowitz (Ed.), Advances in experimental social psycho-

logy (Vol. 4, pp. 271–313). New York: Academic Press.

Stouffer, S.A. et al. (1949). The American soldier (Vol. 1). Princeton, NJ: Princeton University Press.

Strack, F. (1988). Social Cognition: Sozialpsychologie innerhalb des Paradigmas der Informationsverarbeitung. Psychologische Rundschau, 39, 72–82.

Streeck-Fischer, A. (1994). Männliche Adoleszenz, Fremdenhaß und seine selbstreparative Funktion am Beispiel jugendlicher rechtsextremer Skinheads. Praxis der Kinderpsychologie und Kinderpsychiatrie, 43, 259–265.

Stroebe, M.S. & Stroebe, W. (1983). Who suffers more? Sex differences in health risk of the widowed. Psychological Bulletin, 93, 279–301.

Stroebe, W. (1977). Ähnlichkeit und Komplementarität der Bedürfnisse als Kriterien der Partnerwahl: Zwei spezielle Hypothesen. In G. Mikula & W. Stroebe (Hrsg.), Sympathie, Freundschaft und Ehe (S. 77–107). Bern: Huber.

Stroebe, W. (2000). Social psychology and health (2nd ed.). Buckingham: Open University Press.

Stroebe, W. & Diehl, M. (1994). Why groups are less effective than their members: On productivity loss in idea-generating groups. In W. Stroebe & M. Hewstone (Eds.), European review of social psychology (Vol. 5, pp. 271–303). Chichester: Wiley.

Stroebe, W., Diehl, M. & Abakoumkin, G. (1996). Social compensation and the Köhler effect: Toward a theoretical explanation of motivation gains in group productivity. In E.H. Witte & J.H. Davis (Eds.), Understanding group behavior: Small group processes and interpersonal relations. (Vol. 2, pp. 37–65). Mahwah, NJ: Erlbaum.

Stroebe, W. & Jonas, K. (2002). Gesundheitspsychologie – Eine sozialpsychologische Perspektive. In W. Stroebe, K. Jonas & M. Hewstone (Hrsg.), Sozialpsychologie. Eine Einführung (S. 579–621, 4. Auflage). Berlin: Springer.

Stroebe, W., Jonas, K. & Hewstone, M. (Hrsg., 2002). Sozialpsychologie: Eine Einführung (4. Auflage). Berlin: Springer.

Stryker, S. & Serpe, R.T. (1982). Commitment, identity salience, and role behavior: Theory and research example. In W. Ickes & E. Knowles (Eds.), Personality, roles, and social behaviour (pp. 199–218). New York: Springer.

Suls, J., Gastorf, J. & Lawhon, J. (1978). Social comparison choices for evaluating a sex- and age-related ability. Personality and Social Psychology Bulletin, 4, 102–105.

Suls, J. & Miller, R.L. (Eds., 1977). Social comparison processes. Washington, DC: Hemisphere.

Suls, J. & Wan, C.K. (1987). In search of the false-uniqueness phenomenon: Fear and estimates of social consensus. Journal of Personality and Social Psychology, 52, 211–217.

Suls, J. & Wills, T.A. (Eds., 1991). Social comparison. Hillsdale, NJ: Erlbaum.

Sumner, W.G. (1906). Folkways. New York: Ginn.

Swann, W.B. (1983). Self-verification: Bringing social reality into harmony with the self. In J. Suls & A. Greenwald (Eds.), Social psychological perspectives on the self (Vol. 2, pp. 33–66). Hillsdale, NJ: Erlbaum.

Swann, W.B. (1987). Identity negotiation. Where two roads meet. Journal of Personality and Social Psychology, 53, 1038–1051.

Swann, W.B. & Ely, R.J. (1984). A battle of wills: Self-verification versus behavioral confirmation. Journal of Personality and Social Psychology, 46, 1287–1302.

Swann, W.B., Griffin, J.R., Predmore, S.C. & Gaines, B. (1987). The cognitive-affective crossfire: When self-consistency confronts self-enhancement. Journal of Personality and Social Psychology, 52, 881–889.

Swann, W.B., Stein-Seroussi, A. & Geisler, R.B. (1992). Why people self-verify. Journal of Personality and Social Psychology, 62, 392–401.

Swanson, J.E., Rudman, L.A. & Greenwald, A.G. (2001). Using the Implicit Association Test to investigate attitude-behaviour consistency for stigmatised behaviour. Cognition and Emotion, 15, 207–230.

Tajfel, H. (1975). Soziales Kategorisieren. In S. Moscovici (Hrsg.), Forschungsgebiete der Sozialpsychologie, (Bd. 1, S. 345–380). Frankfurt/Main: Athenäum Fischer.

Tajfel, H. (1982). Gruppenkonflikt und Vorurteil. Bern: Huber.

Tajfel, H., Billig, M.G., Bundy, R.P. & Flament, C. (1971). Social categorization and intergroup behaviour. European Journal of Social Psychology, 1, 149–178.

Tajfel, H. & Turner, J. (1986). An integrative theory of interpersonal conflict. In S. Worchel & W.G. Austin (Eds.), Psychology of intergroup relations (pp. 7–24). Chicago, IL: Nelson-Hall.

Tajfel, H. & Wilkes, A.L. (1963). Classification and quantitative judgement. British Journal of Psychology, 54, 101–114.

Tanford, S. & Penrod, S. (1984). Social influence model: A formal integration of research on majority and minority influence processes. Psychological Bulletin, 95, 189–225.

Tangney, J.P. (1995). Shame and guilt in interpersonal relationships. In. J. Tangney & K. Fischer (Eds.), The self-conscious emotions (pp. 114–139). New York: Guilford Press.

Tangney, J.P., Burggraf, S.A. & Wagner, P.E. (1995). Shame-proneness, guilt-proneness, and psychological symptoms. In J.P. Tangney, & K.W. Fischer (Eds.), Self-conscious emotions: The psychology of shame, guilt, embarrassment and pride (pp. 343–367). New York: Guilford Press.

Taylor, M.C. (1982). Improved conditions, rising expectations, and dissatisfaction: A test of the past/present relative deprivation hypothesis. Social Psychology Quarterly, 45, 24–33.

Taylor, S.E. (1983). Adjustment to threatening events. A theory of cognitive adaptation. American Psychologist, 38, 1161–1173.

Taylor, S.E. (1991). Asymmetrical effects of positive and negative events: The mobilization-minimization hypothesis. Psychological Bulletin, 110, 67–85.

Taylor, S.E. & Brown, J. (1988). Illusion and well-being: A social psychological perspective on mental health. Psychological Bulletin, 103, 193–210.

Taylor, S.E. & Brown, J. (1994). Positive illusions and well-being revisited: Separating fact from fiction. Psychological Bulletin, 116, 21–27.

Taylor, S.E. & Crocker, J. (1981). Schematic basis of social information processing. In E.T. Higgins, C.P. Herman & M.P. Zanna (Eds.), Social cognition. The Ontario Symposium (Vol. 1, pp. 89–134). Hillsdale, NJ: Erlbaum.

Taylor, S.E. & Fiske, S.T. (1978). Salience, attention and attribution: Top of the head phenomena. In L. Berkowitz (Ed.), Advances in experimental social psychology (Vol. 11, pp. 249–288). New York: Academic Press.

Taylor, S.E. & Gollwitzer, P.M. (1995). Effects of mindset on positive illusions. Journal of Personality and Social Psychology, 69, 213–226.

Taylor, S.E., Klein, L.C., Lewis, B.P., Gruenewald, T.L., Gurung, A.R. & Updegraff, J.A. (2000). Biobehavioral responses to stress in females: Tend-and-befriend, not fight-or-flight. Psychological Review, 107, 411–429.

Taylor, S.E., Lichtman, R.R. & Wood, J.V. (1984). Attributions, beliefs about control and adjustment to breast cancer. Journal of Personality and Social Psychology, 46, 489–502.

Taylor, S.E. & Lobel, M. (1989). Social comparison activity under threat: Downward evaluation and upward contacts. Psychological Review, 96, 569–575.

Taylor, S.E., Peplau, L.A. & Sears, D.O. (1994). Social psychology (8th ed.). Englewood Cliffs, NJ: Prentice-Hall.

Tedeschi, J.T. & Felson, R.B. (1994). Violence aggression, and coercive actions. Washington, DC: American Psychological Association.

Tedeschi, J.T., Lindskold, S., & Rosenfeld, P. (1985). Introduction to social psychology. St. Paul, MN: West.

Tedeschi, J.T. & Quigley, B.M. (1998). Frühere und zukünftige Methoden der Aggressionsforschung. In H.W. Bierhoff & U. Wagner (Hrsg.), Aggression und Gewalt. Phänomene, Ursachen und Interventionen (S. 88–106). Stuttgart: Kohlhammer.

Tesser, A. (1988). Toward a self-evaluation maintenance model of social behavior. In L. Berkowitz (Ed.), Advances in experimental social psychology (Vol. 21, pp. 181–227). San Diego, CA: Academic Press.

Tesser, A. (1991). Social versus clinical approaches to self psychology: The self-evaluation maintenance model and Kohutian object relations theory. In R.C. Curtis (Ed.), The relational self: Theoretical convergences in psychoanalysis and social psychology (pp. 257–281). New York: Guilford Press.

Tesser, A. (1992). The self in social psychology and psychoanalysis: Some specifics. Psychological Inquiry, 3, 71–73.

Tesser, A., Felson, R.B. & Suls, J.M. (Eds., 2000). Psychological perspectives on self and identity. Washington, DC: Amercian Psychological Association.

Tesser, A., Martin, L.L. & Cornell, D.P. (1996). On the substituability of self-protective mechanisms. In P.M. Gollwitzer & J. Bargh (Eds.), The psychology of action (pp. 48–68). New York: Guilford Press.

Tetlock, P.E. (1989). Structure and function in political belief systems. In A.R. Pratka-nis, S.J. Breckler & A.G. Greenwald (Eds.), Attitudes, structure and function (pp. 129–151). Hillsdale, NJ: Erlbaum.

Tetlock, P.E. & Levi, A. (1982). Attribution bias. On the inconclusiveness of the cognition-motivation debate. Journal of Experimental Social Psychology, 18, 68–88.

Tetlock, P.E. & Manstead, A.S.R. (1985). Impression management versus intrapsychic explanations in social psychology: A useful dichotomy? Psychological Review, 92, 59–77.

Tetlock, P.E., Peterson, R.S. & Armor, D. (1994). The slavery debatte in antebellum America: Cognitive style, value conflict, and the limits of compromise. Journal of Personality and Social Psychology, 66, 115–126.

Tetlock, P.E., Peterson, R.S. & Lerner, J.S. (1996). Revising the value pluralism model: Incorporating social context and context postulates. In C. Seligman, J.M. Olson & M.P. Zanna (Eds.), The Ontario Symposium: The psychology of values (Vol. 8, pp. 25–51). Mahwah, NJ: Erlbaum.

Thayer, R.E., Newman, J.R. & McClain, T.M. (1994). Self-regulation of mood: Strategies of changing bad mood, raising energy, and reducing tension. Journal of Personality and Social Psychology, 67, 910–925.

Thibaut, J.W. & Kelley, H.H. (1959). The social psychology of groups. New York: Wiley.

Thomae, H. (1960). Der Mensch in der Entscheidung. Bern: Huber.

Thomae, H. (1974). Konflikt, Entscheidung, Verantwortung. Stuttgart: Kohlhammer.

Thomae, H. & Feger, H. (1969). Hauptströmungen der neueren Psychologie. Bern: Huber.

Thomas, A. (1995). Einführung in die Sportpsychologie (2. Auflage). Göttingen: Hogrefe.

Thomas, A. (Hrsg., 1996a). Psychologie der multikulturellen Gesellschaft. Problemanalysen und Problemlösungen (2. Auflage). Göttingen: Hogrefe.

Thomas, A. (Hrsg., 1996b). Psychologie interkulturellen Handelns. Göttingen: Hogrefe.

Thomas, A. (1999). Gruppeneffektivitäten: Balance zwischen Hetereogenität und Homogenität. Gruppendynamik, 31, 117–129.

Thompson, S.C. (1981). Will it hurt less if I can control it? A complex answer to a simple question. Psychological Bulletin, 90, 89–101.

Thompson, S.C. & Kelley, H.H. (1981). Judgments of responsibility for activities in close relationships. Journal of Personality and Social Psychology, 41, 469–477.

Thorndike, E.L. (1920). A constant error in psychological rating. Journal of Applied Psychology, 4, 25–29.

Thorndike, E.L. (1935). The psychology of wants, interests and attitudes. New York: Appleton-Century.

Thurstone, L.L. (1931). The measurement of social attitudes. Journal of Abnormal and Social Psychology, 26, 249–269.

Tice, D.M. (1991). Esteem protection or enhancement? Self-handicapping motives and attributions differ by trait self-esteem. Journal of Personality and Social Psychology, 60, 711–725.

Tolman, E.C. (1932). Purposive behavior in animals and men. New York: Appleton-Century-Crofts.

Tramitz, C. (2000). Die Annäherung – der Erstkontakt zwischen Mann und Frau. In P. Kaiser (Hrsg.), Partnerschaft und Paartherapie (S. 33–52). Göttingen: Hogrefe.

Trautner, H.M. (1991). Lehrbuch der Entwicklungspsychologie (Bd. 2): Theorien und Befunde. Göttingen: Hogrefe.

Trautner, H.M. (1992a). Entwicklung von Konzepten und Einstellungen zur Geschlechtsdifferenzierung. Bildung und Erziehung, 45, 47–62.

Trautner, H.M. (1992b). Lehrbuch der Entwicklungspsychologie (Bd. 1): Grundlagen und Methoden (2. Auflage). Göttingen: Hogrefe.

Trautner, H.M., Helbing, N., Sahm, W.B. & Lohaus, A. (1988). Unkenntnis – Rigidität – Flexibilität. Ein Entwicklungsmodell der Geschlechtsrollen-Stereotypisierung. Zeitschrift für Entwicklungspsychologie und Pädagogische Psychologie, 20, 105–120.

Trebesch, K. (1982). 50 Definitionen der Organisationsentwicklung – und kein Ende. Organisationsentwicklung, 2, 37–62.

Trepte, S., Zapfe, S. & Sudhoff, W. (2001). Orientierung und Problembewältigung durch TV-Talkshows: Empirische Ergebnisse und Erklärungsansätze. Zeitschrift für Medienpsychologie, 13, 73–84.

Tress, W. (1986). Das Rätsel der seelischen Gesundheit. Traumatische Kindheit und früher Schutz gegen psychische Störungen. Göttingen: Vandenhoeck & Ruprecht.

Tress, W., Henry, W.P., Junkert-Tress, B., Hildenbrand, G., Hartkamp, N. & Scheibe, G. (1996). Das Modell des zyklisch maladaptiven Beziehungsmusters und der Strukturalen Analyse Sozialen Verhaltens (CMP/SASB). Psychotherapeut, 41, 215–224.

Tress, W., Kruse, J., Heckrath, C., Schmitz, N. & Alberti, L. (1997). Der psychosomatische Patient beim Hausarzt – Ergebnisse einer Felduntersuchung. In M. Franz & W. Tress (Hrsg.,), Psychosomatische Medizin – Ankunft in der Praxis (S. 55–67). Frankfurt/Main. Verlag für Akademische Schriften.

Triandis, H.C. (1994). Culture and social behavior. New York: McGraw-Hill.

Trimborn, W. (1979). Der progressive Abwehrcharakter des Über-Ichs. In J. Cremerius, S.O. Hoffmann & W. Trimborn (Hrsg.), Psychoanalyse, Über-Ich und soziale Schicht. Die psychoanalytische Behandlung der Reichen, der Mächtigen und der sozial Schwachen. München: Kindler.

Triplett, N.D. (1898). The dynamogenic factor in pacemaking and competition. American Journal of Psychology, 9, 507–533.

Trivers, R.L. (1971). The evolution of reciprocal altruism. Quarterly Review of Biology, 46, 35–57.

Trivers, R.L. (1972). Parental investment and sexual selection. In B. Campbell (Ed.), Sexual selection and the descent of man (pp. 136–179). Chicago, IL: Aldine.

Trope, Y. (1983). Self-assessment in achievement behavior. In J. Suls & A.G. Greenwald (Eds.), Psychological perspectives on the self (Vol. 2, pp. 93–121). Hillsdale, NJ: Erlbaum.

Trope, Y. (1986). Self-enhancement and self-assessment in achievement behavior. In. R. Sorrentino & E.T. Higgins (Eds.), Handbook of motivation and cognition (Vol. 2, pp. 350–378). New York: Guilford Press.

Trope, Y. & Bassok, M. (1983). Information-gathering strategies in hypothesis-testing. Journal of Experimental Social Psychology, 19, 560–576.

Trower, P., Bryant, B. & Argyle, M. (1978). Social skills and mental health. London: Methuen.

Tschuschke, V. (1999). Empirische Studien mit verhaltenstherapeutischen und psychoanalytischen Gruppenpsychotherapie-Behandlungen – Ein Literaturüberblick. Gruppenpsychotherapie und Gruppendynamik, 35, 1–16.

Turner, J.C., Hogg, M.A., Oakes, P.J., Reicher, S.D. & Wetherell, M. (1987). Rediscovering the social group. A self-categorization theory. Oxford: Basil Blackwell.

Tversky, A. & Kahneman, D. (1974). Judgment under uncertainty: Heuristics and biases. Science, 185, 1124–1131.

Tyler, T.R. (1994). Psychological models of the justice motive. Journal of Personality and Social Psychology, 67, 850–863.

Tyler, T.R., Boeckmann, R.J., Smith, H.J. & Huo, Y.J. (1997). Social justice in a diverse society. Boulder, CO: Westview.

Tyler, T.R., Degoey, P. & Smith, H. (1996). Understanding why the justice of group procedures matters: A test of the psychological dynamics of the group-value model. Journal of Personality and Social Psychology, 70, 913–930.

Tyler, T.R. & Lind, E.A. (1990). Intrinsic versus community-based justice models: When does group membership matter? Journal of Social Issues, 46(1), 83–94.

Udris, I. & Frese, M. (1988). Belastung, Stress, Beanspruchung und ihre Folgen. In D. Frey, C. Graf Hoyos & D. Stahlberg (Hrsg.), Angewandte Psychologie. Ergebnisse und neue Perspektiven (S. 427–447). München: Urban & Schwarzenberg.

Underwood, B. & Moore, B. (1982). Perspective-taking and altruism. Psychological Bulletin, 91, 143–173.

Unger, F. (1989). Werbemanagement. Stuttgart: Physica-Verlag.

Utne, M.K. & Kidd, R.F. (1980). Equity und Attribution. In G. Mikula (Hrsg.), Gerechtigkeit und soziale Interaktion (S. 69–106). Bern: Huber.

Vailllant, G.E. (1971). Theoretical hierarchy of adaptive ego mechanisms. Archives of General Psychiatry, 25, 107–118.

Vailland, G.E. (1994). Ego mechanisms of defense and personality psychopathology. Journal of Abnormal Psychology, 103, 44–50.

Vangelisti, A.L. (1994). Familiy secrets: Forms, functions, and correlates. Journal of Social and Personal Relationships, 11, 113–135.

van Ijzendoorn, M.H. (1995). Adult attachment representations, parental responsiveness, and infant attachment: A meta-analysis on the predictive validity of the adult attachment interview. Psychological Bulletin, 117, 387–403.

van Ijzendoorn, M.H. & Kroonenberg, P.M. (1988). Cross-cultural patterns of attachment: A meta-analysis of the strange situation. Child Development, 59, 147–156.

van Knippenberg, A. & Dijksterhuis, A. (2000). Social categorization and stereotyping: A functional perspective. In W. Stroebe & M. Hewstone (Eds.), European review of social psychology (Vol. 11, pp. 105–144). Chichester: Wiley.

van Lange, P.A.M. (2000). Beyond self-interest: A set of propositions relevant to interpersonal orientations. In W. Stroebe & M. Hewstone (Eds.), European review of social psychology (Vol. 11, pp. 297–331). Chichester: Wiley.

Vormbrock, J.K. (1993). Attachment theory as applied to wartime and job-related marital separation. Psychological Bulletin, 114, 122–144.

Vroom, V.H. & Yetton, P.W. (1973). Leadership and decision-making. Pittsburgh: University of Pittsburgh Press.

Wagner, J.A. & Hollenbeck, J.R. (1992). Management of organizational behavior. Englewood Cliffs, NJ: Prentice-Hall.

Wagner, U. (2001). Intergruppenverhalten in Organisationen: Ein vernachlässigter Aspekt bei der Zusammenarbeit in Projektgruppen. In R. Fisch, D. Beck & B. Englich (Hrsg.), Projektgruppen in Organisationen (S. 353–366). Göttingen: Verlag für Angewandte Psychologie.

Wagner, U. & Zick, A. (1990). Psychologie der Intergruppenbeziehungen. Der „Social Identity Approach". Gruppendynamik, 21, 319–330.

Wagner, U. & Zick, A. (1998). Ausländerfeindlichkeit, Vorurteile und diskriminierendes Verhalten. In H.W. Bierhoff & U. Wagner (Hrsg.), Aggression und Gewalt: Phänomene, Ursachen und Interventionen (S. 145–164). Stuttgart: Kohlhammer.

Wahl, H. (1985). Narzißmus? Von Freuds Narzißmustheorie zur Selbstpsychologie. Stuttgart: Kohlhammer.

Walker, I. & Mann, M. (1987). Unemployment, relative deprivation, and social protest. Personality and Social Psychology Bulletin, 13, 275–283.

Wallerius, A. & Maes, J. (2001). Psychologische Marktforschung im Tourismus – sind Reisemotive „im Feld" untersuchbar? In Deutsche Psychologen Akademie (Hrsg.), Psychologie am Puls der Zeit. Beiträge zum Psychologentag 2001. 21. Kongress für Angewandte Psychologie des BDP in Bonn (S. 551–554). Bonn: Deutscher Psychologen Verlag.

Walster, E. (1964). The temporal sequence of post-decision processes. In L. Festinger (Ed.), Conflict, decision, and dissonance (pp. 112–127). Stanford: Stanford University Press.

Walster, E., Walster, G.W. & Berscheid, E. (1978). Equity: Theory and research. Boston: Allyn and Bacon.

Walters, R.H. & Parke, R.D. (1964). Emotional arousal, isolation and discrimination learning in children. Journal of Experimental Child Psychology, 1, 163–173.

Watson, D., Clark, L.A. & Tellegen, A. (1988). Development and validation of brief measures of positive and negative affect: The PANAS scales. Journal of Personality and Social Psychology, 54, 1063–1070.

Watson, D. & Pennebaker, J.W. (1989). Health complaints, stress, and distress: Exploring the central role of negative affectivity. Psychological Review, 96, 234–254.

Watson, J.B. (1913). Psychology as the behaviorist views it. Psychological Review, 20, 158–177.

Watson, J.B. & Rayner, R. (1920). Conditioned emotional reactions. Journal of Experimental Psychology, 3, 1–14.

Watzlawick, P. (2000). Menschliche Kommunikation. Formen, Störungen, Paradoxien. (10. Auflage). Bern: Huber.

Weber, H. (1997). Zuviel des Selbst? Zeitschrift für Sozialpsychologie, 28, 129–157.

Weber, H. (1999). Ärger und Aggression. Zeitschrift für Sozialpsychologie, 30, 139–150.

Weber, H. & Piontek, R. (1995). Geschlechtsunterschiede in der Bewältigung von Ärger – ein Mythos? Zeitschrift für Gesundheitspsychologie, 3, 59–83.

Weber, M. (1904). Die protestantische Ethik und der Geist des Kapitalismus. Archiv für Sozialwissenschaft und Sozialpolitik, 20, 1–54.

Weber, M. (1905). Die protestantische Ethik und der Geist des Kapitalismus. Archiv für Sozialwissenschaft und Sozialpolitik, 21, 1–110.

Weber, M. (1973). Vom inneren Beruf zur Wissenschaft. In J. Winckelmann (Hrsg.), Max Weber: Soziologie, Universalgeschichtliche Analysen, Politik (S. 311–339, 5. Auflage). Stuttgart: Kröner.

Weber, M. (1976, urspr. 1921). Wirtschaft und Gesellschaft: Grundriss der verstehenden Soziologie. In J. Winckelmann (Hrsg., 5. Auflage). Tübingen: Mohr.

Wegner, D.M. (1987). Transactive memory: A contemporary analysis of group mind. In B. Mullen & G.R. Goethals (Eds.), Theories of group behavior (pp. 185–208). New York: Springer.

Wegner, D.M. (1994). Ironic processes of mental control. Psychological Review, 101, 34–52.

Wegner, D.M. (1995). A computer network model of human transactive memory. Social Cognition, 13, 319–339.

Weiner, B. (1976) Motivation from the cognitive perspective. In W.K. Estes (Ed.), Handbook of learning and cognitive processes. Approaches to human learning and motivation (Vol. 3, pp. 283–308). Hillsdale, NJ: Erlbaum.

Weiner, B. (1985). „Spontaneous" causal thinking. Psychological Bulletin, 97, 74–88.

Weiner, B. (1986). An attributional theory of motivation and emotion. New York: Springer.

Weiner, B. (1995). Judgments of responsibility: A foundation for a theory of social conduct. New York: Guilford Press.

Weiner, B. (2001). An attributional approach to perceived responsibility for transgressions: extensions to child abuse, punishment goals and political ideology. In A.E. Auhagen & H.W. Bierhoff (Eds.), Responsibility. The many faces of a social phenomenon (pp. 49–59). London: Routledge.

Weiner, B., Heckhausen, H., Meyer, W. & Cook, R.E. (1972). Causal ascriptions and achievement behavior: A conceptual analysis of effort and reanalysis of locus of control. Journal of Personality and Social Psychology, 21, 239–248.

Weiner, B. & Kukla, A. (1970). An attribitional analysis of achievement motivation. Journal of Personality and Social Psychology, 15, 1–20.

Weiß, J. (1999). Streßbewältigung und Gesundheit. Die Persönlichkeit in Partnerschaft, Familie und Arbeitsleben. Bern: Huber.

Wendt, D. (1993). Kein Hindsight Bias („Knew-it-all-along-Effekt") bei den Landtagswahlen in Schleswig-Holstein 1988 und 1992. Zeitschrift für Sozialpsychologie, 24, 273–279.

West, M.A. (1990). The social psychology of innovation in groups. In M.A. West & J.L. Farr (Eds.), Innovation and creativity at work (pp. 309–333). Chichester: Wiley.

West, S.G., Gunn, S.P. & Chernicky, P. (1975). Ubiquitous Watergate: An attributional analysis. Journal of Personality and Social Psychology, 32, 55–65.

Westen, D. (1991). Social cognition and object relations. Psychological Bulletin, 109, 429–455.

Westen, D. (1998). The scientific legacy of Sigmund Freud: Toward a psychodynamically informed psychological science. Psychological Bulletin, 124, 333-371.

Westermann, R. (2000). Wissenschaftstheorie und Experimentalmethodik. Ein Lehrbuch zur Psychologischen Methodenlehre. Göttingen: Hogrefe.

Westhoff, K. (2000). Das psychologisch-diagnostische Interview. Ein Überblick über die Forschung für die Praxis. Report Psychologie, 25, 18-24.

Weuster, A. (1989). Bewertung des Interviews (Einstellungsgespräch) als eignungsdiagnostisches Instrument der Personalauswahl. Zeitschrift für Personalforschung, 3, 5–34.

White, G.L. & Mullen, P.E. (1989). Jealousy: Theory, research, and clinical strategies. New York: Guilford Press.

White, R.W. (1959). Motivation reconsidered: the concept of competence. Psychological Review, 66, 297–333.

Wicklund, R.A. (1974). Freedom and reactance. Potomac, MD: Erlbaum.

Wicklund, R.A. & Frey, D. (1993). Die Theorie der Selbstaufmerksamkeit. In D. Frey & M. Irle (Hrsg.), Theorien der Sozialpsychologie (Bd. 1, S. 155–173, 2. Auflage). Bern: Huber.

Wicklund, R.A. & Gollwitzer, P.M. (1982). Symbolic self-completion. Hillsdale, NJ: Erlbaum.

Wiemann, J.M. & Giles, H. (1996). Interpersonelle Kommunikation. In W. Stroebe, M. Hewstone & G.M. Stephenson (Hrsg.), Sozialpsychologie. Eine Einführung (S. 331–361, 3. Auflage). Berlin: Springer.

Wilberg, S. (1996). Favorisierung der „eigenen" Gruppe in einem deutsch-deutschen Vergleich. Zeitschrift für Sozialpsychologie, 27, 278–282.

Wilhelm, A. (1999). Einstellung und Motivation zur Sportteilnahme. Sportwissenschaft, 29, 427–439.

Wilke, H.A.M. & Meertens, R.W. (1994). Group performance. London: Routledge.

Will, H. (1999). Georg Groddeck. In H.E. Lück & R. Miller (Hrsg.), Illustrierte Geschichte der Psychologie (S. 165–167, 2. Auflage). Weinheim: Psychologie Verlags Union.

Willi, J. (1975). Die Zweierbeziehung. Reinbek: Rowohlt.

Wills, T.A. (1981). Downward comparison principles in social psychology. Psychological Bulletin, 90, 245–271.

Wills, T.A. (1985). Supportive functions of interpersonal relationships. In S. Cohen & S.L. Syme (Eds.), Social support and health (pp. 61–82). Orlando, FL: Academic Press

Wilson, D.S., Near, D. & Miller, R.R. (1996). Machiavellianism: A synthesis of the evolutionary and psychological literatures. Psychological Bulletin, 119, 285–299.

Wilson, E.O. (1975). Sociobiology. Cambridge, MA: Harvard University Press.

Winch, R.F. (1958). Mate selection: A study of complementary needs. New York: Harper.

Winstead, B. (1986). Sex differences in same-sex-friendships. In V. Derlega & B. Winstead (Eds.), Friendship and social interaction (pp. 81–99). New York: Springer.

Winterhoff-Spurk, P. (1999). Medienpsychologie. Eine Einführung. Stuttgart: Kohlhammer.

Wischka, B. (2001). Neue Perspektiven für die Behandlung von Sexualstraftätern. Report Psychologie, 26, 528–532.

Wishner, J. (1960). Reanalysis of „impressions of personality". Psychological Review, 67, 96–112.

Wiswede, G. (1977). Rollentheorie. Stuttgart: Kohlhammer.

Wiswede, G. (1979). Soziologie abweichenden Verhaltens (2. Auflage). Stuttgart: Kohlhammer.

Witte, E.H. (1989). Köhler rediscovered: the anti-Ringelmann effect. European Journal of Social Psychology, 19, 147–154.

Witte, E.H. (Hrsg., 1990). Sozialpsychologie und Systemtheorie. Braunschweiger Studien zur Erziehungs- und Sozialarbeitswissenschaft. Braunschweig: Technische Universität.

Witte, E.H. (Hrsg., 1995). Soziale Kognition und empirische Ethikforschung. Lengerich: Pabst.

Witte, E.H. & Ardelt, E. (1989). Gruppen und soziale Prozesse. In E. Roth (Hrsg.), Enzyklopädie der Psychologie, Serie III: Wirtschafts-, Organisations- und Arbeitspschologie (Bd. 3): Organisationspsychologie (S. 459–486). Göttingen: Hogrefe.

Witte, E.H. & Sack, P.M. (1999). Die Entwicklung der Gruppenmoderation PROMOD zur Lösung komplexer Probleme in Projektteams. Psychologische Beiträge, 41, 113–213.

Wittek, R. & Flache, A. (2001). Solidarität am Arbeitsplatz. In H.W. Bierhoff & D. Fetchenhauer (Hrsg.), Solidarität. Konflikt, Umwelt und Dritte Welt (S. 149–182). Opladen: Leske + Budrich.

Wood, J.V. (1989). Theory and research concerning social comparisons of personal attributes. Psychological Bulletin, 106, 231–248.

Wortman, C.B. & Brehm, J.W. (1975). Responses to uncontrollable outcomes: An integration of reactance theory and the learned helplessness model. In L. Berkowitz (Ed.), Advances in experimental social psychology (Vol. 8, pp. 277–336). New York: Academic Press.

Wottawa, H. & Hossiep, R. (1997). Anwendungsfelder psychologischer Diagnostik. Göttingen: Hogefe.

Wunderer, R. (1995). Führung von unten. In A. Kieser, G. Reber & R. Wunderer (Hrsg.), Handwörterbuch der Führung (Sp. 501–512, 2. Auflage). Stuttgart: Schäffer-Poeschel.

Wyss, D. (1993). Die tiefenpsychologischen Schulen von den Anfängen bis zur Gegenwart. München: Psychologie Verlags Union.

Yalom, I.D. (1996). Theorie und Praxis der Gruppenpsychotherapie – ein Lehrbuch. München: Pfeiffer.

Yamagishi, T. (1986). The provision of a sanctioning system as a public good. Journal of Personality and Social Psychology, 51, 110–116.

Zahn-Waxler, C. & Smith, D. (1992). The development of prosocial behaviour. In V.B. VanHasselt & M. Hersen (Eds.), Handbook of social development: A life-span perspective (pp. 229–256). New York: Plenum.

Zajonc, R.B. (1965). Social facilitation. Science, 149, 269–274.

Zajonc, R.B. (1980). Feeling and thinking – Preferences need no inferences. American Psychologist, 35, 151–175.

Zajonc, R.B. (1989). Styles of explanation in social psychology. European Journal of Social Psychology, 19, 345–368.

Zalesny, M.D. & Graen, G.B. (1995). Führungstheorien – Austauschtheorie. In: A. Kieser, G. Reber & R. Wunderer (Hrsg.), Handwörterbuch der Führung (Sp. 862–877, 2. Auflage). Stuttgart: Schäffer-Poeschel.

Zapf, D. (1999). Mobbing in Organisationen – Überblick zum Stand der Forschung. Zeitschrift für Arbeits- und Organisationspsychologie, 43, 1–25.

Zárate, M.A. & Sanders, J.D. (1999). Face categorization, graded priming, and the mediating influences of similarity. Social Cognition, 17, 367–389.

Zebrowitz, L.A., Olson, K. & Hoffman, K. (1993). Stability of babyfaceness and attractiveness across the life span. Journal of Personality and Social Psychology, 64, 453–466.

Zeifman, D. & Hazan, C. (1997). Attachment: the bond in pair-bonds. In J.A. Simpson & D.T. Kenrick (Eds.), Evolutionary social psychology (pp. 237–263). Mahwah, NJ: Erlbaum.

Zick, A. (1997). Vorurteile und Rassismus – eine sozialpsychologische Analyse. Münster: Waxmann.

Zick, A. & Six, B. (1997). Autoritarismus, Vorurteile und Einstellungen zur Akkulturation. Gruppendynamik, 28, 305–320.

Zillmann, D. (1979). Hostility and aggression. Hillsdale, NJ: Erlbaum.

Zillmann, D. (1988). Cognition-excitation interdependencies in aggressive behavior. Aggressive Behavior, 14, 51–64.

Zimbardo, P. (1970). The human choice: Individuation, reason, and order versus deindividuation, impulse, and chaos. In W.J. Arnold & D. Levine (Eds.), Nebraska symposium on motivation (Vol. 17, pp. 237–307) Lincoln, NB: University of Nebraska Press.

Zimbardo, P. (1973). On the ethics of intervention in human psychological research: with reference to the Stanford prison experiment. Cognition, 2, 243–256.

Zimbardo, P. (2001). „Warum geschah es?" Psychologie Heute, 28, 12, 20–22.

Zimmermann, P. (2000). Grundwissen Sozialisation. Stuttgart: UTB.

Zimmermann, P. & Becker-Stoll, F. (2001). Bindungsrepräsentation im Jugendalter. In G. Gloger-Tippelt (Hrsg.), Bindung im Erwachsenenalter. Ein Handbuch für Forschung und Praxis (S. 251–274). Bern: Huber.

Zuckerman, M. (1984). Sensation seeking: A comparative approach to a human trait. The Behavioral and Brain Sciences, 7, 413–473.

Zuriff, G.E. (1985). Behaviorism: A conceptual reconstruction. New York: Columbia University Press.

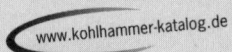